〈2015년 개역판〉

자 본 론

—정치경제학 비판—

제Ⅱ권 자본의 유통과정

카를 마르크스 지음

프리드리히 엥겔스 엮음

김 수 행 옮김

비봉출판사

병상에서 마르크스가 쓴 『자본론』 제2권의 원고를 구술하는 엥겔스. 마르크스 사후 『자본론』 제2권과 제3권의 출간은 엥겔스의 헌신적 노력과 희생의 결과였다.

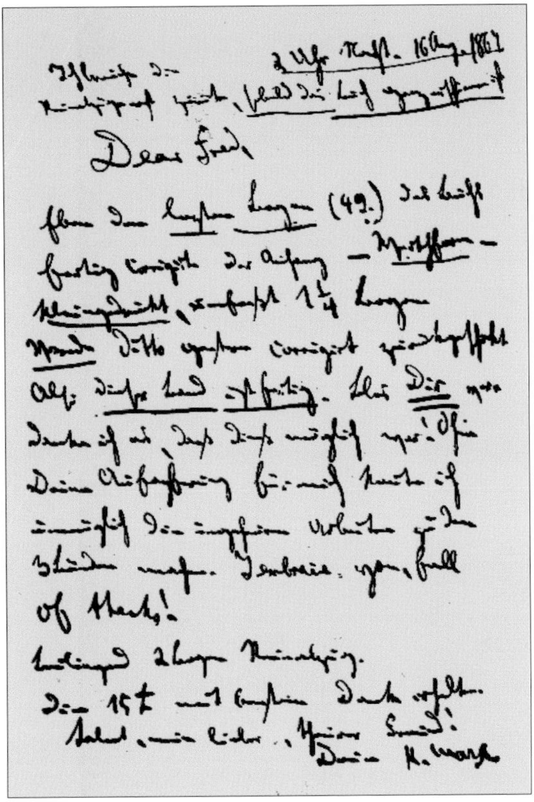
Dear Fred,

마르크스가 엥겔스에게 보낸 편지(1867년 8월 16일)

"친애하는 프레드에게,

방금 마지막 교정지(49번째 전지)의 교정을 마쳤소. 부록—가치형태—은 작은 활자로 전지 1$\frac{1}{4}$장이오. 서문은 교정해서 어제 돌려보냈소. 그래서 제1권은 완성되었소. 이것이 가능하게 된 것은 전적으로 당신 덕이오. 나를 위한 당신의 헌신적인 도움이 없었더라면 세 권이나 되는 이 방대한 작업은 불가능했을 것이오. 진심으로 감사드리오. 두 장의 교정쇄를 동봉하오.

보내준 ￡15는 고맙게 받았소.

나의 친애하는 벗에게 뜨거운 감사를 보내면서!

당신의 K. 마르크스"

마르크스의 생애와 저작

1818. 5. 5	독일 모젤 강변의 트리어에서 출생.
1841	예나대학에서 철학박사. 학위논문: “데모크리토스와 에피쿠로스의 자연철학의 차이”
1844	『정치경제학과 철학의 초고』
1845~46	『독일 이데올로기』(엥겔스와 공저)
1846~47	『철학의 빈곤』
1847	「임금노동과 자본」
1848	「공산당 선언」(엥겔스와 공저)
1850	「프랑스의 계급투쟁, 1848~1850」
1857~58	『정치경제학 비판 요강』
1859	『정치경제학 비판을 위하여』
1861~63	『자본론』 1차 초고(23권의 노트. 『잉여가치학설사』 포함)
1864~65	『자본론』 2차 초고(『자본론』 제3권의 ‘주요원고’)
1865	「임금, 가격, 이윤」
1867	『자본론』 제1권
1871	「프랑스의 내전」(파리코뮌)
1875	「고타강령 비판」
1883. 3. 14	영국 런던에서 사망
1885	『자본론』 제2권(엥겔스 편집)
1894	『자본론』 제3권(엥겔스 편집)

〈2015년의 개역에 부쳐〉

2007년부터 터지기 시작한 미국의 금융공황이 지구 전체로 퍼지면서 경제뿐 아니라 정치와 사상과 인간성을 포함한 자본주의적 문명 전체가 치명적 타격을 입고 있다. 한편에서 1930년대의 세계대공황에 버금가는 거대한 실업자와 빈민이 날마다 격증하고 있는데, 다른 한편에서 정부와 국회와 사법부는 이번 공황의 원인이기도 한 '부자를 위한, 부자에 의한, 부자의 정치'(이른바 신자유주의)를 오히려 강화하면서 국가 재정을 모두 부자를 위해 쏟아붓고 있다. 열강들은 외국을 침략하여 부를 약탈하면서 약소국의 인민 대중을 죽이는 것을 컴퓨터게임처럼 여기고 있고, 국내에서도 무자비한 경찰력과 정보사찰 등 파시즘적 국가권력이 인민 대중의 민주주의적 권리를 말할 수 없이 유린하고 있다. 이런 막다른 골목에서 세계의 모든 인민이 자본주의체제를 타도하려고 떨쳐나서는 것은 필연적이라고 말하지 않을 수 없다. "자살하는 것만이 당신이 살 길이다."고 다그치는 지배계급에게 "너희들의 재산을 모두 빼앗아 우리 모두가 잘 살 수 있는 새로운 사회를 만들겠다."고 응수하는 것이 인간의 도리가 될 수밖에 없는 전혀 상상하지 못한 특별한 상황이 지금 세계 전체에서 벌어지고 있다.

1990년대 초에 소련과 동유럽의 이른바 '공산주의체제'가 붕괴했을 때, 자본가계급에 아첨하는 여론조작꾼들은 이제 "영구 불멸할 자본주의체제가 인류를 천년왕국으로 이끌 것이다"고 희희낙락했다. 그러나 자본가계급과 그 아첨꾼들은 자본주의체제의 핵심적 진실을 전혀 몰랐을 뿐 아니라 "새로운 사회는 일당 독재의 공산주의체제 이외에도 얼마든지 있다"는 사실을 생각하지도 못한 것이다.

자본주의체제는 재산을 가진 자본가들이 가진 것이라고는 노동력뿐인 임금노동자를 착취하는 사회이고, 부자가 빈민을 억압하는 사회이기 때문에, 자본주의체제는 모두가 자유롭고 평등하며 더불어 사는 사회가 될 수가 없다. 그렇다고 이 사회의 지도층이나 부자들이 이 사회를 위해 임금노동자보다 더 큰 일을 하지도 않는다. 재산을 가진 자본가들은 주식회사의 주식을 사서 그 회사의 주인이 된다. 주주는 아무 일도 하지 않지만 그 회사의 이윤을 배당으로 받아 잘 살 수 있다. "노동하지 않으면 먹지도 말라"는 격언을 제대로 이해한다면 주주들은 "먹지도 말아야 한다." "주식을 산 돈은 내가 옛날에 열심히 일해서 모은 돈이기 때문에" 지금은 "노동하지 않더라도 먹을 수 있다"고 주장할지도 모른다. 그러나 자본가가 된 인사들은 자기의 노동으로 새로운 부를 생산하여 자기의 재산을 증가시키기보다는, 대체로 권력에 빌붙거나 토지와 아파트에 투기하거나 고리대금업을 하거나 시장을 독과점적으로 지배하거나 상공업을 운영하여 일반 대중의 주머니를 털거나 임금노동자를 착취함으로써 자기의 재산을 증가시킨 경우가 많기 때문에 "내가 열심히 일해서 모은 돈"이라고 주장한다면 모두가 비웃을 것이다. 그리고 자본가가 근검절약하여 주식을 샀다고 하더라도, 그 돈은 몇 년 동안의 배당이나 주가 상승에 의해 이미 보상받았을 것이다.

현실적으로 거대 기업을 운영하는 사람들은 월급쟁이 사장을 비롯하여 임금노동자들이다. 생산라인뿐 아니라 기획 · 자금조달 · 판매 · 기술개발 등 모든 부문에서 임금노동자들이 일하고 있다. 회사에 기생하는 주주들이 없더라도 회사의 운영에는 아무런 타격을 받지 않는다는 점이다. 임금노동자 또는 하급관리들이 모든 일을 도맡아 하고 있다는 사실은 기업뿐 아니라 정부기관이나 국회나 법원에서도 마찬가지다.

지금 자본가들이나 부자들이나 고급관리들은 이처럼 임금수준을 낮게 유지함으로써 노동자들을 착취하여 더 많은 돈을 벌자는 욕심뿐일 것이지만, 상대방인 임금노동자들은 생산의 3요소(자본 · 토지 · 노동)가 남아도는데도 우리가 굶어죽고 있는 것은 '자본주의체제 때문이라는 확신'을 굳히고 있다. 서로 다른 의견을 가진 집단들이 자기들의 주장을 관철하기 위해서는 '투쟁'하는 수밖에 없고, 사람 수와 투쟁 경력 및 새로운 사회의 비전에서 부자집단들을 능가하는 일반 대중과 노동자계급이 승리하는 것은 어쩔 수 없는 일이다.

위에서 말한 바와 같은 경제적 · 정치적 · 사상적 · 혁명적 지식을 제공하는 책이 바로 『자본론』이다. 이 책은 자본주의체제가 어떻게 탄생했는가, 다시 말해 자본가계급은 어떻게 돈을 모았으며 임금노동자들은 어떻게 모든 것을 잃고 노동력을 팔 수밖에 없는 처지가 되었는가를 알려준다. 자본가계급은 식민지 수탈, 고리대금업, 국채투기, 상공업거래, 농민수탈 등을 통해 화폐자본을 모으게 되었다는 점과, 임금노동자계급은 주로 농촌에서 토지를 빼앗겨서 도시로 나오지 않을 수 없었다는 점을 지적하고 있다. 자본주의체제의 성립(과 유지)에 필수불가결한 조건은 노동력 이외에는 아무것도 가지지 않은 대규모 무산대중(프롤레타리아트)의 탄생(과 존재)이다.

그리고 임금노동자를 고용하여 일을 시키는 생산과정에서 자본가는 노동자가 하루의 노동시간에 창조한 새로운 가치 중에서 노동자의 임금에 해당하는 가치를 넘는 잉여가치(또는 '대가를 지불하지 않는 잉여노동')를 공짜로 가져가는데, 이것이 바로 '이윤의 원천'이라는 것이다. 이리하여 잉여가치를 증가시키기 위해, 자본가들은 하루의 노동시간을 연장하는 장시간 저임금 전략을 채택하기도 하고, 노동생산성을 향상시켜 노동자들의 생활수단들을 값싸게 생산하여 임금에 해당하는 가치를 감소시킴으로써 잉여가치를 증가시키는 전략을 채택하게 된다.

그런데 노동생산성을 향상시키는 기계화 · 자동화 · 로봇화는 노동자들을 생산과정에서 자꾸 몰아내기 때문에, 실업자가 증가하는 경향이 생긴다. 물론 생산규모를 더욱 확대하면 취업자가 증가할 수도 있지만, 어쨌든 이윤을 증가시키려는 기계화는 실업자를 증가시키는 요소들 중 가장 큰 요소이다. 방금 도입한 새로운 능률적인 기계는 오직 500명의 노동자를 필요로 하기 때문에 지금의 취업노동자 1,200명 중 700명을 해고하지 않을 수 없게 된다. 이 해고된 노동자, 또는 취직하려다가 일자리를 얻지 못하는 사람이 바로 실업자가 되는 것이다. 실업자는 자본가의 이윤추구 욕심에 비해 과잉인 노동자를 가리키므로 노동자의 스펙과는 거의 아무 관련이 없다. 이 실업자가 '산업예비군'으로 대기하기 때문에, 자본가는 임금수준이나 노동시간이나 기타 노동조건의 결정에서 취업노동자들에게 독재적 권력을 행사하게 된다. 이리하여 임금노동자는 '임금노예'에 불과할 정도로 자본가의 독재에 시달리고 있다.

이 '임금노예'는, 처음부터 작은 토지나마 소유하고 있든지 수공업 사업장을 소유하고 있었다면 지금과 같이 자본가의 노예가 될 필요가 없었다는 것을 깨닫는다. 자기 자신을 위해 일하는 것이 아니라 자본가를 위해 '강제로' 일하기 때문에, 일하기도 싫고 회사에 나가기도 싫으며, 신성한 삶의 주요한 일부인 노동이 '희생'이라는 감정을 버릴 수가 없게 된다. 이런 근본적인 문제를 해결하는 방법은, 노동자들 모두가 현재 현실적으로 공동 점유하고 있는 공장 전체나 회사 전체를 자기들 모두의 공동 소유, 즉 사회적 소유로 전환시켜, 자기들의 집단적 지성에 따라 운영하게 된다면 '임금노예'의 상태에서 벗어날 뿐 아니라 '주인의식'을 가지면서 자기들의 개성과 능력을 자발적으로 헌신적으로 기분 좋게 발휘함으로써 사회를 더욱 풍부하게 할 수 있을 것이다. 이런 사회가 바로 '자유로운 개인들의 연합'이라는 새로운 사회모형인데, 소련의 공산주의와는 전혀 다른 '민주적이고 자유롭고 평등한 사회'다.

『자본론』의 이런 내용을 지금 막다른 골목으로 떠밀리고 있는 다수의 사람들에게 알려야 할 긴박한 필요성 때문에, 나는 너무 오래된 옛날 번역을 버리고 다시 번역하게 되었다. 특히 『자본론』 제1권의 출판 150주년이 되는 2017년에 앞서서 나의 정력이 남아있는 지금 미리 축하하려는 의도도 가지고 있다.

둘째로 2015년 개역판을 내게 된 것은, 내가 이오덕 선생님이 쓴 『우리 글 바로쓰기』(전5권, 2011, 한길사)를 읽으면서 크게 반성했기 때문이다. 한자나 영어를 쓰는 것이 독자들의 이해를 돕는 것이 아니라 대중들에게 책을 읽을 기회를 빼앗는다는 점을 절실히 느꼈기 때문에, 이전의 번역을 처음부터 끝까지 하나하나 알기 쉬운 우리말로 바꾸어 보자고 결심한 것이다. 그러나 알기 쉬운 말로 바꾸어 내용을 좀 더 알기 쉽게 하는 것조차 쉽지 않은 과제였다. 왜냐하면 마르크스는 자기의 경제학 '혁명'에 알맞는 '용어들'을 개발했는데, 이 용어들은 다른 경제학 교과서에서는 전혀 사용하지 않아서 모두에게 너무 낯이 설기 때문이었다. 그리고 현재 우리나라에는 반공 이데올로기가 여전히 강력한 영향력을 발휘하고 있어서 마르크스 경제학에 관심을 가지는 사람의 수가 적기 때문에 어느 수준까지 개념과 용어를 쉬운 말로 바꾸어야 하는가를 쉽게 결정할 수 없었기 때문이었다. 또한 마르크스이론은 자본주의체제의 문제점을 지적하고 해명하며 변혁하는 것이 주된 과제인데, 우리가 계속 듣는 것은 "자본주의체제가 좋다"는 선전뿐이므로, 독자들에게 자본주의체제의 문제점을 쉽게 설명하기가 매우 어렵기 때문이었다.

더욱이 기존의 '이른바 좌파지식인들'은 대체로 자본주의 이후의 새로운 사회가 '자유로운 개인들의 연합'이라는 것을 알지 못하고 소련 · 쿠바 · 북한의 '공산주의체제'로 이해하여, 소련이 패망한 1990년 전후로 모두 "마르크스주의는 죽었다"고 하면서 여러 갈래로 도망갔기 때문에, 나이가 좀 덜 먹은 정의감에 넘치는, 연애도 결혼도 포기할 수밖에 없는 활기찬 젊은 층에게 "자본주의체제는 바로 이런 것이다."라고 호소하는 것이 매우 중요하다는 생각에서 될수록 쉬운 우리글이 되도록 노력했다는 점을 다시 밝힌다.

셋째로 본문과 주에는 사람과 책의 이름을 모두 우리글로 적었는데, 이것은 외국어가 주는 스트레스를 좀 줄이기 위한 것이다. 제1 · 2 · 3권과는 달리 발간되는 '별책'이 『자본론』 전체에 나오는 〈참고문헌〉, 〈인명해설〉, 〈도량형 환산표〉, 〈찾아보기〉를 모아놓았으므로, 쉽게 원어를 알아볼 수 있다. 마르크스는 화폐 · 무게 · 길이 · 넓이 · 부피의 단위를 그 당시 국제적으로 널리 사용되는 것을 이용했기 때문에, 특히 영국의 화폐단위—£1(파운드 스털링) = 20s.(실링) = 240d.(펜스)—는 십진법(£1 = 100p.로 바꾼 것은 1971년 2월 15일이었다)이 아니어서 우리에게는 매우 불편했다. 따라서 그 당시의 경제상황을 알리는 곳에서는 영국의 화폐단위를 그대로 사용하고, 다른 곳에서는 모두 우리 돈 '원'으로 고쳤다. 왜냐하면 5파운드 6실링 6펜스와 7파운드 3실링 6펜스를 5,325원과 7,175원으로 바꾸어 놓아야 두 금액 사이의 차이를 쉽게 알 수 있기 때문이다. 특히 제3권 6편(초과이윤이 지대로 전환)에서는 우리 돈의 사용이 이론을 이해하는 데 큰 도움을 줄 것이다. 그리고 〈찾아보기〉를 더욱 친절하고 자세하게 정리하여 독자들이 이용하기 훨씬 편리하게 했다.

넷째로 이번 개역에서는 다음 두 책을 특히 많이 이용했다. 하나는 Karl Marx & Frederick Engels, *Collected Works*, Volume 35(1996), 36(1997), 37(1998)인데, 이것이 가장 최근의 영어판이다. 『자본론』에 인용된 마르크스와 엥겔스의 저작은 모두 *Collected Works*의 쪽수[예: CW 29: 269]를 새로 적어 넣어 독자들이 더 연구하기에 편리하게 했다. 다른 하나는 新日本出版社, 『資本論』, I(2003년 인쇄), II(2003년 인쇄), III(2002년 인쇄)이다. 영어판과 일본어판에는 독일어 각 판의 내용 수정이나 불어판, 스페인어판 따위가 지적한 독어판의 오류 · 탈자 · 오자가 잘 지적되어 있다. 따라서 이제는 독어판이나 영어판이나 일본어판 사이의 차이는 마르크스의 이론을 어떻게 제대로 이해하여 독자들에게 알기 쉽게 전달하는가에 있다고 본다.

번역에서 ( )는 마르크스가 사용한 것이고, [ ]는 내가 독자의 이해를 돕기 위해 문장을 나눈 것이다. 〖 〗는 내가 짧은 역자 주를 넣은 것이고, 긴 역자 주는 *를 붙이고 그 아래에서 설명했다. {엥겔스: }는 엥겔스가 추가한 것을 가리킨다.

2015년 개역판이 읽고 이해하기가 훨씬 더 쉽게 된 것은 특히 몇몇 동지의 열렬한 학문적 정열과 기여 때문이었다. 첫째로 강성윤 박사의 공헌을 지적하지 않을 수 없다. 강 박사는 서울대학교에서 마르크스이론에 관한 석사·박사 논문을 썼고, 『자본론』 세미나와 학교 강의를 10여년 계속하면서 항상 젊은 층과 접촉했기 때문에, 이전의 번역을 수정하는 작업에 최대의 기여를 했다. 사실상 그가 먼저 번역하면 내가 다시 고치고 내가 먼저 번역하면 그가 다시 고치는 과정을 몇 차례 거쳤으므로 공역했다고 말할 수 있을 정도다. 그리고 강 박사가 출판과정을 도맡았다. 둘째로 오랫동안 중국과 무역거래를 하다가 늦은 나이에 성공회대학교 정치경제학 석사과정에 입학한 최영열 선생께 감사하지 않을 수 없다. 내가 "이제 『자본론』을 '마지막으로' 개역해야 하겠다"고 강의시간에 선언하니까, 그는 조금도 서슴지 않고 "제가 가장 최근의 중국어판 『자본론』과 선생님의 『자본론』을 비교하여 개선할 점을 찾아보겠다"고 제의했는데, 그는 이 제의를 너무나 충실히 완수했다. 그가 지적한 것을 검토하다가 오자와 탈자를 많이 교정하게 되었고, 마르크스가 의도하는 문장의 의미를 더욱 깊게 파악할 수 있게 되었다. 다음으로 성공회대에서 나의 '정치경제학' 강의를 수강한 학부 학생 김휘인 군에게도 고마움을 전한다. 나는 그에게 개역판의 초교를 주면서 "읽어보고 자네가 이해하기 어려운 부분과, 자네들이 흔히 사용하지 않는 단어와 문장을 지적해 달라”고 요구했는데, 그는 많은 개선점을 제시했다. 나는 모두가 이해하리라고 생각하고 그냥 넘어갔던 부분들을 다시 고칠 수 있게 되었고, 우리가 사용하는 수많은 한자 · 영어식 말을 어떻게 우리말로 바꿔야 할까를 더욱 고민하게 되었다.

끝으로 제1권의 불어판과 독어판 · 영어판을 비교하여 독어판 · 영어판의 애매함을 지적해준 박승호 박사에게도 감사한다.

수많은 어린 학생들을 죽이고도 1년동안 진실을 밝히는 노력을 거부하는 현 보수정권은 언제나 집권세력은 오로지 자본가계급과 이들의 정치적 · 사상적 대변자들의 재산 증식과 권력 확대에만 열중하고 있다. 이것이 ‘자본주의체제의 기본 특징’이다. 우리가 우리 사회의 거대한 인적 · 물적 자원을 이용하여 모두가 함께 사는 민주적이고 평등한 사회를 건설하는 과제에 이번에 개역하는 『자본론』이 조금이라도 도움이 되기를 한없이 빈다.

2015년 7월

천안시 입장면에서

김 수 행 씀

〈제1차 개역에 부쳐〉 (2004)

제2권의 한국어 초판이 1989년 5월에 출간되었으니 어느 덧 만14년이 지났다. 그 사이 제2권의 개역을 요구하는 소리가 자꾸 커졌다. 첫째는 내용이 어렵다는 것이고, 둘째는 한자가 너무 많아 읽을 수가 없다는 것이었다.

내용이 어렵게 된 가장 중요한 이유는 제2권의 원고를 마르크스가 스스로 완성시켜 출판사에 넘기지 않았기 때문이다. 마르크스는 제2권의 내용이 담긴 원고를 상당히 많이 남겼지만, 원고들이 대체로 중복되고 단편적이었다. 그런데 그 원고들을 편집해 제2권을 완성해야 할 엥겔스가 그 원고들 중 중복되는 부분들은 빼지 않았을 뿐 아니라 하나의 체계로 일관되게 정리하지 않았기 때문에, 제2권은 내용을 이해하기가 어려운 곳이 많고 지루하고 산만하다는 느낌을 준다. 엥겔스의 말을 들어보자. "나는 원고를 될 수 있는 한 원문 그대로 다시 살려내고…설명을 위한 삽입과 연결문구는 절대적으로 필요하고 의미가 분명한 곳에서만 가필하였다. 문장의 의미에 조금이라도 의문이 나는 경우에는 나는 오히려 그 문장을 원문 그대로 옮겨 놓았다. 내가 행한 재구성과 삽입은 모두 합하여 인쇄로 10쪽 미만이며, 형식적인 성질의 것들뿐이다."(엥겔스 서문) 또한 나의 번역에도 문제가 많았다. 당시의 암울했던 학문적 사상적 탄압에 도전하는 의미에서 출간을 서둘렀기 때문에, 번역이 불분명한 곳이 많고 글이 부드럽지 못하여 읽기가 쉽지 않았다.

제1권, 제2권 및 제3권의 한국어 초판 번역 출판을 모두 끝내고 곧 개역 작업을 시작했다. 제1권의 제1차 개역은 내용을 더욱 분명하고 확실하게 표현하기 위한 것이었는데, 1991년 11월에 제1차 개역판이 출판되었다. 그 뒤 제1권의 한자를 빼면서 다시 번역해 제2차 개역판이 (상)은 2001년 8월에, 그리고 (하)는 11월에 출판되었다.

이제 제2권의 개역을 완수했다. 펭귄 판과 프로그레스 판을 하나하나 보면서 다시 번역했다. 문장의 의미가 분명하도록, 그리고 읽기가 쉽게 번역하려고 노력했다. 이에 따라 역자 주가 상당히 많이 추가되었다. 한자를 뺐는데, 한자를 아름다운 우리말로 대체하는 것은 아직도 나의 역량에 부쳤다. 우리말로써는 의미가 곧 분명하게 전달되지 않는 경우에는 한자와 영어를 괄호 속에 넣었다.

제2권의 원고 대부분은 1870년 이후에 쓴 것이기 때문에 성숙한 마르크스의 깊은 사상이 잘 녹아 있다고 볼 수 있으며, 마르크스가 죽은 뒤 크게 일어난 '재생산표식 이론'의 현실적 적용 논쟁은 제2권 제3편의 공헌이다. 그러나 투간-바라노브스키가 주장한 자본주의 경제의 무한한 발전 가능성이나, 헨릭 그로스만이 주장한 자본주의 경제의 자동붕괴설, 루돌프 힐퍼딩의 불비례 공황설, 로자 룩셈부르크의 제국주의 이론, 소련 경제계획의 생산재부문 먼저 개발 이론, 레온티에프의 투입산출표, 케인즈의 유효수요이론, 후진국의 불균형 성장론 따위는 제2권 제3편의 이론적 전제들을 고려하지 않은 채 현실을 분석하려는 조급성을 보인 것이라고 말할 수 있다.

제2권의 '찾아보기'는 제1권과 마찬가지로 새로 작성했다. 각 권마다 색인을 따로 붙이는 것이 책의 완성도를 높이는 길이라고 생각했기 때문이다. 그리고 '찾아보기'를 잘 활용할 수 있도록 주요 항목마다 그것에 속하는 작은 항목들을 추가했다. 제3권의 개역도 지금 진행 중에 있으므로 개역판이 곧 나올 것이다. (2004년의 개역판에는 이 단락 뒤에 역자가 『자본론』 세 권 전체의 내용을 요약한 여섯 쪽 정도의 글이 있었는데,

여기에서는 생략한다.)

2004년 1월 9일
산본동 수리산 밑에서
김 수 행

〈한글 초판 번역자의 말〉 (1989)

1. 번역에는 다음의 책들을 이용했다.

Penguin Books Limited, *Capital*, Ⅰ(1976, Ben Fowkes역), Ⅱ(1978, David Fernbach역), Ⅲ(1981, David Fernbach역).

Progress Publishers(Moscow)[이것은 뒤에 Lawrence & Wishart (London)에 의해 복사 · 출판되었다], *Capital*, Ⅰ(1954 : 1970), Ⅱ(1956 : 1972), Ⅲ(1959 : 1972).

大月書店, 『資本論』, 1982.

조선로동당 출판사, 『맑스 엥겔스 전집』, 제23권(1965), 제24권(1980), 제25권(1984).

2. 『자본론』의 이론적 토대는 주로 영국의 고전파 경제학에 대한 비판이고, 『자본론』의 이론을 증명하기 위해 든 예들(예증들)은 주로 영국사회에 관한 것이기 때문에, 영어판이 번역에 훨씬 유리하다고 생각했으며, 내가 런던에서 10년 이상 살면서 연구했다는 사실도 번역에 큰 도움을 주었다. 따라서 이 번역서의 편 · 장 · 절의 구성은 엥겔스가 감수한 영어판에 따랐다. 일본의 大月書店(대월서점)판과 북한판은 내용의 이해와 문장의 구성 및 단어의 선택에서 나의 노력을 크게 경감시켜 주었다. "후발자의 모든 이익"을 누렸음에 거듭 감사를 드린다.

3. 이 책을 번역해야지 하면서도 선뜻 착수하지 못했던 이유는 우리나라의 악법 「국가보안법」 때문이었다. 번역이 상당히 진행되고 있던 중 1988년 9월 이론과실천사의 대표가 『자본론』의 일부를 번역해 출간했다

는 이유로 구속되었는데, 이것이 또한 나의 작업을 지연시키기도 했다. 그러나 1987년 6월의 시민항쟁 이후 학문과 사상의 공간이 점차로 넓어지고 있으며, 그러한 경향의 연장선 위에 이 책의 출판도 가능하게 된 것이다. 모든 민주영령과 민주투사 및 양심세력에게 감사를 드린다.

4. 나는 이 책이 불후의 명작이므로 모든 사람이 반드시 읽어야 한다고 믿고 있다. 따라서 모든 사람이 손쉽게 읽을 수 있도록 번역에 모든 정력을 쏟았다. 문장을 알기 쉽게 짧게 쓰고, 관계대명사에 의한 수식구가 문장 전체의 의미에 혼란을 일으키지 않도록 하며, 마르크스의 그 박식(성경 · 문학 · 과학 · 역사 등)에 뒤따라가지 못하는 우리들을 위해 역주를 달아야 하고, 마르크스가 잘못 사용한 용어는 앞뒤가 맞게 고치는 따위에 매우 세심한 주의를 쏟았음을 밝혀둔다.

5. 이 번역에 미쳐 세 아들의 고뇌에 동참하지 못한 것에 대해 미안하게 생각하며, 또한 가장을 대신해 성공적으로 가사를 꾸려온 아내에게 고마움을 느낀다.

6. 비봉출판사의 박기봉 사장은 역자가 의기소침해질 때마다 작업의 진행을 독려해 주었고, 거의 매일 역자의 집을 방문하는 수고를 아끼지 않았다. 그의 집념이 번역기간을 단축시킨 큰 계기가 되었음을 자인하면서 감사를 드린다. 그리고 편집부의 모든 분들이 이 일에 정성을 다해 주었는데 그 중에서도 김현미 양의 노고에 더욱 고마움을 표시하고 싶다.

7. 영국의 화폐단위는 1971년 2월 15일부터 £1 = 100p.(펜스)로 10진화가 되기 이전에는 £1 = 20s.(실링) = 240d.(펜스) 이어서, 금액들을 서로 비교하기가 매우 어렵다. 따라서 그 당시의 경제상황에 관한 것 등 꼭 필요한 경우를 제외하고는 모두 우리 돈 '원'으로 고쳤다.

8. 엥겔스가 본문이나 주에 첨가한 부분은 {엥겔스: }로 표시했고, ( )는 원문에 있는 그대로며, 원문의 이해를 돕기 위해 역자가 필요하다고 생각되는 경우에는 [ ]로 문장을 잘랐는데 이 때에는 [ ]속의 활자는 본문

보다 조금 작은 크기다. 〚2015년판에서는 동일한 크기다.〛 역주는 〚 〛속에 넣어 아주 작은 글자로 표시했는데, 역주가 긴 경우에는 *로 해 그 쪽의 밑에 추가해 두었다.

9. 인명색인과 문헌색인은 각권의 마지막에 붙였으며, 사항색인은 모두를 제3권 말에 붙여 두었다.

1989년 4월 송파동에서

김 수 행

제Ⅱ권 자본의 유통과정

차 례

제2편 자본의 회전

제3편 사회적 총자본의 재생산과 유통

자 본 론

—정치경제학 비판—

제Ⅱ권 자본의 유통과정

제1독어판 서문 〚엥겔스, 1885〛

내가 『자본론』 제2권을 출판할 수 있는 형태로 만드는 작업, 그리고 그 책을 일관된 책으로 완성할 뿐 아니라 동시에 편집자의 저작이 아니라 어디까지나 저자의 저작이 되도록 만드는 작업은 쉬운 일이 아니었다. 단편적인 초고들이 많았기 때문에 더욱 어려웠다. 그 중에 하나(원고 4)만이 출판될 수 있도록 완전히 정리되어 있었지만, 그것마저도 상당한 부분이 나중에 쓴 개정 원고에 비하면 낡은 것들이었다. 원고의 주요 부분은 대체로 내용에서는 완성되어 있지만, 문장으로서는 완성되어 있지 않았다. 문장은 마르크스가 발췌할 때 보통 쓰던 것이었는데, 문체는 알아볼 수 없을 정도였고, 표현도 구어체로서 때때로 익살스러웠고, 영어와 불어 용어들이 혼용되고, 때때로 긴 문장 전체와 몇 쪽이 영어로 쓰여 있었다. 생각이 저자의 머릿속에서 전개되는 대로 곧바로 옮겨놓은 형태였다. 자세히 서술된 부분이 있는가 하면, 주요한 부분이 대강 추려 간단히 서술되어 있기도 했다. 예증을 위한 사실자료가 수집되어 있었으나 분석은 물론 분류조차 되어 있지 않았다. 장의 마지막에는, 다음 장으로 넘어가기가 바빠서, 완성되지 않은 분석을 나중에 완성하기 위한 지침으로 몇 개의 연결되지 않는 문장들을 남겨두곤 했다. 끝으로 저자 자신도 가끔 읽어내지 못할 악필이 문제였다.

나는 원고를 될 수 있는 한 원문 그대로 다시 살려내고, 문체는 마르크스 자신도 고쳤을 것이라고 생각되는 부분만을 고치고, 설명을 위한 삽입과 연결문구는 절대적으로 필요하고 의미가 분명한 곳에만 가필하였다. 문장의 의미에 조금이라도 의문이 나는 경우에는 나는 오히려 그 문장을 원문 그대로 옮겨놓았다. 내가 행한 재구성과 삽입은 모두 합하여 인쇄로 10쪽 미만이며, 형식적인 성질의 것들뿐이다.

마르크스가 제2권을 위해 남긴 자필 원고의 수만 보더라도, 그는 자기의 경제학상 위대한 발견들을 발표하기에 앞서, 비길 데 없는 성실과 엄격한 자기비판으로 그 발견들을 최고의 완성품으로 만들기 위해 노력한 것을 알 수 있다. 이 자기비판 때문에 그는 서술의 내용과 형식을, 새로운 연구에 의해 끊임없이 확대되는 자기의 학식에 맞도록 자꾸 고칠 수밖에 없었다. 자필원고는 다음과 같이 구성되어 있다.

첫째로, 1861년 8월에서 1863년 6월 사이에 쓴 노트 23권으로 된 4절판 1,472쪽의 원고 '정치경제학 비판을 위하여' *Zur Kritik der politischen Ökonomie*가 있다. 이것은 1859년 베를린에서 간행된 같은 이름의 책의 연속이다. 1∼220쪽(제1∼5권), 그리고 1,159∼1,472쪽(제19∼23권)는 『자본론』 제1권에서 연구된 주제들—'화폐가 자본으로 전환'으로부터 그 마지막까지—을 취급하고 있는데, 이것은 그 주제들에 관한 최초의 원고이다. 973∼1,158쪽(제16∼18권)는 자본과 이윤, 이윤율, 상인자본과 화폐자본, 즉 뒤에 『자본론』 제3권의 원고에서 전개되는 주제들을 다루고 있다. 그런데 제2권에서 다루는 주제들과 뒤에 제3권에서 다루는 매우 많은 주제들도 아직 한 묶음으로 분류되어 있지 않았으며, 이 원고의 기둥을 이루고 있는 부분—즉 220∼972쪽(제6∼15권)의 '잉여가치에 관한 학설들'—중에 곁다리로 다루어지고 있다. 이 부분은 경제학의 핵심인 잉여가치론에 관한 상세한 비판적 역사를 포함하고 있으며, 또한 뒤에 제2권과 제3권의 원고에서 각각 그 논리적 연관에 따라 연구되고 있는 점들의 대부분을 선배 학자들에 대한 논쟁의 형식으로 전개하고 있다. 나는 이 원고의 비판적인 부분을, 이미 제2권과 제3권에서 다룬 다수의 항목들을 뺀 뒤, 『자본론』 제4권으로 출간할 예정이다〖이것은 『잉여가치학설사』로 출간되었지만, 엥겔스가 편집한 것은 아니다』. 이 원고는 매우 가치 있는 것이기는 하지만 제2권을 위해서는 거의 이용할 수 없었다.

연대순으로 보아 그 다음의 원고는 『자본론』 제3권의 원고다. 이것의 대부분은 1864년과 1865년에 쓰였다. 이 원고가 대체로 완성된 뒤에 비로소 마르크스는 제1권(1867년 간행)의 완수에 착수했던 것이다. 이 제3권의 원고를 나는 지금 출간하기 위해 정리하고 있다.

그 다음 시기 — 제1권의 간행 뒤 — 의 것으로는 제2권을 위한 2절판 원고 네 뭉치[마르크스는 여기에 1~4의 번호를 붙이고 있다]가 있다. 1865년 또는 1867년의 것으로 추정되는 원고 1(150쪽)은 현재의 제2권에 관한 최초의 독립적인 논술이지만, 대체로 단편적이다. 이 중에서는 이용할 수 있는 것이 없었다. 원고 3은, 일부는 인용문과 마르크스의 발췌 노트에 대한 참조를 모은 것(주로 제2권 제1편에 관한 것)이고, 일부는 각각의 주제들에 대한 논술, 특히 고정자본과 유동자본, 이윤의 원천에 관한 애덤 스미스의 명제들에 대한 비판으로 구성되어 있다. 또한 잉여가치율과 이윤율의 관계에 관한 논술도 있는데, 이것은 제3권에 속하는 것이다. 위의 '참조'는 새로운 것을 거의 제공하지 않았으며, 위의 '논술'은 이후의 제2권 및 제3권에 관한 개정 원고가 대체했으므로, 그 대부분은 버릴 수밖에 없었다. 원고 4는 제2권의 제1편과 제2편의 첫 번째 장을 출간할 수 있을 정도로 완성시켜 놓았으므로 그곳에 이용하였다. 이 원고 4는 원고 2보다 먼저 쓴 것이 분명하지만 형식에서 더욱 완전하였으므로 제2권의 해당 부분에 알맞게 이용했으며, 원고 2로부터는 약간의 추가만이 필요했다. 원고 2는 제2권을 거의 완전히 논술한 유일한 것으로서 1870년의 것이다. 뒤에서 곧 이야기할 최후의 개정을 위한 비망록에는, "원고 2를 기초로 하지 않으면 안 된다."고 분명히 말하고 있다.

1870년 이후 또 한 번의 휴식기가 있었는데, 그것은 주로 질병 때문이었다. 마르크스는 종전과 같이 이 시기를 각종 연구로 메웠다. 농학, 미국과 특히 러시아의 농촌사정, 화폐시장과 은행, 자연과학(지질학과 생리학, 그리고 특히 독자적인 수학연구) 등이 이 기간에 만든 수많은 발췌노트의 내용을 이루고 있다. 1877년 초에 그는 다시 자기 본래의 연구에 착수할 수 있을 만큼 건강이 회복된 것을 느꼈다. 1877년 3월 말부터 앞의 네 개 원고로부터 참조와 요지를 만들었는데, 이것이 제2권의 새로운 논술을 위한 기초로서 원고 5(2절판 56쪽)로부터 시작한다. 이것은 처음의 네 장들을 포함하고 있지만 아직 거의 완성되지 않고 있다. 중요한 점들은 본문 밑의 주에서 다루고 있으며, 자료는 조사되기보다는 수집되어 있을 뿐이다. 그러나 이것이 제1편의 가장 중요한 부분의 최후의 완전한 서술이다. 이것으로부터 인쇄용 원고를 만들어 내려는 첫 번째 시도가 원고 6(1877년 10월과 1878년 7월 사이)에서 행해졌는데, 이것은 제1장의 대부분을 포함하는 4절판 17쪽뿐이었다. 두 번째의—최후의—시도는 '1878년 7월 2일'의 원고 7에서 행해졌는데, 이것은 2절판 7쪽에 불과하였다.

이때가 되어 마르크스는 자기의 건강상태가 완전히 호전되지 않고서는 제2권과 제3권을 자신이 만족할 수 있는 형태로 완성할 수 없으리라는 것을 인식하게 된 것 같다. 사실 원고 5~8 〚원고 8은 뒤에 나옴〛은 병의 강한 압력에 대한 격렬한 투쟁의 흔적을 너무나도 자주 보여주고 있다. 제1편의 가장 어려운 부분은 원고 5에서 새롭게 썼고, 제1편의 나머지와 제2편 전체는 [제17장을 제외하면] 별로 큰 이론적 곤란을 제기하지 않았다. 그러나 사회적 자본의 재생산과 유통에 관한 제3편에 대해 그는 수정할 필요를 크게 느꼈던 것 같다. 즉 원고 2에서는 재생산이 처음에는 그것을 매개하는 화폐유통을 고려하지 않고 다루어졌고, 그 다음에 그것을 고려하여 다시 한 번 다루어졌다. 그러나 자신의 확대된 학식에 맞추기 위해 위의 것을 버리고 제3편 전체를 완전히 다시 쓸 필요가 있었다. 이리하여 원고 8이 생겼는데, 이것은 4절판 70쪽뿐인 노트 한

권이었다. 그러나 이만큼의 적은 지면에 마르크스가 얼마나 많은 것을 압축시킬 수 있었던가는 간행된 제3편에서 원고 2로부터의 삽입부분을 빼보면 분명히 알 수가 있다.

이 원고 8도 그 주제〔제3편〕를 예비적으로 취급하고 있을 뿐이고, 그것의 주된 목적은 원고 2로부터 새로 얻은 관점들을 확립·전개하는 것이었으므로, 새로 추가할 것이 없는 점들은 다루지 않고 있다. 제3편과 약간 중복되는 제2편 제17장의 중요한 일부는 다시 논술되고 확대되었다. 논리적 연속성이 때때로 중단되고, 논술이 곳곳에서 끊어지며, 특히 마지막에서는 매우 단편적이다. 그러나 마르크스가 말하고자 한 것은 여하튼 거기에 실려 있다.

이상이 제2권의 재료이고,* 마르크스가 죽기 직전 막내딸 엘리너에게 말한 바에 따르면, 그것으로부터 내가 "의미 있는 것을 만들어 내야 한다."는 것이다. 나는 이 위탁을 가장 좁은 의미로 해석하였다. 가능한 한 나는 나의 활동을 각종 원고 중에서 선택하는 일에만 국한시켰고, 항상 현재 있는 원고 중 최후의 것을 기초로 삼아 이전의 것들과 비교하였다. 이런 기술적인 것 이상의 진짜 곤란은 오직 제1편과 제3편에서 나타났지만, 그 곤란은 작은 것이 아니었다. 나는 그 곤란을 오직 저자의 정신에 따라 해결하려고 노력했다.

본문 중에 나오는 인용문은, 사실을 입증하는 경우나 또는 스미스로부터의 인용문처럼 그 문제를 깊이 연구하려는 사람 누구에게도 원문의 입

---

* 제2권을 구성하고 있는 원고들의 연대는 다음과 같다.

원고 2 : 1870년
원고 4 : 1870년 이전
원고 5 : 1877년
원고 6 : 1877∼8년
원고 7 : 1878년
원고 8 : 1878년 이후

수가 가능한 경우에는, 그 대부분을 독일어로 번역하였다. 그러나 오직 제10장에서는 이것이 불가능했다. 왜냐하면 이 장에서는 직접적으로 영어의 원문이 비판되고 있기 때문이다. 제1권〚『자본론』〛으로부터의 인용문은 마르크스 생존 중 최후의 판인 제2판〚한글판에서는 2015년 개역판〛의 쪽수를 붙인다.

『자본론』 제3권에 대해서는, '정치경제학 비판을 위하여'라는 원고 중 최초의 논술, 원고 3 중 앞에서 말한 부분들, 발췌 노트들에 산재하는 약간의 간단한 요지들 이외에는, 제2권을 위한 원고 2와 거의 마찬가지의 완성도를 지닌 앞에서 말한 1864∼1865년의 2절판 원고와, 수학방정식으로 전개된 '잉여가치율과 이윤율의 관계'라는 1875년의 노트 한 권이 있을 뿐이다. 제3권의 발간을 위한 준비가 급속히 진행되고 있고, 지금까지의 사정으로 판단하건대, 그 준비는 매우 중요한 약간의 부분들을 예외로 한다면, 주로 기술적인 곤란만을 내포하게 될 것이다〚그러나 거의 10년 뒤인 1894년에 발간되었다〛.

* * *

여기에서 마르크스에 대한 하나의 비난을 반박하고자 한다. 이 비난은 마르크스가 로트베르투스〚1805~1875〛를 표절했다는 것인데, 처음에는 낮은 목소리로 산발적으로 행해졌지만, 마르크스가 죽은 지금에는 독일의 강단 · 국가 사회주의자와 그 아류에 의해 기정사실로 선포되고 있다. 나는 이미 딴 곳[1])에서 이 문제에 대해 가장 긴급한 것은 언급했지만, 여기에서 비로소 결정적인 증거를 제시하고자 한다.

내가 아는 한, 그 비난은 마이어가 『제4신분의 해방투쟁』(1874) 43쪽

---

1) 마르크스, 『철학의 빈곤』, 독어판, 슈투트가르트, 1885. 서문.〚Marx & Engels, Collected Works, Vol. 26: 278~291(이하에서는 CW 26: 278~291로 적음).〛

에서 처음 한 것이다. 즉 "마르크스가 자기 비판의 대부분을 이런 간행물들"(1830년대 후반으로 소급하는 로트베르투스의 간행물들)"로부터 빌려온 것은 입증 가능하다."는 말이 그것이다.

이 주장의 '입증 가능성'의 전부는, 더 이상의 증거가 제시되지 않는 한, 로트베르투스가 마이어에게 그렇다고 확언한 사실에 있다고 생각해도 좋을 것이다. 1879년에는 로트베르투스 자신이 무대에 나타나서, 자기의 저서 『국가경제의 현황 인식을 위해』(1842)에 대해 젤러에게 보낸 편지(『종합국가학 잡지』, 튀빙겐, 1879: 219) 중에서 다음과 같이 쓰고 있다. "당신은 이것"(앞의 저서 중에 전개된 사상)"이 마르크스에 의해, 나에 대한 감사도 없이, 이미 훌륭히 사용된 것을 발견하게 될 것이다."*

이것을 또 로트베르투스의 유고 편찬자인 코차크가 반복하였다(로트베르투스, 『자본』, 베를린, 1884, 서문: xv). 끝으로, 1881년 마이어에 의하여 출판된 『로트베르투스의 편지와 사회정책논집』 중에서 로트베르투스는 직접적으로 다음과 같이 말하고 있다. "오늘 나는 셰플레와 마르크스가 나의 이름을 언급함이 없이 나를 표절한 것을 알고 있다."(편지 제60호: 134) 그리고 다른 곳에서는 로트베르투스의 주장은 더욱 명확한 형태를 취하고 있다. "자본가의 잉여가치가 어디로부터 나오는가를 나는 세 번째의 사회편지에서 마르크스와 요점에서는 동일하게, 다만 더욱 간단명료하게 제시했다."(편지 제48호: 111)

표절에 대한 이런 비난을 마르크스는 전혀 들은 적이 없었다. 그가 가진 『해방투쟁』에서 쪽이 잘려진 곳〖책을 읽기 위해서는 접힌 쪽들을 잘라야 한다〗은 인터내셔널에 관한 부분뿐이었고, 그 외의 쪽은 마르크스가 죽은 뒤 나 자신이 직접 자른 것이다. 그는 튀빙겐의 잡지를 본 적도 없다. 마이어에게 보낸 편지도 그는 최후까지 알지 못했다. 1884년 마이어 자

---

* 로트베르투스는 1875년 3월 14일 이 편지를 썼고, 1875년 12월 6일 죽었으며, 이 편지가 1879년 튀빙겐의 잡지에 공개된 것이다.

신이 친절하게도 나의 주의를 촉구했기 때문에 비로소 '표절'에 관한 곳을 나 자신이 알게 된 것이다. 그러나 마르크스는 편지 제48호를 잘 알고 있었다. 마이어가 친절하게도 원본을 마르크스의 막내딸에게 선물했기 때문이다. '마르크스가 행한 비판의 은밀한 원천은 로트베르투스에게 있다.'는 약간의 속삭임이 마르크스의 귀에 들어간 뒤, 그는 나에게 그 편지를 보여주면서 다음과 같이 말했다. 로트베르투스가 주장하고 있는 바를 이제야 비로소 확실히 알게 되었다; 만약 이것이 로트베르투스가 말하려는 모든 것이라면 마르크스 자신은 아무런 반대도 없으며, 로트베르투스에게 자기의 것이 더욱 간단명료하다고 생각할 기쁨을 허락해도 좋다고. 사실상 마르크스는 로트베르투스의 그 편지로 문제가 해결되었다고 생각했다.

그가 그렇게 생각한 것도 무리가 아니었다. 왜냐하면 내가 확실히 알고 있는 바와 같이, 그 자신의 정치경제학 비판이 큰 줄기뿐 아니라 가장 중요한 세목에까지 완성되었던 1859년경까지 그는 로트베르투스의 문필활동을 전혀 모르고 있었기 때문이다. 마르크스는 경제학연구를 1843년 파리에서 영국과 프랑스의 위대한 저작자들로부터 시작하였고, 독일인 중에는 라우와 리스트만을 알고 있었는데, 그는 그것으로 충분하다고 생각했다. 마르크스나 나도 로트베르투스의 존재에 대해서는, 우리가 1848년에 『신 라인신문』에서 베를린 국회의원으로서의 그의 연설과 장관으로서의 그의 행동을 비판하지 않으면 안 되었을 때까지는 〖CW 7: 174, 188, 195, 273, 419, 425, 427; CW 8: 4〗 한 마디도 들은 적이 없었다. 우리는 라인Rhein 국회의원들에게 갑자기 장관이 된 이 로트베르투스가 누구인가를 물어보았을 정도로 그에 대해서는 전혀 몰랐다. 그러나 그 의원들도 그의 경제학 저술에 대해서는 아무것도 알지 못하고 있었다. 그런데 그 당시 이미 마르크스는 로트베르투스의 도움도 없이 '자본가의 잉여가치'가 어디로부터 뿐 아니라 어떻게 발생하는가에 대해 잘 알고 있었다는 사실은, 1847년의 『철학의 빈곤』〖CW 6: 105~212〗과, 1847년 브뤼셀에서 행하고 1849년 『신 라인신문』 제264~269호에 발표된 임금노동과 자본에 관한 강의들〖CW 9: 197~228〗에 의해 증명된다. 마르크스는 1859년경에 비로소 라살로부터 로트베르투스라는 경제학자가 있다는 것을 들었고, 그 뒤 〖런던의〗 대영박물관에서 그의 '세 번째의 사회편지'를 보게 된 것이다.

이상이 실제의 사정이다. 그러면 마르크스가 로트베르투스로부터 '표절'했다는 것의 내용은 무엇인가? 로트베르투스는 다음과 같이 말하고 있다. "자본가의 잉여가치가 어디로부터 나오는가를 나는 세 번째의 사회편지에서 마르크스와 요점에서는 동일하게, 다만 더욱 간단명료하게 제시했다." 따라서 핵심은 잉여가치론이다. 실제로 이것 이외에 로트베르투스가 자기의 것이라고 주장할 수 있는 것은 없는 것 같다. 그러므로 로트베르투스는 여기에서 잉여가치론의 진정한 창시자는 자기이며 마르크스가 자기를 표절했다고 선언하고 있는 것이다.

그러면 '세 번째의 사회편지'는 잉여가치의 원천에 대해 우리에게 무엇을 가르치고 있는가? 오직 다음과 같은 것이다. 그가 지대ground-rent와 이윤을 일괄하여 부르는 '임대료rent'는, 상품의 가치에 대한 '추가'로부터 발생하는 것이 아니라, "임금이 생산한 가치에서 빼내는 것으로부터 발생하는데, 다시 말해 임금이 생산물 가치의 일부만을 차지하기 때문에 발생한다." 만약 노동이 충분히 생산적이라면, 임금은 "생산물의 자연적 교환가치와 동일할 필요가 없고, 이리하여 이 자연적 교환가치 중의 일부가 자본보충(!)과 임대료를 위해 남게 된다." 그러나 '자본보충'을 위해—다시 말해 원료의 보충과 도구의 마멸 보충을 위해—아무것도 남기지 않는, 생산물의 '자연적 교환가치'는 어떤 것인가에 대해서는 말하지 않고 있다.

다행히도 우리는 로트베르투스의 획기적 발견이 마르크스에게 어떤 인상을 주었는가를 확인할 수가 있다. '정치경제학 비판을 위하여'라는 원고의 제10권, 445쪽 이하에는 '로트베르투스. 새로운 지대론. (객담)'이라는 것이 보인다. 이 관점에서만 '세 번째의 사회편지'가 고찰되고 있는 것이다. 로트베르투스의 잉여가치론 일반이 다음과 같은 빈정대는 언급으로 폐기되고 있다. "로트베르투스는 먼저 토지 소유와 자본 소유가 분리되어 있지 않은 나라의 상태를 연구하고, 거기에서 임대료(그가 말하는 잉여가치 전체)는 지불받지못한 노동 또는 지불받지못한 노동이 대표하는 생산물의 양과 동일할 뿐이라는 중요한 결론에 도달하고 있다." 〚CW 31: 251〛

자본주의 시대의 인류는 이미 몇 세기 동안 잉여가치를 생산해 왔으며, 또 점차로 잉여가치의 발생에 대한 생각을 전개시켜 왔다. 최초의 견해는 잉여가치가 상업활동에서 직접적으로 생기며, 잉여가치는 생산물 가치에 대한 추가분이라는 것이다. 이 견해는 중상주의자들 사이에 유행하고 있었지만, 제임스 스튜어트는, 그 경우에는 한 사람이 얻는 것을 다른 사람은 반드시 잃지 않으면 안 될 것이라는 것을 이미 알고 있었다. 그럼에도 불구하고 이 견해는 그 뒤에도 오랫동안, 특히 사회주의자들의 머리를 지배했다. 그러나 애덤 스미스는 그 견해를 고전파 경제학으로부터 추방했다.

애덤 스미스는『국부론』제1편 제6장〚61; 63~64〛에서 다음과 같이 말한다.

"자본이 특정한 사람들의 손에 축적되자마자 그들 중 약간의 사람들은 근면한 사람들에게 원료와 생활수단을 제공하면서 일을 시켜, 그들이 만든 것의 판매에 의해, 또는 그들의 노동이 원료에 추가한 가치에 의해, 이익을 보려고 하는 것은 당연하다.…노동자가 원료에 추가하는 가치는 두 부분으로 나누어지는데, 한 부분은 자기의 임금을 지불하고, 다른 부분은 자기의 고용주가 원료와 임금을 지불하기 위해 투자한 자본 전체에 대한 이윤을 지불한다."

그리고 조금 뒤에 그는 다음과 같이 말한다. "한 나라의 토지가 모두 사적 소유로 되자마자 토지 소유자는 다른 사람들과 마찬가지로 씨를 뿌리지 않은 곳에서 거두기를 바라며, 토지의 자연적 생산물에 대해서까지 지대를 요구한다.…노동자는…자기 노동이 수집하거나 생산하는 것의 일부를 토지소유자에게 바쳐야만 한다. 이 부분, 또는 똑같은 이야기지만 이 부분의 가격이 토지지대를 구성한다." 〖강조는 엥겔스의 것.〗

이 곳에 대하여 마르크스는 앞에서 말한 '정치경제학 비판을 위하여'라는 원고의 253쪽에서 다음과 같이 말하고 있다.

"따라서 애덤 스미스는 잉여가치—곧 잉여노동, 다시 말해 이미 행해져 상품에 대상화된 노동 중에서 임금으로 그 등가를 받은 노동을 초과하는 부분—를 일반적 범주로 파악하며, 진정한 의미의 이윤과 토지지대는 그 범주의 단순한 가지들이라고 파악하고 있다." 〖CW 30: 388〗

더욱이 애덤 스미스는 제1편 제8장 〖85~86〗에서 다음과 같이 말한다.

"토지가 사적 소유로 되자마자, 토지소유자는 노동자가 토지에서 재배하거나 수집할 수 있는 거의 모든 생산물의 일부를 자기 몫으로 요구한다. 그의 지대는 경작노동의 생산물로부터 제1차 공제다.

토지를 경작하는 사람이 수확 때까지 자기의 생활을 유지할 수 있는 수단을 가지고 있는 경우는 거의 없다. 그의 생활비는 일반적으로 그를 고용하는 차지농업가의 자본으로부터 빌리게 된다. 그런데 만약 차지농업가가 노동자의 노동생산물의 분배에 참가할 수 없다면, 또는 그의 자본이 이윤과 함께 회수되지 않는다면, 그는 노동자를 고용하는데 아무런 관심도 없을 것이다. 이 이윤이 경작노동의 생산물로부터 제2차 공제다.

거의 모든 기타 노동생산물도 이와 같은 이윤을 공제 당한다. 모든 수공업과 매뉴팩처에서 대부분의 노동자들은 생산물이 완성될 때까지 생산물의 원료와 그들의 임금 및 생활비를 선대해 줄 고용주를 필요로 한다. 고용주는 그들의 노동생산물을 나누어 가지거나, 그들이 원료에 추가하는 가치를 나누어 가지는데, 이 분배 몫이 바로 그의 이윤이다." 〚강조는 엥겔스의 것.〛

이것에 대해 마르크스는 다음과 같이 논평한다('정치경제학 비판을 위하여' 원고: 256).

"여기에서 애덤 스미스는 매우 쉬운 말로 지대와 자본의 이윤은 노동자가 생산한 것, 또는 노동자가 생산한 것의 가치(노동자가 원료에 부가한 노동량과 같다)에서 단순한 공제라고 말하고 있다. 그러나 이 공제는, 스미스 자신이 앞에서 설명한 바와 같이, 노동자가 원료에 부가한 노동 중에서 임금을 지불하는 노동량(또는 임금의 등가를 제공하는 노동량)을 초과하는 부분, 곧 잉여노동(노동 중의 지불받지 못한 부분)으로 구성될 수 있을 뿐이다." 〚CW 30: 391〛

따라서 스미스는 이미 '자본가의 잉여가치가 어디로부터 나오는지'를, 그리고 지주의 잉여가치 원천을 알고 있었다. 마르크스는 이것을 이미

1861년에 인정하고 있었는데 반하여, 로트베르투스와 (국가사회주의라는 따뜻한 여름 비 아래에서 버섯처럼 생겨난) 그의 숭배자들은 이것을 완전히 잊어버린 것 같다.

마르크스는 계속하여 말한다.

> "그럼에도 불구하고 스미스는 잉여가치 그 자체를 이윤과 지대라는 그것의 특수형태들과 구별되는 독자의 범주로 설정하지 않는다. 이 때문에 그의 연구에서, 그리고 그 이상으로 리카도의 저작에서, 수많은 오류와 결함이 생기게 된 것이다." 〚CW 30: 388~389〛

이 문장은 그대로 로트베르투스에게 적용된다. 그의 '임대료'는 단순히 지대와 이윤의 합계다. 그는 전혀 틀린 지대론을 내세우며, 이윤에 관해서는 학문상의 선배들의 주장을 음미하지도 않은 채 그대로 받아들이고 있다.

이것에 반해 마르크스가 말하는 잉여가치는, 생산수단의 소유자가 등가 없이 취득하는 가치총액의 일반적 형태인데, 이 일반적 형태가 마르크스가 최초로 발견한 전혀 독특한 법칙들에 따라 이윤과 지대라는 특수한 전환된 형태들로 분화되는 것이다. 이 법칙들은 제3권에서 전개되고 있는데, 거기에서 잉여가치 일반의 이해로부터 그것이 이윤과 지대로 전환하는 것, 그리하여 자본가계급 내부에서 잉여가치의 분배법칙을 이해하기 위해서는 얼마나 많은 중간 매개 고리가 필요한가가 해명되고 있다.

리카도는 이미 스미스보다 훨씬 앞서가고 있었다. 그는 자신의 잉여가치관을 새로운 가치이론—스미스도 싹의 형태로는 가지고 있었지만 서술에서는 항상 잊고 있었다—위에 세웠으며, 이 가치이론은 그 뒤의 모든 경제학의 출발점으로 되었다. 리카도는 상품의 가치는 그것에 투하된 노동량에 의해 결정된다는 것에서, 노동이 원료에 부가한 가치량을 노동자와 자본가 사이에 분배하는 것과 이 가치를 임금과 이윤(즉 잉여가치)으로 분할하는 것을 도출하고 있다. 그는 이 두 부분 사이의 비율이 어떻게 변화하든 상품의 가치는 변화하지 않는다는 것을 지적했으며, 이 법칙에 대해 그는 오직 몇 개의 예외만을 인정하고 있을 뿐이다. 그는 너무나 일반적이긴 하지만 임금과 잉여가치(이윤의 형태로 파악한다) 사이의 상호관계에 관한 몇 개의 기본법칙을 확립했으며(『자본론』 제1권 제17장 1절 참조), 또한 지대는 일정한 사정에서 〚평균〛이윤 이상으로 얻어지는 초과이윤이라고 지적했다.

이런 점들의 어느 하나에서도 로트베르투스는 리카도를 넘어서지 못하고 있다. 리카도학파를 붕괴시킨 리카도이론의 내부 모순들에 대해 로트베르투스는 전혀 알지 못하고 있었든지 아니면 그 모순들에 대해 경제학적 해결을 제시하기보다는 유토피아적 요구를 제시할 뿐이었다. (로트베르투스, 『국가경제의 현황 인식을 위해』: 130)

가치와 잉여가치에 관한 리카도이론이 사회주의적 목적을 위해 이용되기 위해서는 로트베르투스의 『국가경제의 현황 인식을 위해』를 기다릴 필요는 없었다. 『자본론』 제1권 제24장 1절에는 『국민적 곤란의 근원과 타개책. 존 러셀 경에게 보내는 편지』(런던 1821)로부터 '잉여생산물 또는 자본의 소유자'라는 말이 인용되고 있다. 세상에서 잊혀질 뻔하다가 마르크스 때문에 빛을 보게 된 이 40쪽짜리 팜플렛의 의의는 이미 '잉여생산물 또는 자본'이라는 표현만으로도 평가되어야 하는데, 거기에는 다음과 같은 문장이 있다.

"자본가의 것으로 되는 것이 아무리 크다고 하여도," (자본가의 입장에서 보면) "그는 오직 노동자의 잉여노동만을 취득할 수 있을 뿐이다. 왜냐하면 노동자도 살아야 하기 때문이다."(23)

그러나 노동자가 어떻게 살아가는가, 따라서 자본가가 취득하는 잉여노동이 얼마나 큰가는 상당히 신축적이다.

"만약 자본의 양이 증가하는 것에 비례하여 그 가치가 감소하지 않는다면, 자본가는 노동자의 최저생활에 필요한 것을 초과하는 매 시간의 생산물을 노동자로부터 빼앗아 갈 것이다.…자본가는 결국 노동자에게 다음과 같이 말하게 될 것이다. '당신은 빵을 먹어서는 안 된다. 사탕무 뿌리와 감자로도 살아갈 수 있기 때문이다'라고. 그리고 사실상 이렇게 되어 왔다!" (23~24)

"만약 노동자가 빵 대신 감자를 먹고 살아갈 수 있다면, 그의 노동에서 더욱 많은 것을 짜낼 수 있다는 것은 논쟁의 여지없이 옳다. 예를 들어, 노동자가 빵으로 생활하기 위해서는 자기와 가족의 생존을 위해 월요일과 화요일의 노동을 자기의 것으로 확보해 두어야만 한다면, 감자로 생활하는 경우에는 월요일의 반만을 자기의 것으로 확보하면 될 것이다. 그리하여 월요일의 나머지 반과 화요일 전부는 나라에 봉사하기 위해서나 자본가를 위해 제공될 것이다."(26)

"자본가에게 지불되는 이자는, 그 형태가 지대이든 화폐이자이든 사업이윤이든, 타인의 노동으로부터 지불된다는 것은 모두가 인정하고 있다."(23)

여기에서 말하는 '이자'는 로트베르투스의 '임대료'와 똑같은 의미를 지니고 있다. 이것에 대하여 마르크스는 다음과 같이 적고 있다.('정치경제학 비판을 위하여' 원고: 852)

"이 거의 알려지지 않은 (약 40쪽짜리) 팜플렛은, '이 믿을 수 없는 엉터리' 매컬록이 남의 이목을 끌기 시작할 때 간행되었는데, 리카도보다도 하나의 중요한 진보를 포함하고 있다. 이 팜플렛은 잉여가치[리카도가 말하는 '이윤'(또는 '잉여생산물'), 또는 이 팜플렛의 필자가 말하는 '이자']를 직접적으로 '잉여노동'—노동자가 무상으로 행하는 노동이며, 노동자가 자기의 노동력의 가치를 보충하는 [즉 자기의 임금의 등가를 생산하는] 노동량을 초과해서 행하는 노동—이라고 지적하고 있다. 가치를 노동으로 환원시키는 것이 중요한 것과 마찬가지로, 잉여생산물로 나타나는 잉여가치를 잉여노동으로 환원시키는 것도 중요하였다. 이것은 사실상 스미스가 이미 언급한 것이며, 리카도의 분석에서 하나의 중요한 요소를 구성하고 있다. 그러나 그들은 이것을 절대적인 형태로 명확히 표현하지도 않았고 확립하지도 않았다." 〖CW 32: 374〗

마르크스는 계속해서 다음과 같이 말한다.(같은 원고: 859)

"그 나머지 부분에서는, 이 필자는 자기가 물려받은 경제적 범주들에 사로잡혀 있다. 리카도의 경우 잉여가치와 이윤의 혼동이 바람직스럽지 못한 모순들을 일으킨 것과 마찬가지로, 이 필자의 경우에는 잉여가치를 자본의 이자라고 명명한 것이 모순들을 일으키고 있다.…확실히 그는 리카도를 능가하고 있다. 첫째로 그는 모든 잉여가치를 잉여노동으로 환원하고 있으며, 둘째로 잉여가치를 자본의 이자라고 부르면서도, 자본의 이자를 잉여노동의 일반적 형태로 이해하여 그 특수한 형태들인 지대 · 화폐이자 · 사업이윤과의 구별을 강조하고 있기 때문이다. 그러나 그는 이들 특수한 형태 중의 하나의 명칭인 이자를 일반적 형태의 명칭으로 채용하고 있다. 이 때문에 그는 다시 경제학적 우스개를 논하게 된 것이다." 〖CW 32: 388~389〗

이 최후의 문구는 로트베르투스에게도 해당한다. 그도 자기가 물려받은 경제적 범주에 사로잡혀 있다. 그도 잉여가치를 그것의 특수한 아류

형태들 중의 하나인 '임대료'로 호칭하고 있으며, 더욱이 이 용어는 그의 경우에는 전혀 분명하지가 않다. 이 두 개의 오류 때문에 그는 경제학적 우스개를 논하게 되고, 리카도를 능가한 그의 진보를 더 이상 비판적으로 추진할 수 없게 되었으며, 오히려 자기의 미완성 이론이 달걀의 껍질에서 벗어나기도 전에 그것을 유토피아의 기초로 삼게 되었는데, 유토피아 그 자체도 다른 모든 그의 관점과 마찬가지로 다른 사람들보다 뒤늦게 만들어진 것이다. 위에 인용된 팜플렛은 1821년에 나타났지만 1842년의 로트베르트투스의 '임대료'를 완전히 예상하고 있었던 것이다.

이 팜플렛은, 리카도의 가치와 잉여가치의 이론을 프롤레타리아트를 위해 자본주의적 생산의 비판에 사용하여, 프롤레타리아트로 하여금 부르주아 자신의 무기로 부르주아에 대항하게 하였던 1820년대의 일련의 저서 중에서 가장 선진적인 작품에 불과하다. 오언의 공산주의도 경제적 논쟁에서는 오로지 리카도에 입각하고 있었다. 그러나 오언 이외에도 매우 많은 저술가들이 있었는데, 마르크스는 1847년 프루동에 대한 비판서인 『철학의 빈곤』〖CW 6: 138〗에서 그 중 에드먼즈, 톰슨, 호지스킨 등 몇 명을 인용하면서 '그 외에도 4쪽에 달하는 사람들'이 있다고 말한 바 있다. 이 무수한 저술 중에서 임의로 하나를 택하여 보자. 톰슨의 『인간의 행복을 가장 잘 증진시키는 부의 분배 원리에 관한 연구』(신판, 런던 1850)는 1822년에 쓰였고 1824년에 처음 출판되었는데, 여기에서도 생산에 종사하지 않는 계급이 취득하는 부는 노동자의 생산물로부터 공제라고 줄곧 지적되고 있으며 그것도 상당히 강한 단어로 지적되고 있다.

> "이른바 사회의 끊임없는 노력은 기만과 설득, 협박과 강제에 의하여 생산적 노동자로 하여금 자기의 노동생산물 중 될수록 적은 부분을 받고 노동하도록 만드는 것이었다."(28) "왜 노동자에게 자기 자신의

노동의 모든 절대적 생산량을 주지 않는가?"(32) "자본가가 지대나 이윤의 이름으로 생산적 노동자에게 강요하는 보상은 토지나 기타 물건의 사용에 대한 대가로 요구되고 있다.…생산적 노동자가 자기의 생산능력을 발휘하는 데 필요한 모든 물질적 수단이 자신의 이익과 대립하는 타인의 수중에 있고, 이들 타인의 동의는 자신의 활동의 전제조건이기 때문에, 자기 자신의 노동의 결과 중 어느 만큼이 자기 자신의 노동을 보상하기 위해 남는가는 항상 자본가들의 마음에 달려 있을 수밖에 없는 것이 아닌가?"(125) "…공제된 생산물 — 그것이 이윤이라 불리든 조세라 불리든 훔친 것이라 불리든 간에 — 의 크기에 비례하여"(126) 따위.

위의 글들을 쓰면서 나는 조금 부끄럽게 생각한다. 1820년대와 1830년대의 영국의 반자본주의적 문헌들이, 마르크스가 『철학의 빈곤』에서 그것에 대하여 직접적으로 언급하였고 『자본론』 제1권의 여러 곳에서 다수의 그것[예를 들어 1821년의 팜플렛, 레이븐스톤, 호지스킨 등]을 인용하였는데도 불구하고, 독일에서는 전혀 알려지지 않았다는 사실 자체는 크게 문제 삼을 수 없을는지도 모른다. 그러나 '실제로는 아무 것도 배운 바가 없어' 필사적으로 로트베르투스의 옷자락을 붙잡고 있는 속류저술가뿐 아니라 '학식을 뽐내는' 고위직의 교수까지도 고전파 경제학을 그토록 잊어버려 이미 스미스와 리카도의 저서에도 쓰여 있는 것들을 마르크스가 로트베르투스로부터 표절하였다고 진정으로 비난하였다는 사실은 오늘날 주류경제학이 얼마나 타락하였는가를 보여준다.

그러면 도대체 마르크스는 잉여가치에 대하여 어떤 새로운 것을 이야기하고 있는가? 그 이전의 모든 사회주의자들[로트베르투스 포함]의 이론들이 아무런 영향도 미치지 않고 사라져버린 반면에, 마르크스의 잉여가치론은 청천의 벽력처럼 모든 문명국에서 사람들을 놀라게 한 이유는 무엇인가?

화학의 역사가 이것을 설명하는 예를 제공하고 있다.

잘 알려진 바와 같이, 18세기 말에는 아직도 연소설이 지배하고 있었는데, 이 이론에 따르면, 모든 불타는 것[연소燃燒]의 본질은 불타는 물체로부터 하나의 가상적 물체[즉 연소燃素라고 불리는 절대적으로 불에 잘 타는 물질]가 분리하는 것에 있다는 것이다. 이 이론은 약간의 경우에는 잘 적용되지 않았지만, 그 당시에 알려진 화학적 현상의 대부분을 충분히 설명하였다. 그런데 1774년에 프리스틀리가 일종의 기체[보통의 공기도 이미 불순하게 보일 정도로 순수한, 연소를 포함하지 않는 기체]를 분리하여 '연소가 없는 기체'라고 이름지었다. 얼마 뒤에 스웨덴의 셸레도 동일한 기체를 분리하여 그것이 대기 중에 존재한다는 것을 증명하였다. 또한 그는 그 기체 중에서 또는 보통의 공기 중에서 물체를 태우면 그 기체가 사라지는 것을 발견하였는데, 이 때문에 그 기체를 '불기체fire-air'라고 불렀다.

> "이런 결과로부터 프리스틀리가 얻은 결론은, 연소가 공기의 성분 중의 하나와 결합할 때"(즉 불탈 때)"생기는 화합물이 불 또는 열에 지나지 않으며, 이것이 유리를 통해 새어 나온다는 것이다."[2)]

프리스틀리와 셸레는 모두 산소를 분리하였지만, 그들은 자기들의 손에 있는 것이 무엇인지를 알지 못하였다. 그들은 '자기들이 물려받은' 연소설의 "범주들에 사로잡혀 있었다." 연소설적인 관념 모두를 타파하고 화학을 혁명할 원소가 그들의 수중에서는 아무런 결실을 거두지 못한 것이다. 그러나 프리스틀리는 자기의 발견을 곧 파리의 라브와지에에게 전

---

2) 로스코와 숄렘머,『자세한 화학교과서』, 브라운슈바이크, 1877, Ⅰ: 13, 18.

하였으며, 라브와지에는 이 새로운 사실의 도움을 받아 연소화학 전체를 연구하였는데, 거기에서 비로소 이 새로운 기체는 새로운 화학원소라는 것, 물건이 탈 때 신비스러운 연소가 그 물건으로부터 도망가는 것이 아니라 이 새로운 원소가 그 물건과 화합하는 것이라는 것을 발견하게 되고, 이리하여 연소설의 형태에서는 거꾸로 서 있던 화학 전체를 비로소 바로 잡을 수 있었던 것이다. 라브와지에는 다른 두 사람과 동시에 또는 그들과는 독립적으로 산소를 분리하지는 못하였지만, 그럼에도 불구하고 그는 산소의 진정한 발견자다. 다른 두 사람은 산소를 분리하였을 뿐 자기가 무엇을 분리하였는지를 전혀 모르고 있었던 것이다.

라브와지에의 프리스틀리와 셸레에 대한 관계는, 잉여가치에서 마르크스와 그의 선배들의 관계와 마찬가지다. 우리가 지금 잉여가치라고 부르고 있는 생산물 가치부분의 존재는 마르크스보다도 훨씬 이전에 확인되었으며, 또 그것이 무엇으로 구성되고 있는가 하는 점에 대해서 취득자가 어떤 등가도 지불하지 않는 노동생산물로 구성되어 있다는 것도 다소 분명히 논술되었다. 그러나 그 이상으로 전진하지 않았다. 한 쪽의 사람들—고전파 부르주아 경제학자들—은 노동생산물이 노동자와 생산수단의 소유자 사이에 분배되는 비율을 주로 연구하였을 뿐이다. 다른 쪽의 사람들—사회주의자들—은 이 분배가 불공정한 것을 발견하고 이 불공정을 제거하기 위한 유토피아적 수단을 탐구하였다. 양쪽 모두 그들이 물려받은 경제학적 범주들에 사로잡혀 있었다.

거기에 마르크스가 등장하였다. 그리고 그는 모든 선배들과 직접적으로 대립하였다. 선배들이 해답을 본 곳에서 그는 문제만을 보았다. 그에게 중요한 것은, 연소가 없는 기체나 불기체를 다루는 것이 아니라 산소를 다루는 것이었으며, 하나의 경제적 사실을 단순히 확인하거나 이 사실과 영원한 정의 또는 진정한 도덕 사이의 충돌을 지적하는 것이 아니라, 경제학 전체를 변혁시킬 수 있는 하나의 사실, 그리고 자본주의적 생산 전체를 이해하는 열쇠를—이 열쇠를 어떻게 사용하는가를 알고 있는 사람을 위해—제공하는 하나의 사실을 설명하는 것이었다. 라브와지에가 산소의 도움을 받아 연소설 화학의 기존의 범주들을 검토한 것과 마찬가지로, 이 사실 [잉여가치]의 도움으로 마르크스는 경제학의 기존의 모든 범주들을 검토한 것이다. 잉여가치가 무엇인가를 알기 위해서 그는 가치가 무엇인가를 알지 않으면 안 되었다. 리카도의 가치이론 그것이 맨 처음 비판의 대상이 되지 않을 수 없었다. 이리하여 마르크스는 노동을 연구하여 그것의 가치형성적 성질을 알아내고, 어떤 노동이 어떤 이유로 어떻게 하여 가치를 형성하는가 하는 것과, 가치 일반은 이 종류의 노동의 응고체에 불과하다는 것[로트베르투스는 죽을 때까지 이것을 파악하지 못하였다]을 최초로 확정하였다. 다음으로 마르크스는 상품과 화폐의 관계를 연구하고, 어떻게 어떤 이유로 상품과 상품교환이 상품에 내재하는 가치속성에 의하여 상품과 화폐의 대립을 낳을 수밖에 없는가를 논증하였다. 이 논증의 기초 위에 서 있는 그의 화폐이론은 최초의 포괄적인 화폐이론이며 지금은 암묵적으로 모든 곳에서 승인되고 있다. 그는 화폐가 자본으로 전환하는 것을 연구하고 이 전환이 노동력의 매매에 의거하고 있음을 증명하였다. 그는 노동을 [가치창조적 속성을 가진] 노동력으로 대체함으로써, 리카도학파를 붕괴시킨 난점들 중의 하나—자본과 노동 사이의 상호교환을 노동에 의한 가치 결정이라는 리카도의 법칙과 조화시키지 못한 것—를 단번에 해결하였다. 마르크스는 자본을 불변자본과 가변자본으로 구별함으로써 최초로 잉여가치의 생산과정에 관한 현실적인 경과를 매우 자세하게 서술할 수 있었을 뿐 아니라 설명할 수도 있었다. 이것은 그의 선배들 중 아무도 하지 못한 것이다. 이리하여 그는 자본 자체 안에 하나의 구별을 확인한 것인데, 로트베르투스나 부르주아 경제학자들은 이 구별에 접근조차 하지 못하였다. 그런데 이 구별은 가장 복잡한 경제[학]적 문제들을 해결하는 열쇠를 제공하게 된다. 이 사실은 『자본론』 제2권 그리고 더욱이 제3권에서 분명히 증명되고 있다. 그는 잉여가치 그 자체를 더욱 연구함으로써 그것의 두 가지 형태—절대적 및 상대적 잉여가치—를 발견하였으며, 이 두 가지가 자본주의적 생산의 역사적 발전에서 행한 상이한 결정적인 기능을 해명하였다. 잉여가치를 기초로 하여 그는 최초의 합리적인 임금이론을 전개하였으며, 또 최초로 자본주의적 축적의 역사적 윤곽과 역사적 경향을 서술하였다.

그러면 로트베르투스는 어떠한가? 그는 이상의 모든 것을 읽은 뒤, 거기에서—당파적 경제학자가 생각하는 바와 같이—'사회에 대한 공격'을 발견하고, 그 자신이 잉여가치의 원천을 이미 더욱 간단명료하게 서술하였다고 주장하며, 끝으로 위의 모든 것은 '현재의 자본형태'[즉 역사적으로 존재하고 있는 그대로의 자본]에는 적용되지만 '자본의 개념'[즉 로트베르투스가 자본에 대해 가진 유토피아적 관념]에는 적용되지 않는다고 주장한 것이다. 죽을 때까지 연소를 고집하고 산소에 대해서는 아무 것도 알려고 하지 않았던 프리스틀리와 꼭 마찬가지이었다. 다만 프리스틀리는 실제로 산소를 최초로 만들어내었지만 로트베르투스는 그의 잉여가치 또는 '임대료' 중에서 케케묵은 것을 재발견하였을 따름이다. 그러나 마르크스는 라브와지에와는 달리 잉여가치의 존재라는 사실을 처음 발견한 사람은 자기라고 주장하기를 꺼려하였다.

로트베르투스가 경제학자로서 이룩한 것은 모두 위와 같은 수준이다. 그가 잉여가치를 하나의 유토피아로 만들려고 한 것에 대해서는 이미 마르크스가 『철학의 빈곤』에서 그를 의식하지 않은 채 비판한 바 있으며, 더욱 비판되어야 할 점은 내가 그 책의 독일어판 서문에서 이미 말한 바 있다. 그가 상업공황을 노동자계급 측의 과소소비의 결과로 설명한 것은 시스몽디의 『신정치경제학원리』 제4편 제4장에 이미 있는 것이다.[3] 유일한 차이점은, 시스몽디는 항상 세계시장을 염두에 두고 있는 반면에 로트베르투스의 시야는 프러시아 국경을 넘고 있지 않다는 것이다. 임금이 자본에서 유래하는가, 수입에서 유래하는가에 대한 그의 사색은 스콜라주의적인데, 그 문제는 『자본론』 제2권 제3편에서 최종적으로 해결되고 있다. 그의 지대론은 그 자신의 재산으로 남아 있는데, 그것을 비판한 마르크스의 원고가 출판될 때까지는 계속 평온한 잠을 잘 수 있을 것이다. 끝으로, 옛날 프러시아 지방의 토지재산을 자본의 압박에서 해방시키기 위한 그의 제안도 또한 전혀 유토피아적이다. 왜냐하면 그것은 유일한 현실적인 문제—프러시아 융커는 어떻게 매년 예컨대 2만 마르크의 수입으로 3만 마르크의 지출을 하면서도 빚을 지지 않을 수 있는가?—를 회피하고 있기 때문이다.

1830년경 리카도학파는 잉여가치라는 암초에 걸려 난파하였다. 이 학파가 해결할 수 없었던 것을 그 후계자인 속류경제학자들이 해결하기는 더욱 불가능하였다. 리카도학파가 난파하게 된 것은 다음의 두 가지 점 때문이었다.

(1) 노동은 가치의 척도인데, 자본과의 교환에서는 살아 있는 노동은 자기와 교환되는 대상화된 노동보다 적은 가치를 가지며, 따라서 일정량의 살아 있는 노동의 가치인 임금은, 동일량의 살아있는 노동이 생산한 생산물[또는 이 노동량이 체화된 생산물]의 가치보다 항상 적다고 리카도와 그 학파는 주장한 것이다. 그러나 잉여가치의 문제는 사실상 이런 형태로써는 해결 불가능하다. 마르크스는 문제를 올바르게 제기하고 그리하여 그것에 해답을 준 것이다. 가치를 가지는 것은 노동이 아니다. 가치창조적 활동인 노동이 특정의 가치를 가질 수 없다는 것은, 무게가 특

3) "이리하여 소수의 유산자 수중에 부가 집중됨에 따라 국내시장은 점점 협소해지며, 산업은 점점 해외시장에서 판로를 구하지 않으면 안 되게 된다. 그런데 해외시장에서는 더욱 큰 변혁들이 그것"(즉 1817년의 공황)"을 준비하고 있다." 『신정치경제학원리』, 1819, Ⅰ: 336.

정의 중량을 가질 수 없고, 열이 특정의 온도를 가질 수 없으며, 전기가 특정의 전류강도를 가질 수 없는 것과 마찬가지다. 상품으로 매매되는 것은 노동이 아니라 노동력이다. 노동력이 상품으로 되면, 그것의 가치는 하나의 사회적 생산물인 노동력에 체현되어 있는 노동에 의하여 결정되는데, 그 가치는 노동력의 생산과 재생산을 위해 사회적으로 필요한 노동과 같다. 따라서 노동력의 가치에 의거한 노동력의 매매는 결코 경제학적 가치법칙과 모순되는 것이 아니다.

(2) 리카도의 가치법칙에 따르면, 동일량의 살아 있는 노동을 동일한 임금을 지불하고 고용하고 있는 두 자본은, 기타의 사정이 동일한 한, 동일한 시간에 동일한 가치생산물〖노동력이 창조한 새로운 가치로서 v+s를 가리키는데, 생산물의 가치는 c+v+s이다〗을 생산하며 또한 동일한 양의 잉여가치 또는 이윤을 생산한다. 이들이 상이한 양의 살아 있는 노동을 고용한다면, 이들은 동일한 양의 잉여가치[리카도학파가 말하는 이윤]를 생산할 수 없다. 그러나 현실은 그렇지 않다. 사실상, 동일한 크기의 자본들은, 그들이 고용하는 살아 있는 노동의 대소에 관계없이, 동일한 기간에 평균적으로 같은 금액의 이윤을 생산하고 있다. 따라서 여기에는 가치법칙에 대한 하나의 모순이 있는데, 리카도는 이것을 이미 알고 있었지만 그와 그의 후계자들은 이것을 해결할 수 없었다. 로트베르투스까지도 이 모순을 무시할 수 없었는데, 그는 그것을 해결하기보다는 오히려 그 모순을 자기 유토피아의 출발점 중 하나로 삼고 있다(『인식을 위해』: 131). 마르크스는 이 모순을 이미 '정치경제학 비판을 위하여' 원고에서 해결하였으며, 『자본론』의 계획에서는 그 해결은 제3권에 포함될 것이다. 제3권의 출판에는 아직 몇 개월이 더 걸릴 것이다. 따라서 그 동안에는 마르크스의 은밀한 원천과 우수한 선구자를 로트베르투스에서 발견하였다고 주장하는 경제학자들은 로트베르투스의 경제학이 무엇을 달성할 수 있는가를 증명할 기회를 가지게 되는 셈이다. 만약 그들이 가치법칙을 위반

하지 않을 뿐 아니라 오히려 그것을 기초로 하여 평균이윤율이 어떻게 형성될 수 있는가 그리고 형성되지 않으면 안 되는가를 논증한다면, 나는 그들과 함께 논의를 계속할 수 있을 것이다. 그동안 그들은 급히 서두르지 않으면 안 될 것이다. 제2권의 눈부신 연구들과, 지금까지 거의 다루지 않은 영역의 전혀 새로운 성과들은 제3권의 내용을 위한 전제에 불과하며, 제3권에서는 자본주의적 기초 위에서 사회적 재생산과정에 관한 마르크스 서술의 최종결론들이 전개된다. 제3권이 출간되면 로트베르트투스라는 경제학자는 더 이상 언급되지도 않을 것이다.

마르크스가 되풀이하여 나에게 말한 바와 같이, 『자본론』 제2권과 제3권을 그의 아내에게 바친다.

1885년 5월 5일, 마르크스의 생일에
런던에서
프리드리히 엥겔스

제2독어판 서문 〖엥겔스, 1893〗

이 제2판은 대체로 제1판을 그대로 재인쇄한 것이다. 인쇄상의 잘못이 정정되었고, 약간의 문체상의 부주의가 제거되었으며, 약간의 짧은 중복된 문구는 삭제되었다.

전혀 예상하지 않았던 곤란을 제기하고 있는 제3권은 지금 거의 원고로서는 완성되어 있다. 나의 건강이 유지된다면 금년 가을에는 인쇄로 넘겨질 것이다〖제3권은 1894년에 출판되었다〗.

1893년 7월 15일
런던에서
F. 엥겔스

제1편
자본의 변태〚탈바꿈〛들과 그들의 순환

제1장
화폐자본의 순환

자본의 순환[1]은 세 단계를 거치는데, 『자본론』 제1권의 서술에 따르면 세 단계는 다음과 같다.

제1단계 : 자본가는 상품시장과 노동시장에서 구매자로 나타난다. 그의 화폐는 상품으로 전환된다. 즉 유통행위 M－C를 통과한다.

제2단계 : 자본가가 구매한 상품을 생산적으로 소비한다. 그는 자본주의적 상품생산자로 행동한다. 그의 자본은 생산과정을 통과한다. 그 결과는 생산요소들의 가치보다 더 큰 가치를 가진 상품이다.

제3단계 : 자본가는 판매자로 시장에 되돌아온다. 그의 상품은 화폐로 전환된다. 즉 유통행위 C－M을 통과한다.

따라서 화폐자본의 순환을 표시하는 공식은 $M - C \cdots P \cdots C' - M'$이다. 여기에서 점선은 유통과정이 중단되는 것을 가리키며, C'과 M'은 잉여가치에 의하여 증대된 C와 M을 의미한다.

제1단계와 제3단계는, 제1권에서는 제2단계인 자본주의적 생산과정을 이해하기 위해 필요한 한에서 논의되었을 뿐이다. 따라서 자본이 각각의

1) {엥겔스: 원고 2로부터.}

단계에서 취하는 각종의 형태들, 순환의 반복 중에서 자본이 취하거나 벗어버리는 각종의 형태들은 연구되지 않았다. 지금부터는 이 형태들이 먼저 당면한 연구대상이 된다.

이 형태들을 순수하게 파악하기 위해 무엇보다도 먼저 형태전환과 형태형성과는 어떤 관계도 없는 모든 계기들을 무시하지 않으면 안 된다. 이 때문에 여기에서는 상품은 그 가치대로 판매된다는 것과, 그 판매가 불변의 사정에서 행해진다는 것을 가정할 것이다. 또한 순환과정에서 발생할 수 있는 가치변동도 무시할 것이다.

제1절 제1단계. M - C[2]

M－C는 일정한 화폐액이 일정액의 상품들로 전환되는 것을 가리킨다. 구매자는 자기의 화폐를 상품으로 전환시키며, 판매자들은 자기의 상품들을 화폐로 전환시킨다. 일반적 상품유통의 이 행위가 개별 자본의 독립적 순환상의 기능적으로 규정된 일부로 되는 것은, 그 행위의 형태 때문이 아니라 그 행위의 소재적 내용—화폐와 교환되는 상품들의 독특한 유용성—때문이다. 구매된 상품들은 생산수단과 노동력인데, 그것들은 각각 상품생산의 물적 요소와 인적 요소이다. 구매되는 상품들의 특수한 성질은 물론 생산될 물품의 종류에 대응하지 않으면 안 된다. 노동력을 LP라 하고 생산수단을 MP라 하면, 구입되는 상품의 총액 C=LP+MP. 간단히 표현하면, $C\langle^{LP}_{MP}$이다.* M－C라는 행위는 그 내용상 $M-C\langle^{LP}_{MP}$로 표현된다. 즉 M－C는 M－LP와 M－MP로 분할된다. 화폐액 M은 두 부분

2) {엥겔스: 1878년 7월 2일에 시작된 원고 7로부터.}

으로 분할되어 하나는 노동력을 구매하고 다른 하나는 생산수단을 구매한다. 두 개의 구매는 전혀 다른 시장에서 행해지는데, 전자는 노동시장에서, 후자는 진정한 상품시장에서 행해진다.

그러나 M이 전환되는 상품들의 이런 질적 분할 이외에도, $M-C\langle^{LP}_{MP}$는 또한 하나의 특징적인 양적 관계를 나타낸다.

우리가 아는 바와 같이, 노동력의 가치 또는 가격은 노동력을 상품으로 팔고 있는 노동자에게 임금의 형태로 [잉여노동을 포함하는 일정량의 노동의 가격으로] 지불된다. 따라서 만약 하루의 노동력의 가치가 5시간 노동의 생산물〖정확하게 말하면 가치생산물〗인 0.15원과 같다고 한다면, 이 금액은 구매자와 판매자 사이의 계약에서는 예컨대 10시간 노동의 가격 또는 임금으로 나타난다. 만약 이런 계약이 50명의 노동자들과 맺어진다면, 그들은 구매자에게 매일 500시간의 노동을 제공하지 않으면 안 되는데, 그 중 반(250시간 또는 25개의 10시간 노동일)은 완전히 잉여노동이다. 〖그러나〗 구매되는 생산수단의 양과 규모는 전체 노동량을 사용하는 데 충분해야만 한다.

이와 같이 $M-C\langle^{LP}_{MP}$는, 일정한 화폐액 예컨대 422원이 그 금액만큼의 생산수단과 노동력으로 전환된다는 질적 관계를 표현할 뿐 아니라, 노동력과 생산수단 각각에 지불되는 화폐부분들 사이의 양적 비율 [이 비율은 취업노동자들이 수행해야만 하는 잉여노동까지도 처음부터 고려한 것이다]을 또한 표현하고 있다.

예컨대 방적공장에서 50명의 노동자의 주급 총액이 50원인 경우, 1,500시간의 잉여노동을 포함하는 3,000시간〖=10시간×50명×6일〗의 주

---

* 원문에서는 LP 대신에 L을 사용하고 있으며, 그 이유로 들고 있는 것은 1노동시간당 임금의 형태로 노동력을 구매하는 현재의 관행에서는 임금='노동의 대가'가 더욱 이해하기 쉽다는 점이다. 그러나 상품은 노동력이기 때문에 이 번역에서는 LP를 사용한다.

노동이 면사로 전환시키는 생산수단의 가치가 372원이라면, 이 372원이 생산수단의 구매에 지출되지 않으면 안 된다.

잉여노동의 이용이 생산수단의 추가적인 가치를 어느 정도 필요로 하는가는 여기에서는 전혀 중요하지 않다. 중요한 것은, 생산수단에 지출되는 화폐부분[즉 M－MP에서 구입되는 생산수단]이 어떤 사정에서도 충분해야 한다는 것, 즉 처음부터 잉여노동에 따른 추가분까지를 고려하여 적합한 규모로 지출되어야 한다는 것이다. 다시 말해 생산수단의 양은 이 노동량을 흡수하는 데, 또는 이 노동량에 의해 생산물로 전환되는 데 충분해야 한다는 것이다. 만약 수중의 생산수단이 충분하지 않다면 구매자가 처분할 수 있는 잉여노동은 잘 이용될 수가 없으며, 잉여노동의 처분권은 아무런 성과도 거두지 못하게 될 것이다. 또 만약 처분할 수 있는 노동에 비해 더 많은 생산수단이 거기에 있게 되면, 그 생산수단들은 노동의 도움을 충분히 받지 못해 생산물로 전환되지 못할 것이다.

$M-C\left\langle\begin{smallmatrix}LP\\MP\end{smallmatrix}\right.$가 완료되면, 구매자는 유용한 물품을 생산하는 데 필요한 생산수단과 노동력을 수중에 넣고 있을 뿐 아니라, 그는 노동력의 가치 보충에 필요한 노동보다 더욱 큰 노동량을 얻을 수 있는 노동력과, 이 노동량을 실현 또는 대상화시키는 데 필요한 생산수단을 수중에 넣고 있다. 다시 말해 그는 생산요소들의 가치보다 더욱 큰 가치의 물품들, 또는 잉여가치를 포함하는 상품량을 생산하는 데 필요한 요소들을 수중에 넣고 있는 셈이다. 그가 화폐형태로 투하한 가치는, (상품형태로) 잉여가치를 낳는 가치로서 실현될 수 있는 현물형태를 취하고 있다. 다시 말해 그 가치는 가치와 잉여가치의 창조자로 기능할 수 있는 능력을 가진 생산자본의 상태 또는 형태로 있는 것이다. 이런 형태로 있는 자본을 P라고 부르자.

그러나 P의 가치는 (LP+MP)의 가치, 또는 (LP+MP)로 전환된 화폐의 가치와 같다. M은 P와 동일한 자본가치지만 그 존재양식이 다르다. 즉

M은 화폐상태 또는 화폐형태의 자본가치, 즉 화폐자본이다.

$M-C\langle^{LP}_{MP}$, 또는 그것의 일반적 형태 M−C[각종 상품구매의 총계]는 일반적 상품유통의 한 행위인데, 그것은 또한 자본의 독립적 순환의 한 단계로서는 자본가치가 화폐형태에서 생산적 형태로 전환하는 것이며, 더욱 간단히 말해 화폐자본이 생산자본으로 전환하는 것이다. 여기에서 고찰되는 자본순환에서는 화폐는 자본가치의 최초 담당자로 나타나며, 따라서 화폐자본은 자본이 투하되는 형태를 대표한다.

화폐자본의 형태에 있는 자본은 화폐의 기능, 지금의 경우에는 일반적 구매수단과 일반적 지불수단의 기능을 수행할 수 있는 상태에 있다. (지불수단의 기능을 하는 경우는 다음과 같다. 노동력을 구입하였지만 작업을 끝낸 뒤에 임금을 지불하는 경우. 그리고 생산수단을 시장에서 구하지 못하여 주문한 경우.) 이 능력은 화폐자본이 자본이기 때문에 생기는 것이 아니라 그것이 화폐이기 때문에 생기는 것이다.

반면에, 화폐상태에 있는 자본가치는 화폐의 기능 이외에는 다른 어떤 기능도 수행할 수 없다. 이 화폐의 기능이 자본의 기능으로 되는 것은 자본의 운동에서 화폐의 기능이 특정한 구실을 하기 때문이며, 따라서 화폐기능이 수행되는 단계와 자본순환의 기타 단계들 사이의 상호관련 때문에 화폐의 기능이 자본의 기능으로 되는 것이다. 예를 들면, 지금의 경우 화폐는 상품들로 전환되고, 이 상품들의 조합이 생산자본의 현물형태를 구성하는데, 이 생산자본의 형태는 이미 그 자체 안에 잠재적 가능성으로서 자본주의적 생산과정의 결과〖가치증식〗를 내포하고 있는 것이다.

$M-C\langle^{LP}_{MP}$에서 화폐자본의 기능을 마친 화폐의 일부는 이 유통을 완수시킨 뒤 다른 기능[이 기능에서는 화폐의 자본성격은 사라지고 그 화폐성격만 남는다]을 맡게 된다. 화폐자본 M의 유통은 M−MP와 M−LP로, 즉 생산수단의 구매와 노동력의 구매로 분할된다. 후자의 과정 그 자체를 살펴보자. M−LP는 자본가 측에서는 노동력의 구매이고, 노동자

(노동력의 소유자)측에서는 노동력[임금형태가 전제되고 있기 때문에 '노동'이라고 말해도 좋다]의 판매다. 구매자로서의 M－C(M－LP)는, 모든 구매에서와 마찬가지로, 판매자(노동자)로서는 LP－M(C－M)이고 자기 노동력의 판매다. LP－M은 노동력의 판매자 측에서는 유통의 제1단계 또는 상품의 제1탈바꿈이며(제1권, 제3장, 제2절, A), 이것은 그의 상품이 화폐형태로 전환하는 것이다. 이렇게 입수한 화폐를 노동자는 자기의 욕구를 충족시키는 상품들에 조금씩 지출한다. 이리하여 그의 상품의 총유통은 LP－M－C로서, 즉 첫째는 LP－M(C－M), 둘째는 M－C로서 나타난다. 결국, 단순상품유통의 일반적 형태 C－M－C로 표시되는데, 여기에서 화폐는 오직 순간적인 유통수단 또는 상품과 상품 사이의 교환의 단순한 매개수단이다.

M－LP는 화폐자본이 생산자본으로 전환하는 특징적 계기다. 왜냐하면 그것은 화폐형태로 투하된 가치가 실제로 자본[잉여가치를 낳는 가치]으로 전환하기 위한 본질적인 조건이기 때문이다. M－MP는 M－LP에 의해 구입한 노동량을 실현하기 위해서만 필요하다. 이 때문에 제1권 제2편 "화폐가 자본으로 전환"에서는 M－LP를 이 관점에서 설명한 것이다. 여기에서는 이 문제를 다른 각도에서, 즉 자본의 현상형태로서의 화폐자본과 특별히 관련시켜 고찰하지 않으면 안 된다.

M－LP는 일반적으로 자본주의적 생산양식의 특징으로 여겨지고 있다. 그러나 그것은 결코 위에서 말한 이유, 즉 노동력의 구매는 노동력의 가격[=임금]을 보충하는 데 필요한 것보다 더 큰 노동량을 공급하는 것 ― 투하가치의 자본화[또는 잉여가치의 생산]를 위한 기본조건인 잉여노동을 공급하는 것 ― 을 명시하는 구매계약이기 때문이 아니다. 오히려 M－L이라는 형태, 즉 임금의 형태로 노동이 화폐에 의해 구매되기 때문이며, 그리고 이 형태는 '화폐경제'의 특징이다.

그런데 이 경우에도 그 형태의 불합리성이 특징적인 것으로 지적되지 않으며, 오히려 이 불합리성을 빠뜨리고 있다. 가치형성 요소로서의 노동 그 자체는 어떤 가치도 가지지 않으며, 따라서 일정량의 노동은 그것의 가격[즉 일정량의 화폐와의 등가]으로 표시된 가치를 가질 수 없다. 우리가 알고 있는 바와 같이, 임금은 하나의 위장된 형태에 불과하다. 이 형태에서는 예컨대 하루의 노동력의 가격〖임금〗은 이 노동력이 하루에 수행하는 노동의 가격으로 표현되며, 따라서 예컨대 6시간의 노동에 의해 생산되는 노동력의 가치가 12시간의 노동의 가치로 표현되고 있다.

이처럼 M−LP에서는 노동력이 그 소유자의 상품으로 나타나며 화폐는 구매자의 상품으로 나타난다는 이유 때문에, 다시 말해 화폐관계(인간 활동력의 매매) 때문에, M−LP는 이른바 화폐경제의 특징 또는 표지로 여겨지고 있다. 그러나 화폐는, 그것이 화폐자본으로 전환되지도 않은 채, 그리고 경제체제의 일반적 성격이 변하지도 않은 채, 이미 오래 전부터 이른바 용역(서비스)의 구매자〖예를 들어 하인을 사용하는 경우〗로 등장하고 있다.

화폐 측에서 보면, 그 화폐가 어떤 종류의 상품으로 전환되든 전혀 중요하지 않다. 화폐는 모든 상품의 일반적 등가형태다. 모든 상품은 관념적으로 일정한 화폐액을 표현하고 있다는 것, 그들은 화폐로 전환되기를 기대하고 있다는 것, 그들의 소유자는 화폐와의 교환을 통해서만 자기가 원하는 사용가치를 얻을 수 있다는 것, 이 모든 것은 이미 상품의 가격에서 표현되고 있다. 따라서 노동력이 일단 그것의 소유자의 상품으로 시장에 등장하고, 그 판매가 노동에 대한 지불이라는 형태 즉 임금형태로 행해진다면, 노동력의 매매는 기타 상품의 매매와 마찬가지로 전혀 이상하지가 않다. 노동력이라는 상품이 구매될 수 있다는 점이 특징적인 것이 아니라, 노동력이 상품으로 출현한다는 사실이 특징적이다.

$M-C\langle^{LP}_{MP}$, 즉 화폐자본이 생산자본으로 전환하는 것에 의해 자본가는 생산의 객체적 요소와 인적 요소의 결합을 실현한다[이 요소들이 상

품인 한]. 화폐가 처음으로 생산자본으로 전환하는 경우, 또는 화폐가 처음으로 그 소유자를 위해 화폐자본으로 기능하는 경우, 그는 노동력을 구입하기 이전에 먼저 생산수단[예: 건물, 기계]을 구입하지 않으면 안 된다. 왜냐하면 노동력이 그의 지배하에 들어오자마자 그는 그 노동력을 노동력으로서 이용할 수 있는 생산수단을 가지지 않으면 안 될 것이기 때문이다.

이상에서 논의한 것은 M－LP를 자본가 측에서 본 것이다.

노동자 측에서 보면, 그의 노동력의 생산적 이용은 노동력이 팔려 생산수단과 결합될 때 비로소 가능하게 된다. 이 노동력은 판매 이전에는 생산수단[즉 노동력이 사용되는 객체적 조건]과 분리되어 있다. 이 분리된 상태에서는 노동력은 그 소유자를 위한 사용가치의 생산뿐 아니라 타인을 위한 상품의 생산에도 직접적으로 활용될 수 없다. 그러나 노동력이 팔려 생산수단과 결합되자마자, 노동력은 생산수단과 마찬가지로 그 구매자의 생산자본의 한 구성부분으로 된다.

M－LP라는 행위에서 화폐 소유자와 노동력 소유자는 구매자와 판매자로서만 서로 관계하고, 화폐 소유자와 상품 소유자로서 서로 대립한다. 이 측면에서 보면 그들은 상호간에 단순한 화폐관계를 맺고 있지만, 그런데도 구매자는 처음부터 생산수단[노동력의 소유자가 노동력을 생산적으로 지출하게 되는 객체적 조건들]의 소유자로 등장한다. 다시 말해 생산수단은 노동력의 소유자에 대해서는 타인의 소유로 나타나고 있다. 그런데 노동력의 판매자는 노동력의 구매자에 대해 자기 소유의 노동력임을 주장할 수가 없다. 왜냐하면 노동력이 현실적으로 생산자본으로 기능하기 위해서는 그 구매자의 지배하에 들어가 그의 자본으로 합쳐지지 않으면 안 되기 때문이다. 따라서 자본가와 임금노동자 사이의 계급관계는 양자가 M－LP(노동자 측에서는 LP－M)의 행위에서 서로 상대하는 그 순간에 이미 존재하며 이미 전제되고 있는 것이다. 이것은 매매이고

화폐관계이지만, 자본가로서의 구매자와 임금노동자로서의 판매자가 전제되고 있는 매매다. 이 관계는, 노동력의 실현을 위한 조건들—생활수단과 생산수단—이 타인의 소유로 노동력의 소유자로부터 분리되고 있기 때문에 발생하는 것이다.

이 분리가 어떻게 발생하는가는 여기에서 문제로 삼지 않는다. 여기에서 중요한 것은, M−LP가 화폐자본의 기능으로 나타나거나 화폐가 자본의 존재형태로 나타나는 것은 화폐가 여기에서 유용한 인간 활동 또는 서비스를 구매하는 수단으로 역할 하는 것—즉 화폐의 구매수단으로서의 기능— 때문만은 결코 아니라는 점이다. 화폐가 자본으로서 지출될 수 있는 것은, 노동력이 생산수단(노동력 그 자체의 생산수단인 생활수단을 포함한다)과 분리되어 있다는 점, 이 분리는 노동력을 생산수단의 소유자에게 판매함으로써만 해소될 수 있다는 점, 그리고 그 구매자는 노동력의 가격을 재생산하는 데 필요한 노동량을 초과하여 노동력을 사용할 수 있다는 점 때문이다. 자본관계『자본에 의한 노동의 착취』가 생산과정에서 생겨나는 것은 그 관계가 교환행위 중에, 다시 말해 구매자와 판매자가 서로 상대할 때의 기본적으로 상이한 경제상황 중에, 즉 그들의 계급관계 중에 암묵적으로 존재하기 때문이다. 이 계급관계를 발생시키는 것은 화폐의 성격이 아니라, 오히려 이 계급관계의 존재 때문에 화폐의 단순한 기능이 자본의 기능으로 전환될 수 있는 것이다.

화폐자본의 파악에서 상호 관련된 두 개의 오류가 일반적으로 발견된다(당분간 우리는 화폐자본을 여기에서 문제 삼는 그 특정의 기능과 관련시켜서만 논의할 것이다). 첫째로, 자본가치가 화폐자본으로서 수행하는 기능들[즉 자본가치가 화폐형태로 있기 때문에 수행할 수 있는 기능들]이 자본가치의 자본성격 때문이라고 잘못 파악되고 있는데, 그 기능들은 단순히 자본가치의 화폐상태 또는 화폐로서의 현상형태 때문에 생긴다. 둘째로, 이것과는 반대로, 화폐기능을 동시에 하나의 자본기능으로 만드는 화폐기능의 독특한 내용이 화폐의 성격 때문이라고 파악되고 있는데(이 경우 화폐는 자본과 혼동되고 있다), 사실상 이 자본기능은, M－LP행위에서 보는 바와 같이, 상품유통과 그것에 상응하는 화폐유통에 의해서는 결코 주어지지 않는 사회적 조건들을 전제하고 있다.

노예의 구매와 판매도 그 형태에서는 상품의 매매다. 그러나 노예제가 존재하지 않는다면 화폐는 이 기능을 수행할 수 없다. 노예제가 존재한다면 화폐는 노예의 구입에 지출될 수 있다. 그러나 구매자의 수중에 있는 화폐는 결코 노예제를 만들 수 없다.

자기 자신의 노동력의 판매(이것은 자기 자신의 노동을 판다는 형태, 즉 임금형태로 행해진다)가 고립된 현상이 아니라 상품생산을 위한 결정적인 사회적 전제조건이라면, 다시 말해 화폐자본이 여기서 고찰되는 기능 $M-C\langle^{LP}_{MP}$를 사회적인 규모에서 수행한다면, 이것은 생산수단과 노동력 사이의 시초의 결합을 해체시킨 역사적 과정들을 전제하고 있다. 이 역사적 과정의 결과로 생산수단의 비소유자로서의 대중(즉 노동자)은 생산수단의 소유자로서의 비노동자와 대립하게 된 것이다. 그 결합이, 해체되기 이전에, 어떤 형태를 취하고 있었는가—노동자 자신이 하나의 생산수단으로서 여타의 생산수단에 부속되고 있었든, 아니면 그가 생산수단의 소유자이었든—는 여기에서는 조금도 상관이 없다.

$M-C\langle^{LP}_{MP}$라는 행위의 기초에 있는 것은 분배와 관련된다. 소비수단의 분배라는 일상적인 의미의 분배가 아니라 생산요소 그 자체의 분배인데, 물질적인 요소들은 한 편에 집적되어 있고 노동력은 다른 편에서 물질적 요소들에서 분리되어 있다는 것이다.

생산자본의 물질적 부분인 생산수단은, M－LP 행위가 일반적 사회적 행위로 될 수 있기 전에, 이미 그 자체로서 또는 자본으로서 노동자와 대립하지 않으면 안 된다.

자본주의적 생산은, 일단 확립되면, 그 발전과정에서 이 분리를 재생산할 뿐 아니라 점점 더욱 큰 규모로 확대하여 일반적 지배적인 사회조건으로 만든다는 것을 우리는 이미 보았다.* 그러나 이 문제에는 다른 측면이 있다. 자본이 형성되어 생산을 장악하기 위해서는, 상업[따라서 상품유통과 상품생산]이 일정한 정도까지 발달하여야만 한다. 왜냐하면 물품들은 판매를 위해 상품으로 생산되지 않는 한, 상품으로서 유통에 들어갈 수 없기 때문이다. 상품생산이 생산의 정상적 · 지배적 성격으로 나타나는 것은 자본주의적 생산의 기초 위에서만 가능하다.

러시아의 토지소유자들은 이른바 농민해방 〖1861년〗의 결과 지금 농노의 강제노동 대신에 임금노동으로 농업을 경영하고 있는데, 그들은 다음과 같은 두 가지의 불평을 하고 있다. 첫째는 화폐자본이 부족하다는 것이다. 예를 들어, 수확물이 판매되기 전에 상당한 금액을 임금노동자에게 지불하지 않으면 안 되는데, 그 제1조건인 현금이 부족하다는 것이다. 생산을 자본가적으로 운영하기 위해서는, 특히 임금 지불을 위해서는, 화폐형태의 자본이 계속 공급되지 않으면 안 된다. 그러나 토지소유자들은 걱정하지 않아도 될 것이다. 기다리는 자에게는 주어질 것이라는 말과 같이, 조금만 있으면 그들은 자기 자신의 화폐뿐 아니라 타인의 화폐까지도 이용할 수 있게 될 것이기 때문이다 〖예: 은행과 주식회사의 발달〗.

두 번째의 불평은 좀더 특징적인 것인데, 화폐를 가지고 있다 할지라도 구입할 노동력을 충분한 양으로 적기에 이용할 수 없다는 것이다. 이것은, 촌락공동체에 의한 토지공유 때문에 러시아 농업노동자는 아직 자기의 생산수단에서 완전히 분리되지 않고 있으며, 따라서 아직은 완전한 의미에서 '자유로운 임금노동자'가 아니기 때문이다. 그런데 이 '자유로운 임금노동자'가 사회 전체에 걸쳐 있는 것은, M－C[즉 화폐가 상품으로 전환]가 화폐자본이 생산자본으로 전환하는 형태를 취하는 데 필수불

* 『자본론』 제1권 제7편과 제8편.

가결한 조건이다.

따라서 화폐자본의 순환을 표현하는 공식 M－C…P…C′－M′은 이미 발달한 자본주의적 생산의 기초 위에서만 자본순환의 자명한 형태라는 것은 말할 필요도 없다. 왜냐하면 그 공식은 임금노동자 계급이 사회 전체에 걸쳐 충분한 숫자로 존재하고 있다는 것을 전제하고 있기 때문이다. 우리가 이미 본 바와 같이, 자본주의적 생산은 상품과 잉여가치를 생산할 뿐 아니라 임금노동자 계급을 재생산 · 확대재생산하고 있으며, 다수의 직접적 생산자들을 임금노동자로 전환시키고 있다. M－C…P…C′－M′의 제1 전제조건은 임금노동자 계급의 항상적인 존재이기 때문에, 그것은 이미 자본이 생산자본〖LP와 MP〗 형태로 있는 것, 따라서 생산자본의 순환형태를 암시하고 있다.

제2절 제2단계. 생산자본의 기능

여기에서 고찰되는 자본순환은 M－C라는 교환행위, 화폐가 상품으로 전환, 즉 구매로부터 시작하고 있다. 따라서 이 교환은 반대의 탈바꿈 C－M, 상품이 화폐로 전환, 즉 판매에 의하여 보충되지 않으면 안 된다. 그러나 $M-C\langle^{LP}_{MP}$의 직접적 결과는 화폐형태로 투하된 자본가치의 유통 중단이다. 화폐자본이 생산자본으로 전환하는 것에 의하여 자본가치는 더 이상 유통될 수 없고, 소비 즉 생산적 소비로 향하여야 할 운명에 있는 현물형태를 취하였다. 노동력의 사용인 노동은 노동과정에서만 실현될 수 있다. 자본가는 노동자를 상품으로 팔 수가 없다. 왜냐하면 노동자는 그의 노예가 아니며 자본가는 노동자의 노동력을 일정한 기간 사용하는 것만을 구매하였기 때문이다. 또한 자본가는 노동력의 도움으로 생산수단을 상품의 형성에 이용하는 동안에만 노동력을 사용할 수 있다. 따라서 제1단계의 결과는 제2단계 즉 자본의 생산단계의 개시다.

이 운동은 $M-C\langle^{LP}_{MP}\cdots P$로 표현되는데, 점선은 자본유통의 중단을 가리킨다. 그러나 자본은 상품유통의 영역에서 생산의 영역으로 이행하면서 순환을 계속한다. 제1단계[화폐자본이 생산자본으로 전환]는 따라서 제2단계[생산자본이 기능하는 것]를 위한 서곡 · 준비단계로서 나타날 뿐이다.

$M-C\langle^{LP}_{MP}$는 이 행위를 수행하는 개인이 자기의 수중에 가치를 어떤 유용한 형태로 가지고 있을 뿐 아니라 그 가치를 화폐형태로 소유하고 있다[즉 그는 화폐소유자다]는 것을 전제하고 있다. 그러나 그 행위는 화폐를 지출하는 것이므로, 그 개인이 화폐소유자로 존속할 수 있기 위해서는 지출행위 그 자체의 결과로 화폐가 환류해야만 한다. 그런데 화폐가 그에게 되돌아 오는 것은 상품의 판매를 통해서만 가능하기 때문에, 위의 행위는 화폐소유자가 상품생산자라는 것을 전제하고 있다.

M−LP. 임금노동자는 자기 노동력의 판매에 의해서만 살아간다. 노동력의 유지[즉 자기 자신의 보존]는 매일의 소비를 필요로 한다. 그러므로 그가 받는 보수는 짧은 기간에 끊임없이 반복되어 자기 보존에 필요한 구매[LP−M−C 또는 C−M−C의 행위]를 반복할 수 있어야만 한다. 따라서 임금노동자에 대해 자본가는 항상 화폐자본가로서, 그리고 그의 자본은 화폐자본으로서 상대하지 않을 수 없다. 반면에, 다수의 직접적 생산자[임금노동자]가 LP−M−C의 행위를 수행하기 위해서는 필요한 생활수단이 구매할 수 있는 형태[상품형태]로 항상 존재하지 않으면 안 된다. 그러므로 이 사정 자체는 생산물들이 상품으로서 유통하는 것, 따라서 상품생산의 정도가 고도로 발전하는 것을 필요로 한다. 임금노동에 의한 생산이 일반적으로 되자마자 상품생산은 생산의 일반적 형태가 되지 않을 수 없다. 일반적 상품생산은 사회적 분업을 끊임없이 증진시키

는데, 특정의 자본가가 생산하는 상품은 끊임없이 전문화하고, 보완적인 생산과정들은 독립적인 것으로 끊임없이 분할된다. 그러므로 M−MP도 M−LP와 같은 정도로까지 발달하게 된다. 다시 말해 생산수단의 생산부문은 그 생산물을 생산수단으로 사용하는 상품생산부문과 점차로 분리되며, 따라서 각각의 상품생산자는 생산수단을 스스로 생산하지 않고 자기의 특정한 생산과정을 위해 상품으로서 구매하게 된다. 생산수단은 자기 자신의 생산분야와 완전히 분리 · 독립된 생산분야에서 생산되어 자기의 생산분야에 상품[꼭 구입해야 할 상품]으로서 들어오고 있다. 상품생산의 물적 조건들은 점점 더 큰 범위로 기타의 상품생산자의 생산물로서 [상품으로서] 개별 자본가와 마주하고 있다. 거기에 발맞추어 자본가는 점점 더 화폐자본가로 등장하게 되며, 그의 자본이 화폐자본으로 기능하는 규모는 점점 더 확대되고 있다.

반면에, 자본주의적 생산의 기본조건[임금노동자 계급의 존재]을 만들어내는 동일한 사정이 모든 상품생산을 자본주의적 상품생산으로 이행시키는 것을 촉진한다. 자본주의적 상품생산의 발달은 모든 이전의 생산형태[주로 생산자의 직접적 욕구를 충족시키는 것을 목적으로 하기 때문에 생산물의 과잉분만을 상품으로 전환시킨다]를 파괴하고 해체시키는 작용을 한다. 자본주의적 상품생산은 처음에는 외관상으로는 생산방식 그 자체를 공격하지 않은 채 생산물의 판매를 주된 관심사로 삼는다. 이것은 예컨대 자본주의적 세계무역이 중국 · 인도 · 아랍 등의 민족들에게 준 최초의 영향이었다. 그러나 자본주의적 상품생산은, 정착하는 곳 어디에서나, 생산자 자신의 노동에 의거하고 있거나 생산물의 과잉분만을 상품으로 판매하는 것에 의거하고 있는 상품생산의 모든 형태를 파괴한다. 그것은 처음에는 상품생산을 일반화하고, 그 다음에는 모든 상품생산을 점차로 자본주의적 상품생산으로 전환시킨다.[3)]

생산의 사회적 형태가 어떠하건 노동자와 생산수단은 언제나 생산요소다. 그러나 그것들이 서로 분리된 상태에 있다면 그것들은 잠재적 생산요소일 뿐이다. 생산이 행해지려면 그것들은 결합되어야 한다. 이 결합이 이루어지는 특수한 형태와 양식은 사회구조의 경제적 시대를 구분한다. 지금의 경우, 자유로운 노동자가 자기의 생산수단에서 분리되어 있다는 것은 주어진 출발점이고, 어떻게 어떤 조건에서 이 두 개가 자본가의 수중에서 — 그의 자본의 생산적 존재형태로서 — 결합되는가 하는 것은 우리가 이미 보았다. 상품형성의 인적 · 물적 요소가 이렇게 결합되어 착수하는 현실적 과정[즉 생산과정]은 그 자체가 자본의 기능으로 되는데, 이런 자본주의적 생산과정의 성격에 관해서는 이미 제1권에서 자세히 논의한 바 있다. 모든 상품생산은 노동력의 착취를 내포하고 있지만, 자본주의적 상품생산은 하나의 획기적인 착취형태다. 왜냐하면 이 착취형태는 역사적 발전과정에서 노동과정의 조직과 기술의 거대한 개선을 이룩하며, 이를 통해 사회의 경제구조 전체를 변혁시킴으로써 이전의 모든 시기보다 비교할 수 없을 정도로 우뚝 솟아 있기 때문이다.

가치의 형성, 따라서 잉여가치의 창조와 관련하여 생산과정에서 수행하는 기능의 상이성에 의하여, 생산수단과 노동력은, 그것이 투하 자본가치의 존재형태인 한, 불변자본과 가변자본으로 구별된다. 생산수단과 노동력은 생산자본의 구성부분으로서 또 하나의 차이를 가지고 있다. 즉 생산수단은 일단 자본가의 소유로 되기만 하면 생산과정의 외부에서도 그의 자본으로 남아 있지만, 노동력은 생산과정 안에서만 개별자본의 존재형태로 된다는 점이다. 노동력은 그것의 판매자[임금노동자]의 수중에 있을 때만 상품이며, 반면에 그것의 일시적 사용권을 얻은 구매자[자본가]의 수중에 있을 때만 노동력은 자본으로 된다. 생산수단은 생산자본의 인적 존재형태인 노동력이 자기에 합쳐질 때 비로소 생산자본의 물적

3){엥겔스: 여기까지가 원고 7. 다음부터는 원고 6.}

형태가 된다. 인간의 노동력과 생산수단은 그 본성〚초역사적 물질적 성격〛 때문에 자본으로 되는 것은 결코 아니다. 그들은 역사적으로 발전해 온 특정의 조건에서만 이 독특한 사회적 성격을 얻게 되는데, 이것은 특정의 역사적 조건에서만 귀금속이 화폐의 성격을 얻고, 화폐가 화폐자본의 성격을 얻는 것과 마찬가지다.

생산자본은 그 기능과정에서 자기의 구성부분을 소비하여 그것을 더욱 큰 가치의 생산물로 전환시킨다. 노동력은 자본의 한 기관organ으로서만 활동하기 때문에, 생산물 가치 중 그 구성요소들의 가치를 넘는 초과분[잉여노동에 의해 생긴 것]은 자본의 과실이다. 노동력의 잉여노동은 자본을 위해 무료로 수행된 노동이며, 따라서 자본가를 위한 잉여가치[자본가가 어떤 등가도 지불하지 않는 가치]를 형성한다. 따라서 생산물은 상품일 뿐 아니라 잉여가치를 잉태한 상품이다. 그것의 가치는 P+s, 즉 생산에 소비된 생산자본의 가치 P 더하기 생산자본에 의하여 발생한 잉여가치 s이다. 이 상품이 10,000그램 무게의 면사이고, 그것의 생산에 372원의 생산수단과 50원의 노동력이 소비되었다고 가정하자. 방적과정에서 방적공들은 자기의 노동에 의해 소비된 생산수단의 가치액 372원을 면사에 이전시킴과 동시에, 그들의 노동지출에 따라 예컨대 128원의 새로운 가치〚노동력의 가치 50원과 잉여가치 78원〛를 생산하였다. 그러하면 10,000그램의 면사는 500원이라는 가치를 대표한다.

제3절 제3단계. C′ - M′

상품은 이미 증식된 자본가치의 기능적 존재형태—생산과정 그 자체로부터 직접적으로 나온다—로서 상품자본이 된다. 만약 상품생산이 사회 전체에 걸쳐 자본주의적 기초 위에서 수행된다면, 모든 상품[예: 선철 · 브뤼셀 레이스 · 황산 · 잎담배]은 처음부터 상품자본의 요소일 것이다. 각종 상품들을 그 속성에 따라 자본으로 기능하는 상품무리와 보통 상품으로 기능하는 상품무리로 구분하는 문제는 스콜라철학적 경제학이 스스로 만들어낸 쓸모없는 어려운 문제 중의 하나다.

자본은 상품형태로 있을 동안은 상품기능을 수행해야만 한다. 자본을 구성하는 물품들은 처음부터 시장을 위해 생산된 것이므로 판매되어 화폐로 전환되지 않으면 안 되며, 따라서 C－M의 운동을 통과하여야만 한다. 자본가의 상품이 10,000그램의 면사로 구성되어 있다고 하자. 방적과정에서 372원의 생산수단이 소비되고 128원의 새로운 가치가 창조되었다면, 이 면사는 500원의 가치[가치를 가격으로 표현한 것]를 가지게 된다. 이 가격은 판매 C－M에 의하여 실현되어야 한다. 모든 상품유통에 포함된 이 단순한 행위를 동시에 하나의 자본기능으로 만드는 것은 무엇인가? 그것은 이 행위가 일어나는 동안에 생긴 변화일 수는 없다. 상품의 유용성에는 변화가 생기지 않는다. 왜냐하면 그 상품은 사용대상으로서 구매자의 수중으로 이전될 따름이기 때문이다. 또한 상품의 가치에도 변화가 생기지 않는다. 왜냐하면 그 가치는 양적으로 변화하지 않고 탈바꿈만을 겪기 때문이다. 그 가치는 처음에는 면사 형태로 있었지만 지금은 화폐 형태로 있다. 이리하여 제1단계 M－C와 제3단계 C－M 사이에는 하나의 본질적인 차이가 있다. 전자에서 투하된 화폐가 화폐자본으로 기능한 것은, 그 화폐가 유통을 통하여 독특한 사용가치를 가진 상품으로 전환되었기 때문이다. 그러나 후자에서 상품이 자본으로 기능할 수 있는 것은, 그 상품이 유통과정의 개시 이전에 이미 자본의 성격을 띠고 생산과정에서 나왔기 때문이다. 방적과정에서 방적공은 128원의 면사가치를 창조하였는데, 그 중 예컨대 50원은 자본가가 노동력에 대하여 지불한 것의 등가에 불과하고 78원은 잉여가치를 형성한다. 노동력의 착취율은 156%〖78원/50원〗다. 따라서 10,000그램 면사의 가치는, 첫째로, 소비된 생산자본의 가치를 포함하는데, 그것의 불변부분은 372원, 가변부분은 50원, 합계 422원으로 8,440그램의 면사에 해당한다. 생산자본 P의 가치는, M−C단계에서 [판매자의 수중에 있는 상품으로서] 자본가와 상대하였던 생산자본 구성요소들의 가치 C와 동일하다. 둘째로, 면사의 가치는 78원의 잉여가치를 포함하는데 이것은 1,560그램의 면사에 해당한다. 따라서 10,000그램의 면사의 가치표현은 C+ΔC, 즉 C 더하기 C의 증가분(78원)이다. 이 증가분은 최초의 가치 C가 지금 취하고 있는 상품형태와 동일하므로 c로 나타낼 것이다. 10,000그램의 면사의 가치(500원)는 C+c=C′이다. 10,000그램의 면사의 가치를 C 대신에 C′으로 표현하는 것은 그 가치의 절대적 크기(500원) 때문은 아니다. 왜냐하면 그 절대적 크기는 그 상품에 대상화된 노동량에 의하여 결정될 것이므로 여타 상품의 가치표현 C와 마찬가지일 것이기 때문이다. C를 C′으로 표현하는 것은 C의 상대적 가치 크기[즉 생산에서 소비된 생산자본 P의 가치와 비교한 그것의 가치] 때문이다. 그 상품에 포함된 가치는 P의 가치에다가 생산자본에 의하여 제공된 잉여가치를 합한 것이다. 그것의 가치는 자본가치 P보다 잉여가치 c만큼 더욱 크다. 10,000그램의 면사는 [가치증식되어 잉여가치만큼 증가한] 자본가치의 담당자다. 이렇게 된 것은 그 면사가 자본주의적 생산과정의 생산물이기 때문이다. C′은 하나의 가치비율[상품생산물의 가치와 그것의 생산에 소비된 자본가치 사이의 비율]을 표현한다. 다시 말해 C′은 상품의 가치가 자본가치와 잉여가치로 구성되어 있다는 것을 표현하고 있다. 10,000그램의 면사는 생산자본 P의 전환된 형태로서 인식될 때만—따라서 이 개별자본의 순환 중에 있는 상호관련에 의해서만, 또는 자본으로 면사를 생산한 자본가에 대해서만—상품자본 C′이다. 가치의 담당자인 10,000그램의 면사를 상품자본으로 만드는 것은 말하자면 외부관계가 아니라 내부관계일 뿐이다. 이 면사가 자본주의적 특징을 지니고 있는 것은 그 가치의 절대적 크기 때문이 아니라 상대적 크기[즉 이 면사에 포함되어 있는 생산자본의 가치에 비교한 면사의 가치량] 때문이다. 10,000그램의 면사가 그것의 가치 500원으로 팔린다면, 이 교환행위는 그 자체로서 보면 C－M이며, 동일한 가치가 상품형태로부터 화폐형태로 단순히 전환되는 것이다. 그러나 하나의 개별자본의 순환상의 특수단계로 보면, 이 동일한 행위는 상품이 지니고 있는 422원의 자본가치와 78원의 잉여가치를 실현하는 것이며, 따라서 C′－M′[상품자본이 상품형태로부터 화폐형태로 전환하는 것]이다.4)

C′의 기능은 모든 상품생산물의 기능과 마찬가지로 화폐로 전환되는 것, 즉 팔려서 C－M의 유통단계를 통과하는 것이다. 가치증식된 자본이 상품자본의 형태 그대로 시장에 머물러 있는 동안에는 생산과정은 정지한다. 그 자본은 생산물을 만들거나 가치를 형성하는 활동을 못하게 된다. 자본이 상품형태를 버리고 화폐형태를 취하는 속도[판매 속도]가 다름에 따라, 동일한 자본가치는 매우 불균등하게 생산물과 가치의 형성에 기여하게 될 것이며, 재생산 규모는 확대 또는 축소될 것이다. 제1권 〖제24장 4절〗에서 해명된 바와 같이, 주어진 자본의 능력은 그 자신의 규모와는 어느 정도 독립적인 생산과정의 힘들〖예: 노동일의 길이, 노동강도〗에 의하여 규정되고 있다. 그런데 지금 여기에서는 유통과정이 자본의 능력[자본의 팽창과 수축]에 영향을 미치는 새로운 힘들[자본의 규모와는 독립적이다]을 작동시키고 있는 것이다.

가치증식된 자본의 담당자인 상품량 C′은 그 전체가 C′－M′의 탈바꿈을 거쳐야 한다. 여기에서는 판매량이 기본적인 결정요인이다. 개별상품은 총량의 구성부분으로서만 나타난다. 가치 500원은 10,000그램의 면

---

4){엥겔스: 여기까지가 원고 6. 다음부터는 원고 5.}

사 중에 존재한다. 만약 자본가가 7,440그램만을 그 가치 372원으로 판매하는 데 성공한다면, 그는 불변자본의 가치[소비된 생산수단의 가치]만을 보충하였을 뿐이다. 그가 8,440그램를 판매하더라도 그는 총 투하자본의 가치만을 보충하게 된다. 잉여가치를 실현하려면 그는 더 많이 팔아야 하며, 잉여가치 총액 78원(=1,560그램의 면사)을 실현하려고 한다면 그는 10,000그램의 면사 전부를 판매해야만 한다. 500원의 화폐는 판매된 상품의 등가에 불과하므로, 유통영역 안에서의 거래는 단순히 C－M이다. 만약 그가 노동자에게 50원 대신에 64원을 지불하였다면 그의 잉여가치는 78원 대신에 64원이 될 것이며, 착취율은 156% 대신에 100%로 될 것이다. 그렇지만 그의 면사가치는 변하지 않으며, 각종의 구성부분의 비율만이 달라질 것이다. 교환행위 C－M은 여전히 10,000그램의 면사를 그 가치 500원으로 판매하는 것이다.

C′=C+c(=422원+78원). C는 생산자본 P와 그 가치가 같으며, 또한 M－C[생산요소의 구매]에서 투하된 M의 가치[우리의 예에서는 422원]와 같다. 이 상품량이 그 가치대로 팔린다면, C=422원이고 c=78원[잉여생산물 1,560그램 면사의 가치]이 될 것이다. c가 화폐로 표현된 것을 m이라고 부른다면, C′－M′은 (C+c)－(M+m)으로 되며, M－C…P…C′－M′라는 순환은 M－C $\langle^{LP}_{MP}$…P… (C+c)－(M+m)로 더 상세하게 나타난다.

제1단계에서 자본가는 생산적 소비를 위해 상품을 진정한 상품시장과 노동시장에서 끌어내지만, 제3단계에서는 그는 상품을 오직 하나의 시장[즉 진정한 상품시장]에 투입한다. 그러나 그가 최초로 시장에 투입한 가치보다 더 큰 가치를 상품판매를 통하여 시장에서 끌어낼 수 있게 되는 것은, 그가 최초에 끌어낸 상품의 가치보다 더 큰 가치의 상품을 시장에 투입하기 때문이다. 그는 가치 M을 투입하여 동일한 가치 C를 끌어내고, 다음에는 C+c를 투입하여 그와 동일한 가치 M+m을 끌어내는 것이다. 우리의 예에서는 M은 8,440그램의 면사의 가치와 같았는데, 자본가는 10,000그램의 면사를 시장에 투입한다. 즉 그는 시장에서 가져간 것보다 더 큰 가치를 돌려주고 있는 셈이다. 반면에, 그가 더 큰 가치를 시장에 투입할 수 있게 된 것은, 그가 생산과정에서 노동력의 착취에 의하여 잉여가치(생산물 중 잉여생산물로 표현되는 부분)를 생산하였기 때문일 따름이다. 이런 생산과정의 생산물이기 때문에 그 상품량은 상품자본이 되며 증식된 자본가치의 담당자가 된다. C′－M′의 완수에 의하여, 투하된 자본가치는 잉여가치와 함께 실현된다〖화폐로 전환된다〗. 자본가치와 잉여가치는 C′－M′으로 표현되는 상품총량의 일련의 판매나 한꺼번의 판매를 통하여 함께 실현된다. 그러나 동일한 유통과정 C′－M′은 자본가치의 경우와 잉여가치의 경우에 상이한 의미를 가진다. 왜냐하면 그 유통과정은 양자 각각에게 유통과정 중의 상이한 단계—즉 양자가 유통영역 안에서 통과해야 할 일련의 탈바꿈의 상이한 분절—를 표현하고 있기 때문이다. 잉여가치 c는 생산과정 중에서 처음으로 세상에 태어났으며, 상품형태로 난생 처음 상품시장에 등장하는 것이다. 따라서 상품형태는 잉여가치의 첫번째 존재형태이고, c－m 행위는 그것의 첫번째 유통행위 또는 첫번째 탈바꿈이다. 따라서 이 행위는 그 반대의 유통행위 또는 역逆의 탈바꿈 m－c에 의해 보완되어야만 한다.[5)]

그러나 자본가치 C가 동일한 유통행위 C′－M′에서 겪는 유통은 위와 다르다. 이 유통행위는 C에 대해서는 유통행위 C－M인데, 여기에서 C는 P와 같고 또한 최초의 투자액 M과 같다. 이 자본가치는 최초의 유통행위를 M[화폐자본]으로서 개시하였고 C－M이라는 행위를 통하여 다시 동일

5) 이것은 자본가치와 잉여가치를 어떻게 분할하는가에 관계없이 타당하다. 10,000그램의 면사(=500원)가 1,560그램(=78원)의 잉여가치를 포함한다면, 1그램의 면사(=0.05원)는 0.1560그램(=0.0078원)의 잉여가치를 포함할 것이기 때문이다.

한 형태로 복귀하고 있다. 그러므로 자본가치는 (1) M－C와 (2) C－M이라는 두 개의 반대의 유통단계를 거쳤으며, 동일한 순환과정을 새롭게 시작할 수 있는 형태를 다시 한번 취하고 있는 것이다. 상품형태로부터 화폐형태로의 전환은, 잉여가치에 대해서는 최초의 탈바꿈이지만 자본가치에 대해서는 최초의 화폐형태로의 복귀 또는 재전환인 것이다.

화폐자본은 $M-C\langle^{LP}_{MP}$에 의하여 동일한 가치의 상품량[LP와 MP]으로 전환되었다. 이 상품들은 더 이상 상품[판매용 물품]으로 기능하지 않는다. 그들의 가치는 지금 그 구매자[자본가]의 수중에서 생산자본 P의 가치로 존재하고 있다. 그리고 P의 기능—생산적 소비—에 의해 그 상품들은 생산수단과는 물질적으로 상이한 상품, 즉 면사로 전환되며, 그 상품들〖LP와 MP〗의 가치는 이 면사 중에 보존될 뿐 아니라 422원에서 500원으로 증가하였다. 이 실물적인 탈바꿈을 통하여, 제1단계 M－C에서 시장으로부터 끌어낸 상품들은 상이한 가치의 상이한 상품들에 의하여 보충되는데, 이제 후자가 상품으로 기능하여 화폐로 전환되어야 하며 판매되어야 한다. 따라서 생산과정은 자본가치의 유통에서 오직 하나의 중단으로서 나타나는데, 자본가치는 생산과정에 이를 때까지 제1단계 M－C만을 통과하였을 뿐이다. 자본가치는 물질적으로 그리고 가치의 면에서 변화한 C를 가지고 제2의, 그리고 최종의 단계 C－M을 통과한다. 그러나 자본가치 그 자체에 관한 한, 그것이 생산과정에서 겪은 변화는 사용가치의 형태 변화 뿐이다. 그것은 422원의 LP와 MP로 존재하였는데, 지금은 422원의 8,440그램 면사로 존재하고 있기 때문이다. 따라서 잉여가치로부터 분리된 자본가치의 유통과정만을 고찰한다면, 이 자본가치는 (1) M－C와 (2) C－M을 통과한다. 이 경우 두번째의 C는 첫번째 C에 비해 형태는 변화하였지만 가치는 같다. 결국, 자본가치는 M－C－M을 통과하는데, 이 유통형태는, 화폐로부터 상품으로 전환과 상품으로부터 화폐로 전환이라는 반대방향의 두 번의 위치변경에 의하여, 화폐로 투하된 가치가 화폐형태로 복귀하는 것[또는 화폐로 재전환하는 것]을 내포하고 있다.

결국 유통행위 C′−M′은, 화폐로 투하된 자본가치에 대해서는 제2의 그리고 최종의 탈바꿈[그것이 화폐형태로 복귀하는 것]을 나타내지만, 잉여가치[상품자본은 이것을 자본가치와 동시에 지니고 있으며, 상품자본이 화폐형태로 전환하는 것에 의해 이것을 자본가치와 함께 실현한다]에 대해서는 제1의 탈바꿈, 상품형태가 화폐형태로 전환하는 것(C−M), 즉 제1의 유통단계를 나타내는 것이다.

여기에서 두 가지 점에 주의하지 않으면 안 된다. 첫째로, 자본가치가 그 최초의 화폐형태로 최종적으로 재전환하는 것은 상품자본의 하나의 기능이라는 점이다. 둘째로, 이 기능은 잉여가치의 제1의 형태전환[그 최초의 상품형태로부터 화폐형태로 전환]을 포함하고 있다는 점이다. 그러므로 화폐형태는 여기에서 이중의 역할을 한다. 한편에서는, 화폐형태는 최초에 화폐로 투하된 가치의 복귀형태이며 유통과정을 개시한 가치형태로의 복귀다. 다른 한편에서는, 화폐형태는 상품형태로 유통과정에 최초로 들어가는 가치 〖잉여가치〗의 제1의 전환형태다. 상품자본을 구성하는 상품들이, 우리가 여기에서 가정하고 있듯이, 그 가치대로 팔린다면, C+c는 동일한 가치인 M+m으로 전환된다. 실현된 상품자본은 지금 M+m(=422원+78원=500원)의 형태로 자본가의 수중에 있다. 자본가치와 잉여가치는 지금 화폐로, 즉 일반적 등가물의 형태로 있다.

이리하여 과정의 끝에서 또다시 자본가치는 그것이 과정에 들어갔을 때와 똑같은 형태에 있고, 화폐자본으로서 그 과정을 새롭게 개시하여 통과할 수 있게 된다. 그 과정의 출발형태와 종결형태가 화폐자본(M)의 형태이기 때문에, 우리는 이 순환형태를 화폐자본의 순환이라고 부른다. 과정의 끝에서 볼 때, 변화한 것은 투하된 가치의 형태가 아니라 그것의 크기뿐이다.

M+m은 일정한 크기의 화폐액[우리의 경우에는 500원]에 불과하다. 그러나 자본순환의 결과로서, 그리고 실현된 상품자본으로서, 이 화폐액은 자본가치와 잉여가치를 포함한다. 더욱이 자본가치와 잉여가치는 면사 중에서처럼, 서로 분리될 수 없게 결합되어 있지 않고 서로 나란히 존재한다. 그들의 실현은 각각에게 독립적인 화폐형태를 준다. 즉 그 화폐의 211/250〖=422원/500원〗은 자본가치 422원이며, 그것의 39/250〖=78원/500원〗는 잉여가치 78원이다. 상품자본의 실현에 의해 달성된 이 분리는 곧 논의할 형태상의 의미만을 가지는 것이 아니다. 이 분리는, m이 M에 그 전체가 추가되는가 일부만 추가되는가 아니면 전혀 추가되지 않느냐—다시 말해 m이 투하 자본가치의 일부로서 기능하느냐 않느냐—에 따라 자본의 재생산과정의 논의〖예: 확대재생산과 단순재생산〗에서 중요한 의미를 가진다. M과 m은 전혀 상이한 유통과정을 통과할 수도 있다〖m을 재투자하지 않고 자본가가 개인적으로 소비하는 경우〗.

M′에서, 자본은 다시 한번 그의 최초의 형태 M[그것의 화폐형태]으로 복귀하지만, 가치증식된 형태로 복귀한다.

먼저 양적 차이가 있다. 자본은 M에서 422원이었지만 지금은 M′으로 500원이다. 이 차이는 M…M′으로, 순환의 두 끝의 양적 차이로 표현된다. 그리고 이 순환의 현실적 운동은 오직 점선에 의해 암시되고 있을 뿐이다. M′은 M보다 크며, M′−M=s[잉여가치]이다. 그러나 이 순환 M…M′의 결과로 지금 있는 것은 M′뿐이며, 그 형성과정은 M′ 안에서 소멸되어 버렸다. 지금 M′은 스스로 독립적으로 존재하며, 그것을 생산한 운동과는 관련이 없다. 그 운동은 지나가 버렸고 그 대신 M′이 거기에 있는 것이다.

그러나 M+m[투하자본 422원+그 증가분 78원]으로서 M′[500원]은 또한 질적 관계—비록 이 질적 관계 그 자체는 총액의 구성부분들 사이의 양적 비율로서만 존재하지만—를 나타내고 있다. 최초의 형태(422원)로 또다시 있는 M[투하자본]은 지금은 가치증식된 자본으로 존재한다. M은 보존되었을 뿐 아니라 자본으로서 가치증식되었다. 왜냐하면 M은 m(78원)과 구별되고 있으며, m은 M의 증가분 또는 과실, M 그 자체가 낳은 증가분으로서 M과 관련맺고 있기 때문이다. M은 가치를 낳은 가치이기 때문에 자본으로서 가치증식된 것이다. M′은 자본관계로서 존재한다. M은 이미 단순한 화폐로서 나타나는 것이 아니라 명확히 화폐자본으로서 확립되고 있다. 즉 M은 자기를 증식시킨 가치로서, 자기가 가진 가치보다 더 큰 가치를 낳아 자기를 증식시키는 속성을 지닌 가치로서 표현되고 있다. M은 M′의 다른 한 부분 m에 대한 관계에 의하여 자본으로 확립되고 있다. 이리하여 M′의 다른 한 부분 m은 M에 의하여 확립된 것, M을 원인으로 발생한 것, M을 원인으로 하는 결과로 여겨진다. 따라서 M′은 내부적으로 두 개의 부분으로 구별되는 가치총액으로서, 기능적(개념적) 자기분화를 겪는 가치총액으로서, 그리고 자본관계를 표현하는 가치총액으로서 나타난다.

그러나 M′은 단순히 하나의 결과로서, 그 결과를 낳은 과정의 매개 없이 표현되고 있다.

각종의 가치부분들은—그들이 상이한 물품들[구체적인 물건들]의 가치로서, 또는 각종의 사용가치 형태를 취하는 가치로서, 또는 각종의 상품체의 가치로서 나타나지 않는 한—서로 질적으로 구별되지는 않는다. 화폐에서는 상품들 사이의 모든 차이가 소멸되어 버린다. 왜냐하면 화폐는 상품들 모두에 공통된 등가형태이기 때문이다. 500원이라는 화폐총액은 1원이라는 화폐의 요소들로써만 구성되어 있다. 이 화폐총액의 단순한 존재에서는 그것이 발생하는 매개항이 소멸되며, 그리고 각종의 자본구성부분이 생산과정에서 지니는 독특한 차이의 흔적도 사라지기 때문에, 422원의 원금[즉 투하된 자본]과 78원의 초과 가치액이라는 어설픈 무개념적 구별만이 있을 뿐이다. M′이 110원이며 그 중 100원은 M이고

10원은 잉여가치 s라고 하자. 총액 110원의 두 구성부분 사이에는 절대적 동질성이 있을 뿐 개념적 구별은 전혀 없다. 10원은, 그것이 투하원금의 $\frac{1}{10}$이든 이 원금을 넘는 초과액 10원이든 항상 총액 110원의 $\frac{1}{11}$이다. 원금과 초과액, 자본과 잉여액은 모두 총액의 분수로서 표현될 수 있다. 우리의 예에서는 $\frac{10}{11}$은 원금 또는 자본이고, $\frac{1}{11}$은 잉여액이다. 가치증식된 자본은 그 과정의 끝에서는 화폐액으로 나타나는데, 그 화폐액 안에서 원금과 잉여의 구별은 자본관계를 멍청하게 무개념적으로 표현하고 있을 뿐이다.

이것은 C′(=C+c)에도 해당된다. C′에서도 C와 c는 동질의 상품총량의 비율적 가치부분에 불과하다. 그러나 C′은 자기의 기원 P[P의 직접적 생산물이 C′이다]를 지적하고 있다는 점이 다르다. 반면에 유통영역에서 직접적으로 나타나는 형태인 M′에서는 P와의 직접적 관계는 소멸되어 버렸다.

M′이 M…M′이라는 운동의 결과를 표현하는 한, M′에는 원금과 증가분 사이의 피상적인 구분이 포함되어 있지만, M′이 가치증식된 산업자본의 화폐표현으로 고정되어 있지 않고 다시 한 번 화폐자본으로 적극적으로 기능하게 되면, 그 피상적 구분마저 곧 사라져 버린다. 화폐자본의 순환은 M′을 가지고는 결코 시작할 수 없고 M을 가지고서만 시작할 수 있다(물론 지금 M으로서 기능하는 것이 M′이긴 하지만). 다시 말해 화폐자본의 순환은 자본관계의 표현을 가지고 시작하는 것이 아니라 자본가치가 투하되는 형태를 가지고 시작할 수밖에 없는 것이다. 500원이 다시 한 번 가치증식되기 위해 새롭게 자본으로 투하된다면, 그 화폐액은 복귀점을 나타내는 것이 아니라 출발점을 나타낸다. 422원의 자본 대신에 500원의 자본이 지금 투하되는 것이다. 종전보다 더욱 많은 화폐, 더욱 큰 자본가치이지만, 두 구성부분 사이의 관계〖예: 원금과 증가분〗는 이미 사라져 버렸다. 마치 처음부터 422원이 아니라 500원이 기능하였던

것처럼, 500원은 지금 자본으로 기능하고 있다.

M′으로 자기 자신을 표현하는 것은 화폐자본의 적극적 기능이 아니라 오히려 C′의 기능이다. 이미 단순상품유통 (1) C_1－M, (2) M－C_2에서도, M은 제2행위 M－C_2에서만 적극적으로 기능한다. M이 나타나는 것은 제1행위의 결과인데, 제1행위에 의해 화폐는 C_1의 전환된 형태로 처음 나타나게 된다. M′에 포함된 자본관계—자본가치부분과 가치증가분 사이의 관계—는, M…M′의 순환이 계속 반복되면서 M′이 자본가치의 유통과 잉여가치의 유통으로 분할되는 한, 기능적 의의를 얻게 되며, 두 부분 M과 m은 양적으로도 질적으로도 상이한 기능을 수행한다. 그러나 반복적으로 순환하는 M…M′의 형태는 자본가의 소비를 포함하지 않고 오로지 자본의 자기증식과 축적[축적이 끊임없이 새로 투하되는 화폐자본의 주기적 증대로 나타나는 한]을 명백히 표현하고 있다.

M+m과 동일한 M′은 자본의 비합리적 형태이지만, 그것은 처음으로 가치증식된 형태에 있는 화폐자본이며, 화폐를 낳은 화폐로서의 화폐자본이다. 그러나 이것은 제1단계 $M-C\langle^{LP}_{MP}$에서 화폐자본의 기능과 다르다. 제1단계에서 M은 화폐로서 유통한다. 그것이 화폐자본으로 기능하는 것은, 그것이 화폐상태에 있지 않으면 화폐기능을 수행할 수 없고 따라서 상품상태에 있는 P의 요소들, 즉 LP와 MP로 전환될 수 없기 때문이다. 이 유통행위에서 M은 다만 화폐로서 기능한다. 그러나 이 행위가 자본가치의 운동의 제1단계이기 때문에, 그리고 구매되는 상품 LP와 MP의 독특한 유용성 때문에, 그 행위는 동시에 화폐자본의 기능인 것이다. 반면에, M′[자본가치 M과 그것에 의해 창조된 잉여가치 m으로 구성되어 있다]은 증식된 자본가치를, 그리고 자본순환의 총과정의 목적 · 결과 · 기능을 표현하고 있다. M′이 이 결과를 화폐형태로, 실현된 화폐자본이라는 형태로 표현하고 있다는 사실은, M′이 자본의 화폐형태, 화폐자본이기 때문이 아니라, 반대로 그것이 화폐자본, 화폐형태의 자본이기

때문이며, 다시 말해 자본이 화폐형태로 과정을 개시하였고 화폐형태로 투하되었기 때문이다. 화폐형태로의 재전환은 화폐자본의 기능이 아니라 상품자본의 기능이다. M′과 M 사이의 차이 m에 관해 말하면, m은 C의 증가분 c의 화폐형태에 불과하며, C′이 C+c와 동일하기 때문에 비로소 M′도 M+m과 동일한 것이다. 따라서 C′에서 자본가치와 잉여가치 사이의 차이와 관계는, 이 두 부분이 모두 M′[M′이라는 총액에서는 가치의 두 부분은 독립적으로 서로 마주하며, 독자적이고 상이한 기능에 사용될 수 있다]으로 전환되기 이전에 존재하며, 그리고 표현되고 있다.

M′은 C′의 실현 『화폐화』의 결과에 불과하다. C′과 M′은 증식된 자본가치의 상이한 형태[상품형태와 화폐형태]에 불과하며, 증식된 자본가치라는 점은 둘 모두에 공통이다. 둘은 모두 가치증식된 자본이다. 왜냐하면 거기에는 자본가치가 그것에 의해 얻어지는 과실인 잉여가치와 함께 존재하기 때문이다 — 비록 이 관계는 화폐액 또는 상품가치의 두 부분 사이의 어설픈 비율형태로 표현되기는 하지만. 증식된 가치의 표현으로서의 M′과 C′은 모두 잉여가치와 관련을 가지면서도 잉여가치와는 구별되고 있는데, 그들은 동일한 것을 상이한 형태로 표현할 뿐이다. 그들은 화폐자본과 상품자본으로서가 아니라 화폐와 상품으로서 구별된다. 그들이 증식된 가치를 대표하는 한, 그들은 오직 생산자본의 기능 — 자본가치로 하여금 가치를 낳게 하는 것이 그 유일한 기능이다 — 의 결과를 표현할 뿐이다. 그들[화폐자본과 상품자본]에게 공통된 점은, 그들 모두가 자본의 존재형태라는 것이다. 하나는 화폐형태의 자본이며, 다른 하나는 상품형태의 자본이다. 그러므로 그들을 구별하는 독특한 기능은 화폐기능과 상품기능 사이의 구별일 수밖에 없다. 상품자본은 자본주의적 생산과정의 직접적 생산물이기 때문에 자기의 기원을 상기시켜 주며, 이 점에서 화폐자본보다 형태에서 더 합리적이고 덜 무개념적이다. 왜냐하면 화폐자본에서는 자본주의적 생산과정의 모든 흔적이 사라져 버렸기

때문인데, 이것은 상품들의 특수한 사용가치 형태가 화폐에서는 일반적으로 소멸되는 것과 마찬가지다. 그러므로 M′ 자체가 상품자본으로 기능하는 경우, 즉 M′이 생산물의 전환된 형태가 아니라 생산과정의 직접적 생산물인 경우—다시 말해 화폐재료〖예: 금〗를 생산하는 경우—에 한해서, 이 무개념적인 형태가 사라지게 된다. 예컨대, 금 생산의 공식은 $M-C\langle^{LP}_{MP}\cdots P\cdots M'(M+m)$이 될 것인데, 여기에서 M′은 상품생산물로 가능하게 된다. 왜냐하면 P는 금의 생산요소에 투하한 금—즉 화폐자본으로서의 처음의 M—보다 더욱 많은 금을 공급하기 때문이다. 이 경우 $M\cdots M'(M+m)$이라는 표현의 불합리성—일정한 화폐액의 일부분 M이 동일한 화폐액의 다른 부분 m의 어머니로 나타나는 것—은 사라지게 된다. 왜냐하면 일정한 금이 더욱 많은 금을 공급할 수 있는 것은 생산과정을 통해서만 가능하다는 것이 분명해지기 때문이다.

제4절 총순환

유통과정은 제1국면 $M-C\langle^{LP}_{MP}$가 종결된 뒤 P에 의하여 중단되며, P에서는 시장에서 구매된 상품들 LP와 MP가 생산자본의 소재적 · 가치적 구성부분으로서 소비되며, 이 소비의 결과로 소재 · 가치의 면에서 변화한 새로운 상품 C′이 나온다는 것을 위에서 보았다. 중단된 유통과정 M−C는 C−M에 의하여 완성되지 않으면 안 된다. 그러나 이 유통의 제2국면 · 종결국면의 담당자는 C′—최초의 C와는 소재 · 가치에서 상이한 상품—이다. 그리하여 유통의 연속은 (1) $M-C_1$, (2) $C_2'-M'$으로 표현되는데, 제2국면에서는 처음의 상품 C_1이, 자기보다 가치가 크고 유용형태가 다른 상품 C_2'에 의하여 교체되어 버렸다. 그런데 이 교체는 P의 기능에 의해 일어난 유통의 중단 동안에, 다시 말해 생산자본 P의 존재형태인 C의 요소들로부터 C′이 생산되는 동안에 일어난 것이다. 반면에 자본이 우리의 눈에 나타난 최초의 현상형태 $M-C-M'$(확장하면, (1) $M-C_1$, (2) C_1-M')에서는 동일한 상품이 두 번 나타난다(제1권, 제4장). 제1국면에서 화폐가 전환되는 상품과, 제2국면에서 더욱 많은 화폐로 재전환되는 상품은 동일한 상품이다. 이런 기본적 차이에도 불구하고 위의 두 유통의 공통점은, 제1국면에서는 화폐가 상품으로 전환하고 제2국면에서는 상품이 화폐로 전환한다는 점, 다시 말해 제1국면에서 지출된 화폐는 제2국면에서 다시 환류한다는 점이다. 두 유통은, 한편에서는 화폐가 그 출발점으로 환류한다는 점이 공통이고, 다른 한편에서는 환류하는 화폐액이 투하된 화폐액을 초과하고 있다는 점이 공통이다. 이 점에서 볼 때, $M-C\cdots C'-M'$도 일반공식 $M-C-M'$에 포함된다.

더욱이 유통영역에서 일어나는 두 탈바꿈, $M-C$와 $C'-M'$에서는 동시에 있는 동일한 크기의 가치들이 항상 서로 마주하고 맞바꾸고 있다. 가치의 변화는 탈바꿈 P 곧 생산과정에서만 일어나기 때문에, 생산과정은 유통영역에서 일어나는 형태상의 탈바꿈과는 달리 자본의 실질적 탈바꿈을 표현하게 된다.

이제 총운동 $M-C\cdots P\cdots C'-M'$, 또는 그것의 상세한 형태 $M-C\langle^{LP}_{MP}\cdots P\cdots C'(C+c)-M'(M+m)$을 고찰하여 보자. 여기에서 자본은 일련의 상호 연관되고 상호 규정되는 전환들—즉 총과정의 국면들 또는 단계들을 구성하는 일련의 탈바꿈들—을 통과하는 가치로서 나타난다. 이 중 두 국면은 유통영역에 속하고 하나는 생산영역에 속한다. 각 국면에서 자본가치는 특수한 기능에 대응하여 상이한 형태를 취하고 있다. 이 운동 안에서 투하가치는 자기 자신을 유지할 뿐 아니라 자기의 크기를 성장·증가시키고 있다. 끝으로, 종결단계에서 투하가치는 총과정의 출발점에서 나타났던 바와 동일한 형태로 복귀한다. 따라서 이 총과정은 순환이다.

자본가치가 유통국면에서 취하는 두 개의 형태는 화폐자본과 상품자본의 형태이며, 생산국면에서 취하는 형태는 생산자본의 형태다. 총순환의 경과 중에 이들 형태들을 취하고는 또 버리며, 이들 각각의 형태에서 그것에 대응하는 기능을 수행하는 자본은 산업자본이다. 여기에서 말하는 산업은 자본주의적 기초 위에서 경영되는 모든 생산분야를 포괄한다.

그러므로 화폐자본, 상품자본, 생산자본은 세 개의 독립적인 자본종류—이 경우 그들의 기능은 상호 독립적이고 분리된 사업부문들의 내용을 이루어야 한다—를 의미하지 않는다. 그들은 다만 산업자본의 기능상의 특수한 형태들이며, 산업자본은 세 가지 형태 모두를 차례차례로 취하게 된다.

자본의 순환은, 각종의 단계들이 끊임없이 다음 단계로 이행하는 한, 정상적으로 진행한다. 만약 자본이 제1단계 M－C에서 머문다면 화폐자본은 퇴장화폐의 형태를 취하게 된다. 만약 생산단계에서 머문다면 생산수단은 기능하지 않게 되며 노동력은 사용되지 않는다. 만약 최후의 단계 C′－M′에서 머문다면, 판매되지 않은 상품재고가 유통의 흐름을 막게 된다.

순환 그 자체는 자본을 그 각각의 순환단계에 일정한 기간 묶어두는 것을 필요로 한다—이것은 순환의 성격상 당연하다. 각각의 단계에서 산업자본은 일정한 형태[예: 화폐자본, 생산자본 또는 상품자본]로 묶여 있다. 산업자본은 특수형태에 알맞는 기능을 완수한 뒤에라야 비로소 새로운 전환단계로 들어갈 수 있는 형태를 얻게 된다. 이것을 분명히 하기 위해, 우리의 예에서는, 생산단계에서 생산된 상품량의 자본가치는 최초에 화폐로 투하된 총가치와 같다는 것—바꾸어 말해, 화폐로 투하된 총자본가치는 한꺼번에 하나의 단계에서 다음 단계로 진행한다는 것—을 가정하였다. 그러나 이미 본 바와 같이(제1권, 제8장), 불변자본의 일부인 진정한 노동수단(예: 기계)은 동일한 생산과정의 몇 회에 걸친 반복에 계속 봉사하며, 이 때문에 자기의 가치를 다만 조금씩 생산물로 이전시킨다. 우리는 이 사정이 얼마나 자본의 순환을 수정하게 되는가를 뒤에서 살펴볼 것이므로, 당분간은 다음과 같은 논의로 충분하다. 우리의 예에서 생산자본의 가치 422원은 오직 공장 건물 · 기계 등의 평균적으로 계산된 마멸분— 다시 말해 10,000그램의 면화를 10,000그램의 면사로 전환시키는 매주 60시간의 방적과정에서 그 노동수단들이 면사에 이전시키는 가치부분—만을 포함하고 있었다. 따라서 투하 불변자본이 전환된 생산수단 중에서 노동수단—건물 · 기계 등—은 마치 시장에서 매주 빌린 것처럼 나타났다. 물론 이것은 문제의 핵심을 조금도 변경시키지 않는다. 일정한 기간에 소비된 노동수단의 가치총액이 얼마만큼의 면사량에 이전되었는가를 알기 위해서는, 면사의 주 생산량 10,000그램에 그 기간의 주수를 곱하기만 하면 된다. 다음으로 분명한 것은, 투하된 화폐자본은 생산자본 P로 기능할 수 있기 전에 먼저 이런 노동수단으로 전환되어야 한다는 것, 즉 제1단계 M－C를 통과했어야 한다는 것이다. 또한 분명한 것은, 생산과정에서 면사로 되어버린 422원의 자본가치는, 그 생산과정이 완료되어야만 비로소 10,000그램 면사의 구성부분으로서 유통국면 C′－M′에 들어갈 수 있다는 것이다. 면사는 방적되기 전에는 판매될 수 없다.

일반공식에서는 P의 생산물은 생산자본의 요소들과는 서로 다른 물체—생산과정을 떠나 자기 자신의 존재를 가지며 생산요소들의 유용형태와는 다른 유용형태를 지니고 있는 물체—로 여겨지고 있다. 생산과정의 결과가 하나의 물체로 나타나는 경우에는 항상 그러하며, 생산물의 일부가 새로 반복되는 생산과정에 하나의 요소로서 다시 들어가는 경우에도 그렇다. 예컨대 곡물은 종자로서 그 자신의 생산에 구실하지만, 생산물인 곡물은 함께 사용된 요소들[예: 노동력 · 노동수단 · 비료]과는 상이한 모양을 가지고 있다. 그러나 생산과정의 생산물이 새로운 물적 생산물 또는 상품이 아닌, 특수한 산업분야가 있다. 이런 산업분야 중 경제적으로 중요한 것은 교통 · 통신업[상품과 사람들을 운반하는 진정한 운수업과 편지 · 전신 등 정보를 단순히 전달하는 산업]뿐이다.

이것에 대하여 추프로프는 다음과 같이 말한다.

> "제조업자는 먼저 물품을 생산하고 그 뒤 고객을 찾을 수 있다."(그의 생산물은 완성된 형태로 생산과정에서 튀어나온 뒤에, 상품으로서 생산과정과는 분리된 유통에 들어간다.)"따라서 생산과 소비는 시간적 · 공간적으로 분리된 두 행위로 나타난다. 그러나 새로운 생산물은 생산하지 않고 다만 사람들과 물건을 운반하는 운수업에서는 두 행위는 함께 행해진다. 그 서비스"(장소의 변경)"는 생산되는 순간에 소비될 수밖에 없다. 이 때문에 철도가 자기의 서비스를 팔 수 있는 범위는 기껏해야 철로의 두 방향으로 50베르스타(53킬로미터)에 미칠 뿐이다."[6)]

수송되는 것이 사람이든 상품이든 그 결과는 공간적 위치의 변화다. 예컨대 면사가 그 생산지인 영국에 있지 않고 인도에 있는 것과 같다.

그런데 운수업이 판매하는 것은 장소를 변경시키는 것 그 자체다. 생산되는 유용효과는 수송과정—운수업의 생산과정—과 끊을 수 없이 붙어 있다. 사람과 상품은 수송수단과 함께 여행하며, 수송수단의 여행[그것의 공간적 운동]이 바로 운수업에 의해 달성되는 생산과정이다. 그 유용효과는 생산과정 중에서만 소비될 수 있고, 이 과정과는 구별되는 유용물—생산된 이후에야 비로소 거래물품으로 기능하여 상품으로 유통하

---

6) 추프로프, 『철도경제』, 모스크바 1875: 69, 70.

는 유용물—로 존재하지는 않는다. 그러나 이 유용효과의 교환가치는, 기타 상품의 경우와 마찬가지로, 그 유용효과를 만들어내는 데 소비된 생산요소(노동력과 생산수단)의 가치와, 운수업에 종사하는 노동자들의 잉여노동이 창조한 잉여가치의 합계에 의하여 결정된다. 그 유용효과는 소비에서도 기타 상품과 마찬가지다. 즉 그것이 개인적 소비를 위해 사용된다면 그것의 가치는 소비와 함께 사라진다. 그러나 그 유용효과가 생산적으로 소비되어 그것 자체가 수송되는 상품의 생산의 한 단계라면, 그 유용효과의 가치는 부가가치로서 그 상품에 이전된다. 따라서 운수업의 공식은 $M-C\langle^{LP}_{MP}\cdots P\cdots M'$이다. 왜냐하면 가치가 지불되고 소비되는 것은 생산과정 그 자체이지 생산과정과 분리될 수 있는 생산물이 아니기 때문이다. 이 공식은 귀금속 생산의 공식과 거의 같은 형식인데, 다만 운수업에서는 M′은 생산과정에서 생산된 유용효과의 전환형태이지 금 · 은의 현물형태[생산과정에서 생산되어 그 과정에서 튀어나온 현물형태]는 아니라는 점이 다르다.

산업자본은 잉여가치 또는 잉여생산물의 취득뿐 아니라 그것의 창조까지도 자기의 기능으로 삼고 있는 유일한 자본의 존재방식이다. 그러므로 산업자본은 생산의 자본주의적 성격을 조건으로 하며, 그것의 존재는 자본가와 임금노동자 사이의 계급적대를 내포하고 있다. 산업자본이 사회의 생산을 지배함에 따라 노동과정의 기술과 사회적 조직이 변혁되며, 이와 함께 사회의 경제적 · 역사적 유형이 변혁된다. 산업자본보다 이전에, 사회적 생산의 낡은 상태 또는 몰락하고 있는 상태에서 나타난 기타의 자본종류는 이제 산업자본에게 종속하게 되어 자신의 기능 메커니즘에 변화를 겪었을 뿐 아니라 산업자본의 기초 위에서만 운동하게 되고, 이 기초와 생사존망을 함께 하게 된다. 화폐자본과 상품자본은 산업자본과 나란히 자기 자신의 독특한 사업분야의 담당자로 나타나고 기능하는 한 『예: 은행업과 상업』, 산업자본이 유통영역 안에서 끊임없이 취하고 버리는 각종의 기능형태들이 사회적 분업을 통해 독립하여 일면적으로 발달된 것을 가리킬 뿐이다.

순환 M…M′은 한편에서는 일반적 상품유통과 분리할 수 없을 정도로 연결되어 있는데, 거기로부터 나와서 다시 거기로 환류함으로써 그것의 일부를 이루고 있다. 다른 한편에서는, 이 순환은 개별자본가에 대해서는 그의 자본가치의 특유한 독립적인 운동을 표현하고 있는데, 이 운동은 부분적으로는 일반적 상품유통 안에서 진행되고 부분적으로는 그것의 밖에서 진행되지만 항상 자기의 독립성을 유지하고 있다. 그 이유는 다음과 같다. 첫째로, 자본가치가 유통영역에서 통과하는 두 국면, 즉 M－C와 C′－M′은 자본운동의 국면으로서는 기능적으로 독특한 성격을 지니고 있기 때문이다. 즉 M－C에서 C는 노동력과 생산수단으로서 소재적으로 규정되고 있으며, C′－M′에서는 자본가치가 잉여가치와 함께 실현된다. 둘째로, 생산과정 P는 생산적 소비를 내포하고 있기 때문이다. 셋째로, 화폐가 운동의 출발점으로 복귀하는 것은 M…M′ 운동을 하나의 완결된 순환운동으로 만들기 때문이다.

그러므로 한편에서는 각 개별자본은 그 유통의 전반과 후반, 즉 M－C와 C′－M′에서 일반적 상품유통의 하나의 동인agent으로 되어, 화폐 또는 상품으로 그것 안에서 기능하면서 그것과 연결을 맺고 있다. 따라서 각 개별자본은 상품세계의 일반적인 탈바꿈 사슬의 하나의 고리를 형성한다. 다른 한편에서는, 각 개별자본은 일반적 유통 안에서 자기 자신의 독립적인 순환을 만들어내고 있는데, 이 순환 안에서는 생산영역이 하나의 통과단계를 이루고 있으며, 각 자본은 출발할 때와 동일한 형태로 그 출발점으로 복귀하고 있다. 동시에, 각 개별자본은 [생산과정에서 실질적 탈바꿈을 내포하는] 자기 자신의 순환 안에서 가치의 크기를 변화시킨다. 그것은 화폐가치로서 복귀할 뿐 아니라 증가되고 확대된 화폐가치로서 복귀한다.

끝으로, M－C…P…C′－M′을 뒤에서 연구될 기타 형태들 〖생산자본과 상품자본의 순환〗과 나란히 자본순환의 하나의 특수형태로서 고찰한다면, 그것의 특징은 다음과 같다.

1. 이 공식은 화폐자본의 순환으로 나타난다. 왜냐하면 화폐형태에 있는 산업자본이 화폐자본으로서 총과정의 출발점과 귀착점을 이루기 때문이다. 이 공식 자체는, 화폐가 화폐로서 지출되는 것이 아니라 투하되고 있을 뿐이며, 그리하여 여기의 화폐는 자본의 화폐형태, 즉 화폐자본이라는 것을 표현하고 있다. 이 공식은 또한 운동의 결정적인 내재적 목적은 사용가치가 아니라 교환가치라는 것을 표현하고 있다. 가치의 화폐형태는 가치의 독립적이고 감촉할 수 있는 현물형태이기 때문에, 현실의 화폐로 시작하고 또 끝나는 순환형태 M…M′은 자본주의적 생산의 추진적 동기, 즉 돈벌이를 가장 간단명료하게 표현하고 있다. 생산과정은 단순히 돈벌이를 위한 피할 수 없는 중간항, 돈벌이를 위한 필요악으로서 나타날 뿐이다. (그렇기 때문에 자본주의적 생산양식 아래에 있는 국민은 누구나 주기적으로 현혹에 사로잡혀 생산과정의 매개 없이 돈벌이를 하려고 한다 〖예: 투기〗.)

2. 이 순환에서 생산단계, 즉 P의 기능은 유통과정 M－C…C′－M′에서 하나의 중단을 이루고 있지만, 이 중단은 또한 단순한 유통 M－C－M′에 매개 고리를 추가하고 있다. 다시 말해 이 순환의 현실적 형태에서 생산과정은 형태적으로 그리고 명시적으로 투하가치의 가치증식을 위한 단순한 수단으로서만 나타난다―생산과정은 자본주의적 생산양식에서는 사실상 그렇다. 즉 치부 그 자체가 생산의 내재적 목적으로 나타난다.

3. 일련의 국면들이 M－C에 의하여 개시되고 있으므로, C′－M′은 유통의 두번째 고리다. 출발점은 M[증식되어야 할 화폐자본]이고, 종점은 M′[증식된 화폐자본 M+m]인데, M′에서는 M이 그것의 과실 m과 나란히 실현된 자본으로서 나타난다. 이것은 화폐자본의 순환을 두 개의 기

타 순환 P 〖생산자본의 순환〗와 C′ 〖상품자본의 순환〗과 대비시켜 두 가지의 점에서 구별하고 있다. 한편에서는, 두 끝의 화폐형태에 의하여 구별되는데, 첫 번째의 화폐는 가치의 독립적이고 감촉할 수 있는 존재형태이고, 두 번째의 화폐는 생산물의 가치가 독립적인 가치형태를 취한 것인데, 여기에서는 생산된 상품들의 사용가치의 모든 흔적이 사라져버렸다. 다른 한편에서는, P…P형태는 반드시 P…P′(P+p)으로는 되지 않으며, C′…C′ 형태는 두 끝 사이의 가치 차이를 전혀 나타낼 수 없다. 따라서 공식 M…M′의 특징은, 한편에서는, 자본가치가 출발점을 이루고 가치증식된 자본이 귀착점을 이룸으로써 자본가치의 투하는 전체 활동의 수단으로 나타나고, 증식된 자본가치는 그것의 목적으로 나타난다는 점이다. 다른 한편에서는, 이 관계가 화폐형태, 독립적인 가치형태에 의하여 표현되고 있으며, 이리하여 화폐자본이 화폐를 낳는 화폐로서 표현되고 있다는 점이다. 가치에 의한 잉여가치의 창조가 이 과정 전체의 성격으로서 표현되고 있을 뿐 아니라 눈부신 화폐형태에 의하여 명백하게 표현되고 있다.

4. M−C의 보완적 · 종결적 국면인 C′−M′의 결과로 실현된 화폐자본 M′은 첫번째의 순환을 개시한 화폐자본과 똑같은 형태로 존재하기 때문에, 증대된(축적된) 화폐자본 M′=M+m으로 동일한 순환을 재개할 수 있다. 그러나 순환의 반복에서 m의 유통이 M의 유통에서 분리되어 버린다면, 순환의 반복을 적어도 M…M′으로 표현할 수는 없다. 그 때문에 화폐자본의 순환을 그 1회만의 모습에서 형태적으로 고찰한다면, 그 순환은 가치증식과 축적의 과정만을 표현하게 된다. 그러므로 그 순환 안에서 소비는 다만 생산적 소비로서 $M-C\langle{}^{LP}_{MP}$에 의해 표현될 뿐이며, 개별자본의 이 순환에 내포되어 있는 소비는 생산적 소비뿐이다. M−LP는 노동자의 관점에서 보면 LP−M 또는 C−M, 즉 그의 개인적 소비를 매개하는 순환 LP−M−C(생활수단)의 제1국면이다. 제2국면 M−C는 이

제 개별자본의 순환에 속하지 않는다. 그러나 이 제2국면 M−C는 개별자본의 순환에 의하여 준비되고 또한 그 순환을 위해 전제되고 있다. 왜냐하면 노동자가 자본가의 착취재료로서 항상 시장에 존재하기 위해서는 그는 무엇보다도 먼저 개인적 소비에 의해 생존하며 자신을 유지하지 않으면 안 되기 때문이다. 그러나 여기에서는 노동자의 개인적 소비 그 자체는 자본에 의한 노동력의 생산적 소비를 위한 하나의 조건으로서 전제되고 있을 뿐인데, 이 전제는 노동자가 개인적 소비에 의하여 자신을 노동력으로 유지하고 재생산하는 한 타당하다. 화폐자본의 순환에 포함되어 있는 진정한 상품 MP[생산수단]는 생산적 소비의 대상에 불과하다. LP−M이라는 행위는 노동자의 개인적 소비—생활수단을 그의 피와 살로 전환시키는 것—를 매개한다. 그러나 자본가도 자본가로서 기능하기 위해서는 살아야 하며 소비해야 한다. 이 점에 관해 화폐자본의 순환은 노동자의 경우와 마찬가지로 자본가의 개인적 소비를 전제하고 있다. 그러나 이것은 형태적으로는 표현되고 있지 않다. 왜냐하면 그 공식은 M′으로 종결됨으로써 증가된 화폐자본이 또다시 순환을 개시할 수 있다는 것을 가리키고 있을 뿐이기 때문이다.

C′−M′은 C′의 판매를 직접적으로 내포하고 있다. 그러나 한편에서 보면 판매를 나타내는 C′−M′은 다른 편에서 보면 구매를 나타내는 M−C인데, 상품은 최종적으로는 (중간거래를 무시하면) 사용가치 때문에 팔리고, 물품의 성질에 따라 개인적 또는 생산적 소비의 과정에 들어가는 것이다. 그러나 이 소비는 C′을 생산하는 개별자본의 순환에는 들어가지 않는다. 왜냐하면 이 생산물 C′은 판매될 상품으로서 그 순환에서 튀어나와 버렸기 때문이다. C′은 분명히 타인의 소비를 위한 것이다. 이 때문에 중상주의(이것은 공식 M−C…P…C′−M′에 의거하고 있다)의 주창자들은 다음과 같은 긴 설교를 하게 된 것이다. 즉 개별자본가는 노동자만큼만 소비해야 하며, 자본주의적 국민은 자국 상품의 소비와 소비

과정 일반을 몽매한 타국 국민들에게 맡기고 생산적 소비만을 자기들의 일생의 임무로 하여야 한다는 것이다. 이런 설교는 형식과 내용의 면에서 성직자들에 의한 비슷한 금욕적 훈계를 가끔 생각나게 한다.

* * *

자본의 순환은 유통과정과 생산과정의 통일이며 두 가지 모두를 포함한다. 두 국면 M－C와 C′－M′이 유통과정인 한, 자본의 유통은 일반적 상품유통의 일부를 구성한다. 그러나 자본은 자본의 순환 안에 있는 기능적으로 결정된 국면들 또는 단계들[이들은 유통영역뿐 아니라 생산영역에도 속하고 있다]에 참가함으로써 일반적 상품유통 안에서 그 자신의 독자적 순환을 행한다. 이 일반적 유통은 자본으로 하여금 제1국면〖M－C〗에서는 생산자본으로 기능할 수 있는 형태를 취할 수 있게 해주며, 제2국면〖C′－M′〗에서는 순환의 갱신을 불가능하게 만드는 상품기능을 벗어버리게 해 준다. 또한 일반적 유통은 자본으로 하여금 그 자신의 자본순환을 잉여가치[자본에 귀속되며 자본에 붙어 있다]의 유통에서 분리시킬 수 있게 해 준다.

화폐자본의 순환은 산업자본 순환의 가장 일면적이고 가장 적절한 특징적인 현상형태인데, 여기에서는 산업자본의 목적과 추진동기—가치증식, 돈벌이, 축적—가 금방 알아볼 수 있는 형태(더 비싸게 판매하기 위해 구매하는 것)로 표현되어 있다. 제1국면이 M－C라는 사실은, 생산자본의 구성부분들이 상품시장에서 유래한다는 것과, 자본주의적 생산과정이 유통 또는 상업에 의하여 제약받고 있다는 것을 분명히 나타내 보이고 있다. 화폐자본의 순환은 단순히 상품의 생산을 의미하는 것은 아니며, 순환 그 자체는 유통에 의해서 비로소 성립하며 유통을 전제하고 있다. 이것은 이미 유통에 속하는 형태 M이, 투하된 자본가치의 최초의 순수한 형태로 나타난다는 사실에 의해서도 증명되는데, 다른 두 개의 순환형태에서는 그렇지 않다.

화폐자본의 순환은, 그것이 투하가치의 증식을 항상 포함하고 있는 한, 산업자본의 일반적 표현으로 계속 사용될 것이다. P…P에서는 자본의 화폐적 표현은 생산요소의 가격—계산화폐로 표현된 가치—으로서만 나타나며, 장부에 다만 기록되어 있을 뿐이다.

M…M′은 또한 산업자본 순환의 특수형태일 수도 있다. 예를 들면, 신생자본이 처음 화폐로 투하되고 나중에 화폐로 회수되는 경우[예컨대, 산업자본이 어떤 사업분야에서 다른 사업분야로 이동하는 경우, 또는 산업자본이 사업에서 완전히 철수하는 경우]가 여기에 해당한다. M…M′은 잉여가치가 난생처음 화폐로 투자되어 자본으로 기능하는 것도 포함하고 있는데, 이 경우는 잉여가치가 그것의 출생지 사업과는 다른 사업에서 기능할 때 가장 분명히 나타난다. M…M′은 자본의 최초 순환일 수도 있고 그 최후 순환일 수도 있으며, 또한 사회적 총자본의 형태로 여겨질 수도 있다. 이것은 새로 투하되는 자본—화폐형태로 새로 축적된 자본, 또는 한 생산분야에서 다른 생산분야로 이동하기 위해 그 전부가 화폐로 전환된 낡은 자본—의 형태이다.

화폐자본은 어느 순환에나 포함되어 있는 형태인데, 화폐자본은 잉여가치를 창조하는 자본부분[가변자본]에 대해서도 자기의 순환을 수행한다. 임금지불의 정상적인 형태는 화폐에 의한 지불이며, 이 과정은 짧은 시간을 두고 계속적으로 반복되어야만 한다. 왜냐하면 노동자는 그날그날을 살아가기 때문이다. 그러므로 노동자는 끊임없이 화폐자본가로서의 자본가와 화폐자본으로서의 그의 자본과 상대하지 않을 수 없다. 여기에는 생산수단의 구매와 생산된 상품의 판매에서 볼 수 있는 바와 같은 직접적 또는 간접적 계좌상쇄(이 경우 화폐자본의 대부분은 사실상 상품형태로만 나타나며, 화폐는 계산화폐의 형태로만 나타나고, 최후에 그 차액의 결제를 위해 현금이 나타날 뿐이다)는 있을 수 없다. 반면에, 가변자본에서 발생하는 잉여가치의 일부는 자본가에 의하여 자기의 개인적 소비를 위해 지출되는데, 이 소비는 소매업과 관련된다. 잉여가치의 이 부분 『자본가의 소비부분』은, 아무리 우회로를 거쳐 보아도, 궁극적으로는 잉여가치의 화폐형태로, 현금으로 지출된다. 잉여가치의 이 부분의 대소는 여기의 문제에는 전혀 영향을 미치지 않는다. 가변자본은 임금에 투하되는 화폐자본(M－LP)으로서 끊임없이 새로 나타나며, m은 자본가의 개인적 필요를 충족시키기 위해 지출되는 잉여가치로 나타난다. 따라서 투하 가변자본가치로서의 M과 그 증가분으로서의 m은 반드시 화폐형태로 보유되며 화폐형태로 지출된다.

M′=M+m이라는 결과를 지니고 있는 공식 M－C…P…C′－M′은, 투하가치와 증식된 가치가 모두 동일한 화폐형태로 존재한다는 사실 때문에, 형태에서는 기만적이고 성격에서는 환상적이다. 이 공식에서 강조되고 있는 것은, 가치의 증식이 아니라 이 과정의 화폐형태고, 최초로 유통영역에 투하된 것보다 더 큰 가치가 최후로 유통영역에서 화폐형태로 회수된다는 사실—자본가에게 속하는 금 · 은량의 증가—이다. 이른바 중금주의는 불합리하고 피상적인 형태 M－C－M′[오로지 유통영역에서만 진행되는 운동]의 표현에 지나지 않으며, 따라서 (1) M－C와 (2) C－M′이라는 두 행위를 설명할 때, 제2의 행위에서 C는 자기의 가치보다 높게 팔려 그것의 구매 때에 유통영역에 투하된 것보다 더 많은 화폐를 유통영역에서 끌어낸다고 말할 수밖에 없다. 이것에 반하여, 좀더 발달한 중상주의의 기초에는 M－C…P…C′－M′이 유일한 형태로 고정되어 있는데, 이 형태에서는 상품유통뿐 아니라 상품생산도 필수적인 요소로 나타나고 있다.

M－C…P…C′－M′의 환상적인 성격과 이에 대응하는 환상적인 해석은 이 형태가 끊임없이 반복되는 것이 아니라 한 번만의 것으로 여겨지

는 경우에는 언제나 나타나게 되며, 또한 이 형태가 순환형태들 중의 하나가 아니라 그것의 유일한 형태로 여겨지는 경우에 그런 환상이 발생하게 된다. 그러나 이 형태 자체는 다른 형태들에 관해 이야기하고 있다.

첫째로, 이 순환 전체는 생산과정의 자본주의적 성격을 전제하고 있으며, 이 생산과정과 이것에 의해 결정되는 특수한 사회관계를 그것의 기초로서 전제하고 있다. $M-C=M-C\langle^{LP}_{MP}$인데, 여기에서 M−LP는 임금노동자의 존재를 가정하고 있으며, 따라서 생산수단이 생산자본의 일부라는 것을 암시하고 있다. 이리하여 노동과정과 가치증식과정, 즉 생산과정이 이미 자본의 하나의 기능으로 전제되고 있다.

둘째로, M…M′이 반복된다면, 화폐형태로의 복귀는 제1단계의 화폐와 마찬가지로 일시적인 것으로 나타난다. M−C는 사라져 P에게 자리를 양보한다. 끊임없이 반복해서 화폐로써 이루어지는 투자와, 화폐로의 끊임없는 복귀는 순환의 일시적인 계기로 나타날 뿐이다.

셋째로,

$$M-C\cdots P\cdots C'-M' \cdot M-C\cdots P\cdots C'-M' \cdot M-C\cdots P\cdots$$

순환의 두번째 반복에서는, M의 두번째 순환이 마치기 전에, P…C′−M′ · M−C…P라는 순환이 나타나며, 그 뒤의 순환 모두는 P…C′−M′−C…P라는 형태 하에서 고찰될 수 있다. 따라서 최초의 순환의 제1단계로서의 M−C는 끊임없이 반복되는 생산자본의 순환을 위한 일시적인 서곡을 형성할 뿐인데, 화폐자본의 형태로 처음 투하되는 산업자본의 경우에는 사실상 그렇다.

더욱이 P의 두번째 순환이 끝나기 전에, 상품자본의 첫 순환 C′−M′ · M−C…P…C′(단축시키면 C′…C′)이 이미 형성되고 있다. 이처럼 제1형태 『화폐자본의 순환』는 이미 다른 두 형태들을 포함하고 있는데, 이 두 형태들에서는 [가치의 표현일 뿐 아니라 등가형태인 화폐로서의 가치표현인] 화폐형태가 사라져 버린다.

끝으로, 새로 등장하여 처음으로 M－C…P…C′－M′의 순환을 그리는 하나의 개별자본을 살펴보면, M－C는 이 개별자본이 처음으로 수행하는 생산과정의 준비단계 또는 전조다. 그러므로 M－C의 단계는 전제되고 있는 것이 아니라 오히려 생산과정에 의하여 규정되고 필요하게 된 것이다. 그러나 이것은 이 개별자본에게만 해당된다. 산업자본 순환의 일반적 형태는, 자본주의적 생산양식이 전제되고 있는 한, 즉 자본주의적 생산이 지배하는 특수한 사회상태 안에서는, 화폐자본의 순환이다. 그러므로 자본주의적 생산과정은 하나의 전제조건으로 가정되고 있다. 새로 투하되는 산업자본의 화폐자본이 최초로 순환하는 경우에는 그렇지 않을지 모르지만, 이것을 제외하면 모두 그렇다. 이 생산과정의 존속은 P…P의 끊임없이 반복되는 순환을 전제로 한다. 제1단계 $M-C\langle{}^{LP}_{MP}$ 안에서도 이 전제는 이미 나타나 있다. 왜냐하면 이 단계는 한편에서는 임금노동자 계급의 존재를 전제하기 때문이며, 다른 한편에서는 생산수단의 구매자에게는 제1단계 M－C인 것이 그 판매자에게는 C′－M′인 것을 전제하기 때문이다. 다시 말해 C′이 상품자본인 것[즉 상품 그 자체가 자본주의적 생산의 결과인 것]을 전제하며, 이리하여 생산자본의 기능을 전제하기 때문이다.

제2장
생산자본의 순환

생산자본의 순환은 P…C′−M′−C…P라는 일반공식을 가진다. 그것은 생산자본의 주기적으로 반복하는 기능[재생산]을 표현하고 있으며, 또한 생산자본의 생산과정이 가치증식을 목적으로 하는 재생산과정[즉 잉여가치의 생산과 주기적 재생산]이라는 것을 표현하고 있다. 그리고 생산자본의 형태에 있는 산업자본의 기능은 한 번만이 아니라 주기적으로 반복되며, 따라서 새로운 시작은 출발점 자체에 의해 이미 주어지고 있다는 것을 표현하고 있다. C′의 일부는 (산업자본의 투자분야 중 어떤 분야에서는) 생산수단으로서 동일한 노동과정[그 상품이 생산되었던 노동과정]에 직접적으로 재투입될 수 있다. 〖예: 석탄 산업에서 석탄을 난방용으로 사용하는 경우〗 그러나 이것은 그 부분의 가치를 진정한 화폐 또는 명목화폐로 전환시킬 필요를 생략하는 것뿐이며, 그 가치는 계산화폐에 의하여 독립적인 표현이 주어진다. 가치의 이 부분은 유통과정에 들어가지 않는다. 이처럼 유통과정에 들어가지 않는 가치라도 생산과정에는 들어간다. C′ 중 자본가가 현물로 소비하는 부분[잉여생산물의 일부]도 유통과정에 들어가지 않는다. 그러나 이것은 자본주의적 생산에서는 중요하지 않으며 기껏해야 농업에서 고려의 대상이 될 뿐이다.

이 형태 『생산자본의 순환』에서는 두 가지 점이 눈에 띈다.

첫째로, 제1의 형태 M…M′에서는 생산과정[P의 기능]은 화폐자본의 유통을 중단시키며 유통의 두 국면 M－C와 C′－M′ 사이의 매개자로서만 나타났는데, 여기에서는 산업자본의 유통과정 전체[유통영역 안의 산업자본의 운동 전체]가, 최초의 끝으로서 순환을 개시하는 생산자본과 최후의 끝으로서 동일한 형태[새로운 시작의 형태]로 순환을 종결하는 생산자본 사이의 중단, 그리고 결과적으로 그 매개를 형성할 뿐이다. 다시 말해 진정한 유통은 재생산[주기적으로 반복되며 이 반복을 통해 지속되는 재생산]의 매개자로서만 나타나게 된다.

둘째로, 유통 전체가 화폐자본의 순환에서 가지고 있었던 것과는 반대의 형태를 취하고 있다. 화폐자본의 순환에서는 가치의 크기를 무시하면 M－C－M(M－C · C－M)이었는데, 여기에서는 가치의 크기를 무시하면 C－M－C(C－M · M－C), 즉 단순상품유통의 형태다.

제1절 단순재생산

먼저 유통영역 안에서 두 끝 P…P 사이를 통과하고 있는 C′－M′－C의 과정을 고찰해 보자.

이 유통의 출발점은 상품자본 C′=C+c=P+c이다. 상품자본의 기능, 즉 C′－M′(지금 상품자본 중 상품구성부분 C로 있는 자본가치 P의 실현과, 가치 c를 가진 잉여가치의 실현)은 이미 순환의 제1형태 『화폐자본의 순환』에서 논의되었다. 그러나 거기에서는 이 기능이 유통의 제2국면[순환 전체의 종결국면]을 형성하고 있었지만, 여기에서는 순환의 제2국면이면서도 유통의 제1국면을 형성하고 있다. 거기에서는 제1차 순환이

M′으로 끝나며, M′은 최초의 M과 마찬가지로 화폐자본으로서 제2차 순환을 재개할 수 있기 때문에, M과 m(M′에 포함된 잉여가치)이 함께 같은 궤도를 따를 것인지 아니면 그들이 상이한 궤도를 그릴 것인지를 고찰하는 것은 처음에는 불필요했으나, 제1차 순환을 반복되는 것으로 고찰하게 되었을 때 비로소 필요하게 된 것이었다. 그러나 생산자본의 순환에서는 이 점이 먼저 결정되어야만 한다. 왜냐하면 제1차 순환의 성격 그 자체가 이 문제에 달려있기 때문이며, C′−M′은 M−C에 의하여 보완되어야 할 유통의 제1국면으로 나타나고 있기 때문이다. 그 공식이 단순재생산을 묘사하고 있는가 아니면 확대재생산을 묘사하고 있는가는 이 결정에 달려 있다. 순환의 성격은 이 결정에 따라 변경된다.

그러므로 먼저 우리는 생산자본의 단순재생산을 고찰하여 보기로 하는데, 여기에서도 제1장에서처럼 기타의 사정은 동일하며 상품은 그 가치대로 매매된다고 가정한다. 단순재생산에서는 잉여가치 전체가 자본가의 개인적 소비로 들어간다. 상품자본 C′이 화폐로 전환되면 자본가치를 대표하는 화폐부분은 산업자본의 순환에서 유통을 계속하며, 나머지 부분[금으로 전환한 잉여가치]은 일반적 상품유통으로 들어간다. 잉여가치의 유통은 자본가에서 시작되는 화폐유통이지만 그의 개별자본의 유통 밖에서 행해진다.

우리의 예에서, 상품자본 C′은 10,000그램의 면사였고 그것의 가치는 500원이었다. 이 중 422원은 생산자본의 가치였는데, 면사 8,440그램의 화폐형태로서 C′으로부터 시작한 자본유통을 계속하게 되며, 78원의 잉여가치[잉여생산물인 1,560그램 면사의 화폐형태]는 이 유통에서 빠져나와 일반적 상품유통 안에서 하나의 독자적인 궤도를 그리게 된다.

$$C' \begin{pmatrix} C \\ + \\ c \end{pmatrix} \begin{matrix} \text{———} \\ \text{———} \\ \text{———} \end{matrix} M' \begin{pmatrix} M \\ + \\ m \end{pmatrix} \begin{matrix} \text{———}\ C\left\langle{}^{LP}_{MP}\right. \\ \\ \text{———}\ c \end{matrix}$$

m−c는 화폐로 행하는 일련의 구매인데, 자본가는 이 화폐를 자신과 가족을 위해 소비용 상품이나 서비스에 지출한다. 이들 구매는 한꺼번에 행해지지 않으며 서로 다른 시간에 행해진다. 이리하여 화폐는 일시적으로 일상의 소비를 위한 예비화폐나 퇴장화폐의 형태로 존재한다. 왜냐하면 유통을 중단한 화폐는 퇴장화폐의 형태로 있을 수밖에 없기 때문이다. 유통수단[일시적으로 퇴장화폐의 형태를 띠기도 한다]으로 기능하는 이 화폐는 화폐형태의 자본 M의 유통에는 들어가지 않는다. 그 화폐는 투하되는 것이 아니라 소비된다.

지금까지 우리는, 총투하자본 전부가 하나의 국면에서 다른 국면으로 끊임없이 이동하고 있다는 것과, P의 상품생산물은 생산자본 P의 총가치 422원과 생산과정에서 창조된 잉여가치 78원을 모두 지니고 있다고 가정하였다. 분할 가능한 상품생산물을 취급하고 있는 우리의 예에서는, 잉여가치는 1,560그램 면사의 형태로 있는데, 이것은 또한 면사 1그램 중 0.1560그램이 잉여가치라는 것을 가리킨다. 그러나 만약 상품생산물이 예컨대 동일한 가치구성을 가진 500원짜리 기계 한 대라면, 기계 가치의 일부[=78원]는 잉여가치이지만 이 78원은 이 기계 전체 안에서만 존재한다. 이 기계를 자본가치와 잉여가치로 분할하기 위해서는 그 기계를 산산조각 부수어야만 하는데, 그렇게 되면 그 기계는 사용가치를 잃음과 동시에 그 가치도 잃어버린다. 그러므로 이 경우 그 두 개의 가치구성부분은 상품 C′의 독립적인 요소들로 묘사될 수 없고[1그램의 면사 각각은 10,000그램 면사의 분할 가능한 독립적인 상품요소로 묘사될 수 있다], 다만 관념적으로 상품체의 구성부분으로서 묘사될 수 있을 뿐이다.

기계의 경우에는, m이 자기 자신의 별개의 유통을 개시할 수 있기 위해서는 그 전에 이 상품 전체[상품자본인 기계]가 한덩어리로 판매되지 않으면 안 된다. 그러나 면사의 경우에는, 자본가가 8,440그램의 면사를 판 뒤에는, 나머지 1,560그램의 판매는 c(면사 1,560그램)－m(78원)－c(소비물품)의 형태로 잉여가치의 완전히 분리된 유통을 나타낼 수 있다. 더욱이 10,000그램 면사의 각종 가치요소들도 그 생산물의 부분들로 표시될 수 있다. 즉 10,000그램의 면사는 불변자본가치 c[372원의 가치를 가진 7,440그램의 면사], 가변자본가치 v[50원의 가치를 가진 1,000그램의 면사], 그리고 잉여가치 s[78원의 가치를 지닌 1,560그램의 면사]로 분할될 수 있다. 이와 마찬가지로, 1그램의 면사도 c[0.0372원의 가치를 가진 0.744그램의 면사], v[0.005원의 가치를 가진 0.1그램의 면사] 및 s[0.0078원의 가치를 가진 0.156그램의 면사]로 분할될 수 있다. 그러므로 자본가는 10,000그램의 면사를 한 뭉치씩 계속 판매함으로써, 거기에 포함되어 있는 잉여가치의 요소를 계속적으로 소비할 수 있고 또한 c+v의 총액을 계속 실현할 수가 있다. 그러나 이런 행동은 10,000그램 전체가 판매된다는 것과 그리하여 c와 v의 가치가 8,400그램의 판매에 의하여 보충된다는 것을 전제하고 있다(제1권 제9장 2절).

어떻든, C′－M′에 의하여 C′에 포함된 자본가치와 잉여가치는 분리될 수 있는 존재, 상이한 화폐액으로서의 존재를 획득한다. M과 m은, 원래 C′에서는 상품의 가격으로 자기 자신을 관념적으로만 표현하고 있었던 가치들이 실제로 전환된 형태다.

c－m－c는 단순상품유통인데, 그것의 첫 국면 c－m은 상품자본의 순환 C′－M′에, 따라서 자본의 순환에 포함되어 있다. 그러나 그것의 보완국면 m－c는 이 순환에서 떨어져 나와 일반적 상품유통에서 하나의 독자적 행위를 형성한다. C와 c의 유통 또는 자본가치와 잉여가치의 유통은 C′이 M′으로 전환된 이후에 분할된다. 따라서 다음의 사실을 알 수

있다.

첫째로, 상품자본이 C′−M′, 즉 C′−(M+m)에 의해 실현됨으로써, [C′−M′에서는 아직 동일한 상품량이 공통적으로 지니고 있었던]자본가치와 잉여가치의 운동이 두 개로 분할될 수 있다. 왜냐하면 그 두 개는 지금 일정한 화폐액으로 각각 독립 형태를 취하고 있기 때문이다.

둘째로, m은 자본가의 수입으로 지출되고 M은 자본가치의 기능적 형태로 이 순환에 의하여 규정된 궤도를 계속 따름으로써, 이 분할이 발생한다면, 첫째의 행위 C′−M′과 그 뒤의 행위들 M−C 및 m−c는 두 개의 상이한 유통, C−M−C와 c−m−c로 묘사되지만, 이 유통 모두는 그 일반적 형태에서는 보통의 상품유통과 같다.

이와 같은 분할이 불가능한 상품체의 경우에도, 그것의 가치구성부분을 관념적으로 분리시키는 것은 사실상 행해지고 있다. 예컨대, 대부분이 신용으로 경영되는 런던의 건축업에서는 가옥의 건축이 진행됨에 따라 건축업자는 각각의 단계에서 대출을 받는다. 이런 단계들의 어느 것도 가옥은 아니고 다만 장래에 완성될 가옥의 현실적인 구성부분일 뿐이다. 이 현실성에도 불구하고 그것은 가옥 전체의 관념적인 일부에 불과한데, 그렇지만 추가대출을 위한 담보로 구실할 수 있을 정도로 현실적인 것이다(이것에 대해서는 뒤의 제12장을 보라).

셋째로, C′와 M′에서는 아직 함께 행해지고 있는 자본가치와 잉여가치의 운동이 일부만 분할되거나(그리하여 잉여가치의 일부는 수입으로 지출되지 않는다) 또는 전혀 분할되지 않는다면, 순환이 마치기 전에 자본가치 자체에 하나의 변화가 생긴다. 우리의 예에서 생산자본의 가치는 422원이었다. 만약 자본이 예컨대 480원 또는 500원으로 M−C를 계속한다면, 자본은 최초의 가치보다 58원 또는 78원만큼 더욱 큰 가치로 순환의 후반단계들 〚M−C…P〛을 통과하게 된다. 이것은 동시에 자본의 가치구성 〚c:v〛의 변화를 동반할 수도 있다.

C′－M′은, 제1형태의 순환(M…M′)에서는 유통의 제2국면이었고 그 종결단계이었지만, 생산자본의 순환에서는 제2단계이고 그 순환 안에 있는 상품유통의 제1국면이다. 따라서 유통에 관한 한, 그것은 M′－C′에 의하여 보완되지 않으면 안 된다. 그러나 C′－M′은 이미 가치증식과정(여기에서는 제1단계인 P의 기능)을 통과하였을 뿐 아니라, 그 결과인 상품생산물 C′도 이미 실현되었다. 자본의 가치증식도, 그리고 증식된 자본가치를 대표하는 상품생산물의 실현도 C′－M′으로 끝나버리게 된다.

우리는 지금까지 단순재생산, 즉 m－c가 M－C로부터 완전히 분리되어 버리는 것을 가정하였다. 두 개의 유통, c－m－c와 C－M－C는 그 일반형태에서 상품유통이기 때문에(그리고 두 개의 유통은 두 끝 사이에 가치의 차이를 나타내지 않기 때문에), 속류경제학자들이 생각하는 것처럼 자본주의적 생산과정을 어떤 종류의 소비를 위해 단순히 상품들(사용가치들)을 생산하는 것으로 여기기 쉬우며, 속류경제학자들이 부정확하게 말하고 있는 바와 같이 자본가가 상품을 생산하는 것은 그것으로 상이한 사용가치를 가진 상품들과 교환하거나 대체하기 위한 것에 지나지 않는다고 생각하기가 쉽다.

C′은 처음부터 상품자본으로 나타나는데, 총과정의 목적인 치부(가치증식)는 [잉여가치의 크기 증대와 더불어] 자본가의 소비 증대를 결코 배제하지 않으며 사실상 그것을 절대적으로 내포하고 있다.

자본가의 수입 유통에서, 생산된 상품 c(또는 상품생산물 C′ 중 관념적으로 그것에 대응하는 부분)는, 사실상 이 수입을 화폐로 전환시키고 이 화폐를 개인적 소비를 위한 일련의 상품들로 전환시키는 데 이바지할 따름이다. 그러나 여기에서 우리가 빠뜨려서는 안 될 것은, c는 자본가에게는 아무런 비용도 부담시키지 않은 상품가치로서 잉여노동의 체현물이며, 그것은 상품자본 C′의 한 구성부분으로서 최초로 등장했다는 점이다. 그러므로 이 c 자체는 과정 중의 자본가치의 순환에 이미 자기의 존재가 연결되어 있다. 만약 이 순환이 정지하거나 교란된다면, c의 소비가 제한되거나 중단될 뿐 아니라 c와 교환될 상품들의 시장도 영향을 받게 된다. 이것은 C′−M′이 실패하거나 C′의 일부만이 판매되는 경우에도 그러하다.

이미 본 바와 같이, 자본가의 수입 유통으로서 c−m−c는 c가 C′[상품자본이라는 기능형태에 있는 자본]의 가치의 일부인 한, 자본유통에 속해 있다. 그러나 c가 m−c를 통하여, c−m−c라는 전체의 형태로 독립한다면, c는 비록 자본가의 투하자본에서 유래한 것이기는 하지만 그 투하자본의 운동에 들어가지는 않는다. 그러나 자본의 존재는 자본가의 존재를 전제하고 있으며 자본가의 존재는 자본가에 의한 잉여가치의 소비에 달려있으므로, c는 투하자본의 운동과 관련을 맺고 있는 셈이다.

일반적 유통 안에서는 C′은 예컨대 면사로서 하나의 상품으로서만 기능한다. 그러나 자본유통의 한 계기로서는 그것은 상품자본으로서(즉 자본가치가 취하고는 버리고 버리고는 취하는 형태의 하나로서) 기능한다. 면사가 상인에게 판매되면, 면사는 자기를 생산한 자본의 순환에서는 벗어나지만 아직도 일반적 유통의 영역에서 상품으로 존속한다. 따라서 이 상품량의 유통은, 방적업자의 자본의 독립적 순환의 한 계기를 이루지는 않는다고 할지라도, 계속된다. 그러므로 자본가가 유통에 투입한 상품량의 진정한 최종적인 탈바꿈 C−M[즉 이 상품량이 소비되어 최종적으로 탈락하는 것]은, 이 상품량이 자본가의 상품자본으로서의 기능을 끝내는 것과는 시간적 · 공간적으로 완전히 분리될 수 있다. 자본의 유통에서는 이미 달성된 그 탈바꿈 〚C−M〛이 일반적 유통의 영역에서는 아직도 완성되어야만 한다.

면사가 별개의 산업자본의 순환에 들어가는 경우에도 사정은 변하지 않는다. 일반적 유통은, 자본으로 시장에 투하된 것이 아닌 가치들[즉 개인적 소비에 들어가는 가치들]의 유통뿐 아니라, 사회적 자본의 각종의 독립적 분파들의 순환의 상호관련[즉 개별자본들의 총체]을 포함하고 있다.

일반적 유통의 일부를 형성하는 것으로서의 자본의 순환과, 하나의 독립적인 순환을 형성하는 것으로서의 자본의 순환 사이의 관계는 M′=M+ m의 유통을 고찰하면 더욱 명백해진다. M은 화폐자본으로서 『독립적인』 자본의 순환을 계속하지만, m은 수입의 지출(m−c)로서 일반적 유통에 들어가며 자본의 유통에서 벗어난다. 추가 화폐자본으로 기능하는 부분만이 자본의 순환에 들어간다. c−m−c에서 화폐는 오직 유통수단으로서만 기능하며, 이 유통의 목적은 자본가의 개인적 소비다. 속류경제학은 자본순환에 들어가지 않는 이 유통—가치생산물 중 수입으로 소비되는 부분의 유통—을 자본의 특징적 순환이라고 묘사함으로써 특유의 백치병을 고백하고 있다.

제2국면 M−C에서는 P(P…P에서 산업자본의 순환을 개시하는 생산자본의 가치)와 동일한 자본가치 M이 잉여가치를 제외한 채[즉 화폐자본의 순환의 제1국면 M−C에서와 동일한 가치량으로] 다시 나타난다. 그 위치는 다르지만 지금 상품자본이 전환된 화폐자본도 기능은 마찬가지다. 다시 말해 화폐자본은 MP와 LP, 즉 생산수단과 노동력으로 전환된다.

자본가치는 상품자본의 기능 C′−M′에서 c−m과 함께 C−M의 국면을 통과하며, 지금은 보완국면 M−C$\langle^{LP}_{MP}$로 이행한다. 따라서 자본가치의 총유통은 C−M−C$\langle^{LP}_{MP}$이다.

첫째, 화폐자본 M은 제1형태(M…M′)에서는 자본가치가 투하되는 최초형태로 나타났지만, 여기에서는 처음부터 유통의 제1국면 C′−M′에서 상품자본이 전환된 화폐액의 일부로서 나타난다. 다시 말해 처음부터 생산자본 P의 상품생산물의 판매에 의하여 형성된 화폐형태로서 등장한다. 화폐자본은 여기에서는 자본가치의 최초 형태나 최후 형태가 아니다. 왜냐하면 C－M국면을 보완하는 M－C국면은 화폐형태를 벗어버림으로써 비로소 완성될 수 있기 때문이다. 따라서 M－C 중 동시에 M－LP이기도 한 부분은 노동력의 구입을 위한 화폐의 단순한 투하로 나타나는 것이 아니라, 노동력에 의하여 생산된 상품가치의 일부인 50원 어치의 면사 1,000그램이 화폐형태로 노동력의 구입에 투하된 것으로 나타난다. 지금 노동자에게 투하되는 화폐는 노동자 자신이 생산한 상품가치의 일부가 전환된 등가형태에 지나지 않는다. 이 이유만으로도 M－C라는 행위는, 그것이 M－LP인 한, 화폐형태의 상품을 유용한 형태의 상품으로 단순히 대체하는 것이 아니라, 일반적 상품유통 자체와는 무관한 기타의 요소를 내포하고 있다.

M′은 C′의 전환된 형태로 나타나는데, 이 C′ 자체는 생산과정 P의 과거기능의 생산물이다. 따라서 화폐총액 M′은 과거노동의 화폐적 표현으로 나타나고 있다. 우리의 예에서, 10,000그램의 면사=500원은 방적과정의 생산물이며, 그 중 7,440그램는 투하 불변자본 c[=372원], 1,000그램은 투하 가변자본 v[=50원], 그리고 1,560그램의 면사는 잉여가치 s[=78원]와 같다. 기타의 사정이 변하지 않은 채 M′ 중 422원의 최초 자본만이 다시 투하된다면, 다음 주에 M－LP를 통해 노동자에게 투하되는 것은 이번 주에 생산된 10,000그램 면사 중의 일부(즉 1,000그램 면사의 화폐가치)일 따름이다. C－M의 결과로서의 화폐는 항상 과거노동의 표현이다. 보완행위 M－C가 곧이어 상품시장에서 수행되어 M이 시장에 있는 상품으로 전환되는 한, 거기에서는 과거노동이 한 형태(화폐)에서 다른 형태(상품)로 다시 전환하게 된다. 그러나 M－C는 C－M과 시간적으로 분리되어 있다. 그것은 예외적인 경우에는 동시적으로 일어날 수 있다. 예컨대 M－C를 수행하는 자본가와, 이 행위가 자기에 대해서는 C－M인 자본가가 각자의 상품을 동시에 상호 인도하고 M은 그 차액만을 결제하는 경우다. C－M의 실행과 M－C의 실행 사이의 시간차는 큰

경우도 있고 크지 않은 경우도 있다. C－M 행위의 결과로서의 M은 과거노동을 표현하고 있지만, M－C라는 행위에서의 M은 아직은 시장에 없지만 장래에 시장에 나타날 상품으로 전환될 수도 있다. 왜냐하면 M－C는 C가 새로 생산되었을 때 비로소 수행될 수도 있기 때문이다. 마찬가지로 M은 [이 M을 자기의 가치표현으로 하는] C와 동시적으로 생산되는 상품들을 상징할 수도 있다. 예컨대, M－C라는 전환(생산수단의 구입)에서 아직 탄갱에서 채굴되지 않은 석탄이 구매될 수도 있다. m이 수입으로 지출되지 않고 화폐로 축적된다면, m은 내년에 생산될 면화를 상징할 수도 있다. 자본가의 수입 지출 m－c에서도 마찬가지다. 그리고 임금 50원의 경우에도 마찬가지인데, 이 화폐는 노동자의 과거노동의 화폐형태일 뿐 아니라 지금 실현되고 있는 현재의 노동 또는 장래에 실현될 노동에 대한 청구권이기도 하다. 예를 들면, 노동자는 그 화폐로 한 주 뒤에 만들어지는 윗옷을 구입할 수 있을 뿐 아니라, 생산되자마자 [부패되기 전에] 곧바로 소비되어야만 하는 다수의 필요한 생활수단도 구입할 수 있다. 그러므로 노동자는 자기의 임금이 지불되는 화폐로 자기 자신 또는 타인의 장래노동의 전환된 형태를 얻고 있는 셈이다. 자본가는 노동자의 과거노동의 일부로써 노동자에게 그 자신의 장래노동에 대한 청구권을 주는 셈이다. 다시 말해 아직 존재하지 않는 재고[이것은 노동자의 현재의 노동 또는 장래의 노동에 의해 형성된다] 중에서 자기 자신의 과거노동이 지불되는 것이다. 임금을 지불하기 위해서는 재고가 미리 형성되어 있어야 한다는 관념은 여기에서 완전히 타파된다.

둘째, $C-M-C\langle^{LP}_{MP}$의 유통에서는, 동일한 화폐가 위치를 두 번 바꾼다. 자본가는 먼저 판매자로서 화폐를 받고, 그 다음에 구매자로서 그것을 남에게 준다. 상품이 화폐형태로 전환하는 것은 오직 상품을 화폐형태로부터 다시 상품형태로 전환시키기 위한 것이며, 따라서 자본의 화폐형태[화폐자본으로서의 자본의 존재]는 이 운동에서는 일시적인 계기일 뿐이다. 다시 말해 화폐자본은, 이 운동이 순조롭게 진행되는 한, 구매수단으로 기능하는 경우에는 유통수단으로서 나타날 뿐이고, 자본가들이 상호구매를 통하여 지불차액만을 결제하는 경우에는 진정한 지불수단으로 나타날 뿐이다.

셋째, 화폐자본의 기능은, 그것이 단순한 유통수단으로 역할하든 지불수단으로 역할하든 다만 C를 LP와 MP로 대체하는 것, 다시 말해 생산자본의 활동 결과인 상품생산물[수입으로 소비되는 잉여가치를 뺀 뒤의 것]로서의 면사를 그 자신의 생산요소로 대체하는 것, 결국 자본가치가 상품형태로부터 이 상품의 구성요소로 재전환하는 것을 매개할 뿐이다. 요컨대 화폐자본은 결국 상품자본이 생산자본으로 재전환하는 것을 매개할 뿐이다.

순환이 정상적으로 행해지기 위해서는 C′은 그 가치대로 전부가 판매되지 않으면 안 된다. 더욱이 C′－M′－C는 한 상품을 다른 상품으로 대체하는 것뿐 아니라 동일한 가치관계로 대체하는 것을 포함하고 있다. 우리는 지금까지 그러하다고 가정하였다. 그러나 사실은 생산수단의 가치는 변동한다. 자본주의적 생산에서는 그것을 특징짓는 노동생산성의 끊임없는 변화에 의해서라도 가치관계는 끊임없이 현저하게 변동한다. 생산요소의 가치변화는 뒤에서 취급될 것이므로 〖제15장 5절〗 여기에서는 그것을 지적만 해두자. 생산요소의 상품생산물로의 전환, 즉 P가 C′으로 전환하는 것은 생산영역에서 진행되며, C′이 P로 재전환하는 것은 유통영역에서 일어난다. 이 재전환은 상품의 단순한 탈바꿈에 의해 매개된다. 그러나 그 내용은 전체로서 본 재생산과정의 하나의 계기다. C′－M′－C는 자본의 유통형태로서는 기능적으로 규정된 물질대사를 포함한다. 전환 C′－M′－C는 C가 상품량 C′의 생산요소들과 같아야 할 것과, 이 생산요소들이 서로 최초의 가치관계를 유지할 것을 요구한다. 그러므로 상품들이 그 가치대로 구매될 뿐 아니라 순환 중에 가치가 변동하지 않을 것도 가정되고 있다. 만약 그렇지 않다면, 그 과정은 정상적으로 진행될 수 없다.

M…M′에서 M은 자본가치의 최초 형태며 M이 자기의 형태를 버리는 것은 뒤에 다시 그것을 취하기 위해서다. 그런데 P…C′−M′−C…P에서는 M은 오직 과정 중에서 취하는 형태며 그 과정 안에서 이미 다시 버려진다. 여기에서는 화폐형태는 자본가치의 일시적 형태로서만 나타난다. C′으로서의 자본은 화폐형태를 취하려고 노력하지만, 그것이 일단 화폐형태를 취한 뒤에는 M′은 자신을 다시 한번 생산자본의 형태로 전환시키기 위해 화폐형태를 벗어버리려고 노력하게 된다. 자본은 화폐형태로 있는 동안에는 자본으로 기능하지 않으며 가치증식 되지도 않는다. 자본은 쉬고 있을 뿐이다. M은 여기에서 유통수단으로서 기능하고 있지만, 자본의 유통수단으로 기능한다. 순환의 제1형태(화폐자본의 순환)에서 자본가치의 화폐형태가 지닌 외관상의 독립성은 이 제2형태에서는 사라져버린다. 그러므로 제2형태는 제1형태의 비판을 구성하고 후자를 단순히 하나의 특수형태로 여긴다. 만약 M−C라는 두번째의 탈바꿈이 장애를 만나면[예컨대 만약 생산수단을 시장에서 구입할 수 없다면], 재생산과정의 순환적 흐름은 중단되어 버리는데, 이것은 마치 자본이 상품자본의 형태로 굳어버린 경우와 마찬가지다. 그러나 그 차이는, 『첫째로』 자본은 상품형태보다도 화폐형태로 더욱 오래 잔존할 수 있다는 점이다. 화폐형태의 자본은 화폐자본으로 기능하지 않아도 화폐이기를 멈추지는 않지만, 상품형태의 자본은 상품자본으로 기능하는 것을 너무 오랫동안 방해받는다면 상품 또는 사용가치이기를 멈추게 된다. 둘째로, 자본은 화폐형태로 있는 경우에는 최초의 생산자본 형태와는 상이한 생산자본의 형태를 취할 수도 있지만, C′의 형태에 묶여 있는 동안에는 다른 형태를 전혀 취할 수가 없다.

C′−M′−C는 그 형태에서 보면 C′를 위한 유통행위만을, 즉 자기 자

신의 재생산의 계기인 유통행위만을 포함하고 있다. 그러나 $C'-M'-C$가 진행되기 위해서는 [C'이 전환되어야 하는] C의 현실적 재생산이 필요하며, 이것은 C'에 의해 대표되는 개별자본의 재생산과정 외부에 있는 재생산과정들에 의해 제약받는다.

제1형태($M\cdots M'$)에서 $M-C\langle^{LP}_{MP}$는 화폐자본의 생산자본으로의 첫번째 전환을 준비하였을 뿐이었지만, 제2형태 ⟦ P…P ⟧ 에서 그것은 상품자본의 생산자본으로의 재전환(즉 산업자본이 동일한 사업에 계속 투하되어 있는 한, 상품자본을 만들어낸 동일한 생산요소로 상품자본이 재전환되는 것)을 준비하였다. 그러므로 $M-C\langle^{LP}_{MP}$는 제2형태에서도 제1형태에서와 마찬가지로 생산과정의 준비단계로서 나타나지만, 제2형태에서는 생산과정으로의 복귀, 생산과정의 갱신으로서, 그리하여 재생산과정의 선행단계로서, 또한 가치증식과정을 반복하는 선행단계로서 나타난다.

여기에서 다시 한번 지적해야 할 것은, $M-LP$는 단순한 상품교환이 아니라 잉여가치의 생산에 기여할 상품 LP의 구매라는 점과, $M-MP$는 잉여가치를 생산하는 데 물질적으로 필수적인 절차에 불과하다는 점이다. $M-C\langle^{LP}_{MP}$의 완수와 함께 M은 생산자본으로 재전환되며, 그 순환은 새롭게 시작된다.

그러므로 $P\cdots C'-M'-C\cdots P$를 상세히 나타내면 다음과 같다.

$$P\cdots C'\quad\begin{pmatrix} C \\ + \\ c \end{pmatrix}\begin{matrix} — \\ \\ — \end{matrix}\begin{pmatrix} M \\ + \\ m \end{pmatrix}\begin{matrix} — & C\langle^{LP}_{MP} \cdots P \\ & \\ — & c \end{matrix}$$

화폐자본의 생산자본으로의 전환은 상품생산을 위한 상품의 구매다. 소비는, 이런 생산적 소비인 한, 자본의 현실적 순환에 들어오며, 생산적 소비의 전제는 그렇게 소비된 상품에 의해 잉여가치가 만들어진다는 점이다. 이것은 생산자의 생존을 목적으로 하는 생산[상품생산까지도 포함]과는 전혀 다르다. 잉여가치의 생산을 목적으로 상품을 상품으로 대체하는 것은 화폐에 의하여 단순히 매개되는 생산물들의 교환과도 전혀 다르다. 그러나 경제학자들은 후자를 과잉생산이 불가능한 증거 『예: 인간의 욕구는 무한해 생산물들의 교환은 끝없이 확대될 것이므로, 생산물들의 일반적 과잉은 있을 수 없다』로 제시하고 있다.

LP와 MP로 전환된 M의 생산적 소비 이외에, 생산자본의 순환은 M－LP라는 첫째의 고리를 포함하고 있는데, 이것은 노동자측에서 보면 LP－M=C－M이다. 노동자의 소비를 포함하는 노동자측의 유통 LP－M－C에서, 첫째의 고리만이 M－LP의 결과로서 자본의 순환에 속해 있다. 둘째의 행위 M－C는, 비록 개별자본의 유통에서 생기는 것이기는 하지만 그 유통에 속하지는 않는다. 그러나 노동자계급의 항상적인 존재는 자본가계급에게 반드시 필요하며, 그러므로 M－C에 의해 매개되는 노동자의 소비도 자본가계급에게 필요하다.

C′－M′이라는 행위가 자본가치의 순환의 계속과 자본가에 의한 잉여가치의 소비에 대하여 제시하는 유일한 조건은, C′이 화폐로 전환되는 것[판매되는 것] 뿐이다. 상품이 구매되는 것은, 그것이 특정한 사용가치며 생산적 소비 또는 개인적 소비에 적합하기 때문이다. C′이 예컨대 면사를 구입한 상인의 손에서 유통을 계속하더라도, 이 사정은 이 면사를 생산하여 상인에게 판매한 개별자본의 순환의 계속에는, 적어도 처음에는 아무런 영향도 미치지 않는다. 과정 전체는 계속되며 그것을 조건으로 하는 자본가와 노동자의 개인적 소비도 계속된다. 이 점은 공황을 고찰하는 경우에 중요하다.

C′이 팔려 화폐로 전환되면, 그것은 노동과정[따라서 재생산과정]의 실물적 요소들로 재전환될 수 있다. C′이 최종소비자에게 팔리든 그것을 다시 팔려고 하는 상인에게 팔리든, 이것은 직접적으로는 사정을 조금도

변화시키지 않는다. 자본주의적 생산이 생산하는 상품량의 크기는 생산의 규모와 이 규모의 끊임없는 확대욕구에 의하여 결정되는 것이지, 수요와 공급의 예정된 범위, 또는 충족되어야 할 욕구들의 예정된 범위에 의하여 결정되는 것은 아니다. 대량생산은 그 직접적 구매자로서 기타의 산업자본가 이외에는 도매상을 가질 수 있을 뿐이다. 재생산과정은 거기에서 나온 상품들이 실제로 개인적 소비 또는 생산적 소비로 들어가지 않더라도 일정한 범위 안에서는 동일한 규모 또는 확대된 규모로 진행될 수가 있다. 상품의 소비는 그 상품이 나온 자본순환에는 포함되지 않는다. 예컨대 면사가 팔린다면, 그 팔린 면사가 어떻게 되는가에 관계없이 면사에 표현된 자본가치의 순환은 새롭게 시작될 수 있다. 생산물이 팔리는 한, 자본가적 생산자의 입장에서는 모든 일이 정상적으로 진행된다. 자본가치의 순환은 중단되지 않는다. 이 과정이 확대되면[이것은 생산수단의 생산적 소비의 확대를 포함한다], 이 자본의 재생산은 노동자 측의 개인적 소비(따라서 수요)의 확대를 수반할 수 있다. 왜냐하면 노동자의 개인적 소비는 생산적 소비에 의하여 준비되고 매개되기 때문이다. 이리하여 잉여가치의 생산, 그리고 이것과 함께 자본가의 개인적 소비도 증가할 수 있으며, 재생산과정 전체도 매우 활발한 상태에 있게 된다. 그렇지만 다른 한편에서는 상품의 큰 부분은 사실상 외관상으로만 소비에 들어갔을 뿐이며 현실적으로는 팔리지 않은 채 상인의 수중에 있고 아직 시장에 남아 있을 수 있다. 상품들의 흐름이 차례차례로 시장에 나타나는 가운데, 마침내 이전의 흐름은 다만 외관상으로만 소비에 의해 흡수되었음이 발견된다. 상품자본들은 이제 시장을 확보하기 위해 서로 경쟁하게 된다. 뒤늦게 등장한 상품자본들은 팔기 위해 그 가격 이하로 판매된다. 이전의 상품흐름들은 아직도 현금으로 전환되지 않았는데 그것들에 대한 채무의 상환기한은 도래한다. 상품소유자들은 지불불능을 선언하든지 또는 지불하기 위해 어떤 가격에서라도 팔지 않으면 안 된다. 그러나 이 판매는 현실의 수요상태와는 전혀 아무런 관계도 없으며, 다만 지불에 대한 수요[상품을 화폐로 전환시켜야 할 절대적 필요성]와 관계가 있을 뿐이다. 이 지점에서 공황이 폭발한다. 공황이 처음 분명히 나타나는 것은 소비자 수요[개인적 소비를 위한 수요]의 직접적 감소에서가 아니라 자본과 자본 사이의 교환의 감퇴, 즉 자본의 재생산과정의 축소에서이다.

M은 화폐자본으로서 [생산자본으로 재전환되기로 예정되어 있는 자본가치로서] 그 기능을 완수하기 위해 상품 MP와 LP로 전환된다. 만약 이 상품들이 상이한 시기에 구매되거나 지불된다면, M−C는 일련의 순차적인 구매와 지불의 형태를 띠게 되며, 이에 따라 M의 일부는 M−C의 행위를 수행하는 반면, 다른 일부는 화폐상태에 머물러 있으면서 과정 자체의 조건에 의하여 결정되는 시기에 비로소 동시적 또는 순차적 행위 M−C에 기여하게 된다. 이 화폐부분은 특정시기에 행동을 개시하여 자기의 기능을 수행하기 위해 오직 일시적으로 유통에서 벗어난다. 이 경우, 이 화폐의 저장 그 자체는 화폐의 유통에 의하여 그리고 유통을 위해 규정된 하나의 기능이다. 그러므로 구매와 지불을 위한 재원으로서의 화폐의 존재, 그것의 운동 중지, 유통 중단의 상태는 화폐가 화폐자본의 기능들 중 하나를 완수하고 있는 상태다. 왜냐하면 이 경우 일시적으로 쉬고 있는 화폐 그 자체는 화폐자본 M(즉 M′에서 m을 뺀 M)의 일부이며, 상품자본의 가치 중 순환의 출발점인 생산자본의 가치 P와 동일한 가치부분의 일부이기 때문이다. 더욱이 유통에서 회수된 화폐는 모두 퇴장화폐의 형태로 있다. 그러므로 퇴장화폐 형태는 여기에서는 화폐자본의 하나의 기능이 되는데, 이것은 M−C에서 구매수단 또는 지불수단으로서의 화폐의 기능이 화폐자본의 하나의 기능이 되는 것과 마찬가지다. 자본가치가 여기에서는 화폐의 형태로 존재하기 때문에, 화폐상태는 산업자본이 자기의 단계들 중의 하나에서 취하는 상태—순환 전체에 의하여

규정된 상태—가 된다. 여기에서 다시 실증되는 것은, 화폐자본은 산업자본의 순환 내부에서 화폐의 기능 이외에는 수행하지 않는다는 점과, 이런 화폐기능은 순환의 기타 단계와의 관련을 통해서만 자본기능의 의의를 가지게 된다는 점이다.

M′을 M에 대한 m의 관계로, 즉 하나의 자본관계로 표현하는 것은 화폐자본의 직접적 기능이 아니라 오히려 상품자본 C′의 기능이며, 이 C′은 또한 c와 C의 관계로서 생산과정의 결과를, 즉 생산과정 안에서 발생하는 자본가치의 자기증식의 결과를 표현할 뿐이다.

유통과정이 장애에 부딪쳐 M이 외부 사정[예: 시장상황]에 의하여 M−C의 기능을 중단하여야 하고 그 때문에 길거나 짧은 동안 화폐상태에 머물게 된다면, 이것도 또한 퇴장화폐의 형태인데, 이 형태는 단순상품유통에서도, C−M에서 M−C로의 이행이 외부 사정에 의해 중단되는 경우에는 나타날 수 있다. 이것은 퇴장화폐의 비자발적 형성이다. 그러므로 이 경우 화폐는 잠재적 화폐자본, 쉬고 있는 화폐자본의 형태를 띠게 되는데, 여기에서는 더 이상 이 문제를 논의하지 않는다.

어느 경우에라도 화폐자본이 화폐상태로 정체하고 있는 것은 운동의 중단[이 중단이 합목적적이든 반反목적적이든, 자발적이든 비자발적이든, 기능적이든 탈기능적이든]의 결과임에 틀림없다.

제2절 축적과 확대재생산

생산과정의 확대를 가능하게 하는 비례관계는 자의적인 것이 아니라 기술적 요인에 의해 규정되고 있으므로, 실현된 잉여가치는, 자본으로 전환되기 위해서는, 수많은 순환의 반복을 통해 실제로 추가자본으로 기능할 수 있는 크기에 이를 때까지, 즉 과정 중의 자본가치의 순환에 들어갈 수 있는 크기에 이를 때까지, 증대되어야 하는 경우가 많다. (그러므로 그때까지는 실현된 잉여가치는 적립되어야만 한다.) 따라서 잉여가치는 퇴장화폐로 축적되며 이 형태로 잠재적 화폐자본을 구성한다. 잠재적인 이유는, 그것이 화폐형태로 머물고 있는 한, 자본으로 기능할 수 없기 때문이다.[1] 이처럼 여기에서는 퇴장화폐의 형성은 자본주의적 축적과정에 포함되어 그것에 수반하면서도 동시에 그 과정과는 본질적으로 구별되는 하나의 계기로 나타난다. 왜냐하면 잠재적 화폐자본의 형성에 의해서는 재생산과정 자체는 확대되지 않기 때문이다. 오히려 이 경우 잠재적 화폐자본이 형성되는 것은, 자본가적 생산자가 자기의 생산규모를 직접적으로 확대할 수 없기 때문이다. 만약 그가 자기의 잉여생산물을 [새로운 금은을 유통에 투입시키는] 금은생산자에게 판다면, 또는 결국 마찬가지이야기지만, [국내 잉여생산물의 일부를 해외에 판매하여 해외로부터 추가적 금은을 수입하는] 상인에게 판다면, 그의 잠재적 화폐자본은 국내 퇴장금은金銀 증가분의 일부를 형성하게 된다. 기타의 모든 경우에는, 구매자의 수중에서 유통수단이었던 예컨대 78원이 자본가의 수중에 들어와서 퇴장화폐의 형태를 취하였을 뿐이다. 이리하여 일어난 일이라고는 국내의 퇴장금은의 분배에 변화가 생긴 것뿐이다.

자본가의 거래에서 화폐가 지불수단으로서 기능한다면(그리하여 구매자가 나중에 상품대금을 지불한다면), 자본화할 잉여생산물은 화폐로 전환되는 것이 아니라 채권으로, 즉 구매자가 이미 가지고 있거나 가지게

1) {엥겔스: '잠재적'latent이란 표현은 잠재적 열이라는 물리학적 개념에서 빌려온 것인데, 이 개념은 지금 에너지 전환 이론으로 거의 대체되었다. 그러므로 나중의 초고인 제3편에서는 마르크스는 잠세적 에너지potential energy의 개념에서 빌려온 '잠세적 자본,' 또는 달랑베르의 가상속도virtual velocities에서 유추한 '가상적 자본'이라는 표현을 사용하고 있다.}

될 금액의 재산에 대한 청구권으로 전환된다. 그 잉여생산물은, 이자 낳는 증권들에 투자된 화폐와 마찬가지로, 순환의 재생산과정에는 들어가지 않는다—비록 그것이 다른 개별산업자본의 순환에 들어갈 수는 있지만.

자본주의적 생산의 전체 성격은 투하자본가치의 가치증식에 의하여, 말하자면, 첫째는 될 수 있는 한 많은 잉여가치의 생산에 의하여, 그리고 둘째는 자본의 생산[즉 잉여가치가 자본으로 전환](제1권 제24장을 보라)에 의하여 규정되고 있다. 축적 또는 확대재생산은, 처음에는 잉여가치 생산의 끊임없는 확대를 위한 수단[이리하여 자본가의 개인적 목적인 치부를 위한 수단]으로 나타나고 자본주의적 생산의 일반적 경향에 포함되고 있지만, 나중에는 자본주의적 생산의 발전과정에서 각각의 개별자본가에게는 하나의 필연적인 것으로 되어버린다. 즉 자기자본의 끊임없는 확대가 그것의 유지를 위한 하나의 조건으로 되는 것이다. 그러나 여기에서는 제1권에서 이미 전개된 것을 더 이상 다룰 필요는 없다.

우리는 먼저 단순재생산을 고찰하였는데, 거기에서는 잉여가치의 전부가 수입으로 소비된다고 가정하였다. 사실상 정상시에는 잉여가치의 일부는 항상 수입으로 소비되어야만 하고 다른 일부는 자본화되어야만 한다. 생산된 잉여가치가 어떤 경우 완전히 소비되며 어떤 경우 완전히 자본화되는가를 알아보는 것은 전혀 중요하지 않다. 평균적으로—일반공식은 평균운동을 표현할 뿐이다—둘 모두가 발생한다. 그러나 공식을 복잡하게 하지 않기 위해서는 잉여가치 전부가 축적된다고 가정하는 것이 좋다. 공식 $P \cdots C' - M' - C' \langle^{LP}_{MP} \cdots P'$은 생산자본이 더 큰 규모로, 더 큰 가치를 가진 것으로 재생산되며, 증대된 생산자본으로 제2차 순환을 개시한다[또는 제1차 순환을 반복한다]는 것을 표현하고 있다. 제2차 순환이 시작되면 P는 또다시 출발점으로 되는데, 지금의 P는 처음의 P보다 큰 생산자본일 뿐이다. M…M′의 공식에서도 제2차 순환은 M′으로서 시작하지만, M′은 M으로서, 즉 특정한 크기의 투하화폐자본으로서 기능할 뿐이다. M′은 제1차 순환을 개시한 것보다 큰 화폐자본이지만, 그것이 투하화폐자본의 기능을 담당하게 되자마자 그것이 잉여가치의 자본화를 통해 증가하였다는 사실은 사라져 버린다. 그것의 기원은 그 순환을 지금 개시하는 화폐자본의 형태에서는 지워지고 있다. 이것은 P′이 새로운 순환의 출발점으로 기능하자마자 P′에도 똑같이 적용된다.

P…P′과 M…M′[제1형태의 순환]을 비교하면, 각각은 서로 다른 의의를 가지고 있다는 것을 알 수 있다. M…M′은, 이것만을 단독의 순환으로 고찰하면, 화폐자본(또는 이 순환에서 화폐자본으로 있는 산업자본) M은 화폐를 낳는 화폐, 가치를 낳는 가치며 잉여가치를 낳는다는 것을 표현하고 있을 뿐이다. 이와는 반대로, P의 순환에서는 제1단계인 생산과정의 종결과 더불어 가치증식과정은 이미 완료되며, 제2단계 C′－M′(유통단계의 제1국면)의 통과 이후 자본가치와 잉여가치는 실현된 화폐자본 M′으로 이미 존재하게 된다[M′은 제1형태의 순환에서는 최종의 끝에 나타났다]. 잉여가치가 생산된다는 사실은 P…P의 제1형태 〚즉 단순재생산의 공식〛에서 c－m－c에 의하여 고찰되었는데, 이것의 제2국면 〚m－c〛은 잉여가치가 자본의 순환에서 벗어나 수입으로 유통되는 것을 표현하고 있다. 운동 전체가 P…P에 의하여 대표되며 그리하여 두 끝 사이에 가치의 차이가 없는 이 형태에서도 M…M′에서와 마찬가지로 투하자본가치의 증식, 즉 잉여가치의 창조가 묘사되고 있다. 다만 C′－M′이라는 행위가 M…M′에서는 최종단계로 나타나고 있지만, P…P에서는 순환의 제2단계, 그리고 유통단계의 제1국면에서 나타난다는 점이 다를 뿐이다.

P…P′에서 P′은 잉여가치가 생산된 사실을 표현하는 것이 아니라 오히려 생산된 잉여가치가 자본화된 것[즉 자본이 축적된 것]을 표현한다. 따라서 P′은 P와는 달리 최초의 자본가치와 그것의 운동을 통해 축적된 자

본의 가치로 구성되어 있다.

M…M′의 단순한 결론으로서의 M′과 모든 형태의 순환 안에서 나타나는 C′은, 어느 것이나 그 자체만을 고찰하면 운동이 아니라 운동의 결과를 표현한다. 자본가치의 증식이 화폐형태나 상품형태로 실현된 것을 표현하고 있고, 그리하여 증식된 자본가치는 M+m 또는 C+c로서, 즉 자기의 열매인 잉여가치에 대한 자본가치의 관계로서 표현되고 있다. M′이나 C′은 이 결과를 증식된 자본가치의 상이한 유통형태로 표현하고 있다. 그러나 C′의 형태이든 M′의 형태이든, 행해진 가치증식은 결코 화폐자본 또는 상품자본의 기능이 아니다. 산업자본의 특수기능들에 대응하는 독특한 존재형태[또는 존재양식]로서 화폐자본은 화폐기능만을, 상품자본은 상품기능만을 수행할 뿐이며, 따라서 그들 사이의 차이는 화폐와 상품 사이의 차이에 불과하다. 마찬가지로, 생산자본의 형태에 있는 산업자본은 생산물을 만드는 모든 노동과정의 요소들과 동일한 것으로 구성될 수밖에 없는데, 한편에서는 노동의 물적 조건(즉 생산수단)이, 다른 한편에서는 생산적으로(합목적적으로) 노동하는 노동력이 그 요소로 되고 있다. 산업자본은 생산영역에서는 생산과정 일반, 따라서 전前자본주의적 생산과정에도 적합한 인적 · 물적 결합으로서만 존재할 수 있는 것과 마찬가지로, 유통영역에서는 여기에 적합한 두 형태, 즉 상품과 화폐로서만 존재할 수 있다. 그러나 노동력은 자본가가 그 소유자로부터 구매한, 타인의 노동력이라는 사실[이것은 그가 기타의 상품소유자로부터 생산수단을 구매할 때도 마찬가지다]에 의하여, 생산요소의 총체는 처음부터 생산자본임을 명시하고 있으며, 그리하여 생산과정 그 자체가 산업자본의 생산적 기능으로 나타난다. 마찬가지로 화폐와 상품은 산업자본의 유통형태로 나타나며, 그들의 기능은 산업자본의 유통기능[생산자본의 기능을 준비하거나 아니면 그것에서 나오는 유통기능]으로 나타난다. 화폐기능과 상품기능이 여기에서 동시에 화폐자본과 상품자본의 기능으로 되는

이유는, 산업자본이 그 순환의 각종 단계에서 수행해야 할 기능들이 화폐기능 · 상품기능과 상호관련을 맺고 있기 때문이다. 그러므로 화폐를 화폐로서 특징지으며 상품을 상품으로서 특징짓는 독특한 속성과 기능을 화폐나 상품의 자본성격에서 도출하는 것은 잘못이며, 또한 생산자본의 속성을 생산수단으로서의 그것의 존재양식에서 도출하는 것도 잘못이다.

M' 또는 C'이 $M+m$이나 $C+c$로, 즉 자본가치와 그것의 소산인 잉여가치 사이의 관계로 묘사되면, 이 관계는 한편에서는 화폐형태로 다른 한편에서는 상품형태로 표현되고 있지만, 이것은 전혀 문제의 핵심을 변경시키지 않는다. 이 관계는 화폐 그 자체나 상품 그 자체에 속하는 속성과 기능에서 발생하는 것은 아니다. 두 경우에 자본의 특성—화폐를 낳는 화폐—은 오직 결과로서만 표현되고 있다. 그러나 C'은 언제나 P의 기능의 산물이며, M'은 언제나 C'이 전환된 형태에 불과하다. 그러므로, 실현된 화폐자본이 다시 화폐자본으로서 자기의 특수기능을 개시하자마자 그것은 $M'=M+m$에 포함된 자본관계를 더 이상 표현하지 않는다. $M \cdots M'$이라는 운동이 경과하여 M'이 순환을 새롭게 개시할 때, M'에 포함된 잉여가치 전체가 자본화되었다 하더라도, M'은 M'의 기능을 하는 것이 아니라 M의 기능을 한다. 우리의 예에서는, 제2차 순환은 제1차 순환에서처럼 422원의 화폐자본으로 시작하지 않고 500원의 화폐자본으로 시작한다. 순환을 개시하는 화폐자본은 이전보다 78원만큼 크다. 이 차이는 하나의 순환과 다른 순환을 비교할 때 알 수 있게 되며, 각각의 순환 그 자체 안에서는 이런 비교를 하지 않는다. 지금 화폐자본으로 투하되는 500원[이 중 78원은 이전에 잉여가치로 존재하였다]은, 다른 자본가가 자기의 제1차 순환을 개시하기 위해 사용하는 500원과 상이한 기능을 하지 않는다. 생산자본의 순환에서도 마찬가지다. 확대된 P'은 순환이 재개될 때는 P로 나타나며, 단순재생산 $P \cdots P$에서의 P와 같다.

$M'-C'\langle^{LP}_{MP}$의 단계에서 규모의 증대는 오직 C'으로 표시되며 LP'과

MP′으로는 표시되지 않는다. C는 LP와 MP의 합계이므로, C′에 포함된 LP와 MP가 최초의 것보다 크다는 것은 이미 C′에 의하여 표시되고 있다. 또한 LP′과 MP′이라는 표현방법은 잘못일 수가 있다. 왜냐하면 우리가 알고 있는 바와 같이, 자본의 성장은 가치구성의 변화를 내포하는데, 이 과정에서 MP의 가치는 계속적으로 성장하지만 LP의 가치는 상대적으로 때로는 절대적으로 감소하기 때문이다.

제3절 화폐축적

화폐로 전환된 잉여가치 m이 과정 중의 자본가치에 즉각적으로 추가되어 자본 M과 함께 총규모 M′으로 순환을 재개할 수 있느냐 없느냐는 m의 단순한 존재와는 상관없는 사정에 달려 있다. 만약 m이 최초 사업 이외의 제2의 독립 사업의 화폐자본으로 기능하려 한다면, m이 그 사업에 필요한 최소자본량에 도달해야만 비로소 투자될 수 있다는 것은 분명하다. 만약 m이 최초 사업을 확장시키는 데 투자된다면, P의 물질적 요소들 사이의 관계 및 그들의 가치관계가 또한 m의 최소규모를 결정하게 된다. 이 사업에서 작동하고 있는 모든 생산수단들 사이에는 질적 관계뿐 아니라 양적 비율(비례관계)이 있다. 생산자본을 구성하는 요소들 사이의 물질적 관계와 가치관계는, m이 생산자본의 증가분으로서 추가적 생산수단과 추가적 노동력, 또는 추가적 생산수단만으로 전환되기 위해 가지지 않으면 안 될 최소규모를 결정한다. 방적업자가 자기의 방추 수를 증가시키기 위해서는, 이 확장이 요구하는 면화와 임금에 대한 추가지출은 물론이고, 동시에 그것에 대응하는 수의 소면기와 조방기를 구입하지 않으면 안 된다. 그러므로 그가 이처럼 사업을 확장하기 위해서는 잉여가치가 이미 상당한 금액에 달해야만 한다(방추 한 개의 추가에 통상적으로 £1가 소요된다고 한다). m이 이 최소규모에 도달하지 않은 동안은, 이 자본에 의하여 차례차례로 생산된 m의 합계금액이 M과 함께 $M'-C'\langle^{LP}_{MP}$의 형태로 기능할 수 있을 때까지, 자본순환은 몇 번이나 반복되지 않으면 안 된다. 예컨대 방적기계를 더욱 생산적으로 만들기 위해 도입되는 세부적인 변경만으로도 원료에 대한 지출의 증가와 조방기 등의 확장이 필요하게 된다. 따라서 그 동안 m은 적립되는데, 이 적립은 m 자신의 기능이 아니라 P…P의 반복의 결과다. m 자신의 기능은, 반복되는 가치증식 순환에서, 즉 외부에서 충분한 추가를 받아 그 적극적 기능에 필요한 최소규모에 이르기까지, 다시 말해 m이 현실적인 화폐자본으로서, 지금의 경우에는 기능하고 있는 화폐자본 M의 축적부분으로서, 화폐자본의 기능을 처음으로 수행할 수 있는 규모에 이르기까지 화폐상태로 머물러 있는 것이다. 그 동안에는 m은 적립되며 형성과 성장의 과정에 있는 퇴장화폐의 형태로 존재할 뿐이다. 그러므로 여기에서는 화폐의 축적, 퇴장화폐의 형성[화폐의 퇴장]은 현실의 축적, 즉 산업자본의 사업규모 확대와 일시적으로 함께 일어나는 과정으로 나타난다. 일시적이라고 말하는 이유는, 퇴장화폐가 퇴장 또는 적립의 상태에 머물고 있는 한, 그것은 자본으로 기능하지 않고 가치증식과정에 참가하지 않으며 일정한 화폐액[이 금액은 자기의 도움 없이 생기는 화폐가 동일한 금고에 들어오기 때문에 증가할 따름이다]으로서만 남아 있을 것이기 때문이다.

퇴장화폐라는 형태는 유통하지 않는 화폐의 형태며, 유통이 중단되어 화폐형태로 보존되고 있는 화폐의 형태다. 화폐퇴장의 과정 그 자체에 관하여 말한다면, 그것은 모든 상품생산에 공통적인 현상인데, 그것이 목적 그 자체로서 구실한 것은 오직 미발달한 전자본주의적 상품생산에서이다. 그런데 우리의 경우 퇴장화폐는 화폐자본의 하나의 형태로서 나타나며, 화폐퇴장은 자본축적에 일시적으로 수반하는 하나의 과정으로서 나타난다. 왜냐하면 화폐는 여기에서 잠재적 화폐자본으로 기능하기 때문이며, 또한 화폐퇴장[화폐형태로 있는 잉여가치의 퇴장화폐 상태]은 기능적으로 규정된 준비단계—자본순환의 외부에서 진행되며, 잉여가치를 현실적으로 기능하는 자본으로 전환시키는 길을 열어준다—이기 때문이다. 이런 특성 때문에 퇴장화폐는 잠재적 화폐자본으로 되며, 또한 생산과정에 들어가는 데 필요한 퇴장화폐의 크기는 생산자본의 가치구성에 의하여 규정된다. 그러나 그것이 퇴장화폐의 상태에 있는 한, 그것은 아직 화폐자본으로 기능하지 않으며 여전히 쉬고 있는 화폐자본이다. 이 쉼은 이전의 경우처럼 그 기능이 중단되었기 때문에 생긴 것이 아니라, 오히려 그 기능을 아직 수행할 수 없기 때문에 생긴 것이다.

우리는 여기에서 현실적인 퇴장화폐를 화폐축적의 최초의 현실적 형태로 여기고 있다. 퇴장화폐는 C′을 판 자본가의 아직 받지 못한 잔액 또는 채권의 형태로도 존재할 수 있다. 또한 이 잠재적 화폐자본은 당분간 예컨대 은행의 이자 낳는 예금, 환어음 또는 각종 유가증권 등 화폐를 낳는 화폐의 형태로 존재할 수 있지만, 여기에서는 다루지 않는다. 이 경우 화폐로 실현된 잉여가치는 그것을 낳은 산업자본의 순환 밖에서 특수한 자본기능을 수행하게 되는데, 이 기능은 그 순환 자체와는 아무런 관련이 없으며 산업자본의 기능과는 구별되는 자본기능[여기에서는 아직 전개되지 않았다]을 담당하고 있는 셈이다.

제4절 준비금

지금까지 고찰한 형태에서는, 잉여가치의 존재형태로서의 퇴장화폐는 화폐축적재원이고, 자본축적이 일시적으로 취하는 화폐형태며, 이 점에서 자본축적의 하나의 조건이기도 하다. 그러나 이 축적재원은 또한 특수한 보조적인 기능을 수행할 수 있다. 다시 말해 이 축적재원은 자본의 순환과정이 P…P′의 형태를 취하지 않더라도 [즉 자본주의적 재생산이 확대된 규모가 아니라 하더라도] 자본의 순환과정에 들어갈 수 있다는 것이다.

C′－M′의 과정이 정상적인 시간 이상으로 연장되어 상품자본이 화폐형태로 전환하는 것이 비정상적으로 연기되는 경우, 또는 그 전환이 완성된 이후에도 [화폐자본이 전환되어야 할] 생산수단의 가격이 순환을 개시하였을 시점의 수준보다 예컨대 상승한 경우, 어느 경우든 축적재원으로 기능하고 있는 퇴장화폐는 화폐자본 또는 그 일부로서 사용될 수밖에 없다. 이처럼 화폐축적재원은 순환의 교란을 극복하기 위한 준비금으로 기능하게 된다.

이런 준비금으로서의 축적재원은 P…P의 순환에서 고찰된 구매와 지불을 위한 재원과는 다르다. 후자는 기능하고 있는 화폐자본의 일부(그러므로 과정에 들어가 있는 총자본가치의 일부의 존재형태)이었으며, 이 화폐자본의 각 부분들은 상이한 시기에 차례차례로 기능을 개시하였던 것이다. 생산과정이 계속되고 있는 동안 예비화폐자본은 끊임없이 형성되었다. 왜냐하면 어느 날 화폐를 받았는데 지불은 먼 뒷날까지 행할 필요가 없는 경우, 또는 어느 날 대량의 상품이 팔렸지만 뒷날에 가서 대량의 상품을 구매하여도 좋을 경우, 어느 경우든 그 시간 동안 유동자본 『원료나 임금에 투하되는 자본』의 일부는 항상 화폐형태로 존재한다. 이와는 반대로, 준비금은 기능하고 있는 자본[더욱 정확히 말해, 화폐자본]의 구성부분이 아니라 축적의 예비단계를 통과하고 있는 자본[아직 능동적 자본으로 전환되지 않은 잉여가치]의 구성부분이다. 물론 자본가는 급한 경우 자기의 수중에 있는 화폐의 특정의 기능을 생각하지 않고 어느 것을 사용해서라도 그의 자본의 순환과정을 진행시키려 한다는 것은 명백하다. 우리의 예에서는 M=422원, M′=500원이었다. 만약 422원의 자본 중 일부가 구매와 지불을 위한 재원으로서, 즉 예비화폐로서 존재한다면, 기타의 사정이 동일한 한, 그 예비화폐는 모두가 순환에 들어갈 것이며 그것이 이 목적에 충분하리라는 것이 예상되고 있다. 그렇지만 준비금은 잉여가치 78원의 일부며, 이것이 자본 422원의 순환에 들어갈 수 있는 것은 오직 이 순환이 변경된 사정에서 진행될 때다. 왜냐하면 준비금은 축적재원의 일부이면서도 생산규모의 확장 없이 기능하기 때문이다.

화폐축적재원에서 화폐는 이미 잠재적 화폐자본으로 존재하며, 따라서 화폐자본으로 전환될 것이다.

단순재생산과 확대재생산 모두를 포괄하는 생산자본의 순환의 일반공식은 다음과 같다.

$$P \cdots \overbrace{C' - M'}^{(1)} \cdot \overbrace{M - C}^{(2)} \left\langle \begin{matrix} LP \\ MP \end{matrix} \right. \cdots P(P')$$

P=P이면, (2)의 M=M′−m이고, P=P′이면 (2)의 M은 M′−m보다 크다. 즉 m의 전부 또는 일부가 화폐자본으로 전환된 것이다.

생산자본의 순환은 고전파 경제학이 산업자본의 순환을 고찰할 때 사용하는 형태다.

제3장
상품자본의 순환

상품자본의 순환의 일반공식은

$$C' - M' - C \cdots P \cdots C'$$

이다. 여기에서 C′은 이전의 두 순환들〚화폐자본의 순환과 생산자본의 순환〛의 산물일 뿐 아니라 그들의 전제이기도 하다. 왜냐하면 생산수단의 일부가 적어도 순환 중의 다른 개별자본의 상품생산물인 한, 하나의 자본에 M−C인 것은 다른 자본에 대해서는 C′−M′이기 때문이다. 예컨대 우리의 예에서는 석탄이나 기계 등이 채탄업자나 자본가적 기계제조업자의 상품자본이다. 제1장 4절에서 이미 밝힌 바와 같이, M…M′이 처음으로 반복될 때, P…P의 순환뿐 아니라 C′…C′의 순환도 화폐자본의 제2차 순환이 끝나기 전에 이미 전제되고 있다.

확대재생산이 행해진다면 종착점의 C′은 출발점의 C′보다 크며 따라서 C″으로 표시될 수 있을 것이다.

이 제3형태〚상품자본의 순환〛와 이전의 두 형태들 사이의 차이는 다음에서 나타난다. 첫째, 제3형태에서는 두 개의 반대국면으로 이루어진 총유통이 이 순환을 개시하고 있는 데 반하여, 제1형태〚화폐자본의 순환〛에서는 유통이 생산과정에 의해 중단되었으며, 제2형태 『생산자본의 순환』에서는 두 개의 보완국면으로 이루어진 총유통이 다만 재생산과정을 완수하는 수단으로 나타났고 P…P 사이를 매개하는 운동을 이루고 있었다. M…M′에서 유통형태는 M－C…C′－M′ 또는 M－C－M이며, P…P에서의 유통형태는 C′－M′ · M－C 또는 C－M－C인데, C′…C′에서도 유통형태는 후자와 같다.

둘째, 제1형태와 제2형태의 순환이 반복되는 경우, 종착점 M′과 P′이 새로운 순환을 위한 출발점을 이룬다고 할지라도, M′과 P′의 형태는 사라져 버린다. M′=M+m 과 P′=P+p는 새로운 과정을 M과 P로서 다시 한번 시작한다는 점이다. 그러나 제3형태에서는 순환이 동일한 규모로 갱신되는 경우에도 출발점 C는 C′으로 표시되어야만 한다. 그 이유는 다음과 같다. 제1형태에서는 M′이 그대로 새로운 순환을 개시하자마자 그것은 화폐자본 M으로서, 가치증식되어야 할 자본가치가 화폐형태로 투하되는 것으로서 기능한다. 투하화폐자본의 크기는 제1차 순환에서 이룩한 축적에 의하여 성장하였으므로 증대되어 있다. 그러나 투하화폐자본의 크기가 422원이든 500원이든 그것이 다만 자본가치로서 나타난다는 사실에는 아무런 변함이 없다. 더 이상 M′은 증식된 자본, 잉여가치를 잉태한 자본, 자본관계로서 있는 것은 아니다. 화폐자본은 앞으로 과정의 경과 중에서 증식되어야 할 뿐이다. 동일한 것을 P…P′에 대해서도 말할 수 있다. P′은 항상 P로서, 잉여가치를 생산해야 할 자본가치로서 기능을 계속하며 순환을 반복하지 않으면 안 된다. 이와는 반대로, 상품자본의 순환은 자본가치로서 개시하는 것이 아니라 상품형태로 있는 증식된 자본가치로서 개시하며, 따라서 그 순환은 처음부터 상품형태에 있는 자본가치의 순환뿐 아니라 잉여가치의 순환도 포함하고 있다. 그러므로 단순재생산이 이 형태에서 발생하면, 순환의 종착점에는 그 출발점에서와 동일한 규모의 C′이 존재하게 된다. 잉여가치의 일부가 자본순환에 들어간다면 종착점에 나타나는 것은 사실상 C′이 아니라 이보다 큰 C″이다. 그러나 그 다음의 순환은 여전히 C′으로서 개시되는데, 이 C′은 오직 그 전의 순환에서의 C′보다 클 뿐이며, 새로운 순환은 더 큰 축적된 자본가치 그리고 상대적으로 더 큰 새로 생산된 잉여가치를 가지고 시작한다. 어쨌든 C′은 항상 자본가치와 잉여가치의 합계에 해당하는 상품자본으로서 그 순환을 개시한다.

개별 산업자본의 순환에서 C′이 C로 나타나는 것은, 이 자본의 형태로서가 아니라 어떤 다른 산업자본의 형태로서이다. 제1자본이 제2자본의 생산물인 생산수단을 구매하는 경우, 제1자본의 행위 M−C(즉 M−MP)는 제2자본에게는 C′−M′이기 때문이다.

$M-C\langle{}^{LP}_{MP}$의 유통행위에서 LP와 MP는 판매자의 수중에[전자는 노동력의 판매자인 노동자의 수중에, 후자는 생산수단을 판매하는 생산수단 소유자의 수중에] 있는 한, 동일한 기능을 수행한다. 즉 구매자[그의 화폐는 여기에서 화폐자본으로 기능한다]가 LP와 MP를 아직 구매하지 않아 그것들이 타인의 상품으로 그의 화폐자본에 대립하고 있는 동안, LP와 MP는 다만 상품으로 기능할 뿐이다. 여기에서 LP와 MP의 차이는, MP가 판매자의 자본의 상품형태인 경우에는 그 판매자의 수중에서 C′, 따라서 자본일 수 있는 데 반하여, LP는 노동자에 대해서는 항상 상품이면서도 구매자의 수중에서 비로소, 즉 P의 하나의 구성요소로 되어야만 비로소, 자본이 될 수 있다는 점이다.

그러므로 C′은 단순한 C로서는, 즉 자본가치의 단순한 상품형태로서는 결코 순환을 개시할 수 없다. 상품자본으로서 C′은 항상 이중의 측면을 가지고 있다. 사용가치의 측면에서 보면 C′은 P의 기능의 생산물[예: 면사]이며, P의 요소인 LP와 MP는 상품으로서 유통에서 끌려나와 이 생산물을 제조하는 데 기능하였을 뿐이다. 다른 한편 가치의 측면에서 보면 C′은 자본가치 P와, P의 기능에서 생산된 잉여가치 s의 합계다.

C′ 자체의 순환 중에서만 C=P=자본가치는 C′ 중 잉여가치를 이루는 부분[즉 잉여가치가 숨어 있는 잉여생산물]에서 분리될 수 있고 또 분리되지 않으면 안 된다. 이 두 부분은 면사의 경우처럼 실제로 분리될 수 있거나, 아니면 기계의 경우처럼 실제로 분리될 수는 없다. 그러나 C′이 M′으로 전환되어 버리면 그들은 어느 경우에라도 분리될 수 있게 된다.

총상품생산물이 예컨대 우리의 10,000그램 면사처럼 독립적인 동질의 생산물 부분으로 분할될 수 있고, 그리하여 C′−M′의 행위가 차례차례로 행해지는 판매의 합계로 표현될 수 있다면, 상품형태에 있는 자본가치는 잉여가치가 실현되기 전에, 따라서 C′이 전체로서 실현되기 전에, C로서 기능할 수 있으며 C′에서 분리될 수가 있다.

500원의 가치를 가진 10,000그램의 면사 중에서 8,440그램의 가치=422원=자본가치는 잉여가치에서 분리되어 있다. 자본가가 먼저 8,440그램을 422원에 판다면, 이 8,440그램은 C, 즉 상품형태에 있는 자본가치를 표현한다. C′에 포함되어 있는 잉여생산물, 곧 1,560그램의 면사==78원의 잉여가치는 그 뒤에 유통할 뿐이다. 그러므로 자본가는 잉여생산물의 유통 c−m−c 이전에 $C-M-C\langle^{LP}_{MP}$를 완수할 수가 있다.

또는 그가 먼저 7,440그램의 면사를 372원의 가치로 팔고, 그 뒤에 나머지 1,000그램을 50원에 판다면, 그는 C의 첫번째 부분으로 생산수단(불변자본 c)을 보충하고, C의 두번째 부분으로 노동력[가변자본 v]을 보충할 수 있으며, 그리고 그 다음은 위의 경우와 마찬가지일 것이다.

그러나 이와 같은 순차적인 판매가 행해지고 순환의 조건이 그것을 허락한다면, 자본가는 C′을 c+v+s로 분할하는 대신에 다른 방식으로 분할할 수도 있다.

예컨대 C′(10,000그램의 면사=500원) 중 불변자본 부분을 표현하는 7,440그램의 면사=372원은, 그 자신이 다시 분할되어 7,440그램에 소비된 생산수단의 가치인 불변자본을 보충하는 5,535.36그램의 면사=

276.768원, 가변자본을 보충하는 744그램의 면사=37.2원, 그리고 잉여생산물의 형태로 잉여가치를 지니고 있는 1,160.64그램의 면사=58.032원으로 나누어질 수 있다. 그러므로 7,440그램을 팔았다면, 그는 거기에 포함된 자본가치를 6,279.36그램[=313.968원]의 판매에 의해 보충할 수 있으며, 잉여생산물 1,160.64그램[=58.032원]의 가치를 수입으로 지출할 수 있다.

그는 마찬가지의 방법으로 1,000그램의 면사=50원=가변자본가치를 분할하여 팔 수 있다. 1,000그램의 면사에 있는 불변자본가치는 744그램의 면사=37.2원, 가변자본가치는 100그램의 면사=5원. 이리하여 844그램의 면사=42.2원은 1,000그램의 면사에 포함된 자본가치를 보충하며, 끝으로 1,000그램의 면사에 포함된 잉여생산물을 대표하며 잉여생산물로서 소비될 수 있는 것은 156그램의 면사=7.8원이다.

마지막으로, 아직 남아 있는 1,560그램의 면사=78원을 파는 데 성공한다면, 그것은 다음과 같이 분할될 수 있다. 1,160.64그램[=58.032원]의 판매는 1,560그램의 면사에 포함된 생산수단의 가치를 보충하며, 156그램[=7.8원]은 가변자본가치를 보충하며—이리하여 1,316.64그램의 면사=65.832원은 총자본가치의 보충이며, 따라서 끝으로 잉여생산물 243.36그램=12.168원이 수입으로 지출될 것이다.

면사 중에 있는 c, v, s라는 요소들의 각각이 동일한 구성부분으로 분할될 수 있는 것과 마찬가지로, 1그램의 면사[=0.05원]도 그렇게 분할될 수 있다.

c	=	면사 0.744그램		=	0.0372원
v	=	0.1	그램	=	0.0050원
s	=	0.156그램		=	0.0078원
c+v+s	=	면사 1	그램	=	0.0500원

위에서 본 세 개의 부분판매의 결과를 합계하면, 10,000그램의 면사를 한꺼번에 모두 판 것과 같은 결과가 나온다.

불변자본의 경우 :

제1차 판매	면사	5,535.36그램 =	276.768원
제2차 판매		744 그램 =	37.2 원
제3차 판매		1,160.64그램 =	58.032원
합계	면사	7,440 그램 =	372 원

가변자본의 경우 :

제1차 판매	면사	744 그램 =	37.2원
제2차 판매		100 그램 =	5.0원
제3차 판매		156 그램 =	7.8원
합계	면사	1,000 그램 =	50 원

잉여가치의 경우 :

제1차 판매	면사	1,160.64그램 =	58.032원
제2차 판매		156 그램 =	7.8 원
제3차 판매		243.36그램 =	12.168원
합계	면사	1,560 그램 =	78 원

이리하여 총계로서 :

불변자본	면사	7,440 그램 =	372원
가변자본		1,000 그램 =	50원
잉여가치		1,560 그램 =	78원
합계	면사	10,000 그램 =	500원

C′−M′은 그 자체로서는 면사 10,000그램의 판매 이외의 아무 것도 아니다. 10,000그램의 면사는 다른 모든 면사와 마찬가지로 상품이다. 구매자가 관심을 가지는 것은 1그램에 0.05원, 또는 10,000그램에 500원이라는 가격이다. 그가 흥정과정에서 가치구성을 논한다면, 그는 그렇게 함으로써 면사가 1그램당 0.05원 이하로 팔릴 수 있으며 그래도 판매자는 여전히 이익을 보고 있다는 것을 증명하기 위한 것이다. 그러나 그의 구매량은 그의 필요에 달려있다. 예컨대 그가 직물공장주라면 구매량은 직물공장에서 기능하고 있는 자기 자신의 자본 구성에 의하여 결정될 것이며, 판매자인 방적업자의 자본 구성에 의하여 결정되지는 않는다. C′이 그것에 사용된 자본(또는 그것의 각종 구성부분)을 보충하는 데 기여해야 할 비율과, 잉여생산물[잉여가치가 지출될 것인가 자본축적에 사용될 것인가는 상관없다]로 기능해야 할 비율은 10,000그램의 면사를 상품형태로 가지고 있는 자본의 순환 중에서만 존재한다. 이 비율은 판매 자체와는 아무런 관계도 없다. 여기에서는 C′이 그 가치대로 판매된다고 가정하고 있으므로, 문제는 C′이 상품형태에서 화폐형태로 전환되는 것뿐이다. 물론 가치와 가격이 판매에서 서로 상이할 것인지 아닌지, 그리고 어느 정도 서로 상이할 것인지는 개별자본의 순환상의 기능형태인 C′[이것으로부터 생산자본이 보충되지 않으면 안 된다]에 대해서는 결정적으로 중요하지만, 형태의 차이만을 고찰하는 여기에서는 그것은 관심의 대상이 아니다.

제1형태 M…M′에서는 생산과정은 유통의 보완적이면서도 상호 대립하는 두 국면들 사이의 중간에서 진행되며, 종결국면 C′−M′이 시작되기 전에 지나가 버린다. 화폐는 자본으로 투하되며 처음에는 생산요소로 전환되고 다음에는 이것에서 상품생산물로 전환되며, 그 다음에는 이 상품생산물이 다시 화폐로 전환된다. 이것은 하나의 완료된 사업순환이고 그 결과는 무엇에도 사용할 수 있는 화폐다. 그러므로 순환의 재개는 하나의 가능성으로서만 암시되고 있다. M…P…M′은 개별자본의 기능을 종결시키는 최후 순환[사업으로부터 철수한다]일 수도 있고, 기능을 새로 개시하는 자본의 최초 순환일 수도 있다. 일반적 운동은 여기서는 M…M′이며 화폐로부터 더욱 많은 화폐로의 운동이다.

제2형태 P…C′－M′－C…P(P′)에서는 총유통과정이 제1의 P를 뒤따르고 제2의 P를 선행하고 있는데, 판매와 구매는 제1형태의 그것과는 반대의 순서다. 제1의 P는 생산자본이고 그것의 기능은 생산과정인데, 이것은 그 뒤의 유통과정을 위한 전제조건이다. 반대로 제2의 [끝맺는] P는 생산과정이 아니라 산업자본이 생산자본의 형태로 새로 있는 것을 표현할 뿐이다. 더욱이 이것은 자본가치가 최후의 유통국면에서 LP+MP—즉 주체적 요소와 객체적 요소가 서로 결합하여 생산자본의 존재형태를 구성한다—로 전환된 결과다. 그 자본이 P이든 P′이든, 다시 한번 생산자본으로 기능하여 생산과정을 수행할 수밖에 없는 형태로 또다시 나타나고 있다. 운동의 일반적 형태 P…P′은 재생산의 형태이며, M…M′에서처럼 가치증식이 이 과정의 목적이라는 것을 가리키지는 않는다. 이 때문에 이 순환형태는 고전파 경제학으로 하여금 생산과정의 독특한 자본주의적 형태를 무시하게 하였으며, 생산 그 자체를 이 과정의 목적으로 묘사하는 것을 매우 손쉽게 하여 준 것이다. 고전파 경제학에 따르면, 이 과정의 목적은, 부분적으로는 생산의 반복(M－C)을 위해, 그리고 부분적으로는 소비(m－c)를 위해 될수록 많이 그리고 값싸게 생산하는 것, 그리고 그 생산물을 될수록 다양한 생산물과 교환하는 것이라는 것이다. 여기에서는 M과 m이 일시적인 유통수단으로서만 나타나기 때문에 화폐와 화폐자본의 특성은 빠뜨리게 되고, 과정 전체는 단순히 자연적인 『인간들 사이의 갈등을 포함하지 않는』 것처럼 나타나서 천박한 합리주의가 말하는 자연성을 지닌 것으로 된다. 마찬가지로 상품자본의 경우에는 이윤이 때때로 잊혀졌으며, 전체로서의 생산자본의 순환이 문제로 된 경우에는 상품자본은 다만 상품으로서만 역할하였을 뿐이다—그렇지만 가치의 구성부분이 문제로 되었을 때에는 상품자본은 상품자본으로 나타나지 않을 수 없었다. 축적도 생산과 마찬가지로 표현되었다.

제3형태 C′−M′−C…P…C′에서는 순환을 개시하는 것은 유통과정의 두 국면이고, 이 두 국면의 순서는 제2형태 P…P에서와 동일하다. 그 다음에 P가 뒤따르는데, 제1형태에서와 같이 그의 기능—생산과정—을 함께 하고 있다. 이 생산과정의 결과인 C′으로 순환은 종결된다. 제2형태에서 순환이 P—생산자본의 갱신—로서 종결된 것과 마찬가지로 여기에서도 순환은 C′—상품자본의 갱신—으로서 종결되고 있다. 제2형태에서 그 종결형태 P에 있는 자본은 생산과정으로써 과정을 재개하지 않을 수 없었던 것과 마찬가지로, 여기에서는 산업자본이 상품자본의 형태로 재출현하기 때문에 순환은 유통국면 C′−M′과 함께 재개되지 않을 수 없다. 이 두 개의 순환형태는 완료되고 있지 않다. 왜냐하면 이들 형태는 M′, 즉 화폐로 재전환된 증식된 자본가치로서 종결되고 있지 않기 때문이다. 그러므로 이들 형태는 더욱 계속되어야만 하며 이리하여 재생산을 포함하게 된다. 제3형태의 총순환은 C′…C′이다.

제3형태를 이전의 두 형태들과 구별하는 것은, 이 형태에서만 증식되어야 할 최초의 자본가치가 아니라 이미 증식된 자본가치가 순환의 출발점으로 나타나고 있다는 점이다. 여기에서는 자본관계로서의 C′이 출발점이며, 이리하여 그것은 순환 전체에 결정적인 영향을 미친다. 왜냐하면 C′은 그 첫 국면에서 자본가치의 순환과 잉여가치의 순환을 포함하기 때문이며, 그리고 잉여가치는 평균적으로[모든 개별순환에서는 그렇지 않다고 하더라도] 부분적으로는 수입으로 지출되어 c−m−c의 유통을 통과하지 않을 수 없고, 그리고 부분적으로는 자본축적의 요소로서 기능하지 않을 수 없기 때문이다.

C′…C′의 형태에서는 총상품생산물의 소비가 자본 그 자체의 순환의

정상적인 진행을 위한 조건으로 전제되고 있다. 노동자의 개인적 소비와 잉여생산물 중 비非축적분의 개인적 소비 〖자본가의 소비〗가 개인적 소비의 전체를 구성하고 있다. 그러므로 소비의 총체—개인적 소비와 생산적 소비—는 하나의 전제조건으로서 C′의 순환에 들어간다. 생산적 소비(이것에는 사실상 노동자의 개인적 소비도 포함된다. 왜냐하면 노동력은 어느 한도까지는 노동자의 개인적 소비에 의해 끊임없이 생산되기 때문이다)는 각 개별자본에 의하여 수행되며, 개인적 소비는—개별자본가의 생존에 필요한 것 이외에는—결코 개별자본가의 행위로서가 아니라 사회적 행위로서 전제되고 있을 뿐이다.

제1, 제2형태에서는 운동 전체는 투하자본가치의 운동으로서 나타나지만, 제3형태에서는 가치증식된 자본[투하자본가치+잉여가치]이 총상품생산물의 형태로 출발점을 형성하고 있으며, 운동과정 중의 자본[상품자본]의 형태를 취하고 있다. 상품자본이 화폐로 전환된 이후에야 비로소 이 운동은 자본의 운동과 수입의 운동으로 분할된다. 사회적 총생산물이 개인적 소비재원과 재생산재원으로 분할되는 것과, 각 개별 상품자본[생산물]이 개인적 소비재원과 재생산재원으로 특수하게 분할되는 것은 자본순환의 이 형태 안에 포함되어 있다.

M…M′은 m이 새로운 순환에 들어가는 규모에 따라 순환의 확대가능성을 포함하고 있다.

P…P에서 P는 새로운 순환을 동일한 가치로 또는 더 작은 가치로 시작하면서도 확대재생산을 표현할 수가 있다. 예컨대 노동생산성이 상승한 결과로 생산요소들이 값싸게 된 경우가 그러하다. 반대의 경우에는, 가치의 측면에서는 증대된 생산자본이 소재적으로는 축소재생산을 표현할 수도 있다. 예컨대 생산요소들이 등귀한 경우가 그러하다. 마찬가지의 것을 C′…C′에 대해서도 이야기할 수 있다.

C′…C′에서는 상품형태의 자본은 생산의 전제조건이며, 그것은 또한

이 순환 내부의 제2의 C〚MP〛에서도 하나의 전제를 이루고 있다. 만약 이 C〚MP〛가 아직 생산 또는 재생산되어 있지 않다면, 그 순환은 저지된다. 그런데 이 C는 그 대부분이 다른 산업자본의 C′으로서 재생산되지 않으면 안 된다. 이 순환에서는 C′은 운동의 출발점, 통과점 및 종착점으로 존재하며 따라서 항상 존재하고 있으므로, 재생산과정의 항상적인 조건이다.

C′…C′은 또 다른 하나의 특성에 의하여 제1, 제2형태와 구별된다. 세 순환형태 모두는, 순환을 개시한 자본형태가 또한 그것을 종결하며, 이리하여 자본이 최초의 형태로 다시 복귀하여 새로운 순환을 재개한다는 점에서 공통적이다. 출발점의 형태들 M, P와 C′은 언제나 자본가치(제3형태에서는 잉여가치에 의하여 증가된 자본가치)가 투하되는 형태며, 따라서 각각의 순환에서의 최초의 자본형태다. 종결형태 M′, P와 C′은 어느 경우에도 순환 중의 선행하는 기능적 형태[최초의 형태는 아니다]가 전환된 형태다.

그러므로 제1형태에서 M′은 C′의 전환된 형태며, 제2형태에서의 종착점 P는 M의 전환된 형태다(그리고 이 전환은 제1, 제2형태에서는 상품유통의 단순한 과정에 의하여, 상품과 화폐 사이의 형식상의 위치전환에 의하여 달성되고 있다). 제3형태에서 C′은 생산자본 P의 전환된 형태다. 그러나 제3형태에서는 그 전환은 첫째로 자본의 기능적 형태뿐 아니라 가치의 크기에도 영향을 미치며, 둘째로 유통영역에 속하는 단순한 형식상의 위치전환의 결과가 아니라 실질적인 전환—생산자본의 상품구성부분의 유용한 형태와 가치가 생산과정에서 변화를 겪는다—의 결과다.

출발점의 형태 M, P와 C′은 각각의 순환에서 전제되고 있지만, 종착점에서의 복귀형태는 순환 그 자체의 일련의 탈바꿈에 의해 규정되고 있다. 개별 산업자본의 순환의 종착점으로서의 C′은 바로 그 산업자본의 형태 P[이것은 유통영역에 속하지 않는다]만을 전제하는데, 이 C′은 형태 P의 생산물이다. 그런데 제1형태의 종착점이며 C′의 전환된 형태인 M′(C′－M′)은 구매자의 수중에 있는 M—순환 M…M′의 외부에 있다가 C′의 판매에 의하여 그 순환 안으로 흡수되어 그 순환의 종결형태로 되는 M—을 전제한다. 제2형태에서는 종착점 P는, LP와 MP(즉 C)가 순환의 외부에 있다가 M－C에 의하여 그 순환 속으로 합쳐져서 종결형태인 P로 되는 것을 전제한다. 그러나 개별 화폐자본의 순환은, 종착점을 제외하고는, 화폐자본 일반의 존재를 전제하지 않으며, 또한 개별 생산자본의 순환도 이미 순환하고 있는 생산자본의 존재를 전제하지 않는다. 그러므로 제1형태에서는 M이, 그리고 제2형태에서는 P가 각각 역사의 무대에 등장하는 최초의 유일한 화폐자본과 생산자본일 수가 있다. 그러나 제3형태, 즉

$$C'\left\{\begin{array}{l} C\ - \\ \qquad \text{———}\ M'\left\{\begin{array}{l} M - C\langle^{LP}_{MP}\cdots P\cdots C' \\ \\ m - c \end{array}\right. \\ c\ - \end{array}\right.$$

에서는 C가 순환의 외부에서 두 번이나 전제되고 있다. 첫 번째는 순환 $C' - M' - C\langle^{LP}_{MP}$에서이다. 이 C는, 그것이 생산수단인 경우에는 판매자의 수중에 있는 상품이다. 그리고 그것이 자본주의적 생산과정의 생산물인 경우에는 그 자체가 상품자본이며, 그렇지 않은 경우에도 상인의 수중에서는 적어도 상품자본으로 나타난다. 두 번째로 C가 전제되고 있는 것은 c－m－c 중의 나중의 c에서인데, 이 c도 구매하기 위해서는 상품으로 존재하지 않으면 안 된다. 어느 경우에도, LP와 MP는 상품자본이든 아니든, C′과 마찬가지로 상품이며 서로 상품으로서 관계를 맺고 있다. 이것은 c－m－c 중의 나중의 c에도 해당한다. 그러므로 C′=C(=LP+MP)인 경우, C′은 상품들을 자신의 형성요소로 가지고 있으며 유통과정에서 그

상품들에 의하여 대체되지 않으면 안 된다. 그리고 c－m－c에서 나중의 c의 경우도 마찬가지다.

더욱이 지배적인 생산양식으로서 자본주의적 생산양식의 기초 위에서는 판매자의 수중에 있는 모든 상품은 상품자본임에 틀림없다. 상인의 수중에 있는 상품은 계속해서 상품자본이고, 상품이 이전에는 상품자본이 아니었다고 하더라도 그것이 상인의 수중에 들어가면 상품자본이 된다. 또한 최초의 상품자본을 대체하는 상품, 그리하여 상품자본에게 상이한 존재형태를 제공하는 상품[예: 수입품]도 상품자본이 될 수 있다.

생산자본 P를 구성하는 상품요소 LP와 MP는 P의 존재형태로 될 때에는 그들이 각종 상품시장에서 수집될 때와 같은 모양을 가지고 있지는 않다. 그들은 지금 통합되고 결합되어 비로소 생산자본으로 기능할 수 있게 된 것이다.

C가 제3형태에서만 순환 그 자체 내부에서 C의 전제로서 나타나는 이유는 그 출발점이 상품형태의 자본이기 때문이다. 그 순환은 C′(잉여가치의 첨가에 의하여 증가하였든 안 하였든, 자본가치로서 기능하는 경우의 C′)을 그것의 생산요소인 상품들로 전환시키는 것에 의하여 개시된다. 그러나 이 전환은 총유통과정 C－M－C(=LP+MP)를 포함하며, 그리고 그 과정의 결과다. 그러므로 C는 여기에서 처음과 끝 모두에 나타나게 된다. 물론 M－C에 의하여 외부의 상품시장에서 C라는 형태를 얻는 끝은, 순환의 종착점이 아니라 유통과정의 두 국면 중의 나중일 따름이다. 이 유통과정의 결과는 P이며, 다음에 P의 기능 곧 생산과정이 시작한다. C′이 순환의 종착점으로 그리고 출발점 C′과 같은 형태로 나타나는 것은, 유통과정의 결과가 아니라 생산과정의 결과일 뿐이다. 이와 반대로 M…M′과 P…P에서는 그 종착점 M′과 P는 유통과정의 직접적 결과이다. 이 때문에 종착점에 가서 비로소 M′과 P가 타인의 수중에 있다는 것을 전제하게 된 것이다. 유통이 출발점과 종착점 사이의 중간에

서 행해지는 경우에는, M이나 P — 타인의 화폐로서의 M의 존재, 또는 타인의 생산과정으로서의 P의 존재 — 는 순환의 전제조건으로 나타나지 않는다. 반면에, C′…C′은 타인의 수중에 있는 상품들로서의 C(=LP+MP)를 전제하고 있다. 이 상품들은 유통과정의 시작과 함께 순환에 흡수되어 생산자본으로 전환된다. 그 뒤 이 생산자본의 기능의 결과로 C′이 다시 한 번 순환의 종결형태로 되는 것이다.

그러나 순환 C′…C′은 그 궤도 안에 C(=LP+MP) 형태에 있는 다른 산업자본의 존재를 전제하고 있기 때문에[MP는 각종 다른 자본의 생산물, 우리의 경우에는 기계 · 석탄 · 기름 등을 포괄하고 있다], 그 순환 자체는 다음의 것으로 고찰되어야만 한다. 즉 상품자본의 순환은 순환의 일반적 형태 — 각 개별 산업자본(최초로 투자되는 경우는 제외)이 사회적 형태로서 고찰되며, 이리하여 모든 개별 산업자본에 공통적인 운동형태 — 로서 고찰되어야 할 뿐 아니라, 동시에 개별 자본들의 총계 — 자본가계급의 사회적 총자본 — 의 운동형태로서, 이리하여 어느 개별 산업자본의 운동은 부분운동으로서 다른 부분운동들과 혼합되면서 그들에 의해 제약받고 있는 운동형태로서 고찰되어야만 한다. 예컨대 우리가 어떤 한 나라의 연간의 총상품생산물을 고찰하여, 그 일부는 모든 개별사업의 생산자본을 보충하며 다른 일부는 상이한 계급들의 개인적 소비에 들어가는 운동을 분석하는 경우, 우리는 C′…C′을 사회적 자본과 이것이 생산한 잉여가치 또는 잉여생산물의 운동형태로서 고찰하게 된다 〖제3편의 재생산표식을 참고하라〗. 사회적 자본은 개별 자본들의 총계(주식자본도 포함하며, 정부가 광산이나 철도 등에 생산적 임금노동자를 고용하여 산업자본가로 기능하는 경우에는 국가자본도 포함한다)와 같으며, 사회적 자본의 총운동은 개별 자본들의 운동의 대수적代數的 합계와 같은데, 이것은 결코 다음의 것을 배제하지는 않는다. 즉 분리된 개별자본의 운동은 그것이 사회적 자본의 운동 전체의 일부로서 고찰될 때[또는 사회적 자본의 기타 부분들의 운동과의 관련에서 고찰될 때]와는 상이한 현상을 나타내게 된다는 점과, 각각의 개별자본의 순환을 고찰할 때는 해결되었다고 전제해야만 하는 문제들이 개별자본의 운동을 사회적 자본의 총운동의 일부로서 고찰할 경우에는 해결된다는 점이다.

C′…C′은, 최초로 투하된 자본가치가 운동을 개시하는 출발점의 일부를 구성하고 있으며, 따라서 그 운동은 처음부터 산업자본의 전체 운동으로 나타난다는 점에서 유일한 순환이다. 이 전체 운동이란 생산자본을 보충하는 생산물부분의 운동과, 잉여생산물을 형성하는 생산물부분—평균적으로 그 중 일부는 수입으로 지출되고 일부는 축적의 요소로 기능한다—의 운동을 가리킨다. 잉여가치가 수입으로 지출되는 것이 이 순환에 포함되어 있는 경우, 개인적 소비도 또한 포함되어 있다. 그러나 개인적 소비는 출발점의 상품 C가 특수 종류의 유용품[소비재]으로 있는 경우에도 포함된다. 자본주의적으로 생산된 물품은, 그 유용한 형태가 그것을 생산적 소비용으로 하든 개인적 소비용으로 하든 또는 두 목적 모두로 하든, 모두 상품자본이다. 그런데 M…M′은 가치의 측면을, 즉 과정 전체가 목적인 투하자본가치의 증식을 가리키고 있을 뿐이다. P…P (P′)는 동일하거나 또는 증대된 크기(축적)의 생산자본을 가진 재생산과정으로서 자본의 생산과정을 가리킨다. 그런데 C′…C′은 이미 그 출발점에서 자본주의적 상품생산의 형태로 나타나는데, 그것은 처음부터 생산적 소비와 개인적 소비를 포괄하며, 생산적 소비와 그것에 내포된 가치증식은 오직 이 운동의 한 부분으로서 나타날 뿐이다. 끝으로, C′은 더 이상 생산과정에 들어갈 수 없는 유용한 형태 〚예: 소비재〛로 존재할 수도 있으므로, C′의 각종 가치구성부분[생산물의 부분으로 표시된다]은, C′…C′이 사회적 총자본의 운동형태로 파악되느냐 개별 산업자본의 독립적 운동으로 파악되느냐에 따라 상이한 지위를 차지하지 않을 수 없다는 것은 처음부터 명백하다. 이런 모든 특성에 의하여, 이 순환은 개별자

본의 고립된 순환으로서의 자기 자신의 한계를 넘어 그 이상의 것을 지적하고 있는 것이다.

공식 C′…C′에서는 상품자본[즉 자본주의적으로 생산된 총생산물]의 운동은 개별자본의 독립적 순환의 전제이면서도 그것에 의해 규제되고 있는 것으로 나타난다. 따라서 이 공식을 이런 특성에 따라 파악하게 되면, 탈바꿈 C′－M′과 M－C는 한편에서는 자본의 탈바꿈 중 기능적으로 규정된 분절이며, 다른 한편에서는 일반적 상품유통의 고리들이라고 지적하는 것만으로는 충분하지 않다. 더욱 나아가서 개별자본의 탈바꿈이 기타 개별자본의 탈바꿈과 어떻게 상호 관련되어 있으며, 또한 그것이 총생산물 중 개인적 소비로 향할 부분과 어떻게 상호 결합되어 있는가를 해명할 필요가 있다. 그렇기 때문에 개별 산업자본의 순환에 관한 우리의 분석은 주로 제1, 제2형태에 의존하고 있었던 것이다.

C′…C′이라는 순환이 개별자본의 형태로 나타나는 것은, 예컨대 수확으로부터 수확에 이르기까지를 계산하는 농업에서다. 제2형태의 순환에서는 파종이, 제3형태의 순환에서는 수확이, 또는 중농학파가 말하는 바와 같이 전자에서는 투자가, 후자에서는 회수가 각각 출발점이 된다. 제3형태에서는 자본가치의 운동은 처음부터 일반적인 생산물량의 운동의 일부로서 나타날 뿐인데, 제1, 제2형태에서는 C′의 운동은 단일자본의 운동의 한 국면을 형성하고 있을 뿐이다.

제3형태에서는 시장에 있는 상품들이 생산과정과 재생산과정의 항상적인 전제를 이루고 있다. 만약 이 형태에만 주의를 집중한다면, 생산과정의 모든 요소들은 상품유통에서 유래하며 상품만으로 구성되어 있는 것처럼 보인다. 이 일면적인 파악은 생산과정의 요소들 중에서 상품요소들과는 무관한 요소들이 있다는 것을 빠뜨리게 된다.

C′…C′에서는 총생산물(총가치)이 출발점이므로, 생산성이 불변인 채 확대재생산이 이루어질 수 있는 것은, 대외무역을 무시하면, 추가적 생

산자본의 소재적 요소들이 잉여생산물 중 자본화될 부분에 이미 포함되어 있는 경우에만 가능하다는 것은 명백하다. 다시 말하면 어느 해의 생산이 그 다음 해의 생산의 전제로서 기능하는 경우, 또는 확대재생산이 그 연도에 단순재생산 과정과 동시에 행해질 수 있는 경우, 잉여생산물은 추가자본으로서 기능할 수 있는 형태로 직접적으로 생산되고 있는 셈이다. 생산성의 향상은 자본소재의 가치를 증가시키지 않고 자본소재의 양을 증가시킬 뿐인데, 이것은 가치증식을 위한 추가적 재료를 공급하게 된다.

C′…C′은 케네의 『경제표』의 기초로 되고 있다. M…M′(중상주의는 이 형태만을 분리시켜 고수하였다)에 대조되는 것으로서 그가 P…P가 아니라 C′…C′을 선택한 것은 그의 위대한 통찰력을 나타내 보이는 것이다.

제4장
순환의 세 가지 도식

Tc를 총유통과정이라고 한다면, 세 형태들은 다음과 같이 묘사될 수 있다.

(1) $M-C\cdots P\cdots C'-M'$

(2) $P\cdots Tc\cdots P$

(3) $Tc\cdots P(C')$

세 형태들을 총괄하여 보면, 과정의 모든 전제들은 과정의 결과로서, 과정 그 자체에 의하여 생산된 전제로서 나타난다. 각각의 계기는 출발점, 통과점 및 귀착점으로 나타난다. 총과정은 생산과정과 유통과정의 통일로 나타나며, 생산과정은 유통과정의 매개자고 유통과정은 생산과정의 매개자다.

세 개의 순환 모두에 공통적인 것은 가치증식이 규정적인 목적이고 추진적 동기라는 점이다. 제1형태에서는 이것이 실제로 표현되어 있다. 제2형태는 P로, 즉 가치증식과정 바로 그것으로 시작한다. 제3형태에서는 순환은 증식된 가치로 시작하여 새로 증식된 가치로 끝맺는데, 운동이 동일한 규모로 반복되는 경우에도 그렇다.

C－M이 구매자에게는 M－C이며, M－C가 판매자에게는 C－M인 한, 자본의 유통은 일반적 상품탈바꿈을 나타낼 뿐이며, 상품탈바꿈과 관련하여 전개된 유통화폐량을 지배하는 법칙(제1권, 제3장, 2절)은 여기에도 적용된다. 그러나 우리가 이런 형태적인 측면에 집착하지 말고 각종 개별자본의 탈바꿈 사이의 현실적인 관련—사회적 총자본의 재생산과정의 부분적 운동으로서 개별자본의 순환들 사이의 관련—을 고찰한다면, 이 관련은 화폐와 상품 사이의 단순한 탈바꿈에서 설명될 수는 없다.

끊임없이 회전하는 궤도에서는 각 점은 동시에 출발점이고 귀착점이다. 우리가 그 회전을 중단시키면 어느 출발점도 귀착점이 되지 않는다. 그러므로 우리가 본 것처럼 각 특수한 순환은 (묵시적으로) 다른 순환들을 전제하고 있을 뿐 아니라, 하나의 형태에서의 순환의 반복은 다른 형태의 순환에서 일어나는 운동을 포함하게 된다. 따라서 순환형태 사이의 구별은 모두 형태상의 구별로서만 나타나며, 또는 관찰자에게만 있는 주관적 구별로서만 나타난다.

이 순환들의 각각이 각종 개별 산업자본들이 취하는 특수한 운동형태로 고찰되는 한, 이 차이 · 구별은 다만 개별적인 수준에서 있게 된다. 그러나 사실은 각 개별 산업자본은 세 순환을 동시에 수행하고 있다. 이 세 가지의 순환, 세 유형의 자본의 재생산형태는 서로 나란히 계속적으로 진행되고 있다. 예컨대 지금 상품자본으로 기능하고 있는 자본가치의 일부가 화폐자본으로 전환되는 동안, 동시에 자본가치의 다른 일부는 생산과정을 통과하여 새로운 상품자본으로 유통에 들어간다. 그러므로 C′…C′이라는 순환형태가 끊임없이 그려지는데, 이것은 다른 두 형태에서도 마찬가지다. 어느 형태, 어느 단계에 있는 자본의 재생산도, 세 단계를 통한 이들 형태의 탈바꿈과 순차적인 통과에서 보는 바와 같이, 연속적이다. 그러므로 총순환은 세 형태의 실질적 통일이다.

우리의 논의에서는 자본가치는 그 크기 전체가 화폐자본이나 생산자본 또는 상품자본으로 나타난다고 가정하였다. 예컨대 422원은 처음에는 모두 화폐자본으로 나타났고, 다음에는 모두 생산자본으로 전환되었고, 끝으로 상품자본—가치 500원(잉여가치 78원 포함)어치의 면사—으로 나타났다. 그러나 이 경우 각각의 단계는 그들과 같은 수의 중단을 야기하게 된다. 예컨대, 422원이 화폐형태로 머물고 있는 동안은, 즉 구매 $M-C\langle^{LP}_{MP}$가 완수되기까지는, 자본 전체는 오직 화폐자본으로 있으며 화폐자본으로 기능하고 있다. 일단 그것이 생산자본으로 전환되면 그것은 화폐자본이나 상품자본으로 기능하지 않는다. 총유통과정이 여기에서 중단된다. 마찬가지로 자본 전체가 M 또는 C′으로서 유통의 두 국면 중 어느 한 국면에서 기능할 때는 총생산과정은 중단되어 버린다. 그러므로 순환 P…P는 생산자본의 주기적 갱신으로 나타날 뿐 아니라 동시에, 유통과정이 끝마칠 때까지는, 생산자본의 기능[생산과정]의 중단으로 나타나게 되는 것이다. 생산은 연속적으로 진행되지 않고 끊어졌다 이어졌다 하며, 생산의 반복은 유통과정의 두 국면이 더 빠르게 완성되느냐 더 느리게 완성되느냐에 따라 길거나 짧은 시간 뒤에 행해지게 된다. 예컨대 중국의 수공업자의 경우가 그런데, 그는 개별 고객들을 위해서만 일하며 새로운 주문을 받을 때까지는 그의 생산과정은 중단된다.

사실상 이와 같은 중단은 운동하고 있는 각각의 자본부분 어디에도 해당되며, 자본의 모든 부분들은 순차적으로 이 순환을 통과하고 있는 것이다. 10,000그램 면사가 방적공장의 1주일 생산량이라고 하자. 이 10,000그램 면사는 그 전체가 생산영역에서 유통영역으로 이동한다. 그것에 포함된 자본가치는 전부 화폐자본으로 전환되어야만 한다. 그것이 화폐형태로 있는 동안은 생산과정에 재진입할 수가 없다. 그것은 먼저 유통에 들어가서 생산자본의 요소들—LP와 MP—로 재전환되지 않으면 안 된다. 자본의 순환은 끊임없는 중단과정이며, 한 단계를 지나고 다음 단계를 개시하며, 한 형태를 버리고 다른 형태를 취하게 된다. 이들

단계의 각각은 다음 단계의 조건이 될 뿐 아니라 동시에 다음 단계를 불가능하게 하고 있다.

그러나 연속성은 자본주의적 생산의 특성이며, 그것의 기술적 기초에 의해 요구되고 있다—물론 반드시 완전히 달성되는 것은 아니지만. 사태가 현실에서 어떻게 진행되는가를 보자. 10,000그램 면사가 상품자본으로 시장에 나와서 화폐(지불수단, 구매수단 또는 단순히 계산화폐 어느 것이든 관계없다)로 전환을 완수하는 동안 새로운 면화 · 석탄 등이 생산과정에 들어가는데, 이것들은 이미 화폐형태와 상품형태로부터 생산자본의 형태로 재전환되어 있었고, 이리하여 생산자본으로서의 기능을 시작한다. 첫 10,000그램 면사가 화폐로 전환되고 있을 동안 이전의 10,000그램은 이미 그 유통의 제2국면 『M−C』에 들어가 화폐로부터 생산자본의 요소들로 재전환되고 있다. 자본의 모든 부분은 순차적으로 순환을 통과하고, 그리하여 어느 한 시점에서는 그들은 그 순환의 각종 단계에 『동시에』 있게 되는 것이다. 이리하여 산업자본은 그 순환의 연속성에 의하여 모든 단계에서 동시적으로 있으며, 그리고 각 단계에 대응하는 각종의 기능적 형태를 취하고 있다. 산업자본 중 처음으로 상품자본에서 화폐로 전환되는 부분은 순환 C′…C′을 비로소 개시하고 있지만, 운동하고 있는 전체로서의 산업자본『중 일부』은 그 순환을 이미 통과해 버린 것이다. 한편에서는 화폐가 투하되고 다른 한편에서는 화폐가 회수된다. 어느 지점에서 순환 M…M′의 개시는 동시에 다른 지점에서는 화폐의 귀환이다. 동일한 것을 생산자본에 대해서도 말할 수 있다.

그러므로 연속적으로 행해지는 산업자본의 현실적 순환은 유통과정과 생산과정의 통일일 뿐 아니라 세 가지 순환 모두의 통일이다. 그러나 그것이 이런 통일일 수 있는 것은, 자본의 각각의 상이한 부분들이 순환의 순차적인 국면들을 순차적으로 통과하며, 한 국면과 한 기능형태로부터 다음의 그것으로 이행하며, 이리하여 이들 부분들의 전체로서의 산업자본이 각종 국면과 기능에 동시적으로 존재하며 그래서 세 순환 모두를 동시에 그리고 있는 경우에만 그렇다. 각종 부분들의 순차적 연속은 여기에서는 그들의 공존에 의하여, 즉 자본이 분할되는 방식에 의하여 규정된다. 발전된 공장제도에서는 생산물은 끊임없이 그 형성과정의 각종 단계에 있음과 동시에 생산의 한 국면으로부터 다른 국면으로 끊임없이 이행하고 있다〖컨베이어 벨트를 생각하라〗. 각 개별 산업자본은 일정한 크기—이것은 자본가의 재력에 의존함과 동시에 각 생산분야의 최소자본 규모에도 의존한다—를 가지고 있으므로, 자본의 분할은 일정한 비율에 따르지 않으면 안 된다. 기존 자본의 크기는 생산과정의 규모를 결정하며, 후자는 [생산과정과 나란히 기능하는 한에서] 상품자본과 화폐자본의 크기를 결정한다. 그러나 생산의 연속성을 규정하는 각 부분들의 공존은, 자본의 부분들이 순차적으로 각종 단계를 통과하는 운동에 의해서만 가능하다. 공존 그 자체는 잇달아 일어나는 것, 즉 계기의 결과일 따름이다. 예컨대 어느 부분에 대하여 $C'-M'$이 정지하여 그 상품이 팔리지 않는다면, 이 부분의 순환은 중단되고 그것의 생산수단으로의 대체는 이루어지지 않는다. 그 뒤 계속하여 생산과정에서 C'으로 나오는 부분들은 선행자 때문에 그 기능전환에 방해를 받는다. 이것이 얼마 동안 계속되면 생산은 제한되고 과정 전체가 중지된다. 잇달아 일어나는 것 또는 순차적 연속의 어떤 지체도 공존을 교란시키며, 한 단계에서의 어떤 정체도 정체되는 자본부분의 총순환뿐 아니라 개별자본 전체의 총순환에도 다소간의 정체를 일으킨다.

과정이 자기를 드러내는 그 다음 형태는 각 단계들의 연속 형태며, 이리하여 자본이 새로운 단계로 이행하는 것은 자본이 이전의 단계를 벗어나기 때문이다. 그러므로 각각의 특수한 순환은 자본의 기능적 형태 중의 하나를 그것의 출발점과 귀착점으로 삼고 있다. 반면에 총과정은 사실상 세 순환[그들은 과정의 연속성이 표현되는 형태에서 상이하다]의 통일이다. 총순환은 자본의 기능적 형태 각각에 대해서는 그 자신의 독특한 순환으로 나타나는데, 각 순환은 총과정의 연속성의 조건이다. 하나의 기능적 형태의 순환은 다른 것들의 순환에 달려 있다. 총생산과정이 동시에 재생산과정이며 따라서 총생산과정 요소들 각각의 순환이라는 점은 총생산과정을 위한, 특히 사회적 자본을 위한 하나의 필수조건이다. 자본의 상이한 부분들이 순차적으로 상이한 단계와 기능적 형태를 통과하고 있다. 각 기능적 형태는 기타의 기능적 형태와 동시에 자기자신의 순환을 통과하고 있다—물론 각 기능적 형태는 언제나 자본의 상이한 부분이긴 하지만. 끊임없이 탈바꿈하며 끊임없이 재생산되고 있는 자본의 일부는 화폐로 전환하고 있는 상품자본으로 존재한다. 자본의 다른 일부는 생산자본으로 전환하고 있는 화폐자본으로 존재하며, 또 다른 일부는 상품자본으로 전환하고 있는 생산자본으로 존재하고 있다. 세 개의 기능적 형태가 모두 항상 존재하고 있다는 것은, 이 세 단계를 통과하는 총자본의 순환에 의하여 매개되고 있다.

전체로 보아 자본은 공간적으로 나란히, 상이한 단계에서, 동시에 존재한다. 그러나 각 부분은 끊임없이 한 단계 또는 하나의 기능적 형태에서 다른 것으로 이행하고 있으며, 그리하여 차례차례로 그 모든 단계 또는 기능적 형태에서 기능하게 된다. 그러므로 그 형태들은 유동적이며, 그들의 동시성은 그들이 잇따라 일어나는 것에 의해 매개되고 있다. 어느 형태도 다른 형태의 뒤를 따르거나 그것을 선행하며, 자본의 일부가 하나의 형태로 복귀하는 것은 다른 일부가 다른 형태로 복귀하는 것에 달려 있다. 각 부분은 자기 자신의 순환을 계속하지만, 기타의 자본부분들도 마찬가지므로, 이 특수한 순환들은 총과정의 동시적 · 연속적 요소들을 구성하고 있을 뿐이다.

세 순환의 통일 중에서 비로소 총과정의 연속성—위에서 말한 중단이 없다—이 실현된다. 사회적 총자본은 항상 이 연속성을 지니고 있으며,

그 과정은 항상 세 순환의 통일을 포함하고 있다.

개별자본의 경우 재생산의 연속성은 때때로 다소 중단되기도 하는데, 그 이유는 다음과 같다. 첫째, 가치량이 때때로 상이한 시기에 불균등한 비율로 각종의 단계와 기능적 형태에 배분된다. 둘째, 생산되는 상품의 성질에 따라, 그리하여 자본이 투하된 생산부문의 특수성에 따라, 이 비율은 달라질 수 있다. 셋째, 계절에 의존하는 생산분야에서는 연속성은 다소 중단될 수 있다. 그것은 자연조건에 의한 것(예: 농업, 청어리 어업)도 있고, 이른바 계절노동의 경우처럼 관습적인 사정에 의한 것도 있다. 과정이 매우 규칙적이고 한결같이 진행되는 곳은 공장과 광산이다. 그러나 생산부문 사이의 이런 차이는 순환의 일반형태에는 아무런 차이도 일으키지 않는다.

자기를 증식시키는 가치로서 자본은 계급관계[임금노동으로서 노동의 존재에 따른 일정한 사회적 성격]를 포함하고 있을 뿐 아니라, 자본은 하나의 운동이며 각종의 단계를 통과하는 순환과정인데, 이 과정 자체는 또한 세 개의 상이한 순환형태를 포함하고 있다. 그러므로 자본은 정지 상태의 사물로서 이해될 수가 없고 운동으로서만 이해될 수 있다. 가치의 자립화를 단순한 추상이라고 보는 사람들은, 산업자본의 운동이 바로 이 추상의 현실화라는 것을 잊어버리고 있다. 가치는 여기에서 각종의 형태, 각종의 운동을 통과하며, 이 운동 중에서 가치는 자기를 유지함과 동시에 증대[증식]시키는 것이다. 우리는 여기에서 운동형태만을 먼저 취급하고 있으므로 자본가치가 순환과정에서 겪을지도 모르는 큰 변동을 아직 고찰하지 않았다. 그러나 분명한 것은, 자본가치가 증식되는 한, 자본가치가 독립된 가치로서 그 순환을 따르고 있는 한, 그리하여 가치변동이 어쨌든 극복되고 상쇄되는 한, 모든 가치변동에도 불구하고 자본주의적 생산은 존재하며 계속 존재할 수 있다는 점이다. 자본의 운동은 개별 산업자본가의 행위로서 나타난다. 즉 그는 상품과 노동력의 구매자,

상품의 판매자 및 생산적 자본가로 기능하며, 그리하여 자신의 활동으로 순환을 매개하고 있다. 만약 사회적 자본이 가치변동을 겪는다면, 개별 자본가의 자본은 이 가치변동에 적응할 수 없어 몰락할 수도 있다. 이런 가치변동이 더욱 예리해지며 더욱 빈번해짐에 따라, 불가항력적인 자연과정의 힘을 가지고 작용하는 독립된 가치의 자동적인 운동은 개별 자본가의 예견과 계산을 오히려 더욱 더 압도하게 되며, 정상적인 생산의 진행은 점점 더 비정상적인 투기에 종속당하게 되며, 개별자본의 생존에 대한 위험은 더욱 더 커진다. 그러므로 이런 주기적 가치변동은, 그것이 표면적으로 부정하고 있는 것—가치는 자본으로서 독립성을 획득하며, 자신의 운동을 통하여 그 독립성을 유지 · 강화하고 있다는 것—을 확인하고 있는 셈이다.

과정 중의 자본의 이와 같은 일련의 탈바꿈은 순환 안에서 생긴 자본의 가치량 변화를 최초의 자본가치와 계속적으로 비교할 수 있게 해준다. 가치를 형성하는 힘[노동력]에 대한 가치의 독립성은 M－LP라는 행위(노동력의 구입)로 도입되며 노동력을 착취하는 생산과정에서 실현된다. 그러나 이런 가치의 독립성은 그 순환 안에서는—여기에서는 화폐, 상품 및 생산요소가 과정 중의 자본가치가 번갈아 취하는 형태일 뿐이며 과거의 가치량이 현재의 변화한 자본가치량과 비교되고 있다—다시 나타나지 않는다.

베일리는 자본주의적 생산양식을 특징짓는 가치의 자립화를 경제학자들의 환상이라고 반대하면서 다음과 같이 말한다. “가치는 동시에 있는 상품들 사이의 관계다. 왜냐하면 이런 상품들만이 서로 교환될 수 있기 때문이다.” 〚CW 30:101〛 그가 이렇게 말하는 것은 상이한 시점의 상품가치들을 비교하는 것에 반대하기 위한 것이지만, 각 시점에서 화폐의 가치가 고정되어 있다면, 이 상품가치들의 비교는 같은 종류의 상품을 생산하는 데 필요하였던 각 시기의 노동지출들의 비교에 불과한 것이다.

이런 반대는 그의 일반적 오해—교환가치는 가치와 동일하고, 가치의 형태가 바로 가치 그 자체며, 그러므로 상품가치들이 교환가치로서 더 이상 활발하게 기능하지 않게 되어 현실적으로 상호교환될 수 없다면 상품가치들은 서로 비교할 수 없게 된다—때문에 생긴 것이다. 그는 다음의 사실을 조금도 알지 못하였다. 즉 가치가 자본가치 또는 자본으로서 기능하는 것은, 그 순환의 상이한 단계들—이것들은 결코 '동시에 있는' 것이 아니라 잇따라 일어난다—에서 가치가 항상 가치로서 존재하면서 서로 비교되기 때문이라는 것을.

순환의 공식을 순수한 상태에서 고찰하기 위해서는 상품이 그 가치대로 판매된다는 가정만으로는 충분하지 않으며, 가치대로의 판매가 기타의 사정이 동일한 조건에서 행해진다고 가정해야만 한다. P…P의 형태를 예로 든다면, 우리는 생산과정의 모든 기술적 혁명—이것은 특정 자본가의 생산자본을 감가시킬 수 있다—을 무시하여야만 하고, 또한 생산자본 요소들의 가치변화가 기존의 상품자본의 가치에 미치는 모든 반작용—재고를 포함한 기존의 상품자본의 가치는 상승할 수도 하락할 수도 있다—을 무시하여야만 한다. C′인 10,000그램 면사가 그것의 가치 500원에 팔리며, 8,440그램=422원이 C′에 포함된 자본가치를 보충한다고 가정하자. 그러나 면화 · 석탄 등의 가치가 상승한다면(여기에서는 단순한 가격변동은 무시한다), 이 422원은 생산자본 요소들을 완전히 보충하는 데 충분하지 않으므로 추가화폐자본이 필요하며, 화폐자본은 추가로 묶인다. 반대로 그 가격들이 하락한다면, 화폐자본은 그 일부가 풀려나온다. 가치관계가 불변인 경우에만 그 과정은 정상적으로 진행된다. 실제로는, 순환의 반복에서 그 교란들이 서로 상쇄되는 한, 과정은 진행된다. 그 교란들이 크면 클수록 산업자본가들은 그 조정기를 견뎌내기 위해 더욱 큰 화폐자본을 보유하여야만 한다. 또한 각 개별 생산과정의 규모가 자본주의적 생산의 진행과 더불어 확대하며 이와 더불어 투하되어야 할 자본의 최소규모가 증가하고 있으므로, 이런 사정이 기타의 사정에 추가되어 산업자본가의 기능을 점차로 대규모 화폐자본가[개인 또는 결합된 형태]가 독점하는 경향이 생긴다.

여기에서 잠깐 지적해 두어야 할 것은, 생산요소들의 가치에 변화가 생기면, 한편에서는 M…M′ 형태, 다른 한편에서는 P…P와 C′…C′ 형태 사이에 차이가 생긴다는 점이다.

새로 투하되는 자본[처음에는 화폐자본으로 등장한다]의 공식인 M…M′에서는 생산수단[예: 원료 · 보조재료]의 가치하락은 특정규모의 사업을 개시하기 위해서는 이전보다 적은 화폐자본의 투하가 필요하다는 것을 의미한다. 왜냐하면 (생산력 수준이 불변이라고 한다면) 생산과정의 규모는 일정한 양의 노동력이 처리할 수 있는 생산수단의 양과 규모에 의하여 결정될 뿐이며, 생산수단의 가치나 노동력의 가치(이것들은 가치증식의 크기에만 영향을 미친다)에 의하여 결정되는 것은 아니기 때문이다. 반대로, 생산자본의 요소를 구성하는 상품들의 가치가 상승하면, 일정한 규모의 사업을 설립하는 데 더 많은 화폐자본이 필요하게 된다. 두 경우 모두에서 영향을 받는 것은 새로 투자되어야 할 화폐자본의 양뿐이다. 어느 산업부문에서 신생 개별 산업자본의 탄생률이 보통 때와 같다고 가정한다면, 첫 번째의 경우에는 약간의 화폐자본이 과잉으로 풀려나오며, 두 번째의 경우에는 더 많은 화폐자본이 묶인다.

순환 P…P와 C′…C′은, P와 C′의 운동이 동시에 축적을 나타내며 그리하여 추가화폐 m이 화폐자본으로 전환되는 경우에만, 자기자신들을 M…M′으로 나타낸다. 그렇지 않은 한, 생산자본 요소들의 가치변동은 M…M′으로 나타나지 않는다. 여기에서도 우리는 이런 가치변화가 이미 생산과정에 들어가 있는 자본구성부분들〖c, v, s〗에 미치는 영향을 무시한다. 직접적으로 영향을 받는 것은 최초의 투자가 아니라 재생산과정 속에 있는[즉 최초의 순환을 통과한]산업자본이다. 다시 말해 $C' \cdots C \langle^{LP}_{MP}$

—상품자본이 생산요소들[이것들이 상품들로 구성되어 있는 한]로 재전환하는 것—가 영향을 받는다. 가치(또는 가격)의 하락은 세 가지 경우를 낳을 수 있다. 첫째, 재생산과정이 동일한 규모로 계속되는 경우에는, 이전의 화폐자본의 일부는 풀려나오며 화폐자본은 적립되지만, 진정한 축적(확대재생산)이나 그것을 위한 m(잉여가치)의 축적재원으로의 전환은 발생하지 않는다. 둘째, 기술적 비례성이 허락한다면 재생산과정은 가치하락이 없었을 때보다 더욱 큰 규모로 확대될 것이다. 셋째, 원료 등의 더욱 큰 재고가 형성될 것이다.

상품자본의 보충요소들 『생산요소들』의 가치가 상승하면 위의 반대가 일어난다. 재생산이 정상적인 규모로 더 이상 진행되지 않는다(예: 노동시간이 감축된다). 또는 이전 규모의 재생산을 계속하기 위해서는 추가적 화폐자본이 투입되어야만 한다(화폐자본이 묶인다). 또는 끝으로, 축적을 위한 화폐재원은—만약 그것이 있는 경우—재생산과정을 확대시키기 위해서가 아니라 그것을 이전 규모로 유지하기 위해 전부 또는 일부가 사용되어야만 한다. 이것도 또한 화폐자본이 묶이는 것인데, 이 경우에는 추가적 화폐자본이 외부로부터, 화폐시장에서 오는 것이 아니라 산업자본가 자신의 재력으로부터 나온다.

그러나 P…P와 C′…C′에서는 다른 상황도 일어날 수 있다. 만약 우리의 방적업자가 예컨대 대량의 면화재고를 가지고 있다면(즉 그의 생산자본의 큰 부분이 면화재고의 형태로 있다면), 면화가격의 하락은 그의 생산자본의 일부를 감가시키게 될 것이며, 반대로 면화가격의 상승은 생산자본의 가치를 상승시킬 것이다. 만약 그가 대량의 면화를 상품자본[예: 면사]의 형태로 고정시키고 있다면, 면화가격의 하락은 그의 상품자본의 일부, 그리하여 순환 중에 있는 그의 총자본의 일부를 감가시킬 것이며, 가격의 상승은 그 반대를 일으킨다. 끝으로, $C'-M-C\langle^{LP}_{MP}$의 과정에서, 만약 $C'-M$[상품자본의 실현]이 C의 요소의 가치변화 이전에 행해졌다면, 자본은 오직 유통의 제2국면 $M-C\langle^{LP}_{MP}$에서만 영향을 받는다. 그러나 만약 가치변화가 C′−M의 완료 이전에 일어난다면, 면화가격의 하락은 면사가격을 하락시킬 것이고, 면화가격의 상승은 면사가격을 상승시킬 것이다. 동일한 산업부문에 투자하고 있는 각종 개별자본에 대한 영향은 그들의 사정의 차이에 따라 크게 상이할 수 있다. 유통과정의 시간상의 차이, 유통속도의 차이에 따라 화폐자본이 묶이는 것과 풀려나오는 것이 달라질 수 있는데, 이것은 회전에서 논의될 사항이다. 여기에서 우리가 관심을 가지는 것은, 생산자본 요소들의 가치변동과 관련하여 M…M′과 기타의 두 순환형태 사이에서 나타나는 현실적인 차이뿐이다.

자본주의적 생산양식이 이미 발전하여 지배적으로 된 시대에는, 유통국면 $M-C\langle^{LP}_{MP}$에서 생산수단(MP)을 구성하는 상품의 대부분은 타인의 상품자본으로 기능하고 있다. 그러므로 판매자의 측면에서 보면 C′−M′, 즉 상품자본이 화폐자본으로 전환되는 것이다. 그러나 이것은 반드시 옳은 이야기는 아니다. 산업자본이 화폐나 상품으로 기능하는 유통과정 안에서는, 산업자본의 순환—화폐자본의 형태이든 상품자본의 형태이든—은 매우 다양한 사회적 생산양식들[적어도 상품생산에 종사하는 경우]의 상품유통과 뒤섞여 있다. 상품이 노예제의 생산물이든, 빈농(중국인, 인도의 라이오트), 또는 공동체(네덜란드령 동인도) 또는 국영생산(러시아의 역사에 나타나는 농노제에 의거한 것), 또는 반半원시적인 수렵민족의 생산물이든 간에, 그 상품들은 산업자본을 표현하는 화폐[와 상품]에 대하여 상품[과 화폐]으로서 상대하고 있으며, 산업자본의 순환과 잉여가치의 순환[이 잉여가치가 수입으로 지출되는 한]—즉 상품자본의 두 개의 유통경로 모두—에 들어간다. 그 상품들이 나오는 생산과정의 성격은 전혀 중요하지 않다. 그것들은 시장에서 상품으로 기능하며, 상품으로서 산업자본의 순환과 [산업자본이 담당하고 있는] 잉여가치의 순환에 들어간다. 그러므로 산업자본의 유통과정은 상품들의 출산지의 다양한 성격과 세계시장으로서 시장의 존재에 의해 특징지워진다. 외국산 상품에 대해 말할 수 있는 것은 외국화폐에 대해서도 말할 수 있다. 상품자본은 외국화폐에 대해 오직 상품으로 기능하는 것과 마찬가지로, 외국화폐는 상품자본에 대해 오직 화폐로서 기능할 뿐인데, 여기에서 화폐는 세계화폐로 기능하게 된다.

그러나 두 가지를 더 지적하고자 한다.

첫째, M－MP의 행위가 완료되면, 상품들(MP)은 상품이기를 멈추고 산업자본의 존재양식의 하나—생산자본 P라는 기능적 형태—로 된다. 그러므로 그들의 출산지는 지워지고, 지금 그들은 다만 산업자본의 존재형태로 있으며 산업자본에 합쳐져 있다. 그러나 그들이 보충되기 위해서는 그들이 재생산될 필요가 있는데, 이 한도까지는 자본주의적 생산양식은 그 자신의 발전단계 밖에 있는 생산양식들에 의해 제약받는다. 그런데 자본주의적 생산양식의 경향은 모든 생산을 가능한 한 상품생산으로 전환시키는 것이며, 이것을 달성하는 주된 무기는 모든 생산을 자본주의적 생산양식의 유통과정에 끌어들이는 것이다. 발달한 상품생산 자체가 바로 자본주의적 상품생산이다. 산업자본의 침입은 어디에서나 이 전환을 촉진하며 이와 함께 모든 직접적 생산자가 임금노동자로 전환하는 것도 촉진한다.

둘째, 산업자본의 유통과정에 들어가는 상품들(노동자에게 지불되는 가변자본이 전환되는 필요한 생활수단도 여기에 포함된다)은 그 출산지[그것들이 유래하는 생산과정의 사회적 형태]가 어떻든, 그것들은 산업자본 자체에 대하여 상품자본의 형태로, 상품거래자본이나 상인자본의 형태로 마주하게 된다. 상인자본은 그 성질상 온갖 생산양식에서 생산된 상품을 포괄하고 있다.

자본주의적 생산양식은 대규모의 생산을 전제하고 있으므로 또한 필연적으로 대규모의 판매—개별 소비자에 대한 판매가 아니라 상인에 대한 판매—를 전제하게 된다. 이 구매자 자신이 생산적 소비자(즉 산업자본가)라면, 또는 한 산업분야의 산업자본이 다른 산업분야에 생산수단을 공급한다면, 한 산업자본가가 다른 많은 산업자본가에게 직접판매(주문 등의 형식)도 한다. 이런 한도까지는 각 산업자본가는 직접적 판매자이며 자기 자신이 상인이다. 그런데 그가 상인에게 팔 때도 위와 마찬가지로 상인의 역할을 한다.

상인자본의 기능으로서의 상품거래는 자본주의적 생산의 전제이며, 그것은 자본주의적 생산의 발달과 함께 더욱 발전한다. 그리하여 우리는 때때로 자본주의적 유통과정의 개개의 측면을 설명할 때 상인자본의 존재를 당연한 것으로 여기고 있다. 그러나 여기의 일반적 분석에서는 상인의 개입 없는 직접판매를 가정한다. 왜냐하면 이 개입은 운동의 각종 계기를 은폐하기 때문이다.

이 문제를 다소 소박하게 다루고 있는 시스몽디를 인용하여 보자.

> "상업은 상당한 자본을 사용하는데, 그 자본은 첫눈에는 우리가 지금까지 그 운동을 묘사해온 자본의 일부가 아닌 것 같다. 직물상인의 창고에 쌓여 있는 직물의 가치는 첫눈에는, 연간 생산물 중 부자가 빈자를 노동시키기 위해 임금으로 주는 부분과는 전혀 다른 것으로 보인다. 그러나 이 자본 〖직물의 가치〗은 우리가 지금까지 이야기해온 자본을 대체하였을 뿐이다. 부의 진행을 명백히 파악하기 위해, 우리는 부의 창조로부터 시작하여 그것의 소비에 이르기까지 추적해 왔다. 예컨대 직물제조에 사용되는 자본은 언제나 동일한 것처럼 보였으며, 자본이 소비자의 수입과 교환될 때는 두 부분으로만 분할되었다. 즉 한 부분은 이윤의 형태로 제조업자의 수입으로 기능하였고, 다른 부분은 임금의 형태로 새로운 직물을 제조하는 노동자의 수입으로 기능하였다."

"그러나 이 자본의 각종 부분들이 서로 대체되는 것, 그리하여 만약 100,000원이 제조업자와 소비자 사이의 유통 전체를 위해 충분하다면, 이 100,000원은 제조업자 · 도매상 · 소매상 사이에 균등하게 분배되는 것이 모든 사람에게 이익이 된다는 것을 곧 알아내었다. 제조업자는, 그 전액으로 행하였던 것과 같은 일을 1/3의 금액으로 행하게 된다. 왜냐하면 제조업자가 자기의 제조작업을 마치자마자, 그는 소비자를 발견하는 것보다 훨씬 빨리 그것을 구매할 상인을 발견하기 때문이다. 도매상 A의 자본도 훨씬 빨리 소매상 A의 자본에 의하여 보충된다.…임금에 투하된 금액과 최종소비자의 구매가격 사이의 차액이 자본에 대한 이윤을 형성한다. 이 이윤은 제조업자 · 도매상 · 소매상이 그들의 기능을 분할한 순간부터 그들 사이에 분배된다. 1인과 1자본 대신에 3인과 3자본부분이 사용되었지만 달성된 과업은 동일하다."(『신정치경제학 원리』, I: 139, 140)

"모두"(상인들)"는 생산에 간접적으로 기여하였다. 왜냐하면 생산의 목적은 소비이므로 생산물이 소비자의 수중에 들어갈 때까지는 생산이 완료되었다고 여길 수가 없기 때문이다"(같은 책: 137).

순환의 일반적 형태를 고찰할 때, 그리고 제2권 전반에 걸쳐서, 우리는 화폐를 금속화폐로 여기고, 상징화폐[어떤 나라에서만 통용되는 단순한 가치상징]와 신용화폐[이에 대해서는 아직까지 논의하지 않았다]는 제외한다. 첫째로, 이것은 역사가 걸어온 경로인데, 신용화폐는 자본주의적 생산의 초기단계에서는 아무런 기능도 하지 않았거나 적어도 중요한 기능은 하지 않았다. 둘째로, 이 순서의 필연성은 다음의 사실에 의해서도 이론적으로 증명될 수 있다. 즉 투크와 기타 사람들이 지금까지 신용화폐의 유통에 관하여 말한 비판적 설명은, 단순한 금속유통의 기초 위에서는 사태가 어떻게 벌어질까 하는 질문으로 자꾸 그들을 복귀시켰다는 사실이 바로 그것이다. 그러나 금속화폐는 구매수단으로서 뿐 아니라 지불수단으로서도 기능한다는 것을 잊어서는 안 된다. 그러나 단순화를 위해 제2권에서는 금속화폐는 오직 구매수단의 기능형태라고 가정한다.

산업자본의 유통과정[이것은 개별순환의 일부만을 형성한다]이 일반적 상품유통 안의 일련의 행위만을 표현하는 한, 그 유통과정은 이미 전개된 일반적 법칙들(제1권, 제3장)에 의하여 규정된다. 동일한 화폐량[예: 500원]이라 하더라도, 화폐의 유통속도가 크면 클수록, 각 개별자본이 상품과 화폐로 연속적으로 탈바꿈하는 것이 빠르면 빠를수록, 그만큼 더욱 많은 산업자본(또는 상품자본의 형태에 있는 개별자본들)을 유통시킬 수 있다. 화폐가 지불수단으로 기능하는 것이 많으면 많을수록[예컨대 상품자본이 그것의 생산수단으로 대체될 때 그 차액만이 결제되는 경우가 많으면 많을수록], 그리고 지불기간[예: 임금지불의 경우]이 짧으면 짧을수록, 동일한 가치의 자본이 자기의 유통을 위해 필요로 하는 화폐는 그만큼 적어진다. 반면에, 유통속도와 기타의 모든 사정들이 불변이라고 가정하면, 화폐자본으로서 유통하는 데 필요한 화폐량은 상품의 가격총액(가격에 상품량을 곱한 것)에 의하여 결정되며, 또는 상품량과 상품가치가 일정하다면 화폐 그 자체의 가치에 의하여 결정된다.

그러나 자본의 유통과정이 일련의 단순한 유통행위인 경우에만 일반적 상품유통의 법칙이 적용되는 것이며, 유통행위가 개별 산업자본의 순환 중 기능적으로 규정된 국면을 형성하는 경우에는 이 법칙은 적용되지 않는다.

이것을 해명하기 위해서는 유통과정을 다음의 두 형태에서 나타나는 것처럼 중단되지 않은 상호관련으로 고찰하는 것이 가장 좋다.

$$(2)\quad P\cdots C'\begin{cases} C \\ \\ c \end{cases} \text{——} \; M'\begin{cases} M - C\langle^{LP}_{MP}\cdots P(P') \\ \\ m - c \end{cases}$$

$$(3)\quad C'\begin{cases} C \\ \\ c \end{cases} \text{——} \; M'\begin{cases} M - C\langle^{LP}_{MP}\cdots P\cdots C' \\ \\ m - c \end{cases}$$

일련의 유통행위 일반으로서 유통과정(C－M－C이든 M－C－M이든)은 두 개의 반대방향의 연속적인 상품탈바꿈을 가리킬 뿐이다. 각각의 탈바꿈은 타인의 상품 또는 화폐에 대해 반대의 탈바꿈을 일으킨다.

상품소유자 측의 C－M은 구매자 측에서는 M－C다. 상품의 첫 번째 탈바꿈 C－M은 M으로 등장하는 상품의 두 번째 탈바꿈〚화폐소유자는 이전에 이미 자기의 상품을 팔아서 화폐를 보유하게 되었기 때문임〛이다. M－C의 경우는 그 반대다. 그러므로 어느 단계에 있는 상품의 탈바꿈은 다른 단계에 있는 다른 상품의 탈바꿈과 상호 결합되어 있다는 것은 자본의 유통에도 적용된다. 다만 자본가가 상품의 판매자와 구매자며, 자기의 자본이 타인의 상품에 대해서는 화폐로 기능하며 타인의 화폐에 대해서는 상품으로 기능하는 한에서만 그렇다. 이런 상호결합은 자본의 탈바꿈의 상호결합을 반드시 의미하지는 않는다.

첫째로, M－C(MP)는 우리가 본 바와 같이 각종 개별 자본들의 탈바꿈의 상호결합을 묘사할 수 있다. 예컨대 면방적업자의 상품자본[면사]은 그 일부가 석탄과 바뀐다. 다시 말해 그의 자본의 일부는 화폐형태로 있다가 상품형태로 전환하며, 그 반면에 석탄광산 소유자의 자본은 상품형태로 있다가 화폐형태로 전환한다. 하나의 동일한 유통행위가 여기에서는 두 산업자본 측(상이한 생산분야에 속하고 있다)의 반대방향의 탈바꿈—이들 자본의 연속적 탈바꿈의 상호결합—를 표현하고 있다. 그러나 M이 전환될 MP는 범주적 의미로 상품자본이어야 할 필요는 없다 『예: 흑인노예가 생산한 면화』. 즉 자본가에 의해 생산되어 산업자본의 하나의 기능적 형태이어야 할 필요는 없다는 것이다. 이것은 항상 한편에서는 M−C이고 다른 한편에서는 C−M이지만, 반드시 자본 탈바꿈의 상호결합인 것은 아니다. 더욱이 M−LP[노동력의 구입]는 결코 자본 탈바꿈의 상호결합이 아니다. 왜냐하면 노동력은 확실히 노동자에게는 상품이지만 그것이 자본가에게 팔려야만 비로소 자본이 될 수 있기 때문이다. 반면에 C′−M′ 과정에서 M′은 반드시 상품자본이 전환된 것일 필요가 없으며, 노동력 상품의 화폐표현(임금)일 수도 있고 독립노동자 · 노예 · 농노 · 공동체에 의해 생산된 생산물의 화폐표현일 수도 있다.

둘째로, 개별자본의 순환과정 안에서 일어나는 각각의 탈바꿈이 수행하는 독특한 기능적 역할은, 다른 자본의 순환 중에 그에 대응하는 반대 방향의 탈바꿈을 반드시 표현하고 있다고는 말할 수 없다—비록 세계시장의 『상품』생산 전체가 자본주의적으로 경영된다고 가정하더라도. 예컨대 P… P의 순환에서 C′을 화폐화하는 M′은 구매자 측에서는 자기의 잉여가치의 화폐표현에 불과할 수도 있다(만약 그 상품이 소비용품이라면). 또는 $M'-C'\langle^{LP}_{MP}$(즉 축적된 자본이 들어가는 경우)에서 M′은 MP의 판매자에게는 자기의 투하자본의 보충일 수도 있지만, 그 M′이 분할되어 수입의 지출로 향하는 경우에는 그의 자본순환에 다시 들어오지 않을 수도 있다.

사회적 총자본의 각종 구성부분[개별자본은 독립적으로 기능하는 구성부분에 불과하다]이 유통과정에서—자본과 잉여가치에 대해서—어떻게 서로 보충하고 있는가는, 상품유통에서 일어나는 탈바꿈들의 단순한 상호결합[자본유통의 행위가 상품유통의 과정과 공통으로 가지고 있는 것]에서는 해명되지 않으며, 다른 분석방법을 필요로 한다. 그러나 지금까지 우리는, 자세히 고찰해 보면, 모든 상품유통에 공통된 탈바꿈의 상호결합에서 단순히 빌려온 불명확한 개념만으로 만족하고 있었던 것이다 〖이 과제는 제3편에서 깊이 다루어질 것이다〗.

* * *

산업자본의 순환[그리고 자본주의적 생산]의 가장 분명한 특성 중의 하나는, 한편에서는 생산자본의 구성요소들이 상품시장에서 상품으로 구입되어 끊임없이 갱신되지 않으면 안 되며, 다른 한편에서는 노동과정의 생산물이 노동과정에서 나와서 상품으로 끊임없이 판매되지 않으면 안 된다는 점이다. 예컨대 스코틀랜드 낮은 지대의 근대적 차지농업가와 유럽대륙의 구식 소농을 비교해 볼 수 있을 것이다. 전자는 자기의 생산물 전체를 판매하며 그리하여 생산물의 모든 요소들[종자까지도]을 시장에서 보충하지 않으면 안 되는데, 후자는 자기의 생산물의 대부분을 직접적으로 소비하며, 될 수 있는 한 매매를 적게 하며, 도구 · 의류 등도 될 수 있는 한 자신이 만든다.

자연경제 · 화폐경제 · 신용경제는 이 때문에 사회적 생산의 세 개의 특징적인 경제적 운동형태로 〖잘못〗 대비되어 온 것이다. 〖독일 구역사학파의 힐데브란트Hildebrand를 비판하고 있음〗

첫째로, 이 세 형태는 동등한 발전단계를 표현하지 않는다. 이른바 신용경제는 그 자체가 화폐경제의 한 형태에 불과한데, 이것은 두 용어가 생산자들 사이의 교환기능 또는 교환방식을 표현하는 한 그렇다. 발달된 자본주의적 생산에서는 화폐경제는 신용경제의 기초로 나타날 뿐이다. 그러므로 화폐경제와 신용경제는 자본주의적 생산의 상이한 발전단계에 대응할 뿐이며, 그 둘은 자연경제와 대비할 때 서로 상이한 독립적인 교환형태는 아니다. 이것은 마치 자연경제의 각종 형태를 화폐경제와 신용경제에 대해서는 동일한 것으로 잘못 취급하는 것과 마찬가지다.

둘째로, 화폐경제와 신용경제라는 두 범주의 구별되는 특징으로 강조되는 것은 경제 그 자체, 즉 생산과정 그 자체가 아니라, 경제에 대응하는 각종의 생산담당자 또는 생산자 사이의 교환방식이기 때문에, 이런 구별방법은 자연경제의 경우에도 적용되어야 한다. 따라서 자연경제라고 말할 것이 아니라 물물교환경제 〚또는 현물경제〛라고 말해야 할 것이다. 〚자연경제에서는 직접적 물물교환, 관습, 법적 규제 등에 의해 자원이 배분된다〛 페루의 잉카제국과 같은 완전히 폐쇄된 자연경제는 위의 세 범주 어디에도 속하지 않는다.

셋째로, 화폐경제는 모든 상품생산에 공통적인 것이며, 생산물은 매우 다양한 사회적 생산유기체에서 상품으로 나타난다. 그러므로 자본주의적 생산을 특징짓는 것은 생산물이 거래물품 · 상품으로 생산되는 정도와, 따라서 또한 생산물 자신의 형성요소들 〚예: 원료〛이 거래물품 · 상품으로 다시 그 경제 속으로 들어가지 않으면 안 되는 정도에 있을 뿐이다.

사실상 자본주의적 생산은 일반적으로 상품생산의 형태를 띤다. 이것은 노동력 그 자체가 상품으로 등장하며 노동자가 노동력을 그것의 재생산비에 의해 결정되는 가치에 따라 팔기 때문에[우리가 지금까지 가정하였다] 그렇게 된 것이며, 자본주의적 생산의 발달에 따라 더욱 더 상품생산이 확대될 것이다. 노동이 임금노동으로 되는 규모에 대응하여 생산자는 산업자본가로 된다. 그러므로 자본주의적 생산(그리하여 상품생산)은 직접적 농업생산자가 모두 임금노동자로 될 때에만 완전한 범위에 이르게 된다. 자본가와 임금노동자 사이의 관계에서 화폐관계[구매자와 판매자의 관계]는 생산 그 자체에 내재하는 관계로 된다. 그러나 이 관계는 교환방식보다는 생산의 사회적 성격에 그 기초를 두고 있으며, 교환방식은 생산의 사회적 성격에서 나온다. 그런데 생산형태의 성격 중에서 그것에 대응하는 교환방식의 기초를 발견하기보다는 오히려 거꾸로 보는

것은, 상거래에 사로잡혀 있는 부르주아적 시야에 더욱 적합하다.[1)]

* * *

자본가는 자기가 유통에서 인출하는 것보다 적은 가치를 화폐의 형태로 유통에 투입하고 있는데, 이것은 그가 상품의 형태로 인출한 것〖c+v〗보다 더욱 많은 가치〖c+v+s〗를 상품의 형태로 투입하기 때문이라고 말할 수 있다. 그가 자본의 인격화 · 산업자본가로서만 기능하는 한, 그에 의한 상품가치의 공급은 항상 상품가치에 대한 그의 수요보다 크다. 만약 그의 공급과 수요가 일치한다면, 그의 자본은 가치증식하지 않은 것과 같으며, 그의 자본은 생산자본으로 기능하지 않은 것으로 되고, 생산자본은 잉여가치를 잉태하지 않은 상품자본으로 전환된 것으로 되며, 생산자본이 생산과정에서 노동력으로부터 잉여가치를 상품의 형태로 착취하지 않은 것으로 되고, 이리하여 자본으로 전혀 기능하지 않은 것으로 된다. 자본가는 진실로 '자기가 구매한 것보다 비싸게 팔지' 않으면 안 되는데, 그가 이렇게 할 수 있는 것은 그가 생산과정을 통하여 자기가 구매한 값싼(가치가 적은) 상품을 가치가 더 큰 비싼 상품으로 전환시킬 수 있을 때 비로소 가능하다. 그가 비싸게 팔 수 있는 것은, 그가 자기의 상품들을 가치 이상으로 팔기 때문이 아니라 그의 상품들의 가치가 그것을 생산하는 데 소요된 요소들의 가치총액보다 더욱 크기 때문이다.

자본가의 공급과 수요 사이의 차이가 크면 클수록, 다시 말해 그가 공급하는 상품가치가 그가 수요하는 상품가치를 넘는 초과분이 크면 클수록, 그의 자본의 증식률은 점점 더 커진다. 그의 목적은 자기의 수요를 공급으로 충당 · 보충하는 데 있는 것이 아니라, 수요에 대한 공급의 초

1) {엥겔스: 이상은 원고 5. 이 장의 나머지는 1877년 또는 1878년의 노트에 있는 여러 책들의 발췌 사이에서 발견된 메모다.}

과분을 될수록 크게 하는 것에 있다.

개별자본가에 대해서 진실인 것은 자본가계급에게도 진실이다.

자본가가 산업자본의 인격화〖화신〗인 한, 자기 자신의 수요는 생산수단과 노동력에 대한 수요일 따름이다. MP에 대한 그의 수요는 그의 투하자본보다 가치 면에서 작다. 그러므로 그가 구매하는 생산수단의 가치는 그의 자본가치보다 작으며, 따라서 그가 공급하는 상품자본의 가치보다는 더욱 작다.

노동력에 대한 그의 수요에 관한 한, 그 수요는 가치의 면에서는 가변자본과 총자본 사이의 비율, 곧 v:C에 의하여 결정된다. 그러므로 자본주의적 생산에서는 노동력에 대한 수요는 생산수단에 대한 수요에 비하여 낮은 성장률을 나타낸다. 자본가는 LP보다 MP를 더욱 많이 구입하며 이것은 점점 더 심화된다.

노동자가 임금을 거의 대부분 생활수단, 그 중에서도 생필품에 지출하는 한, 노동력에 대한 자본가의 수요는 또한 간접적으로 노동자계급의 소비수단에 대한 수요이기도 하다. 그러나 이 수요는 v와 동일하며 그 이상은 결코 아니다(노동자가 임금의 일부를 저축한다면—물론 여기에서는 신용을 무시하고 있다—그는 임금 중 일부를 퇴장화폐로 전환시키는 것이며, 그 범위까지 그는 구매자로 나타나지 않는다). 자본가의 수요의 극대치는 C=c+v이지만, 그의 공급은 c+v+s이다. 그러므로 그의 상품자본의 구성이 80c+20v+20s이라면, 그의 수요는 80c+20v가 되는데, 이것은 그의 공급〖120〗보다 가치 면에서 $\frac{1}{5}$〖$\frac{1}{6}$이 옳다〗이 작다. 생산된 s의 백분율(이윤율)이 크면 클수록 그의 수요는 공급에 비하여 더욱 작아진다. 생산의 진보에 따라, 노동력에 대한 자본가의 수요, 그리하여 간접적으로 생활수단에 대한 자본가의 수요는, 생산수단에 대한 그의 수요보다 점점 더 작아지지만, MP에 대한 그의 수요도 매일 계산하여 보면 그의 자본보다 항상 작다는 것을 잊어서는 안 된다. 그러므로 생산수단에 대한 그의 수요는 (동액의 자본으로 같은 사정에서 작업하여 그에게 생산수단을 공급하는) 다른 자본가의 상품생산물보다 그 가치 면에서 항상 작음에 틀림없다. 여기에서, 개입하고 있는 자본가가 하나가 아니고 다수라고 하더라도 이 문제에 아무런 영향도 미치지 않는다. 그의 자본이 1,000원이고, 그 중 800원이 불변자본 부분이라면, 모든 기타의 자본가들에 대한 그의 수요는 800원이다. 그런데 기타의 자본가들은 합계 1,000원의 자본(이 중 어느 만큼이 그들 각각의 것이든, 또는 각각에 속하는 양이 이 총자본 중 어느 만큼을 차지하는가에 관계없이)으로, 이윤율이 동일하다면, 1,200원이라는 가치의 생산수단을 공급한다. 그러므로 가치 면에서 본다면, 그의 수요는 그들의 공급의 $\frac{2}{3}$ 〖$\frac{800}{1,200}$〗에 불과하며, 그리고 기타의 자본가들의 총수요는 그들 자신의 공급의 $\frac{5}{6}$ 〖$\frac{1,000}{1,200}$〗에 불과하게 된다.

우리는 회전의 문제를 잠시 고찰해 볼 필요가 있다. 그의 총자본 5,000원 중 4,000원이 고정자본이고 1,000원이 유동자본이며, 앞의 가정에 따라 1,000원=800c+200v라고 하자. 그의 총자본이 1년에 1회전하기 위해서는 그의 유동자본은 1년에 5회전하지 않으면 안 된다. 이 경우 그의 상품생산물은 6,000원〖=4,000c+1,000v+1,000s〗으로 그의 투하자본보다 1,000원이 크며, 투하자본에 대한 잉여가치의 비율은 이전과 동일하다. 즉 5,000C:1,000s=100(c+v):20s이다. 따라서 이 회전은 그의 총공급에 대한 총수요의 비율을 전혀 변경시키지 않으며, 그의 총수요〖5,000〗는 여전히 총공급〖6,000〗보다 $\frac{1}{5}$ 〖$\frac{1}{6}$이 옳다〗만큼 작다.

그의 고정자본이 10년 만에 갱신되어야 한다고 가정하자. 그러면 그는 매년 $\frac{1}{10}$, 즉 400원을 상각하게 된다. 제1년도 뒤에는 그는 고정자본으로 3,600원의 가치와 화폐로 400원의 가치를 가지게 된다. 수리가 필요하며 그것이 평균정도를 초과하지 않는 한, 그 수리비는 나중에 추가적으로 행해지는 자본투하에 지나지 않는다. 그러므로 이 수리비는 다음과 같이 생각할 수가 있다. 즉 그는 투하자본을 평가할 때 수리비를 미리 거기에 산입시켜, 수리비도 매년의 감가상각에 포함시켜 연간 상품생산물에 들어가도록 한다는 것이다. (따라서 그가 실제로 필요로 하는 수리가 평균보다 작다면 그에게 이익이 되며, 그 반대의 경우에는 손해가 된다. 그러나 이것은 동일한 산업분야에 종사하는 자본가 전체에 대해서 보면 서로 상쇄되어 평균적으로 된다.) 여하튼 (그의 총자본이 연 1회 회전한다고 가정하면) 그의 연간수요는 5,000원으로 그의 최초투하자본가치와 동일하지만, 이 수요는 자본의 유동부분에 대해서는 점차로 증가하지만 고정부분에 대해서는 점차로 감소한다 〖고정자본은 10년이 되어야만 갱신되기 때문이다〗.

이제 재생산 문제를 다루어 보자. 자본가는 잉여가치 m을 전부 소비하며 최초의 자본액 C만을 생산자본으로 전환시킨다고 가정하자. 자본가의 수요는 지금 자기의 공급과 가치 면에서 동일하다 〖80c+20v+20s〗. 그러나 이것은 그의 자본운동에 대해서는 그렇지 않다. 왜냐하면 그는 자본가로서는 (가치 면에서) 그의 공급의 $\frac{5}{6}$ 〖$\frac{100}{120}$〗만을 수요하고, 나머지 $\frac{1}{6}$ 〖$\frac{20}{120}$〗은 그가 비자본가로서[즉 자본가로서 그의 기능 때문이 아니라 그의 개인적 필요 또는 향락을 위해] 소비하는 것이다.

그의 계정은 다음과 같다.

자본가로서	수요 100,	공급 120
향락가로서	수요 20,	공급 –
합계	수요 120,	공급 120

이런 가정은 자본주의적 생산이 존재하지 않는다는 것, 그리하여 산업자본가 자체가 존재하지 않는다는 것을 가정하고 있는 것과 마찬가지다. 왜냐하면 추진적 동기가 치부 그 자체가 아니라 향락이라고 가정하게 되면 자본주의는 이미 본질적으로 폐지되어 버리기 때문이다.

더욱이 이런 가정은 기술적으로도 불가능하다. 자본가는 가격변동에 대처하기 위해, 그리고 매매에 가장 유리한 시장상황을 기다릴 수 있기 위해, 예비자본을 형성하지 않으면 안 될 뿐 아니라, 그는 생산을 확대하고 기술적 진보를 생산유기체에 도입하기 위해 자본을 축적해야만 한다.

자본을 축적하기 위해서는, 그는 유통에서 화폐형태로 취득한 잉여가치의 일부를 먼저 유통에서 끌어내어, 그것이 종래 사업의 확장이나 새로운 사업의 개시에 필요한 크기에 이를 때까지 그것을 퇴장화폐의 형태로 증대시키지 않으면 안 된다. 화폐의 퇴장이 계속되는 한, 자본가의 수요는 증가하지 않으며, 화폐는 유통하지 않아 그 화폐등가에 해당되는 상품등가를 상품시장에서 끌어내지 않는다.

신용은 여기에서는 고려되지 않는다. 자본가가 축적하는 화폐를 예컨대 은행의 이자 낳는 당좌계정에 예금한다면 그것은 신용의 문제로 된다.

제5장
유통시간[1)*]

우리가 본 바와 같이, 생산영역과 두 국면의 유통영역을 통과하는 자본운동은 시간상 차례차례 행해진다. 자본이 생산영역에 머무르는 시간은 생산시간이며, 유통영역에 머무르는 시간은 유통시간이다. 그러므로 자본이 그 순환을 마치는 데 걸리는 총시간은 생산시간과 유통시간의 합계와 같다.

물론 생산시간은 노동과정의 기간을 포함하지만 그뿐은 아니다. 먼저 생각해야 할 것은, 불변자본의 일부는 기계 · 건물 등과 같은 노동수단으로 있으며, 그들은 폐기될 때까지 동일한 노동과정의 끊임없는 반복에 기여한다는 점이다. 노동과정의 주기적 중단(예컨대 밤에)은 이들 노동수단의 기능을 중단시킬 것이지만 그들이 생산 장소에 머무르는 것을 중단시킬 수는 없다. 그 노동수단들은 기능할 때뿐 아니라 기능하지 않을 때에도 생산 장소에 묶여 있다. 더욱이 자본가는 원료와 보조재료의 일

1) {엥겔스: 이하부터 원고 4.}

* 제목의 '유통시간'은 마르크스가 말한 바 있는 '자본의 총유통시간(=진정한 유통시간+생산시간)'을 가리키며, 이래야만 제14장 '유통시간'과 구별된다. 제2권 제7장의 첫 번째 역자 주를 참조.

정한 재고를 준비하여, 생산과정이 시장의 하루하루 공급의 우연한 변화에 영향을 받지 않고 길거나 짧은 시간에 걸쳐 예정된 규모로 진행될 수 있도록 해야 한다. 이런 원료 등의 재고는 점차로 생산적으로 소비될 뿐이다. 그러므로 자본의 생산시간[2]과 그것의 기능시간에는 차이가 있다. 생산수단의 생산시간은 대체로 다음과 같이 구성되어 있다. (1) 그것이 생산수단으로 기능하고 있는 시간, 즉 생산과정에서 기능하고 있는 시간, (2) 생산과정이 중단되어 생산과정에 합쳐있는 생산수단이 기능을 쉬고 있는 시간, (3) 생산수단이 생산과정의 조건으로 예비상태로 보유되어 이미 생산자본을 표현하고 있지만, 아직 생산과정에 들어가지 않고 있는 시간.

지금까지 고찰한 차이는 어느 것이나 생산자본이 생산영역에 머무르는 시간과 실제의 생산과정에 투입되는 시간 사이의 차이다. 그러나 생산과정 그 자체가 노동과정[따라서 노동시간]의 중단을 필요로 하는 경우가 있다. 즉 노동대상이 더 이상의 인간노동을 요구하지 않은 채 자연과정의 작용에 맡겨지는 시간이 그것이다. 이 경우 생산과정[따라서 생산수단의 기능]은 계속되고 있다—비록 노동과정[따라서 생산수단의 노동수단으로서의 기능]은 중단되고 있지만. 예를 들면, 밭에 뿌린 밀, 창고에서 발효하는 포도주, 피혁업과 같은 산업들에서 화학적 과정에 맡겨져 있는 노동재료 등의 경우가 그러하다. 이 경우 생산시간은 노동시간보다 길다. 노동시간을 넘는 생산시간의 초과분은, 생산자본이 생산과정 그 자체에서 기능하지 않은 채 생산영역에 잠재하고 있든지, 또는 생산자본이 노동과정에 개입하지 않은 채 생산과정에서 기능하고 있다는 사실에 언제나 의거하고 있다.

---

2) {엥겔스 : '생산시간'이라는 표현은 여기에서 능동적인 의미로 취급되어야 한다. 즉 생산수단의 생산시간은 그 생산수단을 생산하는 데 걸리는 시간이 아니라, 상품생산물의 생산과정에 참가하는 시간을 가리킨다.}

잠재적 생산자본 중 생산과정의 조건으로 예비되고 있을 뿐인 부분[예컨대 방적업의 면화 · 석탄 등]은 생산물의 형성자로서도 가치의 형성자로서도 기능하지 않는다. 그것은 유휴자본이다. 그렇지만 그 유휴성은 생산과정의 흐름이 중단되지 않기 위한 하나의 조건을 형성하고 있다. 생산용 재고(잠재적 자본)를 저장하는 데 필요한 건물 · 장치 등은 생산과정의 조건이며 따라서 투하생산자본의 구성부분이다. 그들은 생산요소들을 예비단계로 유지하는 기능을 행한다. 여기에 노동과정이 필요하다면, 이 노동과정은 원료 등을 비싸게 만들지만 그것은 생산적 노동이고 잉여가치를 생산한다. 왜냐하면 이 노동의 일부는 기타의 모든 임금노동의 일부와 마찬가지로 지불받지 않는 노동이기 때문이다. 생산과정 전체의 정상적인 중단—생산자본이 기능하지 않는 시간—은 가치나 잉여가치를 생산하지 않는다. 그러므로 야간에도 작업을 시키려는 충동이 일어난다(제1권, 제10장, 4절).

[노동대상이 생산과정의 계속 중에 통과하지 않으면 안 되는] 노동시간의 중단기는 가치도 잉여가치도 생산하지 않는다. 그러나 이 중단시간은 생산물을 조성하며, 생산물의 생애의 일부를 형성하며, 생산물이 통과하지 않으면 안 되는 하나의 과정을 이루고 있다. 장치 등의 가치는 그것들이 기능하는 시간 전체에 비례하여 생산물로 이전된다. 생산물은 노동 그 자체에 의하여 이 장치 안으로 들어온 것인데, 이들 장치의 사용이 생산의 조건인 것은 마치 면화 중의 일부가 먼지로 되어버리는 것[이것은 생산물로 들어가지는 않지만 여전히 그것의 가치는 생산물로 이전된다]이 생산의 조건인 것과 마찬가지다. 잠재적인 자본의 다른 부분[예: 건물, 기계 등], 즉 생산과정의 규칙적 쉼에 의해서만 기능이 중단되는 노동수단은 생산물의 형성에는 들어가지 않더라도 가치는 첨가한다. 물론 생산제한 · 공황 등에 의한 불규칙적인 중단은 순수한 손실이다. 노동수단이 생산물에 첨가하는 총가치는 그것의 평균 사용가능햇수에 의해

결정된다. 노동수단이 가치를 잃는 것은 사용가치를 잃기 때문인데, 사용가치의 상실은 그것이 기능하고 있는 동안뿐 아니라 그것이 기능하고 있지 않는 동안에도 일어난다 〖예: 기계는 가만히 두면 녹슨다〗.

끝으로, 노동과정이 중단된 때에도 계속하여 생산과정에 있는 불변자본부분 〖예: 포도주의 숙성을 위한 지하실〗의 가치는 생산과정의 결과 속에 다시 나타난다. 이 경우 노동 그 자체는 생산수단을 일정한 자연적 과정을 스스로 통과할 수 있게 하는 조건 아래로 옮겨놓는 일을 할 뿐이며, 자연적 과정의 결과로 일정한 유용효과 또는 생산수단의 사용가치의 변화가 생긴다. 노동이 생산수단을 생산수단으로서 합목적적으로 현실적으로 소비하는 한, 노동은 언제나 생산수단의 가치를 생산물로 이전시킨다. 이 사실은, 노동이 노동수단을 통하여 계속적으로 노동대상에 작용하지 않으면 성과를 거두지 못하는 경우에도 타당하며, 또는 노동이 다만 최초의 자극을 줄 뿐인 경우[생산수단을 더 이상 노동의 도움 없이도 스스로 자연과정의 결과로 원하는 변화를 겪게 되는 조건 아래로 옮겨놓는 일만을 노동이 하는 경우]에도 타당하다.

생산시간이 노동시간을 초과하는 원인이 무엇이든[생산수단이 잠재적 생산자본을 형성할 뿐으로 아직 현실적 생산과정의 준비단계에 있기 때문이든, 생산과정 중 잠깐 멈춤에 의하여 생산수단 자신의 기능이 중단되기 때문이든, 또는 끝으로 생산과정 자체가 노동과정의 중단을 필요로 하기 때문이든], 그 초과시간 중에는 생산수단은 노동흡수자로서 기능하지 않는다. 그것들이 노동을 흡수하지 않는다면 잉여노동을 흡수하지 못한다. 그러므로 생산자본이 생산시간 중 노동시간을 초과하는 부분에 있는 동안은, 아무리 이 잠깐 멈춤이 가치증식과정의 완수와 불가분의 관계에 있다고 할지라도, 생산자본의 가치증식은 이루어지지 않는다. 생산시간과 노동시간이 동일하게 접근하면 할수록, 일정한 시간에서 일정한 생산자본의 생산성과 가치증식은 그만큼 커진다. 그러므로 자본주의적 생산에서는 노동시간을 넘는 생산시간의 초과분을 될수록 단축시키려는 경향이 있다. 그러나 자본의 생산시간이 그것의 노동시간과 달라진다 할지라도, 전자는 항상 후자를 포함하고 있으며, 초과 그 자체는 생산과정의 하나의 조건이다. 그러므로 생산시간은 자본이 사용가치를 생산하면서 자기의 가치를 증식시키는 시간, 즉 자본이 생산자본으로 기능하는 시간을 항상 가리킨다—비록 그 생산시간은 자본이 잠재적으로 있는 시간이나 자본이 자신의 가치를 증식시키지 않는 시간을 포함하고 있기는 하지만.

유통영역 안에서는 자본은 상품자본과 화폐자본으로 존재한다. 자본의 두 개의 유통국면은, 상품형태에서 화폐형태로 전환하는 것과 화폐형태에서 상품형태로 전환하는 것을 가리킨다. 상품의 화폐로의 전환이 동시에 상품에 체화된 잉여가치의 실현으로 되는 사정, 그리고 화폐의 상품으로의 전환이 동시에 자본가치의 생산요소 형태로의 전환 또는 재전환으로 되는 사정은, 이런 과정들이 유통과정으로서는 단순한 상품탈바꿈 과정이라는 사실을 조금도 변경시키지 않는다.

유통시간과 생산시간은 상호배타적이다. 자본은 유통시간 동안은 생산자본으로 기능하지 않으며 따라서 상품이나 잉여가치를 생산하지 않는다. 자본가치 전체가 항상 한꺼번에 한 단계에서 다른 단계로 이동한다는 가장 단순한 형태의 순환을 고찰하면, 유통시간이 계속하는 한, 생산과정은 중단되며 또한 자본의 자기증식도 중단된다는 것과, 유통시간의 길이에 따라 생산과정이 빠르게 또는 느리게 반복된다는 것이 분명해진다. 자본의 각종 부분들이 차례차례 순환을 통과하여 총자본가치의 순환이 그 각 부분의 순환 속에서 연속적으로 이루어진다면, 그 각 부분들이 유통영역에 머무르는 시간이 길면 길수록 생산영역에서 기능하는 자본부분은 그만큼 작아지지 않을 수 없다. 그러므로 유통시간의 연장과 단축은 생산시간의 단축과 연장에 대하여, 또는 주어진 크기의 자본이 생산자본으로 기능할 수 있는 규모에 대하여 소극적 제한으로서 작용한다. 자본의 유통탈바꿈이 관념적일수록, 즉 유통시간이 영0에 가까워질수록, 그만큼 더욱 많이 자본은 기능하며, 자본의 생산성과 자기증식은 그만큼 더욱 커진다. 자본가가 주문에 따라 작업하고 그의 생산물의 인도와 동시에 지불을 받고 그리고 이 지불이 자기에게 필요한 생산수단으로 행해진다면, 그의 유통시간은 영에 가깝게 된다.

자본의 유통시간은 일반적으로 자본의 생산시간을 제한하며 그리하여 자본의 가치증식과정을 제한한다. 더욱이 유통시간의 길이에 비례하여 그것을 제한한다. 이 길이는 현저하게 길어지거나 짧아질 수 있으며, 이에 따라 자본의 생산시간을 매우 상이한 정도로 제한할 수 있다. 그러나 정치경제학이 보는 것은 현상으로서 나타난 것, 즉 유통시간이 자본의 가치증식과정 일반에 미치는 영향뿐이다. 따라서 정치경제학은 이 소극적인 영향을, 그 결과가 적극적이라는 이유 때문에 적극적인 것으로 생각한다. 정치경제학이 이 외관에 점점 더 집착하는 것은 그것이 다음의 것에 대한 증명을 제공하는 것같이 보이기 때문이다. 즉 자본은 자기증식의 신비한 원천을 가지고 있으며, 이 원천은 자본의 생산과정[따라서 노동의 착취]과는 아무런 관련이 없고 유통영역에서 유래한다는 것이다. 〖속류경제학뿐 아니라〗 과학적 정치경제학까지도 이 외관에 사로잡혀 있었다는 것을 뒤에서 볼 것이다. 이 외관은 다음과 같은 현상에 의하여 더욱 강고하게 되고 있다. (1) 자본가적 이윤계산의 방법인데, 거기에서는 소극적 원인이 적극적 원인으로 나타난다. 왜냐하면 유통시간만 서로 다른 각종 투자부문의 자본들을 보면, 더 긴 유통시간은 가격을 인상하는 근거고, 이리하여 이윤을 균등화시키는 근거의 하나로 기능하기 때문이다. (2) 유통시간은 회전시간의 하나의 계기에 불과하며, 회전시간은 생산시간 또는 재생산시간도 포함하고 있다. 그래서 실제로는 생산시간 때문인 것이 유통시간 때문인 것으로 보일 수가 있다. (3) 상품이 가변자본(임금)

으로 전환하는 것은 상품의 화폐로의 선행적 전환을 필요로 한다. 따라서 자본축적에서 추가적 가변자본으로의 전환은 유통영역에서 또는 유통시간 중에 행해진다. 그러므로 이처럼 행해지는 축적은 유통시간 때문인 것처럼 보일 수 있다.

유통영역 안에서 자본은 두 개의 반대방향의 국면들 C－M과 M－C를 순서야 어떻든 통과하고 있다. 그러므로 자본의 유통시간은 두 부분―상품이 화폐로 전환에 필요한 시간과 화폐가 상품으로 전환에 필요한 시간―으로 분할된다. 우리가 단순상품유통의 분석(제1권 제3장)에서 본 바와 같이, C－M[판매]이 자본의 탈바꿈에서 가장 어려운 부분이며, 정상적인 사정에서는 유통시간의 더 큰 부분을 차지하고 있다. 화폐로서는, 가치는 항상 전환할 수 있는 형태로 존재한다. 상품으로서는, 가치는 먼저 화폐로의 전환에 의하여 직접적 교환가능성의 형태를, 그리하여 항상 출동 가능한 활동성의 형태를 얻어야만 한다. 자본의 유통과정 중 M－C의 국면에서 행해지는 것은, 주어진 투자부문에서 생산자본의 독특한 요소들을 구성하는 상품들로 자본이 전환하는 것이다. 생산수단들이 시장에 존재하지 않아서 먼저 생산되어야 할 필요가 있을 수도 있고, 또는 멀리 떨어진 시장으로부터 가져와야 하는 수도 있고, 또는 정상적인 공급이 불가능하거나 가격의 변동이 일어날 수도 있다. 다시 말해 단순한 탈바꿈 M－C에서는 알 수 없는, 그러나 유통단계의 이 부분 때문에 다소 시간을 요구하는, 다양한 사정들이 있을 수 있다. C－M과 M－C가 시간상 분리될 수 있는 것처럼 공간적으로도 분리될 수 있다. 즉 판매시장과 구매시장이 상이한 장소일 수가 있다. 공장제도에서는 구매자와 판매자가 상이한 사람일 경우가 많다. 상품생산에서는 유통은 생산 그 자체와 마찬가지로 필요하며, 그리하여 유통담당자도 생산담당자와 마찬가지로 필요하다. 재생산과정은 자본의 두 기능 모두를 포함하며, 그러므로 자본가 자신에 의해 행해지든 그 대리자로서의 임금노동자에 의해 행해지든 이 두 기능을 담당해야 할 필요가 있다. 그렇다고 해서 상품자본과 화폐자본의 기능을 생산자본의 기능과 혼동해서는 안 되며, 또한 마찬가지로 유통담당자를 생산담당자와 혼동해서도 안 된다. 유통담당자는 생산담당자에 의해 지불되지 않으면 안 된다. 그러나 서로 매매하는 자본가들이 이 매매행위에 의해서는 생산물도 가치도 생산할 수 없다고 한다면, 그들의 사업규모가 이 기능을 타인에게 맡길 수가 있고 또 맡길 필요가 있는 경우에도 이 사실은 변하지 않는다. 다수의 사업에서는 판매자나 구매자가 『생산자의』 이윤의 일정한 비율을 나누어 가진다. 그들이 소비자로부터 지불받고 있다는 이야기는 전혀 아무런 도움이 되지 않는다. 왜냐하면 소비자가 지불할 수 있는 것은, 그 자신이 생산의 당사자로서 상품형태의 등가를 생산하는 경우이든지, 아니면 법적 권리(생산당사자의 공동출자자로서) 또는 개인적 서비스를 통하여 생산당사자로부터 이런 등가를 취득하는 경우뿐이기 때문이다.

C－M과 M－C 사이에는 하나의 차이점이 있는데, 이것은 상품과 화폐 사이의 형태상의 차이와는 아무런 관련이 없고 생산의 자본주의적 성격에서 나오는 것이다. 그 자체로서는 C－M과 M－C는 모두 주어진 가치를 하나의 형태로부터 다른 형태로 단순히 전환시키는 것이다. 그러나 C′－M′은 동시에 C′에 포함된 잉여가치의 실현이기도 하다. M－C는 그렇지 않다. 따라서 판매는 구매보다 더욱 중요하다. M－C는 정상적인 조건에서는 M에 표현된 가치의 증식을 위해 필요한 행위이지만, 그것은 잉여가치의 실현이 아니다. 그것은 잉여가치의 생산을 위한 시작이지 끝이 아니다.

상품자본의 유통 C′－M′에는 상품의 존재형태에 의하여, 사용가치로서 상품의 존재에 의하여, 일정한 제한이 가해지고 있다. 사용가치는 본래 사라질 수 있는 것이다. 상품은 일정한 기간 중에 그 특성에 따라 생산적 또는 개인적 소비에 들어가지 않으면, 다시 말해 일정한 기간 중에 판매되지 않으면, 상품은 손상을 입어 그 사용가치를 잃음과 동시에 교환가치의 담당자로서의 성질을 잃어버리게 된다. 상품에 포함된 자본가치와 [자본가치에 부가된] 잉여가치 모두를 잃어버리게 된다. 사용가치는 끊임없이 갱신되고 재생산되며 동종 또는 이종의 새로운 사용가치로 대체되지 않는 한, 오랫동안 자기를 증식하는 자본가치의 담당자로 존속할 수가 없다. 그러므로 사용가치가 완성된 상품의 형태로 판매되는 것, 이리하여 이 판매를 통하여 생산적 또는 개인적 소비로 들어가는 것은, 재생산을 위해 끊임없이 반복되어야 할 조건이다. 사용가치는 일정한 기간 중에 그 낡은 유용한 형태를 변경시켜 새로운 유용한 형태로 존속을 계속하지 않으면 안 된다. 교환가치는 물체의 끊임없는 갱신에 의해서만 유지된다. 상이한 상품의 사용가치는 상이한 속도로 손상된다. 그러므로 그들의 생산과 소비 사이의 시간적 간격은 더 긴 것도 있고 더 짧은 것도 있을 수 있다. 또한 상품자본으로서 유통국면 C−M에 더 오랫동안 남아있을 수 있는 사용가치도 있고 더 짧게 남아있을 수 있는 사용가치도 있으며, 상품으로서 더 긴 유통시간을 견딜 수 있는 것도 있고 더 짧은 유통시간만을 견딜 수 있는 것도 있다. 상품체의 손상이 상품자본의 유통시간에 부과하는 한계는, 상품자본이 상품자본으로 유통할 수 있는 유통시간의 절대적 한계다. 상품이 쉽게 손상될 수 있고 그리하여 생산되자마자 곧 소비[판매]되지 않으면 안 되는 것일수록, 그 상품은 생산지로부터의 이동능력이 그만큼 제약되며, 그것의 공간적 유통영역은 그만큼 좁아지며, 그것의 판매시장은 그만큼 국지적인 성격을 띠게 된다. 그러므로 상품이 손상되기 쉬우면 쉬울수록, 그것의 물리적 성질이 유통시간에 부과하는 절대적 제한이 크면 클수록, 그 상품은 자본주의적 생산의 대상으로서는 그만큼 더 부적합하다. 이런 상품은 인구가 밀집한 지역에서만 또는 수송수단의 발달이 지역적 거리를 단축시키는 정도에 따라서만 자본주의적 생산의 대상이 될 수 있을 뿐이다. 그러나 어떤 물품의 생산이 소수의 생산자에게 그리고 인구밀집지역에 집중되는 경우에는 이런 물품에 대해서도 상대적으로 큰 시장이 창조될 수 있다. 예컨대 대규모의 맥주 양조장이나 낙농장 등의 생산물의 경우가 그러하다.

제6장
유통비용

제1절 순수유통비용

A. 매매시간

상품에서 화폐로, 그리고 화폐에서 상품으로 자본의 탈바꿈은 동시에 자본가의 거래행위인 판매와 구매다. 이런 탈바꿈이 완전히 끝나는 데 걸리는 시간은, 주관적으로는[즉 자본가의 입장에서는] 그가 시장에서 판매자와 구매자로 기능하는 시간, 곧 매매시간이다. 자본의 유통시간이 그것의 재생산시간의 필요한 일부를 형성하고 있는 것과 마찬가지로, 자본가가 매매하는 시간[시장을 배회하는 시간]도 그가 자본가, 즉 인격화된 자본으로 기능하는 시간의 필요한 일부를 이루고 있다. 그 시간은 그의 영업시간의 일부다.*

상품들은 그 가치대로 매매된다고 가정하고 있으므로, 이 행위들에서 문제되는 것은 동일한 가치가 한 형태에서 다른 형태로—상품형태에서 화폐형태로, 그리고 화폐형태에서 상품형태로—전환하는 것, 즉 상태의

* 이하부터 세 문단은 엥겔스가 원고 8의 끝에 있는 노트에서 삽입한 것이다.

변화뿐이다. 상품이 그 가치대로 팔린다면, 구매자와 판매자의 수중에 있는 가치액은 변함이 없으며 오직 그것의 존재형태만이 변경된다. 상품들이 그 가치대로 팔리지 않더라도 전환된 가치 총액은 그대로 불변인데, 한 쪽의 플러스는 다른 쪽의 마이너스이기 때문이다.

C－M과 M－C라는 탈바꿈은 구매자와 판매자 사이의 거래로서 그들이 합의에 도달하려면 시간이 걸리는데, 서로가 상대방보다 유리한 입장에 서려는 투쟁이 계속된다면 더욱 그렇다. 여기에서 서로 대립하는 사람들은 기업가들이기 때문에, "그리스인이 그리스인을 만나면 줄다리기가 시작된다."는 식이 된다. 상태의 변화에는 시간과 노동력이 드는데, 이것은 가치를 창조하기 위한 것이 아니라 가치를 한 형태에서 다른 형태로 전환시키기 위한 것이며, 이 사실은 서로가 이 기회를 이용하여 가치의 초과액을 획득하려고 노력한다고 하더라도 변하지 않는다. 쌍방의 나쁜 의도 때문에 증가하는 이 노동이 가치를 창조하지 않는 것은, 소송과정에 드는 노동이 소송대상물의 가치를 증가시키지 않는 것과 마찬가지다. [유통과정을 포함하거나 유통과정에 포섭되어 있는 자본주의적 생산의 총과정의 필수적 계기의 하나인] 이 노동은 예컨대 열을 발생시키기 위해 사용되는 재료에 불을 붙이는 '발화노동'과 같다. 이 발화노동은 연소과정의 필수적인 계기의 하나이지만 그 자체는 열을 생산하지 않는다. 예를 들면, 석탄을 연료로 소비하기 위해서는, 우리는 석탄을 산소와 결합시켜야 하고, 그렇게 하기 위해서는 석탄을 고체 상태로부터 가스 상태로 전환시켜야 한다{엥겔스: 연소의 결과인 탄산가스는 가스 상태의 석탄이기 때문이다}. 즉 석탄의 물리적 존재형태 또는 물리적 상태에 변화를 일으켜야만 한다. 하나의 고체로 결합되어 있는 탄소분자들의 분리와, 이 분자 자신의 개개 원자로의 분열이 이 새로운 화합에 선행되지 않으면 안 되고, 여기에는 에너지가 필요하게 되는데, 이 에너지는 열로 전환되는 것이 아니라 오히려 열을 빼앗아간다. 상품소유자들이 자본가

가 아니라 독립의 직접적 생산자라면, 그들이 매매에 소비하는 시간은 그들의 노동시간의 삭감이며, 따라서 그들은 항상 (중세에도 고대에도) 이런 활동을 축제일까지 미루어 놓았던 것이다.

자본가의 수중에서 행해지는 상품매매의 규모 여하가 이 노동[가치를 창조하지 않고 가치형태의 변화만을 매개할 뿐이다]을 가치창조적 노동으로 전환시킬 수 없다는 것은 물론이다. 또한 인물의 전환—산업자본가들이 스스로 '발화노동'을 행하지 않고 그 노동을 그들이 지불하는 제3자의 전업으로 만드는 것—에 의해서도 이 노동의 본질 전환이라는 기적은 일어날 수 없다. 이 제 3자는 자기의 노동력을 즐거운 마음에서 자본가들을 위해 그들의 처분에 맡기는 것은 아니다. 지주의 지대 징수인이나 은행의 심부름꾼에게는 그들의 노동이 지대의 가치량이나 자루에 넣어서 다른 은행으로 가져가는 금화의 가치량을 한 푼도 증가시키지 않는다는 것은 아무래도 좋다.[1)]

자기를 위해 타인을 노동시키는 자본가에게는 매매는 하나의 주요한 기능이다. 그는 상당히 큰 사회적 규모에서 많은 사람들의 생산물을 취득하고 있기 때문에, 그는 또한 그와 같은 규모로 생산물을 판매하여야 하며, 그 다음에 화폐를 다시 생산요소로 전환시켜야만 한다. 그러나 매매시간은 여전히 가치를 창조하지 않는다. 여기에 상인자본의 기능 때문에 하나의 환상이 생겨나고 있다. 그러나 더욱 자세히 고찰하지 않더라도 처음부터 다음의 것은 명백하다. 즉 그 자체로서는 비생산적이지만 그럼에도 재생산의 하나의 필수적인 계기인 어떤 기능이, 분업으로 말미암아 많은 사람들의 부업에서 소수의 사람들의 전업[또는 특수산업]으로 전환되더라도, 기능의 성격 그 자체는 변하지 않는다는 점이다. 하나의 상인(여기에서는 상품의 형태전환의 단순한 담당자로서, 단순한 구매자

---

1) {엥겔스: 이하부터 원고 4.}

와 판매자로서만 여겨지고 있다)은 그의 활동에 의하여 다수의 생산자의 매매시간을 단축시킬 수 있다. 이 경우 그는 에너지의 쓸모없는 지출을 감소시키거나 생산시간을 증대시켜 주는 기계로 여겨질 수 있다.[2)]

문제를 간단히 하기 위해 (왜냐하면 우리는 뒤 『제3권 제4편』에서 자본가로서의 상인과 상인자본을 고찰하게 될 것이므로), 이 매매담당자는 자기의 노동을 파는 사람이라고 가정하자. 그는 C－M과 M－C라는 활동에 자기의 노동력과 노동시간을 지출한다. 그가 이것으로 살아가는 것은 다른 사람이 방적이나 환약 제조로 살아가는 것과 마찬가지다. 그는 필요한 기능을 수행하고 있다. 왜냐하면 재생산과정 그 자체가 비생산적 기능을 포함하고 있기 때문이다. 그는 다른 사람과 마찬가지로 노동하지만 그의 노동의 내용은 가치도 생산물도 창조하지 않는다. 그 자신이 생산상의 공비空費『비생산적 비용』에 속한다. 그의 유용성은 비생산적 기능을 생산적 기능으로, 또는 비생산적 노동을 생산적 노동으로 전환시키는 데 있는 것이 아니다. 기능을 한 사람에서 다른 사람으로 이전시킴으로써 이런 전환이 달성될 수 있다면 그것은 하나의 기적일 것이다. 그의 유용성은 오히려 사회의 노동력과 노동시간 중 비생산적 기능에 묶여 있는 부분을 감소시켰다는 데에 있다. 그것뿐만이 아니다. 그가 더 나은 임

---

2) "상업상의 비용은 필요하지만 부담이 되는 지출로 여겨야 한다"(케네 『경제표의 분석』, 파리, 1846: 71). 케네에 따르면, 상인들 사이의 경쟁에서 생기는 '이익', 즉 경쟁이 상인들에게 "더 적은 보수 또는 이득으로 만족하게 하는 것은… 엄밀히 말하면 최초의 판매자와 구매자-소비자에 대한 손실의 경감일 뿐이다. 그러나 상업상의 비용에서 이와 같은 손실의 경감은, 상업을 수송비와 관계없는 교환 그 자체로 보든 수송비와 결부시켜 보든, 현실적 생산물 또는 부의 증대가 상업에 의하여 얻어진다는 것은 아니다"(145, 146)."상업상의 비용은 항상 생산물의 판매자에 의하여 부담되는데, 만약 중개비가 없다면 판매자는 구매자가 지불하는 가격 전체를 받게 될 것이다"(163). "토지소유자와 생산자는 임금지불자이고 상인은 임금수령자이다"(164)(케네, 『상업과 수공업자의 노동에 관한 대화』, 파리, 1846. 강조는 마르크스의 것).

금을 받는 단순한 임금노동자라고 가정하자. 그의 임금수준이 어떻든 그는 임금노동자로서 자기 시간의 일부를 무상으로 노동한다. 그는 매일 8시간의 가치생산물을 받으면서 10시간 동안 일할 것이다. 이 2시간의 잉여노동이 가치를 생산하지 않는 것은 8시간의 필요노동이 가치를 생산하지 않는 것과 마찬가지다—비록 이 필요노동 때문에 사회적 생산물의 일부가 그에게 이전되기는 하지만. 첫째로 사회적으로 보면 한 사람의 노동력이 이 단순한 유통기능에 10시간 동안 소비되고 있다. 이 노동력은 다른 일에 사용될 수 없고 생산적 노동을 위해 사용될 수도 없다. 둘째로, 이 2시간의 잉여노동은 그것을 수행한 개인에 의하여 지출되었지만 사회는 그것에 대하여 지불하지 않는다.

사회는 그것에 의하여 어떤 추가적인 생산물이나 가치도 획득하지 않는다. 그러나 그가 대표하는 유통비용은 $\frac{1}{5}$만큼, 즉 10시간에서 8시간으로 감소된다. 사회는 이 현실적 유통시간[이것의 담당자가 바로 그 사람이다]의 $\frac{1}{5}$에 대하여 아무런 등가도 지불하지 않는다. 그런데 만약 자본가가 이 담당자를 고용한다면, 2시간분을 지불하지 않음으로써 그의 자본의 유통비용[이것은 그의 수입의 공제분을 이룬다]은 감소한다. 자본가에 대해서는 이것은 적극적인 이익이 된다. 왜냐하면 그의 자본의 가치증식에 대한 소극적인 제한이 감소되기 때문이다. 소규모 독립적인 상품생산자가 자기 자신의 시간의 일부를 매매에 지출하는 경우에는, 이 시간은 오직 그의 생산적 기능 사이에 지출되는 시간으로 나타나거나 그렇지 않으면 생산시간의 손실로 나타날 뿐이다.

어쨌든, 매매에 지출되는 시간은 전환되는 가치에 아무것도 첨가하지 않는 유통비용이다. 이것은 가치를 상품형태에서 화폐형태로 전환시키는 데 필요한 비용이다. 자본주의적 상품생산자가 유통의 담당자로 나타나는 한, 그가 직접적 상품생산자와 구별되는 점은 그가 더 큰 규모로 매매하며 더 큰 범위에서 유통담당자로 기능한다는 것뿐이다. 그러나 그의 사업규모가 그로 하여금 유통담당자를 임금노동자로 구매(고용)하는 것을 필요로 한다 할지라도, 이로 말미암아 사태의 본질은 변하지 않는다. 노동력과 노동시간은 어느 정도까지 유통과정(단순한 탈바꿈인 한)에 지출되지 않으면 안 된다. 그러나 이제 이 지출은 추가적 자본투하로 나타난다. 가변자본의 일부는 유통에서만 기능하는 노동력의 구입에 투하되지 않으면 안 된다. 이 자본투하는 생산물도 가치도 창조하지 않는다. 이것은 투하자본이 생산적으로 기능하는 규모를 그만큼 축소시킨다. 이것은 마치 생산물의 일부가 생산물의 나머지 부분을 매매하는 기계로 전환된 것과 마찬가지다. 이 기계는 생산물로부터의 공제분이다. 그것은 유통에 지출되는 노동력 등을 감소시킬 수는 있지만 생산과정에 참가하지는 않는다. 그것은 유통비용의 일부를 이룰 뿐이다.

B. 부 기

현실적인 매매 외에 부기에도 노동시간이 지출되는데, 여기에는 그 밖에 펜 · 잉크 · 종이 · 책상 · 기타의 사무설비 등 대상화된 노동도 필요하다. 따라서 이 기능에서는 노동시간이 노동력과 노동수단으로 지출된다. 이 경우에도 사정은 매매시간의 경우와 마찬가지다.

자본은, 그것의 순환과정 내부의 통일로서는, 과정 중의 가치로서는 그것이 생산영역에 있든 유통영역의 두 국면에 있든, 관념적으로만 계산화폐의 형태로 먼저 상품생산자 또는 자본주의적 상품생산자의 머릿속에 존재할 뿐이다. 자본의 운동은, 가격결정이나 상품가격의 계산도 포함하는 부기에 의하여 기록되며 통제된다. 이리하여 생산의 운동, 그리고 특히 가치증식의 운동—여기에서는 상품은 오직 가치의 담당자로서 나타나며, [가치로서 그것의 관념적 존재가 계산화폐로 적혀 있는] 물건들의 명칭으로서 나타난다—은 관념 속에 상징적으로 묘사된다. 개별 상품생산자가 자기의 머리 속에서만 장부를 기록하거나(예컨대 농민의 경우가 그런데, 자본주의적 농업만이 비로소 부기를 행하는 차지농을 낳는다), 또는 자기의 생산시간이 아닌 때에 짬짬이 자기의 지출 · 수입 · 지불기일 등을 기록한다면, 그의 이 기능과 이 기능을 수행하는 데 사용하는 노동수단[종이 등]은 노동시간과 노동수단의 추가적 소비를 표시한다. 이것들은 필요하기는 하나 그가 생산적으로 소비할 수 있는 시간의 공제임과 동시에, [현실적 생산과정에서 기능하며 생산물과 가치의 형성에 들어가는] 노동수단의 공제라는 것은 분명하다.[3] 그 기능 자체의 성질은, 그 기능이 자본주의적 상품생산자의 수중에 집중되어 다수의 소상품생산자의 기능이 아니라 한 사람의 자본가의 기능으로[대규모 생산과정 안의 한 기능으로] 나타나 그 기능의 규모가 크게 된다고 하더라도, 변경되지 않으며, 또 그 기능이 [자기를 부수물로 삼고 있는] 생산적 기능에서 분리되어 그 기능만을 전담하는 특수한 담당자의 기능으로 독립한다고 하더라도, 변경되지 않는다.

만약 어떤 기능이 그 자체로서 생산물과 가치를 형성하지 않는다면[즉 독립하기 이전에 이미 그렇다면], 그 기능의 독립화[분업]로 그 기능이 그런 것으로 되지는 않는다. 자본가가 최초로 자본을 투하하는 경우, 그는 부기인의 고용과 부기용품에 자기 자본의 일부를 투하해야만 한다.

---

3) 중세에는 농업부기가 수도원에서만 있었다. 그러나 앞에서(제1권, 제14장, 4절) 본 바와 같이, 이미 인도의 원시공동체에서도 농업을 위한 부기인이 있었다. 거기에서는 부기가 공동체 관리의 전문적 기능으로 독립하고 있었다. 이 분업은 시간·에너지·비용을 절약하지만, 생산과 생산의 부기는 배의 짐과 선하증권처럼 서로 상이하다. 부기인의 형태로 공동체 노동력의 일부가 생산에서 끌려 나갔으며, 그의 기능의 비용은 그 자신의 노동에 의해 보충되는 것이 아니라 공동체 생산물의 공제에 의해 보충되었다. 인도 공동체의 부기인에 해당하는 것은 필요한 변경을 가한다면 자본가의 부기인에게도 해당된다(원고 2로부터).

그의 자본이 계속적인 재생산과정에서 이미 기능하고 있는 경우에는, 그는 상품생산물의 일부를 [화폐로의 전환을 통하여] 끊임없이 부기인 · 사무원 등으로 전환시키지 않으면 안 된다. 이런 자본부분은 생산과정에 참가하지 않으며 총수입의 공제분인 유통비용에 속한다(이 기능을 전담하고 있는 노동력에 관해서도 마찬가지다).

그러나 한편에서는 부기로 발생하는 비용 또는 노동시간의 비생산적 지출과, 다른 한편에서는 단순한 매매시간의 비용 사이에는 약간의 차이가 있다. 왜냐하면 후자는 오직 생산과정의 일정한 사회적 형태, 즉 상품의 생산과정에서 발생하는 것이기 때문이다. 그러나 생산과정의 통제와 관념적 총괄로서의 부기는, 생산과정이 사회적 규모에서 수행되고 순수히 개인적인 성격을 잃으면 잃을수록 더욱 필요하게 된다. 그러므로 부기는 분산된 수공업생산과 농민적 생산에서보다 자본주의적 생산에서 더욱 필요하며, 자본주의적 생산에서보다 공동체적 생산에서 더욱 필요하다. 그러나 부기의 비용은 생산의 집적에 따라, 그리고 사회적 부기로 전환하면 할수록 더욱 감소된다.

여기에서 우리는 단순한 탈바꿈에서 발생하는 유통비용의 일반적 성격을 문제 삼고 있을 뿐이다. 그 비용의 모든 세부항목들을 다룰 필요는 없다. 그러나 가치의 단순한 형태전환에 관련되는, 따라서 생산과정의 일정한 사회적 형태에서 발생하는 항목들, 개별 상품생산자의 경우에는 다만 일시적인 거의 눈에 띄지 않는 계기들로서 생산적 기능에 부수하든가 또는 그것과 엉켜 있는 항목들—이런 항목들이 거액의 유통비용으로서 사람들을 놀라게 할 수 있다는 것은, 화폐의 단순한 수납과 지불이 은행 등이나 개별회사의 현금출납원의 전문적 기능으로 독립하여 대규모로 집중되어 있는 것을 보면 알 수 있다. 그러나 이 유통비용은 모습은 변하여도 성격은 변하지 않는다는 것을 잊어서는 안 된다.

C. 화 폐

생산물이 상품으로 생산되든 그렇지 않든, 생산물은 항상 부의 소재적 형태며 개인적 또는 생산적 소비에 들어가기로 예정되고 있는 사용가치다. 상품으로서 생산물의 가치는 관념적으로 그것의 가격에 있는데, 가격은 상품의 유용한 형태를 조금도 변경시키지 않는다. 그러나 금 · 은과 같은 일정한 상품들이 화폐로 기능하며, 화폐로 오직 유통과정에만 머문다는 사실(금 · 은은 퇴장화폐 · 준비금 등으로도 비록 잠재적이긴 하지만 유통과정에 머물고 있다)은 순전히 생산과정의 일정한 사회적 형태, 상품생산과정의 산물이다. 자본주의적 생산의 기초 위에서는 상품이 생산물의 일반적 형태이기 때문에, 생산물의 대부분은 상품으로 생산되며 따라서 화폐형태를 취하지 않을 수 없다. 상품량, 즉 사회적 부 중 상품으로 기능하는 부분이 끊임없이 증가하기 때문에 유통수단, 지불수단, 준비금 등으로 기능하는 금 · 은의 양도 증가하게 된다. 화폐로 기능하는 상품들은 개인적 소비나 생산적 소비로 들어가지 않는다. 화폐로 기능하는 상품들은, 사회적 노동이 단순히 유통을 위한 기계로 기능하는 형태로 고정된 것을 가리킨다. 사회적 부의 일부가 이런 비생산적 형태로 묶여 있다는 사실 이외에도, 화폐의 마멸은 그것의 끊임없는 보충, 또는 더 많은 사회적 노동[생산물 형태로서]이 더 많은 금 · 은으로 전환되는 것을 요구하게 된다. 이런 보충비용은 자본주의적으로 발달한 나라에서는 상당히 크다. 왜냐하면 부 중에서 화폐형태로 묶여 있는 부분이 막대하기 때문이다. 화폐상품으로서 금과 은은 사회에 대해서는 생산의 사회적 형태에서 발생하는 유통비용을 이룬다. 화폐는 상품생산 일반의 공비 〖쓸모없는 비용〗며, 상품생산 특히 자본주의적 상품생산의 발전에 따라 증대한다. 화폐는 사회적 부 중 유통과정에 희생으로 바쳐지지 않으면 안 되는

일부다.[4)]

제2절 보관비용

가치의 단순한 탈바꿈에서, 즉 관념적으로 고찰한 유통에서 발생하는 유통비용은 상품의 가치에 들어가지 않는다. 이런 유통비용에 지출되는 자본부분은, 자본가에 관한 한, 생산적으로 지출되는 자본의 단순한 공제분이다. 그러나 지금 우리가 취급하려는 유통비용은 그 성격이 다르다. 이 유통비용은 생산과정에서 발생할 수 있는 것인데, 다만 이 생산과정이 유통영역에서 속행되어 이 과정의 생산적 성격이 유통형태에 의하여 은폐되고 있을 뿐이다. 다른 한편에서는, 이 유통비용은 사회적으로 보면 단순한 비용이며, 살아 있는 노동이나 대상화된 노동의 비생산적 지출에 불과할 수가 있다. 그러나 바로 이 때문에 〖사회적 비용을 분담해야 할 필요성 때문에〗, 이 유통비용은 개별 자본가에게는 가치형성적으로 작용하여 자기 상품의 판매가격에 대한 첨가분을 이룰 수 있다. 이렇게 되는 것은 이 비용이 생산분야에 따라 상이하며 또 동일한 생산분야 안에서도 개별자본에 따라 상이하다는 단순한 사실 때문이다. 이 유통비용을 상품의 가격에 첨가한다는 것은 개별자본가가 부담하는 정도에 비례하여 그 비용을 〖사회적으로〗 배분한다는 것을 의미한다. 그러나 가치를 첨가하는

4) "한 나라에 유통하고 있는 화폐는 그 나라의 자본의 일부로서 그 나머지 부분의 생산성을 촉진하거나 증대시키기 위해 생산적 목적에서 완전히 벗어난 것이다. 그러므로 금을 유통수단으로 채택하기 위해 일정량의 부가 필요한 것은, 기타의 생산을 촉진하기 위한 기계를 만들기 위해 일정량의 부가 필요한 것과 마찬가지다."(『이코노미스트』 Vol. V: 520)

모든 노동은 또한 잉여가치를 첨가할 수 있으며 자본주의적 기초 위에서는 항상 첨가할 것이다. 왜냐하면 그런 노동이 형성『창조』하는 가치는 그 노동 자체의 크기에 의존하며, 그 노동이 창조하는 잉여가치는 자본가가 그 노동에 대하여 얼마를 지불하는가에 달려 있기 때문이다. 그러므로 상품의 사용가치를 증가시키지 않으면서 상품을 비싸게 하는 비용들은 사회적으로 보면 생산의 공비이지만, 개별 자본가에 대해서는 치부의 원천이 될 수 있다. 반면에, 이 유통비용을 상품의 가격에 첨가하는 것이 이 비용을 균등하게 배분한 것에 지나지 않는 한, 유통비용의 비생산적 성격은 그것 때문에 없어지지는 않는다. 예컨대 보험회사는 개별 자본가들의 손실을 자본가계급 전체에 분할하고 있는데, 이처럼 평균화된 손실도 사회적 총자본의 입장에서 보면 여전히 손실인 것은 마찬가지다.

A. 재고형성 일반

생산물이 상품자본으로 있는 동안, 또는 시장에 머물고 있는 동안, 다시 말해 생산물이 생산과정[자기가 나온 곳]과 소비과정[자기가 들어가는 곳] 사이에 있는 시간 동안, 생산물은 상품재고를 형성한다. 시장에 있는, 따라서 재고의 형태로 있는 상품자본은 각 순환에서 두 번 나타난다. 한 번은 그 순환을 고찰하고 있는 과정 중의 자본 자신의 상품생산물로 나타나며『C′－M′』 다른 한 번은 팔려서 생산자본으로 전환되기 위해 시장에 있는 다른 자본의 상품생산물로 나타난다『M－C』. 후자의 상품자본은 물론 주문받을 때가지 생산되지 않을 수 있지만, 이 경우 그 상품이 생산될 때까지는 중단이 생긴다. 생산과정과 재생산과정의 흐름은, 일정한 양의 상품(생산수단)이 항상 시장에 있을 것, 즉 재고를 형성할 것을 요구하고 있다. 생산자본은 노동력의 구매를 포함하고 있는데, 이 경우 화폐형태는 노동자가 시장에서 그 대부분을 구매해야 할 생활수단의 가치형태에 불과하다. 이 문제에 대해서는 아래에서 더욱 자세히 논의될 것이지만, 다음의 점은 이미 명백하다. 과정 중의 자본가치[이미 상품생산물로 전환되었으며, 지금 팔려서 화폐형태로 복귀하여야 하며, 따라서 당분간 시장에서 상품자본으로 기능하고 있다]의 입장에서 보면, 상품자본이 재고를 형성하는 상황은 목적에 맞지 않는 비자발적인 시장머무름이다. 팔리는 것이 빠르면 빠를수록 재생산과정은 그만큼 더 원활해진다. 형태전환 C′－M′의 늦어짐은 자본순환에서 일어나야 할 물질대사를 방해하며, 자본이 더욱 나아가 생산자본으로 기능하는 것을 방해한다. 다른 한편으로 M－C에 대해서는, 상품이 항상 시장에 있는 것, 즉 상품재고는 재생산과정의 흐름을 위한 조건으로서 그리고 새로운 또는 추가적 자본의 투자를 위한 조건으로서 나타난다.

상품자본이 상품재고로 시장에 있기 위해서는 건물 · 창고 · 상품보관소 · 상점 등 불변자본의 지출이 필요하며, 또한 상품들을 상품보관소로 운반하기 위한 노동력에 대한 지불도 필요하다. 더욱이 상품들은 손상되며 해로운 자연적 영향을 받으므로, 이런 것에서 상품을 보호하기 위해서는 추가적인 자본이 일부는 노동수단과 같은 객체적 형태로, 일부는 노동력으로 지출되지 않으면 안 된다.[5)]

이와 같이 자본이 상품자본의 형태로, 따라서 상품재고의 형태로 있는 것은 비용을 발생시키는데, 이 비용들은 생산영역에 속하는 것이 아니므로 유통비용으로 계산된다. 그러나 이 비용들은 일정한 정도까지 상품가

---

5) 1841년에 코르베트는 9개월간의 밀 보관비용을 다음과 같이 계산하였다. 감모량 0.5%, 밀 가격에 대한 이자 3%, 창고임차료 2%, 선별비와 운반비 1%, 배송작업비 0.5%, 합계 7%인데, 이것은 1쿼터당 밀 가격 50실링에 대하여 3.5실링이다(코르베트, 『개인의 부의 기원과 형태에 대한 연구』: 140). 철도위원회 앞에서 행한 리버풀 상인들의 증언에 따르면, 1865년의 곡물 보관의 (순수)비용은 1쿼터 당 월 2펜스, 또는 1톤당 9실링 9~10펜스였다.(『칙명 철도위원회. 증언』, 1867: 19, no. 331)

치에 들어가며 그만큼 상품가격을 등귀시킨다는 점에서 1절의 순수유통비용과는 구별된다. 상품재고를 유지 · 보관하는 데 기능하는 자본과 노동은 어떤 사정에서도 직접적 생산과정에서 물러나 있다. 다른 한편으로 여기에 사용되는 자본[자본의 구성부분으로서 노동을 포함]은 사회적 생산물에서 보충되지 않으면 안 된다. 그러므로 그것들의 지출은 노동생산성의 감소와 마찬가지로 작용하며, 그리하여 일정한 유용효과를 획득하는 데 더욱 많은 자본과 노동이 필요하게 된다. 그것들은 단순히 공비다.

상품재고의 형성에 의하여 필요하게 된 유통비용이 오로지 기존의 가치를 상품형태에서 화폐형태로 전환시키는 데 걸리는 시간 때문에 발생하는 한, 즉 생산과정의 일정한 사회적 형태 때문에(생산물이 상품으로 생산되며 따라서 화폐로의 전환을 통과하지 않으면 안 된다는 사실 때문에) 발생하는 한, 그것은 그 성격상 1절에서 말한 유통비용들과 마찬가지다. 그러나 다른 한편에서는, 사용가치인 생산물 그 자체가 일정한 객관적 조건 밑으로 옮겨져서[이것은 자본의 지출을 필요로 한다] 추가적 노동이 그 사용가치에 대하여 작용하기 때문에 상품들의 가치가 보존 또는 증대된다는 측면이 있다. 그런데 상품가치의 계산[이 과정에 관한 부기]과 매매는 상품가치의 담당자인 사용가치에는 작용하지 않으며 상품가치의 형태와 관련이 있을 뿐이다. 그러므로 재고형성(비자발적인 경우)의 비용들이 단순히 형태 변화의 지연에서 그리고 형태 변화의 필요성에서 발생한다고 할지라도, 그것들은 1절의 비용들과는 다음의 점에서 구별되고 있다. 즉 여기에서의 비용들의 목적은 가치의 형태 전환이 아니라 사용가치인 생산물로서의 상품 가치의 보존[이것은 사용가치인 생산물 그 자체의 보존에 의해서만 달성될 수 있다]이라는 점이다. 물론 사용가치는 증가되거나 제고되지 않고 감소되지만, 그 감소가 제한되며 사용가치 자체가 보존되는 것이다. 투하되어 상품으로 있는 가치도 증가되지는 않지만, 새로운 노동[대상화된 노동과 살아 있는 노동]이 그 가치에 첨가되는 것이다.

지금 더욱 연구하여야 할 것은, 이 비용들이 어느 정도까지 상품생산 일반의 독특한 성격에서 발생하며, 그리고 어느 정도까지 자본주의적 상품생산[전반적 절대적 형태의 상품생산]의 독특한 성격에서 발생하는가 하는 것과, 이 비용들이 어느 정도까지 모든 사회적 생산에 공통적이면서 자본주의적 생산 안에서 독특한 모습, 독특한 현상형태를 취하고 있을 따름인가 하는 것이다.

애덤 스미스는 재고형성은 자본주의적 생산에 독특한 현상이라는 믿기 어려운 견해를 제시한 바 있다.[6] 그 뒤의 경제학자들(예: 레일러)은 이와 반대로 자본주의적 생산의 발달과 함께 재고형성은 감소한다고 주장하였다. 시스몽디는 재고형성을 자본주의적 생산의 부정적 측면의 하나로 여겼다.

사실상 재고는 세 가지 형태 — 생산자본의 형태, 개인적 소비재원의 형태, 상품재고 또는 상품자본의 형태 — 로 존재한다. 재고는, 비록 그 절대적 크기가 세 형태 모두에서 동시적으로 증가할 수 있지만, 한 형태가 증가할 때는 다른 형태는 상대적으로 감소한다.

처음부터 명백한 것은, 생산이 직접적으로 생산자 자신의 욕구충족을 목적으로 하며 재화의 적은 부분만이 교환 또는 판매를 위해 생산되는 곳에서는, 다시 말해 사회적 생산물이 상품형태를 취하지 않거나 소규모만이 상품형태를 취하는 곳에서는, 상품형태의 재고[상품재고]는 부의 무시할 수 있는 적은 부분을 구성할 뿐이다. 그러나 여기에서는 소비재원 — 생활수단의 재원 — 이 상대적으로 크다. 옛날의 농민경제를 생각해보면 된다. 여기에서는 생산물의 대부분은 상품재고를 형성하지 않고 직접적으로 생산수단 또는 생활수단의 재고로 전환된다. 왜냐하면 생산물

---

6) 『국부론』 제 2편 서론.

의 대부분이 그 소유자의 수중에 남아 있기 때문이다. 생산물이 상품의 형태를 취하지 않기 때문에, 애덤 스미스는 이런 생산방법에 의거한 사회에서는 재고가 없다고 주장한 것이다. 결국 스미스는 재고의 형태를 재고 그 자체와 혼동하고 있으며, 지금까지의 사회는 하루 벌어 하루를 살았으며 내일의 우연에 자기 자신을 맡기고 있었다고 믿고 있다.[7] 그러나 이것은 유치한 오해다.

생산자본 형태의 재고는 이미 생산과정에 있는 생산수단, 또는 적어도 생산자의 수중에 있는[즉 잠재적으로 이미 생산과정에 있는] 생산수단으로 존재한다. 위에서 본 바와 같이, 노동생산력의 발달에 따라, 그리고 자본주의적 생산양식—이것은 이전의 모든 생산양식보다 노동의 사회적 생산력을 더욱 발달시킨다—의 발달에 따라, 노동수단의 형태로 생산과정에 합쳐져서 길거나 짧은 시간에 반복하여 거기에서 기능하는 생산수단들(건물 · 기계 등)은 끊임없이 증가하며, 또한 이런 증가는 노동의 사회적 생산력의 발달의 전제임과 동시에 그 결과다. 이 형태의 부가 절대

---

7) 애덤 스미스는, 재고형성이 생산물이 상품으로 전환하고 소비용 재고가 상품재고로 전환하는 것에 의해서만 발생한다고 망상하고 있다. 그러나 사실은 그 반대다. 자가소비를 위한 생산에서 상품생산으로 이행하는 과정에서 위와 같은 전환은 생산자 경제에 가장 격렬한 위기를 불러일으킨다. 예컨대 인도에서는 "풍년에는 그 교환가치가 거의 없는 곡물을 대량으로 저장하는 관습"이 오늘날까지도 관찰된다(『동인도(벵골과 오리사의 기근)』, 영국 하원, 1867, 제1부: 230, 231, no.74). 미국 남북전쟁 〖1861~1865년〗의 결과로 갑자기 증가한 면화·황마 등에 대한 수요는 인도에서 쌀 경작의 대규모 축소, 쌀 가격의 상승과 생산자들에 의한 오래 저장된 쌀의 판매를 일으켰다. 그 위에 1864~1866년에는 호주·마다가스카르 등으로 미증유의 쌀 수출이 있었다. 이로 말미암아 1866년에 심각한 기근이 일어났는데, 이것은 오리사에서만도 백만 명의 인명을 빼앗아갔다(같은 책: 174, 175, 213, 214, 그리고 제Ⅲ부 『비하르의 기근에 관한 문서』: 32, 33. 여기에서는 기근의 원인 중 하나로 '오래된 재고의 유출'이 강조되고 있다). (원고 2로부터.)

적으로뿐 아니라 상대적으로 증가하는 것(제1권, 제25장, 2절 참조)은 무엇보다도 자본주의적 생산양식의 특징이다. 그러나 불변자본의 소재적 존재형태인 생산수단은 이런 노동수단뿐 아니라 각종 가공단계에 있는 원료와 보조재료를 포함하고 있다. 생산규모가 확대되고 노동의 생산력이 협업 · 분업 · 기계장치 등을 통해 상승함에 따라, 매일의 재생산과정에 들어가는 원료 · 보조재료 등의 양도 증가한다. 이런 요소들은 생산장소에 준비되어 있지 않으면 안 된다. 따라서 생산자본의 형태로 있는 이런 재고의 규모는 절대적으로 증가한다. 생산과정이 원활히 진행되기 위해서는—이 재고가 매일 갱신되는가 또는 일정한 시간을 두고 갱신되는가에 관계없이—예컨대 매일 또는 매주 소비되는 것보다 더욱 큰 규모의 원료 등이 생산 장소에 준비되어 있지 않으면 안 된다. 생산과정의 계속성을 유지하기 위해서는, 생산과정의 전제조건들이 매일의 구입에서 나타날 수 있는 중단가능성에 휩쓸리지 않아야 하며, 또한 상품생산물의 매일 또는 매주의 판매에 따라 생산요소를 구매하는 경우의 불규칙성에 휩쓸리지 않아야 한다. 그러나 분명히 생산자본은 매우 상이한 규모로 잠재적일 수 있으며 재고를 형성할 수 있다. 예컨대 방적업자가 준비하지 않으면 안 되는 면화나 석탄이 3개월분인가 1개월분인가는 큰 차이를 일으킨다. 이 재고는 비록 절대적으로는 증가한다고 할지라도 상대적으로는 〖상품생산량에 비하여〗 감소할 수 있다는 것은 분명하다.

재고의 크기는 여러가지 조건들에 달려 있지만, 그 조건들은 모두 공급중단이 일어나지 않도록 원료의 필요량이 끊임없이 공급될 수 있는 속도 · 규칙성 · 확실성에 관한 것이다. 이 조건들이 적게 충족되면 될수록, 즉 공급의 확실성 · 규칙성 · 속도가 낮으면 낮을수록, 생산자본의 잠재적 부분—즉 생산자의 수중에서 가공을 기다리는 원료 등의 재고—은 더욱 커지지 않을 수 없다. 이런 조건들의 제약성은 자본주의적 생산의 발전수준, 따라서 사회적 노동의 생산력의 발전수준에 반비례한다. 그리고 이 형태의 재고의 크기도 마찬가지로 반비례한다.

그러나 여기에서 재고의 감소로 나타나는 것(예컨대 레일러의 경우)은 부분적으로는 상품자본 형태의 재고 즉 진정한 상품재고의 감소 『'증가'가 옳다』에 지나지 않으며 동일한 재고의 단순한 형태변화에 지나지 않는다. 『첫째로』 예컨대 어떤 나라에서 매일 생산되는 석탄량이 크다면, 따라서 석탄산업의 규모와 가동률이 크다면, 방적업자는 생산의 계속성을 유지하기 위해 대규모의 석탄 재고를 보유할 필요가 없다. 석탄 공급의 끊임없는 확실한 갱신은 이것을 필요없게 한다. 둘째로, 한 과정의 생산물이 생산수단으로서 다른 과정에 이전되는 속도는 운수 · 통신수단의 발전에 달려있다. 운수가 값싼 것은 여기에서 큰 기능을 한다. 예컨대 운수가 비교적 값싼 경우에는 탄광에서 방적공장으로 석탄을 끊임없이 반복해서 수송하는 것이 대규모의 석탄을 장기간 보관하는 것보다 훨씬 값쌀 것이다. 지금 고찰한 두 경우는 생산과정 그 자체로부터 나온 것이다. 셋째로 신용제도의 발달이 또한 영향을 미친다. 방적업자가 면화 · 석탄 등의 재고의 갱신에서 자기 면사의 직접적인 판매에 의존하는 것이 작으면 작을수록[신용제도가 발달하면 할수록 그만큼 이 직접적 의존도는 작아진다], [면사 판매의 우연성에 의존하지 않고 면사생산의 계속성을 유지하는 데 필요한] 재고의 상대적 크기는 그만큼 작아진다. 그러나 넷째로 다수의 원료 · 반제품 등은 생산에 장시간이 걸리는데, 이것은 특히 농업이 제공하는 원료의 모두가 그러하다. 생산과정의 중단이 생기지 않기 위해서는 신 생산물이 구 생산물을 대체할 수 없는 기간 전체를 통해 일정한 재고가 준비되어 있어야만 한다. 만약 산업자본가의 수중에 있는 이 재고가 감소한다면, 그것은 이 재고가 상인의 수중에 있는 상품재고의 형태로 증가한다는 것을 의미할 뿐이다. 예컨대 운수수단의 발달은 수입항구에 있는 면화를 리버풀로부터 맨체스터로 급속히 운반할 수 있게 하며, 이에 따라 방적업자는 자기의 필요에 따라 비교적 조금씩 면화재고량을 갱신할 수 있게 된다. 그러나 이 경우 동일한 면화는 그만큼 더욱 많이 리버풀의 상인의 수중에 상품재고로 있게 될 것이다. 그러므로 여기에서는 재고형태의 변화만이 일어나는데 이것을 레일러 등은 보지 못한 것이다. 사회적 자본의 입장에서 보면 종전과 동일한 양의 생산물이 재고의 형태로 있다. 한 나라에서 일년간 재고로 준비되어야만 하는 규모는 운수수단의 발달과 더불어 감소한다. 미국과 영국 사이에 다수의 증기선과 범선이 항해한다면, 영국이 면화재고를 갱신할 기회는 증가하며, 따라서 영국이 저장해야할 평균적 면화재고량은 감소한다. 세계시장의 발달과 거기에 따른 동일 물품의 공급처 증가는 동일한 효과를 가진다. 물품은 상이한 나라로부터 상이한 시점에 조금씩 공급받을 수 있다.

B. 진정한 상품재고

이미 본 바와 같이, 자본주의적 생산의 기초 위에서는 상품은 생산물의 일반 형태가 되며, 자본주의적 생산이 범위와 깊이에서 발전하면 할수록 더욱 그렇게 된다. 그리하여 생산규모가 동일한 경우에도, 이전의 생산양식이나 발전단계가 낮은 자본주의적 생산양식과 비교하여 볼 때, 생산물의 더욱 큰 부분이 상품으로 있게 된다. 그러나 모든 상품, 따라서 모든 상품자본[자본가치의 존재형태로서 기능하는 상품이기는 하지만 역시 상품에 지나지 않는다]은, 그것이 생산영역에서 직접적으로 생산적 소비 또는 개인적 소비로 들어가지 않고 시장에 있는 한, 상품재고의 한 요소를 이룬다. 그러므로 생산규모가 불변이라 하더라도 상품재고는 그 자체로서 자본주의적 생산의 발전에 따라 증가한다. 이미 본 바와 같이, 이것은 재고의 형태변화에 불과하다. 다시 말해 직접적인 생산용 또는 소비용 재고의 형태가 감소한 반면에 상품형태의 재고가 증가한 것이다. 재고의 사회적 형태가 변화한 것에 불과하다. 만약 상품재고가 사회적 총생산물에 대한 상대적 크기에서 뿐 아니라 그 절대적 크기에서도 증가한다면, 이것은 총생산물의 양이 자본주의적 생산과 더불어 증가하기 때문이다.

자본주의적 생산이 발달함에 따라 생산규모의 결정은 점점 더 작은 정도로 생산물에 대한 직접적 수요에 달려있게 되며, 점점 더 큰 정도로 개별자본가의 자본규모와 자본의 가치증식욕 및 생산과정의 연속·확대의 필요성에 달려있게 된다. 이에 따라 상품으로 시장에 등장하거나 판로를 찾고 있는 각종 생산분야의 생산물량이 필연적으로 증가한다. 길거나 짧은 시간 동안 상품자본의 형태로 묶여 있는 자본량이 증대하며 그리하여 상품재고가 또한 증대한다.

궁극적으로, 사회의 구성원 대부분은 임금노동자로 전환하는데, 그들은 하루살이로서 임금을 매주 받아 매일 지출하며, 따라서 자기들의 생활수단을 재고로서 항상 발견하지 않으면 안 된다. 이 재고의 개개의 요소들이 아무리 옮겨 다닌다 하더라도, 그 요소들의 일부는 항상 정체되어 있으며, 이리하여 재고 전체가 변동하게 된다.

이런 계기들 모두는 생산 형태에서 발생하며, 그리고 생산 형태에 포함되어 있는 형태 변화[생산물이 유통과정에서 통과하지 않으면 안 되는 형태 변화]에서 발생한다.

생산물 재고의 사회적 형태가 어떻든, 재고의 보관에는 비용이 든다. 생산물의 저장소인 건물·컨테이너 등, 그리고 해로운 영향을 방지하기 위해 지출되지 않으면 안 되는 생산수단과 노동[이것들은 생산물의 성질에 따라 다소간의 차이가 있다] 등이 그것이다. 이 재고가 사회적으로 집중되어 있으면 있을수록 보관비용은 상대적으로 그만큼 작아진다. 보관비용은 항상 사회적 노동[대상화된 형태이든 살아 있는 형태이든]의 일부를 이루며[따라서 자본주의적 형태에서는 그것은 자본의 투하다], 보관비용은 생산물 그것의 형성에 들어가지 않고 그것으로부터의 공제다.

이 비용은 필요하지만 사회적 부의 비생산적 지출이다. 왜냐하면 보관비용은 사회적 생산물의 유지비이기 때문이다. 사회적 생산물이 상품재고로 있는 것이 생산의 사회적 형태[즉 상품형태와 그것의 필요한 전환들] 때문에 발생하든, 또는 상품재고가 단순히 모든 사회에 공통적인 생산물재고[유통과정에 속하는 상품재고의 형태는 아니다]의 특수형태라고 생각하든, 재고의 보관비용은 사회적 생산물의 유지비다.

그러면 이 비용들이 어느 정도 상품의 가치에 들어가는가 하는 문제가 생긴다.

자본가가 생산수단과 노동력에 투하한 자본을 생산물[일정량의 판매용 상품]로 전환시켰는데 그것이 판매되지 않고 저장되어 있다면, 이 기간 중 그의 자본의 가치증식 과정은 정체될 뿐 아니라, 이 재고의 유지에 드는 비용들[건물 · 추가노동 등]은 적극적인 손실로 된다. 만약 자본가가 "나의 상품은 6개월 동안 판매될 수 없었고, 그리하여 그 동안 일정한 금액의 자본을 놀려두었을 뿐 아니라 x만큼의 비용이 들었다."고 말한다면, 이제 겨우 나타난 구매자는 그를 비웃으면서 다음과 같이 말할 것이다. "그만큼 당신은 더욱 불리하다. 당신의 곁에 다른 판매자가 있는데 그의 상품은 바로 어제 만든 것이다. 당신의 상품은 분명히 팔다 남은 것이고 시간의 경과 중 다소 손상되었을 것이다. 그러므로 당신은 당신의 경쟁자보다 더욱 값싸게 팔지 않으면 안 된다."라고.

상품생산자가 자기 상품의 진정한 생산자인가, 아니면 그 상품의 자본가적 생산자[진정한 생산자의 대표자에 불과하다]인가 하는 것은 그 상품의 존재조건에는 아무런 영향도 미치지 않는다. 그는 자기 물품을 화폐로 전환시켜야만 한다. 물품을 상품형태로 유지하는 데 드는 비용은 그 자신의 개인적인 부담이며 그 상품의 구매자와는 아무런 관련도 없다. 구매자는 상품의 유통시간에 대해서는 지불하지 않는다. 자본가가 현실적 또는 예상적 가격변화에 대비하여 자기 상품을 고의적으로 시장에 내놓지 않는다고 할지라도, 그가 추가적인 비용을 회수하느냐 못하느냐는 이 가격변화가 실제로 일어나는가 않는가, 투기가 적중하는가 않는가에 달려 있다. 그 가격변화는 그 비용의 결과가 아니다. 그러므로 재고의 형성이 유통의 정체를 초래하는 한, 그로 말미암은 비용은 상품에 아무런 가치도 첨가하지 않는다. 다른 한편에서는, 자본이 유통영역에 체류하지 않고서는, 즉 자본이 길거나 짧은 시간 동안 상품형태로 머물러 있지 않고서는, 재고는 있을 수 없다. 그러므로 유통의 정체 없이는 어떤 재고도 있을 수 없는데, 이것은 마치 화폐준비금의 형성 없이는 어떤 화폐도 유통할 수 없는 것과 마찬가지다. 결국 상품재고 없이는 상품유통이 있을 수 없다. 자본가가 C′−M′에서 재고형성의 필요성에 부딪치지 않는다면 그는 M−C에서 부딪치게 된다. 즉 자기의 상품자본에서 그것의 필요성과 부딪치지 않는다면, 그를 위한 생산수단과 그의 노동자를 위한 생활수단을 생산하는 기타 자본가들의 상품자본에서 재고형성의 필요성과 부딪치게 된다.

재고의 형성이 자발적인가 비자발적인가—상품생산자가 고의로 재고를 쌓아두는가 아니면 유통과정 자체의 사정이 그의 상품판매를 방해한 결과로 그의 상품이 재고를 형성하는가—하는 것은 이 문제의 본질을 변경시키지 않는다. 그러나 이 문제를 해결하기 위해서는 자발적 재고형성과 비자발적 재고형성을 무엇에 의하여 구별하는가를 아는 것은 유익하다. 비자발적 재고형성은 상품생산자의 지식과는 독립적이고 그의 의지를 꺾는 유통의 정체로부터 발생하든지, 또는 그런 정체와 동일한 것이다. 자발적 재고형성을 특징짓는 것은 무엇인가? 판매자는 여전히 자기의 상품을 될수록 빨리 팔아버리려고 한다. 그는 여전히 자기의 생산물을 상품으로 팔려고 내놓는다. 그가 판매를 보류한다면, 그 생산물은 상품재고의 잠재적 요소일 뿐이고 현실적 요소는 아닐 것이다. 상품 그 자체는 그에게는 여전히 교환가치의 담당자이며, 상품형태를 벗어버리고 화폐형태를 취하려고 한다.

일정한 기간 수요의 규모를 충족시키기 위해서는 상품재고는 일정한 크기를 유지해야만 한다. 이 경우 구매자의 범위가 계속적으로 확대되는 것도 고려된다. 예컨대 하루 동안의 수요를 충족시키기 위해서는 시장에 있는 상품의 일부는, 다른 부분이 팔려 화폐로 전환되는 동안, 상품형태로 머물러 있지 않으면 안 된다. 물론 이처럼 정체하고 있는 부분은 재고의 규모 그 자체가 감소함에 따라 점차로 감소하고 마침내는 모두 판매되고 만다. 이런 상품의 정체는 판매를 위한 필요조건으로 여겨지고 있다. 또한 정체되고 있는 상품의 규모는 평균판매량 또는 평균적 수요보다 커야만 하는데, 그렇지 않으면 평균 이상의 초과수요는 충족될 수 없을 것이다. 다른 한편에서는, 재고가 끊임없이 사라지기 때문에 재고는 끊임없이 갱신되어야만 한다. 이 갱신은 결국 그 상품의 생산 또는 공급에서 나올 수밖에 없다. 이 공급이 외국에서 오는가 그렇지 않는가는 전혀 문제가 되지 않는다. 이 갱신은 상품의 재생산시간에 달려 있다. 이 시간 동안 상품재고는 충분해야 한다. 이 재고가 최초 생산자의 수중에 남아 있지 않고 대규모 상인에서 소매상에 이르기까지 각종 보관장소를 통과하고 있다는 사실은 현상만을 변경시킬 뿐이며 사태 그 자체를 변경시키지는 않는다. 사회적으로 보면, 상품이 생산적 또는 개인적 소비에 들어가 버리지 않는 한, 자본의 일부는 여전히 상품재고의 형태로 있다. 생산자 자신도 고객의 평균적 수요에 적합한 상품재고를 보유하려고 노력하는데, 이것은 생산에 직접적으로 의존하지 않으면서 일정한 규모의 단골손님을 확보하기 위한 것이다. 생산시간에 대응해서 구매날짜가 결정되는데, 상품은 동종의 신품에 의해 대체되기까지 길거나 짧은 시간 동안 재고를 형성한다. 이 재고형성에 의해서만 유통과정, 그리고 유통과정을 내포하는 재생산과정의 항상성과 연속성이 보장되는 것이다.

C′－M′은, 비록 C가 여전히 시장에 있다고 하더라도, C의 생산자에게

는 완료될 수 있다는 것을 기억해야 한다. 생산자 자신이 자기 상품을 최종소비자에게 팔 때까지 자기 상품을 저장하려고 한다면, 그는 이중의 자본—한번은 상품생산자로서, 그리고 다른 한번은 상인으로서—을 가동시켜야만 할 것이다. 상품 그 자체에 관한 한[개별상품으로 고찰하든 사회적 자본의 구성부분으로 고찰하든], 재고형성의 비용이 생산자의 부담으로 되느냐 일련의 상인의 부담으로 되느냐는 사태에 아무런 차이도 일으키지 않는다.

상품재고가 재고—일정한 규모의 사회적 생산에서는 상품재고로 존재하지 않더라도 생산용 재고(잠재적 생산재원)나 소비재원(생활수단의 준비)으로서 여전히 있게 된다—의 상품형태인 한, 재고를 유지하는 데 필요한 비용, 즉 재고형성의 비용—재고형성에 지출된 대상화된 노동 또는 살아 있는 노동—은 사회적 생산재원과 사회적 소비재원의 유지비가 전환된 것에 지나지 않는다. 이 비용 때문에 일어나는 상품가치의 증가는 이 비용을 각종 상품 사이에 비례적으로 배분한 것에 지나지 않는다. 왜냐하면 상품 종류에 따라 그 비용이 상이하기 때문이다. 재고형성의 비용은 사회적 부의 존재조건의 하나이긴 하지만, 그것은 여전히 사회적 부로부터의 공제다.

상품재고가 상품유통의 조건이며 상품유통 중에서 필연적으로 발생하는 형태인 한, 그리하여 화폐준비금의 형성이 화폐유통의 조건인 것처럼 이 외관상의 정체가 흐름 그 자체의 형태인 한, 그 정체는 정상적이다. 그러나 유통의 저수지에 있는 상품들이 뒤이어 들어오는 생산물에 자리를 내주지 않아 저수지가 가득 차게 된다면, 화폐유통이 정체할 때 퇴장화폐가 증가하는 것과 마찬가지로, 유통 정체의 결과로 상품재고가 증가하게 된다. 이 경우 이 정체가 산업자본가의 창고에서 발생하는가 또는 상인의 창고에서 발생하는가는 전혀 중요하지 않다. 이 경우 상품재고는 중단 없는 판매의 조건이 아니라 상품이 판매되지 않은 결과다. 비용이 마찬가지로 들 것이지만, 이 비용은 순전히 형태로부터 발생하는 것이기 때문에, 다시 말해 상품을 화폐로 전환시킬 필요성과 이 탈바꿈의 곤란성에서 발생하는 것이기 때문에, 그 비용은 상품의 가치에 들어가지 않고 상품가치의 공제이고 가치실현에서 가치를 잃게 되는 것을 가리킨다. 재고의 정상적 형태와 비정상적 형태는 형태상으로는 구별되지 않기 때문에, 그리고 모두가 유통의 정체이기 때문에, 이 두 개의 현상은 혼동될 수 있으며, 그리고 생산담당자 자신을 더욱 쉽게 속일 수 있다. 왜냐하면 생산자에 대해서는 이미 상인의 수중으로 넘어간 자기 상품의 유통과정이 정체하고 있더라도 자기의 자본의 유통과정은 원활히 진행될 수 있기 때문이다. 생산과 소비의 규모가 증가하면, 다른 사정들이 동일한 한, 상품재고량도 증가한다. 상품재고는 종전과 마찬가지로 빠르게 갱신되고 흡수되나 그 규모는 더욱 커진다. 그리하여 유통의 정체에 의한 상품재고량의 증가가 재생산과정의 확대의 징조로 오인될 수 있는데, 특히 신용제도의 발달에 의해 현실적 운동이 위장될 때 더욱 그러하다.

재고형성의 비용은 (1) 생산물량의 양적 감소(예: 밀가루 재고), (2) 품질의 손상, (3) 재고의 유지에 필요한 대상화된 노동과 살아 있는 노동으로 구성된다.

제3절 운수비용

여기에서 유통비용의 모든 세목들, 예컨대 포장이나 제품분류 등을 다룰 필요는 없다. 일반적 법칙은 단순히 상품의 형태전환에서 발생하는 모든 유통비용은 상품에 어떤 가치도 첨가할 수 없다는 것이다. 그 비용은 가치를 실현하는 데, 또는 가치를 한 형태에서 다른 형태로 전환하는 데 드는 비용에 불과하다. 이 비용에 투하되는 자본(이 자본이 지배하는 노동을 포함한다)은 자본주의적 생산의 공비다. 이 비용의 보충은 잉여생산물로부터 나와야 하며, 자본가계급 전체의 입장에서 보면 이 보충은 잉여가치 또는 잉여생산물로부터의 공제를 이루는데, 이것은 마치 노동자가 생활수단의 구입에 사용하는 시간이 자기에게는 무익한 시간인 것과 마찬가지다. 그러나 운수비용은 너무나 중요한 역할을 하기 때문에 여기에서 간단하게나마 고찰할 필요가 있다.

자본의 순환과 [그것의 한 분절을 이루는] 상품 탈바꿈의 내부에서 사회적 노동의 물질대사가 이루어진다. 이 물질대사는 생산물의 공간적 이동, 한 장소에서 다른 장소로 현실적 운동을 필요로 할 수도 있다. 그러나 상품의 유통은 상품의 물리적 운동 없이도 진행될 수 있고, 생산물의 운수는 상품의 유통 없이, 심지어는 생산물의 직접적 교환 없이도 진행될 수 있다. A가 B에게 파는 가옥은 상품으로 유통하지만 가만히 그 자리에 서 있다. 면화나 선철 같은 이동 가능한 상품들도 투기꾼들에 의한 매매를 통하여 수십 번 유통과정을 통과하면서도 동일한 창고에 앉아 있을 수 있다.[8)] 여기에서 현실로 이동하는 것은 물건 그 자체가 아니라 물건에 대한 소유권이다. 다른 한편으로, 잉카제국에서는 사회적 생산물이 상품으로 유통되지도 않았고 교환에 의해 분배되지도 않았지만, 운수업이 큰 기능을 하였다.

그러므로 운수업이 자본주의적 생산의 기초 위에서 유통비용의 원인으로 나타난다고 하더라도, 이 특수한 현상형태는 조금도 운수업 그 자체의 본질을 변경시키지 않는다.

생산물의 양은 수송에 의해 증가하지 않는다. 또 운수에 의하여 일어날지도 모를 생산물의 자연적 성질의 변화는 약간의 예외를 제외한다면

8) 슈토르히는 이것을 인위적 유통이라고 부른다.

의도된 유용효과가 아니라 필요악이다. 그러나 물건의 사용가치는 그것의 소비에 의해서만 실현되는 것이고, 그것의 소비를 위해서는 장소의 변동, 즉 운수업이라는 추가적인 생산과정이 필요하게 될 수도 있다. 따라서 운수업에 투하된 생산자본은 수송되는 생산물에 가치를 첨가하는데, 그것은 일부는 운수수단으로부터 가치이전에 의해, 그리고 또 일부는 운수노동에 의한 부가가치에 의해서다. 후자의 부가가치는 모든 자본주의적 생산과 마찬가지로 임금의 보충과 잉여가치로 분할될 수 있다.

각각의 생산과정 안에서 노동대상의 장소이동과 이에 필요한 노동수단 · 노동력은 주요한 기능을 한다. 예컨대 면화가 소면실로부터 방적실로 옮겨지는 경우나, 석탄이 갱내에서 지상으로 끌어올려지는 경우에 그렇다. 완성된 생산물이 완성된 상품으로서 하나의 생산지에서 멀리 떨어진 다른 생산지로 이동할 때도 동일한 현상이 더 큰 규모로 나타난다. 한 생산지로부터 다른 생산지로 생산물의 운수에는 생산영역에서 소비영역으로 완성생산물의 운수가 뒤따른다. 이 운동이 완료될 때 비로소 생산물은 소비로 들어갈 수 있다.

이미 본 바와 같이, 노동생산성과 노동이 창조하는 가치는 반비례 관계에 있다〖노동생산성이 상승하면, 상품 한 개에 포함된 노동(즉 상품의 가치)은 감소한다〗는 것은 상품생산의 일반적 법칙이다. 이 법칙은 다른 모든 산업에 타당하듯이 운수업에도 타당하다. 하나의 상품을 일정한 거리만큼 수송하는 데 필요한 노동량[죽은 노동과 살아 있는 노동의 양]이 적으면 적을수록 노동생산력은 그만큼 더욱 크며, 그 역도 마찬가지다.[9]

---

9) 리카도는, 상업이 운수비용에 의하여 생산물의 가격 또는 가치를 인상시키는 것을 상업이 주는 축복이라고 보는 세를 인용하고 있다. 세는 다음과 같이 말한다. "상업은 상품을 원산지에서 입수하여 소비지로 수송할 수 있게 한다. 그러므로 상업은 원산지의 가격과 소비지의 가격 사이의 차이 전액만큼 상품의 가치를 증대시킬 수 있게 한다." 리카도는 이에 대하여 다음과 같이 지적하고

운수가 상품에 첨가하는 절대적 가치량은, 기타의 사정이 동일한 한, 운수업의 생산력에 반비례하고 수송거리에 정비례한다. 또한 기타의 사정이 동일한 한, 운수비용이 상품가격에 첨가하는 상대적 가치부분은 상품의 부피와 중량에 정비례하고 상품의 가치에 반비례한다. 그러나 이것의 수정 요인들은 많다. 예컨대 물품의 취약성 · 부패성 · 폭발성에 따라 운수는 다소의 예방책을 필요로 하며, 그리하여 다소의 노동 · 노동수단의 지출을 필요로 한다. 큰 철도업자들은 환상적인 화물 종류를 지어내는 데 식물학자나 동물학자보다 더욱 천재적이다. 예컨대 영국 철도의 화물분류는 몇 권의 책을 가득 채우고 있는데, 그 일반적 원칙은 화물의 각종 자연적 성질을 그만큼 많은 수의 운수상의 곤란으로 삼아 사기적인 요금 부과의 구실로 삼는 것이다.

> "전에는 크레이트 〖유리를 담는 나무상자〗 당 £11 하던 유리는 제조업의 발달과 유리세의 폐지로 지금은 £2밖에 되지 않는다. 그러나 철도 수송비는 종전과 같고, 운하 수송비는 종전보다 비싸다. 이전에는 아연 세공을 위한 유리나 유리제품은 버밍엄에서 50마일 이내에는 톤당 10실링으로 운반되었다. 지금은 깨어질 위험을 구실로 운임이 3배나 인상되었다.…그러나 실제로 깨어진 것에 대하여 철도회사는 항상 변상을 거부하고 있다."[10]

있다. "그렇다. 그러나 이 추가적 가치가 어떻게 그것에 첨가되는가? 생산비에 첫째로 운송비를, 둘째로는 상인이 형성한 자본의 투하에 대한 이윤을 추가함으로써. 그 상품이 더 많은 가치를 갖는 것은 다만 다른 모든 상품이 더 많은 가치를 가질 수도 있는 것과 동일한 이유, 즉 그것이 소비자에 의해 구입되기 전에 그 생산과 운송에 더 많은 노동이 지출되기 때문이다. 이것을 상업의 편익들 가운데 하나로 들어서는 안 된다."(리카도, 『정치경제학 및 과세의 원리』: 344, 주)

10) 『칙명 철도위원회. 위원회 보고서』: 31, no. 630.

더욱이, 운수비용이 물품의 가치에 첨가하는 상대적 크기는 물품의 가치에 반비례한다는 사실은, 큰 철도업자에게는 물품들의 운임을 그것의 가치에 정비례하여 부과하기 위한 특별한 이유로 되고 있다. 이 점에 대한 산업가와 상인들의 불평은 위에서 인용된 보고서 중의 증언 쪽마다 반복되고 있다.

자본주의적 생산양식은 운수 · 통신수단의 발전과 운수의 집중[규모의 증대]에 의하여 개별상품의 운수비용을 감축시키고 있다. 다른 한편으로, 자본주의적 생산양식은 모든 생산물의 대다수를 상품으로 전환시킴으로써, 그리고 지방적 시장을 원거리 시장으로 대체함으로써, 사회적 노동[살아 있는 노동과 대상화된 노동] 중에서 상품운수에 지출되는 부분을 증가시키고 있다.

상품의 공간상의 현실적인 이동은 상품의 운수로 귀착된다. 운수업은, 한편에서는 하나의 독립적 생산분야를 이루며 그리하여 생산자본의 특수한 투자분야를 이룬다. 다른 한편으로, 운수업은 유통과정의 내부에서 유통과정을 위한, 생산과정의 계속으로 나타나기 때문에 다른 생산분야와 구별된다.

제2편
자본의 회전

제7장
회전시간과 회전수

이미 본 바와 같이, 일정한 자본의 회전시간은 그 자본의 유통시간과 생산시간의 합계와 같다.* 그것은 자본가치가 특정의 형태로 투하된 순간으로부터 과정의 진행을 거쳐 동일한 형태로 복귀할 때까지의 시간이다.

자본주의적 생산의 주된 동기는 항상 투하가치capital advanced의 증식인데, 이 가치가 독립적인 형태[즉 화폐형태]로 투하되든 상품으로 투하되든 마찬가지다. 후자의 경우에는 그것의 가치형태는 투하된 상품의 가격 중에 관념적인 독립성을 가질 뿐이다. 어느 경우나 자본가치는 그것의 순환 중에 상이한 존재형태를 취하면서 통과한다. 자본가치의 동일성은 자본가의 장부 또는 계산화폐의 형태에서 확인되고 있다.

M…M′ 형태를 보든 P…P의 형태를 보든, 그 어느 형태도 (1) 투하가치가 자본가치로 기능하여 가치증식되고 있다는 것, (2) 이 가치는 과정을 밟은 뒤에는 과정을 개시하였을 때의 형태로 복귀한다는 것을 포함하고 있다. M…M′에서는 투하가치 M의 가치증식과 이 형태(화폐형태)로

* 독어판에는 다음과 같이 되어 있다. "일정한 자본의 총유통시간은 그 자본의 진정한 유통시간과 생산시간의 합계와 같다."

자본의 복귀가 매우 명확하다. 그러나 두 번째 형태에서도 동일한 것이 일어나고 있다. 왜냐하면 P라는 출발점은 일정한 가치를 가진 생산요소들[상품들]이고, 두 번째의 P에서는 투하가치가 다시 한번 최초에 투자되었던 생산요소의 형태를 취하고 있기 때문에, 이 형태는 가치의 증식(C′과 M′)과 그것의 최초 형태로의 복귀를 포함하고 있다.

제1권에서 본 것처럼, "생산이 자본주의적 형태를 취하면 재생산도 같은 형태를 취한다. 자본주의적 생산양식에서는 노동과정이 가치증식과정을 위한 하나의 수단에 지나지 않는 것과 마찬가지로, 재생산도 또한 투하된 가치를 자본[즉 자기증식하는 가치]으로 재생산하는 하나의 수단에 지나지 않는다."(제1권, 제23장: 772~773)

세 형태 (Ⅰ) M…M′, (Ⅱ) P…P와 (Ⅲ) C′…C′은 아래와 같이 구별된다. 형태 (Ⅱ)에서는 과정의 반복, 즉 재생산과정이 현실적인 것으로 표시되고 있는 반면에, 형태 (Ⅰ)에서는 그것이 다만 가능성으로서만 표시되고 있다. 그러나 이 두 형태에서는 투하자본가치[화폐 또는 소재적 생산요소의 형태로]가 출발점이 되며 따라서 또한 복귀점도 된다는 점에서 형태 (Ⅲ)과 구별된다. M…M′에서는 복귀점은 M′ =M+m이다. 만약 과정이 동일한 규모로 반복된다면, M은 다시 출발점이 되며 m은 과정에 들어가지 않는다. 이 경우 M은 비록 자본으로 가치증식되어 잉여가치 m을 창조하였지만, 이 잉여가치를 소비해버렸다는 것을 우리에게 보여준다. P…P의 형태에서는 생산요소의 형태로 투하된 자본가치 P가 출발점이다. 이 형태는 이 자본가치의 증식을 포함하고 있다. 단순재생산의 경우에는 동일한 자본가치가 동일한 형태 P로 다시 그 과정을 개시한다. 축적의 경우에는 이제 P′(M′ 또는 C′의 가치를 가진다)이 증가된 자본가치로서 그 과정을 개시한다. 그러나 그 과정은 비록 이전보다 큰 자본가치를 가지고 개시한다 할지라도 여전히 최초 형태의 투하자본가치에서 시작한다. 그런데 형태 (Ⅲ)에서는 과정을 개시하는 자본가치는 투하자본가치가 아니라 이미 증식된 자본가치 또는 상품형태로 있는 부의 전체며, 투하자본가치는 그 일부만을 구성할 뿐이다. 이 형태 (Ⅲ)은 개별자본들의 운동을 사회적 총자본의 운동과 관련시켜 파악하는 제 3편에서 중요하다. 그러나 이 형태는 자본의 회전에는 사용될 수 없다. 왜냐하면 자본의 회전은 항상 화폐의 형태이든 상품의 형태이든 자본가치의 투하로서 시작되며, 그리고 순환하는 자본가치가 투하되던 당시의 형태로 복귀하는 것을 항상 조건으로 하기 때문이다. 순환 (Ⅰ)과 (Ⅱ) 중에서, 회전이 잉여가치의 형성에 미치는 영향을 주로 고찰하는 경우에는 순환 (Ⅰ)이 유용하며, 회전이 생산물의 형성에 미치는 영향을 주로 고찰하는 경우에는 순환 (Ⅱ)가 유용하다.

경제학자들은 순환의 상이한 형태들을 구별하지 못하였을 뿐 아니라 이 형태들을 자본의 회전과 관련시켜 따로따로 고찰하지도 않았다. 그들은 일반적으로 M…M′의 형태에 집착하였는데, 그 이유는 이 형태 〖화폐의 증식〗가 개별자본가를 지배하고 있으며, 그리고 비록 화폐가 다만 계산화폐의 형태로 출발점을 이룬다고 하더라도 이 형태가 개별자본가의 계산에 도움을 주기 때문이다. 다른 경제학자들은 생산요소 형태의 지출에서 출발하여 회수에 이르기까지를 고찰하고 있는데, 이 경우에도 그 회수의 형태—상품으로서인가 화폐로서인가—에 관해서는 언급조차 없다. 예컨대

> "경제순환은…지출될 때부터 회수될 때까지의 생산의 경로 전체다. 농업에서 파종기는 경제순환의 개시며 수확은 그것의 종결이다."(S. 뉴먼, 『정치경제학 개요』: 81)

또 다른 경제학자들은 C′(형태 Ⅲ)에서 시작한다.

> “사업의 세계는 이른바 경제순환 안에서 회전하고 있다고 볼 수 있다. 이 순환은 사업이 순차적인 거래를 통하여 다시 그 출발점에 도달할 때 일 회전을 마치게 된다. 순환의 개시는 자본가가 수입을 얻음으로써 그의 자본이 자기에게 환류하는 시점이 된다. 거기로부터 그는 다시 노동자들을 고용하고, 그들에게 임금으로 생활수단을, 또는 오히려 생활수단을 얻는 힘을 나누어주며, 자기가 거래하는 물품을 그들로 하여금 제조하게 하고, 그 물품을 시장에 가지고 가서 판매하고, 판매수입금으로 이 기간의 자기의 지출총액을 회수함으로써 이 일련의 운동의 순환을 마치는 것이다.” (차머즈, 『정치경제학에 대해』: 85)

개별 자본가가 어떤 임의의 생산분야에 투하한 총자본가치가 그것의 순환운동을 완료하면, 그것은 다시 한번 최초의 형태로 있게 되며 따라서 동일한 과정을 반복할 수 있다. 가치가 자본가치로서 영구적으로 증식되기 위해서는 가치는 그 과정을 반복하지 않으면 안 된다. 자본의 생애에서는 개개의 순환은 끊임없이 반복되는 한 분절, 곧 한 주기를 이룰 뿐이다. M…M′이라는 주기가 끝나면 자본은 다시 화폐자본의 형태로 있으며, 이 화폐자본은 자본의 재생산과정 또는 가치증식과정을 포함하는 일련의 탈바꿈을 또다시 통과한다. P…P라는 주기가 끝나면 자본은 다시 생산요소의 형태로 있는데, 이들 생산요소는 순환의 갱신을 위한 전제로 된다. 자본의 순환을 개개의 단일 과정이 아니라 주기적 과정이라고 파악할 때 그것은 자본의 회전이라고 불린다. 이 회전의 시간은 자본의 생산시간과 유통시간의 합계에 의해 결정된다. 이 총시간이 자본의 회전시간을 이룬다. 따라서 그것은 총자본가치의 한 순환주기와 다음의 순환주기 사이의 시간적 간격을 표시하고 있다. 그것은 자본의 일생에서 주기성을, 또는 동일한 자본가치의 증식·생산과정을 갱신·반복하는 데 걸리는 시간을 표시하고 있다.

개별자본의 회전시간을 촉진 또는 단축할 수 있는 개별적인 사정들을 무시한다면, 자본의 회전시간은 투자분야에 따라 다르게 된다.

노동일이 노동력의 기능에 대한 자연적 측정단위로 되고 있는 것처럼, 년year은 과정 중의 자본의 회전에 대한 자연적 측정단위로 되고 있다. 이 측정단위의 자연적 기초는, 자본주의적 생산의 모국인 온대지방의 가장 중요한 농작물들이 년 1회의 생산물이라는 점에 있다.

회전시간의 측정단위로서의 년을 U, 어느 특정 자본의 회전시간을 u, 그리고 그 자본의 회전수를 n이라 한다면, $n=\frac{U}{u}$이다. 예컨대 만약 회전시간 u가 3개월이라면, $n=\frac{12}{3}=4$이다. 즉 그 자본은 1년에 4회전을 완수하거나 네 번 회전한다. u=18개월이면 $n=\frac{12}{18}=\frac{2}{3}$이며, 자본은 일년간에 그 회전시간의 $\frac{2}{3}$만을 통과한다. 만약 회전시간이 몇 년이 되는 경우에는 그 회전시간은 1년의 몇 배로서 계산된다.

자본가의 입장에서 보면, 그의 자본의 회전시간은 그가 자기의 자본을 증식시키고 최초의 형태로 회수하기 위해 자본을 투하하지 않으면 안 되는 시간을 가리킨다.

회전이 생산과정 · 가치증식과정에 미치는 영향을 자세히 연구하기 전에, 우리는 유통과정 때문에 자본이 갖게 되는 두 개의 새로운 형태 ― 이것은 자본의 회전형태에 영향을 미친다 ― 를 고찰해야만 한다.

제8장
고정자본과 유동자본

제1절 형태상의 구별

제1권 제8장에서 본 바와 같이, 불변자본의 일부는 생산과정에 들어갈 때의 특정한 유용형태를 그대로 유지하면서 생산물의 형성을 돕고 있다. 그것은 길거나 짧은 시간에 걸쳐 반복되는 노동과정에서 끊임없이 동일한 기능을 수행한다. 예컨대 공장건물 · 기계 등 간단히 말해 우리가 노동수단이라는 명칭으로 총괄하는 모든 것이 그렇다. 불변자본의 이 부분은 그 자체의 사용가치와 함께 그 자체의 교환가치를 잃는 데 비례하여 생산물에 가치를 이전시킨다. 이런 노동수단의 가치가 생산물로 이전되는 정도는 평균계산에 의해 결정된다. 즉 노동수단이 생산과정에 들어가는 순간에서 그것이 완전히 소모되어 못쓰게 되어 같은 종류의 신품에 의해 대체[또는 재생산]되지 않으면 안 되는 순간까지 노동수단이 기능하는 평균기간에 의하여 그 가치이전이 계산된다.

불변자본의 이 부분—즉 진정한 노동수단—의 특성은 다음과 같다.

자본의 일부는 불변자본 곧 생산수단의 형태로 투하되며, 이 생산수단은 노동과정에 들어갈 때의 독립적 유용형태를 유지하는 동안 노동과정의 요인으로 기능한다. 완성생산물과 그것을 형성한 요소들[생산물로 전환된 요소들]은 생산과정으로부터 밀려나와 상품으로서 생산영역에서 유통영역으로 넘어간다. 그런데 노동수단은 한 번 생산영역에 들어간 다음에는 결코 거기를 떠나지 않는다. 자기의 기능 때문에 노동수단은 거기에 묶여 있는 것이다. 투하자본 가치의 일부는 생산과정에서 노동수단의 기능에 의하여 규정되는 이 형태에 고정되어 있다. 노동수단이 기능하여 소모됨에 따라 그 가치의 일부는 생산물로 이전되지만, 다른 부분은 변함없이 노동수단에, 그리하여 생산과정에, 고정된 채로 있다. 이처럼 고정된 가치는, 노동수단이 완전히 소모되어 자기의 가치를 끊임없이 반복되는 노동과정에서 나오는 생산물량에 길거나 짧은 시간에 걸쳐 완전히 분배하여 버릴 때까지, 점차로 감소한다. 노동수단이 아직 기능하며 같은 종류의 신품에 의해 대체될 필요가 없는 동안은, 불변자본 가치의 일부는 노동수단에 고정되고 있으며, 처음에 노동수단에 고정되고 있었던 가치의 다른 부분은 생산물로 이전되어 상품자본의 구성부분으로 유통하고 있다. 노동수단의 사용가능햇수가 길면 길수록, 그것의 마멸이 느리면 느릴수록, 불변자본 가치는 그만큼 더 오랫동안 노동수단에 고정되어 있게 된다. 노동수단의 내구성의 정도가 어떠하든, 그것이 가치를 이전시키는 비율은 그것이 기능하는 기간 전체에 항상 반비례한다. 두 기계가 동일한 가치를 가지지만 하나는 5년에 다른 하나는 10년에 못쓰게 된다면, 동일한 기간에 전자는 후자보다 두 배나 큰 가치를 이전시키게 된다.

노동수단에 고정되어 있는 자본가치 부분도 다른 부분과 마찬가지로 유통한다. 우리가 본 바와 같이 자본가치 전체는 끊임없이 유통하고 있으며 따라서 이 의미에서는 모든 자본은 유통하고 있는 자본이다. 그러나 여기에서 고찰된 자본부분의 유통은 독특하다. 첫째로, 이 자본부분은 유용형태 그 자체로서는 유통하지 않고 그 가치만이 유통하는데, 그 자본부분이 생산물[상품으로 유통한다]에 이전되는 정도에 따라 점차적으로 조금씩 그 가치가 유통한다. 노동수단이 기능하는 기간 전체에 걸쳐 그 가치의 일부는 생산되는 상품과는 무관하게 항상 생산과정에 고정되어 있다. 이 특성 때문에 불변자본의 이 부분은 고정자본의 형태를 취하게 된다. 이것과 대조적으로, 생산과정에 있는 투하자본 중 고정자본을 제외한 모든 소재적 구성부분은 유동자본을 형성한다.

생산수단의 또 다른 부분—증기기관에 의하여 소비되는 석탄처럼 진정한 노동수단이 기능하는 동안 그것에 의해 소비되는 보조재료나, 조명용 가스처럼 과정을 도울 뿐인 보조재료—도 소재적으로 생산물에 들어가는 것은 아니다. 다만 그것의 가치가 생산물 가치의 일부를 구성할 뿐이다. 생산물은 자기 자신의 유통에 의해 이런 보조재료의 가치를 유통시킨다. 이것은 보조재료나 고정자본이나 공통적이다. 그러나 보조재료는 그것이 들어가는 개개의 노동과정마다 완전히 소비되며, 따라서 각각의 새로운 노동과정마다 같은 종류의 신품으로 완전히 보충되지 않으면 안 된다. 보조재료는 기능하는 동안 독립적인 유용형태를 유지하지 않는다. 그리고 그 자본가치 중 그것의 종전의 유용형태(즉 현물형태)에 고정되어 있는 부분은 없다. 보조재료는 소재적으로는 생산물에 들어가지 않지만 그 자신의 가치만큼 생산물의 가치에 들어간다는 사실과, 이 보조재료들의 기능은 생산영역에 국한되고 있다는 사실 때문에, 람지(그는 고정자본과 불변자본을 혼동하기도 하였다) 같은 경제학자들은 그릇되게도 보조재료를 고정자본의 범주에 포함시키고 있다. 〖CW 33: 254~284〗

생산수단 중 소재적으로 생산물에 들어가는 부분[원료 등]은, 부분적으로, 나중에 소비재로 개인적 소비에 들어갈 수 있는 형태를 취하지만, 고정자본의 소재적 담당자인 노동수단은 생산적으로만 소비되고 개인적 소비에는 들어갈 수 없다. 왜냐하면 노동수단은 자기의 도움으로 제조되는 생산물[즉 사용가치]에 들어가지 않고 완전히 못쓰게 될 때까지 생산물에 대하여 독립적인 모습을 유지하기 때문이다. 이것의 예외는 운수수단이다. 운수수단이 그 생산적 기능을 수행하는 동안에(또는 운수수단이 생산영역에 머물러 있는 동안에) 창조하는 유용효과인 장소변경은 개인적 소비에도, 예컨대 여행자의 장소변경에도 들어간다. 여행자는 기타의 소비수단의 사용에 지불하는 것과 마찬가지로 운수수단의 사용에 대해 지불한다. 우리가 본 바와 같이, 원료와 보조재료의 구별은 예컨대 화학공업에서와 같이 명료하지 않을 수 있다. 노동수단과 원료 · 보조재료 사이의 구별도 그러하다. 예컨대 농업에서는 토지개량을 위해 추가되는 소재는 부분적으로 식물생산물의 형성요소가 된다. 그리고 그 효과는 꽤 장기[예컨대 4~5년]에 걸쳐 분산되고 있다. 그러므로 이런 것들의 일부는 소재적으로 생산물에 들어가며 그 가치를 생산물에 즉각적으로 이전하는 데 반하여, 다른 부분은 종래의 유용한 형태 그대로 있으며 그 가치도 고정되어 있다. 이것들은 생산수단으로서 존속하며 고정자본의 형태를 취한다. 일하는 소는 고정자본이다. 그러나 그것이 식용으로 되면, 그것은 더 이상 노동수단이나 고정자본으로 기능하지 않는다.

생산수단에 지출된 자본가치의 일부에 고정자본의 성격을 부여하는 것은 오로지 이 자본가치의 유통상의 특이성에 있다. 이 유통의 특이성은, 노동수단이 자기의 가치를 생산물에 이전시키는 독특한 방식, 또는 생산과정에서 가치형성에 기여하는 독특한 방식에서 나온다. 이것은 또한 노동수단이 노동과정에서 기능하는 특수한 방식으로부터 나온다.

하나의 노동과정에서 생산물의 형태로 나오는 사용가치가 생산수단으로 다른 노동과정에 들어갈 수 있다는 것을 우리는 알고 있다. 생산물이 고정자본으로 되는 것은, 오직 그 생산물이 생산과정에서 행하는 노동수단으로서의 기능 때문이다. 생산과정에서 나오는 생산물이 바로 고정자본 그 자체가 될 수는 없다. 기계제조업자의 생산물이며 상품인 기계는 그의 상품자본이다. 이 기계는 그것의 구매자, 즉 그 기계를 생산적으로 사용하는 자본가의 수중에서만 고정자본이 된다.

다른 모든 사정이 동일하다면, 고정성의 정도는 노동수단의 내구성과 더불어 증가한다. 노동수단에 고정되어 있는 자본가치와 매번의 노동과정에서 생산물로 이전되는 가치부분 사이의 가치 차이 크기는 그 내구성에 달려 있다. 가치의 이전[동일한 노동과정의 반복마다 노동수단은 그 가치를 이전한다]이 천천히 진행되면 될수록 아직도 고정되어 있는 자본은 그만큼 더욱 크며, 생산과정에서 사용되고 있는 자본과 생산과정에서 소비되는 자본 사이의 가치 차이는 그만큼 더욱 커진다. 이 차이가 사라진다면, 노동수단은 그 수명을 다하여 그것의 사용가치와 함께 그 가치를 잃어버리게 된다. 그것은 가치의 담당자이기를 중단한다. 노동수단은 불변자본의 기타 소재적 담당자와 마찬가지로, 오직 자기의 사용가치와 함께 가치를 잃는 정도에 따라 가치를 생산물에 이전시키기 때문에, 노동수단이 생산과정에서 오래 견뎌 내면 낼수록 불변자본이 노동수단에 고정되는 기간은 그만큼 길어진다. 진정한 노동수단이 아닌 생산수단[예: 보조재료 · 원료 · 반제품]이 가치를 이전시키는 방식[즉 가치유통의 방식]에서 노동수단과 동일하다면, 그 생산수단도 역시 고정자본의 소재적 담당자이며 존재형태다. 다수의 생산시간 또는 연도에 걸쳐 효과가 나타나는 화학성분을 토지에 추가하는 토지개량의 경우가 그러하다. 이 경우 그 가치의 일부는 독립적인 형태 즉 고정자본의 형태로 생산물과 나란히 존재하며, 다른 일부는 생산물에 이전되어 그것과 함께 유통한다. 이와 같은 경우 고정자본의 가치 일부뿐 아니라 이 가치부분이 있는 실체인 사용가치도 생산물에 들어가고 있다.

고정자본과 유동자본의 범주를 불변자본과 가변자본의 범주와 혼동한 기본적인 오류 이외에도, 이전의 경제학자들은 주로 다음과 같은 이유 때문에 고정자본과 유동자본에 관해 개념상의 혼동을 일으켰다.

그들은 노동수단이 소재적으로 가지고 있는 속성들, 예컨대 건물의 물리적 부동성을 고정자본의 직접적 속성으로 간주하였다. 그러나 그 자체가 고정자본인 노동수단이면서도 물리적 이동성을 가진 것을 예시하는 것[예: 선박]은 매우 쉽다.

또는 가치의 유통에서 나오는 형태상의 특질을 물적 속성과 혼동하였다. 물건[그 자체로서는 결코 자본이 아니며 일정한 사회적 관계 아래에서만 자본이 될 수 있다]이 그 자체로서 그리고 그 성격상 이미 고정자본 또는 유동자본이 될 수 있다고 생각한 것이다. 제1권 제7장에서 본 바와 같이, 노동과정에 있는 생산수단은 어떤 사회적 조건에서도 노동수단과 노동대상으로 구분된다. 그러나 그 두 개가 자본[제1편에서 정의된 '생산자본']이 되는 것은 오로지 자본주의적 생산양식 안에서다. 여기에서 비로소 노동수단과 노동대상의 구별[이것은 노동과정의 성격에 의거한다]이 고정자본과 유동자본의 구별이라는 새로운 형태를 띠게 된다. 이리하여 노동수단으로 기능하는 물건이 고정자본으로 된 것이다. 만약 그 물건의 소재적 성격이 그 물건을 노동수단 이외의 것으로도 기능할 수 있게 한다면, 그것이 고정자본인가 아닌가는 그 기능에 의존하게 된다. 역축으로서 가축은 고정자본이지만, 살을 찌게 기르는 가축은 결국 생산물로 유통에 들어갈 원료이기 때문에 고정자본이 아니라 유동자본이다.

생산수단이 반복되는 노동과정들—이들은 서로 관련되고 연속적이어서 생산기간, 즉 그 생산물을 완성시키는 데 필요한 총생산시간을 형성한다—에 묶여 있는 시간 그 자체는 이미 자본가로 하여금 [고정자본의 경우와 마찬가지로] 길거나 짧은 시간에 걸친 자본투하를 요구하고 있지만, 이것만으로는 그의 자본이 고정자본으로 되는 것은 아니다. 예컨대 씨앗은 고정자본이 아니라 거의 일년간 생산과정에 묶여 있는 원료일 따름이다. 생산자본으로 기능하는 모든 자본은 생산과정에 묶여 있으며, 따라서 생산자본의 모든 요소들—그들의 소재적 모습, 그들의 기능 또는 그들의 가치유통의 방식이 어떻든—도 생산과정에 묶여 있다. 그러므로 고정시간의 장단[이것은 생산과정의 종류나 기대하는 유용효과 여

하에 달려 있다] 그 자체는 고정자본과 유동자본을 구별하는 기준이 될 수 없다.[1)]

일반적 노동조건들을 포함하는 노동수단의 일부는 기계와 같이 노동수단으로 생산과정에 들어가 그 생산적 기능을 담당하자마자 일정한 위치에 들러붙는다. 기타의 노동수단들—예컨대 토지개량 · 공장건물 · 용광로 · 운하 · 철도—은 처음부터 움직일 수 없는 형태로 생산되며 그 자리에 묶여 있다. 이 경우 노동수단이 자기가 기능하는 생산과정에 계속 묶여 있는 것은 동시에 그것의 물리적인 존재형태에 의하여 규정되고 있다. 다른 한편으로 기관차 · 선박 · 역축과 같은 노동수단들은 그 물리적 위치를 계속 변경시키면서도 생산과정에 항상 있다. 부동성이 생산수단에게 고정자본의 성격을 제공하는 것도 아니며, 이동성이 생산수단에서 고정자본의 성격을 제거하는 것도 아니다. 그러나 약간의 노동수단들이 장소적으로 고정되어 대지에 뿌리를 박고 있다는 사정은 고정자본의 이 부분에 국민경제상의 독특한 기능을 맡기고 있다. 그것들은 해외로 보내질 수 없으며, 세계시장에서 상품으로 유통될 수도 없다. 물론 이 고정자본에 대한 재산권은 변경될 수 있으며, 그 재산권은 매매되어 관념적으로 유통할 수 있다. 이 재산권은 해외시장에서 예컨대 주식의 형태로 유통할 수도 있다. 그러나 이런 종류의 고정자본의 소유자가 변하더라도, 국부의 소재적으로 고정된 부동적 부분과 국부의 이동적 부분 사이의 관계는 변하지 않는다.[2)]

고정자본의 독특한 유통은 독특한 회전을 일으킨다. 고정자본이 마멸에 의해 그 현물형태에서 잃게 되는 가치부분은 생산물의 가치부분으로서 유통한다. 이 유통을 통하여 그 생산물은 상품에서 화폐로 전환하며,

---

1) 고정자본과 유동자본을 정의하는 것의 곤란성 때문에 슈타인은 그 구별은 설명의 편의를 위한 것에 불과하다고 생각한다.

2) {엥겔스: 이상까지는 원고 4. 이하부터는 원고 2.}

이에 따라 생산물에 의해 유통되는 노동수단의 가치부분도 화폐로 전환한다. 결국 이 노동수단이 생산과정에서 가치의 담당자가 아니게 되는 비율과 동일한 속도로 그것의 가치는 유통과정에서 화폐로 되어 쌓이는 것이다. 그러므로 노동수단의 가치는 이중의 존재를 얻게 된다. 그것의 일부는 생산과정에서 그것의 유용형태 또는 현물형태로 묶여 있으며, 다른 일부는 화폐로 되어 그 형태로부터 분리되고 있다. 노동수단이 기능하는 동안, 현물형태로 있는 노동수단의 가치부분은 점차로 감소하고 화폐형태로 전환된 노동수단의 가치부분은 점차로 증가하는데, 이것은 노동수단이 결국 수명을 다하여 그것의 가치 전체가 그 시체로부터 분리되어 화폐로 전환될 때까지 계속된다. 이 점에서 우리는 생산자본의 이 요소가 회전에서 나타내는 특이성을 보게 된다. 노동수단의 가치가 화폐로 전환하는 것은 그 가치의 담당자인 상품이 화폐로 전환하는 것과 보조를 같이하고 있다. 그러나 화폐형태에서 유용형태 『노동수단』로 재전환하는 것은 상품이 자기의 기타 생산요소로 재전환하는 것과는 구별되며, 오히려 그 자신의 재생산시간[노동수단이 같은 종류의 신품에 의해 대체될 때까지 봉사하는 시간]에 의해 결정된다. 예컨대 10,000원의 가치를 가진 기계가 10년 동안 기능한다면, 이 기계에 최초로 투하된 자본의 회전시간은 10년이다. 이 시간이 지나기 전에는 그 기계는 갱신될 필요가 없으며 그 현물형태로 계속 기능한다. 그 사이에 기계의 가치는 조금씩 [이 기계에 의해 생산된] 상품 가치의 일부로서 유통하여 점차로 화폐로 전환되며, 드디어 10년 말에 가서는 그 가치는 완전히 화폐로 전환되어 화폐에서 기계로 재전환될 것이다. 즉 기계의 가치는 그 회전을 완료하게 될 것이다. 이 재생산시간이 도래할 때까지 기계의 가치는 당분간 화폐준비금의 형태로 점차로 축적된다.

생산자본의 나머지 요소들 중 일부는 보조재료와 원료 등 불변자본의 요소들로 구성되어 있으며 또 일부는 노동력에 지출된 가변자본으로 구성되어 있다.

노동과정과 가치증식과정을 분석할 때(제1권, 제7장), 우리는 이 상이한 부분들이 생산물과 가치의 형성에서 전혀 다른 기능을 한다는 것을 보았다. 불변자본 중 보조재료와 원료로 구성되는 부분의 가치는 노동수단의 가치와 마찬가지로 이전된 가치로서 생산물의 가치에 다시 나타나며, 노동력은 노동과정을 통하여 자기의 가치와 동일한 가치를 생산물에 첨가한다. 즉 자기의 가치를 현실적으로 재생산한다. 더욱이 보조재료의 일부[예: 난방을 위한 석탄, 조명을 위한 가스]는 생산물에 소재로 들어가지 않는 채 노동과정에서 소비되며, 다른 일부는 소재 그 자체가 생산물에 들어가며 그것의 실체의 재료를 형성한다. 그러나 이런 모든 차이는 유통[따라서 회전방식]과는 전혀 상관이 없다. 보조재료와 원료가 그들의 생산물의 형성에서 완전히 소비되는 경우, 그들은 자기의 가치 전체를 생산물에 이전시킨다. 따라서 이 가치는 생산물을 통하여 완전히 유통하며, 화폐로 전환되고, 이 화폐에서 다시 그 상품의 생산요소로 전환된다. 이 가치의 회전은 고정자본의 회전과 같이 중단되지 않고 순환 전체를 계속적으로 통과하기 때문에, 생산자본의 이 요소들은 끊임없이 현물로 갱신된다.

가변자본 — 생산자본 중 노동력에 지출되는 부분 — 에 관해서 말한다면, 이 노동력은 일정한 기간 구매된다. 자본가가 노동력을 구매하여 그것을 생산과정에 합치면, 노동력은 그의 자본의 구성부분, 즉 가변적 구성부분을 이룬다. 노동력은 매일 일정한 시간 기능하여 생산물에 자기의 하루 가치 전부뿐 아니라 추가적인 잉여가치[이것은 여기에서 당분간 무시된다]를 첨가한다. 노동력이 예컨대 1주일 동안 구매되어 기능을 다한다면, 노동력의 구매는 관습적인 기간을 두고 끊임없이 반복되지 않으면 안 된다. 노동력 가치의 등가[노동력이 그 기능 중에 이것을 생산물에 첨가하며 생산물의 유통에 따라 화폐로 전환된다]는, 계속적인 생산 순환이 중단되지 않기 위해서는, 끊임없이 화폐에서 노동력으로 재전환되지 않으면 안 되며, 또는 끊임없이 그것의 여러 형태들 [가치생산물-화폐-노동력] 의 완전한 순환을 마치지 않으면 안 된다. 즉 회전하지 않으면 안 된다.

생산자본 중 노동력에 투하된 자본부분은 생산물로 완전히 이전되어 (여기에서도 잉여가치를 무시한다) 생산물과 함께 유통영역에 속하는 두 탈바꿈 [C-M과 M-C] 을 마치며, 그리고 이 끊임없는 갱신에 의하여 생산과정에 항상 합쳐져 있다. 노동력이 가치형성의 측면에서는 고정자본 이외의 불변자본 구성부분과 아무리 상이하게 기능한다고 하더라도, 가치의 회전방식은 두 개가 동일하다. 회전상의 이런 공통성 때문에, 생산자본 중의 이런 구성부분—노동력에 지출된 가치부분과, 고정자본을 형성하지 않는 생산수단에 지출된 가치부분—은 유동자본으로서 고정자본과 대립한다.

앞에서 본 바와 같이, 자본가가 노동력의 사용을 위해 노동자에게 지불하는 화폐는 사실상 노동자의 필요생활수단의 일반적 등가형태에 불과하다. 이 점에서 볼 때 가변자본은 소재적으로는 생활수단으로 구성되어 있다. 그러나 회전을 고찰하는 여기에서는 형태가 문제다. 자본가가 구매하는 것은 노동자의 생활수단이 아니라 그의 노동력 자체다. 자본가의 자본 중 가변부분을 형성하는 것은 노동자의 생활수단이 아니라 그의 활동적인 노동력이다. 노동과정에서 자본가가 생산적으로 소비하는 것은 노동자의 생활수단이 아니라 노동력이다. 자기 노동력의 대가로 받은 화폐를 생활수단으로 전환시키며 그리고 그 생활수단을 노동력으로 재전환시켜 생존을 유지하는 것은 노동자 자신이다. 이것은, 마치 자본가가 화폐를 받고 판매하는 상품들의 잉여가치의 일부를 자기를 위한 생활수단으로 전환시키는 경우, 그 상품의 구매자가 자본가에게 생활수단으로 지불한다고 말하지 않는 것과 마찬가지다. 노동자가 자기 임금의 일부를 생활수단 곧 현물로 받는다고 할지라도, 이것은 오늘날에는 두 번째의 거래에 의해 이루어지는 것이다. 다시 말해 노동자는 자기의 노동력을 일정한 가격으로 팔며, 그 뒤 이 가격 중 일부를 생활수단으로 받는 것에 합의한 것이다. 이것은 지불되는 것의 형태를 변경시킬 뿐이며, 노동자가 현실적으로 파는 것은 노동력이라는 사실을 변경시키지는 않는다. 이 두 번째의 거래는 진정한 의미에서 노동자와 자본가 사이의 거래가 아니라, 상품의 구매자로서의 노동자와 상품의 판매자로서의 자본가 사이의 거래이다. 물론 첫 번째 거래에서는 상품(노동력)의 판매자는 노동자였고 그 구매자는 자본가였다. 두 번째의 거래는, 마치 자본가가 자기 상품에 대한 대가를 다른 상품으로 지불받는 것과 같다. 예컨대 제철소에 기계를 파는 자본가가 그 대가로 철을 받는 것과 같다. 고정자본이 아니라 유동자본의 특성을 얻는 것은, 노동자의 생활수단도 아니며 노동력도 아니다. 오히려 생산자본의 가치 중 노동력에 지출된 가치부분이, 그 회전에서 불변자본의 약간의 구성부분과 공통성을 지니며 다른 구성부분과 차이성을 지니기 때문에, 유동자본의 특성을 얻게 된 것이다.

노동력과 생산수단의 형태를 띠는 유동자본의 가치는, 고정자본의 크기에 의해 규정되는 생산규모에 따라, 생산물이 완성되는 데 걸리는 시간 동안만 투하된다. 이 유동자본의 가치는 그 전체가 생산물에 들어가며 따라서 그 생산물의 판매와 함께 유통에서 완전히 회수되며 새롭게 투하될 수 있다. 자본 중의 유동자본 부분을 지니고 있는 노동력과 생산수단은 완성품의 형성과 판매에 필요한 양만큼 유통영역에서 끌려나오지만, 그것들은 새로운 구입에 의하여—화폐형태에서 생산요소로 재전환하여—끊임없이 보충되고 갱신되지 않으면 안 된다. 그들이 1회에 시장에서 끌려나오는 양은 고정자본 요소들의 경우보다는 적지만, 그들은 훨씬 더 자주 끌려나와야 하며, 그들에 지출되는 자본의 투하는 더 짧은 시간에 걸쳐 갱신되지 않으면 안 된다. 이 끊임없는 갱신은 생산물의 계속적인 판매[유동자본 요소들의 가치 전체를 유통시키고 있다]에 의하여 매개되고 있다. 마지막으로, 유동자본의 요소들은 가치의 면에서 뿐 아니라 소재적 형태의 면에서도 끊임없이 탈바꿈의 순환 전체를 통과하고 있다. 그것들은 끊임없이 상품으로부터 그 상품들의 생산요소로 재전환되고 있다.

노동력은 생산물에 자기 자신의 가치와 함께 잉여가치[즉 지불받지 못한 노동의 체현물]를 항상 첨가한다. 이 잉여가치는 완성품의 다른 가치요소와 마찬가지로 완성품에 의하여 끊임없이 유통되며 화폐로 전환된다. 그러나 여기에서 우리가 먼저 문제로 삼는 것은 자본가치의 회전이기 때문에, 자본가치와 함께 회전하는 잉여가치의 회전은 당분간 무시할 것이다.

지금까지의 우리의 논의에서 다음과 같은 결론이 나온다.

(1) 고정자본과 유동자본이라는 형태 규정은 생산과정에서 기능하는 자본가치, 즉 생산자본의 회전상의 차이에서만 생긴다. 이 회전상의 차이는 생산자본의 각종 구성부분들이 그들의 가치를 생산물에 이전시키는 방법상의 차이에서 오는 것이며, 그 구성부분들이 생산물 가치의 생산이나 가치증식과정에서 행하는 기능의 차이에서 오는 것은 아니다. 가치가 생산물로 이전되는 방법상의 차이, 그리하여 가치가 생산물에 의해 유통되며 생산물의 탈바꿈 결과로 그 가치가 최초의 현물형태로 대체되는 방법상의 차이는, 궁극적으로 생산자본이 취하고 있는 소재적 모습상의 차이—일부는 생산물을 형성하는 과정에서 완전히 소비되지만 다른 일부는 점차적으로 소비될 뿐이다—에서 생기는 것이다. 이처럼 고정자본과 유동자본으로 분할될 수 있는 것은 생산자본뿐이다. 이런 대립은 산업자본의 다른 두 개의 존재양식—상품자본과 화폐자본—에서는 있지도 않으며, 또 위의 양자와 생산자본 사이의 대립으로서 있는 것도 아니다. 고정자본과 유동자본 사이의 대립은 오직 생산자본에 대해서, 그리고 생산자본의 내부에서 있을 뿐이다. 얼마나 많은 화폐자본과 상품자본이 자본으로 기능하는가, 그들이 얼마나 순조롭게 유통하는가와는 관계없이, 그들

은 생산자본의 유동부분으로 전환되었을 때 비로소 고정자본에 대비한 유동자본이 될 수 있다. 그러나 화폐자본과 상품자본은 유통영역에 항상 남아 있기 때문에, 뒤에서 고찰하는 바와 같이, 애덤 스미스 이래로 경제학자들은 그것들을 생산자본의 유동부분과 함께 유동자본으로 분류하는 오류를 범하여 왔다. 물론 화폐자본과 상품자본은 생산자본에 대비한 유통자본임에는 틀림없지만, 고정자본에 대비한 유동자본은 아니다.

(2) 자본의 고정부분의 회전, 따라서 또한 거기에 필요한 회전시간은 자본의 유동부분의 몇 차례의 회전을 내포한다. 고정자본이 한 번 회전하는 데 걸리는 시간에 유동자본은 몇 번이나 회전한다. 생산자본의 가치 일부가 고정자본이라는 형태규정을 얻는 것은, 이 가치부분을 담당하고 있는 생산수단이, 생산물이 완성되어 상품으로서 생산과정에서 방출되는 데 걸리는 시간 중에는, 완전히 소모되지 않기 때문이다. 이 가치부분은 종전의 유용형태에 묶여 있지 않으면 안 되고, 생산자본의 다른 부분은 완성생산물에 의해 유통되고 있다. 생산물의 유통은 자본의 유동부분의 가치 전체를 유통시키고 있다.

(3) 생산자본의 가치 중 고정자본에 지출된 부분은 생산수단 중 고정자본 구성부분이 기능하는 시간 전체를 위해 전부 한꺼번에 투하된다. 그러므로 자본가는 이 가치를 한꺼번에 유통영역에 투하하는데, 그 가치는 고정자본이 상품에 조금씩 첨가하는 가치부분의 실현에 의하여 점차로 조금씩 유통에서 회수될 뿐이다. 그러나 [생산자본의 일부가 고정되는] 현실적인 생산수단 자체는 한꺼번에 유통에서 빠져나와 그것이 기능하는 시간 전체에 걸쳐 생산과정에 합쳐진다. 물론 이 생산수단은 이 시간에 걸쳐 같은 종류의 신품에 의해 대체될 필요도 없고 재생산될 필요도 없다. 그 생산수단들은 길거나 짧은 시간 동안 자기 자신의 갱신에 필요한 요소들을 유통에서 끌어내지 않은 채 유통에 내보낼 상품들의 형성에 기여하게 된다. 결국 이 시간 동안 고정자본은 자본가 측에 새로운

투자를 요구하지 않는다. 끝으로, 고정자본에 투하된 자본가치는, 이 가치를 지니고 있는 생산수단이 유효수명을 다하기까지는, 순환을 소재적으로 통과하는 것이 아니라 그 가치 면에서 부분적 점차적으로만 통과할 뿐이다. 다시 말해 그 가치의 일부는 상품가치의 일부로서 끊임없이 유통하여 화폐로 전환되지만, 화폐에서 그것의 최초의 현물형태로 재전환은 일어나지 않는다. 화폐가 생산수단이라는 현물형태로 재전환하는 것은 생산수단이 완전히 소모되어 그 기능이 중단될 때 일어난다.

(4) 유동자본의 요소들도 고정자본의 요소들과 마찬가지로 생산과정에 묶여 있는데, 이것은 생산과정의 계속을 위해서는 불가결하다. 그러나 이와 같이 묶여 있는 유동자본의 요소들은 끊임없이 현물로 갱신된다(생산수단은 같은 종류의 신품에 의하여, 노동력은 끊임없이 반복되는 매입에 의하여). 그런데 고정자본의 요소들은 기능할 수 있는 동안은 갱신되지 않으며, 그들을 반복해 매입할 필요가 없다. 원료와 보조재료는 항상 생산과정에 있지만, 오래된 것은 완성생산물의 형성에 소비되어 버리고 항상 같은 종류의 신품이 있는 것이다. 마찬가지로, 생산과정에는 노동력도 항상 있지만, 이것은 그것의 끊임없이 반복되는 구입에 의해서, 그리고 가끔 인물의 교체를 통해서 이루어지고 있다. 그러나 동일한 건물 · 기계 등은, 유동자본이 반복하여 회전하는 동안, 반복되는 동일한 생산과정에서 기능을 계속한다.

제2절 고정자본의 구성부분 · 보충 · 수리 · 축적

동일한 자본투자에서도 고정자본의 각종 요소들은 서로 다른 수명, 따라서 서로 다른 회전시간을 가진다. 예컨대 철도에서는 레일 · 침목 · 토목 구조물 · 정거장 · 다리 · 터널 · 기관차 · 차량은 모두 서로 다른 시간에 걸쳐 기능하고, 서로 다른 재생산시간을 가지며, 따라서 그들에 투하된 자본은 서로 다른 회전시간을 가진다. 건물 · 플랫폼 · 급수탱크 · 구름다리 · 터널 · 평면 · 둑 — 간단히 말해 영국 철도에서 '공작물'이라고 부르는 것 — 은 다년간에 걸쳐 갱신될 필요가 없다. 가장 많이 마멸되는 것은 레일과 차량이다.

근대의 철도가 처음 건설되었을 때 가장 유능한 기사들이 가지고 있던 일반적 견해는, 철도의 수명은 몇 세기에 달하며, 레일의 마멸은 재정적 · 실제적 목적에서 무시될 수 있을 정도며, 좋은 레일의 수명은 100~150년이라고 생각했다. 그러나 레일의 수명 — 물론 기관차의 속도, 열차의 무게와 수, 레일 그 자체의 두께, 기타의 제2차적인 사정들에 달려있지만 — 은 평균 20년을 넘지 못한다는 것이 곧 알려졌다. 교통이 빈번한 특정 역과 중심지에서는 레일은 사실상 매년 〚갱신해야 할 정도로〛 마멸된다. 1867년경 강철 레일이 도입되기 시작했는데, 그 비용은 무쇠 레일보다 약 2배 비쌌지만 수명은 2배 이상이었다. 침목의 수명은 12~15년이었다. 차량에 관해서는 화차가 객차보다 훨씬 빨리 마멸된다는 것이 판명되었다. 1867년에 기관차의 수명은 10~12년으로 추산되었다.

마멸은 먼저 사용 그 자체에서 생긴다. 일반적으로 레일은 열차 수에 비례하여 마멸된다(R. C. 17645호).[3] 마멸은, 열차의 속도가 높아지면 속도의 제곱보다 높은 비율로, 증가한다. 즉 열차의 속도가 두 배로 되면 마멸은 4배 이상으로 증가한다(R. C. 17046호).

더욱이 제2의 마멸은 자연력의 영향으로 생긴다. 예컨대 침목은 현실의 사용에 의해서뿐 아니라 썩는 것에 의해서도 손상된다.

---

3) R. C.로 표시한 인용문은 『칙명 철도위원회. 위원회 보고서.』(런던 1867)에서 온 것인데, 문답에는 번호가 붙어 있어 여기에도 그 번호를 붙인다.

"철도의 유지비는 철도 교통량에 따르는 마멸보다 오히려 공기의 작용을 받는 목재 · 철 · 토석공작물의 질에 더욱 의존한다. 한 달 동안의 심한 추위가 일년 동안의 철도 교통량보다 더욱 큰 손상을 철도에 미칠 것이다."(윌리엄즈, 「철도의 유지에 관하여」, 1867년)

끝으로, 대공업에서는 어디에서나 그러하듯이 도덕적〖무형의〗 가치감소가 생긴다. 종전에는 £40,000였던 동일한 양의 차량과 기관차가 10년 이후에는 £30,000로 구입할 수 있게 되는 것은 일반적이다. 이리하여 이런 기계류에 대해서는 사용가치의 감소가 생기지 않는 경우에도 시장가격의 25퍼센트 감가를 예상하지 않으면 안 된다.(라드너, 『철도경제』: 120) "관 모양의 교량tube bridge은 현재의 형태로 갱신되지는 않을 것이다."(왜냐하면 오늘날에는 더 개량된 형태가 있기 때문이다.)"일상적인 수리, 부분적인 폐기와 보충은 실용적이지 않다."(애덤즈, 『도로와 레일』: 136)

노동수단은 대부분 공업의 발달에 따라 끊임없이 변혁되고 있다. 그러므로 그것들은 최초의 형태로서가 아니라 변혁된 형태로 대체된다. 한편에서는 대량의 고정자본이 일정한 현물형태로 투자되어 그 형태대로 일정한 평균수명을 다해야 한다는 것은 새로운 기계 등이 오직 점차적으로만 도입되는 이유의 하나며, 개량된 노동수단의 급속한 일반적 채용을 방해하는 장애의 하나로 되고 있다. 다른 한편에서는 경쟁은 낡은 노동수단이 자연사하기〖마멸되어 더 이상 쓸 수 없게 되기〗 이전에 그것을 새로운 노동수단으로 대체할 것을 강요하는데, 이것은 결정적인 변혁이 일어나는 시기에 더욱 그러하다. 광범한 사회적 규모로 공장설비를 일찍 갱신할 것을 강요하는 것은 천재지변이나 공황이다.

마멸(도덕적 감가는 제외하면)은, 고정자본이 자기 사용가치의 평균적 상실에 비례하여 점차로 생산물에 이전시키는 가치부분을 가리킨다.

이 마멸은 부분적으로는 고정자본이 일정한 평균수명을 지니고 있고, 이 기간 동안 그 전체가 투자되어야 하며, 이 기간이 지나면 전체로서 보충되어야 한다는 사실을 반영하고 있다. 예컨대 살아 있는 노동수단[예: 말]의 경우 그 재생산시간은 자연 그 자체에 의하여 결정되고 있다. 노동수단으로서 그의 평균수명은 자연법칙에 의해 결정된다. 이 기간이 경과하면 그것은 신품으로 대체되지 않으면 안 된다. 말은 부분적으로 대체될 수 없으며 새로운 말로서만 대체될 수 있다.

고정자본의 기타 요소들은 주기적 또는 부분적으로 갱신될 수도 있다. 이 경우 주기적 또는 부분적 갱신은 사업의 점차적인 확장과 구별되어야만 한다.

고정자본은 부분적으로는 같은 종류의 구성부분을 가지고 있다. 그러나 그 구성부분들조차도 동일한 사용가능햇수를 가지지 않으며, 오히려 상이한 시간을 두고 조금씩 갱신되고 있다. 예컨대 역에 있는 레일은 다른 곳의 레일보다 더 자주 갱신되어야만 한다. 침목도 마찬가지여서, 라드너에 따르면, 벨기에 철도에서는 1850년대에 매년 8퍼센트씩 갱신되어 침목 전체가 12년 반 만에 완전히 갱신되었다. 이 경우 사정은 다음과 같다. 일정한 금액이 예컨대 10년 동안 일정한 종류의 고정자본에 투하되는데, 이 지출은 한꺼번에 행해진다. 그러나 이 고정자본의 일정한 부분—그 가치가 생산물의 가치로 들어가서 그것과 함께 화폐로 전환된 부분—은 매년 현물로 보충되지만, 그 나머지는 여전히 그 최초의 현물형태로 있다. 이 자본을 고정자본이라 부르면서 유동자본과 구별하는 것은, 이 지출이 한꺼번에 투하되었다는 점과 조금씩 현물형태로 재생산되어 간다는 점이다.

고정자본의 기타 부분은 상이한 것들로 구성되어 있는데, 상이한 시간에 마멸되므로 상이한 시간에 갱신되어야만 한다. 이것은 특히 기계의 경우 그러하다. 고정자본 전체의 각종 구성부분들의 수명이 다른 것에 대하여 우리가 지금 이야기한 것은, 고정자본을 구성하는 동일한 기계류의 각 구성부분의 수명에 대해서도 타당하다.

부분적 갱신을 통하여 점차적으로 기업을 확장하는 경우 다음의 것을 지적할 수 있다. 고정자본이 생산과정에서 그 현물형태로 계속 기능한다 할지라도, 그 가치의 일부는 평균적인 마멸에 비례해서 생산물과 함께 유통하여 화폐로 전환되며, 그 고정자본이 현물로 재생산될 때까지 자본 보충을 위한 준비금의 요소를 구성하고 있다.

그러므로 고정자본 가치 중 화폐로 전환된 이 부분은 사업을 확장하거나 기계에 개량을 추가하여 그것의 효율성을 높이는 데 사용할 수 있다. 그러면 길거나 짧은 시간에 걸쳐 재생산이 수행되며, 사회의 관점에서 보면 확대재생산이 수행되는데, 생산영역이 확대되면 외연적 확대재생산이고 생산수단의 효율성이 제고된다면 내포적 확대재생산이다. 이런 확대재생산은 축적—잉여가치가 자본으로 전환—에서 발생하는 것이 아니라, 고정자본의 본체로부터 화폐형태로 분리된 가치가 같은 종류의 새로운 고정자본[추가적이든 더욱 효율적이든]으로 재전환됨으로써 발생한다. 어느 정도까지 어떤 규모로 이런 종류의 점차적 추가가 가능한가, 따라서 이런 형태로 투자하기 위해서는 얼마만큼의 준비금이 적립되지 않으면 안 되는가, 그리고 이 적립이 어느 정도의 시간에 가능한가는 물론 부분적으로는 그 사업의 특성에 달려 있다. 다른 한편, 현존하는 기계에 어느 정도까지 세부 개량을 가할 수 있는가는 물론 그 개량의 성질이나 기계 자체의 구조에 달려 있다. 애덤즈는 철도투자에서 이 점을 어느 정도까지 처음부터 명심해야 하는가를 다음과 같이 말하고 있다.

"전체 구조는 벌집을 지배하는 원리—무한한 확장의 가능성—에 따라야만 한다. 너무나 견고하고 처음부터 균형이 잡힌 구조는 좋지 않은데, 왜냐하면 확장하는 경우에는 그것을 부수어버릴 필요가 생기

기 때문이다."(같은 책: 123)

이것은 또한 대체로 이용 가능한 공간에 달려 있다. 약간의 건물에서는 층을 위로 증축할 수 있지만, 다른 경우에는 수평적 확장이 필요하고 따라서 토지가 더욱 필요하다. 사업의 점차적인 확장의 경우에 자본주의적 생산은 많은 자재의 낭비를 가져오고 부적당한 수평적 확장(부분적으로 『숨쉴 공간이 부족해』 노동력을 해친다)이 행해진다. 왜냐하면 거기에서는 어느 것도 사회적 계획에 따라 행해지는 것은 없으며, 모두가 개별 자본가의 각양각색의 사정 · 수단 등에 의존하기 때문이다. 이 때문에 생산력의 거대한 낭비가 생기는 것이다.

준비금(고정자본 중 화폐로 전환된 부분)은 농업에서 가장 쉽게 조금씩 재투자된다. 농업에서는 공간적으로 일정한 생산면적이 최대의 점차적인 자본흡수력을 지니고 있다. 축산에서처럼 자연적 재생산이 행해지는 경우에도 그러하다.

고정자본은 특수한 유지비를 필요로 한다. 유지의 일부는 노동과정 그 자체에 의하여 행해지는데, 고정자본이 노동과정에서 기능하지 않는다면 손상을 입게 되기 때문이다(제1권, 제8장과 제15장에서 사용하지 않기 때문에 생기는 기계의 손상을 보라). 그러므로 영국의 법률도 임대된 토지가 관습에 따라 경작되지 않는다면 그것을 명시적으로 토지훼손으로 여기고 있다(법정 변호사 홀즈워스, 『지주와 차지인에 관한 법』: 96). 노동과정 자체에서 행해지는 유지는 살아있는 노동이 공짜로 제공하는 선물이다. 사실상 노동이 행하는 가치유지력은 이중의 성질을 지닌다. 한편에서는 노동은 노동재료의 가치를 생산물로 이전시킴으로써 그것의 가치를 유지하며, 다른 한편에서는 노동은 노동수단의 가치를 유지하는데, 이것은 그것의 가치를 생산물로 이전시키는 것 때문이 아니라 생산과정에서 그것의 가동을 통하여 그것의 사용가치를 유지하기 때문이다.

그러나 고정자본을 좋은 상태로 유지하기 위해서는 적극적인 노동지출이 필요하다. 기계는 때때로 깨끗이 닦아야 한다. 이것은 추가적 노동을 필요로 하는데, 만약 이것이 없다면 기계는 사용할 수 없게 된다. 이것은 생산과정과 분리될 수 없는 요소들의 유해한 영향을 단순히 방지하기 위한 것이며, 기계를 말 그대로 작업 가능한 상태로 유지하기 위한 것이다. 고정자본의 표준수명은 그 기간 동안 고정자본이 정상적으로 기능할 수 있는 조건들이 충족된다는 것을 전제로 계산되는 것인데, 이것은 마치 인간의 평균수명이 30살이라고 할 때 그가 목욕을 한다는 것이 전제되고 있는 것과 마찬가지다. 여기에서 문제로 되는 것은 기계에 포함된 노동의 보충이 아니라 기계를 사용하는 데 끊임없이 필요하게 되는 추가노동이다. 이것은 기계가 행하는 노동이 아니라 기계에 대해 행해지는 노동이며 따라서 여기에서는 기계는 생산의 담당자이기보다 오히려 원료다. 이 노동〖고정자본을 유지하는 노동〗에 지출되는 자본은 생산물이 나오는 진정한 노동과정에는 들어가지 않지만 유동자본에 속한다. 이 노동은 생산이 행해지는 동안 끊임없이 지출되지 않으면 안 되며, 그것의 가치도 생산물의 가치에 의해 끊임없이 보충되지 않으면 안 된다. 이 노동에 지출된 자본은 유동자본 중 일반적 잡비에 해당하는 부분이며, 연간의 평균계산에 따라 생산물의 가치에 분배되어야 한다. 우리가 이미 본 바와 같이, 진정한 공업에서는 이 기계청소작업은 노동자의 휴식시간 중에 노동자에 의해 공짜로 행해지며, 따라서 때때로 생산과정 자체의 시간 중에 행해지는데, 이리하여 사고의 가장 중요한 원인이 되고 있다. 이 노동은 생산물의 가격에 산입되지 않는다. 이 점에서 소비자는 그 노동을 공짜로 얻는 셈이다. 물론 자본가도 기계의 유지에 대하여 지불하지 않는다. 노동자가 스스로 지불하는데, 이것은 자본의 자기유지라는 비법의 하나를 구성하지만 사실상 기계에 대한 노동자의 법률적 청구권을 형성하며, 부르주아적 법의 입장에서 보아도 노동자를 기계의 공동소유자로 만드는 것이다. 그러나 기관차의 경우처럼 청소를 위해 기계가 생산과정으로부터 격리되어야 할 필요가 있으며, 따라서 청소가 휴식시간 중에 행해질 수 없는 각종 산업분야에서는, 이런 유지노동은 경상비로서 유동자본의 요소로 계산된다. "기관차는 기껏해야 3일간 작업한 다음에는 차고에 들어가 청소되어야만 한다.…보일러가 식기 전에 청소하면 보일러는 손상된다"(R. C. 17823호).

진정한 수리 또는 수선작업은 자본과 노동의 지출을 필요로 하는데, 이 자본과 노동은 최초의 투하자본에 포함되어 있지 않으며 그 고정자본의 점차적인 가치회수에 의해 보충될 수도 없다. 고정자본의 가치가 10,000원이고 그 수명이 10년이라면, 10년 뒤에 그 고정자본이 완전히 화폐로 전환된 10,000원은 최초의 자본투자의 가치만을 보충할 뿐이며, 그 사이 수리를 위해 새로 추가된 자본 또는 노동을 보충하지는 않는다. 이 추가자본은 한꺼번에 투하되지도 않고 필요에 따라 투하된 추가적인 가치구성부분이며, 그 각종의 투하시간은 당연한 일이지만 우연적이다. 모든 고정자본은 이런 사후적인 자본지출[노동수단과 노동력에 대한]을 필요로 한다.

기계 등의 개개의 부분이 입는 손상은 전혀 우연적이며 따라서 그 손상 때문에 필요하게 된 수리도 전혀 우연적이다. 그러나 다소 고정적인 성격을 띠며 고정자본의 생애 중 상이한 단계에 속하는 두 가지 종류의 수리작업을 구별할 수가 있다. 즉 유년기의 고장과 중년기 이후의 매우 빈번한 고장이 그것이다. 기계가 아무리 완전하게 만들어졌다고 하더라도 생산과정에 들어가면 실제의 사용에서 결함이 발견되는 수가 있는데, 이 결함은 추가적 노동에 의하여 시정되지 않으면 안 된다. 더욱이 기계가 그 중년기를 넘으면 넘을수록, 그리고 정상적인 마멸이 누적되어 기계의 구성재료가 소모되고 노쇠하여 가면 갈수록, 그 기계를 평균수명까지 유지하는 데 필요한 수리작업이 더욱 빈번해지며 중요해진다. 마치

노인이 때 아닌 죽음을 피하기 위해 혈기왕성한 청년보다 더욱 큰 의료비를 지출하게 되는 것과 마찬가지다. 그러므로 수리작업은 그 우연적 성격에도 불구하고 고정자본 생애의 각종 기간에 걸쳐 균등하게 배분되는 것은 아니다.

이 점에서 그리고 기계 수리작업의 우연적 성격에서도 다음과 같이 말할 수 있을 것이다.

첫째로 수리작업을 위한 노동력과 노동수단의 현실적 지출은 이 수리를 요구하는 사정 그 자체와 마찬가지로 우연적이다. 필요한 수리의 규모는 고정자본 생애의 각종 기간에 걸쳐 불균등하게 분배되고 있다. 고정자본의 평균수명을 계산할 때, 부분적으로는 청소(장소의 청소도 포함)에 의하여, 부분적으로는 필요할 때마다 실시되는 수리에 의하여, 고정자본은 항상 활동할 수 있는 상태로 유지되고 있다는 것이 가정되고 있다. 고정자본의 마멸을 통한 가치이전은 고정자본의 평균수명에 의해 계산되지만, 이 평균수명 그 자체는 고정자본의 정비에 필요한 추가자본이 계속적으로 투하된다는 가정 하에서 계산된 것이다.

둘째로 자본과 노동의 이 추가지출에 의해 첨가되는 가치는, 현실로 지출이 일어날 때마다 상품의 가격에 들어갈 수 없다는 것은 분명하다. 예컨대 방적업자는 금주에 톱니바퀴가 부서졌다든가 벨트가 끊어졌다고 하여 자기의 면사를 지난주보다 비싸게 팔 수는 없다. 방적업의 일반적 비용은 개별 공장의 이런 사고에 의해 결코 영향 받지 않는다. 모든 가치규정에서 그런 것처럼 여기에서도 평균이 결정한다. 어떤 일정한 사업에 투자된 고정자본의 평균수명 중에 일어나는 사고나 필요한 유지 · 수리작업의 평균규모는 경험에 의해 알려지고 있다. 이 평균적 지출이 평균수명에 걸쳐 분배되어 생산물의 가격에 첨가되며, 이리하여 생산물의 판매를 통해 보충되는 것이다.

이와 같이 보충되는 추가자본은, 그 지출이 비록 불규칙적이긴 하지만,

유동자본에 속한다. 기계의 고장을 즉각적으로 수리하는 것이 매우 중요하기 때문에, 비교적 큰 공장에서는 진정한 공장노동자 이외에도 기사 · 목공 · 기계공 · 조립공 등이 있다. 이들의 임금은 가변자본의 일부를 이루며 그들 노동의 가치는 생산물에 분배된다. 다른 한편에서 생산수단을 위한 지출—사실상 불규칙적인 시기에 투하되며 따라서 생산물이나 고정자본에 불규칙적으로 들어가긴 하지만—은 앞에서 말한 평균계산에 의해 결정되어 생산물의 가치부분을 이루게 된다. 진정한 수리에 지출되는 이 자본은 많은 점에서 독특한 종류의 자본—유동자본으로도 고정자본으로도 분류될 수 없지만, 경상비에 속하기 때문에 유동자본으로 분류하는 것이 더욱 타당하다—을 형성하고 있다.

부기의 방식은 장부에 적힌 사물의 현실적 관계를 조금도 변경시키지 않는다. 그러나 수리비를 다음과 같은 방법으로 고정자본의 현실의 마멸과 함께 계산하는 것이 많은 사업부문의 관례라는 것을 지적하는 것은 중요하다. 고정자본 투자액이 10,000원이고 그것의 수명이 15년이라면, 연간 감가상각액은 $666\frac{2}{3}$원이다. 그런데 수명을 15년이 아니라 10년이라고 계산하여 고정자본의 마멸을 보상하기 위해 연간 $666\frac{2}{3}$원이 아니라 1,000원을 생산물의 가격에 첨가함으로써, 그 차액 $333\frac{1}{3}$원을 수리 등을 위해 유보하는 것이다(여기에서 말하는 10년이나 15년은 다만 예로 든 것에 불과하다). 결국 고정자본이 15년 지속하기 위해서는 평균하여 이 금액만큼이 수리에 지출된다는 것이다. 물론 이 계산은 고정자본과 수리에 지출된 추가자본이 각각 상이한 범주를 형성하는 것을 방해하지는 않는다. 이런 계산방식에 의거할 때, 예컨대 기선의 유지와 보충을 위한 비용의 최저 예상치는 연간 15퍼센트가 되며, 이리하여 재생산시간은 $6\frac{2}{3}$년 〚100%÷15%〛으로 되었다. 1860년대에 영국정부는 페닌슐러 앤드 오리엔탈 회사〚기선회사〛에 대해 연율 16퍼센트로 보상하였는데, 이것은 $6\frac{1}{4}$년의 재생산시간을 의미한다. 철도의 경우에는 기관차 한 대의 평균수명은 10년인데, 수리비를 가산하면 연간 감가상각은 $12\frac{1}{2}$퍼센트이며 이리하여 수명은 8년으로 감축된다. 객차와 화차는 연간 9퍼센트 감가상각되며 따라서 그 수명은 $11\frac{1}{9}$년이다.

가옥과 기타 물건—소유자에게는 고정자본이며 고정자본으로 타인에게 임대된다—의 임대계약에서 법률은 시간·자연력의 영향·정상적 사용에 의하여 발생하는 정상적인 마멸과, 가옥의 평균적 수명과 평균적 이용 중에 때때로 필요한 임시적인 수리 사이의 구별을 인정하고 있다. 원칙적으로 전자는 소유자의 부담이 되고 후자는 임차인의 부담으로 된다. 수리는 또한 보통의 수리와 근본적인 수리로 구별된다. 후자는 현물형태에 있는 고정자본의 부분적 갱신으로서, 계약에 그 반대로 명시되어 있지 않다면 소유자의 부담이 된다. 예컨대 영국의 법률에 따르면:

> "임차인은 '근본적인' 수리를 하지 않고 할 수 있는 한도에서 건물을 비와 바람에서 보호하며 또한 일반적으로 '보통'의 수리라고 불리는 수리만을 할 의무가 있다. 건물 중에서 보통의 수리 대상이 되는 부분에 대해서도 임차인이 점유하였을 때 그 부분의 연령, 일반적 상태와 조건을 고려해야만 한다. 왜냐하면 낡고 헐어빠진 재료를 새로운 재료로 보충하는 것과, 시간의 경과와 보통의 사용 결과로 발생하는 불가피한 마멸을 보상하는 것은 임차인의 의무가 아니기 때문이다."(홀즈워스, 앞의 책: 90, 91)

이상한 자연현상·화재·홍수 등에 의한 파괴와 관련된 보험은 마멸의 보충과 수리·유지의 작업과는 전혀 다르다. 보험은 잉여가치로부터 보충되지 않으면 안 되며 그것의 공제를 이룬다. 사회 전체의 관점에서 보면, 우연과 자연력 때문에 발생하는 비정상적인 파괴를 보상하는 데 필요한 생산수단을 보유하기 위해서는 항상적인 과잉생산—현존하는 부의 단순한 보충과 재생산에 필요한 것보다 더 큰 규모의 생산[인구증가는 전혀 도외시한다] — 을 행하지 않으면 안 된다.

사실상 보충에 필요한 자본 중 매우 작은 부분만이 화폐준비금으로 구성되어 있다. 이 자본 중 가장 중요한 부분은 생산규모 그 자체의 확대를 위한 것인데, 이 확대는 부분적으로는 현실적인 확대이고 부분적으로는 고정자본 생산부문의 정상적인 생산능력으로 가능하다. 예컨대 기계제조공장은 모든 자기 고객들의 연간의 공장 확장과 그들의 재생산[부분적 또는 전체적]의 필요를 감안하여 생산하고 있다.

마멸과 수리비가 사회적 평균에 의해 결정된다면, 동일한 생산분야의 동일한 규모의 자본투자들 사이에서조차 매우 큰 불균등이 어쩔 수 없이 생기게 된다. 사실상 기계 등은 어떤 자본가에게는 평균수명 이상으로 기능할 것이고 또 다른 자본가에게는 평균수명 이하로 기능할 것이다. 또한 수리비도 어떤 자본가에게는 평균 이상이고 다른 자본가에게는 평균 이하일 것이다. 그러나 마멸과 수리비에 의해 규정되는 가격추가분은 모든 경우에 동일하며 평균적으로 결정된다. 그러므로 그 가격추가에 의해 어떤 자본가는 자기가 실제로 추가하는 것보다 많이 얻게 되고 또 다른 자본가는 적게 얻게 된다. 이것은, 노동력의 착취도가 동일하더라도 동일 부문의 각 자본가들의 이윤을 상이하게 만드는 여러 사정들이 있는 것과 마찬가지로, 잉여가치의 본성에 대한 통찰을 더욱 어렵게 만든다.

진정한 수리와 보충 사이의 경계, 유지비와 갱신비 사이의 경계는 다소 유동적이다. 따라서 예컨대 철도에서는 어느 비용이 수리비인가 보충비인가, 그것이 경상비에서 지불되어야 하는가 최초의 자본에서 지불되어야 하는가에 대해 끊임없는 논쟁이 있다. 수리비를 경상계정이 아니라 자본계정으로 편입시키는 것은 철도경영자들이 자기들의 배당을 인위적으로 인상시키기 위해 사용하는 잘 알려진 수법이다. 여기에서도 경험이 가장 근본적인 기준을 제공하고 있다. 예컨대 철도 유년기의 추가작업은,

"수리가 아니라 철도건설의 본질적인 구성부분으로 여겨지지 않으면 안 된다. 그리하여 그것은 손익계정이 아니라 자본계정에 기입되어야 한다. 왜냐하면 그것은 마멸이나 정상적인 교통운행에 의해 생긴 비용이 아니라 철도건설의 원래의 불가피한 미완성에 말미암은 것이기 때문이다."(라드너, 앞의 책: 40) "해마다 수입을 얻기 위해 필연적으로 입게 되는 감가를 매년의 수입에서 부담시킨다는 것은, 그 금액이 실제로 지출되든 안 되든 유일하게 정당한 방법이다."(피츠모리스, 「칼레도니아 철도 조사 위원회」)

농업에서는 적어도 증기력이 사용되지 않는다면 고정자본의 보충과 유지의 분리는 사실상 불가능하고 무의미하다.

"도구"(온갖 종류의 농구와 기타 도구)"가 충분하면서 과잉이 아닌 경우에는, 도구의 연간 마멸 · 유지를 사정의 차이에 따라 최초 투자의 15~25퍼센트로 계산하는 것이 일반적이다."(키르히호프, 『농업경영학 편람』: 137)

철도 차량의 경우에는 수리와 보충을 분리하는 것은 완전히 불가능하다.

"우리는 차량을 그 수만큼 유지한다. 우리가 어느 만큼의 기관차를 가지고 있다 하더라도 우리는 그것을 유지한다. 만약 하나가 오래되어 망가져서 새 것을 만드는 것이 유리하다면 우리는 수입을 지출하여 그것을 만드는데, 이 경우 낡은 기관차가 남기는 재료—차륜 · 차축 · 보일러—를 다시 사용한다."(그레이트 웨스턴 철도회사 사장 구치의 증언. R. C.: 858, 17327~17329호) "수리는 갱신을 의미한다. 나에게는 보충이라는 단어는 없다.…철도회사가 차량이나 기관차를 일단 구입한 경우, 그것들은 영구히 달릴 수 있도록 수리되지 않으면 안 된다." (17784호)

"우리는 기관차의 비용을 주행 1마일 당 8.5펜스로 계산한다. 이 8.5펜스로 우리는 기관차를 영구히 유지한다. 우리는 기관차를 갱신하는 것이다. 만약 당신이 기관차를 새로 구입한다고 하면, 당신은 필요 이상으로 많은 돈을 지출하게 될 것이다.…낡은 기관차에는 언제나 몇 개의 차륜이나 차축 또는 기타 쓸모 있는 부분이 있는데, 이런 것들을 사용하면 새 것과 다름없는 기관차를 값싸게 만들 수 있다."(17790호) "나는 지금 매주 한 개의 새로운 기관차, 새 것과 다름없는 기관차—왜냐하면 이 기관차는 새로운 보일러 · 실린더 · 차체를 가지고 있기 때문이다—를 만들어 내고 있다."(17823호. 그레이트 노던 철도회사 기관차공장장 스터로크, R. C. 1867)

객차도 마찬가지다.

"시간의 경과와 함께 기관차와 차량의 재고는 끊임없이 수리된다. 어느 때는 새 차륜이 끼워지고 어느 때는 새 차체가 만들어진다. 마멸되기 가장 쉬운 부분들이 점차로 갱신된다. 그리하여 기관차와 차량은 몇 차례의 수리를 받아 최초 재료의 흔적조차 보이지 않는 경우가 많다.…그러나 이 경우에도 차량이나 기관차의 낡은 재료들은 다른 차량이나 기관차에 다소 가공 · 이용되고 있으며 철도에서 완전히 사라져 버리는 것은 아니다. 그러므로 이동 가능한 자본은 끊임없이 재생산되고 있다고 말할 수 있다. 선로의 경우에는 궤도 전체가 새로 부설될 때 재생산되지 않으면 안 되지만, 차량의 경우에는 매년 점차적으로

재생산된다. 차량은 영구히 존속하며 끊임없이 젊어지고 있다."(라드너, 앞의 책: 115~116)

여기에서 라드너가 철도에 관하여 묘사한 과정은, 개별공장에는 적합하지 않지만, 하나의 산업분야 전체에서 또는 일반적으로 사회적 규모에서 본 생산 전체에서 일어나는 것—수리와 교차되어 진행되는 고정자본의 끊임없는 부분적 재생산—을 묘사하는 데는 적합하다.

교활한 경영자들이 그들의 배당을 크게 하기 위해 수리와 보충의 개념을 얼마나 넓게 사용하고 있는가에 대한 증거가 있다. 앞에서 인용된 윌리엄즈의 강연에 따르면, 영국의 각종 철도회사는 선로와 건물의 수리비·유지비로서 몇 년 동안 평균하여 다음과 같은 금액을 공제하였다(선로 1마일 당 연간 금액).

런던과 노스웨스턴	£370
미들랜드	£225
런던과 사우스웨스턴	£257
그레이트 노던	£360
랭카셔와 요크셔	£377
사우스 이스턴	£263
브라이튼	£266
맨체스터와 쉐필드	£200

이 금액의 차이는 현실적인 지출의 차이에서 생기는 것은 매우 적으며, 거의 대부분은 계산방법의 차이—지출항목들이 자본계정에 계상되느냐 경상계정에 계상되느냐—에서 나온다. 윌리엄즈가 말하는 바와 같이, 배당을 좋게 하기 위해 필요할 때는 비교적 적은 비용을 계상하며,

감당할 수 있을 만큼 수입이 큰 경우에는 비교적 큰 비용을 계상하는 것이다.

어떤 경우에는 마멸과 그것의 보충은 사실상 보잘것없는 크기며 따라서 수리비만이 계상된다. 라드너가 철도의 '공작물'에 대해 말하는 것은 일반적으로 운하 · 부두 · 철교 · 돌다리 등과 같은 내구 구축물에도 적용된다.

> "상당히 견고한 구축물이 입는 마멸은 시간의 완만한 작용 때문에 단시간에는 거의 눈에 띄지 않지만, 장시간 예컨대 수백 년이 경과하면 아무리 견고한 구축물도 마멸 때문에 그 전체 또는 일부가 갱신되지 않으면 안 된다. 이런 차이는 천체 운동에서 일어나는 주기적인 편차와 장기적인 편차에 비유될 수 있다. 교량 · 터널 · 구름다리 등 철도의 비교적 대규모 구축물에 미치는 시간의 작용은 장기적 마멸의 예를 제공한다. 더 짧은 시간에 수리나 보충에 의해 메워지는 더 빠르고 눈에 띄는 마멸은 주기적 편차와 비슷하다. 비교적 견고한 구축물의 외부가 때때로 입는 우연한 손상도 매년의 수리비에 포함된다. 그러나 이런 수리와는 별도로 연령은 이런 구축물에 영향을 미쳐 결국에 가서는 그것을 신축해야 할 시기[아무리 먼 장래라고 하더라도]가 도래하게 된다. 재정상 · 경제상의 목적에서 볼 때 그 시기가 너무나 먼 장래의 일이기 때문에 실제의 계산에는 들어가지 않을 수가 있다."(라드너, 앞의 책: 38, 39)

이것은 사용가능햇수가 긴 모든 구축물에 적용되는데, 그것에 투하된 자본은 그것의 마멸에 비례하여 점차로 보충될 필요는 없으며, 유지 · 수리를 위한 연평균 비용만이 생산물의 가격에 이전되는 것이다.

우리가 본 바와 같이, 고정자본의 마멸 보충분으로 환류하는 화폐의 대부분이 매년 또는 그보다 단기간에 고정자본의 현물형태로 재전환되고 있다 할지라도, 개별 자본가는 고정자본 중 수년 뒤에만 재생산시간에 달하여 한꺼번에 보충·대체되지 않으면 안 되는 부분을 위해 감가상각기금을 가져야만 한다. 고정자본의 상당히 큰 구성부분은 그 성질상 일부분씩 재생산할 수가 없다. 감가한 낡은 재고에 새로운 재고가 비교적 짧은 간격으로 첨가되어 재생산이 일부분씩 행해지는 경우를 제외하고는, 이런 보충이 행해질 수 있기 이전에 많거나 적거나—생산분야의 특수성에 따라 다르다—화폐축적이 미리 필요하다. 이 금액은 어떤 규모라도 좋은 것이 아니라 일정한 규모에 이르러야만 한다.

이 문제를 단순화폐유통을 전제로 하여—뒤에 전개될 신용제도를 전혀 고려하지 않고—고찰한다면, 운동은 다음과 같이 될 것이다. 제1권(제3장, 3절 A)에서 분명히 한 바와 같이, 한 사회에 현존하는 화폐의 일부는 항상 퇴장화폐로 쉬고 있고, 다른 부분은 유통수단으로서 또는 직접 유통하고 있는 화폐의 직접적 준비금으로 기능하고 있는데, 화폐의 총량이 퇴장화폐와 유통수단으로 분할되는 비율은 끊임없이 변동한다. 우리의 경우에는 대자본가의 수중에 퇴장화폐로 대규모 축적되어 있는 화폐가 고정자본의 구입시에는 한꺼번에 유통에 투입되는 것이다. 그 뒤 이 화폐는 다시 유통수단과 퇴장화폐로 분할된다. 고정자본의 마멸에 비례하여 그것의 가치가 출발점으로 환류하는 것인 감가상각기금에 의하여, 유통 중에 있는 화폐의 일부는 동일한 자본가—이 자본가가 고정자본을 구입할 때 그의 퇴장화폐가 그로부터 떠나 유통수단으로 전환되었던 것이다—의 수중에서 다시 길거나 짧은 시간 동안 퇴장화폐를 형성하게 된다. 한 사회에 있는 퇴장화폐의 크기는 끊임없이 변동하고 있는데, 퇴장화폐는 번갈아 유통수단으로 기능하는가 하면 그 뒤에는 퇴장화폐로 다시 유통화폐량에서 분리되고 있다. 대공업과 자본주의적 생산의 발전에 필연적으로 병행하는 신용제도의 발달에 따라, 이 화폐는 이제 퇴장화폐로서가 아니라 자본으로서 기능하게 되는데, 이 기능은 그 화폐의 소유자의 수중에서가 아니라 그 화폐를 이용하는 다른 자본가의 수중에서 행해진다.

제9장
투하자본의 총회전. 회전순환

이미 본 바와 같이, 생산자본의 고정적 구성부분과 유동적 구성부분은 회전방식과 회전시간이 서로 상이하며, 동일한 기업이 소유하는 고정자본의 각종 구성부분들도 그들의 수명과 재생산시간이 상이함에 따라 상이한 회전시간을 가지고 있다(동일한 기업에 있는 유동자본의 상이한 구성부분이 회전에서 보이는 현실적 또는 외관상의 차이에 대해서는 이 장의 제6항을 보라).

(1) 투하자본의 총회전은 각각의 구성부분들의 평균회전이다. 계산방법은 후술한다. 시간만이 문제로 된다면 물론 그것의 평균을 내는 것은 매우 간단하다. 그러나,

(2) 여기에는 양적 차이뿐 아니라 질적 차이도 있다.

생산과정에 들어가는 유동자본은 그것의 가치 전부를 생산물로 이전하며, 따라서 생산과정을 중단 없이 진행시키기 위해서는 유동자본은 생산물의 판매에 의하여 끊임없이 현물로 보충되지 않으면 안 된다. 생산과정에 들어가는 고정자본은 가치의 일부(마멸분)만을 생산물로 이전하며, 이 마멸에도 불구하고 생산과정에서 계속 기능한다. 그러므로 고정자본은 길거나 짧은 시간을 두고 현물로 보충될 필요가 있으며, 어쨌든 유동자본처

럼 자주 보충될 필요는 없다. 이 보충의 필요성, 곧 재생산시간은 고정자본의 각 구성부분마다 양적으로만 차이가 나는 것이 아니라, 우리가 이미 본 바와 같이, 사용가능햇수가 긴 고정자본의 일부는 매년 또는 짧은 시간을 두고 보충되어 옛 고정자본에 현물로 첨가될 수도 있고, 다른 속성을 지닌 고정자본은 오직 그것의 사용가능햇수 말에 한꺼번에 보충될 수도 있다.

그렇기 때문에 고정자본의 각종 구성부분들의 특이한 회전들을 동일한 회전형태로 환원하여 그것들이 양적으로만(회전의 길이로서만) 차이가 나도록 할 필요가 있다.

이런 질적 동일성은 P…P[연속적 생산과정의 형태]를 출발점으로 삼을 경우에는 나타나지 않는다. 왜냐하면 P의 약간의 요소들은 끊임없이 현물로 보충되어야 하지만 다른 요소들은 그렇지 않기 때문이다. 그러나 M…M′의 형태는 확실히 회전의 이런 동일성을 보여준다. 예컨대 10,000원의 가치를 가진 한 기계가 수명이 10년이고 따라서 이 가치의 $\frac{1}{10}$, 곧 1,000원이 매년 화폐로 재전환된다고 하자. 이 1,000원은 1년 동안에 화폐자본에서 생산자본, 그 다음에는 상품자본으로 전환되며, 이 상품자본에서 화폐자본으로 재전환되었다. 그것은 M…M′의 형태로 고찰한 경우의 유동자본과 마찬가지로 최초의 화폐형태로 복귀하였으며, 이 1,000원이라는 화폐자본이 연말에 가서 다시 어떤 기계의 현물형태로 재전환하는가 안 하는가 하는 것은 아무래도 좋다. 그러므로 투하된 생산자본의 총회전의 계산에서 우리는 이 자본의 모든 요소들을 화폐형태로 고정시켜서 화폐형태로 복귀하면 회전이 종결된 것으로 하며, 가치는 언제나 화폐로 투하되는 것으로 여기려고 한다. 가치의 이 화폐형태가 계산화폐의 형태에 불과한 연속적 생산과정의 경우에도 그러하다. 이렇게 하여 우리는 평균치를 낼 수 있다.

(3) 투하된 생산자본의 압도적 부분이 고정자본[이것의 재생산시간, 따라서 또 회전시간은 다년간에 걸친 순환으로 구성된다]으로 구성되어

있는 경우에도, 연간에 회전한 자본가치는 유동자본의 연간의 반복된 회전 때문에 투하자본의 총가치보다 더 클 수 있게 된다.

고정자본은 80,000원이고 그것의 재생산시간은 10년, 따라서 매년 그중 8,000원이 화폐형태로 복귀한다고 하자. 또는 고정자본이 매년 그 회전의 $\frac{1}{10}$을 완수한다고 하자. 유동자본은 20,000원이며 연 5회 회전한다고 하자. 이 경우 총자본은 100,000원이고 일년간 회전한 고정자본은 8,000원이며, 회전한 유동자본은 20,000×5=100,000원이다. 따라서 연간에 회전한 자본은 108,000원으로서 투하자본보다 8,000원이 더 많다. 자본의 $1\frac{2}{25}$ 〚$=\frac{108,000}{100,000}$〛가 회전한 것으로 된다.

(4) 따라서 투하자본의 가치회전시간value turnover time은 투하자본의 현실적인 재생산시간 또는 그 구성부분들의 현실적인 회전시간과는 구별된다. 예컨대 4,000원의 자본이 연 5회전한다고 하자. 이 경우 회전한 자본은 4,000×5=20,000원이다. 그러나 매 회전의 마지막에 복귀하여 다시 투하되는 것은 최초에 투하된 자본 4,000원뿐이다. 투하한 자본의 크기는 이 자본이 반복하여 자본으로 기능하는 회전 수에 의해 변동되는 것은 아니다(잉여가치는 여기에서 무시한다).

그리하여 위의 (3)에서 든 예의 전제에 따르면, 연말에 자본가의 수중으로 복귀한 것은, (a) 그가 유동자본의 구성부분들에 다시 지출하게 될 20,000원의 가치액과, (b) 마멸로 말미암아 투하고정자본의 가치에서 분리된 8,000원의 금액이다. 그밖에 생산과정에는 종전과 동일한 고정자본이 계속 있지만 그 가치는 80,000원이 아니라 72,000원으로 감소되어 있다. 따라서 투하고정자본이 자기 수명을 다하여 생산물 또는 가치의 형성자로서 기능할 수 없어 대체되지 않으면 안 될 때까지는 아직도 9년간의 생산과정이 계속되어야 한다. 이와 같이 투하자본가치는 몇 개의 회전들을 포함하는 1순환을, 예컨대 위에서 말한 경우에는 10개의 연年회전들로 이루어지는 1순환을 거치게 된다. 그런데 이 순환은 사용되는 고정자본의 수명, 따라서 재생산시간 또는 회전시간에 의하여 규정된다.

그리하여 자본주의적 생산양식의 발전과 함께 사용되는 고정자본의 가치량과 수명이 증대함에 따라 그만큼 산업의 생애와 각 투자부문에 투하된 산업자본의 생애도 다년간[예컨대 평균하여 10년간]의 생애로 발전하여 간다. 한편으로는 고정자본의 발전이 이 생애를 연장시킨다면, 다른 한편으로는 자본주의적 생산양식의 발전과 함께 꾸준히 진전하는 생산수단의 끊임없는 변혁으로 말미암아 이 생애는 또한 단축된다. 자본주의적 생산양식의 발전과 함께 생산수단도 변화하며, 그리고 생산수단들이 물리적 수명을 다하기 오래 전에 도덕적 가치감소의 결과로 그것들을 끊임없이 대체할 필요성도 증대된다. 대공업의 가장 결정적인 부문들에서는 지금 이 생명순환이 평균하여 10년이라고 볼 수 있다. 그러나 여기서는 정확한 연수는 문제로 되지 않는다. 어쨌든 이것만은 명백하다. 즉 상호 관련되어 있는 회전들로 이루어지는 몇년 간에 걸친 순환 — 자본은 고정적 구성부분 때문에 이 순환에 얽매어 있다 — 은 주기적 공황의 물질적 기초의 하나를 제공하며, 이 순환에서 기업은 침체, 중위의 호황, 지나친 활황, 공황의 순차적 시기들을 통과한다. 물론 자본이 투하되는 시기들은 매우 상이하며 서로 일치하지 않는다. 그럼에도 불구하고 공황은 언제나 새로운 대규모 투자의 출발점을 이룬다. 따라서 사회 전체를 고찰한다면 공황은 대체로 다음에 올 회전순환을 위한 하나의 새로운 물질적 기초를 이룬다.[1]

(5) 회전의 계산방식에 관해서는 미국의 한 경제학자의 말을 빌리기로 하자.

"약간의 생산부문들에서는 투하자본 전체가 1년 동안에 여러 번 회

1) "도시의 생산은 며칠의 회전에 묶여 있고, 농촌의 생산은 몇 해의 회전에 묶여 있다."(뮐러, 『정치학 요론』: 178) 이것은 공업과 농업에 관한 낭만파의 소박한 견해다.

전 또는 유통한다. 또 약간의 다른 부문에서는 일부는 1년에 1회 이상 회전하는데 다른 일부는 그렇게 빈번하게 회전하지는 않는다. 자본가가 이윤 계산의 기준으로 삼지 않으면 안 되는 것은 그의 전체 자본이 자기의 수중을 통과하는 데 필요한, 또는 한 번 회전하는 데 필요한 평균시간이다. 일정한 사업에 종사하는 어떤 사람이 자본의 $\frac{1}{2}$을 10년에 한 번씩 갱신되는 건물과 기계에, 그 $\frac{1}{4}$을 2년에 한 번씩 갱신되는 도구 등에, 그리고 나머지 $\frac{1}{4}$을 1년에 2회 회전하는 임금과 원료에 지출한다고 하자. 그의 총자본은 50,000원이라고 하자. 이 경우 그의 연간 지출은 다음과 같이 된다.

10년간에	$\frac{50,000}{2}$	=	25,000원.	1년간에	2,500원
2년간에	$\frac{50,000}{4}$	=	12,500원.	1년간에	6,250원
$\frac{1}{2}$년간에	$\frac{50,000}{4}$	=	12,500원.	1년간에	25,000원
				1년간에	33,750원

따라서 그의 전체 자본이 1회전하는 평균시간은 18개월* 〚=12개월× $\frac{50,000}{33,750}$〛이다.…또 하나의 경우를 들어보자.…50,000원의 총자본 중 $\frac{1}{4}$은 10년에, 다른 $\frac{1}{4}$은 1년에 회전하며, 나머지 〚$\frac{2}{4}$〛는 1년에 2회 회전한다고 하자. 이 경우 연간 지출은 다음과 같이 될 것이다.

$\frac{12,500}{10}$	=	1,250원
12,500	=	12,500원
25,000×2	=	50,000원
1년간 회전액		63,750원

* 원문에는 16개월로 되어 있으며, 그 이유는 1년간의 회전액 33,750원에 연 7.5%의 이윤을 붙여 36,281원을 1년간 회전액으로 삼았기 때문이다. 마르크스는 이 계산방식은 잘못되었다고 지적하면서 18개월로 고친 것이다.

(스크로프, 『정치경제학 원리』, 포터 편집, 뉴욕 1841: 142, 143)

(6) 자본의 각종 부분들의 회전에서 현실적 차이와 외관상 차이. 위의 스크로프는 같은 곳에서 다음과 같이 말하고 있다.

> "공장주나 농장주 또는 상인이 임금지불에 지출하는 자본은 가장 빨리 유통한다. 왜냐하면 그들이 노동자들에게 매주 임금을 준다면, 노동자들은 그 돈으로 밀린 외상대금을 갚거나 물건들을 구매할 것이므로, 이 자본은 아마 매주 1회 회전하게 될 것이기 때문이다. 원료 또는 완성재고품에 투하한 자본은 그렇게 빨리 유통하지 않는다. 그것은 원료의 구입과 완성재고품의 판매 사이에 걸리는 시간에 따라—그가 동등한 신용조건으로 매매한다고 전제하고—1년에 2회 또는 4회 회전할 수 있다. 도구와 기계에 투자한 자본은 더 느리게 유통한다. 왜냐하면 그것들은 평균하여 아마도 5년 또는 10년에 겨우 1회 회전할[소비되고 갱신될] 것이기 때문이다. 비록 몇 차례 안 되는 작업에서 소모되어버리는 도구들도 많지만. 건물들[예컨대 공장 · 점포 · 창고 · 헛간]과 도로 · 관개시설 등에 지출된 자본은 거의 전혀 유통하지 않는 것 같이 보인다. 그러나 사실은 이 설비들도 역시 앞에서 말한 것들과 마찬가지로 생산에 기여하는 동안 완전히 소모되어버리며, 생산자가 작업들을 계속할 수 있기 위해서는 재생산되지 않으면 안 된다. 다만 그것들은 다른 것들보다 느리게 소비되며 재생산된다는 차이가 있을 뿐이다.…그것들에 투하된 자본은 아마도 20년 또는 50년만에 회전할 것이다."(같은 책: 141, 142)

스크로프는 여기에서 지불기간과 신용조건 때문에 개별 자본가에게 일어나는 유동자본의 일정한 부분들의 흐름의 차이와, 자본의 성질로 말미암은 차이를 혼동하고 있다. 그는 말한다—임금은 현금 판매 또는 외상 판매로부터 받은 매주의 수입에 의하여 매주 지불되지 않으면 안 된다고. 여기에서 주목해야 할 것은 첫째로, 지불기간의 장단, 다시 말해 노동자가 자본가에게 신용을 제공하지 않으면 안 되는 시간의 장단 여하에 따라, 즉 임금지불기간이 1주인가, 1개월인가, 3개월인가, 반년인가 하는 따위에 따라 임금 그 자체에 관한 논의가 달라지고 있다는 점이다. 이에 관해서는 이미 앞에서 말한 법칙이 적용된다. 즉

> "지불수단"(그리고 한꺼번에 투하되어야 할 화폐자본)"의 양은…지불주기의 길이에 정비례한다."(제1권 제3장 3절 (b): 183)

둘째로, 매주의 생산물에는 그것의 생산에 매주의 노동이 첨가하는 새로운 가치의 총량뿐 아니라 매주의 생산물에 소비된 원료 · 보조재료의 가치도 들어간다. 생산물에 포함된 이 가치는 생산물과 함께 유통한다. 이 가치는 생산물의 판매에 의하여 화폐형태를 취하게 되며 동일한 생산요소로 또다시 전환되지 않으면 안 된다. 이것은 노동력에 대해서도 원료 · 보조재료에 대해서도 마찬가지로 타당하다. 그러나 우리가 이미 앞에서 본 바와 같이(제6장, 제2절, A), 생산의 연속을 위해서는 생산수단의 재고가 필요한데, 이 재고는 생산부문이 다름에 따라 다르며 또 동일한 생산부문에서도 이 유동자본요소의 구성부분들이 다름에 따라, 예컨대 석탄인가 면화인가에 따라 다르다. 따라서 비록 이 재료들은 끊임없이 현물로 보충되지 않으면 안 된다고 하더라도 그것들을 끊임없이 새로 구매할 필요는 없는 것이다. 매매가 얼마나 자주 반복되는가 하는 것은 준비된 재고의 크기에, 그것이 떨어질 때까지 얼마나 오래 걸리는가에 달려있다. 노동력의 경우에는 그런 재고가 형성되지 않는다. 노동력에 지출된 자본부분이 화폐로 재전환하는 것은 보조재료 · 원료에 지출된

부분의 재전환과 나란히 진행된다. 그러나 화폐가 한편으로는 노동력으로 그리고 다른 한편으로는 원료로 재전환하는 것은 서로 분리되어 진행된다. 왜냐하면 이 두 구성부분은 구매 · 지불기간이 각각 다르기 때문이다. 그 중의 한 쪽은 생산용 재고로 비교적 오랜 기간을 두고 구매되는 데 반하여, 다른 쪽 곧 노동력은 비교적 짧은 기간, 예컨대 매주마다 구매된다. 또한 자본가는 생산용 재고 이외에 또한 완성상품의 재고를 가지고 있지 않을 수 없다. 판매의 곤란 등을 무시하더라도 일정한 양의 주문품이 생산되지 않으면 안 된다고 가정하자. 이 경우에도 그 주문품의 최종부분이 생산되는 동안 이미 완성된 부분은 창고에서 기다린다. 또한 유동자본 회전의 차이는 이 자본의 일부 요소가 다른 요소에 비하여 더 오랫동안 생산과정의 준비단계(목재의 건조 등)에 머물러 있지 않으면 안 되는 경우에 생긴다.

스크로프가 여기에서 들고 있는 신용제도는, 상업자본과 마찬가지로, 개별 자본가에 대해 회전을 변화시킨다. 그러나 사회적 규모에서 신용제도가 회전을 변화시키는 것은 그것이 생산뿐 아니라 소비까지도 촉진시키는 경우에만 그렇다.

제10장
고정자본과 유동자본의 이론. 중농주의자들과 애덤 스미스

케네에게는 고정자본과 유동자본은 최초의 투자와 해마다의 투자 사이의 구별로서 나타나고 있다. 그는 이 구별을 정당하게도 생산자본[즉 직접적 생산과정에 합쳐진 자본]의 내부에만 있는 구별로 표시하고 있다. 그런데 그는 농업에 사용되는 자본[즉 차지농업가의 자본]만을 유일한 현실적으로 생산적인 자본이라고 생각하므로, 이 구별도 또한 차지농업가의 자본에서만 생긴다. 그가 자본의 일부의 회전시간은 1년이고 다른 부분의 그것은 1년 이상(10년)이라고 보고 있는 것도 바로 이 때문이다. 중농주의자들은 그들의 학설이 더욱 발전함에 따라 이 구별을 다른 종류의 자본에도, 산업자본 일반에도 적용시키게 되었다. 해마다의 투자와 몇 년에 걸친 투자 사이의 구별은 사회 전체에 대해 매우 중요한 것이기 때문에 많은 경제학자들이 애덤 스미스 이후에도 이 개념규정에 관심을 가졌다.

두 종류의 투자 사이의 구별은 투하된 화폐가 생산자본의 요소들로 전환되었을 때 비로소 생긴다. 이 구별은 오로지 생산자본의 내부에만 있다. 그러므로 화폐를 최초의 투자나 해마다의 투자에 산입한다는 것은 케네로서는 생각도 할 수 없는 일이었다. 생산을 위한 투자, 곧 생산자본으로서 두 종류의 투자는 시장에 있는 상품과 화폐에 대해 대립적이다. 그리고 또 케네는 생산자본의 이 두 요소 사이의 구별을, 정당하게도 이 요소들이 완성생산물의 가치 속에 들어가는 방식의 차이로, 그러므로 그것들의 가치가 생산물의 가치와 함께 유통하는 방식의 차이로 돌리며, 그리고 또 그것들의 보충 또는 재생산 방식의 차이—한 쪽 요소의 가치는 매년 그 전부가 보충되지만, 다른 쪽 요소의 가치는 더 장기간에 걸쳐 일부분씩 보충된다—로 돌리고 있다.[1)]

이 문제에서 애덤 스미스가 이룬 유일한 진보는 앞의 범주들을 일반화했다는 데 있다. 그에게는 이 범주들이 이미 자본의 특수한 한 형태[차지농업가의 자본]에만 관련되는 것이 아니라 모든 형태의 생산자본에 관련되어 있다. 따라서 농업에서 취하고 있는 1년간 회전과 다년간 회전 사이의 구별 대신에 상이한 기간을 가진 회전들의 일반적 구별이 나타나며, 그리하여 유동자본의 회전시간과는 관계없이[즉 그 시간이 1년이건, 1년 이상이건 또는 1년 이하이건 관계없이] 고정자본의 1회전은 언제나 유동

---

1) 케네, 『경제표의 분석』 참조. 여기에서 그는 예컨대 다음과 같이 말하고 있다. "해마다의 투자란 매년의 경작에 대해 이루어지는 지출이다. 이 투자는 농업기업을 창설하는 기금인 최초의 투자와 구별되어야 한다."(59) 후기 중농주의자들은 이미 투자를 직접적으로 자본이라고 부르고 있다. 즉 뒤퐁 드 느무르는 그의 저서 『케네박사의 공리』(데르 편, 제1부: 391)에서 '자본 또는 투자'라고 표현하고 있다. 그리고 르 트로느는 다음과 같이 쓰고 있다. "노동생산물이 다소간 오래 존속하기 때문에 국민은 그 해마다의 재생산과는 관계없는 상당한 부의 재고를 가지고 있다. 이 재고는 오랫동안에 축적된 '자본'을 나타내는데, 이 자본은 원래는 생산물로써 투하된 것이며 또 끊임없이 갱신되며 증식되고 있다."(『사회적 이익에 대해』, 데르 편, 제2부: 928~929) 튀르고에 이르러서는 벌써 '투자'라는 말 대신에 '자본'이라는 말을 규칙적으로 사용하고 있으며, 나아가서는 제조업자의 투자를 차지농업가의 그것과 동일시하고 있다(튀르고, 『부의 형성과 분배의 고찰』, 1766).

자본의 1회전 이상을 포함하게 된다. 그리하여 스미스는 해마다의 투자를 유동자본으로, 최초의 투자를 고정자본으로 전환시킨다. 그러나 그가 이룬 진보는 이런 범주들의 일반화에만 국한되고 있으며, 설명에 이르러서는 케네보다 훨씬 뒤떨어진다.

스미스가 이 연구에 착수하자마자 그의 천박한 경험적 방법이 불명료성을 끌어들이고 있다.

"자본을 사용해서 수입이나 이윤을 얻는 방식에는 두 가지가 있다."(『국부론』(상): 338)

가치가 자본으로 기능하도록[즉 가치의 소유자에게 잉여가치를 가져오도록] 투하될 수 있는 방식은 자본투하의 분야만큼이나 다양하다. 여기에는 자본이 투하될 수 있는 각종 생산분야에 관한 문제가 포함될 뿐 아니라, 가치가 생산자본으로서 투하되지 않는 경우에도 그것이 어떻게 하여 그 소유자를 위해 자본으로서, 예컨대 이자 낳는 자본, 상인자본 따위로서 기능할 수 있는가 하는 문제가 포함된다. 이렇게 되면 우리는 이미 분석의 현실적 대상—즉 생산자본이 각종 요소로 분할되는 것[그 자본의 투하분야의 차이와는 관계없이]이 그 요소들의 회전에 대하여 어떤 영향을 미치는가 하는 문제—에서 멀리 떨어지게 된다.

스미스는 그 뒤에 곧이어 말하고 있다.

"첫째, 자본은 재화를 생산 · 제조하는 데, 또는 재화를 구입해서 다시 판매하여 이윤을 얻는 데 사용된다." 〚338〛

스미스가 여기에서 우리에게 말하고 있는 것은 자본은 농업 · 제조업 · 상업에 사용될 수 있다는 것에 불과하다. 따라서 그는 자본의 각종 투자분야에 관하여 말하고 있을 따름이며, 상업처럼 자본이 직접적 생산과정에 참여하지 않고 따라서 생산자본으로서 기능하지 않는 그런 분야에 관해서도 말하고 있다. 그렇게 함으로써 그는 중농주의자들이 묘사한 생산자본 내부의 구별들과, 그 구별들이 회전에 미치는 영향을 설명하는 기초를 이미 버리고 있다. 사실상 그는 생산물과 가치의 형성과정에서 나타나는 생산자본 내부의 차이 — 이 차이 자체는 또 생산자본의 회전과 그것의 재생산의 차이를 낳고 있다 — 만을 취급해야 하는 문제에서 상인자본을 실례로 들고 있다.

그는 계속하여 다음과 같이 말한다.

> "이런 방식으로 사용되는 자본은, 사용자의 수중에 그대로 남아 있거나 또는 같은 형태를 띠고 있는 한, 수입이나 이윤을 낳지 않는다." 〚338〛

"이런 방식으로 사용되는 자본"! 여기에서 스미스는 농업이나 공업 또는 상업에 투하되어 있는 자본을 가리키고 있는데, 또 뒤에 와서는 이와 같이 투하된 자본은 고정자본과 유동자본으로 분할된다고 말하고 있다! 그런데 이와 같은 방식의 자본투하 그 자체는 자본을 고정자본으로도 유동자본으로도 만들 수 없는 것이다.

그렇지 않고 그가 이야기하려고 한 것이, 상품을 생산하고 그것을 팔아 이윤을 얻기 위해 사용된 자본은 상품으로 전환된 뒤 판매되어야 하는데, 다시 말해 이 판매에 의하여 첫째로 상품은 판매자의 소유로부터 구매자의 소유로 넘어가야 하며, 둘째로 상품으로서 그것의 현물형태로부터 화폐형태로 전환되어야 하므로, 그 자본이 "사용자의 수중에 그대로 남아 있거나 또는" — 그에게 — "같은 형태를 띠고 있는 한" 그에게는 무용하다는 것을 말하려고 한 것인가? 그러나 그렇다면 사태는 다음과 같은 것으로 돌아간다. 즉 종전에 생산자본의 형태[생산과정에 속하는 형태]로 기능하였던 동일한 자본가치는 이제는 상품자본과 화폐자본으로서 유통과정에 속하는 형태로 기능하며, 따라서 이미 고정자본도 유동자본도 아닌 것이다. 그리고 이 사실은 원료 · 보조재료[유동자본]에 의하여 첨가되는 가치요소에 대해서도, 노동수단[고정자본]의 소모에 의하여 첨가되는 가치요소에 대해서도 똑같이 말할 수 있다. 이와 같이 우리는 여기에서도 고정자본과 유동자본의 구별을 해명하는 것에 조금도 다가가지 못하고 있다.

그는 또 다음과 같이 말하고 있다.

> "상인의 화물은 돈을 받고 팔리기 전에는 어떤 수입이나 이윤도 낳지 않으며, 상인의 화폐도 화물과 다시 교환되기 전에는 아무것도 낳지 않는다. 그의 자본은 끊임없이 한 형태로 그를 떠나 다른 형태로 그에게 돌아오며, 이런 유통, 또는 계속적인 교환을 통해서만 자본은 그에게 이윤을 가져다 줄 수 있다. 그러므로 이런 자본은 아주 적절하게도 유동자본이라 부를 수 있다." 〚338〛

스미스가 여기에서 유동자본이라고 규정하고 있는 것은 내가 유통자본이라고 부르는 것에 해당한다. 유통자본이란 유통과정 — 교환에 의하여 매개되는 탈바꿈(소재의 변화와 소유자의 변화) — 에 속하는 형태의 자본이며, 생산과정에 속하는 자본형태인 생산자본과 대립되는 상품자본 · 화폐자본을 말하는 것이다. 이 자본형태들은 산업자본가가 자본을 분할하는 특수한 종류들이 아니라, 동일한 투하자본가치가 자기의 생애에서 차례차례로 끊임없이 새로 취하였다가 벗어버리는 상이한 형태들이다. 스미스는 이것을, 자본가치가 생산자본의 형태로 있는 동안 그 자본가치의 유통에서 발생하는 형태상의 차이 — 이것은 생산자본의 각 요소들이 가치형성과정에 참가하여 자기의 가치를 생산물에 이전하는 방식의 차이에서 생긴다—와 혼동하고 있는데, 여기에 중농주의자들에 비하여 스미스의 일대 퇴보가 있다. 우리는 뒤에 가서 한편으로는 생산자본과 유통분야에 있는 자본(상품자본과 화폐자본) 사이의 이런 근본적인 혼동, 다른 한편으로는 고정자본과 유동자본 사이의 혼동이 낳은 결과를 고찰하게 될 것이다. 고정자본으로 투하된 자본가치도 유동자본으로 투하된 자본가치와 마찬가지로 생산물을 통하여 유통되며, 전자나 후자나 모두 상품자본의 유통에 의하여 화폐자본으로 전환된다. 차이는 다만 고정자본의 가치는 일부분씩 유통하며, 따라서 또 길거나 짧은 시간에 걸쳐 일부분씩 보충되어 현물형태로 재생산되지 않으면 안 된다는 점에서 생긴다.

스미스가 여기에서 유동자본으로 이해하고 있는 것이 유통자본, 즉 유통과정에 속하는 형태의 자본가치(상품자본과 화폐자본)에 불과하다는 것은 그가 특히 서투르게 선택한 예에 의해 증명된다. 그가 예로 들고 있는 것은 상인자본인데, 이것은 생산과정에는 전혀 속하지 않고 오로지 유통분야에 존재하며 유통자본으로써만 구성되어 있다.

자본이 전혀 생산자본으로 나타나지 않는 그런 예를 가지고 설명을 개시하는 것이 얼마나 불합리한가 하는 것은 그 자신이 지적하고 있다.—"상인의 자본은 모두가 유동자본이다." 그러나 그는 나중에 가서, 유동자본과 고정자본 사이의 구별은 생산자본 내부의 본질적 구별에서 나오는 것이라고 말하고 있다. 스미스는 한편으로는 중농주의자들이 설정한 구별을, 다른 한편으로는 자본가치가 그 순환과정에서 취하게 되는 형태상의 차이를 염두에 두고 있는 셈인데, 이 두 가지가 서로 뒤섞여 있다.

그러나 화폐와 상품 사이의 탈바꿈을 통하여, 또는 이 두 형태중의 하나로부터 다른 하나로 단순히 가치가 전환하는 것을 통하여, 어떻게 이윤이 생길 수 있는가 하는 것은 결코 알 수가 없다. 또 스미스는 유통분야에서만 운동하는 상인자본에서 시작하고 있기 때문에 그 설명은 전혀 불가능하다. 이 점에 대해서는 뒤에서 다루기로 하고, 먼저 고정자본에 관하여 그가 말하고 있는 바를 들어보자.

> "둘째, 자본은 토지 개량에 사용되거나, 유용한 기계 · 생산도구의 구매에 사용되거나, 소유주를 바꾸지 않고 또는 더이상 유통하지 않고 수입이나 이윤을 가져다 주는 물건들에 사용될 수 있다. 그러므로 이런 자본은 매우 적절하게도 고정자본이라 부를 수 있다.
>
> 업종에 따라 사용되는 고정자본과 유동자본의 비율은 매우 다르다.…수공업자나 제조업자의 자본은 그 일부가 생산도구의 형태로 고정되어야 한다. 이 부분은 어떤 업종에서는 매우 작고 어떤 업종에서는 매우 크다.…그러나 수공업자의 자본 중 대부분은 그들의 노동자에 대한 임금이나 원료에 대한 가격으로 유통되고 생산물의 가격에 의해 이윤과 함께 회수된다."(338~339)

이윤의 원천에 관한 유치한 규정은 그만두고라도 약점과 혼란은 다음과 같은 점에서 나타나고 있다. 예컨대 기계제작업자에게 기계는 상품자본으로 유통하는 생산물, 즉 스미스의 말대로 하면 "수중에서 떠나 소유주를 변경하며 다시 더 유통하는" 생산물이다. 따라서 그 자신의 정의에 의하더라도, 기계는 고정자본이 아니라 유동자본일 것이다. 이런 혼란도 또한, 스미스가 생산자본의 상이한 요소들의 상이한 유통방식에서 나오는 고정자본과 유동자본 사이의 구별을, 동일한 자본이 생산과정 안에서는 생산자본으로서 기능하고 유통영역에서는 유통자본[즉 상품자본 또는 화폐자본]으로서 기능하면서 통과하는 형태상의 차이와 혼동하기 때문에 생긴 것이다. 그러므로 스미스가 알아야 할 것은, 동일한 물건이라 하더라도 그것이 자본의 운동과정에서 차지하는 위치 여하에 따라 고정자본(노동수단, 생산자본의 요소들)으로서 기능할 수도 있고 '유동'자본, 상품자본(생산영역에서 유통영역으로 밀려나오는 생산물)으로서 기능할 수도 있다는 점이다.

그러나 스미스는 갑자기 자본 구분의 기초 전체를 변경하여 그가 몇 줄 앞에서 말한 것과 모순되는 이야기를 하고 있다. 앞에서 말하기를, "자본을 사용해서 수입이나 이윤을 얻는 방식에는 두 가지가 있다." 즉 유동자본 또는 고정자본으로서 사용하는 방식이 그것이라는 것이다. 이 명제에 따르면, 유동자본과 고정자본은 각각 상이한 업종에 사용되는 독립적인 자본이며, 예컨대 공업에 사용된 자본 또는 농업에 사용된 자본을 가리킨다. 그런데 이제 와서 말하기를, "업종에 따라 사용되는 고정자본과 유동자본의 비율은 매우 다르다"고. 이제는 고정자본과 유동자본이 벌써 상이한 독립적인 자본투하[상이한 투자분야에서는 자본의 총가치 중에서 상이한 몫을 차지하게 된다]가 아니라, 동일한 생산자본의 상이한 부분들이다. 따라서 후자의 구별은 생산자본 자체의 분할에 기인하는, 그러므로 생산자본에 대해서만 타당한 구별이다. 그러나 또다시 이와 모순되게 상업자본이 단순한 유동자본으로서 고정자본에 대비되고 있다. 왜냐하면 스미스 자신이 "상인의 자본은 모두가 유동자본이다."고 말하고 있기 때문이다. 사실상 상인자본은 유통영역에서만 기능하는 자본이기 때문에 생산과정에 합쳐진 자본인 생산자본과 대립되며, 바로 이렇기 때문에 상인자본은 생산자본의 유동적 구성부분이 될 수 없고 따라서 생산자본의 고정적 구성부분에 대립할 수 없는 것이다.

스미스는 그가 제시하고 있는 예에서 '생산도구'를 고정자본으로 규정하고, 임금과 [보조재료를 포함한] 원료에 투하된 자본부분("생산물의 가격에 의해 이윤과 함께 회수된다")을 유동자본으로 규정하고 있다.

따라서 먼저 스미스가 출발점으로 삼고 있는 것은 노동과정의 여러 가지 구성부분들, 즉 한 쪽으로는 노동력(노동)과 원료, 다른 쪽으로는 생산도구다. 그러나 이것들이 자본의 구성부분인 것은 자본으로서 기능해야 할 일정한 가치액이 그것들에 지출되어 있기 때문이다. 이 점에서 그것들은 생산자본[생산과정에서 기능하는 자본]의 소재적 요소이며 존재방식이다. 그러면 왜 그것들의 일부는 '고정적'이라고 불리는가? 그 이유는 "자본의 일부는 생산도구의 형태로 고정되어야 하기" 때문이다. 그러나 다른 부분도 임금과 원료에 '고정'되어 있는 것이 사실이 아닌가! 그렇지만 기계 · 생산도구와 이와 유사한 물건들은 "소유주를 바꾸지 않고 또는 더 이상 유통하지 않고 수입이나 이윤을 가져다 준다. 그러므로 이런 자본은 매우 적절하게도 고정자본이라 부를 수 있다."

광업을 예로 들어 보더라도 스미스의 구별은 전혀 타당하지 않다. 광업에서는 원료는 전혀 사용되지 않는다. 왜냐하면 노동대상, 예컨대 구리는 노동에 의하여 먼저 채취되어야 할 자연생산물이기 때문이다. 앞으로 채취되어야 할 구리는—생산과정의 생산물로서 나중에 상품 또는 상품자본으로서 유통하지만—생산자본의 어떤 요소도 이루지 않는다. 왜냐하면 그것에는 생산자본 가치의 어떤 부분도 지출되어 있지 않기 때문이다. 또한 생산과정의 다른 요소들인 노동력과 석탄 · 물 등의 보조재료도 소재적으로는 생산물에 들어가지 않는다. 석탄은 전부 소비되고 그것의 가치만이 생산물로 들어가는데, 이것은 기계 따위의 가치의 일부가 생산물에 들어가는 것과 마찬가지다. 마지막으로 노동자는 기계와 마찬가지로 생산물인 구리와는 독립적으로 여전히 존재하고 있다. 다만 그의 노동에 의하여 생산된 가치가 이제는 구리 가치의 한 구성부분을 이룰 따름이다. 따라서 이 예에서는 생산자본의 어떤 구성부분도 소유자를 변경하지 않는다. 또한 그것의 어떤 구성부분도 소재적으로 생산물에 들어가지 않기 때문에, 더 이상 유통하지 않는다. 그러므로 이 경우 유동자본이 차지할 자리가 어디에 남겠는가? 스미스의 정의에 따르면 구리광업에 사용되는 자본 전체는 고정자본일 따름이다.

이와는 반대로 이번에는 원료가 생산물의 실체를 이루며, 또한 보조재료가 가치상으로[예컨대 연료용 석탄과 같이]뿐 아니라 물체적으로도 생산물에 들어가는 다른 한 산업을 예로 들어보자. 여기에서는 생산물[예: 면사]이 생산과정에서 소비과정에 들어갈 때 소유자를 변경시키는데, 이것은 원료[면화]의 경우에도 마찬가지다. 그러나 면화가 생산자본의 요소로서 기능하는 동안은, 그 소유자는 그것을 판매하는 것이 아니라 그것을 가공하여 그것으로부터 면사를 만들어내는 것이다. 그는 면화를 자기 수중에서 내놓는 것이 아니다. 또는 스미스의 대단히 그릇되고 진부한 표현을 빌어 말한다면, 그 소유자는 "그것을 자기 수중에서 떠나게 함으로써, 그것의 소유자를 변경함으로써, 또는 그것을 유통시킴으로써" 이윤을 얻는 것은 아니다. 그가 자기의 기계를 유통시키지 않는 것과 마찬가지로 자기의 재료도 유통시키지 않는다. 그의 재료는 방적기계나 공장건물과 마찬가지로 생산과정에 고정되어 있다. 사실, 생산자본의 일부가 노동수단의 형태로 항상 고정되어 있지 않으면 안 되는 것과 마찬가지로, 석탄 · 면화 따위의 형태로도 항상 고정되어 있지 않으면 안 된다. 예컨대 1주간의 면사의 생산에 필요한 면화 · 석탄 등은 완전히 소비되며 따라서 면화 · 석탄 등의 신품에 의하여 보충되지 않으면 안 된다. 이와 같이 생산자본의 이 요소들은 [그 종류로 보아서는 동일하다고 하더라도] 항상 동종의 신품들로 구성되는데, 이에 반하여 동일한 개별 방적기계, 동일한 개별 공장건물은 동종의 신품에 의하여 대체됨이 없이 몇 번에 걸친 주마다의 생산에 계속 봉사한다는 점이 다를 뿐이다. 생산자본의 모든 구성부분들은 생산자본의 요소로서는 항상 생산과정에 고정되어 있다. 왜냐하면 생산과정은 이 요소들 없이는 진행될 수 없기 때문이다. 그리고 생산자본의 모든 요소는 고정적인 것이든 유동적인 것이든 동등하게 생산자본으로서 유통자본, 즉 상품자본 · 화폐자본과 구별된다.

노동력에 관해서도 마찬가지다. 생산자본의 일부는 끊임없이 노동력에 고정되어 있지 않으면 안 되며, 그리고 같은 동일한 노동력이—동일한 기계와 마찬가지로—동일한 자본가에 의하여 언제나 비교적 장기간에 걸쳐 사용되고 있다. 노동력과 기계 사이의 구별은 이 경우에는, 기계는 단 한 번에 곧 구매되지만(기계가 예컨대 할부 구매되는 경우에는 그렇지 않다) 노동력은 그렇지 않다는 데 있는 것이 아니라, 노동자가 지출하는 노동은 전부 생산물의 가치에 들어가는데 반하여 기계의 가치는 일부분씩만 들어간다는 데 있다.

스미스가 고정자본과 대립되는 것으로서 유동자본에 대하여 다음과 같이 말할 때 그는 상이한 규정들을 혼동하고 있다. "이런 방식으로 사용되는 자본은, 사용자의 수중에 그대로 남아 있거나 또는 같은 형태를 띠고 있는 한, 수입이나 이윤을 낳지 않는다." 그는 단순히 형식적인 상품탈바꿈—이 탈바꿈은 상품자본인 생산물이 유통영역에서 겪게 되며, 또 상품의 소유자 변경을 매개한다—과, 생산자본의 상이한 요소들이 생산과정 중에서 겪게 되는 물체적인 탈바꿈을 같은 선상에 놓고 있다. 그는 여기에서 상품의 화폐로의 전환과 화폐의 상품으로의 전환[즉 판매와 구매]을 생산요소들의 생산물로의 전환과 혼동하고 있다. 그가 유동자본의 예로서 들고 있는 것은 상품에서 화폐로, 그리고 화폐에서 상품으로 전환하는 상인자본이며, 상품유통에 속하는 탈바꿈인 C－M－C와 관련되어 있다. 그러나 유통영역 내부의 이 탈바꿈이 기능하고 있는 산업자본에 대하여 갖는 의의는, 화폐가 재전환하는 상품은 생산요소들(노동수단과 노동력)이라는 것, 따라서 이 탈바꿈은 산업자본의 연속성을 매개하며, 생산과정을 연속적인 것으로 또는 재생산과정으로 만든다는 점에 있다. 이 탈바꿈은 그 전체가 유통영역에서 진행된다. 바로 이 탈바꿈이 한 사람의 수중에서 다른 사람의 수중으로 상품의 현실적 이전을 매개하는 것이다. 이와는 반대로 생산자본이 생산과정의 내부에서 겪는 탈바꿈은 노동과정에서 진행되는 탈바꿈[생산요소들을 바라는 생산물로 전환하는 데 필요하다]이다. 스미스는 다음의 사실에만 매달리고 있다. 즉 생산수단의 일부(진정한 노동수단)는 자체의 현물형태를 변화시키지 않고 다만 점차적으로 소모됨으로써 노동과정에서 봉사하며(이것을 그는 그릇되게도 "그 소유자에게 이윤을 가져다준다."라고 표현하고 있다), 또 생산수단의 다른 부분인 재료는 자체의 현물형태를 변화시켜서, 또 바로 자체의 변화로 말미암아, 생산수단으로서의 자기의 사명을 수행한다는 점이다. 그러나 생산자본의 요소들이 노동과정에서 수행하는 이와 같은 상이한 역할은 고정자본과 비非고정자본 사이의 구별의 출발점을 이룰 뿐이고 이 구별 자체를 이루는 것은 아니다. 왜냐하면 이런 구별은 모든 생산양식에서[자본주의적 생산양식이든 비자본주의적 생산양식이든] 동등하게 있기 때문이다. 그러나 이 상이한 소재적 역할에는 생산물로의 가치이전의 상이한 방식이 대응하며, 그리고 또 생산물의 판매에 의한 가치보충의 상이한 방식이 대응하는 것인데, 이와 같은 사실들이 바로 문제로 되는 구별인 것이다. 따라서 자본이 고정자본으로 되는 것은 그것이 노동수단에 고정되어 있기 때문이 아니라, 노동수단에 투하된 자본가치의 일부가 생산물 가치의 구성부분으로 유통하는 동안 그 가치의 다른 부분은 여전히 노동수단에 고정되어 있기 때문이다.

> "장래의 이윤을 획득하기 위해 사용한다면, 그것"(자본)"을 보유하거나 그것을 지출함으로써 이윤을 얻을 수 있다. 보유하는 경우는 고정자본이고, 지출하는 경우는 유동자본이다."(312)

여기에서 먼저 눈에 띄는 것은 보통의 자본가들의 견해를 반영하는 천박한 경험적인 이윤 개념인데, 이 개념은 스미스의 우수하고 심오한 견해와 완전히 모순되고 있다. 생산물의 가격에서는 재료와 노동력의 가격이 보충되고 있으며, 또한 노동도구로부터 마멸에 의하여 생산물로 이전된 가치부분도 보충되고 있다. 이 보충으로부터는 결코 이윤이 생기지 않는다. 생산물의 생산을 위해 투하된 가치가 생산물의 판매에 의하여 전부 보충되는가 또는 일부분씩 보충되는가, 한꺼번에 보충되는가 또는 점차적으로 보충되는가 하는 것은 다만 보충의 방식과 시간을 변경시킬 수 있을 따름이고, 결코 이 두 경우에 공통적인 것—가치보충—을 잉여가치의 창조로 전환시킬 수는 없는 것이다. 스미스의 이윤 개념의 기초에 놓여 있는 것은, 잉여가치는 생산물의 판매[유통]에 의해서만 비로소 실현되기 때문에 잉여가치는 오직 판매[유통]에서 생긴다고 하는 일상적인 견해이다. 사실상 스미스가 말하는 이윤발생의 상이한 방식이라는 것은, 생산자본의 상이한 요소들은 생산요소로서 노동과정에서 상이하게 기능하며 작용한다는 사실을 그릇되게 표현한 것에 불과하다. 그리하여 결국 스미스의 구별은, 노동과정 또는 가치증식과정에서, 즉 생산자본 자체의 기능에서 도출되는 것이 아니고, 개별 자본가에게 주관적으로—그에게는 자본의 한 부분은 이런 방식으로, 다른 부분은 저런 방식으로 유용하다—타당한 것일 뿐이다.

이와는 반대로, 케네는 이 구별을 재생산과정과 그것의 필연적 조건 자체로부터 도출하였다. 재생산과정이 연속적으로 수행되기 위해서는, 연간 생산물의 가치에서 해마다의 투자 가치는 매년 전부 보충되지 않으면 안 되지만, 최초의 투하자본의 가치는 일부분씩 보충되어 몇년, 예컨대 10년에 걸쳐 비로소 전부 보충되며, 따라서 또 전부 재생산되면 (동종의 신품에 의하여 보충되면) 되는 것이다. 이와 같이 스미스는 케네보다 훨씬 뒤떨어져 있다.

그리하여 스미스가 규정한 고정자본이라는 것은 생산물[노동수단의 도움에 의해 형성된다]에 대립하는 것으로서의 노동수단[생산과정에서 자체의 모습을 변경하지 않고 소모될 때까지 계속 생산에 봉사한다] 이외에 아무 것도 아니다. 그런데 그가 잊고 있는 것은, 생산자본의 모든 요소들은 항상 그 현물형태(노동수단 · 재료 · 노동력)에서는 생산물[상품으로 유통하는 생산물]과 구별된다는 것, 또한 재료 · 노동력으로 구성되는 부분과 노동수단으로 구성되는 부분 사이의 구별은 다음과 같은 점 — 즉 노동력의 경우 그것은 끊임없이 새로 구매되며, 노동수단처럼 그것이 지속되는 기간 전체에 걸쳐 구매되는 것이 아니라는 점, 또 재료의 경우 꼭 같은 동일한 재료가 아니라 항상 동종의 신품이 노동과정에서 기능한다는 점 — 에 있다는 것이다. 그리고 스미스는 마치 고정자본의 가치는 유통하지 않는 듯한 환상을 만들어내고 있다. 물론 그도 앞에서는 고정자본의 마멸분이 생산물 가격의 일부라고 설명하고는 있지만.

고정자본에 대립시켜 유동자본을 설명할 때, 스미스는 유동자본은 고정자본과 달리 생산자본 중 생산물의 가치에서 전부 보충되지 않으면 안 되는 구성부분이며, 따라서 또 생산자본 중 생산물의 탈바꿈에 전부 참가하지 않으면 안 되는 구성부분이라는 점을 강조하지 않는다. 도리어 그는 유동자본을 자본이 생산영역에서 유통영역으로 이행할 때 취하는 모습[상품자본 · 화폐자본]과 혼동하고 있다. 그러나 이 두 형태[상품자본 · 화폐자본]는 생산자본의 유동적 구성부분과 고정적 구성부분 모두의 가치의 담당자다. 이 두 형태는 생산자본에 대립하는 유통자본이며, 고정자본에 대립하는 유동자본이 아니다.

마지막으로, 고정자본에 의하여 이윤을 얻는 것은 그것이 생산과정에 남아 있기 때문이며 유동자본에 의하여 이윤을 얻는 것은 그것이 생산과정을 떠나서 유통하기 때문이라는 전혀 부당한 설명으로 말미암아, 불변자본의 유동적 구성부분과 가변자본이 회전에서 취하는 동일한 형태 때문에 그들이 가치증식과정과 잉여가치의 형성에서 나타내는 본질적 차이가 은폐되며, 따라서 자본주의적 생산의 전체 비밀이 더욱 더 애매하게 된다. '유동자본'이라는 공통 명칭에 의해 이 본질적 차이가 없어진다. 나중의 경제학자들은 이 점에서 한 걸음 더 〖나쁜 방향으로〗 나아가고 있는데, 그 이유는 불변자본과 가변자본 사이의 대립이 아니라 고정자본과 유동자본 사이의 대립이 본질적이고 유일한 구별이라고 하였기 때문이다.

스미스는 고정자본과 유동자본을 각각 그 자체로서 이윤을 낳는 자본 투하의 상이한 두 방식이라고 지적한 뒤 다음과 같이 말하고 있다.

"고정자본은 유동자본에 의하지 않고서는 어떤 수입도 낳지 못한다. 가장 유용한 기계 · 생산도구는 그것이 가공할 원료를 가져다주는 유동자본 없이는, 그리고 그것을 사용할 노동자들의 생계를 유지시켜 줄 유동자본 없이는, 아무것도 만들어내지 못한다."(344)

여기에서 "수입을 낳는다", "이윤을 낳는다" 따위의 이전의 표현들이 무엇을 의미하는가가 명백해진다. 즉 그 표현들은 자본의 두 부분이 모두 생산물의 형성자로서 기능한다는 것을 가리키고 있을 뿐이다.

그런데 스미스는 다음과 같은 예를 들고 있다.

"차지농업가의 자본 중 농업용구에 투하되는 부분은 고정자본이고, 노동자의 임금이나 생활유지에 사용되는 부분은 유동자본이다."(306) (따라서 여기에서는 고정자본과 유동자본 사이의 구별이 정당하게도 생산자본의 상이한 구성부분들의 상이한 유통, 상이한 회전에만 관련되고 있다.) "그는 고정자본을 보유함으로써 이윤을 획득하고, 유동자본을 지출함으로써 이윤을 획득한다. 역축의 가격 또는 가치는 경작용구의 가격과 마찬가지로 고정자본이다."(여기에서 그는 역시 정당하게도 고정자본과 유동자본의 구별을 소재적 요소가 아니라 가치와 관련시키고 있다.) "역축의 유지비는 노동자의 유지비와 마찬가지로 유동자본이다. 차지농업가는 역축을 보유함으로써 이윤을 획득하며, 역축의 유지비를 지출함으로써 이윤을 획득한다."(차지농업가는 역축의 사료를 보유하며 판매하지 않는다. 그는 역축을 노동도구로서 사용하는 동안 역축을 먹이기 위해 사료가 필요하다. 구별은 다만, 역축의 유지에 들어가는 사료는 그 전부가 소비되며 농산물 또는 농산물의 판매에서 얻어지는 새로운 사료에 의하여 끊임없이 보충되지 않으면 안 되지만, 역축 그 자체는 한 마리 한 마리가 순차적으로 노동능력을 상실하는 정도에 따라서만 보충된다는 점뿐이다.)

"일을 시키기 위해서가 아니라 팔기 위해서 구매 · 사육하는 가축의 가격 · 사육비는 유동자본이다. 차지농업가는 가축의 가격 · 사육비를 지출함으로써 이윤을 획득한다."(모든 상품생산자는, 따라서 자본주의적 상품생산자도, 자기의 생산과정의 결과인 생산물을 판매한다. 그러나 이 판매 때문에 그의 생산물이 그의 생산자본의 고정적 구성부분 또는 유동적 구성부분으로 되는 것은 아니다. 도리어 그의 생산물은 이제는 생산과정에서 밀려나와 상품자본으로서 기능하지 않으면 안 되는 형태에 있는 것이다. 살이 찌게 기르는 가축은 생산과정에서 원료로 기능하고 역축처럼 노동도구로 기능하는 것은 아니다. 때문에 가축은 실체로서 생산물에 들어가며, 그것의 가치 전체는 보조재료(사료)의 가치와 마찬가지로 생산물에 들어간다. 가축이 생산자본의 유동부분인 것은 바로 이 때문이고, 결코 판매되는 생산물[살이 찐 가축]이 원료, 즉 아직 살이 찌지 않은 가축과 동일한 현물형태를 가지고 있기 때문인 것은 아니다. 이런 일은 우연이다. 동시에 스미스는 이 예에서, 생산요소에 포함되어 있는 가치가 고정적인 것인가 유동적인 것인가를 규정하는 것은 생산요소의 이런 또는 저런 물적 모습이 아니라 생산과정 내부에서 생산요소의 기능이라는 것을 알았어야 했다.)

"씨앗의 가치 전체도 역시 적절하게도 고정자본이다. 씨앗은 토지와 창고 사이를 왕복하지만 결코 소유주를 바꾸지 않으며, 따라서 유통한다고 말할 수 없다. 차지농업가는 씨앗의 판매에 의해서가 아니라 증

식에 의해 이윤을 획득한다."(340)

여기에서 스미스의 구별의 모든 불합리성이 특히 명료하게 나타나고 있다. 그에 따르면, 종자는 소유자가 변경되지 않을 때, 다시 말해 그 종자가 직접 한 해의 생산물 중에서 보충되고, 생산물 중에서 공제될 때에는 고정자본이고, 이와 반대로 생산물 전체가 판매되고, 그 가치의 일부에 의하여 타인의 종자가 구매될 때에는 유동자본이다. 후자의 경우에는 소유자가 변경되고 전자의 경우에는 그렇지 않다. 스미스는 여기에서도 또 유동자본과 상품자본을 혼동하고 있다. 생산물은 상품자본의 소재적 보유자다. 그러나 생산물 중 이런 보유자로 되는 것은 현실적으로 유통에 들어가는 부분, 그리고 자기 자신이 생산물로서 나온 그 생산과정에 다시 직접 들어가지 않는 부분뿐이다.

종자가 생산물의 일부로서 생산물에서 직접적으로 공제되든, 또는 생산물 전체가 판매되어 그 가치의 일부가 타인의 종자의 구입으로 전환되든, 두 경우 모두 가치의 보충이 실시될 뿐이고 이런 보충에 의해서는 어떤 이윤도 얻어지지 않는다. 후자의 경우에는 종자는 생산물의 나머지 부분과 함께 상품으로서 유통에 들어가며, 전자의 경우에는 그것은 부기상으로만 투하자본가치의 구성부분으로서 나타난다. 그러나 어느 경우에나 그것이 생산자본의 유동적 구성부분인 것에는 변함이 없다. 씨앗은 생산물을 완성시키기 위해 전부 소비된다. 따라서 재생산을 가능하게 하기 위해서는 그것의 전부가 생산물 중에서 보충되지 않으면 안 된다.

"따라서 원료와 보조재료는 사용가치로서 노동과정에 들어갈 당시의 독자적인 모습을 잃어버린다. 진정한 노동수단은 이와는 다르다. 도구 · 기계 · 공장건물 · 용기 따위가 노동과정에서 유용한 것은 그것들이 자기의 본래 모습을 유지해 매일 똑같은 형태로 다시 노동과정에 들어갈 수 있을 동안만이다. 그것들은 살아 있는 동안[즉 노동과정에 있을 동안] 생산물에 대해 자기의 독자적인 모습을 유지하는 것과 마찬가지로 죽은 뒤에도 역시 그 모습을 유지한다. 기계 · 도구 · 작업용 건물 등의 잔해는 이것들의 도움으로 만들어진 생산물과는 별개로 여전히 존재하고 있다."(『자본론』 제1권 제8장: 271)

생산물의 형성에 생산수단이 이용되는 상이한 방식, 즉 한편의 생산수단은 생산물에 대하여 자체의 독자적인 모습을 유지하는데 다른 한편의 생산수단은 모습이 변화되거나 완전히 상실된다는 것, 이 구별은 노동과정 자체에 속하며, 따라서 어떤 교환도 없고 상품생산도 없이 예컨대 가부장제 가족의 단순한 자가수요를 충족하기 위해 진행되는 노동과정에도 해당된다. 이 구별을 스미스는 다음과 같이 왜곡하고 있다. 그는 첫째로, 한편의 생산수단은 자체의 모습을 유지함으로써 그리고 다른 한편의 생산수단은 그것을 상실함으로써 그 소유자에게 이윤을 가져온다고 하는, 여기에는 전혀 당치도 않는 이윤규정을 끌어들이고 있으며, 둘째로는, 생산요소의 일부가 노동과정에서 겪는 변화를 생산물의 교환, 상품유통(매매)에 속하는 탈바꿈[이것은 또한 유통하는 상품에 대한 소유권의 이동을 포함한다]과 혼동하고 있다.

회전은 재생산이 유통에 의하여—즉 생산물의 판매, 생산물의 화폐로의 전환과 화폐로부터 생산요소들로의 재전환에 의하여—매개된다는 것을 전제하고 있다. 그러나 자본주의적 생산자 자신의 생산물의 일부가 그 자신에게 직접 생산수단으로서 쓰이는 한, 그 생산자는 자기 자신에 대한 그것의 판매자로서 나타나며 또 그의 부기 상에 그렇게 반영된다. 이 경우 재생산의 이 부분은 유통에 의하여 매개되지 않고 직접 실시되는 것이다. 그러나 이와 같이 생산물 중 생산수단으로서 다시 쓰이는 부분은, (1) 그것의 가치가 전부 생산물에 들어가고, (2) 그 자체가 새로운 생산물 중의 신품에 의하여 현물로 전부 보충되는 한, 고정자본이 아니라 유동자본을 보충한다.

그 뒤 스미스는 유동자본과 고정자본이 무엇으로써 구성되는가를 말하고 있다. 그는 고정자본을 형성하는 물건들[소재적 요소들]과 유동자본을 형성하는 물건들—마치 이런 특성이 그 물건들 자체에 소재적으로, 처음부터 붙어 있는 것이고 자본주의적 생산과정 내부에서 그것들의 일정한 기능에서 나오는 것이 아닌 듯이—을 열거하고 있다. 그러나 그는 같은 장(제2편 제1장)에서 다음과 같이 지적하고 있다. 즉 예컨대 주택과 같이 직접적 소비를 위해 보유되고 있는 일정한 물건은,

> "그 소유자에게는 수입을 제공하고 따라서 그에게 자본으로 기능할지라도, 사회 전체에 대해서는 아무런 수입도 제공하지 않으며, 자본으로도 기능하지 않고, 따라서 주민 전체의 수입은 그것에 의해 조금도 증가하지 않는다."(341)(강조는 마르크스의 것)

여기에서 스미스는 자본이라는 속성은 물건으로서의 물건에 그리고 어떤 사정에서도 붙어 다니는 것이 아니라, 물건이 사정 여하에 따라 수행하기도 하고 수행하지 않기도 하는 기능이라는 것을 아주 명백하게 표명하고 있다. 자본 일반에 대해 타당한 것은 그것의 소분류에 대해서도 타당한 것이다.

동일한 물건이라 하더라도 그것이 노동과정에서 수행하는 기능이 다름에 따라 유동자본의 구성부분으로도 되고 고정자본의 구성부분으로도 된다. 예컨대 가축은 역축(노동수단)으로서는 차지농업가의 고정자본의 소재적 존재방식이지만 살이 찌게 기르는 가축(원료)으로서는 그의 유동자본의 구성부분이다. 더욱이 동일한 물건이 때로는 생산자본의 구성부분으로서 기능하고 때로는 직접적 소비재원에 속할 수도 있다. 예컨대

가옥은 그것이 작업장으로서 기능할 때는 생산자본의 고정부분이지만 주택으로서 기능할 때는 전혀 어떤 자본형태도 아니다. 동일한 노동수단이 때로는 생산수단으로서 기능하고 때로는 소비수단으로서 기능할 수 있는 경우도 많다. 〚예: 영업용 자동차를 가정용으로도 사용하는 경우〛

고정자본과 유동자본의 성격을 물건에 붙어 있는 성격으로서 보는 것은 스미스의 견해로부터 나오는 오류의 하나였다. 동일한 물건이 노동과정에서 하는 역할이 다름에 따라 노동수단, 노동재료, 생산물로 변경되는 것은 이미 노동과정의 분석(『자본론』 제1권 제7장)에서 명시되었다. 고정자본과 비고정자본이라는 규정들도 또한 이 요소들이 노동과정, 따라서 또 가치형성과정에서 하는 기능에 의거하고 있는 것이다.

그런데 둘째로 고정자본과 유동자본을 구성하는 물건들을 열거할 때, 스미스는 생산자본(생산적 형태로 있는 자본)에 관해서만 타당하고 의의가 있는 생산자본의 고정적 구성부분과 유동적 구성부분 사이의 구별을, 생산자본과 유통과정에 있는 자본에 속하는 형태들[상품자본과 화폐자본] 사이의 구별과 혼동하고 있다는 것이 명확해진다. 그는 같은 곳에서 다음과 같이 말하고 있다.

> "유동자본은…각 거래자의 수중에 있는 모든 종류의 식료품 · 원료 · 완제품, 그리고 최종적으로 사용하고 소비할 사람들에게 그것들을 유통시키고 분배하는 데 필요한 화폐로 구성된다."(343)

사실 더 자세히 살펴보면, 여기에서는 위에서 말한 것과는 상반되게도 유동자본은 또다시 상품자본과 화폐자본[즉 생산과정에는 전혀 속하지 않으며, 고정자본에 대립하는 유동자본이 아니라 생산자본에 대립하는 유통자본을 이루는 두 자본형태]과 동등시되고 있다. 그리고 이 자본형태들과 나란히, 재료(원료 또는 반제품)에 투하되고 실제로 생산과정에 합쳐진 생산자본의 구성부분들이 다시 나타나고 있다. 그는 말한다.

"사회의 총재고"(자본)"가 자연히 분할되는 세 부분 중 마지막 세번째는 유동자본이다. 이것의 특징은 유통하여 소유주를 바꿈으로써 수입을 가져다 준다는 것이다. 이것도 다음의 네 종류로 구성된다. 첫째는 화폐…"(그러나 화폐는 결코 생산과정에서 기능하는 생산자본의 한 형태가 아니다. 화폐는 자본이 유통과정에서 취하는 형태들의 하나에 불과하다.) "둘째는 정육점 · 목축업자 · 차지농업가 · 곡물상인 · 양조업자 등이 보유하고 있는 식료품의 재고인데, 그들은 이것의 판매에 의해 이윤을 얻는다.…넷째는 이미 완성된 제조품으로, 아직 상인 · 제조업자의 수중에 있고 진정한 소비자에게 처분 · 분배되지 않은 것이다" 그리고 "셋째는 원료인데, 천연상태에 있거나 다소 가공된 상태로 의류 · 가구 · 건물을 만드는 원료로서 재배자 · 생산자 · 포목상 · 목재상 · 목수 · 가구장이 · 벽돌제조업자 등의 수중에 남아 있는 것이다."(343)

둘째 항목과 넷째 항목은 생산물로서 생산과정에서 밀려나와 판매되어야 하는 것 이외에는 아무것도 포함하고 있지 않다. 간단히 말해, 이제는 상품으로서 그리하여 또 상품자본으로서 기능하며, 따라서 그것의 최후의 용도가 무엇이든—즉 그것의 목적(사용가치)으로 보아 결국 개인적 소비에 들어가야 할 것이든 생산적 소비에 들어가야 할 것이든—그것은 지금 생산자본의 요소를 형성하지 않는 과정에서 일정한 형태를 취하고 일정한 위치를 차지하는 생산물이다. 이 생산물들은 둘째 항목에서는 식량이며, 넷째 항목에서는 기타의 모든 완성생산물, 즉 완성된 노동수단 또는 완성된 소비용품(둘째 항목에 포함되어 있는 식량 이외의)으로 구성되어 있다.

스미스가 여기에서 상인에 대하여 언급하고 있는 것은 그의 혼란을 보여준다. 생산자가 자기의 생산물을 상인에게 판매하였다면, 그 생산물은 벌써 결코 그의 자본의 어떤 형태도 이루지 않는다. 물론 사회적으로 보면 그 생산물은 생산자 이외의 사람의 수중에 있다 하더라도 여전히 상품자본이다. 그러나 그것이 상품자본이라는 바로 그 이유 때문에 그것은 고정자본도 아니며 유동자본도 아니다.

생산자의 직접적인 자가소비를 목적으로 하지 않는 어떤 생산에서도, 생산물은, 이윤을 얻기 위해서가 아니라 생산자가 단순히 살아가기 위해서라도, 상품으로 유통하지 않으면, 즉 판매되지 않으면 안 된다. 자본주의적 생산에서는 이밖에 상품의 판매에 따라 상품에 포함되어 있는 잉여가치도 실현된다는 사정이 더 첨가된다. 생산물은 상품으로서 생산과정에서 나오며, 따라서 그것은 이 생산과정의 고정적 요소도 아니며 유동적 요소도 아니다.

어쨌든 스미스는 여기에서 자기 자신이 말한 것을 반박하고 있는 셈이다. 완성생산물은 그것의 소재적 형태 또는 그것의 사용가치, 그것의 유용효과가 어떻든, 모두 상품자본, 즉 유통과정에 속하는 형태의 자본이다. 이 형태로 있기 때문에 완성생산물은 그것의 소유자의 생산자본의 어떤 구성부분도 이루지 않는다. 이것은 물론 완성생산물이 판매되자마자 그것이 구매자의 수중에서 생산자본의 구성부분—유동적 부분이든 고정적 부분이든—으로 되는 것을 조금도 방해하지 않는다. 여기에서 명백한 것은, 생산자본에 대립하는 상품자본으로서 어떤 시기에 시장에 등장하는 동일한 물건이, 일단 시장에서 끌려나오면, 생산자본의 유동적 구성부분 또는 고정적 구성부분으로서 기능할 수도 있고 기능하지 않을 수도 있다는 점이다.

면방적업자의 생산물인 면사는 그의 자본의 상품형태며 그에게는 상품자본이다. 면사는 노동재료나 노동수단으로 그의 생산자본의 구성부분으로 다시 기능할 수는 없다. 그러나 이 면사를 구매하는 직조업자의 수중에서는 그것은 그의 생산자본의 유동적 구성부분의 하나로서 그의 생산자본에 합쳐진다. 그런데 면방적업자에게는 면사는 자기의 유동자본과 함께 고정자본의 일부의 가치(잉여가치는 무시한다)의 담당자다. 이와 마찬가지로 기계제조업자의 생산물인 기계는 그의 자본의 상품형태이며 그에게는 상품자본이다. 그리고 기계가 이 형태에 머물러 있는 한, 그것은 유동자본도 아니며 고정자본도 아니다. 이 기계를 사용하는 어떤 공장주에게 판매되면 그 기계는 생산자본의 고정적 구성부분으로 된다. 생산물이 그것의 유용한 형태로 보아 부분적으로 그것이 나온 과정에 다시 생산수단으로서 들어갈 수 있는—예컨대 석탄이 『난방용으로』 석탄 생산에 들어갈 수 있듯이—경우에도, 생산된 석탄 중 판매 예정인 부분은 유동자본도 고정자본도 아니고 상품자본을 대표한다.

다른 한편에서는 생산물은 그 유용한 형태로 보아 노동재료로서든 노동수단으로서든 생산자본의 어떤 요소도 전혀 될 수 없는 것이 있을 수 있다. 예컨대 생활용품이 그러하다. 그럼에도 생활용품은 그것의 생산자에게는 상품자본이며 고정자본과 유동자본 가치의 담당자다. 그리고 이 생산물이 고정자본의 가치를 지니는가 또는 유동자본의 가치를 지니는가 하는 것은, 그것의 생산에 사용된 자본이 전부 한꺼번에 보충되지 않으면 안 되는가 부분적으로 보충되지 않으면 안 되는가에 따라, 즉 이 자본의 가치가 전부 생산물로 이전되었는가 부분적으로 이전되었는가에 따라 결정된다.

스미스의 셋째 항목에서는 재료(원료 · 반제품 · 보조재료)가 한편으로는 생산자본에 이미 합쳐진 구성부분으로서 나타나지 않고, 사실상 사회적 생산물 일반을 구성하는 사용가치들 중의 특별한 한 종류—즉 둘째 항목과 넷째 항목에 열거된 소재적 요소들, 생활수단 따위와 함께 있는 상품들—로서 나타나고 있다. 다른 한편으로는 재료가 확실히 생산자본에 합쳐진 것으로서, 따라서 생산자의 수중에 있는 생산자본의 요소로서 제시되고 있다. 이 혼란은, 재료가 한편으로는 생산자('재배자 · 생산자… 벽돌제조업자' 따위)의 수중에서 기능하는 것으로서 파악되고, 다른 한편으로는 상인('포목상 · 목재상' 따위)의 수중에서—여기에서는 재료는 단순한 상품자본이고 생산자본의 구성부분이 아니다—기능하는 것으로서 파악되고 있다는 점에서 나타난다.

사실상 스미스는 여기에서 유동자본의 요소들을 열거할 때, 생산자본에 관해서만 타당한 고정자본과 유동자본의 구별을 망각하고 있다. 오히려 그는 상품자본과 화폐자본, 즉 유통과정에 속하는 두 개의 자본형태를 생산자본에 대립시키고 있는데, 이것마저도 그는 무의식중에 그렇게 하고 있다.

마지막으로 주목되는 것은, 스미스가 유동자본의 구성부분을 열거할 때 노동력을 망각하고 있다는 사실이다. 이것은 두 가지 이유 때문이다.

바로 위에서 본 바와 같이, 화폐자본을 도외시한다면 스미스에게는 유동자본이란 상품자본의 별명에 지나지 않는다. 그러나 노동력은 시장에서 유통되는 한, 자본이 아니며 어떤 형태의 상품자본도 아니다. 노동력은 결코 자본이 아니며, 노동자는 하나의 상품, 즉 자기 자신의 가죽을 시장에 내놓는다 하더라도 자본가는 아니다. 노동력이 판매되어 생산과정에 합쳐질 때, 따라서 그것이 상품으로서 유통되지 않게 된 뒤에야 비로소 생산자본의 구성부분으로 된다. 즉 잉여가치의 원천으로서 가변자본이 되며, 노동력의 구매에 지출된 자본가치의 회전이라는 관점에서 볼 때 생산자본의 유동적 구성부분으로 된다. 스미스는 유동자본과 상품자본을 혼동하고 있기 때문에, 그가 말하는 유동자본이라는 항목에 노동력을 끌어들일 수는 없었다. 그렇기 때문에 가변자본은 이 경우 노동자가 자기의 임금으로 구매하는 상품인 생활용품의 형태로 나타나게 된다. 이 형태 때문에, 임금에 지출된 자본가치가 유동자본에 속하게 된 것이다.

그러나 생산과정에 합쳐지는 것은 노동력이고 노동자 자신이지 노동자의 생존을 유지하는 생활용품은 아니다. 물론 우리가 이미 본 바와 같이(제1권 제23장), 사회적으로 보면 노동자의 개인적 소비에 의한 자기 자신의 재생산도 사회적 자본의 재생산과정에 속한다. 그러나 이것은 여기서 고찰되고 있는, 개개의 자기완결적인 생산과정에 대해서는 타당하지 않다. 스미스가 고정자본의 항목에 넣고 있는 '습득한 유용한 재능들'(309)은, 그 '재능들'이 임금노동자의 것이며 또 임금노동자가 자기의 노동력을 그 '재능들'과 함께 판매한다면, 오히려 유동자본의 구성부분을 이룬다.

스미스가 사회적 부의 전체를 (1) 직접적 소비재원, (2) 고정자본, (3) 유동자본으로 분류하고 있는 것은 그의 큰 오류다. 이것에 따르면, 부는 (1) 기능하고 있는 사회적 자본의 어떤 부분도 이루지 않는 소비재원[비록 이것의 부분들은 항상 자본으로서 기능할 수 있다고 하더라도]과, (2) 자본으로 구분되어야 할 것이다. 따라서 부의 일부분은 자본으로서 기능하고 다른 부분은 비非자본 또는 소비재원으로서 기능한다. 그리고 여기에서는, 암컷과 수컷의 어느 하나로 되는 것이 포유동물에게 자연적 필연성인 것처럼, 고정자본 또는 유동자본 어느 하나로 되는 것이 모든 자본의 피할 수 없는 필연성으로 나타난다. 그러나 우리가 이미 본 바와 같이 고정자본과 유동자본의 대립은 오직 생산자본의 요소들에 대해서만 적용될 수 있는 것이며, 따라서 이 밖에도 고정자본이나 유동자본일 수 없는 형태로 있는 매우 큰 양의 자본—상품자본과 화폐자본—이 있다.

생산물 중에서 개별 자본가적 생산자가 매매에 의하지 않고 직접 현물 형태 그대로 생산수단으로서 다시 이용하는 부분을 제외한다면, 자본주의적 기초 위에서는 사회적 생산물의 총량은 상품자본으로서 시장에서 유통하기 때문에, 생산자본의 고정적 요소와 유동적 요소는 물론이고 소비재원의 모든 요소까지도 상품자본 중에서 끌려나온다는 것은 명백하다. 사실상 이것은 자본주의적 생산의 기초 위에서는 생산수단과 소비용품이 먼저 상품자본으로서 나타난다는 것—비록 뒤에 가서 그것들이 생산수단 또는 소비용품으로 쓰일 운명을 가지고 있다고 하더라도—을 가리킬 뿐이다. 이와 마찬가지로 노동력 자체도 비록 상품자본으로는 아니라 하더라도 상품으로 시장에 있는 것이다. 이 때문에 스미스에게는 다음과 같은 새로운 혼란이 일어난다. 그는 말한다.

> "이 네 종류" ('유동자본', 즉 상품자본과 화폐자본이라는 유통과정에 속하는 형태로 있는 자본의 네 종류를 의미하는데, 두 종류가 네 종류로 된 것은 스미스가 상품자본의 구성부분들을 다시 소재적으로 구별하고 있기 때문이다.) "중 식량 · 원료 · 완제품은 매년 또는 장기간 · 단기간에 규칙적으로 유동자본에서 빠져나와 고정자본이 되거나 직접적 소비를 위한 재고가 된다. 모든 고정자본은 원천적으로 유동자본에서 나오며, 계속 유동자본에 의해 공급되어야 한다. 모든 기계 · 생산도구는 원래 유동자본에서 비롯되는데, 유동자본은 기계 · 생산도구를 만드는 원료를 제공하고 그것을 만드는 사람들의 생계를 유지한다. 기계 · 생산도구는 또한 자신을 항상 수선 · 유지하기 위해 유동자본을 요구한다."(343~344)

생산물 중 생산자가 직접 생산수단으로서 재소비하는 부분을 제외한다면, 자본주의적 생산에 대해서는 다음과 같은 일반적 명제가 타당하다. 즉 모든 생산물은—그것의 현물형태 또는 유용한 형태로 보아 생산수단으로서, 따라서 생산자본의 고정적 요소 또는 유동적 요소로서 기능할 수 있거나 기능해야 하든, 또는 그것이 생산적 소비의 수단으로서가 아니라 오직 개인적 소비의 수단으로서 역할할 수 있든—상품으로서 시장에 나타나며, 따라서 자본가에 대해서는 그의 자본의 상품형태로서, 상품자본으로서 유통한다. 모든 생산물은 상품으로서 시장에 내던져진다. 따라서 모든 생산수단과 소비수단, 즉 생산적 소비와 개인적 소비의 모든 요소는 상품으로서 구매를 통하여 다시 시장에서 끌어내지 않으면 안 된다. 이 자명한 이치는 물론 옳다. 따라서 이것은 생산자본의 고정적 요소에도 유동적 요소에도, 어떤 형태의 노동수단이나 노동재료에도 다 같이 타당하다(이 경우 스미스가 또 망각하고 있는 것은 생산자본의 요소에는 자연 자체에 의하여 주어진, 따라서 생산물이 아닌 요소도 있다는 점이다). 기계는 면화와 마찬가지로 시장에서 구매된다. 그러나 그렇다고 해서 온갖 고정자본이 본래 유동자본에서 생긴다는 결론은 결코 나오지 않는다. 이와 같은 결론이 나오게 되는 것은 오직 스미스가 유통자본과 유동자본[즉 비非고정자본]을 혼동하고 있기 때문이다. 더욱이 스미스는 자기 자신을 반박하고 있다. 그 자신에 따르면, 상품으로서 기계는 유동자본의 넷째 항목의 일부를 이룬다. 그러므로 기계가 유동자본에서 나온다는 것은 기계는 기계로서 기능하기 이전에 상품자본으로서 기능하였다는 것[물론 기계는 소재적으로는 기계로부터 나오는 것이지만]—방적업자의 자본의 유동적 요소로서의 면화가 시장의 면화로부터 나오는 것과 마찬가지로—을 의미함에 지나지 않는다. 그러나 스미스는 그 뒤의 설명에서 기계를 만드는 데는 노동과 원료가 필요하다는 이유로 고정자본을 유동자본에서 이끌어내고 있지만, 이 경우 첫째로 기계를 만드는 데는 또 노동수단 따라서 고정자본이 필요하며, 둘째로 원료를 만드는 데도 또한 고정자본, 즉 기계 따위가 필요하다는 점을 명심해야 한다. 왜냐하면 생산자본에는 항상 노동수단이 포함되지만 노동재료는 항상 포함되는 것은 아니기 때문이다〖예: 광산〗. 스미스 자신도 그 뒤에 곧 이어서 다음과 같이 말하고 있다.

"토지 · 광산 · 어장의 경영에는 고정자본과 유동자본 모두가 필요하다."(즉 그는 원료를 생산하는 데는 유동자본뿐 아니라 고정자본도 필요하다는 것을 인정하고 있다.) "그리고" (여기에 또 새로운 오류가 나타난다.) "그들의 생산물은 그들의 자본뿐 아니라 사회의 모든 자본까지도 이윤과 함께 보충한다."(345)

이것은 완전히 잘못된 생각이다. 그것들의 생산물은 기타의 모든 산업부문을 위한 원료 · 보조재료 따위를 공급한다. 그러나 그것들의 가치는 기타의 모든 사회적 자본의 가치를 보충하는 것이 아니고 다만 자기 자체의 자본가치(+잉여가치)를 보충하는 데 불과하다. 여기에서 스미스에게 미친 중농주의자들의 영향이 또 나타나고 있다.

상품자본 중 노동수단으로만 쓰일 수 있는 생산물로 구성되는 부분은 조만간에 역시 노동수단으로서 기능하지 않으면 안 된다는 것—이렇게 되지 않으면, 그 생산물은 쓸모없이 생산되었고 판매되지 않을 것이다—은 사회의 견지에서 볼 때 옳다. 다시 말해 자본주의적 생산의 기초 위에서는 그것들이 상품이기를 마치자마자 사회적 생산자본의 고정부분의 현실적인 요소[미리부터 예상되고 있었다]를 형성하지 않으면 안 된다.

여기에는 생산물의 현물형태로부터 생기는 구별이 있다.

예컨대 방적기계가 방적에 이용되지 않는다면, 즉 생산요소[따라서 자본주의적 입장에서는 생산자본의 고정적 구성부분]로서 기능하지 않는다면, 그것은 사용가치를 가지지 않는다. 그러나 방적기계는 이동할 수 있다. 그것은 생산된 나라에서 수출되어 타국에 직접 또는 간접으로[원료 또는 샴페인과의 교환으로] 판매될 수 있다. 이 경우 방적기계가 생산된 나라에서는 그것은 상품자본으로서만 기능한 것이고, 결코—그것의 판매 뒤에도—고정자본으로서 기능하는 것은 아니다.

이와는 반대로 토지와 합쳐짐으로써 일정한 장소에 고정되어 있고 따라서 일정한 장소를 떠나서는 이용될 수 없는 생산물들[예컨대 공장건물 · 철도 · 교량 · 터널 · 부두 · 토지개량 등]은 물체적으로는 있는 그대로 수출될 수 없다. 그것들은 이동할 수 없다. 그것들은, 쓸모없는 것이 아니라면, 판매되자마자 그것들이 생산된 나라에서 고정자본으로 기능하지 않으면 안 된다. 판매하기 위해 투기적으로 공장을 세우거나 토지를 개량하는 자본주의적 생산자에게는 그 물건들은 자기의 상품자본의 형태, 즉 스미스에 따르면 유동자본의 형태인 것이다. 그러나 사회적으로 보면 이 물건들은—쓸모없는 것이 아니기 위해서는—결국 자국 안에서 그것들이 있는 장소에 고정되어 있는 생산과정에서 고정자본으로 기능하지 않으면 안 된다. 그렇다고 해서 움직이지 않는 물건들이 움직이지 않는다는 사실만으로 곧 고정자본이 되는 것은 결코 아니다. 그것들은 주택 따위로서는 소비재원에 속할 수 있으며, 따라서 사회적 부—자본은 그 일부에 지나지 않는다—의 한 요소이기는 하나 결코 사회적 자본에 속하지 않을 수도 있다. 스미스의 표현을 빌어 말한다면, 이 물건들의 생산자는 그것들을 판매함으로써 이윤을 얻는다. 따라서 유동자본이다! 그것들의 이용자, 그것들의 최후의 구매자는 그것들을 생산과정에서 사용함으로써만 그것들을 이용할 수 있다. 따라서 고정자본이다! 〚완전히 잘못된 생각이다.〛

예컨대 철도와 같은 것의 소유권은 매일같이 이 사람의 손에서 저 사람의 손으로 옮겨갈 수 있고, 그것의 소유자는 이 권리를 외국에까지도 판매하여 이윤을 얻을 수 있다. 그리하여 철도 자체는 수출될 수 없으나 그 소유권은 수출될 수 있는 것이다. 그럼에도 이 물건들은 그것들의 소재지인 나라에서 유휴상태에 놓여 있지 않다면 생산자본의 고정적 구성부분으로 기능하지 않으면 안 된다. 이와 마찬가지로 공장주 A는 자기의 공장을 공장주 B에게 판매하여 이윤을 얻을 수 있지만, 이 사실은 그 공장이 종전과 같이 고정자본으로 기능하는 것을 방해하지 않는다.

그러므로 일정한 장소에 고정되어 있으며 토지와 분리될 수 없는 노동수단은, 그것을 생산한 사람에게는 상품자본으로 기능하며, 그의 고정자본의 어떤 요소(그의 고정자본은 건물 · 철도 등을 건설하기 위해 그가 필요로 하는 노동수단으로 구성된다)도 형성하는 것이 아니라 하더라도, 자국 안에서는 필연적으로 미리 예상된 대로 고정자본으로 기능하지 않으면 안 된다. 그러나 그렇다고 해서 거꾸로 고정자본은 필연적으로 부동적 물건들로 구성된다고 말할 수는 없다. 선박이나 기관차는 그것들의 운동에 의해서만 작용하지만, 그것들의 생산자에게는 아니지만 그것들의 사용자에게는 고정자본으로 기능한다. 다른 한편으로, 가장 현실적으로 생산과정에 고정되어 거기에서 모든 생애를 마치며 또 일단 거기에 들어간 다음에는 결코 거기를 다시는 떠나지 않는 물건들 가운데도 생산자본의 유동적 구성부분을 이루는 것이 있다. 예컨대 생산과정에서 기계의 운행을 위해 소비되는 석탄, 공장건물의 조명을 위해 소비되는 가스 등이 그것이다. 이런 물건들이 유동적인 것은, 그것들이 생산물과 함께 물체적으로 생산과정을 떠나 상품으로 유통하기 때문이 아니라, 그것들의 가치가 전부 그것들의 도움으로 생산된 상품의 가치로 들어가며, 따라서 상품의 판매에 의하여 전부 보충되지 않으면 안 되기 때문이다.

마지막으로 인용한 스미스의 말 가운데서 또 하나 지적해야 할 것은 다음과 같은 구절이다.

> "유동자본은…그것"(기계 · 생산도구 따위)"을 만드는 원료를 제공하고 그것을 만드는 사람들의 생계를 유지한다."(344)

중농주의자들에게는 임금으로 투하된 자본부분이 정당하게도 최초의 투자와 대립하는 해마다의 투자 중에 나타나고 있다. 다른 한편으로, 그들에게는 차지농업가가 사용하는 생산자본의 구성부분으로 나타나는 것은 노동력 자체가 아니라 농업노동자들에게 지불되는 생활수단(스미스가 말하는 '사람들의 생계를 유지하는 것')이다. 이것은 그들의 독특한 이론과 밀접하게 관련되어 있다. 즉 그들에게는 노동이 생산물에 첨가하는 가치부분은—원료 · 노동도구 등, 간단히 말해, 불변자본의 물질적 구성부분이 생산물에 첨가하는 가치부분과 마찬가지로—노동자들에게 지불되는 [그리하여 노동력으로서 그들의 기능을 유지하기 위해 반드시 소비되어야 할] 생활수단의 가치와 동등할 따름이다. 불변자본과 가변자본을 구별해 낸다는 것은 중농주의자들에게는 그들의 이론 자체에 의하여 거부되고 있다. 노동이 그 자체의 가격을 재생산하는 이외에 잉여가치를 생산한다면, 노동은 농업에서와 마찬가지로 공업에서도 잉여가치를 생산해야 한다. 그러나 중농주의 체계에 따르면, 노동은 오직 농업이라는 생산부문에서만 잉여가치를 생산하기 때문에, 잉여가치는 노동으로부터 생기는 것이 아니라 농업에서 자연의 특수한 활동(협조)으로부터 생긴다. 그리고 오직 이 이유 때문에 그들은 농업노동을 기타 종류의 노동들과 구별하여 생산적 노동이라고 부르는 것이다.

스미스는 노동자들의 생활수단을 고정자본과 대립되는 유동자본으로서 규정하고 있는데, 이것은,

(1) 그가 고정자본과 대립되는 유동자본을 유통분야에 속하는 자본형태인 유통자본과 혼동하고 있기 때문이다. 이 혼동은 스미스 이후의 경제학자들에 의하여 무비판적으로 계승되어 왔다. 그는 상품자본을 생산자본의 유동적 구성부분이라고 여기고 있는데, 사회적 생산물이 상품형태를 취하는 곳에서는 노동자의 생활수단이나, 비노동자의 생활수단이나, 노동재료나, 노동수단 그 자체는 모두 상품자본으로부터 제공되지 않을 수 없다는 것은 자명한 사실이다.

(2) 그러나 스미스에게는 중농주의적 견해도 침투하고 있다. 비록 이 견해는 스미스 자신의 이론적 전개의 심오한—참으로 과학적인—부분

과 모순되는 것이지만.

투하자본은 일반적으로 생산자본으로 전환된다. 즉 그것은 생산요소들—이것들 자체는 이전의 노동의 생산물이다—의 모습을 취한다(노동력도 그 중에 포함된다). 오직 이 형태로서만 투하자본은 생산과정에서 기능할 수 있다. 그런데 만약 우리가 자본의 가변부분이 전환된 노동력을 노동자의 생활수단으로 대체한다면, 이 생활수단 자체는 가치형성의 면에서는 생산자본의 기타 요소들, 즉 원료나 역축의 생존수단과 구별되지 않는다는 것은 명백하며, 이 때문에 스미스는 중농주의자들의 전례에 따라 위에 인용한 곳에서도 역축의 생존수단과 노동자의 생활수단을 동렬에 놓고 있는 것이다. 생활수단은 스스로 자기의 가치를 증식시킬 수 없다. 즉 자기의 가치에 잉여가치를 첨가할 수 없는 것이다. 생활수단의 가치는 생산자본의 다른 요소들의 가치와 마찬가지로 다만 생산물의 가치에 다시 나타날 수 있을 따름이다. 생활수단은 그 자체가 가지고 있는 가치 이상을 생산물에 첨가할 수는 없다. 그것은 원료나 반제품 등과 마찬가지로, 다음과 같은 점에서만 노동수단으로 구성되는 고정자본과 구별된다. 즉 생활수단은 (적어도 그 대가를 지불하는 자본가에게는) 그것이 들어감으로써 형성되는 생산물을 위해 전부 소비되며, 따라서 그것의 가치는 전부 보충되지 않으면 안 되는데 반해, 고정자본의 경우에는 그 보충이 점차적으로 일부분씩만 진행된다는 점이다. 따라서 생산자본 중 노동력(또는 노동자의 생활수단)에 투하된 부분은 여기에서는 생산자본의 기타 소재적 요소들과 노동과정 · 가치증식과정에서 구별되는 것이 아니라 소재적으로만 구별된다. 즉 이 자본부분은 생산물을 형성하는 객체적 요소 중 고정자본의 범주에 속하는 부분에 대립하는 다른 부분(스미스가 일반적으로 말하는 재료)과 함께 유동자본의 범주에 속하는 것으로서만 구별되고 있다.

임금으로 지출되는 자본부분이 생산자본의 유동부분에 속하며, 생산자본의 고정적 구성부분과 대립하여 생산물을 형성하는 객체적 요소의 일부인 원료 등과 공통된 유동적 성격을 가지고 있다는 사정, 이 사정은 자본의 가변부분이 불변부분에 대립하여 가치증식과정에서 하는 기능과는 전혀 관계가 없다. 이 사정은 다만 투하자본가치의 이 부분이 유통을 통하여 생산물의 가치로부터 어떻게 보충되고 갱신되며 따라서 재생산되지 않으면 안 되는가 하는 것에만 관계가 있다. 노동력의 반복 구매는 유통과정에 속하는 일이다. 그러나 노동력에 지출되는 가치는 생산과정에서 비로소 (노동자를 위해서가 아니라 자본가를 위해서) 일정한 불변량에서 가변량으로 전환되며, 또 이 전환에 의해서 비로소 투하가치는 자본가치로, 자본으로, 자기를 증식시키는 가치로 전환된다. 그러나 스미스처럼 노동력에 지출되는 가치가 아니라 노동자의 생활수단에 지출되는 가치를 생산자본의 유동적 구성부분이라고 규정한다면, 가변자본과 불변자본의 구별에 대한 이해, 따라서 자본주의적 생산과정 일반에 대한 이해는 불가능하게 된다. 노동력에 지출되는 자본부분이 생산물 형성의 객체적 요소들에 지출되는 불변자본과 대립되는 가변자본이라는 규정은, 이 자본부분이 회전의 측면에서는 생산자본의 유동부분에 속한다는 규정 아래에 파묻혀 있다. 이 파묻음은 노동력 대신에 노동자의 생활수단을 생산자본의 요소로 여김으로써 완성된다. 노동력의 가치가 화폐로 투하되느냐 또는 직접 생활수단으로 투하되느냐 하는 것은 중요하지 않다. 물론 후자의 경우는 자본주의적 생산의 기초 위에서는 예외일 수밖에 없지만.2)

---

2) 노동력이 가치증식과정에서 하는 기능을 이해할 수 있는 길을 스미스 자신이 얼마나 폐쇄했는가는 그가 중농주의적 방식에 따라 노동자의 노동을 역축의 노동과 같은 선상에 놓고 있는 다음과 같은 문구에 의해 증명된다. "그"(차지농업가)"의 일꾼뿐 아니라 역축도 생산적 노동자다."(『국부론』(상) 제2편 제5장: 445)

이와 같이 스미스는 노동력에 지출되는 자본가치의 결정적 특성을 유동자본이라고 확정했기 때문에[이것은 중농주의자들의 전제 『농업노동만이 생산적이다』에 의존하지 않는 중농주의적 규정이다], 그는 자기의 후계자들이 노동력에 지출되는 자본부분을 가변자본으로 인식할 수 없도록 만들었다. 스미스 자신이 다른 곳에서 전개한 더욱 심오하고 정확한 사상은 유행하지 못했지만, 그의 이 오류는 유행하게 되었다. 사실상 후대의 저술가들은 더 나아가서 고정자본에 대립하는 유동자본이라는 것을 노동력에 지출되는 자본부분의 결정적 특징으로 삼았을 뿐 아니라, 노동자를 위한 생활수단에 지출된다는 것을 유동자본의 본질적 특징으로 삼았다. 이런 규정은 당연히 다음과 같은 학설과 결부되었다. 즉 생활필수품으로 구성되는 노동기금『임금기금』은 하나의 주어진 크기인데, 이 노동기금은 한편으로는 사회적 생산물에 대한 노동자 몫의 한계를 물리적으로 제한하지만, 다른 한편으로는 그것의 전부가 노동력의 구입에 지출되지 않으면 안 된다는 학설이 바로 그것이다.*

* 『자본론』 제1권 제24장 5절(이른바 노동기금)을 참조하라.

제11장

고정자본과 유동자본의 이론. 리카도

리카도는 오직 가치법칙의 예외—즉 임금률의 변화가 가격에 미치는 영향[이에 관해서는 제3권 『제11장』에서 다룰 것이다]—를 해명하기 위해 고정자본과 유동자본 사이의 구별을 도입한다.

그러나 기본적 불명료성은 벌써 다음과 같은 대비 가운데서 처음부터 나타나고 있다. "고정자본의 내구성의…차이와, 두 종류의 자본이 결합되는 비율의…다양성."[1]

그런데 이 두 종류의 자본이란 어떤 것인가 하고 우리가 물으면 다음과 같이 대답한다. "노동을 유지할 자본과, 도구 · 기계 · 건물에 투하된 자본의 비율도 다양하게 구성될 것이다"[2]라고. 따라서 고정자본은 노동수단과 같으며 유동자본은 노동에 투하되어 있는 자본과 같다. "노동을 유지할 자본"이라는 것이 벌써 스미스로부터 물려받은 어리석은 표현이다. 여기서는 한편으로는 유동자본이 가변자본, 즉 생산자본 중 노동에

1) 리카도, 『정치경제학 및 과세의 원리』: 92~93.

2) 같은 책: 92.

투하된 부분과 혼동되고 있다. 그런데 다른 한편으로는 그 대비가 가치증식과정에서 끌어낸 것—불변자본과 가변자본—이 아니라 유통과정에서 끌어낸 것(오래된 스미스 식의 혼란)이기 때문에 이중으로 그릇된 관념이 나온다.

첫째로, 여기에서는 고정자본의 내구성 차이와, 불변자본과 가변자본으로 이루어지는 자본구성의 다양성이 동등한 것으로서 인정되고 있다. 그러나 후자의 차이는 잉여가치 생산의 차이를 규정하는 것인데 반하여, 전자의 차이는 가치증식과정에서는 생산수단의 주어진 가치가 생산물에 이전되는 방식에 관계되는 것이며, 유통과정에서는 투하자본의 갱신기간, 또는 자본이 투하되어 있는 시간에 관계되는 것이다. 만약 우리가 자본주의적 생산과정의 내부메커니즘을 구명하지 않고 이미 나타난 현상만을 고찰한다면, 위의 두 개의 차이는 사실상 동등하다. 사회적 잉여가치가 상이한 생산분야에 투하된 자본들 사이에 분배되어 일반적 이윤율이 균등화되고 가치가 생산가격으로 전환되는 과정에서는, 자본의 투하기간의 차이(예컨대 고정자본의 수명의 차이)와 자본의 유기적 구성의 차이(따라서 또 불변자본과 가변자본의 유통의 차이)가 다같이 비슷하게 작용하기 때문이다〔제3권 제2편 참조〕.

둘째로 유통과정의 관점에서 보면, 한편에는 노동수단 즉 고정자본이 있고 다른 편에는 노동재료와 임금, 즉 유동자본이 있다. 이와 반대로 노동과정과 가치증식과정의 관점에서 보면, 한편에는 생산수단[노동수단과 노동재료] 즉 불변자본이 있고 다른 편에는 노동력 즉 가변자본이 있다. 자본의 유기적 구성(『자본론』 제1권 제25장 2절)에 관한 한, 동일한 가치량의 불변자본이 다량의 노동수단과 소량의 노동재료로 구성되어 있는가 또는 다량의 노동재료와 소량의 노동수단으로 구성되어 있는가 하는 것은 전혀 아무래도 좋은 것이며, 모든 것은 생산수단에 투하된 자본과 노동력에 투하된 자본 사이의 비율에 의존한다. 이와는 반대로 유통과정의 관점, 즉 고정자본과 유동자본의 차이라는 관점에서 보면, 일정한 가치량의 유동자본이 어떤 비율로 노동재료와 임금으로 분할되는가 하는 것은 역시 아무래도 좋은 것이다. 한편의 관점에서 보면 노동재료는 노동수단과 같은 범주에 속하여 노동력에 투하된 자본가치에 대립한다. 다른 한편의 관점에서 보면 노동력에 투하된 자본부분은 노동재료에 투하된 자본부분과 같은 부류가 되어 노동수단에 투하된 자본부분에 대립한다.

이렇기 때문에 리카도에게는 노동재료(원료 · 보조재료)에 투하된 자본가치부분은 어느 편에도 나타나지 않는다. 그것은 아주 사라져버리고 있다. 즉 이 가치부분은 고정자본의 편에는 적합하지 않다. 왜냐하면 그것은 유통방식에서 보면 노동력에 투하된 자본부분과 전적으로 일치하기 때문이다. 그렇다고 해서 다른 한편으로 유동자본의 편에 소속시킬 수도 없다. 왜냐하면 이렇게 한다면 고정자본과 유동자본의 대립을 불변자본과 가변자본의 대립과 동일시하는 것—스미스로부터 물려받았으며 암암리에 리카도의 저술에서도 그렇다—은 유지될 수 없기 때문이다. 리카도는 강한 이론적 본능을 가지고 있었으므로 이 사실을 느끼지 않을 수 없었으며, 그렇기 때문에 그는 이 자본부분을 완전히 사라지게 만든 것이다.

여기서 지적해 두어야 할 것은, 자본가는 임금으로 투하되는 자본을 '선대advance'하며, 이 선대기간은 그가 임금을 예컨대 매주 지불하는가, 매월 지불하는가 또는 3개월마다 지불하는가에 따라 상이하다고 경제학에서 이야기되고 있다는 점이다. 그러나 사실은 그 반대다. 노동자는 그가 지불을 받는 것이 매주인가, 매월인가 또는 3개월마다인가에 따라 자본가에게 자기의 노동을 1주간, 1개월간 또는 3개월간 선대하는 것이다. 만약 자본가가 임금을 후불하지 않고 노동력을 구매한다고 하면, 즉 그가 1일분, 1주일분, 1개월분 또는 3개월분의 임금을 노동자에게 선불한다고 하면, 이 기간의 선대를 이야기할 수 있을 것이다. 그러나 그는 노동력을 구매하여 노동이 계속되어야 할 기간에 대해 미리 지불하는 것이 아니라 노동이 이미 며칠간, 몇 주간 또는 몇 개월간 계속된 뒤에 지불하기 때문에, 경제학에서 이야기하는 것은 자본가적 전도이며, 노동자가 노동으로 자본가에게 제공하는 선대가 자본가가 화폐로 노동자에게 제공하는 선대로 전환되고 있는 셈이다. 자본가가 [생산물의 생산에 필요한 시간이 상이함에 따라, 또는 생산물의 유통에 필요한 시간이 상이함에 따라] 길거나 짧은 시간이 경과한 뒤에야 비로소 생산물 자체나 그것의 가치를(그것에 합쳐있는 잉여가치와 함께) 유통에서 회수 또는 실현한다는 것은 위의 사정을 조금도 변경시키지 않는다. 상품의 구매자가 그 상품을 어떻게 처분하려 하는가는 판매자에게는 아무런 상관도 없다. 기계의 가치는 다만 점차적으로 또 일부분씩 유통에서 자본가에게로 환류하지만 그는 그것의 전체 가치를 한꺼번에 선대하지 않으면 안 된다고 해서, 그가 그 기계를 더 값싸게 입수하는 것은 아니다. 또 면화의 가치는 면화로 제조되는 생산물의 가치에 전부 들어가며 따라서 생산물의 판매에 의하여 전부 한꺼번에 보충된다고 해서, 자본가가 면화 값을 더 비싸게 지불하는 것도 아니다.

리카도에게로 돌아가자.

(1) 가변자본의 특징은 자본의 일정한 주어진(이런 의미에서는 불변적인) 부분, 즉 주어진 가치액(이것은 노동력의 가치와 동등하다고 가정한다. 임금이 노동력의 가치와 동등한가 그보다 더 큰가 작은가 하는 것은 여기에서는 아무래도 좋다)이 자기증식적이며 가치창조적인 힘인 노동력과 교환된다는 점이다. 노동력은 자본가에 의해 지불되는 가치를 재생산할 뿐 아니라 잉여가치[즉 이전에는 존재하지 않았고 어떤 등가를 주고 구매되지도 않은 가치]도 생산한다. 임금에 투하되는 자본부분의 이 특성[이 때문에 이 자본부분은 가변자본으로서 불변자본과 완전히 구별된

다]은, 임금에 투하되는 자본부분이 단순히 유통과정의 관점에서 고찰되고 그리하여 노동수단에 투하되는 고정자본과 대립하여 유동자본으로서 나타나자마자, 소멸되어 버린다. 이런 현상은 노동력에 투하되는 자본부분이 불변자본 중 노동재료에 투하되는 구성부분과 함께 같은 항목—유동자본이라는 항목—에 들어가서, 불변자본 중 노동수단에 투하되는 다른 구성부분과 대립될 때 이미 나타난다. 이 경우 잉여가치[즉 투하되는 가치액을 자본으로 전환시키는 사정 그 자체]는 전적으로 무시된다. 임금으로 투하되는 자본에 의하여 생산물에 첨가되는 가치부분은 새로 생산되는 것(따라서 또 현실적으로 재생산되는 것)이지만, 원료에 의하여 생산물에 첨가되는 가치부분은 새로 생산되는 것[그리고 현실적으로 재생산되는 것]이 아니라 생산물의 가치에 유지되고 보존될 뿐이며, 따라서 생산물 가치의 구성부분으로서 다시 나타나는 것에 불과하다는 사실도 또한 무시된다. 유동자본과 고정자본을 비교한다는 관점에서는 다음과 같은 구별이 있을 뿐이다. 즉 상품의 생산에 사용된 노동수단의 가치는 부분적으로만 상품의 가치에 들어가며 따라서 또 상품의 판매에 의하여 부분적으로만[일부분씩 점차적으로만] 보충되는데, 다른 한편으로 상품의 생산에 사용된 노동력과 노동대상(원료 등)의 가치는 전부 그 상품에 들어가며 따라서 그 상품의 판매에 의하여 전부 보충된다. 이 점에서 유통과정과 관련하여 자본의 일부는 고정자본으로 나타나며, 다른 일부는 유동자본으로 나타난다. 어느 경우에도 관심의 대상은 주어진 투하가치가 생산물로 이전되는 방식과 생산물의 판매에 의하여 그 투하가치가 보충되는 방식이다. 여기에서 구별은 오로지 가치이전 그리고 가치보충이 일부분씩 점차적으로 수행되는가 그렇지 않으면 한꺼번에 수행되는가 하는 점에 있다. 이에 따라 가변자본과 불변자본이라는 매우 결정적인 구별은 사라져 버리고, 따라서 잉여가치의 형성과 자본주의적 생산의 전체 비밀—일정한 가치와 그것이 표현되는 물건을 자본으로 전환시키는 사정들—은 알 수 없게 되어버렸다. 자본의 모든 구성부분은 오직 그 유통방식에 의해 구별되고 있을 뿐이다(그리고 당연하게도 상품의 유통은 주어진 기존가치와 관련이 있을 뿐이다). 사실상 임금으로 투하되는 자본은 원료 · 반제품 · 보조재료에 투하되는 자본과 함께, 노동수단에 투하되는 자본에 대립하여, 하나의 특수한 공통적인 유통방식을 지니고 있다.

이로부터 부르주아 경제학이 '불변자본과 가변자본'의 범주와 '고정자본과 유동자본'의 범주를 스미스가 혼동한 것을 무엇 때문에 본능적으로 고집하고 무비판적으로 한 세기 동안이나 대대로 되풀이해 왔는가 하는 것을 이해할 수 있게 된다. 부르주아 경제학은 임금에 투하되는 자본부분을, 원료에 투하되는 자본부분과 전혀 구별하지 않고 있으며, 오직 형식적으로만 —즉 자본이 생산물에 의하여 일부분씩 유통되는가 또는 한꺼번에 유통되는가 하는 점에서만—불변자본과 구별한다. 이리하여 자본주의적 생산의, 따라서 또 자본주의적 착취의 현실적 운동을 이해하는 데 필요한 기초가 없어져버린 것이다. 그리하여 〚투하가치의 증식이 아니라〛 오직 투하가치의 재현이 문제로 되고 있을 뿐이다.

리카도가 스미스의 혼동을 무비판적으로 받아들였다는 것은 후대의 변호론자들이 이 혼동을 받아들인 것보다, 그리고 스미스 자신이 혼동한 것보다 더욱 놀라운 사실이다. 왜냐하면 리카도는 스미스보다 더 철저하게 또 더욱 날카롭게 가치와 잉여가치를 전개하였으며, 사실상 피상적인 스미스에 반대해서 심오한 스미스를 고수하고 있었기 때문이다.

중농주의자들에게는 이런 혼동이 전혀 없다. 해마다의 투자와 최초의 투자 사이의 구별은 자본[특히 농업자본]의 상이한 구성부분의 상이한 재생산시간에만 관련되고 있다. 그런데 잉여가치의 생산에 관한 그들의 견해〚농업노동만이 자연의 도움을 받아 잉여가치를 생산한다〛는 그들의 이론 중 위의 구별과는 독립적인 부분[이 부분은 사실상 그들의 이론의 핵심이다]을 이룬다. 그런데 잉여가치의 형성은 자본 그것에서 설명되는 것이 아니라 자본의 특정한 생산분야인 농업에서만 이루어지는 것으로 되고 있다.

(2) 가변자본의 정의에서 — 따라서 임의의 가치액을 자본으로 전환시키는 것에서 — 본질적인 것은 자본가가 일정한 주어진(이 의미에서 불변적인) 가치량을 가치창조적인 힘 『노동력』과 교환한다는 것, 즉 일정한 가치량을 가치의 생산 · 자기증식과 교환한다는 것이다. 자본가가 노동자에게 화폐로써 지불하는가 또는 생활수단으로써 지불하는가 하는 것은 이 본질적 정의에 어떤 변화도 일으키지 않는다. 다만 자본가가 투하하는 가치의 존재방식이 다를 뿐으로, 전자의 경우에는 화폐의 형태로 존재하여 노동자는 그 화폐로 자기 자신이 시장에서 자기의 생활수단을 구매하며, 후자의 경우에는 생활수단의 형태로 존재하여 노동자는 이 생활수단을 직접 소비한다. 발전된 자본주의적 생산은 노동자가 화폐로 지불받는 것을 전제하는데, 그것은 일반적으로 자본주의적 생산이 유통과정에 의하여 매개되는 생산과정[따라서 화폐경제]을 전제하는 것과 마찬가지다. 그러나 잉여가치의 창조 — 따라서 투하된 가치액의 자본화 — 는 임금[즉 노동력의 구입에 지출된 자본]이 화폐형태인가 현물형태인가에 달려 있는 것이 아니라, 가치와 가치창조적인 힘 사이의 교환에, 불변량이 가변량으로 전환하는 것에 달려 있다.

노동수단의 다소 고정된 성질은 그것의 내구성의 정도, 즉 물리적 속성에 의존한다. 노동수단은 기타의 조건들이 동일한 경우, 그것의 내구성 정도에 따라 더 빨리 또는 더 느리게 마멸되며, 따라서 더욱 장기간 또는 더욱 단기간 고정자본으로 기능한다. 그러나 노동수단은 단순히 내구성이라는 물리적 속성 때문에 고정자본으로 기능하는 것은 결코 아니다. 금속공장에서 원료 『예: 강철』는 그 원료의 가공에 사용되는 기계와 마찬가지로 내구적이며, 이 기계의 일부 구성부분들 — 가죽 · 목재 등 —

보다 내구성이 더 크다. 그럼에도 원료로 역할하는 금속은 유동자본의 일부를 이루며, 아마도 동일한 금속으로 만들어진 기능하는 노동수단은 고정자본의 일부를 이룬다. 따라서 동일한 금속이 어떤 경우에는 고정자본의 항목에 속하고 다른 경우에는 유동자본의 항목에 속하는 것은, 그 금속 소재의 물리적 본성이나 그 금속의 마멸성 차이 때문이 아니다. 이 구별은 오히려 그 금속이 생산과정에서 하는 기능—어떤 경우에는 노동대상이고 다른 경우에는 노동수단이다—에서 생기는 것이다.

생산과정에서 노동수단의 기능은, 대체로 말해, 노동수단이 반복되는 노동과정에서 길거나 짧은 시간에 걸쳐 끊임없이 봉사할 것을 요구한다. 그러므로 노동수단의 기능에 의하여 그 노동수단의 소재 내구성 정도가 예정되어 있다. 그러나 노동수단을 만드는 데 사용되는 소재의 내구성은 그 자체로서는 노동수단을 고정자본으로 만들지는 못한다. 동일한 소재라도 원료로서는 유동자본으로 된다. 그리고 상품자본과 생산자본의 구별과, 유동자본과 고정자본의 구별을 혼동하고 있는 경제학자들에게는 동일한 소재, 동일한 기계가 생산물로서는 유동자본이며 노동수단으로서는 고정자본이다.

그런데 노동수단을 만드는 데 사용되는 내구적인 소재가 노동수단을 고정자본으로 만드는 것은 아니라 하더라도, 노동수단으로서의 기능은 노동수단이 비교적 내구적인 소재로 구성될 것을 요구한다. 따라서 노동수단의 소재 내구성은 그것이 노동수단으로서 기능하게 하는 하나의 조건이며, 따라서 또 노동수단을 고정자본으로 만드는 유통방식의 물질적 기초다. 기타의 조건들이 동일한 경우, 노동수단은 그것의 소재의 마멸성 대소에 따라 더 낮거나 더 높은 고정성을 얻게 되며, 따라서 그 소재의 마멸성 대소는 고정자본으로서 노동수단의 자격과 분리될 수 없게끔 뒤엉켜 있다.

만약 노동력에 투하된 자본부분을 오로지 유동자본의 관점에서만, 즉 고정자본과 대립되는 것으로서만 고찰한다면, 그리고 결과적으로 불변자본과 가변자본의 구별을 고정자본과 유동자본의 구별과 동일시한다면, [노동수단의 소재가 고정자본 그것의 성격의 본질적 기초를 이루듯이] 노동력에 투하된 자본의 소재적 실체로부터 고정자본에 대립되는 유동자본 그것의 성격을 도출하고, 그 다음에 다시 가변자본의 소재적 실체에 의하여 유동자본을 규정하는 것은 자연스러운 일이다.

임금으로 투하된 자본의 현실적 소재는 노동 그 자체, 활동하고 있는 가치창조적인 노동력, 살아 있는 노동인데, 자본가는 죽은 대상화된 노동〖임금에 해당하는 자본가치〗을 이것과 교환하여 이것을 자기의 자본에 합쳤으며, 이렇게 함으로써 비로소 그의 수중에 있는 가치는 자기증식적인 가치로 전환된다. 그러나 자본가는 이 자기증식력을 판매하는 것이 아니다. 이 자기증식력은 그의 노동수단과 마찬가지로 언제나 그의 생산자본의 구성부분을 이룰 따름이며, 예컨대 그가 판매하는 완성생산물처럼 그의 상품자본의 구성부분을 이루는 것은 결코 아니다. 생산과정의 내부에서는 생산자본의 구성부분인 노동수단은 노동력에 대하여 고정자본으로 대립하는 것은 아닌데, 이것은 노동재료와 보조재료가 유동자본으로 노동력과 동일시되는 것이 아닌 것과 마찬가지다. 노동과정의 관점에서 보면, 노동수단과 노동원료는 물적 요소로 인적 요소인 노동력과 대립한다. 그리고 가치증식과정의 관점에서 보면, 전자는 불변자본으로 가변자본인 노동력과 대립한다. 또는 유통과정에 영향을 미치는 소재적 차이에 관해 다음과 같이 말할 수 있을 뿐이다. 즉 가치의 본성[즉 대상화된 노동]과 활동하고 있는 노동력의 본성[즉 자기를 대상화시키고 있는 노동]에서 볼 때, 노동력이라는 것은 그것이 기능하는 동안 끊임없이 가치와 잉여가치를 창조한다는 것, 그리고 노동력의 편에서는 운동[즉 가치의 창조]으로 나타나는 것이 그의 생산물의 편에서는 정지된 형태[즉 창조된 가치]로 나타난다는 것이다. 노동력이 작용을 끝마쳤다면, 자본은 더 이상 한편으로는 노동력, 다른 한편으로는 생산수단으로 구성되지는 않는다. 노동력에 투하된 자본가치는 이제 생산물에 (잉여가치와 함께) 첨가된 가치로 되어 있다. 과정을 반복하기 위해서는 생산물을 판매하여 거기에서 얻은 화폐로 끊임없이 새로 노동력을 구매해서 그것을 생산자본에 합치지 않으면 안 된다. 이렇게 되면 노동력에 투하된 자본부분은 [노동재료 등에 투하된 자본부분과 마찬가지로] 노동수단에 고정되어 남아 있는 자본에 대립하여 유동자본의 성격을 띠게 된다.

만약 유동자본이라는 불변자본의 일부(원료 · 보조재료)와 공통되는 제2차적 규정이 노동력에 투하된 자본부분의 본질적 규정이라고 한다면, 다시 말해 노동력에 투하된 가치는 이 노동력의 소비에 의하여 생산된 생산물에 전부 이전되고 고정자본의 경우처럼 점차적으로 또 일부분씩 이전되지 않으며, 따라서 또 이 가치는 생산물의 판매에 의하여 전부 보충되지 않으면 안 된다는 것이라면, 임금으로 투하된 자본부분도 소재적으로 볼 때 활동하고 있는 노동력으로 구성되는 것이 아니라 노동자가 자기의 임금으로 구매하는 소재적 요소[즉 사회적 상품자본 중 노동자의 소비로 들어가는 부분인 생활수단]로 구성되지 않으면 안 된다. 이 경우 고정자본은 비교적 천천히 마멸되는, 따라서 비교적 천천히 보충되어야 할 노동수단으로 구성되며, 노동력에 투하된 자본은 더 빨리 보충되어야 할 생활수단으로 구성된다.

그러나 마멸의 빠름과 느림이라는 경계는 곧 사라지고 만다.

> "노동자가 소비하는 음식과 의복, 그가 일하는 건물, 그의 노동을 지원하는 기구는 모두가 소모되는 성질을 가지고 있다. 그렇지만, 이들 상이한 자본들이 지탱할 시간에는 큰 차이가 있다. 즉 증기기관은 선박보다, 선박은 노동자의 의복보다, 그리고 노동자의 의복은 그가

소비하는 음식보다도 오래 갈 것이다."[3)]

리카도는 여기에서 노동자가 거주하는 가옥, 그의 가구, 그리고 나이프 · 포크 · 접시 등과 같은 그의 소비기구류에 대해 언급하기를 잊어버리고 있다. 이런 것들은 모두 노동수단과 마찬가지로 내구성을 지니고 있다. 동일한 물건들, 동일한 종류의 물건들이 어떤 경우에는 소비수단으로 나타나며 또 어떤 경우에는 노동수단으로 나타난다.

리카도가 말하는 구별이란 다음과 같다.

> "자본은 그것이 급속히 소모되어 빈번히 재생산될 필요가 있는가 아니면 천천히 소비되는 것인가에 따라서 유동자본 또는 고정자본의 항목으로 분류된다."[4)]

그는 여기에 다음과 같은 주를 달고 있다.

> "이 분류는 본질적인 것이 아니며, 거기에 경계선이 엄밀하게 그어질 수도 없다."[5)]

그리하여 우리는 다행히도 중농주의자들의 입장으로 다시 되돌아왔는데, 그들에게는 해마다의 투자와 최초의 투자 사이의 구별은 사용되는 자본의 소비시간상의, 따라서 또 상이한 재생산시간상의 구별이었던 것이다. 그러나 중농주의자들에게는 사회적 생산의 중요한 현상을 표현하는 구별, 그리고 또 〔케네의〕『경제표』가 유통과정에 관련하여 서술하고 있

---

3) 리카도, 『정치경제학 및 과세의 원리』: 93.

4) 같은 책: 93.

5) 같은 책: 93.

는 구별이, 리카도에게는 하나의 주관적인, 또 리카도 자신의 말대로 하면 쓸데없는 구별로 되고 있을 따름이다.

만약 노동력에 투하된 자본부분이 그것의 재생산시간, 따라서 그것의 유통시간에 의해서만 노동수단에 투하된 자본부분과 구별된다면, 그리고 자본의 한 부분은 생활수단으로 구성되고 다른 부분은 노동수단으로 구성되어 전자가 내구성에 의해서만 후자와 구별되며, 거기에다 또 전자가 내구성이 상이한 각종 물건을 포괄하고 있다면, 노동력에 투하된 자본과 생산수단에 투하된 자본 사이의 일체의 특징적인 구별이 사라져버리는 것은 자연스러운 일이다.

이것은 가치에 관한 리카도의 학설과 그의 이윤론[이것은 사실상 잉여가치론이다]과 완전히 모순된다. 그가 고정자본과 유동자본의 구별을 고찰하는 것은, 자본의 크기가 같더라도 생산부문이 다르면 고정자본과 유동자본의 구성비가 달라지며 이것이 가치법칙에 영향을 미친다는 것[특히 임금의 등락이 각 부문의 생산물의 가격에 상이한 영향을 미친다는 것]을 해명하기 위한 것이었다. 그런데 이런 국한된 연구의 범위에서조차 그는 고정자본 · 유동자본을 불변자본 · 가변자본과 혼동함으로써 매우 큰 오류를 범하고 있으며, 또 사실상 그 연구를 전혀 그릇된 기초에서 시작하고 있다. 즉 (1) 노동력에 투하된 자본가치 부분을 유동자본 항목으로 분류하기 위하여 유동자본 자체의 정의가 그릇되게 전개되고 있으며, 특히 노동력에 투하된 자본부분을 유동자본으로 분류하게 하는 사정들이 그릇되게 전개되고 있다. (2) 노동력에 투하된 자본부분이 가변자본이라는 규정과, 이 자본부분이 [고정자본에 대립되는] 유동자본이라는 규정이 혼동되고 있다.

처음부터 명백한 것은, 노동력에 투하된 자본을 유동자본이라고 하는 규정은 제2차적 규정이며, 이 규정은 생산과정에서 이 자본의 특징적 차이를 없애버리고 있다는 점이다. 첫째로, 이 규정에서는 노동력에 투하된 자본과 원료 등에 투하된 자본이 동등한 의의를 가지기 때문이다. 불변자본의 일부를 가변자본과 동일시하는 이 분류는 불변자본에 대립하는 가변자본의 특징적 차이를 전혀 다루지 못하기 때문이다. 둘째로, 노동력에 투하된 자본부분과 노동수단에 투하된 자본부분이 서로 대립되기는 하지만, 이는 결코 두 자본부분이 전혀 상이한 방식으로 가치의 생산에 참가한다는 점에 있는 것이 아니라 이 두 자본부분의 주어진 가치가 오직 상이한 기간에 걸쳐 생산물로 이전된다는 점에 있기 때문이다.

이 모든 경우에 문제로 되고 있는 것은, 상품의 생산과정에 지출된 주어진 가치—그것이 임금이건, 원료의 가격이건 또는 노동수단의 가격이건 간에—가 어떻게 생산물로 이전되고, 따라서 또 생산물을 통하여 유통하며, 생산물의 판매에 의하여 출발점으로 복귀하는가 또는 보충되는가 하는 것뿐이다. 여기에서 유일한 구별은 이 '어떻게'라는 데 있다. 즉 그 가치가 이전되는, 따라서 유통하는 특수한 방식에 있는 것이다.

계약에 의하여 미리 결정된 노동력의 가격이 화폐로 지불되느냐 생활수단으로 지불되느냐 하는 것은 일정한 주어진 가격이라는 성격에는 아무런 변화도 일으키지 않는다. 그러나 화폐로 지불되는 임금의 경우에는, 화폐 그 자체가 생산수단과 동일한 방식—생산수단의 경우에는 가치뿐 아니라 소재도 생산과정에 들어간다—으로 생산과정에 들어가지 않는다는 것은 명백하다. 그런데 만약 [노동자가 자기의 임금으로 구매하는] 생활수단이 직접 유동자본의 소재적 형태로 원료 등과 함께 동일한 항목에 들어가고 그리하여 노동수단과 대립한다면, 사태는 다른 외관을 띠게 된다. 한 쪽의 물건—생산수단—의 가치가 노동과정에서 생산물로 이전된다면, 다른 쪽의 물건—생활수단—의 가치는 그것을 소비하는 노동력에 재현되고 이 노동력의 활동에 의하여 역시 생산물로 이전된다. 이 두 경우에 동등하게 나타나는 것은 생산 중에 투하된 가치가 생산물에서 단순히 재현되고 있다는 점이다(중농주의자들은 이것을 중시하고 따라서 공업노동이 잉여가치를 창조한다는 것을 부인했다). 예컨대 웨일랜드는 다음과 같이 쓰고 있다.

> "자본이 어떤 형태로 재현되는가 하는 것은 문제가 아니다.…인간의 생존과 복리에 필요한 각종 식품 · 의류 · 주택도 또한 변화한다. 그것들은 시간의 흐름과 함께 소비되며 그것들의 가치는 재현된다."(『정치경제학 개요』: 31, 32)

생산수단이나 생활수단의 형태로 생산에 투하된 자본가치들은 동등하게 생산물의 가치에 재현된다. 이렇게 됨으로써 자본주의적 생산과정의 완전한 신비화가 성공리에 완성되고, 생산물 중에 현존하는 잉여가치의 기원은 완전히 은폐되어 버린다.

또 이렇게 됨으로써 물건들이 사회적 생산과정에서 얻게 되는 사회적 · 경제적 성격을 이 물건들의 소재적 본성에서 나오는 자연적 성격으로 전환시키는 부르주아 경제학에 고유한 물신숭배가 완성된다. 예컨대 "노동수단은 고정자본이다."라고 하는 것은 모순과 혼란을 초래하는 스콜라철학적 규정이다. 노동과정의 연구(『자본론』 제1권 제7장)에서 증명된 바와 같이, 소재적 구성부분들이 노동수단, 노동재료 또는 생산물 중 그 어느 것으로 기능하느냐 하는 것은 그것들이 특정의 노동과정에서 수행하는 그때그때의 해야 할 일에, 그것들의 기능에 전적으로 의존하는데, 이와 마찬가지로 노동수단이 고정자본으로 되는 것은, 첫째로 생산과정이 실제로 자본주의적 생산과정이며, 따라서 생산수단이 실제로 자본이고, 자본이라는 경제적 규정성과 사회적 성격을 가지는 경우에만 그러하다. 또 둘째로 노동수단이 자기의 가치를 특수한 방식으로 생산물로 이전하는 경우에만 고정자본이 된다. 그렇지 않은 경우에는 노동수단은 그대로 노동수단이고 고정자본은 아니다. 비료와 같은 보조재료도, 비록 그것은 어떤 노동수단도 아니지만, 대부분의 노동수단과 동일한 특수한 방식으로 가치를 이전하는 경우에는 고정자본으로 된다. 이 경우에 문제로 되는 것은 물건들을 분류하는 정의가 아니라, 일정한 범주로 표현되는 일정한 기능이다.

임금에 투하된 자본이라는 것이 어떤 사정에서도 생활수단 자체에 속하는 속성이라고 말할 수 있다면, "노동을 유지"한다(리카도: 〚앞의 책〛 92)는 것은 이 '유동'자본의 성격으로 된다. 따라서 생활수단이 '자본'이 아니라면 생활수단은 노동력을 유지할 수 없게 될 것이다. 그런데 사실은 생활수단이 자본으로 되기 때문에 생활수단은 바로 타인의 노동을 지배하여 자본을 유지한다는 속성을 부여받게 되는 것이다.

또 생활수단 그 자체가 본래부터 유동자본[임금으로 전환된 것]이라고 한다면, 임금 수준은 주어진 유동자본량에 대한 노동자 수의 비율에 달려있는 것 — 이것은 경제학자들이 즐겨 사용하는 명제다 — 으로 되나, 사실은 노동자가 시장에서 끌어내는 생활수단의 양과 자본가가 자기의 소비를 위해 처분하는 생활수단의 양은 노동의 가격과 잉여가치 사이의 비율에 달려있다.

리카도는 바턴[6]과 마찬가지로 가변자본 · 불변자본 사이의 비율과 유동자본 · 고정자본 사이의 비율을 계속 혼동하고 있다. 이로 말미암아 이윤율에 관한 그의 연구가 얼마나 잡탕이 되고 있는가 하는 것은 뒤 〚『자본론』 제3권 제1~3장〛에서 보게 될 것이다.

리카도는 고정자본과 유동자본 사이의 구별과, 이 구별과는 다른 원인에 의하여 회전에서 생기는 차이를 동일시하고 있다.

"유동자본이 순환하는 시간, 즉 그 사용자에게 회수되는 시간이 매

---

6) 『사회의 노동자계급의 형편에 영향을 미치는 여러 사정들의 고찰』, 런던 1817. 해당되는 곳의 내용은 『자본론』 제1권 제25장: 860, 주13에 인용되고 있다.

우 불균등할 수 있다는 점도 주목되어야 한다. 차지농업가가 파종하기 위해 구입한 밀은 제빵업자가 빵을 굽기 위해 구입하는 밀에 비해서는 고정자본이다. 전자는 그것을 땅에 뿌려서 1년 동안 아무런 수익을 얻지 못하지만, 후자는 그것을 가루로 빻아 빵을 만들어 고객들에게 팔아서, 1주일 안에 원금을 뽑아내어 동일한 사업을 다시 하든가 어떤 다른 사업을 시작할 수 있다."[7]

이 경우에 특징적인 것은, 밀은 종자로서는 비록 생활수단이 아니라 원료로 봉사한다고 하더라도, 첫째로 그것은 원래부터 생활수단이기 때문에 유동자본이며, 둘째로 그것이 환류하는 데는 1년이나 걸리기 때문에 고정자본이라고 한다는 점이다. 그러나 어떤 생산수단을 고정자본으로 되게 하는 것은 그 환류의 완급뿐 아니라 자기의 가치를 생산물로 이전하는 독특한 방식이다.

스미스가 일으킨 혼동은 다음과 같은 결과를 가져왔다.

(1) 고정자본과 유동자본의 구별은 생산자본과 상품자본의 구별과 혼동되고 있다. 예컨대 동일한 기계라 하더라도 그것이 상품으로서 시장에 있을 경우에는 유동자본이며, 그것이 생산과정에 합쳐있는 경우에는 고정자본이라고 한다. 그렇다면, 일정한 종류의 자본이 다른 종류의 자본에 비하여 왜 더 고정적인가 또는 유동적인가 하는 것은 결코 알 수 없다.

(2) 일체의 유동자본은 임금으로 지출되었거나 지출되지 않으면 안 될 자본과 동일시되고 있다. 예컨대 존 스튜어트 밀의 경우가 그렇다.

(3) 이미 바턴, 리카도 등에 의해 유동자본과 고정자본의 구별과 혼동되었던 가변자본과 불변자본의 구별은 이제 드디어 전자로 완전히 돌아

---

7) 리카도, 앞의 책: 93~94.

가고 만다. 예컨대 람지가 그러했는데, 그는 노동수단 · 원료 따위 모든 생산수단을 고정자본이라고 보며, 다만 임금으로 지출된 자본만을 유동자본이라고 보았다. 그러나 이 분류가 이런 형태로 완성되었기 때문에 불변자본과 가변자본의 현실적인 구별은 이해되지 않았다.

(4) 모든 문제를 말할 수 없이 속이 좁은 은행사무원의 관점에서 고찰하고 있는 매클라우드, 패터슨 등과 같은 영국, 특히 스코틀랜드의 최근 경제학자들은 고정자본과 유동자본의 구별을 통지예금과 요구불예금의 구별로 전환시키고 있다.

제12장

노동기간

노동일의 길이가 동일하여 매일 노동과정이 10시간 계속되는 두 생산부문, 예컨대 면방적업과 기관차 제조업을 살펴보자. 전자에서는 매일, 매주 일정한 양의 완성생산물인 면사가 공급되는데, 후자에서는 완성생산물인 한 대의 기관차를 만들기 위해서는 노동과정이 아마도 3개월 동안 반복되지 않으면 안 될 것이다. 한편의 경우에는 생산물은 분할될 수 있는 성질의 것이며, 동일한 노동이 매일 또는 매주 새로 개시된다. 다른 한편의 경우에는 노동과정은 연속적인 것이고 수많은 하루 노동과정들로 펼쳐져 있으며, 이 하루 노동과정들이 결합되고 그것들의 작업이 연속됨으로써 긴 시간이 경과한 뒤에야 비로소 하나의 완성생산물이 공급된다. 두 부문에서 하루 노동과정의 길이는 동일하다고 하더라도, 생산행위의 길이[즉 생산물을 완성하여 그것을 상품으로 시장에 내보내는 데 필요한, 다시 말해 생산자본에서 상품자본으로 전환시키는 데 필요한, 반복되는 노동과정들의 길이]에는 매우 큰 차이가 있다. 고정자본과 유동자본 사이의 구별은 이것과는 아무런 상관이 없으며, 이 차이는 두 생산부문에서 고정자본과 유동자본이 동일한 비율로 사용된다고 하더라도 존속될 것이다.

이런 생산행위의 길이 차이는 상이한 생산부문들 사이에서뿐 아니라 동일한 생산부문 안에서도 공급되어야 할 생산물의 규모에 따라서도 생긴다. 보통의 주택은 대공장보다 짧은 시간에 건축되며, 따라서 더 적은 수의 연속적인 노동과정들을 요구한다. 한 대의 기관차를 제조하는 데는 3개월이 요구되지만, 한 척의 전함을 건조하는 데는 1년 또는 몇년이 요구된다. 곡물의 생산에는 거의 1년이 걸리고, 뿔 달린 가축의 생산에는 몇년이 요구되며, 조림에는 12년 내지 100년이 걸릴 수 있다. 육로의 건설은 아마도 2~3개월이면 되지만, 철도를 부설하는 데는 몇년이 요구된다. 보통의 융단은 아마도 1주간이면 되지만 고블랭 〚프랑스에서 짜는 그림을 넣은 정교한 융단〛은 몇년을 요구한다 따위. 이와 같이 생산행위에 걸리는 시간은 매우 다르다.

생산행위의 지속시간 차이는 투자액이 동등한 경우에는 회전속도의 차이를, 즉 주어진 자본액의 투자기간의 차이를 낳지 않을 수 없다는 것은 명백하다. 이제 방적공장과 기관차 제조공장에서 매주 사용되는 자본*이 같은 크기며, 불변자본과 가변자본의 분할과 또 고정적 구성부분과 유동적 구성부분의 분할도 각각 동일하고, 노동일의 길이도 동등하고, 또 필요노동과 잉여노동으로 노동일의 분할도 동일하다고 하자. 그리고 또 유통과정에서 생기는 사정들 중에서 지금의 연구와는 관계가 없는 것을 모두 제거하기 위해 면사와 기관차가 주문에 의하여 제조되며, 완성생산물의 인도와 동시에 지불된다고 가정하자. 1주일 뒤에 방적공장주는 완성된 면사의 인도와 동시에 투하된 유동자본을 회수하고 면사의 가치에 포

* 자본투자액capital invested or advanced과 자본사용액capital used or applied을 구별하는 것이 필요하다. 100원을 투자하여 1주일 뒤에 회수할 수 있는 경우에, 이것이 12주간 계속된다면 자본사용액은 1,200원이지만 자본투자액은 100원일 뿐이다.

함되어 있는 고정자본 마멸분(잉여가치는 무시한다)도 또한 회수한다. 따라서 그는 동일한 자본을 가지고 동일한 순환을 새로 반복할 수 있다. 그의 자본은 회전을 완수한 것이다. 그런데 기관차 공장주는 3개월 동안 매주 새로운 자본을 임금과 원료에 투하하지 않으면 안 되며, 3개월이 지나서 기관차가 인도된 뒤에야 비로소 이 기간에 그 상품을 만들기 위해 [동일한 하나의 생산행위에 점차적으로] 투하된 유동자본은 다시 자기의 순환을 새로 개시할 수 있는 형태를 취하게 된다. 마찬가지로 이 3개월간의 기계의 마멸분도 이제야 비로소 그에게 보충된다. 전자의 투자는 1주간 투자인데, 후자의 투자는 12주간[3개월간] 투자다. 기타의 모든 조건이 동일하다고 전제한다면, 후자는 전자보다 12배나 많은 유동자본을 가지고 있지 않으면 안 된다.

매주 투하되는 자본들이 방적공장과 기관차제조공장에서 같은 금액이라는 사실은 여기에서는 아무런 의의도 가지지 않는다. 투하되는 자본의 크기가 어떻든 전자의 경우에는 자본은 다만 1주간, 후자의 경우에는 12주간 투하되어 있으며, 이 기간들이 경과한 뒤에야 비로소 그 자본을 가지고 새로운 작업을 하든가 동일한 작업을 반복하든가 또는 다른 종류의 어떤 작업을 개시할 수 있다.

회전속도의 차이[즉 동일한 자본가치가 새로운 노동과정이나 새로운 가치증식과정에 봉사할 수 있기 전에 개개의 자본이 투하되지 않으면 안 되는 기간의 차이]는 여기에서는 다음과 같은 사정에서 생긴다.

기관차 또는 어떤 다른 기계를 제작하는 데 100노동일이 걸린다고 가정하자. 기계제조업에 종사하는 노동자들에게는 방적업에서와 마찬가지로 이 100노동일은 연속되지 않는(분리된) 크기를 이루며, 우리의 가정에 따르면, 100개의 순차적이면서도 별개인 10시간 노동과정들로 이루어진다. 그러나 생산물인 기계에 대해서는 이 100노동일은 연속적인 크기를, 1,000노동시간으로 이루어지는 1노동일을, 하나의 연결된 생산행위를 이룬다. 많든 적든 다수의 연결된 노동일의 연속에 의하여 이루어지는 이와 같은 1노동일을 나는 노동기간working period이라고 부른다. 노동일이라고 말할 때는 노동자가 하루에 자기의 노동력을 지출하지 않으면 안 되는, 즉 하루에 노동하지 않으면 안 되는 노동시간의 길이를 의미한다. 그런데 노동기간이라고 말할 때는 일정한 생산부문에서 완성생산물을 공급하는 데 필요한, 연결된 일정한 수의 노동일을 의미한다. 이 경우 각 노동일의 생산물은 부분생산물에 불과하며, 이 부분생산물이 매일매일 더 가공되어 길거나 짧은 노동기간이 경과한 뒤에야 비로소 완성된 모습을 취하며 완성된 하나의 사용가치로 된다.

그렇기 때문에 예컨대 공황에 의한 사회적 생산과정의 중단과 교란이 미치는 영향은, 성질상 분할될 수 있는 노동생산물의 경우와 생산에 비교적 긴 연결된 기간을 요하는 생산물의 경우에는 매우 상이하다. 전자의 경우에는 일정한 양의 면사 · 석탄 등의 오늘의 생산이 면사 · 석탄 등의 내일의 새로운 생산에 의해 연속되지 않는다는 것뿐이다. 그러나 선박 · 건물 · 철도 등의 경우에서는 사태가 다르다. 이 경우에는 노동이 중단될 뿐 아니라 연결된 생산행위가 중단된다. 작업이 더 진행되지 않는다면 그것의 생산에 이미 소비된 생산수단과 노동은 쓸모없이 지출된 것으로 된다. 작업이 재개된다 하더라도 중단기간에는 불가피하게 언제나 약간의 품질 저하가 생긴다.

생산물이 완성될 때까지 고정자본이 매일 생산물에 이전하는 가치부분은 노동기간이 지속되는 전체 기간에 걸쳐 차곡차곡 누적된다. 여기에서도 고정자본과 유동자본의 구별이 지니는 실제상의 중요성이 나타난다. 고정자본은 비교적 장기간 생산과정에 투하되어 있고 아마도 몇년에 걸칠 이 기간이 경과하기 전에는 갱신될 필요가 없다. 증기기관이 그것의 가치를 매일 일부분씩 면사[불연속적인 노동과정의 생산물]에다 이전하는가 또는 3개월 동안에 걸쳐 기관차[하나의 연속적인 생산행위의 생산물]에다 이전하는가 하는 사정은 증기기관의 구입에 필요한 자본의 지출에는 아무런 변화도 일으키지 않는다. 다만 증기기관의 가치는 전자의 경우에는 소량으로 예컨대 매주마다 환류하는데, 후자의 경우에는 더 큰 양으로 예컨대 매 3개월마다 환류할 뿐이다. 그러나 증기기관은 두 경우 모두 아마도 20년 뒤에 비로소 갱신될 것이다. 증기기관의 가치가 생산물의 판매에 의하여 일부분씩 환류하는 각각의 개별기간이 증기기관 그 자체의 생존기간보다 짧은 한, 동일한 증기기관은 몇 개의 노동기간에 걸쳐 생산과정에서 기능을 계속한다.

그런데 투하자본의 유동적 구성부분은 경우가 다르다. 금주를 위해 구매된 노동력은 금주 중에 지출되어 생산물에 대상화된다. 이 노동력은 금주 말에 지불되지 않으면 안 된다. 그리고 노동력에 대한 자본투하는 3개월 동안 매주 반복되는데, 금주의 이 자본부분의 지출이 자본가에 의한 내주의 노동력 구입을 가능하게 해주지 않고 있다. 다시 말해 노동력에 대한 지불에 매주 새로운 추가자본이 지출되지 않으면 안 되며, 따라서 [모든 신용관계를 무시한다면] 자본가는 임금을 일주일분씩 지불할 따름이지만 3개월 동안 임금을 지불할 능력을 가지고 있지 않으면 안 된다. 유동자본의 다른 구성부분인 원료와 보조재료에 대해서도 사정은 마찬가지다. 노동은 차곡차곡 생산물에 누적된다. 노동력에 지출된 가치뿐 아니라 잉여가치도 노동과정 중에 끊임없이 생산물—그러나 아직 완성된 상품의 모습을 갖추지 않아 유통능력이 없는 미완성 생산물—에 이전된다. 이 점은 원료 · 보조재료로서 차곡차곡 생산물에 이전되는 자본가치에 대해서도 타당하다.

생산물[또는 바라는 유용효과]의 독특한 성질에 의하여 그것의 생산에 요구되는 노동기간의 길고 짧음에 따라 유동자본(임금 · 원료 · 보조재료)의 끊임없는 추가지출이 필요한데, 이런 유동자본은 그 어느 한 부분도 아직 유통할 수 있는 형태를 취하지 않으며, 따라서 또 동일한 작업의 반복에 봉사할 수도 없다. 오히려 그 각 부분은 형성되고 있는 생산물의 구성부분으로서 생산영역 안에 계속 고정되며 생산자본의 형태로 묶여 있다. 그런데 회전시간은 자본의 생산시간과 유통시간의 합계와 같다. 그러므로 생산시간의 연장은 유통시간의 연장과 마찬가지로 자본의 회전속도를 감소시킨다. 그러나 지금의 경우 다음과 같은 두 가지 점에 주의를 돌릴 필요가 있다.

첫째로, 생산영역에서 체류가 연장되는 것. 예컨대 최초의 한 주일 동안에 노동력과 원료 등에 투하된 자본은, 고정자본에서 생산물에 이전되는 가치부분과 마찬가지로, 3개월이라는 기간 전체에 걸쳐 생산영역에 얽매여 있고, 아직 형성 중에 있는 미완성 생산물에 합쳐져 있으므로 상품으로 유통에 들어갈 수는 없다.

둘째로, 생산행위에 필요한 노동기간은 3개월 동안 지속되고 사실상 오직 하나의 연결된 노동과정을 이루는 것이기 때문에, 끊임없이 매주 새로운 1회분의 유동자본이 이전의 것에 추가되지 않으면 안 된다. 따라서 차례차례로 투하되는 추가자본의 양은 노동기간의 길이에 따라 증대한다.

우리는 위에서 면방적업과 기계제조업에 매주 투하되는 자본은 같은 금액이고, 또 이 자본들은 동등한 비율로 불변자본과 가변자본으로, 또 고정자본과 유동자본으로 분할되어 있고, 또 노동일의 길이도 역시 같다고, 간단히 말해 노동기간의 길이 이외의 모든 조건들이 동일하다고 가정하였다. 최초의 한 주일 동안 투자액의 크기는 두 부문에서 같지만, 방적업자의 생산물은 판매될 수 있으며 그 대금으로 새로운 노동력과 새로운 원료 등이 구매될 수 있다. 간단히 말해, 동일한 규모로 생산이 지속될 수 있는 것이다. 그런데 기계제조업자는 3개월이 경과하여 그의 생산물이 완성된 뒤에야 비로소 최초의 한 주일 동안에 지출된 유동자본을 화폐로 재전환시켜 그것을 새로운 작업에 사용할 수 있다. 따라서 첫째로는 동일한 자본투자액의 환류에 차이가 있다. 둘째로는 3개월 동안 방적업과 기계제조업에 사용된 생산자본액의 크기는 동등하지만 자본 투자액의 크기는 방적업자와 기계 제조업자에게 전혀 상이하다. 왜냐하면 전자의 경우에는 동일한 자본이 빨리 갱신되며 따라서 또 동일한 작업이 새로 반복될 수 있는데, 후자의 경우에는 비교적 완만하게 갱신되며, 따라서 또 그것이 갱신될 때까지는 끊임없이 새로운 자본량이 그 전에 투하되었던 자본량에 추가되지 않으면 안 되기 때문이다. 그러므로 노동과정의 길이에 따라 자본의 일정한 부분들이 갱신되는 시간의 길이, 또는 자본이 투하되는 시간의 길이가 상이하며, (매일 또는 매주 사용되는 자본의 크기는 동일하다고 하더라도) 투하되지 않으면 안 되는 자본량도 상이하다. 이 사정은 다음과 같은 이유 때문에 주의할 만한 가치가 있다. 왜냐하면 다음 장에서 고찰될 경우들에서 보는 바와 같이, 자본의 투하기간의 길이는 증대하더라도 투하되어야 할 자본의 양은 이 기간의 길이에 비례하여 증대하지 않을 수도 있기 때문이다〘예: 포도주의 생산〙. 자본은 더 오랜 기간 투하되지 않으면 안 되며, 그리하여 더 많은 양의 자본이 생산자본의 형태로 묶이는 것이다.

자본주의적 생산이 덜 발전한 단계에서는 긴 노동기간, 따라서 또 장기간에 걸치는 다액의 투자를 필요로 하는 사업들은, 특히 이런 사업들이 규모가 거대하지 않으면 수행될 수 없는 경우에는, 전혀 자본주의적으로 건설되지 않았다. 예컨대 도로 · 운하 등은 공동체 또는 국가의 비용(노동력은 옛날에는 대개 강제노동에 의거하였다)으로 건설되었다. 또는 제조에 비교적 긴 노동기간을 요하는 생산물은 매우 적은 부분만이 자본가 자신의 자금력에 의하여 제조된다. 예컨대 가옥의 건축에서는 그 가옥의 소유자로 될 개인은 건축업자에게 선금을 계속 지불하므로, 사실상 그는 가옥의 생산과정이 진행되는 정도에 따라 그것의 대가를 일부분씩 지불하는 셈이다. 그런데 발전된 자본주의 시대—한편으로는 거액의 자본이 개개인의 수중에 집적되어 있고, 다른 한편으로는 개개의 자본가들과 함께 결합된 자본가(주식회사)가 출현하고 동시에 신용제도가 발전되어 있는 시대―에는 자본주의적 건축업자가 개개인의 주문에 의해 건축한다는 것은 벌써 예외에 불과하다. 그는 시장을 목표로 연립주택들과 도시의 구역 전체를 건설하는 것을 사업으로 삼는데, 이는 개개의 자본가가 청부업자로서 철도를 부설하는 것을 사업으로 삼는 것과 마찬가지다.

자본주의적 생산이 런던의 가옥 건축에 어떤 변혁을 일으켰는가 하는 것은 1857년의 은행위원회에서 어떤 건축업자가 한 진술에서 알 수 있다. 그의 말에 따르면, 그가 아직 젊었을 때는 가옥은 대개 주문에 의하여 건축되었고 그 금액은 건축의 일정한 단계들이 완료됨에 따라 건축업자에게 분할 지불되었다. 투기적으로 건축하는 일은 거의 없었다. 건축업자가 이런 일을 하였다면 그것은 주로 자기의 노동자들을 규칙적으로 취업시켜 그들을 묶어두기 위한 것에 불과하였다. 지난 40년 동안 모든 것이 변하였다. 주문에 의한 건축은 거의 볼 수 없게 되었다. 새 가옥이 필요한 사람은 투기적으로 건축된 것 또는 아직 건축 중에 있는 것들 중에서 그것을 구한다. 건축업자는 이제는 벌써 고객을 대상으로 삼지 않고 시장을 대상으로 일한다. 다른 모든 산업가와 마찬가지로 그도 판매하기 위한 완성품을 가지고 있지 않으면 안 된다. 종래에는 건축업자는 아마 3, 4채의 가옥을 동시에 투기적으로 건축했지만, 이제는 광대한 대지를 구매하고(유럽대륙의 의미로서는 대개 99년을 기한으로 임차하고) 거기에다 100채 내지 200채에 이르는 가옥을 건축하여 자기 자금력의 20배 내지 50배나 되는 사업을 하지 않으면 안 된다. 자금은 저당 설정에 의하여 조달되며, 개개의 가옥 건축이 진행되는 정도에 따라 돈이 건축업자의 손에 들어온다. 공황이 닥쳐와 선금의 지불이 정지되면 사업 전체가 파산하는 것이 보통이다. 최선의 경우에도 가옥은 경기가 호전될 때까지 미완성인 채로 남으며, 최악의 경우에는 경매에 붙여져 반값으로 팔린다. 투기적인 그리고 대규모의 건축이 아니고서는 오늘날 어떤 건축업자도 살아남을 수 없다. 건축 그 자체의 이윤은 보잘것없으며, 주된 이윤의 원천은 지대의 상승, 대지의 교묘한 선택과 이용에 있다. 벨그라비아 · 타이버니아 『런던 중심지』의 거의 전체 가옥과 런던 주변의 수많은 별장은 가옥에 대한 수요를 예상한 이와 같은 투기에 의해 건설되었다.(『은행법 특별위원회 보고서』, 제1부, 1857, 증언록. 질문 제5,413~5,418호, 5,435~5,436호의 요약)

노동기간이 매우 길고 그 규모가 큰 사업의 수행이 완전히 자본주의적 생산에 적합하게 되는 것은, 자본의 집적이 이미 매우 진전되고, 신용제도의 발전이 자본가로 하여금 자기 자신의 자본이 아니라 타인들의 자본을 대부받아 그것을 걸고 모험해 볼 수 있는 편리한 방법을 제공하게 될 때의 일이다. 그러나 생산에 투하되는 자본이 그것의 사용자의 것이냐 아니냐 하는 사정은 자본의 회전속도 · 회전시간에 대하여 어떤 영향도 미치지 않는다는 것은 자명한 일이다.

협업 · 분업 · 기계사용과 같이 개개의 노동일의 생산물을 증대시키는 조건들은 동시에 또 연결된 생산행위의 노동기간을 단축시킨다. 기계는 가옥 · 교량 등의 축조시간을 단축시키며, 수확기 · 탈곡기 등은 익은 곡물을 완성상품으로 전환시키는 데 필요한 노동시간을 단축시킨다. 조선기술의 개량은 선박의 속력을 증대시킴으로써 해운업에 투하된 자본의 회전시간을 단축시킨다. 그러나 노동기간, 따라서 또 유동자본의 투하기간을 단축시키는 이런 개량들은 대개 고정자본의 투하증가와 결부되어 있다. 다른 한편으로는, 일정한 생산부문들에서는 노동기간은 협업의 확대만으로도 단축될 수 있다. 예컨대 철도의 완성은 대규모의 노동자를 동원하여 여러 지점에서 동시에 공사에 착수하도록 함으로써 단축된다. 이 경우 회전시간은 투하자본의 증대에 의하여 단축된다. 더욱 많은 생산수단과 더욱 많은 노동력이 자본가의 지휘 아래에 결합되지 않으면 안 된다.

이와 같이 노동기간의 단축은 대개 단기간에 투하되는 자본의 증대와 결부되어 있으며, 그리하여 자본의 투하기간이 단축되는 정도에 따라 투하자본의 양은 증대된다고 하면, 여기에서 상기해야 할 것은, 문제의 핵심은 사회적 총자본의 현존량이라기보다는 오히려 생산수단과 생활수단 또는 그것들에 대한 지배가 어느 정도로 분산되어 있는가 또는 어느 정도로 개별 자본가의 수중에 결집되어 있는가, 즉 자본의 집적이 이미 어떤 규모에 달하고 있는가 하는 점이다. 신용이 한 사람의 수중으로 자본의 집적을 매개 · 촉진 · 강화하는 한, 그것은 노동기간의 단축 따라서 또 회전시간의 단축에 기여한다.

노동기간이 연속적이든 아니든 간에, 그것이 특정의 자연적 조건들에 의하여 규정되고 있는 생산부문들에서는 위에서 말한 수단으로써는 어떤 단축도 생길 수 없다.

> "더 빠른 회전이라는 말은 곡물생산에는 적용될 수 없다. 왜냐하면 여기서는 연간 1회전만이 가능하기 때문이다. 축산업에 관하여 말한다면, 우리는 간단히 다음과 같이 묻고 싶다. 2, 3년생의 양과 4, 5년생의 황소의 회전을 어떻게 촉진할 수 있는가라고."(구드, 『정치 · 농업 · 상업상의 오류』, 런던 1866: 325)

좀더 일찍 현금을 얻어야 할 필요성(예컨대 조세 · 지대 등과 같은 결정되어 있는 지불을 위해) 때문에 예컨대 가축이 경제적 적정연령에 달하기 전에 팔려 도살되면 [농업에 큰 손해를 주면서] 이 문제가 해결되지만, 이는 또 결국에 가서는 육류가격의 등귀를 초래한다.

> "종전에 주로 여름에는 중부지방의 목장에 그리고 겨울에는 동부지방의 축사에 공급하기 위해 가축을 사육하였던 사람들 [차지농들] 은…

곡물가격의 불확실성과 낮은 수준으로 말미암아 형편없이 궁핍해졌기 때문에 버터와 치즈의 높은 가격에서 이득을 얻을 수 있는 것을 기뻐한다. 그들은 경상비를 지불하기 위해 버터를 매주 시장에 가지고 간다. 또 치즈에 대해서는 그들은 중매인으로부터 선대를 받는다. 중매인은 치즈가 운반될 수 있게 되자마자 가져가며, 가격은 물론 자기 마음대로 정한다. 이런 이유 때문에—또 농업은 경제학의 원칙에 의하여 규제되므로—종전에는 낙농지방으로부터 사육을 위해 남부로 이송되었던 송아지들이 지금은 버밍엄, 맨체스터, 리버풀, 기타 인접 대도시의 도살장에서 대량으로 도살되고 있으며, 그 중에는 생후 7일 내지 10일밖에 안 되는 송아지도 때때로 있다. 그런데 만약 엿기름에 세금이 부과되지 않았더라면 차지농업가들은 더 많은 이윤을 얻고 그리하여 그들의 어린 가축이 더욱 나이를 먹고 체중이 증대될 때까지 그것을 계속 보유할 수 있었을 것이다. 더욱이 젖소를 가지고 있지 않은 사람들은 송아지를 기르는 데 젖 대신에 엿기름을 사용할 수 있었을 것이며, 그리하여 현재의 놀랄 만한 어린 가축 부족은 대부분 면하게 되었을 것이다. 지금 우리가 이 소규모 차지농업가들에게 송아지를 기를 것을 권고한다면, 그들은 다음과 같이 대답할 것이다. '젖을 먹여 기르면 수지가 맞는다는 것은 매우 잘 알고 있다. 그러나 그렇게 하자면 첫째로 돈을 지출해야 할 터인데 우리는 그렇게 할 여유가 없다. 둘째로 우리는 이 돈을 회수할 때까지 오랫동안 기다리지 않으면 안 되지만, 낙농업에서는 그것이 곧 회수된다.'"(같은 책: 11~12)

회전의 연장이 영국의 소규모 차지농업가들에게 이와 같은 결과를 발생시킨다고 하면, 그것이 대륙의 소농민들에게는 어떤 혼란을 야기하게 될 것인가는 쉽게 이해할 수 있다.

노동기간[따라서 또 유통 가능한 상품으로 완성되기까지의 기간]의 길이에 상응하여, 고정자본에서 생산물로 이전되는 가치부분은 차곡차곡 누적되며 또 이 가치부분의 환류는 지연된다. 그러나 이 지연은 고정자본의 새로운 투하를 야기하는 것은 아니다. 기계는 그 마멸의 보충분이 화폐형태로 환류하는 것이 빠르든 느리든 생산과정에서 계속 작동한다. 그러나 유동자본의 경우에는 사태가 다르다. 이 경우에는 자본이 노동기간의 길이에 비례하여 묶여 있지 않으면 안 될 뿐 아니라 또한 새로운 자본이 임금 · 원료 · 보조재료에 계속 투하되지 않으면 안 된다. 따라서 환류의 지연은 고정자본과 유동자본에 대하여 상이한 영향을 미친다. 고정자본은 환류가 빠르든 느리든 계속 작동한다. 그런데 환류가 지연되는 경우, 유동자본이 아직 완성되지 않아 판매될 수 없는 생산물의 형태 또는 판매되지 않은 상품의 형태로 묶여 있거나, 또는 유동자본을 현물형태로 갱신하기 위한 추가자본이 없다면, 유동자본은 기능할 수 없게 된다.

> "농민은 굶주리고 있는데 그의 가축은 살찌고 있다. 비가 많이 와서 목초는 무성하게 자랐다. 인도의 농민은 자기의 살찐 황소 곁에서 굶어 죽을 것이다. 미신의 가르침은 개개인에 대해서는 가혹하나 사회를 보존하는 역할을 하고 있다. 역축의 유지는 농경의 진행을 보장하며, 따라서 또 장래의 생계와 부의 원천을 보장한다. 인도에서는 황소를 보충하기보다 사람을 보충하기가 더 쉽다고 하는 말이 가혹하고 비참하게 들릴지 모르나 그것은 사실이다."(『동인도(마드라스와 오리사의 기근)』, 1867. 제4호: 44)

이것을 『마누법전』 중의 다음과 같은 구절과 비교해 보라.

> "승려나 암소를 유지하기 위한 무보수의 헌신은…천하게 태어난 종족들의 더없는 행복을 보장해 준다."(제10장 62절)

5년이 지나기 전에는 5년생 동물을 시장에 공급할 수 없는 것은 물론이다. 그러나 일정한 한계 안에서는 사육방식을 변경함으로써 동물을 더 짧은 시간에 그것의 용도에 따라 길러낼 수 있다. 이것이 바로 베이크웰이 달성한 것이다. 종래 영국의 양은—프랑스의 양이 1855년까지도 그러했듯이—4년 또는 5년이 되기 전에는 도살할 수 있을 만큼 성숙하지 않았다. 그런데 베이크웰의 방법에 따르면 1년생의 양도 이미 비대해지며 아무튼 2년 안에는 완전히 성숙한다. 베이크웰은 세심한 도태에 의하여 양의 골격을 그것의 생존에 필요한 최소한으로 축소시켰다. 그의 양은 뉴 레스터라고 불렸다.

> "사육자는 종전에 한 마리의 양을 길러낸 시간에 이제는 세 마리의 양을 시장에 공급할 수 있다. 그 양은 키는 더 크지 않지만, 살을 매우 많이 제공하는 부분들이 더욱 넓고 더욱 둥글고 더욱 크게 발달하고 있다. 뼈는 자기를 겨우 지탱할 만큼만 있고, 거의 전체 중량이 고기덩어리다."(라베르뉴,『잉글랜드…의 농촌경제』, 1855: 20)

노동기간을 단축시키는 방법들이 적용될 수 있는 정도는 산업부문에 따라 매우 다르며, 따라서 이 방법들에 의하여 노동기간의 길이가 균등화되지는 않는다. 위의 예에서 보면, 새로운 공작기계의 사용에 의하여 한 대의 기관차의 제조에 필요한 노동기간은 절대적으로는 단축될 수 있다. 그러나 만약 방적업에서 과정들의 개량에 의하여 매일 또는 매주 생산되는 완성생산물이 비교할 수 없을 정도로 더 빨리 증가한다면, 기관차 제조업의 노동기간은 역시 상대적으로는, 즉 방적업의 그것과 비교해서는 증가한 셈이 될 것이다.

제13장
생산시간

노동기간은 언제나 생산시간, 즉 자본이 생산영역에 묶여 있는 시간이다. 그러나 그렇다고 해서 거꾸로 자본이 생산과정에 놓여 있는 모든 시간이 반드시 노동기간인 것은 아니다.

노동력 자체의 자연적 제한 때문에 나타나는 노동과정의 중단은 여기에서는 문제로 삼지 않는다. 노동과정이 중단되고 있는 동안에는 고정자본인 공장건물 · 기계 등이 쉬게 된다는 단순한 사정이 노동과정의 부자연스러운 연장과 주야간 교대노동을 일으키는 동기의 하나로 크게 작용하였다는 점은 이미 살펴본 바 있다 『제1권 제10장 4절』. 여기에서 다루는 것은 노동과정의 길이와는 무관하게 생산물과 그것의 생산 자체의 성질 때문에 일어나는 중단인데, 이 동안에 노동대상은 길거나 짧은 시간에 걸쳐 자연과정에 내맡겨져서 물리적 · 화학적 · 생리적 변화를 거치지 않으면 안 되며, 이 동안에 노동과정은 전적으로 또는 부분적으로 정지된다.

예컨대 포도주가 일정한 완성도에 이르기 위해서는 짜낸 포도즙은 먼저 얼마동안 발효를 거친 다음에 다시 얼마동안 그대로 두지 않으면 안 된다. 도자기와 같이 생산물이 건조단계를 거치지 않으면 안 되는 생산부문, 또는 표백업과 같이 생산물의 화학적 속성을 변경시키기 위해 생산물을 일정한 상태에 맡겨두지 않으면 안 되는 생산부문도 많다. 겨울보리는 익을 때까지 9개월이나 걸린다. 파종기와 수확기 사이에는 노동과정은 거의 전적으로 중단된다. 임업에서는 파종과 이에 필요한 준비노동이 끝난 뒤 종자가 완성생산물로 전환되기까지에는 아마도 100년이나 걸릴 것이며, 이 시간 전체를 통하여 매우 적은 노동만이 종자에 추가된다.

이 모든 경우 생산시간의 대부분을 통하여 다만 때때로 추가노동이 첨가될 뿐이다. 이미 생산과정에 묶여 있는 자본에 추가자본 · 추가노동이 첨가되지 않으면 안 되는 상황[앞의 장에서 말한 것]은 여기에서는 다만 길거나 짧은 중단 이후에만 나타난다.

그리하여 이 모든 경우 투하자본의 생산시간은 두 기간으로 구성된다. 즉 하나는 자본이 노동과정에 있는 기간이고 다른 하나는 자본의 존재형태—미완성 생산물의 형태—가 노동과정에 있지 않고 자연과정의 지배에 맡겨져 있는 기간이다. 이 두 기간이 때때로 교차되어 서로 사이에 끼어들든 말든 상황은 마찬가지며, 노동기간과 생산시간은 일치하지 않는다. 생산시간은 노동기간보다 더 길다. 생산시간이 지나간 뒤에야 비로소 생산물은 완성되고 성숙되며 따라서 생산자본의 형태로부터 상품자본의 형태로 전환될 수 있다. 그러므로 생산시간 중 노동기간이 아닌 부분의 길이가 연장됨에 따라 자본의 회전시간도 연장된다. 노동기간을 초과하는 생산시간이 곡물의 성숙, 참나무의 성장 등의 경우와 같이 어떻게 할 도리가 없는 자연법칙에 의해 규정되는 것이 아닌 한, 회전시간은 가끔 생산시간의 인위적 단축에 의하여 다소간 단축될 수 있다. 예컨대 옥외표백 대신에 화학적 표백을 도입한다든가, 건조과정에서 더욱 효과적인 건조장치를 도입하는 것 등이 그것이다. 또는 무두질에서 가죽에 탄닌산을 침투시키는 데 낡은 방법으로는 6~18개월이 필요했지만, 공기펌프를 사용하는 새로운 방법으로는 불과 1개월 반 내지 2개월이 필요하다.(쿠르셀－스뇌유, 『공업…기업의 이론과 실제』. 2판. 파리 1857) 생산시간 중 자연과정이 차지하는 부분을 인공적으로 단축시킨 가장 현저한 실례는 지난 100년간의 철 생산의 역사에서 볼 수 있다. 특히 1780년경에 발명된 교련법puddling부터 근대의 베세머법과 그 이후에 도입된 최신식 처리방법들에 이르기까지 선철을 강철로 전환시킨 역사가 바로 그것이다. 생산시간은 크게 단축되었지만 이와 동일한 정도로 고정자본의 투하액도 증대했다.

생산시간과 노동기간 사이의 괴리의 독특한 실례를 제공하는 것은 미국의 구둣골last 제조다. 여기에서는 비용의 상당한 부분은, 완성된 골이 나중에 비틀어져 변형되지 않도록 하기 위해 목재를 18개월이나 건조시켜 두지 않으면 안 되기 때문에 생기는 것이다. 이 기간 중 목재는 다른 어떤 노동과정도 거치지 않는다. 그러나 투하자본의 회전시간은 골의 제조 자체에 필요한 시간에 의해서뿐 아니라 자본이 건조 중의 목재의 형태로 유휴상태에 있는 시간에 의해서도 규정된다. 목재는 진정한 노동과정에 들어갈 수 있기 전에 18개월 동안 생산과정에 있다. 이 실례는 유통영역에서가 아니라 생산영역에서 일어나는 사정의 결과로 총유동자본의 상이한 부분들의 회전시간이 얼마나 상이할 수 있는가를 보여준다.

생산시간과 노동기간 사이의 차이가 특히 명료하게 나타나는 곳은 농업이다. 우리의 온대지방에서 토지는 연 1회 곡물을 생산한다. 생산시간(겨울작물은 평균 9개월)의 단축 또는 연장은 『성장에』 유리한 계절과 불리한 계절의 변화 여하에 달려있으며, 따라서 공업처럼 정확히 예정되고 통제될 수는 없다. 다만 우유 · 치즈 등과 같은 부산물만이 비교적 단기간에 계속 생산되어 판매될 수 있다. 그런데 노동기간은 다음과 같다.

"독일의 각 지방에서는, 기후와 기타 조건들을 고려할 때, 세 개의 주요 노동기간의 노동일수는 평균 아래와 같다고 볼 수 있을 것이다.

즉 3월 중순 또는 4월 상순부터 5월 중순에 이르는 봄에는 50~60노동일, 6월 상순부터 8월 하순에 이르는 여름에는 65~80노동일, 9월 상순부터 10월 하순 또는 11월 중순 내지 하순에 이르는 가을에는 55~75노동일, 겨울에는 비료 · 목재 · 시장에 내다 팔 물건 · 건축 재료의 운반 등과 같은 이 계절에 적합한 노동만이 있을 뿐이다."(키르히호프, 『농업경영학 편람』: 160)

그렇기 때문에 기후가 불리하면 할수록 농업의 노동기간, 따라서 또 자본과 노동이 투하되는 기간은 더욱더 단축된다. 예컨대 러시아가 그렇다. 이 나라의 일부 북부지방들에서는 1년 중 경작노동을 할 수 있는 기간은 130 내지 150일에 불과하다. 만약 유럽지역 러시아의 인구 6,500만 명 중 5,000만 명이 일체의 경작노동이 불가능한 6개월 내지 8개월의 겨울 동안 취업하지 않고 있다면, 러시아가 얼마나 큰 손실을 입을 것인지는 쉽게 상상할 수 있는 일이다. 러시아에는 10,500개의 공장에서 노동하는 20만 명의 농민이 있으며, 이밖에 농촌에는 곳곳에 독특한 가내공업이 발달하고 있다. 전체 농민이 대대로 직포업자, 무두장이, 제화업자, 대장장이, 칼 단야공cutler인 농촌도 있다. 이것은 특히 모스크바 주, 블라디미르 주, 칼루가 주, 코스트로마 주, 페테르부르크 주에서 그렇다. 그런데 이 가내공업은 벌써 점점 더 자본주의적 생산에 봉사하지 않을 수 없게 되고 있다. 예컨대 직포업자들은 날실과 씨실을 상인으로부터 직접 또는 중개업자의 매개를 통하여 공급받고 있다.(『주재외국의 상공업 따위에 관한 영국공관 서기관 보고서』, 제8호, 1865: 86, 87의 요약) 여기에서 알 수 있듯이, 생산시간과 그 일부에 불과한 노동기간의 불일치는 농업을 농촌부업과 결합시키는 자연적 기초를 이루며, 다른 한편으로는 이 농촌부업은 먼저 상인으로서 농촌에 침입하는 자본가들의 거점으로 된다. 그 뒤에 자본주의적 생산이 공업과 농업의 분리를 완성할 때 농촌

노동자는 점점 더 우연적일 뿐인 부업에 의존하게 되며 또 이로 말미암아 그들의 처지는 악화된다. 자본에 대해서는, 나중에 『평균이윤율의 형성에서』 보듯이, 회전상의 모든 차이가 보상되지만 노동자에 대해서는 그렇지 않다.

진정한 공업이나 광업 · 운수 등과 같은 대다수 부문에서는 생산은 균등하게 진행되며, 노동기간도 매년 균등하며, 또 가격의 변동, 사업상의 혼란 등과 같은 비정상적인 중단을 도외시한다면, 매일의 유통과정에 들어가는 자본의 투하도 시간상으로 균등하게 배분되고 있다. 그러므로 시장상황에 변동이 없다면 유동자본의 환류 또는 갱신도 1년을 통하여 균등하게 배분되어 있다. 그런데 노동기간이 생산시간의 일부에 불과한 투자부문에서는 1년 중의 각 기간마다 유동자본의 투하액은 매우 심한 불균등을 나타내지만, 자본의 환류는 자연조건에 의하여 고정된 시기에 한꺼번에 행해진다. 따라서 기업의 규모가 동등하더라도, 즉 투하되는 유동자본의 크기가 동등하더라도, 유동자본은 연속적인 노동기간을 가진 기업에 비하여 대량으로 한꺼번에 또 장기간에 걸쳐 투하되지 않으면 안 된다. 이런 경우에는 고정자본의 수명과 그것이 실제로 생산적으로 기능하는 기간 사이의 차이도 더 현저하다. 노동기간과 생산시간의 사이에 차이가 있음에 따라 물론 고정자본의 사용기간도 길거나 짧은 시간에 걸쳐 끊임없이 중단되는데, 예컨대 농업에서 역축 · 농구 · 기계의 경우가 그러하다. 이 고정자본이 역축으로써 이루어지고 있는 한, 역축이 작업하는 기간이나 작업하지 않는 기간이나 사료 등에 대하여 동일한[또는 거의 동일한] 지출이 계속적으로 요구된다. 또한 생명을 가지지 않는 노동수단의 경우에도 사용하지 않음으로써 일정한 가치감소가 생긴다. 따라서 생산물은 일반적으로 비싸게 된다. 왜냐하면 생산물로 가치이전은 고정자본이 기능하는 시간에 의해서가 아니라 그것이 가치를 상실하는 시간에 의해 계산되기 때문이다. 이런 생산부문에서는 고정자본의 유휴상태는, 그 때문에 경상비가 들든 들지 않든 간에, 고정자본의 정상적 사용의 조건을 이루는데, 이것은 예컨대 방적업에서 일정한 양의 면화의 손실『낙면』이 정상적인 조건을 이루는 것과 마찬가지다. 또한 어느 노동과정에서도 정상적인 기술적 조건에서 불가피하게 비생산적으로 지출되는 노동력은 생산적인 노동력과 마찬가지로 계산된다. 노동수단, 원료 및 노동력의 비생산적 지출을 감소시키는 일체의 개량은 생산물의 가치도 감소시킨다.

농업에서는 노동기간이 비교적 길며, 또한 노동기간과 생산시간 사이의 차이가 크다. 호지스킨은 이에 관하여 적절하게 다음과 같이 지적하고 있다.

> "농업에서 생산물을 완성하는 데 필요한 시간"(이 경우 그는 노동기간과 생산시간을 구별하지 않고 있다)"과 다른 산업부문들에서 필요한 시간 사이의 차이는 농민의 심한 종속을 초래하는 주요 원인이다. 농민은 1년 이내의 짧은 기간에는 그의 상품을 시장에 가지고 갈 수가 없다. 이리하여 이 전체 기간에 걸쳐 그는 제화업자 · 재봉업자 · 대장장이 · 마차제조업자 및 기타 각종 생산자들[이 사람들은 자기들이 사용할 것이 아닌 생산물을 며칠 또는 몇 주일이면 만들 수 있다]에게 빚을 지지 않으면 안 된다. 이런 자연적 사정으로 말미암아 그리고 농업노동보다 다른 산업부문들의 노동이 생산하는 부가 더욱 빨리 증가하는 것으로 말미암아, 토지소유자들은 [전국의 토지를 독점하고 게다가 또 입법권을 독점하고 있음에도] 그들 자신과 그들의 하인인 차지농업가들이 국내에서 가장 종속적인 사람들로 되는 것을 막을 수가 없었다."(호지스킨, 『대중경제학』, 런던 1827년: 147, 주)

생산물을 다각화하고 그리하여 연중을 통하여 각종 수확을 거둘 수 있게 함으로써, 한편으로는 임금과 노동수단에 대한 지출을 1년 전체에 걸쳐 더 균등하게 배분하도록 하며 다른 한편으로는 회전시간을 단축시키는 일체의 방법은, 임금 · 비료 · 종자 등으로 생산에 지출되는 유동자본의 증대를 요구한다. 휴경지를 두는 삼포농법에서 휴경지를 두지 않는 돌려짓기輪作농법으로 이행하는 경우가 그렇다. 또한 플랑드르에서의 사이짓기間作의 경우도 그렇다.

"사이짓기에서는 근채류가 재배된다. 동일한 밭에 처음에는 인간의 욕구를 충족시키기 위한 곡물 · 아마 · 유채를 심고, 그것을 수확한 뒤에는 가축을 사육하기 위한 근채류를 심는다. 이 방법에 따르면 뿔 달린 가축을 축사에 가두어 둘 수 있어서 다량의 퇴비를 얻게 되므로, 이 방법은 돌려짓기의 기초로 된다. 모래땅 지역들에서는 경작면적의 $\frac{1}{3}$ 이상에 이 사이짓기가 적용되고 있다. 그리하여 마치 경지면적이 $\frac{1}{3}$이나 확대된 듯한 성과가 나타나고 있다."

근채류 이외에도 클로버와 기타 사료작물들도 재배된다.

"농경이 이와 같이 원예로 이행할 정도로 추진된다면 비교적 다액의 투자가 필요하게 된다는 것은 자명한 일이다. 영국에서는 헥타르 당 투자가 250프랑으로 계산되고 있다. 그런데 플랑드르에서는 우리 농민들은 헥타르 당 500프랑의 투자도 아마 너무 적다고 생각할 것이다."(라벨레, 『벨기에 농촌경제론』, 브뤼셀 1863: 59, 60, 63)

마지막으로 조림업을 보자.

"목재 생산은 다음과 같은 점에서 기타 대다수의 생산과 본질적으로 구별된다. 즉 목재 생산에서는 자연력이 독립적으로 작용하며 또 자연적 성장기에는 인간력이나 자본력을 필요로 하지 않는다는 것이 그것이다. 또한 삼림이 인공적으로 육성되는 경우에까지도 인간력과 자본력의 소비는 자연력의 작용에 비하면 보잘것없다. 더욱이 곡식이 자라지 않든가 또는 자라더라도 수지가 맞지 않는 그런 토지와 장소에서도 삼림은 잘 자랄 수 있다. 그러나 조림은, 정규 투자영역으로 경영하자면, 곡물재배보다 더 큰 면적을 요구한다. 왜냐하면 작은 면적에서는 적절한 삼림관리 방법〚예: 벌채〛이 실시될 수 없으며, 부수입은 거의 상실되며, 삼림을 보호하기가 곤란하다는 등의 사정이 있기 때문이다. 또한 그 생산과정은 매우 장기간에 걸치는 것으로서 사적 경영의 계획 한계를 넘으며, 인간의 일생을 넘는 경우까지 있다. 즉 임산지를 얻기 위해 투하되는 자본"(공동체적 생산에서는 이 자본은 불필요하며 다만 공동체가 조림을 위해 얼마만한 토지를 농경지·목축지로부터 떼어낼 수 있는가 하는 것만 문제로 된다)"은 긴 시일이 경과한 뒤에야 비로소 이렇다 할 만한 결실을 가져오며, 또 그 회전은 부분적으로만 진행된다. 특수한 목재를 생산하는 경우 완전한 회전은 150년이나 걸리는 것들이 많다. 더욱이 목재생산이 수지가 맞기 위해서는 매년의 목재생산량의 10배 내지 40배에 달하는 입목立木을 보유해야 한다. 그렇기 때문에 따로 다른 수입이 없고 또 광대한 면적의 삼림을 가지고 있지 않은 사람은 삼림경영을 제대로 할 수가 없다."(키르히호프, 앞의 책: 58)

생산시간(이 생산시간은 상대적으로 짧은 노동기간을 포함한다)이 길고 이와 관련하여 회전시간이 길다는 사정 때문에 조림은 사적 생산, 따라서 자본주의적 생산[이것은 개별 자본가 대신에 결합된 자본가가 나타난다고 하더라도 본질적으로 사적 경영이다]에는 적합하지 않다. 농업과 산업 일반의 발전은 오래 전부터 삼림을 파괴하는 작용을 해 왔는데, 이에 비하면 그 발전이 거꾸로 삼림의 보존·복구에 이바지한 일체의 공헌은 전혀 아무것도 아니다.

키르히호프로부터의 위의 인용문 중에서 특히 주목할 만한 것은 다음과 같은 구절이다. "더욱이 목재생산이 수지가 맞기 위해서는 매년의 목재생산량의 10배 내지 40배에 달하는 입목을 보유해야 한다." 이것은 10년 내지 40년 또는 그 이상의 기간에 1회의 회전이 진행된다는 것을 의미한다.

축산업에서도 사정은 마찬가지다. 가축 무리(가축재고)의 일부는 해마다의 생산물로 판매되는데, 다른 부분은 생산과정에 남아 있다. 이 경우 해마다 회전하는 것은 자본의 일부에 불과한데, 이것은 고정자본[기계·역축 등]의 경우와 마찬가지다. 가축 무리에 투하되어 있는 자본은 장기간 생산과정에 고정되어 있는 자본이며, 따라서 또 총자본의 회전을 연장시키는 것이지만, 그것은 범주상의 의미에서 고정자본을 이루는 것은 아니다.

여기에서 말하는 재고[일정한 양의 자라고 있는 입목 또는 가축 등]는 상대적인 의미에서는 생산과정에서 노동대상으로 그리고 노동재료로 존재하고 있다. 정상적인 경영에서는 이들의 재생산의 자연적 조건에 따라 이 재고의 상당한 부분이 이 형태로 존재하지 않으면 안 된다.

회전에 대하여 이와 비슷한 영향을 주는 다른 종류의 재고도 있는데, 이 재고는 잠재적 생산자본을 이룰 따름이지만 농업의 성질상 다소 대량으로 퇴적되지 않으면 안 되며, 따라서 또 비교적 장기간에 걸쳐 생산에 투하되어 있지 않으면 안 된다[비록 그것이 점차적으로만 적극적인 생산과정에 들어간다고 하더라도]. 이에 속하는 것은 예컨대 밭에 옮겨지기 전의 퇴비나, 또 가축의 생산에 들어가는 곡물·건초 등 사료용 재고다.

> "운영자본의 상당한 부분은 그 기업의 재고에 묻혀 있다. 이 재고는 그 보존에 필요한 예방대책을 적절히 실시하지 않는 한, 다소간에 그

가치를 상실할 수가 있다. 심지어는 관리 자체의 결여로 말미암아 생산물 재고의 일부가 완전히 상실될 수도 있다. 그렇기 때문에 이 점에서 특히 창고 · 사료창고 · 곡물창고 · 지하저장소에 대한 세밀한 관리가 필요하게 되며, 또 창고는 언제나 적절히 폐쇄되어 있어야 하지만 동시에 그 청결 · 환기 등이 보장되어야 한다. 곡물과 기타 저장되어 있는 작물들은 때때로 완전히 뒤집어 주어야 하고, 감자와 무는 서리나 물 및 부패로 인한 피해를 받지 않도록 보호되어야 한다."(같은 책: 292)

"자기 자신의 사료 필요량, 특히 가축사육을 위한 자기 자신의 필요량을 계산할 때, 생산물과 그 사용 목적이 고려되어야 한다. 그리고 일상적인 필요를 충족시킬 뿐 아니라 뜻밖의 경우를 위해 상당한 재고를 남겨 둘 것도 고려하지 않으면 안 된다. 만약 자기 자신의 생산물로써는 필요를 완전히 충족시킬 수 없다는 것이 판명되었을 때는, 다른 생산물(대용품)로써 이 부족한 것을 메울 수 없겠는가, 또는 적어도 이 부족한 것 대신에 다른 생산물을 더 값싸게 구입할 수 없겠는가 하는 것을 먼저 고려할 필요가 있다. 예컨대 건초가 부족하게 되었을 경우 근채류에다 짚을 섞은 것으로써 메울 수가 있다. 일반적으로, 각종 생산물의 실물가치와 시장가격을 항상 고려하고 이에 따라 소비를 결정하지 않으면 안 된다. 예컨대 귀리는 비싼데 완두와 호밀이 비교적 싸다면 귀리의 일부 대신에 완두 또는 호밀을 말에게 주고 그렇게 함으로써 남는 귀리를 판매하는 것이 유리할 것이다."(같은 책: 300)

재고형성의 고찰[제2권 제6장 2절 1항]에서 이미 지적한 바와 같이, 크거나 작은 양의 잠재적 생산자본[즉 생산과정에 점차적으로 들어가기 위해 크거나 작은 양이 저장되어 있지 않으면 안 되는, 생산을 위해 예정된 생산수단]이 필요하다. 그곳에서 지적한 바와 같이, 일정한 규모의 자본주의적 기업에서 이 생산용 재고의 크기는 그것의 갱신이 곤란한 정도, 구입시장의 상대적 거리, 운수교통수단의 발전 등에 달려있다. 이 모든 사정은 생산용 재고의 형태로 있어야 할 자본의 최소한에 대하여 영향을 미치며, 따라서 또 자본이 투하되지 않으면 안 되는 기간에 대하여, 그리고 한꺼번에 투하되어야 할 자본량의 크기에 대하여 영향을 미친다. 이 자본량의 크기[이것은 또한 회전에 대해서도 영향을 미친다]는 유동자본이 생산용 재고의 형태로 단순히 잠재적 생산자본으로 묶여있는 기간의 장단에 의하여 결정된다. 다른 한편으로는, 이런 정체가 급속한 갱신의 가능성의 대소나 시장조건 등에 달려 있는 한, 이 정체 자체는 유통시간에 의하여, 유통영역에 속하는 사정들에 의하여 생기는 것이다.

> "또 손도구 · 체 · 광주리 · 밧줄 · 차바퀴 기름 · 못 등과 같은 모든 비품 또는 부속품들은 가까운 곳에서 빨리 구입할 수 있는 기회가 적으면 적을수록, 필요한 경우에 즉시 보충할 수 있도록 그만큼 더 많이 재고로서 가지고 있지 않으면 안 된다. 마지막으로 매년 겨울에는 모든 재고품을 면밀히 검사하고, 보충과 수리가 필요하다면 즉시 배려하지 않으면 안 된다. 그런데 일반적으로 비품의 필요를 충족시키기 위해 보유하여야 할 재고의 대소는 주로 지방 사정에 달려있다. 수공업자나 상점이 가까이 없는 곳에서는 그런 수공업자나 상점이 같은 장소에 있거나 아주 가까이 있는 곳에 비하여 더 많은 재고를 보유하지 않으면 안 된다. 기타의 사정들이 같은 경우, 필요한 재고를 한꺼번에 비교적 대량으로 구입한다면, 보통 싼 값으로 구입한다는 이득을 본다[적당한 구입 시기를 선택하기만 한다면]. 그러나 그렇게 한다면 물론 그만큼 큰 금액이 기업의 유동자본에서 끌려 나가는데, 기업은 그 금액을 항상 감당할 수 있는 것은 아니다."(같은 책: 301)

생산시간과 노동기간의 차이는 이미 위에서 본 바와 같이 여러 가지 경우에 생길 수 있다. 유동자본은 진정한 노동과정에 들어가기 전에 생산시간에 있을 수 있으며(구둣골 제조), 또는 진정한 노동과정을 통과한 뒤에 생산시간에 있을 수도 있으며(포도주, 곡물의 종자), 또는 생산시간이 때때로 노동기간에 의하여 중단되는 수도 있으며(농경, 조림업), 또는 유통할 수 있는 생산물의 대부분이 현실의 생산과정에 합쳐져 있고 그보다 훨씬 적은 부분이 해마다의 유통에 들어가기도 한다(조림업과 축산업). 유동자본이 잠재적 생산자본의 형태로 투하되어야 할 기간의 장단, 따라서 또 이 자본이 한꺼번에 투하되지 않으면 안 되는 양의 대소는, 부분적으로는 생산과정의 종류에 의하여 결정되며(농업), 부분적으로는 시장의 인접성 여하 등, 유통영역에 속하는 사정들에 달려있다.

노동기간과 일치하지 않는 생산시간을 노동기간과 동일시하려는 시도[이 시도 자체는 또한 가치이론의 그릇된 적용에서 나온다]가 매컬록, 제임스 밀 등으로 하여금 얼마나 불합리한 이론을 낳게 하였는가 하는 것은 뒤에 보게 될 것이다. 〖『잉여가치학설사』 제20장에서 자세히 설명하고 있다.〗

* * *

우리가 앞에서 고찰한 회전순환은 생산과정에 투하된 고정자본의 내구성에 의하여 결정된다. 그런데 이 회전순환은 몇년이 걸리는 것이므로 그것은 또 고정자본의 일련의 연간회전들 또는 1년 안에 반복되는 회전들을 포괄한다.

농업에서는 이런 회전순환은 돌려짓기輪作농법에서 생긴다.

"차지기간은 어떤 경우에도 채용되고 있는 돌려짓기를 완전히 끝내는 데 필요한 시간 이하가 되어서는 안 되며, 따라서 삼포농법의 경우에는 언제나 3년, 6년, 9년 등으로 된다. 그러나 휴경지를 두는 삼포농법을 가정한다면 경지는 6년 동안에 다만 4회 경작되며, 경작하는 해에는 겨울 곡물과 여름 곡물을 돌려짓기하고, 또 토양의 성질상 필요하거나 허용되는 경우에는 밀과 호밀, 보리와 귀리를 돌려짓기한다. 그런데 동일한 토지에서도 곡물의 종류에 따라 수확이 많거나 적기도 하며, 가치가 각각 다르며, 또 판매되는 가격도 다르다. 그렇기 때문에 경지의 수익은 경작연도에 따라 다르며 또 돌려짓기의 전반"(최초의 3년)"에서와 후반에서 다르다. 한 돌려짓기 기간의 평균수익까지도 전반과 후반에 동등하지 않다. 왜냐하면 풍작 · 흉작은 토질에 의존할 뿐 아니라 그 해의 기후에도 의존하는 것이며, 또 가격은 다양한 조건들에 의존하기 때문이다. 그런데 이제 6년에 걸치는 돌려짓기 기간 전체의 평균 연수확량과 그것의 평균가격에 따라 경지의 수익을 계산하면, 제1 돌려짓기 기간이나 제2 돌려짓기 기간의 일년간 총수익을 알 수 있다. 그러나 만약 수익을 돌려짓기 기간의 절반, 즉 3년간에 대해서만 계산한다면 그 연간 평균치는 상이할 것이다. 왜냐하면 그때에는 총수익이 일치하지 않을 것이기 때문이다. 이 때문에 삼포농법의 경우에는 차지기간이 적어도 6년으로 규정되지 않으면 안 된다고 말할 수 있다. 그러나 차지농업가와 지주 모두에게 훨씬 더 바람직한 것은 차지기간을 차지기간"{엥겔스: 원문 그대로}"의 몇 배로 되게 하는 것, 즉 삼포농법의 경우에는 6년이 아니고 12년, 18년 또는 그 이상으로 정하는 것, 또 칠포농법의 경우에는 7년이 아니고 14년, 28년으로 정하는 것이다."(같은 책: 117, 118)

{엥겔스 : 원고에는 여기에 다음과 같은 지적이 있다. "영국의 돌려짓기농법. 여기에 주를 달 것"}

제14장
유통시간

상이한 생산부문에 투하된 상이한 자본들의 회전시간, 따라서 또 자본이 투하되어 있지 않으면 안 되는 시간에 차이를 낳게 하는 모든 사정은 [지금까지 고찰한 바에 따르면] 고정자본과 유동자본의 차이, 노동기간의 차이 등과 마찬가지로 생산과정 자체 안에서 생긴다. 그러나 자본의 회전시간은 그것의 생산시간과 유통시간을 합한 것과 같다. 그렇기 때문에 유통시간의 길이가 다르면 회전시간의 길이가 다르게 된다는 것은 자명하다. 이 사실은 회전에 변화를 일으키는 다른 모든 조건이 동일하고 오직 유통시간만이 다른 두 개의 상이한 투자를 대비해 보든가, 또는 고정자본과 유동자본의 구성비와 노동기간 등이 주어진 일정한 자본을 취하여 그 유통시간만을 변화시키든가 하면 가장 명백하게 알 수 있다.

유통시간의 한 부분—상대적으로 더욱 결정적인 것—은 판매시간[즉 자본이 상품자본의 상태로 있는 기간]이다. 이 시간의 상대적 크기에 따라 유통시간, 따라서 또 회전시간 전체가 연장되기도 하고 단축되기도 한다. 또한 보관비 등으로 자본의 추가지출이 필요해질 수도 있다. 처음부터 명백한 것이지만, 완성상품의 판매에 걸리는 시간은 동일한 생산부문의 개개의 자본가들 사이에서도 매우 다를 수 있다. 상이한 생산부문에 투하된 총자본들뿐 아니라 동일한 생산분야에 투하된 상이한 독립자본들[총자본을 구성하는 독립적인 부분에 불과하다]도 판매시간에서는 매우 상이할 수 있다. 기타의 조건들이 불변이라면, 동일한 개별자본의 판매시간은 시장조건의 일반적 변동 또는 자기 생산부문의 시장조건의 변동에 따라 달라진다. 그러나 지금은 이 점에 더 이상 머무르지 않고 다만 다음과 같은 단순한 사실을 확인하는 데 그치기로 한다. 즉 상이한 생산부문에 투하된 자본들의 회전시간에 일반적으로 차이를 낳게 하는 모든 사정들은, 그것들이 개별적으로 작용하는 경우(예컨대 어떤 자본가가 자기의 경쟁자보다 더 빨리 판매할 기회를 얻는다든가, 한 자본가가 노동기간을 단축시키는 방법을 다른 자본가보다 많이 채용한다든가 따위)에는, 동일한 생산부문에 있는 상이한 개개의 자본들의 회전상의 차이도 초래한다는 사실이 그것이다.

판매시간, 따라서 또 회전시간 일반에 차이를 낳게 하는 데 항상 작용하는 하나의 원인은 상품의 판매시장과 상품의 생산지 사이의 거리다. 상품이 시장까지 여행하는 동안 자본은 상품자본의 상태에 묶여 있다. 상품이 주문에 의하여 생산되는 경우에는 인도의 순간까지 그러하며, 주문에 의하여 생산되지 않는 경우에는 시장까지 여행하는 시간 이외에 상품이 판매될 때까지 시장에 있는 시간이 더 첨가된다. 통신 · 수송수단의 개량은 상품의 이동 시간을 절대적으로는 단축시키지만, 이 이동에서 생기는 서로 다른 상품자본들의 유통시간의 상대적 차이 또는 같은 상품자본의 서로 다른 부분들[서로 다른 시장으로 이동한다]의 유통시간의 상대적 차이는 없어지지 않는다. 예컨대 개량된 범선이나 기선은 여행을 단축시키는데, 이 단축은 가깝게 있는 항구나 멀리 떨어져 있는 항구나 마찬가지로 적용된다. 상대적 차이는 흔히 감소되기는 하지만 그러나 여전히 남는다. 그러나 수송 · 통신수단의 발달로 상대적 차이는 자연적 거리에는 비례하지 않게 변화할 수 있다. 예컨대 생산지에서 국내의 주요

인구 중심지로 통하는 철도는, 철도가 통하지 않는 더 가까운 두 지점 사이의 거리를, 자연적으로는 더 먼 지점 사이의 거리에 비하여, 절대적 또는 상대적으로 더욱 멀게 만들 수 있다. 또한 동일한 사정으로 말미암아 큰 판매시장에서 생산지까지의 상대적 거리 자체도 변화할 수 있는데, 이것은 수송 · 통신수단의 변화에 따라 옛날 생산중심지의 몰락과 새로운 생산중심지의 탄생을 설명한다(이밖에 또 장거리 수송이 단거리 수송보다 운송비가 상대적으로 싸다는 사정도 있다). 수송수단의 발전과 동시에 공간운동의 속도가 빨라지게 되고 이에 따라 공간적 거리가 시간적으로 단축된다. 또한 교통수단의 총량이 증가하고 그리하여 예컨대 많은 배가 동시에 같은 항구를 향해 출발하며, 또는 몇 개의 열차가 동시에 같은 두 지점 사이의 서로 다른 선로를 달리게 될 뿐 아니라, 또한 예컨대 1주일 중에 매일 화물선이 리버풀에서 뉴욕을 향해 항행하며, 또는 같은 날의 서로 다른 시간에 화물열차가 맨체스터에서 런던을 향하여 달린다. 수송수단의 효율성이 일정하다면, 이 마지막 사정 『교통수단 총량의 증가』으로 말미암아 절대적 속도 ― 따라서 유통시간의 이 해당부분 ― 가 변하는 것은 아니다. 그러나 상품량이 현실적으로 발송될 때까지 잠재적 상품자본으로 대량 퇴적되지 않고 연속적으로 더 짧은 기간에 발송되며, 그리하여 연속적으로 시장에 나타날 수 있다. 따라서 환류도 또한 더 짧은 연속적인 기간들에 걸쳐 행해지며, 한 부분이 상품자본으로 유통하고 있을 때 다른 부분은 끊임없이 화폐자본으로 전환되고 있다. 몇 개의 연속적인 기간들에 걸쳐 환류가 행해지므로 총유통시간, 따라서 또 회전시간이 단축된다. 한편으로는, 어느 생산지가 더 많이 생산하게 되고 더 큰 생산중심지로 됨에 따라 먼저 수송수단이 기능하는 빈도, 예컨대 철도 위에 있는 열차수가 증가한다. 기존의 판매시장, 즉 생산 · 인구중심지, 수출항 등으로 향하는 수송이 증가한다. 그러나 다른 한편으로는, 거꾸로 교통이 매우 편리하게 되고 또 그 때문에 자본의 회전(이것이 유통시간에 의하여 제약되는 한)이 촉진되는 결과, 생산과 시장이 모두 중심지로 집중되는 경향이 촉진된다. 특정 지점들로 인구 · 자본의 집중이 촉진됨에 따라 소수자의 수중으로 자본 집중도 또한 강화된다. 동시에 교통수단의 변화에 따라 생산지 · 시장의 상대적 위치가 변화하여 새로운 편성이 나타난다. 과거에는 국도 또는 운하 옆에 위치함으로써 특수한 위치상의 우월성을 누렸던 생산지가 이제는 비교적 드문드문 열차가 통과할 따름인 지선支線의 옆에 있게 되고, 종래에는 주요 교통망에서 멀리 떨어져 있던 어떤 장소가 이제는 여러 철도의 교차점에 놓여 있다. 둘째 장소는 융성하고 첫째 장소는 쇠퇴한다. 따라서 수송수단의 변화에 의하여 상품의 유통시간, 매매의 기회 등에서 장소적 차이가 생기거나 기존의 장소적 차이가 달라진다. 자본의 회전에 대한 이런 사정의 중요성은 각 지방의 상공업 대표자들과 철도 경영자들 사이의 논쟁을 보면 알 수 있다[예컨대 앞에서 『제6장 끝에서』 인용한 철도위원회의 보고서를 참조하라].

그렇기 때문에 예컨대 양조업과 같이 생산물의 성질상 주로 지방적 판로에 의거하는 모든 생산부문은 주요 인구중심지에서 최대규모의 발전을 하게 된다. 이 경우 여러 생산조건들[예: 건축부지]의 가격이 등귀할 수 있지만, 그것은 자본의 더 빠른 회전에 의하여 부분적으로 보상된다.

자본주의적 생산의 진보에 따라 수송 · 통신수단의 발전이 일정한 상품량의 유통시간을 단축시킨다면, 이 동일한 진보와 수송 · 통신수단의 발전이 주는 기회로 말미암아 점점 더 먼 거리의 시장, 한마디로 말해 세계시장을 상대로 사업할 필요가 생기게 된다. 먼 곳을 향하여 수송되는 상품의 양은 크게 증가하며, 그렇기 때문에 사회적 자본 가운데 장기간 상품자본의 단계[유통시간 안]에 있는 부분도 절대적 · 상대적으로 증가한다. 이와 동시에 사회적 부 가운데 직접적 생산수단으로 봉사하지 않고 수송 · 통신수단과 이것의 운영에 필요한 고정자본 · 유동자본에 투하되는 부분도 또한 증가한다.

생산지에서 판매지까지 상품 여행의 상대적 길이는 유통시간의 제1부분인 판매시간뿐 아니라 유통시간의 제2부분인 구매시간[즉 화폐가 생산자본의 요소들로 재전환하는 시간]에도 차이를 일으킨다. 예컨대 상품이 인도로 수송되는데, 이에는 예컨대 4개월이 걸린다. 판매시간은 영0이라고 가정하자. 다시 말해 상품은 주문에 의해 발송되며, 인도될 때 생산자의 대리인에게 지불된다고 하자. 대금의 송금(어떤 형태로 송금되든 아무래도 좋다)에도 역시 4개월이 걸린다고 하자. 그러면 동일한 자본이 다시 생산자본으로 기능하여 동일한 작업을 새로 시작할 수 있기까지에는 모두 8개월이 걸린다. 이렇게 해서 생긴 회전상의 차이는 신용기간의 차이를 낳는 물질적 기초의 하나를 이룬다—예컨대 베네치아와 제노바에서 해외무역 일반이 진정한 신용제도의 한 기원을 이루고 있듯이.

"1847년의 공황은 당시의 은행업과 상업계로 하여금 인도 · 중국의 유산스usance"(그곳과 유럽 사이의 환어음 지불유예기한)"를 발행후 10개월에서 일람후 6개월로 단축시키게 하였다. 그리고 그 뒤 20년이 경과한 오늘에 와서는 항해가 빨라지고 전신이 설치됨에 따라" (일람후 6개월에서 발행후 4개월로 더욱 단축시키는 것, 또는 이것을 위한 첫걸음으로 일람후 4개월로 하는 것이) "필요하게 되고 있다. 캘커타에서 희망봉을 돌아 런던으로 오는 범선의 항해에는 평균 90일 미만이 걸린다. 일람후 4개월짜리 유산스는 대체로 150일짜리 환어음과 동등할 것이다. 일람후 6개월짜리의 현행 유산스는 대체로 210일짜리 환어음에 해당한다."(『이코노미스트』, 런던, 1866년 6월 16일자)

그런데

"브라질의 유산스는 아직도 여전히 일람후 2개월과 3개월로 되어 있으며, 앤트워프 발행"(지불지 런던)"의 환어음은 발행후 3개월이고, 맨체스터와 브래드포드에서 런던 앞으로 발행되는 것까지도 발행후 3개월 또는 그 이상의 기간이다. 그리하여 상인은 암암리의 합의에 의하여 자기의 상품을, 그것에 대하여 발행된 환어음이 만기가 되기 훨씬 이전에는 물론 아니지만 만기가 될 무렵에는 실현할 수 있는 충분한 기회를 얻는다. 그러므로 인도 어음의 기한은 과도한 것이 아니다. 인도의 생산물[런던에서는 대개 3개월의 지불기한으로 판매된다]은 판매를 위한 약간의 기간을 산입한다면 5개월보다 훨씬 짧은 기간에 실현될 수는 없고, 또 인도에서 구입하여 영국의 창고에서 인도하기까지는 평균 5개월이 더 걸린다. 그러면 10개월이라는 기간이 되는데, 이 상품에 대하여 발행되는 어음의 지불기한은 7개월을 넘지 않고 있다."(같은 책, 1866년 6월 30일자)

(1866년 7월 2일에 주로 인도 · 중국과 거래하고 있는 런던의 5대 은행과 파리의 어음할인 은행은) "1867년 1월 1일부터 동양에 있는 그들의 지점 · 대리점은 일람후 4개월을 초과하지 않는 어음만을 매매할 것이다."고 게시하였다.(같은 책, 1866년 7월 7일자)

그러나 이 단축은 실패하였으며 단념하지 않으면 안 되었다.(그 뒤 수에즈 운하는 이 모든 것에 혁명을 일으켰다.)

상품의 유통시간이 연장됨에 따라 판매시장에서 가격변동의 위험이 증가하는 것은 물론이다. 왜냐하면 가격변동이 일어날 수 있는 시간이 연장되기 때문이다.

현금으로 즉시 지불되지 않고 어음으로 지불되는 경우, 어음 지불기한의 차이에서 나타나는 유통시간상의 차이[부분적으로는 동일한 생산부문의 상이한 개별자본 사이에서, 그리고 부분적으로는 상이한 생산부문 사이에서 나타난다]는 매매의 지불조건 차이 때문이다. 이 점은 신용제도에서 중요한 것이지만 여기에서는 더 이상 다루지 않겠다.

회전시간상의 차이는 또한 납품계약의 크기 — 이것은 또 자본주의적 생산의 범위와 규모에 따라 증대한다 — 에서도 발생한다. 판매자와 구매자 사이의 거래인 납품계약은 시장, 즉 유통영역에 속하는 업무다. 따라서 이것에서 생기는 회전상의 차이는 유통영역에서 생기는 것이지만, 그것은 생산영역에 직접 반작용한다. 이 차이는 일체의 지불조건과 신용관계를 도외시하더라도, 즉 현금지불인 경우에도 나타난다. 예컨대 석탄 · 면화 · 면사 등은 분할될 수 있는 생산물이며 매일 일정한 양의 완성생산물이 생산된다. 그런데 만약 방적업자나 탄광주가 예컨대 생산에 4주간 또는 6주간의 노동일을 필요로 하는 생산물량의 납품계약을 받았다면, 그것은 자본이 투하되어야 할 시간의 관점에서 본다면 4주 또는 6주에 걸치는 연속적인 노동기간이 이 노동과정에 도입된 것과 마찬가지다. 이 경우 주문받은 생산물의 전량이 한꺼번에 납품되어야 하며, 그것이 전부 납품된 뒤에야 비로소 지불받는다고 물론 전제되어 있다. 매일 일정한 양의 완성생산물이 생산되지만, 이 완성된 양은 아직 계약에 의하여 납품되어야 할 양의 일부에 불과하다. 주문받은 상품 중 이미 완성된 부분은 더 이상 생산과정에 있지는 않지만 그것은 어쨌든 다만 잠재적인 자본으로 창고에 쌓여 있다.

이제 유통시간의 제2부분인 구매시간 또는 자본이 화폐형태에서 생산자본의 요소들로 재전환하는 기간으로 넘어가자. 이 기간 중에는 자본은 길거나 짧은 시간 동안 화폐자본의 상태에 머물러 있지 않으면 안 되며, 따라서 총투하자본의 일정한 부분은 항상 화폐자본의 상태에 있지 않으면 안 된다 — 비록 이 부분은 끊임없이 교체되는 화폐들로 구성되기는 하지만. 예컨대 어떤 기업에서 총투하자본 중 100원×n이라는 금액이 화폐자본의 형태로 있지 않으면 안 되며, 그리하여 이 100원×n의 모든 구성부분은 계속 생산자본으로 전환하지만, 이 금액은 유통에서 [즉 실현된 상품자본에서] 환류하는 것에 의해 역시 계속 새로 보충되고 있다. 따라서 투하자본가치의 일정한 부분은 항상 화폐자본의 상태에, 즉 생산영역이 아니라 유통영역에 속하는 형태로 있다.

이미 본 바와 같이, 자본이 상품자본의 형태로 묶여 있는 시간이 시장과의 거리 때문에 연장된다는 것은 화폐의 환류를 직접적으로 지연시키며, 따라서 또 화폐자본에서 생산자본으로 자본의 전환을 지연시킨다.

또 이미 본 바와 같이(제6장) 상품의 구입에 관하여 말한다면, 구매시간이 있기 때문에, 그리고 또 주요 원료구입처로부터 다소간 떨어져 있기 때문에, 비교적 장기간 사용할 원료를 구입하여 생산용 재고의 형태로 [즉 잠재적 생산자본의 형태로] 보유해 둘 필요가 생기며, 따라서 생산 규모가 동일하다고 하더라도 한꺼번에 투하하지 않으면 안 되는 자본량과 이것이 투하되어 있지 않으면 안 되는 시간이 증대한다.

비교적 대량의 원료가 주기적으로 시장에 방출되는 것도 상이한 산업부문들에서 위와 같은 작용을 한다. 예컨대 런던에서는 3개월마다 대규모 양모 경매가 진행되는데, 이것이 양모시장을 좌우한다. 그러나 면화시장은 균등하지는 않지만 수확기로부터 수확기에 이르기까지 대체로 연속적으로 공급되고 있다. 이런 주기는 이 원료들의 주요 구입시기를 규정하며, 특히 이런 생산요소에 대한 길거나 짧은 기간의 투자를 수반하는 투기적 구입에도 영향을 준다. 이것은 마치 생산된 상품의 성질이 생산물을 투기적으로, 고의로, 길거나 짧은 기간 시장에 내보내지 않고 잠재적 상품자본의 형태로 보유하는 것에 영향을 주는 것과 마찬가지다.

> "따라서 차지농업가도 역시 일정한 정도까지는 투기업자가 되지 않으면 안 되며, 그렇기 때문에 사정 여하에 따라서는 생산물의 판매를 보류하지 않으면 안 된다."

{엥겔스: 계속하여 약간의 일반적 원칙이 서술되고 있다.}

"그러나 생산물의 판매는 주로 사람과 생산물 자체와 장소에 달려 있다. 수완과 행운"(!)"뿐 아니라 충분한 운영자본을 가지고 있는 사람은 가격이 비정상적으로 싼 경우에 자기가 거둔 수확물을 1년 동안이나 팔지 않고 두어도 비난할 바가 아닐 것이다. 반대로 운영자본이 충분하지 않거나 또는 투기심이 없는"(!)"사람은 현행의 평균가격을 얻으려고 할 것이며, 따라서 기회가 생기기만 하면, 또 생길 때마다, 판매하지 않으면 안 될 것이다. 양모를 1년 이상 팔지 않고 둔다면 거의 언제나 손해를 볼 따름이지만, 곡물과 기름짜는 씨앗은 속성과 품질에 어떤 손상도 받지 않은 채 몇년간 보존할 수 있다. 보통 그 가격이 짧은 시간에 심하게 변동하는 예컨대 기름짜는 씨앗, 호프, 산토끼꽃 등과 같은 생산물은 그 가격이 생산가격 〖=비용가격+평균이윤〗보다 훨씬 이하일 경우에는 몇 해라도 팔지 않고 두는 것이 옳을 것이다. 살이 찌게 기르는 가축과 같이 매일 유지비를 필요로 하는 것들, 또는 과일 · 감자 등과 같이 썩을 염려가 있는 것들은 판매를 주저하여서는 안 된다. 많은 지방들에서는 어떤 생산물의 가격은 연중 어느 계절에는 가장 낮으며 다른 계절에는 가장 높다. 예컨대 약간의 지방들에서는 성마르티노 축일 〖11월 11일〗 때의 곡물 평균가격은 대체로 크리스마스와 부활절 사이보다는 낮다. 또한 일부 지방들에서는 일부 생산물들은 일정한 시기가 아니고서는 잘 팔리지 않는다. 예컨대 보통 때에는 양모 거래가 없는 지방들에서는 양모시장이 설 때 양모가 잘 팔린다." (키르히호프, 앞의 책: 302)

화폐가 생산자본의 요소들로 재전환하는 유통시간의 후반의 고찰에서 문제가 되는 것은, 이 전환 그 자체와 [생산물이 판매되는 시장과의 거리 때문에 달라지는] 화폐의 환류시간만이 아니다. 무엇보다도 또 문제인 것은 투하자본의 일부가 항상 화폐형태, 화폐자본의 상태에 있지 않으면 안 되는 그 크기다.

일체의 투기를 도외시한다면, 생산용 재고로서 항상 있지 않으면 안 되는 상품의 구입량은 이 재고의 갱신기간—이것 역시 시장상황에 따라, 그러므로 원료 등이 다름에 따라 달라진다—에 달려있다. 따라서 때때로 비교적 대량의 화폐가 한꺼번에 투하되지 않으면 안 된다. 이 화폐는 자본의 회전에 따라 때로는 빨리, 때로는 느리게, 그러나 언제나 일부분씩 환류한다. 그것의 일부, 즉 임금으로 재전환되는 부분도 끊임없이 짧은 기간에 재지출된다. 그러나 다른 부분, 즉 원료 등으로 재전환되는 부분은 구매를 위해서든 지불을 위해서든 예비자금으로서 비교적 긴 기간에 걸쳐 적립되어 있지 않으면 안 된다. 따라서 이 부분은 화폐자본의 형태로 [비록 그 크기는 변동하더라도] 있다.

우리는 다음의 장에서 다른 사정들—그것이 생산과정에서 나오는 것이든 또는 유통과정에서 나오는 것이든—에 의해서도 투하자본의 일정한 부분이 이와 같이 화폐형태로 있지 않을 수 없다는 것을 보게 될 것이다. 그러나 일반적으로 지적해 두어야 할 것은, 사업에 필요한 자본의 일부는 끊임없이 화폐자본 · 생산자본 · 상품자본의 세 형태를 번갈아 통과할 뿐 아니라, 그것의 상이한 부분들이[그 상대적 크기는 끊임없이 변동한다 하더라도] 항상 서로 나란히 이 형태들을 취한다는 사실을 경제학자들은 자주 잊어버리는 경향이 있다는 사실이다. 특히, 항상 화폐자본으로 있는 부분을 경제학자들은 잊어버리고 있는데, 이 부분의 존재야말로 부르주아 경제의 이해를 위해 매우 필요한 것이며 실제로도 매우 중대한 의의를 가지는 것이다.

제15장
회전시간이 투하자본의 크기에 미치는 영향

이 장과 다음의 장에서는 회전시간이 자본의 가치증식에 미치는 영향을 다룬다.

『예 1』 예컨대 9주간으로 이루어지는 1노동기간의 생산물인 상품자본을 살펴보자. 생산물의 가치 중 고정자본의 평균적 마멸에 의하여 그것에 첨가되어 있는 부분과, 생산과정 중에서 그것에 첨가된 잉여가치를 당분간 무시한다면, 이 생산물의 가치는 그것의 생산을 위해 투하된 유동자본의 가치[즉 임금과 생산물의 생산에 소비된 원료·보조재료의 가치]와 같다. 이 가치가 900원이고 따라서 매주의 지출은 100원이라고 하자. 여기에서는 주기적 생산시간은 노동기간과 일치하고 따라서 9주간이다. 이 경우 노동기간은 분할될 수 없는 생산물을 위한 1노동기간이라고 가정하든, 그렇지 않고 분할될 수 있는 생산물을 위한 연속적인 1노동기간이라고 가정하든 그것은 아무래도 좋다. 다만 한꺼번에 시장에 제공되는 분할될 수 있는 생산물의 양이 9주간의 노동을 필요로 한다고 보면 그만이다. 유통시간은 3주간이라고 하자. 따라서 회전시간은 12주간이 된다. 9주간이 지나면 투하된 생산자본은 상품자본으로 전환되는데, 그것은 이제 유통시간에서 3주간을 보낸다. 따라서 새로운 생산시간은 제13주의 초에 가서야 비로소 다시 개시될 수 있으며, 생산은 3주간, 즉 회전시간의 $\frac{1}{4}$동안 정지하게 될 것이다. 상품이 판매될 때까지 평균 3주간이 요구된다고 전제하든, 그렇지 않고 이 3주간이 시장과의 거리 또는 판매된 상품의 지불기한에 의하여 결정된다고 전제하든, 이것 역시 아무래도 좋다. 생산은 매 3개월[12주]마다 3주간, 즉 1년 중에 3×4=12주간=3개월 동안 정지할 것이다. 따라서 생산이 연속적으로 매주 동일한 규모로 진행되려면 오직 두 가지 방식만이 가능하다.

그 하나는 생산의 규모를 축소시켜 900원으로 제1회전의 노동기간과 유통시간 모두에서 노동이 진행되도록 하는 것이다. 이 경우에는 제10주 초부터, 즉 제1회전시간이 끝나기 전에 제2노동기간, 따라서 또 제2회전시간을 개시하게 된다. 왜냐하면 회전시간은 12주간이고 노동기간은 9주간이기 때문이다. 900원을 12주간에 배분한다면 매주 75원이 된다. 먼저 명백한 것은, 기업규모의 이와 같은 축소는 고정자본의 크기 변동, 따라서 일반적으로 기업에 대한 투자의 축소를 전제한다는 점이다. 다음에는, 도대체 이와 같은 축소가 실행될 수 있는가 하는 것이 문제로 된다. 왜냐하면 각 산업부문에서 생산이 발전함에 따라 투자의 표준적 최소한도가 생겨 그 이하로는 개개의 기업은 경쟁을 감당할 수 없기 때문이다. 이 표준적 최소한도 자체는 자본주의적 생산의 발전과 함께 계속 거대하게 되며 따라서 고정된 것은 아니다. 그러나 그때그때 주어지는 표준적 최소한도와 계속 증대하고 있는 표준적 최대한도 사이에는 다수의 중간수준, 즉 매우 상이한 크기의 투자를 허용하는 중간이 생긴다. 이 때문에 이 중간의 한계 안에서는 축소가 일어날 수 있는데, 이 축소의 한계는 그때그때의 표준적 최소한도 그 자체다.

생산의 애로, 시장의 포화상태, 원료의 가격상승 등의 경우에는 노동시간을 제한함으로써[예컨대 작업을 반나절 동안만 수행함으로써] 주어진 고정자본의 기초 위에서 유동자본의 정상적 지출의 축소가 일어난다. 마찬가지로, 번영기에는 부분적으로는 노동시간의 연장에 의하여, 부분적으로는 노동 강도의 강화에 의하여, 주어진 고정자본의 기초 위에서 유동자본의 비상한 확대가 일어난다. 이와 같은 변동을 처음부터 직면해야만 하는 사업들에서는, 부분적으로는 위와 같은 방법을 사용하고, 부분적으로는 예비고정자본[예: 철도에서의 예비기관차]을 동원하여 더 많은 수의 노동자를 고용한다. 그러나 여기에서는 정상적인 사정을 전제하고 있으므로 이와 같은 비정상적인 변동은 고려하지 않기로 한다.

위의 경우에 생산을 계속하기 위해서는 동일한 유동자본의 지출이 더욱 장기간에, 즉 9주간 대신에 12주간에 분배되어야 한다. 따라서 일정한 시간에 기능하는 생산자본은 축소된다. 생산자본의 유동부분은 100원에서 75원으로, 즉 $\frac{1}{4}$만큼 축소된다. 9주의 노동기간 중에 기능하는 생산자본의 축소 총액은 25×9=225원, 즉 900원의 $\frac{1}{4}$만큼이다. 그런데 회전시간에 대한 유통시간의 비율도 역시 $\frac{3}{12}=\frac{1}{4}$이다. 그러므로 만약 상품자본[생산자본이 전환된 것]의 유통시간 중에 생산이 중단되지 않고 생산이 연속적으로 매주 계속되려면, 그리고 이를 위해 추가적인 유동자본이 주어져 있지 않다면, 오직 생산활동을 축소시켜, 기능하는 생산자본의 유동적 구성부분을 축소시킴으로써만 달성될 수 있다. 이와 같이 유통시간 중의 생산을 위해 떨어져 나온 유동자본부분이 유동자본 투하총액에서 차지하는 비율은, 유통시간이 회전시간에서 차지하는 비율과 같다. 위에서 이미 지적한 바와 같이, 이것은 노동과정이 매주 동일한 규모로 수행되는 생산부문, 따라서 각각의 노동기간에 상이한 양의 자본이 투하되어서는 안 되는 생산부문[예컨대 농업]에 대해서만 타당한 것이다.

위의 경우와는 반대로 사업의 성질상, 생산의 규모 따라서 또 매주 투하되는 유동자본의 크기를 축소하는 것이 불가능하다고 가정한다면, 생산의 연속성은 오직 유동자본의 추가 — 위의 예에서는 300원 — 에 의해서만 달성될 수 있다. 12주의 회전시간 중에는 1,200원이 순차적으로 투하될 것이며, 300원은 그것의 $\frac{1}{4}$에 해당하는데, 이것은 3주간이 12주간의 $\frac{1}{4}$에 해당하는 것과 마찬가지다. 9주의 노동기간 뒤에는 900원의 자본가치는 생산자본의 형태에서 상품자본의 형태로 전환된다. 이 자본가치의 노동기간은 끝났지만 이 동일한 자본이 다시 노동기간을 개시할 수는 없다. 이 자본이 유통영역에 체류하여 상품자본으로 기능하는 3주 동안은 이 자본은 생산과정에 대해서는 마치 전혀 존재하지 않는 것과 마찬가지다.[여기서는 일체의 신용관계를 도외시하며, 따라서 자본가는 자기 자신의 자본만을 가지고 경영한다고 가정한다.]그러나 제1노동기간에 투하된 자본이 생산과정을 끝마친 뒤 3주 동안 유통과정에 머물러 있는 동안은, 300원이라는 추가적으로 투하된 자본이 기능하며 그리하여 생산의 연속성은 중단되지 않는다.

여기에서 다음과 같은 사실을 지적하고자 한다.

첫째로, 최초에 투하된 자본 900원의 노동기간은 9주 뒤에 끝나지만 이 자본은 3주간이 더 경과하기 전에는, 즉 제13주 초가 아니면 환류하지 않는다. 그러나 새로운 노동기간은 추가자본 300원을 가지고 즉시 개시된다. 바로 이것 때문에 생산의 연속성이 유지된다.

둘째로, 최초의 자본 900원의 기능과, [9주간이라는 제1노동기간의 끝에 가서]새로 추가된 자본 300원—제1노동기간이 끝나자 중단 없이 제2노동기간을 개시하는 자본—의 기능은 제1회전시간에는 서로 확연히 구별되지만, 또는 적어도 구별될 수 있지만, 제2회전시간 중에는 그것들은 서로 붙어있다.

사태를 더욱 명료하게 표시하여 보자.*

12주간의 제1회전시간. 9주의 제1노동기간; 이에 투하된 자본의 회전

---

* 역자: 독자의 이해를 돕기 위해 다음과 같은 도표를 그린다.

은 제13주 초〚제12주 말〛에 끝난다. 최종 3주간에는 추가자본 300원이 기능하여 9주의 제2노동기간을 개시한다.

제2회전시간. 제13주 초에는 900원이 환류하고 있으며 새로운 회전을 개시할 수 있다. 그러나 제2노동기간은 추가된 300원에 의하여 이미 제10주에 개시되어 있다. 제13주 초에는 이 300원에 의하여 이미 노동기간의 $\frac{1}{3}$이 끝나고 있으며, 300원은 생산자본에서 생산물로 전환되고 있다. 제2노동기간을 끝마치는 데는 6주간만 더 필요할 따름이므로 제2노동기간의 생산과정에 들어갈 수 있는 것은 900원이라는 환류한 자본의 $\frac{2}{3}$, 즉 600원에 불과하다. 환류한 최초의 900원 중에서 300원은 풀려나 제1노동기간 중에 추가자본 300원이 한 것과 동일한 역할을 한다. 제2회전시간의 여섯째 주〚제18주〛 말에 가서는 제2노동기간이 끝나고 있다. 이 노동기간에 투하된 자본 900원은 3주간 뒤에[즉 12주간으로 이루어지고 있는 제2회전시간의 아홉째 주 말에] 환류한다. 이 자본의 유통시간인 3주간에는 풀려났던 자본 300원이 작동한다. 그리하여 제2회전시간의 일곱째 주 초[제19주 초]에 가서 자본 900원의 제3노동기간이 개시된다.

제3회전시간. 제2회전시간의 아홉째 주〚제21주〛 말에 900원이 새로 환류한다. 그러나 제3노동기간은 벌써 앞선 회전기간의 일곱째 주〚제19주〛 초에 개시되었으며 이미 6주간을 경과하고 있다. 따라서 앞으로 계속될 기간은 3주간밖에 남지 않는다. 따라서 환류한 900원 중에서 생산

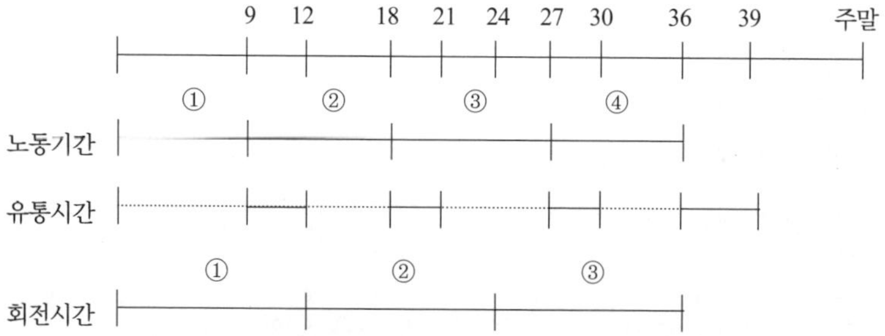

과정에 들어가는 것은 300원에 불과하다. 제4노동기간은 이 회전시간의 나머지 9주간을 차지한다. 그리하여 그 연도의 제37주 초부터 제4회전시간과 제5노동기간이 동시에 개시된다.

〖예 2〗 계산을 간단하게 하기 위해 노동기간이 5주간, 유통시간이 5주간, 따라서 회전시간은 10주간이며, 1년을 50주라 보고 매주의 투자를 100원이라고 가정하자. 따라서 노동기간에는 500원의 유동자본이 필요하고 유통시간에는 새로운 500원의 추가자본이 필요하다. 이 경우 노동기간과 회전시간은 다음과 같이 표시된다.

제1노동기간	제 1 ~ 5주	(500원의 상품)	제10주 말에 환류
제2노동기간	제 6 ~ 10주	(500원의 상품)	제15주 말에 환류
제3노동기간	제11 ~ 15주	(500원의 상품)	제20주 말에 환류
제4노동기간	제16 ~ 20주	(500원의 상품)	제25주 말에 환류
제5노동기간	제21 ~ 25주	(500원의 상품)	제30주 말에 환류

만약 유통시간이 영0이며 따라서 회전시간이 노동기간과 동등하다고 한다면, 1년간의 회전수는 노동기간의 수와 동등하다. 따라서 노동기간이 5주간인 경우에는 1년간의 회전수는 $\frac{50주}{5주}$=10으로 될 것이며, 회전한 자본의 가치는 500×10=5,000원으로 될 것이다. 유통시간을 5주간이라고 가정한 위의 표에서도 매년 생산되는 상품의 가치는 역시 5,000원이나, 그 중 $\frac{1}{10}$=500원은 언제나 상품자본의 모습으로 있으며 5주간 뒤에야 비로소 환류한다. 이 경우 제10노동기간(제46~50주)의 생산물은 연도 말에 회전시간을 절반밖에 끝마치지 않고 있다. 왜냐하면 그것의 유통시간은 다음 연도의 최초의 5주간이기 때문이다.

〖예 3〗 또 하나, 노동기간이 6주간, 유통시간이 3주간, 노동과정에 대한 매주의 투자액이 100원인 제3의 예를 들어 보자.

제1노동기간: 제1~6주. 제6주 말에는 600원의 상품자본으로 있다가 제9주 말에 가서 화폐로 환류한다.

제2노동기간: 제7~12주. 제7~9주간에 300원의 추가자본이 투하된다. 제9주 말에는 600원이 환류한다. 그 중 300원은 제10~12주간에 투하된다. 따라서 제12주 말에는 현금으로 300원, 상품자본으로 600원이 있는데, 후자는 제15주 말에 화폐로 환류한다.

제3노동기간: 제13~18주. 제13~15주간에 위의 300원이 투하되고 그 다음에 600원이 환류하는데, 그 중 300원은 제16~18주간에 투하된다. 제19주 초에는 300원은 현금으로, 600원은 상품자본으로 있는데, 후자는 제21주 말에 환류한다.(이 경우의 더 상세한 설명은 이하의 제2절을 참조하라.)

이리하여 9개의 노동기간(=54주간)에는 600×9=5,400원의 상품이 생산된다. 제9노동기간 말에는 이 자본가는 화폐로 300원을 가지고 있으며 그리고 또 유통시간을 아직 끝마치지 않은 상품으로 600원을 가지고 있다.

이상 세 개의 예를 비교해 봄으로써 발견하게 되는 것은, 첫째로 예2에서만 500원의 자본 I과 500원의 추가자본 II가 순차적으로 교대하며, 이 두 자본부분은 서로 따로따로 운동하고 있다. 이것은 예2에서는 노동기간과 유통시간이 각각 회전시간의 동등한 반 조각이라고 하는 전혀 예외적인 가정을 하고 있기 때문이다. 다른 모든 경우에는 회전시간 중 두 기간 사이의 차이가 어떤 규모이든, 이 두 자본의 운동은 예1과 예3에서와 같이 벌써 제2회전시간에서부터 서로 붙어있다. 이 경우 제2회전시간에 기능하는 자본은 추가자본 II와 자본 I의 일부인데, 자본 I의 나머지 부분은 자본 II의 최초의 기능을 담당하기 위해 떨어져 나온다. 이 경우 상품자본의 유통시간 중에 작용하는 자본은 최초에 이 목적을 위해 투하된 자본 II와 동일하지는 않지만 그 가치는 동등하며 총투하자본의 동일한 부분을 이룬다.

둘째로, 노동기간 중에 기능해온 자본은 유통시간 중에는 유휴상태에 있다. 예2에서 자본은 5주간의 노동기간 중에는 기능하고 5주간의 유통기간 중에는 유휴상태에 있다. 따라서 이 경우 1년간에 자본 I이 유휴상태에 있는 총시간은 반년에 달한다. 그리하여 이 기간 중에 추가자본 II가 들어가는데, 이 추가자본 자체도 또 예2에서는 반년 동안 유휴상태에 있다. 그러나 유통시간 중에 생산이 중단되지 않도록 보장하기 위해 필요한 추가자본은 1년 동안의 유통시간들의 총계에 의해 결정되는 것이 아니라 회전시간에 대한 유통시간의 비율에 의해서만 결정된다.(여기서는 물론 모든 회전이 동일한 조건하에서 진행된다고 전제되어 있다.) 따라서 예2에서는 필요한 추가자본은 2,500원〖=100원×25주〗이 아니라 500원이다. 이것은 추가자본은 최초에 투하되는 자본과 마찬가지로 회전에 들어가며, 따라서 또 이 후자와 마찬가지로 회전이 끝나면 보충된다는 사실 때문이다.

셋째로, 생산시간이 노동기간보다 더 길다고 하더라도 그것은 여기에서 고찰되고 있는 사정들을 조금도 변화시키지 않는다. 그 때문에 총회전시간이 연장될 것이지만, 회전이 이렇게 연장된다고 해서 노동과정을 위해 추가자본이 요구되는 것은 결코 아니다. 추가자본은 유통시간으로 말미암아 생기는 노동과정의 빈틈을 채운다는 목적을 가졌을 뿐이며, 따라서 그것은 유통시간 때문에 생기는 중단으로부터 생산을 보호하기만 하면 된다. 생산의 특수상황 때문에 생기는 중단들은 다른 방식에 의해 제거되어야 할 것인데, 여기에서는 고찰하지 않는다. 반면에, 작업이 주문에 의해 단속적으로만 진행되며 따라서 노동기간과 노동기간 사이에 중단이 생길 수 있는 사업이 있다. 이런 사업에서는 그만큼 추가자본의 필요가 없어진다. 다른 한편으로, 계절노동의 대다수의 경우에도 자본의 환류시간에는 일정한 한계가 있다. 동일한 작업이 동일한 자본으로써 다음 해에 반복되기 위해서는 그 사이에 이 자본의 유통시간이 끝나지 않으면 안 된다. 이와는 반대로, 유통시간이 한 생산기간에서 그 다음 생산기간까지의 공백기간보다 더 짧을 수도 있다. 이 경우 자본은 이 공백기간에 다른 방면에 사용되지 않는 한 유휴상태에 놓인다.

넷째로, 하나의 노동기간에 투하되는 자본, 예컨대 예3에서의 600원은 부분적으로는 원료 · 보조재료[그 노동기간을 위한 생산용 재고], 즉 불변적 유동자본에 투하되며, 부분적으로는 가변적 유동자본, 즉 노동 자체에 대한 지불에 투하된다. 불변적 유동자본에 투하되는 부분이 생산용 재고의 형태로 있는 기간은 동일하지 않다. 예컨대 원료는 하나의 노동기간 전체를 위한 양이 저장되지 않을 수도 있고, 석탄은 매 2주마다 구매될 수도 있다. 그렇지만 이 경우 신용을 고려하지 않는다면, 이 자본부분은 그것이 생산용 재고의 형태로 있지 않는 한, 화폐형태로 남아 있어 필요에 따라 생산용 재고로 전환될 수 있어야 한다. 이것은 6주 동안에 투하되는 불변적 유동자본 가치의 크기에는 어떤 변화도 일으키지 않는다. 이와는 반대로—예측할 수 없는 지출을 위한 화폐예비나, 교란을 제거하기 위한 진정한 준비금을 도외시한다면—임금은 더 짧은 기간에, 대개는 매주 지불된다. 따라서 자본가가 노동자로 하여금 그의 노동을 더 장기간에 걸쳐 자기에게 선대하도록 강제하지 않는 한[예컨대 생산물이 판매된 뒤에 임금을 지불하는 경우처럼], 임금을 위해 필요한 자본은 화폐형태로 있어야만 한다. 그러므로 자본이 환류할 때, 한 부분은 노동에 대한 지불을 위해 화폐형태로 보유되어야 하며, 나머지 부분은 생산용 재고로 전환될 수 있어야 한다.

추가자본은 최초의 자본과 마찬가지로 불변적 유동자본과 가변적 유동자본으로 분할된다. 그러나 그것은 다음과 같은 점에서 자본 I과 구별된다. 즉 (신용관계를 도외시하면) 추가자본은 자기 자신의 노동기간에 사용될 수 있기 위해서는 자본 I의 제1노동기간[자기는 들어가지 않는다]의 전체에 걸쳐 이미 투하되어 있어야 한다. 이 기간 중에 추가자본은 적어도 부분적으로는 이미 불변적 유동자본으로 전환되어 있을 수 있다. 추가자본이 어느 정도로 이 형태를 취하는가, 또는 이 전환이 필요하게 될 때까지 어느 정도로 추가적 화폐자본의 형태로 머무는가 하는 것은, 부분적으로는 그 생산부문의 특수한 생산조건에 달려있으며, 부분적으로는 지방적 사정에, 부분적으로는 원료 등의 가격변동에 달려있다. 사회적 총자본을 고찰해보면, 이런 추가자본의 대체로 큰 부분은 언제나 비교적 장기간에 걸쳐 화폐자본의 상태에 있다. 이와는 반대로 자본 II 중 임금으로 투하되는 부분은 언제나 점차적으로만 노동력으로 전환된다. 왜냐하면 임금의 지불기간이 상대적으로 짧기 때문이다. 따라서 자본 II의 이 부분은, 그것이 노동력으로 전환되어 생산자본의 기능을 하게 될 때까지, 노동기간의 전체에 걸쳐 화폐자본의 형태로 존재한다.

따라서 자본 I의 유통시간을 생산시간으로 전환시키는 데 추가자본의 개입이 필요하다는 사실은 투하자본의 크기와 총자본의 투하기간을 증가시킬 뿐 아니라, 또한 투하자본 중 화폐준비금으로 있는 부분[따라서 화폐 상태에 있으며 잠재적 화폐자본의 형태를 취하는 부분]을 특히 증가시킨다.

유통시간 때문에 자본을 두 부분[즉 제1노동기간을 위한 자본과 유통시간을 위한 추가자본]으로 분할하는 것이 투하자본의 증가에 의해서가 아니라 생산규모의 축소에 의해 충족된다고 하더라도, 이상에서 말한 것—생산용 재고의 형태와 화폐준비금의 형태로 자본을 투하해야 하는 것—은 마찬가지로 일어난다. 이 경우 생산규모에 비하여 화폐형태로 묶여 있는 자본의 비율은 오히려 더 커진다.

이처럼 자본을 최초의 생산자본과 추가자본으로 분할하는 것에 의해 일반적으로 달성되는 것은, 노동기간들이 중단 없이 연속된다는 것과 투하자본 중 크기가 동일한 부분이 항상 생산자본으로서 기능한다는 것이다.

예2를 주시해 보자. 항상 생산과정에 있는 자본은 500원이다. 노동기간은 5주간이므로 이 자본은 50주간(1년으로 가정한다)에는 10회 활동한다. 따라서 그 생산물은, 잉여가치를 도외시한다면, 500×10=5,000원으로 된다. 직접적으로 또 중단 없이 생산과정에서 기능하는 자본—500원의 자본가치—의 관점에서 보면, 유통시간은 완전히 소멸된 것 같다. 회전시간은 노동기간과 일치하는 것 같으며, 유통시간은 영0인 것 같다.

그러나 만약 자본 500원이 그것의 생산활동을 5주간의 유통시간 때문에 규칙적으로 방해받아 10주간의 회전시간이 지난 뒤에야 비로소 생산활동을 다시 할 수 있다면, 1년 50주간 중에는 10주간이 걸리는 회전이 5회 진행될 뿐이다. 그 중에는 5주간의 생산시간이 5회, 따라서 합계 25 생산주간이 있으며, 총생산물은 500×5=2,500원이다. 그리고 또 5주간의 유통시간이 5회, 따라서 역시 25주간의 총유통시간이 있다. 이 경우 500원의 자본이 1년 동안 5회 회전한 것이므로, 이 자본 500원은 각 회전시간의 반 동안에는 전혀 생산자본으로 기능하지 않았으며, 따라서 합계하면 이 자본은 반년 동안만 기능하고 다른 반년 동안은 전혀 기능하지 않았다는 것이 매우 명백하다.

우리의 예에서는 이 5개의 유통시간 동안에 추가자본 500원이 들어오며, 그 때문에 회전액은 2,500원으로부터 5,000원으로 증가한다. 그러나 투하자본도 이제는 500원이 아니라 1,000원이다. 5,000을 1,000으로 나누면 5다. 즉 회전은 10회가 아니고 5회다. 실제로도 이렇게 계산된다. 그러나 이때 1,000원의 자본이 1년 동안 5회 회전하였다고 말하면, 자본가의 공허한 머리 속에서는 유통시간에 대한 기억은 사라지고, 마치 이 자본이 5개의 순차적인 회전 중에 끊임없이 생산과정에서 기능한 것과 같은 혼란된 관념이 생긴다. 그러나 우리가 1,000원의 자본이 5회 회전하였다고 말할 때, 거기에는 생산시간과 마찬가지로 유통시간도 포함되어 있다. 사실상 만약 1,000원이 현실적으로 생산과정에서 끊임없이 활동하였다고 하면, 생산물은 우리의 전제 하에서는 5,000원이 아니라 10,000원으로 되지 않으면 안 될 것이다. 그러나 생산과정에서 1,000원이 끊임없이 활동하기 위해서는 결국 2,000원이 투하되지 않으면 안 되었을 것이다. 회전의 메커니즘을 해명한 바가 없는 경제학자들은, 생산이 중단 없이 진행되기 위해서는 사실상 산업자본의 일부만이 생산과정에 종사할 수밖에 없다는 이 중요한 측면을 항상 빠뜨리고 있다. 한 부분이 생산시간에 있을 때 다른 일부는 항상 유통시간에 있지 않으면 안 된다. 달리 말해, 한 부분이 생산자본으로서 기능하는 것은 다른 부분이 상품자본 또는 화폐자본의 형태로 진정한 생산에서 물러나 있다는 조건에서만 가능한 것이다. 이것을 빠뜨리고 보지 않음으로써 결국 화폐자본의 의의와 기능이 완전히 무시된 것이다.

이제 우리는 회전시간의 두 부분—노동기간과 유통시간—이 서로 동등한가 또는 노동기간이 유통시간보다 큰가 작은가에 따라 회전상에 어떤 차이가 생기는가 하는 것과, 그 다음으로 이 사실이 자본을 화폐자본의 형태로 묶어두는 것에 어떤 영향을 미치는가 하는 것을 연구해야 할 것이다.

매주 투하되어야 할 자본은 어느 경우에나 100원이고, 회전시간은 9주간이며, 따라서 각 회전시간에 투하되어야 할 자본은 900원이라고 가정하자.

제1절 노동기간과 유통기간이 동등한 경우

이런 경우는 현실에서는 우연적인 예외에 불과하지만, 연구의 출발점으로는 매우 좋다. 왜냐하면 이 경우 여러 가지 관계들이 가장 단순하고 가장 분명히 나타나기 때문이다.

두 자본(제1노동기간에 투하되는 자본 I과, 자본 I의 유통기간 동안에 기능하는 추가자본 II)은 그 운동에서 교차됨이 없이 교대한다. 따라서 제1회전기간을 제외한다면, 이 두 자본은 각각 자기 자신의 회전시간 동안만 투하되어 있다. 회전시간은 다음의 예에서와 같이 9주간이고, 따라서 노동기간과 유통기간은 각각 $4\frac{1}{2}$주간이라고 하자. 그 경우 〈표 I〉과 같은 연간 도식이 얻어진다. 『표에 있는 '5주 중간'은 5주를 지나지 않고 있으므로 '$4\frac{1}{2}$주'와 같은 의미다.』

여기서 우리가 1년이라고 가정하고 있는 51주간에 자본 I은 6개의 완전한 노동기간을 끝내고 450×6=2,700원의 상품을 생산하며, 그리고 자본 II는 5개의 완전한 노동기간을 끝내고 450×5=2,250원의 상품을 생산하였다. 그밖에 자본 II는 연도의 마지막 $1\frac{1}{2}$주(제50주의 중간에서 제51주의 마지막까지)에 150원『$4\frac{1}{2}$:450=$1\frac{1}{2}$:150』만큼을 더 생산하였다. 그리하여 51주간의 총생산물은 5,100원에 해당한다. 따라서 잉여가치—이것은 노동기간 중에만 생산된다—의 직접적 생산에 관하여 말한다면, 총자본 900원은 $5\frac{2}{3}$회 회전한 것으로 될 것이다(900×$5\frac{2}{3}$=5,100원). 그러나 현실적인 회전을 고찰하면, 자본 I은 $5\frac{2}{3}$회 회전하였다. 왜냐하면 제51주 말에 아직도 제6회전기간 중의 3주를 더 끝내야 하기 때문이다—즉 450×$5\frac{2}{3}$=2,550원. 또 자본 II는 $5\frac{1}{6}$회 회전하였다. 왜냐하면 그것은 제6회전기간 중 $1\frac{1}{2}$주를 겨우 끝냈으며 따라서 나머지 $7\frac{1}{2}$주는 다음 연도에 속하기 때문이다—즉 450×$5\frac{1}{6}$=2,325원. 그리하여 현실적인 총회전액은 4,875원이다.

자본 I과 자본 II를 서로 완전히 독립적인 두 자본으로 고찰하여 보자. 이 두 자본은 자기들의 운동에서 완전히 독립적이다. 자기들의 운동이 서로 보완하는 것은 오직 자기들의 노동기간과 유통기간이 서로 직접 교대하기 때문이다. 이 두 자본은 상이한 자본가들에 속하는 완전히 독립된 두 자본으로서 고찰될 수 있다.

〈표 Ⅰ〉

자본 Ⅰ

회전기간(주)	노동기간(주)	투자(원)	유통기간(주)
Ⅰ. 제 1~ 9	제 1~ 5주 중간	450	제 5주 중간~ 9
Ⅱ. 제10~18	제10~14주 중간	450	제14주 중간~18
Ⅲ. 제19~27	제19~23주 중간	450	제23주 중간~27
Ⅳ. 제28~36	제28~32주 중간	450	제32주 중간~36
Ⅴ. 제37~45	제37~41주 중간	450	제41주 중간~45
Ⅵ. 제46~(54)1)	제46~50주 중간	450	제50주 중간~(54)

자본 Ⅱ

회전기간(주)	노동기간(주)	투자(원)	유통기간(주)
Ⅰ. 제 5주 중간~14주 중간	제 5주 중간~ 9	450	제10~14주 중간
Ⅱ. 제14주 중간~23주 중간	제14주 중간~ 18	450	제19~23주 중간
Ⅲ. 제23주 중간~32주 중간	제23주 중간~ 27	450	제28~32주 중간
Ⅳ. 제32주 중간~41주 중간	제32주 중간~ 36	450	제37~41주 중간
Ⅴ. 제41주 중간~50주 중간	제41주 중간~ 45	450	제46~50주 중간
Ⅵ. 제50주 중간~(59주 중간)	제50주 중간~(54)	450	제(55~59)주 중간

자본 Ⅰ은 5개의 완전한 회전시간과, 제6회전기간의 $\frac{2}{3}$ 〖(노동기간 4.5주+유통기간 1.5주)÷9주〗를 경과하였다. 연도 말에 가서 그것은 상품자본의 형태로 있고 그것의 정상적인 실현을 위해서는 아직 3주간이 더 필요하다. 이 3주간 중에 그것은 생산과정에 들어갈 수 없다. 그것은 상품자본으로서 기능하여 유통하고 있다. 그것은 그 마지막 회전시간의 $\frac{2}{3}$를 경

1) 제2회전 연도에 속하는 주는 괄호 안에 넣는다.

과하였을 따름이다. 이것은 다음과 같이 표현되고 있다: 자본 I은 $\frac{2}{3}$회만 회전하였다; 또는 총가치의 $\frac{2}{3}$만이 완전한 1회전을 경과하였다. 또 우리는 다음과 같이 말하기도 한다—450원은 9주 동안에 그것의 회전을 끝내며, 300원은 6주 동안에 그것의 회전을 끝낸다. 그러나 이와 같은 표현방식은 회전시간의 독특한 두 구성부분 사이의 유기적 관계를 무시하는 것이다. 왜냐하면 투하자본 450원이 $5\frac{2}{3}$회의 회전을 하였다는 표현의 정확한 의미는, 이 자본이 5회의 완전한 회전과 그리고 제6회전의 $\frac{2}{3}$만을 경과하였다는 것에 불과하기 때문이다. 그럼에도 회전한 자본이 투하자본의 $5\frac{2}{3}$배이고, 따라서 위의 예에서는 $450 \times 5\frac{2}{3}$=2,550원이라는 표현은, 이 자본 450원이 다른 자본 450원에 의하여 보완되지 않는다면, 사실상 이 자본의 일부는 생산과정에 있고 다른 일부는 유통과정에 있지 않으면 안 될 것임을 가리키는 점에서는 옳다. 만약 회전시간을 회전한 자본의 양으로써 표현하려고 한다면, 그것은 언제나 현존가치(사실상은 완성생산물)의 양으로써만 표현할 수 있다. 투하자본이 생산과정을 새로 개시할 수 있는 상태에 있지 않다는 사정은, 투하자본의 일부만이 생산할 수 있는 상태에 있다는 것에 의하여, 또는 [생산이 연속적으로 이루어지기 위해서는 생산시간 대 유통기간의 비율에 따라] 자본은 생산시간에 있는 한 부분과 유통기간에 있는 다른 부분으로 항상 분할되어야 한다는 것에 의하여 표현되고 있다. 이것은 끊임없이 기능하는 생산자본의 양은 회전시간에 대한 유통기간의 비율에 의하여 결정된다고 하는 법칙과 동일하다.

자본 II 중 150원은 우리가 여기에서 연도 말이라고 가정하고 있는 제51주 말에는 미완성생산물의 생산에 투하되어 있다. 다른 일부분은 유동적 불변자본—원료 등—의 형태로, 즉 그것이 생산자본으로서 생산과정에서 기능할 수 있는 형태로 있다. 그러나 제3부분은 화폐형태로 있다[적어도 노동기간의 남은 부분(3주간)을 위한 임금액—이것은 매주 말에 가서야 비로소 지불된다—은 그러하다]. 자본의 제3부분은 새해의(따라서 새로운 회전순환의) 시작에는 생산자본의 형태로 있지 않고 화폐자본의 형태[이 형태로는 생산과정에 들어갈 수 없다]로 있지만, 그럼에도 새로운 회전은 이미 생산과정에서 활동하고 있는 유동적 가변자본, 즉 살아있는 노동력을 가지고 개시하고 있다. 이 현상은, 노동력은 비록 노동기간이 시작될 때 예컨대 1주마다 구매되고 소비되기는 하지만 주말에 가서야 비로소 지불되기 때문에 나타난다. 이 경우 화폐는 지불수단으로서 기능한다. 그러므로 그것은 한편으로는 화폐로서 아직 자본가의 수중에 있는데, 다른 한편으로는 노동력[그 화폐가 전환되는 상품]은 벌써 생산과정에서 활동하고 있는 것이다. 그리하여 여기에서는 동일한 자본가치가 2중으로 나타난다.

노동기간만을 고찰한다면,

자본 I 은 450×6	=	2,700원을 생산하고
자본 II는 $450 \times 5\frac{1}{3}$	=	2,400원을 생산한다.
따라서 합계는 $900 \times 5\frac{2}{3}$	=	5,100원이다.

즉 총 투하자본 900원은 1년에 $5\frac{2}{3}$회 생산자본으로서 기능하였다. 잉여가치의 생산에 관하여 말하면, 서로 번갈아 가면서 450원은 끊임없이 생산과정에서 기능하고 450원은 끊임없이 유통과정에서 기능하든, 그렇지 않고 900원이 $4\frac{1}{2}$주간에는 생산과정에서 기능하고 다음 $4\frac{1}{2}$주간에는 유통과정에서 기능하든 마찬가지다.

그런데 회전시간을 고찰한다면,

$$
\begin{array}{lrl}
\text{자본 I} & 450\times 5\frac{2}{3} & = 2,550\text{원} \\
\text{자본 II} & 450\times 5\frac{1}{6} & = 2,325\text{원} \\
\hline
\text{따라서 총자본의 회전액} & 900\times 5\frac{5}{12} & = 4,875\text{원}
\end{array}
$$

이것은 총자본의 회전수가 자본 I과 자본 II의 회전 총액을 자본 I과 자본 II의 합계로 나눈 것과 같기 때문이다.

여기에서 지적해야 할 것은, 가령 자본 I과 자본 II가 서로 독립적이라고 하더라도, 이 두 자본은 동일한 생산분야에 투하된 사회적 자본의 상이한 독립적 부분에 불과할 것이라는 점이다. 따라서 이 생산분야의 사회적 자본이 오직 자본 I과 자본 II로써만 구성된다고 한다면, 이 분야의 사회적 자본의 회전을 계산하는 방법은 두 구성 부분 I과 II를 가진 개별자본의 회전을 계산하는 방법과 같을 것이다. 더 나아가서 말한다면, 사회적 총자본 중 특수한 생산분야에 투하된 어떤 부분도 위와 같이 취급될 수 있다. 결국 사회적 총자본의 회전수는 상이한 생산분야들에서 회전한 자본의 총액을 이 생산분야들에 투하된 자본의 총액으로 나눈 것과 같다.

다음으로 또 지적해야 할 것은, 위에서 본 동일한 개별기업에서 자본 I과 II가 엄밀하게 말하면 상이한 회전연도turnover years를 가지고 있듯이(왜냐하면 자본 II의 회전순환은 자본 I의 회전순환보다 $4\frac{1}{2}$주간 뒤에 개시되며, 따라서 자본 I의 회전연도는 자본 II의 회전연도보다 $4\frac{1}{2}$주 더 빨리 끝나기 때문이다), 동일한 생산분야의 상이한 개별자본들 역시 전혀 상이한 시기에 영업을 개시하며, 따라서 또 연도 안의 상이한 시기에 자기의 연간회전을 끝마친다는 것이다. 한편 여기에서, 위에서 자본 I과 II에 대하여 적용한 평균계산은 사회적 자본의 상이한 독립적 부분들의 회전연도를 하나의 통일적인 회전연도로 환원시키는 기능도 한다.

제2절 노동기간이 유통기간보다 긴 경우

이런 경우 자본 I과 II의 노동기간과 회전시간 『'유통기간'이 옳다』은 서로 교대하는 것이 아니라 교차한다. 또한 풀려나는 자본이 생기는데, 이것은 앞의 경우에서는 볼 수 없었다.

그러나 (1) 총투하자본의 노동기간의 수는 두 투하자본부분의 연간 생산물의 가치총액을 총투하자본으로 나눈 것과 같다는 점, (2) 총자본의 회전수는 두 회전액의 합계를 두 투하자본의 합계로 나눈 것과 같다는 점에는 변함이 없다. 이 경우에도 역시 우리는 두 자본부분을 마치 그것들이 서로 완전히 독립적인 회전운동을 수행하는 것처럼 고찰하지 않으면 안 된다.

* * *

우리는 매주 100원이 노동과정에 투하된다고 또다시 가정하자. 노동기간은 6주간이며 따라서 그것은 매회 600원의 투자(자본 I)를 필요로 한다고 하자. 유통기간은 3주간이며, 따라서 회전시간은 위와 마찬가지로 9주간이라고 하자. 300원의 자본 II는 3주간에 걸친 자본 I의 유통기간 중에 들어온다고 하자. 이 두 자본을 서로 독립적인 자본으로서 고찰한다면, 연간회전의 도식은 〈표 II〉와 같이 된다.

생산과정은 연중 중단 없이 동일한 규모로 진행된다. 자본 I과 II는 완전히 분리된 채로 있다. 그러나 이 두 자본이 분리되어 있는 것으로 표시하기 위해서는 그것들의 현실적인 교차와 엉킴을 분해하여야 하였고, 그렇게 함으로써 회전수도 변경시키지 않으면 안 되었다. 예컨대 표에 따르면 회전액은 다음과 같다.

〈표 II〉

자본 I

회전기간(주)	노동기간(주)	투자(원)	유통기간(주)
Ⅰ. 제 1~ 9	제 1~ 6	600	제 7~ 9
Ⅱ. 제10~18	제10~15	600	제16~18
Ⅲ. 제19~27	제19~24	600	제25~27
Ⅳ. 제28~36	제28~33	600	제34~36
Ⅴ. 제37~45	제37~42	600	제43~45
Ⅵ. 제46~(54)	제46~51	600	제(52~54)

자본 II

회전기간(주)	노동기간(주)	투자(원)	유통기간(주)
Ⅰ. 제 7~15	제 7~ 9	300	제10~15
Ⅱ. 제16~24	제16~18	300	제19~24
Ⅲ. 제25~33	제25~27	300	제28~33
Ⅳ. 제34~42	제34~36	300	제37~42
Ⅴ. 제43~51	제43~45	300	제46~51

자본 I $600 \times 5\frac{2}{3}$ = 3,400원

자본 II 300×5 = 1,500원

따라서 총자본 $900 \times 5\frac{4}{9}$ = 4,900원

그러나 이것은 옳지 않다. 왜냐하면 우리가 나중에 보듯이 현실적인 생산기간과 유통기간은 위의 표[이것은 주로 자본 I과 II를 서로 독립된 것으로서 나타내기 위해 만든 것이다]의 그것들과 일치하지 않기 때문이다. 즉 실제로 자본 II는 자본 I의 노동기간 · 유통기간으로부터 분리된

어떤 특수한 노동기간 · 유통기간을 가지고 있지는 않다. 노동기간은 6주간이고 유통기간은 3주간이다. 자본 II는 300원에 불과하기 때문에 1노동기간의 일부를 충족시킬 수 있을 따름이다. 이것이 바로 지금의 경우다. 제6주 말에는 600원의 생산물 가치가 유통에 들어가서 제9주 말에는 화폐로서 환류한다.* 제7주 초에는 자본 II가 활동을 개시하여 제7~9주간[다음의 노동기간에 속한다]의 필요를 충족시킨다. 그런데 우리의 가정에 따르면 제9주 말에 노동기간은 절반밖에 끝나지 않고 있다. 따라서 제10주 초에는 방금 환류한 600원의 자본 I 이 다시 활동을 개시하여 그 중 300원이 제10~12주간을 위한 투자의 필요를 충족시킨다. 그리하여 제2노동기간은 끝나며, 600원의 생산물 가치는 유통에 들어가 제15주 말에 환류할 것이다. 그러나 그밖에 또 최초의 자본 II와 같은 금액인 300원이 풀려나 있으며, 그 다음 노동기간의 전반, 즉 제13~15주에 기능할 수 있게 된다. 이 기간이 경과한 뒤 다시 600원은 환류한다. 그 중의 300원이면 이 노동기간이 끝날 때까지 충분할 것이며, 나머지 300원은 다음의 노동기간을 위해 풀려난 채로 있다.

따라서 사태는 다음과 같이 진행된다.

제1회전기간: 제1~9주.

제1노동기간: 제1~6주. 자본 I 600원이 기능한다.

제1유통기간: 제7~9주. 제9주 말에 600원이 환류한다.

---

* 역자: 독자의 이해를 돕기 위해 다음과 같은 도표를 그린다.

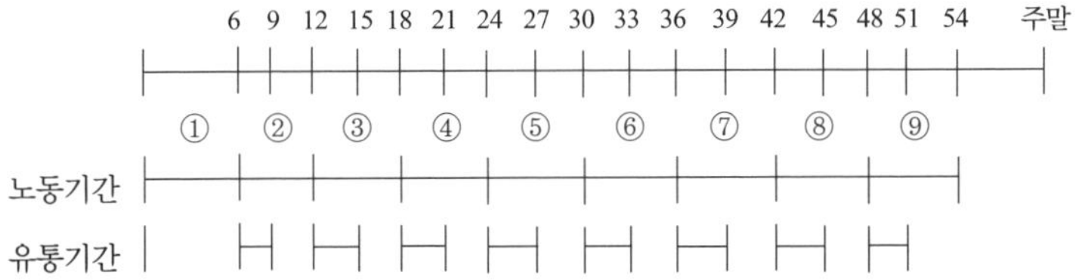

제2회전기간: 제7~15주.

제2노동기간: 제7~12주.

전반: 제7~9주. 자본Ⅱ 300원이 기능한다. 제9주 말에 600원이 화폐로 환류한다(자본 I).

후반: 제10~12주. 자본Ⅰ 중의 300원이 기능한다. 자본Ⅰ의 나머지 300원은 풀려난 채로 있다.

제2유통기간: 제13~15주. 제15주 말에 600원(반은 자본Ⅰ로 형성되고 반은 자본Ⅱ로 형성되어 있다)이 화폐로 환류한다.

제3회전기간: 제13~21주.

제3노동기간: 제13~18주.

전반: 제13주~15주. 풀려난 300원이 기능을 개시한다. 제15주말에 600원이 화폐로 환류한다.

후반: 제16주~18주. 환류한 600원 중에서 300원은 기능하고 나머지 300원은 다시 풀려난다.

제3유통기간: 제19~21주. 제21주 말에 600원이 다시 화폐로 환류한다. 이 600원 중에는 자본Ⅰ과 Ⅱ가 이제는 구별할 수 없게 융합되어 있다.

이와 같이 하여 제51주 말에 이르기까지 600원의 자본은 8개의 완전한 회전을 하게 된다*(I: 제1~9주. Ⅱ: 제7~15주. Ⅲ: 제13주~21주. Ⅳ: 제19~27주. Ⅴ: 제25~33주. Ⅵ: 제31~39주. Ⅶ: 제37~45주. Ⅷ: 제43~51주). 그러나 제49~51주는 제8유통기간에 해당되므로 이 기간에는 풀려난 자본 300원이 들어와서 생산을 진행하지 않으면 안 된다. 그리하여 연도 말에 회전은 다음과 같이 된다. 즉 600원은 그것의 순환을 8회

* 역자: 생산과정에 있는 자본 600원의 회전은 다음 표와 같다.

완료하여 합계 4,800원이 회전한 것으로 된다. 그밖에 또 마지막 3주간(제49~51주)의 생산물이 있으나 이것은 9주간이라는 자기의 순환의 $\frac{1}{3}$을 끝냈을 따름이며, 따라서 그것의 금액의 $\frac{1}{3}$에 해당하는 100원〖300원÷3〗만을 회전액에 가산해야 할 것이다. 그러므로 51주간의 연간 생산물은 5,100원이지만 회전한 자본은 4,800+100=4,900원에 불과하다. 따라서 총투하자본 900원은 $5\frac{3}{9}$ 회, 즉 제1절의 경우보다 조금 더 많이 회전하였다.

이 예에서는 노동기간이 회전시간의 $\frac{2}{3}$이고 유통기간이 회전시간의 $\frac{1}{3}$인 경우, 즉 노동기간이 유통기간의 단순한 정수 배인 경우가 가정되었다. 그렇지 않은 경우에도 위에서 확인한 바와 같은 자본의 풀려남이 생기겠는가 하는 것이 문제로 된다.

노동기간은 5주간, 유통기간은 4주간이고 매주의 자본투하는 100원이라고 가정하자.

제1회전기간: 제1~9주.

제1노동기간: 제1~5주. 자본 I이 기능한다.

제1유통기간: 제6~9주. 제9주 말에는 500원이 화폐로 환류한다.

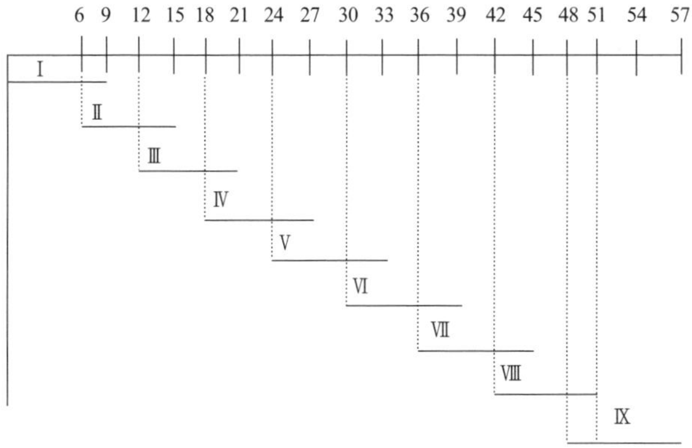

제2회전기간: 제6~14주.

제2노동기간: 제6~10주.

제1부분: 제6~9주. 400원의 자본 II가 기능한다. 제9주 말에는 500원의 자본 I 이 화폐로 환류한다.

제2부분: 제10주. 환류한 500원 중에서 100원이 기능한다. 나머지 400원은 다음 노동기간을 위해 풀려난 채로 있다.

제2유통기간: 제11~14주. 제14주 말에 500원이 화폐로 환류한다.

제14주 말에 이르기까지(제11~14주)에는 앞에서 풀려난 400원이 기능한다. 제14주 말에 환류한 500원 중 100원은 제3노동기간(제11~15주)의 나머지 한 주의 필요를 충족시키며, 다시금 400원은 제4노동기간을 위해 풀려난다. 동일한 현상이 각 노동기간마다 반복된다. 각 노동기간의 시작에는 첫 4주간을 위해서 충분한 400원이 존재한다. 제4주 말에는 500원이 화폐로 환류하는데, 그 중 100원만이 마지막 한 주를 위해 필요하며 나머지 400원은 그 다음 노동기간을 위해 풀려난 채로 있다.

다음으로 노동기간은 7주간이고 자본 I 은 700원이며, 유통기간은 2주간이고 자본 II는 200원이라고 가정하자.

이 경우 제1회전기간은 제1~9주이며, 그 중 제1노동기간은 제1~7주이고 700원의 투하를 필요로 하며, 제1유통기간은 제8~9주이다. 제9주 말에는 700원이 화폐로 환류한다.

제2회전기간인 제8~16주는 제2노동기간인 제8~14주를 포함한다. 그 중 제8주와 제9주의 필요는 자본 II에 의하여 충족된다. 제9주 말에는 700원이 환류한다. 그 중 500원이 이 노동기간이 끝날 때까지(제10~14주) 소비된다. 200원은 다음 노동기간을 위해 풀려난 채로 있다. 제2유통기간은 제15~16주이며, 제16주 말에 다시 700원이 환류한다. 이후 각 노동기간에서 동일한 현상이 반복된다. 첫 두 주일 동안의 자본의 필요는 앞선 노동기간의 끝에 풀려난 200원에 의하여 충족된다. 두 번째 주말에는 700원이 환류한다. 그러나 노동기간은 앞으로 5주간만이 남아 있을 뿐이며, 500원만이 사용될 수 있다. 따라서 항상 200원은 다음 노동기간을 위해 풀려난 채로 있다.

노동기간이 유통기간보다 크다고 가정한 우리의 예에서는 어떤 사정에서도 각 노동기간의 말에는, 유통기간을 위해 투하된 자본 II와 같은 크기의 화폐자본이 항상 풀려나 있다는 것을 알 수 있다.* 위의 세 가지 예에서 자본 II는 제1의 예에서는 300원, 제2의 예에서는 400원, 제3의 예에서는 200원이었다. 이에 대응하여 노동기간의 말에 풀려난 자본도 각각 300원, 400원, 200원이었다.

제3절 노동기간이 유통기간보다 짧은 경우

먼저 이 경우에도 역시 회전시간은 9주간, 그 중 3주간은 노동기간이고 이 기간에 쓰일 자본 I은 300원이며, 유통기간은 6주간이라고 가정하자. 이 6주간을 위해서는 600원의 추가자본이 필요한데, 이 추가자본은 또 각각 300원인 두 자본으로 분할될 수 있고 그 각각은 노동기간 하나씩을 담당한다고 하자. 그러면 각각 300원씩의 세 자본이 있게 되는데 이 자본 중 300원은 언제나 생산에 종사하며 600원은 유통과정에 있다.

여기에서는 제1절의 경우와 좋은 대조를 볼 수 있는데, 다만 다른 점은

* 역자: 화폐자본의 '풀려남setting free'에 대한 마르크스의 서술은 오해의 소지가 있다(3절과 4절에서도 마찬가지다). 정확한 설명은 4절의 마지막에 엥겔스가 추가한 내용을 참조할 것.

이제는 두 개의 자본이 아니라 세 개의 자본이 서로 교대한다는 것이다.

〈표 III〉

자본 I

회전기간(주)	노동기간(주)	유통기간(주)
Ⅰ. 제 1~ 9	제 1~ 3	제 4~ 9
Ⅱ. 제10~18	제10~12	제13~18
Ⅲ. 제19~27	제19~21	제22~27
Ⅳ. 제28~36	제28~30	제31~36
Ⅴ. 제37~45	제37~39	제40~45
Ⅵ. 제46~(54)	제46~48	제49~(54)

자본 Ⅱ

회전기간(주)	노동기간(주)	유통기간(주)
Ⅰ. 제 4~12	제 4~ 6	제 7~12
Ⅱ. 제13~21	제13~15	제16~21
Ⅲ. 제22~30	제22~24	제25~30
Ⅳ. 제31~39	제31~33	제34~39
Ⅴ. 제40~48	제40~42	제43~48
Ⅵ. 제49~(57)	제49~51	제(52~57)

자본 Ⅲ

회전기간(주)	노동기간(주)	유통기간(주)
Ⅰ. 제 7~15	제 7~ 9	제10~15
Ⅱ. 제16~24	제16~18	제19~24
Ⅲ. 제25~33	제25~27	제28~33
Ⅳ. 제34~42	제34~36	제37~42
Ⅴ. 제43~51	제43~45	제46~51

〈표 Ⅲ〉에서 보는 바와 같이 자본들의 교차 또는 엉킴은 생기지 않는

다. 각각의 자본은 연도 말까지 따로따로 추적될 수 있다. 따라서 제1절의 경우에서와 마찬가지로 여기에서도 노동기간의 말에 자본의 풀려남이 생기지 않는다. 자본 I 은 제3주 말까지는 전부 투하되며, 제9주 말에는 전부 환류하고, 제10주 초에는 다시 기능을 개시한다. 자본 II 와 III 에 대해서도 역시 마찬가지다. 규칙적이며 완전한 교대에 의하여 자본의 풀려남은 전혀 생기지 않는다.

총회전액은 다음과 같이 계산된다.

자본 I	$300 \times 5\frac{2}{3}$	= 1,700원
자본 II	$300 \times 5\frac{1}{3}$	= 1,600원
자본 III	300×5	= 1,500원
총자본의 회전액	$900 \times 5\frac{1}{3}$	= 4,800원

다음으로 유통기간이 노동기간의 엄밀한 정수 배가 아닌 예를 들어 보자. 예컨대 노동기간이 4주간이고 유통기간이 5주간이라고 하자. 이 경우 각각에 대응한 자본액은 자본 I =400원, 자본 II =400원, 자본 III =100원일 것이다. 최초의 3회전만을 표시하면 〈표 IV〉와 같다.

이 경우 자본들의 엉킴이 생기는 것은 다만 자본 III[이것은 오직 1주를 담당할 뿐이므로 독립적인 노동기간을 가지고 있지 않다]의 노동기간이 자본 I의 『제2 노동기간의』 첫째 노동주와 일치하기 때문이다『〈표 IV〉에서 보는 바와 같이 자본 III의 노동기간은 자본 I 의 노동기간에 포함되어 있다』. 그러나 그 대신 자본 I 의 경우에나 자본 II 의 경우에도 노동기간의 말에는 자본 III과 동등한 금액 100원이 풀려난다. 즉 자본 III이 자본 I 의 제2노동기간과 그 이하의 모든 노동기간의 첫째 주를 충족시키며, 이 첫째 주 말에 400원이라는 자본 I 전부가 환류하기 때문에, 자본 I 의 노동기간의 나머지 부분은 3주간뿐이며 이에 대응한 자본지출은 300원이다. 이렇게 풀려난 100원은 그 뒤에 곧 계속되는 자본 Ⅱ의 노동기간의 첫째 주를 위해 충분하며, 이 주의 말에는 400원이라는 자본 Ⅱ 전부가 환류한다. 그러나 이미 개시된 노동기간은 앞으로 300원밖에 더 흡수할 수 없기 때문에 이 기간의 말에는 다시 100원이 풀려난다. 그 다음도 마찬가지다. 따라서 유통기간이 노동기간의 단순한 정수 배가 아닌 경우에는 노동기간의 말에 자본의 풀려남이 생기는데, 이 풀려난 자본은 1노동기간[또는 노동기간의 배수]을 넘는 유통기간의 초과분을 충족시켜야 할 자본부분과 그 크기가 같다.

〈표 IV〉

자본 Ⅰ

회전기간(주)	노동기간(주)	유통기간(주)
Ⅰ. 제 1~ 9	제 1~ 4	제 5~ 9
Ⅱ. 제 9~17	제 9, 10~12	제 13~17
Ⅲ. 제 17~25	제 17, 18~20	제 21~25

자본 Ⅱ

회전기간(주)	노동기간(주)	유통기간(주)
Ⅰ. 제 5~13	제 5~ 8	제 9~13
Ⅱ. 제 13~21	제 13, 14~16	제 17~21
Ⅲ. 제 21~29	제 21, 22~24	제 25~29

자본 Ⅲ

회전기간(주)	노동기간(주)	유통기간(주)
Ⅰ. 제 9~17	제 9	제 10~17
Ⅱ. 제 17~25	제 17	제 18~25
Ⅲ. 제 25~33	제 25	제 26~33

위에서 연구한 모든 경우에 노동기간과 유통기간은 [여기에서 고찰되는 임의의 사업에서] 1년을 통하여 변하지 않는다고 가정되었다. 이 가정은 회전과 자본투하에 대한 유통기간의 영향을 해명하는 데 필요한 것이었다. 이 가정이 실제로는 무조건 타당한 것은 아니며, 또 때때로 전혀 타당하지 않다는 것은 여기에서는 문제가 되지 않는다.

이 장 전체를 통하여 우리는 유동자본의 회전만을 고찰하고 고정자본의 회전은 고찰하지 않았다. 그렇게 한 것은 이 장에서 취급되고 있는 문제가 고정자본과는 아무런 관계도 없다는 단순한 이유 때문이다. 생산과정에서 사용되는 노동수단 등이 고정자본을 형성하는 것은, 그것들의 사용기간이 유동자본의 회전시간보다 더 오래 지속되기 때문이며, 노동수단이 끊임없이 반복되는 노동과정에서 계속 봉사하는 시간이 유동자본의 회전시간보다 더 길며, 따라서 유동자본의 회전시간의 n배이기 때문이다. 유동자본의 회전시간의 n배로 이루어지는 총시간이 길든 짧든 간에, 생산자본 중 이 시간에 고정자본으로 투하된 부분은 동일한 시간 안에서는 새로 투하되지 않는다. 그것은 종전의 유용한 형태대로 기능을 계속한다. 다만 다음과 같은 차이가 있을 뿐이다. 즉 유동자본의 각 회전시간 중 개별 노동기간의 길이가 다르기 때문에, 고정자본이 자기의 최초의 가치 중에서 이 노동기간의 생산물에 이전하는 부분에도 대소의 차이가 생긴다는 점과, 또 각 회전시간 중 유통기간의 길이에 따라 고정자본의 가치 중에서 생산물에 이전된 이 부분이 화폐형태로 환류하는 속도에도 빠르거나 느린 차이가 생긴다는 점이 그것이다. 이 장에서 취급하고 있는 대상—생산자본의 유동부분의 회전—의 성질은 이 자본부분 자체의 성질에서 나온다. 한 노동기간에 사용된 유동자본은 자기의 회전을 완료하기 전에는[즉 그것이 상품자본으로 전환하고, 상품자본에서 화폐자본으로 전환하며, 또 이 후자로부터 다시 생산자본으로 전환하기 전에는] 새로운 노동기간에 사용될 수 없다. 그러므로 제1노동기간이 곧 제2

노동기간에 의하여 연속되기 위해서는 새로 자본이 투하되어 생산자본의 유동적 요소들로 전환되지 않으면 안 된다. 또 그 새로운 투하자본액은 제1노동기간을 위해 투하된 유동자본의 유통기간 때문에 생기는 빈틈을 채우기에 충분한 양이어야 한다. 그렇기 때문에 유동자본의 노동기간의 길이가 노동과정의 규모에 대하여 영향을 미치게 되며, 또 투하자본의 분할이나 새로운 자본부분의 추가에 대해서도 영향을 미치게 되는 것이다. 그리고 이것이야말로 우리가 이 장에서 연구하지 않으면 안 되었던 것이다.

제4절 결론

위의 연구로부터 다음과 같은 결론이 나온다.

A. 자본의 일부가 유통기간에 있는 동안에도 다른 일부가 끊임없이 노동기간에 있을 수 있기 위해서는 자본은 여러 부분들로 분할되지 않으면 안 되는데, 이 부분들은 다음과 같은 두 경우에는 상이한 독립적인 개별자본들인 것처럼 서로 교대한다. (1) 노동기간이 유통기간과 같고 따라서 회전시간이 두 개의 동일한 부분으로 분할되는 경우. (2) 유통기간이 노동기간보다 길지만 노동기간의 단순한 정수 배이며, 그리하여 1유통기간=n노동기간[이 경우 n은 정수가 아니면 안 된다]인 경우. 위의 두 경우에는 순차적으로 투하되는 자본의 어떤 부분도 풀려나지 않는다.

B. 그러나 (1) 유통기간이 노동기간보다 길지만 그것의 단순한 정수배가 아닌 경우와, (2) 노동기간이 유통기간보다 긴 경우에는, 언제나 각 노동기간의 말에는 총유동자본의 일부가 끊임없이 주기적으로 풀려난다. 이 풀려나는 자본은, 노동기간이 유통기간보다 긴 경우에는 총자본 중

유통기간을 위해 투하되는 부분과 크기가 같으며, 또 유통기간이 노동기간보다 긴 경우에는 1노동기간[또는 노동기간의 정수 배]을 넘는 유통기간의 초과분을 충족시켜야 할 자본부분과 크기가 같다.

C. 이로부터 사회적 총자본의 경우 그것의 유동적 부분에 대하여 보면, 자본의 풀려남이 일반적이며 생산과정에서 차례차례로 기능하는 자본부분들의 단순한 교대는 예외일 수밖에 없다고 말할 수 있다. 왜냐하면 노동기간과 유통기간이 같은 것, 또는 유통기간이 노동기간의 단순한 배수와 같은 것, 즉 회전시간의 두 구성부분이 이런 규칙적인 비례성을 가진다는 것은 회전시간의 고유한 성질과는 전혀 관계가 없으며, 따라서 대체로 예외적으로만 있을 수 있는 일이기 때문이다.

따라서 1년 동안 몇 번이나 회전하는 사회적 유동자본의 매우 큰 부분은 주기적으로 연간의 회전순환에서 풀려난 자본의 형태로 있을 것이다.

그리고 기타의 모든 사정이 불변이라고 한다면, 이 풀려나는 자본의 크기는 노동과정 · 생산의 규모와 함께, 따라서 일반적으로 자본주의적 생산의 발전과 함께 증대한다는 것은 명백하다. 풀려나는 자본이 증대하는 것은 위의 B(2)의 경우에는 총투하자본이 증대하기 때문이며, B(1)의 경우에는 자본주의적 생산의 발전과 함께 유통기간의 길이가 증가하며 또 유통기간이 노동기간의 단순한 정수 배가 아니기 때문이다.

예를 들어 매주 100원을 투하하지 않으면 안 되는 경우, 6주간의 노동기간에 600원, 3주간의 유통기간에 300원, 합계 900원이 총투하자본으로 필요하다. 이 경우 300원이 항상 풀려날 것이다. 그런데 매주 투하되는 금액이 300원이라면 노동기간에는 1,800원, 유통기간에는 900원이 투하될 것이며, 따라서 300원이 아니라 900원이 주기적으로 풀려난다.

D. 총자본, 예컨대 900원은 두 부분으로, 위의 예에서는 노동기간을 위한 600원과 유통기간을 위한 300원으로 분할되지 않으면 안 된다. 이로 말미암아 현실적으로 노동과정에 투하되는 부분은 900원에서 600원

으로 $\frac{1}{3}$만큼 감소되며, 따라서 생산의 규모도 $\frac{1}{3}$만큼 축소된다. 다른 한편으로 300원은 오직 노동기간을 연속적인 것으로 하기 위해 기능하며, 그리하여 연중 매주 100원이 노동과정에 투하될 수 있게 한다.

추상적으로 보면, 600원이 6주×8회=48주간(생산물=4,800원) 작용하든, 그렇지 않고 총자본 900원이 6주간은 노동과정에 투하되고 그 뒤 3주간의 유통기간 중에는 유휴상태에 있든, 결과는 동일하다. 왜냐하면 후자의 경우에 자본은 48주간 중에 6주×5$\frac{1}{3}$회=32주간(생산물은 900원×5$\frac{1}{3}$=4,800원)은 작용하고 16주간은 유휴상태에 있을 것이기 때문이다. 그러나 16주간의 유휴 중에 고정자본의 비교적 큰 손상과 노동비용의 증가[노동은 1년 중 일부밖에 작업하지 않더라도 1년 전체에 걸쳐 지불되지 않으면 안 된다]는 도외시하더라도, 생산과정의 이와 같은 규칙적인 중단은 근대적 대공업의 운영에는 전혀 맞지 않다. 연속성 그 자체가 하나의 노동생산력이다.

이제 풀려난 자본[사실상으로는 그 활동이 중지되고 있는 자본]을 좀 더 자세히 고찰하면, 그것의 큰 부분은 항상 화폐자본의 형태를 취하지 않으면 안 된다는 것을 알게 된다. 위의 예에 따라 노동기간은 6주간, 유통기간은 3주간, 매주의 투자는 100원이라고 하자. 제2노동기간의 중간, 즉 제9주 말에는 600원이 환류하는데, 그 중 노동기간의 나머지 기간에 투하되어야 할 것은 300원에 불과하다. 따라서 제2노동기간의 말에는 그 중 300원이 풀려난다. 이 300원은 어떤 상태에 있는가? 이제 임금으로 $\frac{1}{3}$, 원료·보조재료로 $\frac{2}{3}$가 지출되어야 한다고 가정하자. 그러면 환류한 600원 중 200원은 임금을 위한 화폐형태로 있고, 400원은 생산용 재고의 형태[즉 불변적 유동적 생산자본의 요소들의 형태]로 있다. 그러나 제2노동기간의 후반을 위해 필요한 것은 이 생산용 재고의 절반에 불과하기 때문에 다른 절반은 3주일 동안 과잉인[즉 하나의 노동기간에 대해서는 과잉인]생산용 재고의 형태로 있다. 그러나 자본가는 환류하는 자본의 이 부분(400원) 중 당면한 노동기간에 필요한 것은 그 절반=200원 뿐이라는 것을 알고 있다. 따라서 그가 그 나머지 200원의 전부 또는 일부를 즉시 과잉의 생산용 재고로 전환시키는가 그렇지 않으면 더 유리한 시장상황을 기대하고 그것의 전부 또는 일부를 화폐자본으로서 보유하는가 하는 것은 시장상황 여하에 달려있다. 다른 한편으로 임금으로 투하되어야 할 부분인 200원이 화폐형태로 보유된다는 것은 자명한 일이다. 자본가는 노동력을 구매한 다음에 그것을 원료처럼 창고에 보관해 둘 수는 없다. 그는 이 노동력을 생산과정에 합치지 않으면 안 되며, 주말에 그것에 대해 지불한다. 따라서 풀려난 자본 300원 중 이 100원은 어떤 경우에도 풀려난 화폐자본[즉 그 노동기간에는 필요하지 않은 화폐자본]의 형태를 취할 것이다. 따라서 풀려나는 자본 중 화폐자본의 형태로 존재해야 하는 부분은 적어도 임금으로 투하되는 가변자본의 크기와 같지 않으면 안 되며, 최대의 경우에는 풀려나는 자본 전부를 차지할 수 있다. 실제로 이 부분은 이 최소한과 최대한 사이에서 끊임없이 변동한다.

이와 같이 단순한 회전운동의 메커니즘에 의하여 풀려나는 화폐자본은 (고정자본의 순차적 환류에 의하여 형성되는 화폐자본, 그리고 매회의 노동과정에서 가변자본을 위해 필요한 화폐자본과 함께) 신용제도가 발전하면 현저한 역할을 하게 되며, 동시에 또 신용제도의 기초의 하나로 되는 것임에 틀림없다.

우리의 예에서 유통시간이 3주간에서 2주간으로 단축된다고 가정하자. 이것은 정상적인 현상은 아니고 예컨대 경기의 호전, 지불기한의 단축 등의 결과일 것이다. 노동기간 중에 투하된 자본 600원은 이전보다 1주간 더 일찍 〚제9주 말이 아니라 제8주 말에〛 환류하며, 따라서 그것은 이 1주 동안 풀려난다. 그리고 또 종전과 마찬가지로 노동기간의 중간에 풀려나는 300원(위의 600원의 일부)은, 3주간이 아니라 4주간 동안 풀려난다. 따라서 화폐시장에는 600원이 1주간 있으며 또 300원이 3주간이 아니라 4주간 있다. 이런 현상은 한 자본가에게만 해당되는 것이 아니라 다수의 자본가들에게도 해당되는 것이며, 또 상이한 시기에 상이한 생산부문에서 생기는 것이므로 시장에는 더 많은 이용 가능한 화폐자본이 출현한다. 이런 상태가 비교적 장기간 지속된다면, 생산은 사정이 허락하는 곳에서는 확대된다. 또 차입자본을 가지고 사업하는 자본가들은 화폐시장에서 자금수요를 축소시킬 수 있을 것이며, 이로 말미암아 화폐시장의 사정은 화폐공급이 증대된 경우와 마찬가지로 완화된다. 회전의 메커니즘에 비교해 과잉으로 된 화폐액은 결국 화폐시장에 방출될 것이다.

유통시간이 3주에서 2주로, 따라서 또 회전시간이 9주에서 8주로 단축된 결과, 총투하자본의 $\frac{1}{9}$은 과잉으로 된다. 종전에 900원을 가지고 중단 없이 진행되어온 6주간의 노동기간은 이제 800원을 가지고 그때와 마찬가지로 중단 없이 진행될 수 있다. 그렇기 때문에 상품자본 가치의 일부인 100원은 일단 화폐로 전환되면 그대로 화폐자본의 상태에 머물러 있고 더 이상 생산과정을 위해 투하되는 자본의 일부로는 기능하지 않는다. 생산이 종전의 규모로 계속되며, 그리고 기타의 조건들[물가 등]이 불변이라면, 투하자본의 가치총액은 900원에서 800원으로 감소한다. 최초에 투하된 가치의 잔액 100원은 화폐자본의 형태로 가라앉는다. 그것은 화폐자본으로 화폐시장에 들어가 거기에서 기능하는 자본의 추가분을 형성한다.

이로부터 화폐자본의 과다plethora라는 것이 어떻게 생길 수 있는가를 알 수 있다. 여기서 화폐자본의 과다라는 말은 화폐자본의 공급이 수요보다 크다는 의미가 아니다. 이런 의미의 과다는 언제나 상대적인 과다[예컨대 공황이 끝난 뒤 새로운 순환을 개시하는 불황기에 생기는 과다]에 불과하다. 그렇지 않고 여기서 말하는 화폐자본의 과다란 사회적 총재생산과정[유통과정도 포함]의 진행에 비교하여 투하자본가치의 일정한 부분이 불필요하게 되며, 따라서 화폐자본의 형태로 풀려난다는 의미에서 과다다. 이것은 생산규모와 물가가 변하지 않은 상태에서 오직 회전시간이 단축되기 때문에 생기는 과다다. 유통하는 화폐량이 많고 적음은 이 과다에는 조금도 영향을 미치지 않는다.

반대로 유통시간이 연장되어 예컨대 3주로부터 5주로 된다고 가정하자. 이 경우 다음 회전에서 투하자본의 환류가 2주만큼 늦어진다. 제2노동기간의 생산과정의 마지막 부분『제10주~11주』은 최초 투하자본의 회전 메커니즘을 통해서는 완성될 수가 없다. 이런 상태가 장기간 지속된다면, 생산과정의 축소[즉 생산규모의 축소]가 일어날 것이다. 이것은 앞의 경우 생산규모의 확대가 있었던 것과 마찬가지 이유 때문이다. 그러나 생산과정을 동일한 규모로 계속하기 위해서는 투하자본이 유통시간의 이 연장부분 전체를 위해 $\frac{2}{9}$[=200원]만큼 증가하지 않으면 안 될 것이다. 이 추가자본은 화폐시장에서만 얻을 수 있다. 만일 유통시간의 연장이 하나 또는 몇 개의 주요 산업부문에서 생긴다면, 이 연장은 화폐시장에 압박을 가할 수 있다[만약 이 연장이 다른 산업부문의 유통시간 단축에 의해 상쇄되지 않는다면]. 이 경우에도 역시 이 압박은, 위에서 말한 과다가 그러하였던 것과 마찬가지로, 상품가격의 변동이나 현존하는 유통수단 양의 변동과는 조금도 관계가 없다는 것은 명약관화하다.

{엥겔스 : 이 장을 인쇄할 수 있도록 준비하는 데는 적지 않은 곤란이 있었다. 마르크스는 대수학에는 매우 능숙하였지만 숫자계산, 특히 상업상의 숫자계산에는 익숙하지 못하였다. 그가 손수 많은 실례에 의하여 온갖 상업상 계산방식을 이리저리 시도하였던 두꺼운 잡기장이 있기는 하지만. 그러나 개개의 계산방식을 안다는 것과 상인들의 일상적인 실제 계산에 익숙하다는 것은 결코 동일하지 않다. 마르크스는 회전의 계산에서 혼란을 일으켜 미완성의 계산과 함께 많은 부정확한 것, 모순되는 것을 남기고 있다. 나는 위의 인쇄된 표들에서는 가장 단순하고 수학상 정

확한 것만을 보존하였는데, 그것은 주로 다음과 같은 이유 때문이다.

이 수고스러운 계산의 불확실한 결과 때문에, 마르크스는 내가 보기에는 하나의 사실상 그다지 중요하지 않은 사항에다 부당한 큰 의의를 부여하였던 것이다. 그가 말한 화폐자본의 '풀려남'이 바로 그것이다. 위에서 가정한 전제에서 현실의 사태는 다음과 같다.

노동기간과 유통시간의 양적 비율, 따라서 또 자본 I과 자본 II의 양적 비율이 어떻든, 제1회전이 끝난 뒤에는 노동기간과 같은 규칙적인 간격을 두고 1노동기간에 필요한 자본—즉 자본 I과 동등한 금액—이 화폐형태로 자본가에게 되돌아온다.

노동기간=5주간, 유통시간=4주간, 자본 I=500원이라고 한다면, 제9주, 제14주, 제19주, 제24주, 제29주 등의 말에는 매번 500원의 화폐액이 환류한다.

노동기간=6주간, 유통시간=3주간, 자본 I=600원이라고 한다면, 제9주, 제15주, 제21주, 제27주, 제33주 등의 말에는 600원씩 환류한다.

마지막으로 노동기간=4주간, 유통시간=5주간, 자본 I=400원이라고 한다면, 제9주, 제13주, 제17주, 제21주, 제25주 등의 말에는 400원씩 환류한다.

이 환류한 화폐가 당면한 노동기간에 대해 과잉이어서 풀려나는가, 또 그 환류한 화폐 중 얼마가 그렇게 되는가 하는 것은 아무래도 좋다. 생산은 중단 없이 동일한 규모로 진행된다고 전제되어 있는데, 그렇게 되려면 화폐가 항상 준비되어 있지 않으면 안 된다. 즉 화폐가 '풀려나든' 않든 환류하지 않으면 안 된다. 생산이 중단되면 이 풀려남도 일어나지 않는다.

다시 말해 화폐의 풀려남, 즉 화폐형태로 잠재적 자본의 형성은 어떤 사정에서도 생기는 것이며, 본문 중에서 상세히 논술한 특수한 조건들에서만 생기는 것은 아니다. 그리고 그것은 본문 중에서 가정한 것보다 더 큰 규모로 생긴다. 유동자본 I에 관해서는 산업자본가는 매 회전의 말에는 기업을 개시할 당시와 똑같은 상황에 있다. 즉 그는 또다시 이 자본을 전부 그리고 한꺼번에 수중에 넣고 있다. 다만 그는 점차적으로 그것을 다시 생산자본으로 전환시킬 수 있다.

본문의 요점은, 한편으로는 산업자본의 현저한 부분이 끊임없이 화폐형태로 있지 않으면 안 되며, 다른 한편으로는 그보다 더 큰 부분이 때때로 화폐형태를 취하지 않을 수 없다는 사실의 논증이다. 내가 추가한 내용은 오직 이 논증을 강화하기 위한 것이다.}

제5절 가격변동의 영향

지금까지 우리는 한편으로는 가격과 생산규모가 불변이고 다른 한편으로는 유통시간이 증감한다고 가정하였다. 그런데 이번에는 회전시간과 생산규모는 불변이지만 가격[즉 원료·보조재료·노동력의 가격, 또는 원료·보조재료만의 가격]이 등락한다고 가정하자. 임금과 함께 원료·보조재료의 가격이 $\frac{1}{2}$만큼 하락한다고 하자. 그러면 우리의 예에서는 매주 100원이 아니라 50원, 그리고 9주의 회전시간에는 900원이 아니라 450원의 투하자본이 필요할 것이다. 가격이 하락하면 먼저 투하자본 가치 중에서 450원이 화폐자본으로 필요없게 되지만, 생산과정은 종전과 동일한 규모로, 동일한 회전시간과 이 회전시간의 동일한 분할을 가지고 지속될 것이다. 1년간의 생산물량도 역시 종전과 동일할 것이나, 그것의 가치는 $\frac{1}{2}$만큼 감소된다. 이 변동은 화폐자본의 수요·공급의 변동을 수반하지만, 이것을 일으킨 것은 유통화폐의 유통속도가 증가한 것도 아니고 유통화폐량이 변동한 것도 아니다. 오히려 그 반대다. 생산자본 요소들의 가치 또는 가격이 $\frac{1}{2}$만큼 하락한다면, 먼저 종전과 똑같은 규모로 계속되는 X라는 사업에 투하되는 자본가치가 $\frac{1}{2}$만큼 감소될 것이고, 따라서 또 사업 X측이 시장에 투입하는 화폐도 [사업 X는 이 자본가치를 먼저 화폐형태로, 즉 화폐자본으로 투하하므로] 종전의 $\frac{1}{2}$에 불과할 것이다. 생산요소들의 가격이 하락하였기 때문에 유통에 투입되는 화폐량이 감소할 것이다. 이것이 첫 번째 결과다.

그러나 둘째로, 최초에 투하된 자본가치 900원의 $\frac{1}{2}$인 450원은 이전에는, a) 잇달아 화폐자본 · 생산자본 · 상품자본의 형태를 통과하였으며, b) 끊임없이 일부는 화폐자본의 형태, 일부는 생산자본의 형태, 일부는 상품자본의 형태로 동시에 있었는데, 이 450원이 사업 X의 순환에서 빠져나갈 것이며, 따라서 추가적 화폐자본으로 화폐시장에 등장하여 거기에서 추가적 구성부분으로 기능할 것이다. 이 풀려난 화폐 450원을 화폐자본이라고 부르는 이유는, 그것이 사업 X의 운영상 과잉이 된 화폐이기 때문이 아니라, 그것이 최초의 자본가치의 구성부분이고 따라서 자본으로 계속 작용하려고 하며, 단순한 유통수단으로 지출되려고 하지 않기 때문이다. 이 풀려난 화폐를 자본으로서 기능하게 하는 가장 손쉬운 형식은 그것을 화폐자본으로서 화폐시장에 방출하는 것이다. 또는 생산 규모를 (고정자본을 도외시하면) 2배로 증대시킬 수도 있을 것이다. 900원이라는 동일한 투하자본을 가지고 생산과정을 2배의 규모로 운영할 수 있다.

다른 한편으로, 이번에는 생산자본의 유동적 요소들의 가격이 $\frac{1}{2}$만큼 등귀한다면, 매주 100원이 아니라 150원, 따라서 900원이 아니라 1,350원의 투하자본이 필요할 것이다. 종전과 동일한 규모로 사업을 운영하기 위해서는 450원의 추가자본이 필요할 것이며, 이것은 화폐시장의 상황 여하에 따라 추가자본에 정비례하는 압박을 화폐시장에 가할 것이다. 화폐시장이 이용 가능한 일체의 자본을 이미 대부하여 버렸다면, 이용 가능한 자본에 대한 격렬한 경쟁이 일어날 것이다. 만약 이 자본의 일부가 유휴상태에 있다면, 그 부분은 활용될 것이다.

그러나 셋째로, 생산의 규모와 회전속도가 불변이며, 그리고 유동적 생산자본 요소들의 가격도 불변이지만, 사업 X의 생산물 가격이 등락하는 경우가 있다. 만약 사업 X가 공급하는 상품의 가격이 하락한다면, 이 사업이 끊임없이 유통에 투입하는 600원의 상품자본 가격은 예컨대 500원으로 하락할 것이다. 따라서 투하자본가치의 $\frac{1}{6}$은 유통과정에서 환류하지 않는다(상품자본 가운데 포함되어 있는 잉여가치는 여기에서는 고려하지 않는다). 그것은 유통과정에서 상실된다. 그러나 생산요소들의 가치 또는 가격이 불변이므로, 이 500원의 환류는 생산과정에서 끊임없이 사용되고 있던 600원이라는 자본의 $\frac{5}{6}$를 보충할 수 있을 따름이다. 따라서 생산을 동일한 규모로 계속하기 위해서는 100원의 추가적 화폐자본이 지출되지 않으면 안 될 것이다.

거꾸로 만약 사업 X의 생산물 가격이 등귀한다면, 상품자본의 가격은 600원에서 예컨대 700원으로 등귀할 것이다. 이 가격의 $\frac{1}{7}$=100원은 생산과정에서 나오는 것도 아니고, 생산과정에 투하되어 있던 것도 아니며, 유통과정에서 흘러들어오는 것이다. 그러나 생산요소들을 보충하는 데는 600원밖에 필요하지 않으며, 따라서 100원이 풀려난다.

위의 첫째 경우에서 왜 회전시간이 단축 또는 연장되는가, 둘째 경우에서 왜 원료와 노동력의 가격이 등락하는가, 셋째 경우에서 왜 공급된 생산물의 가격이 등락하는가 하는 원인에 대한 연구는 지금까지 우리의 연구 범위에는 속하지 않는다.

그러나 다음과 같은 경우는 여기에서 연구되지 않으면 안 된다.

i. 생산규모가 불변이고, 생산요소들과 생산물의 가격도 불변인데, 유통시간 따라서 또 회전시간이 변동하는 경우

우리의 예의 전제에 따르면, 유통시간이 단축된 결과 총투하자본은 $\frac{1}{9}$ 만큼 적게 필요하며, 따라서 총투하자본은 900원에서 800원으로 축소되어 100원의 화폐자본이 빠져나간다.

사업 X는 여전히 600원이라는 동일한 가치를 가진 6주간의 동일한 생산물을 공급한다. 그리고 작업은 연중 중단 없이 진행되므로 이 기업은 51주간에 5,100원의 가치를 가진 동일한 양의 생산물을 공급한다. 따라서 이 기업이 유통에 투입하는 생산물의 양과 가격에는 아무런 변화도 생기지 않으며, 또 이 기업이 생산물을 시장에 방출하는 조건들에도 아무런 변동이 생기지 않는다. 그럼에도 100원이 풀려나는 것은 유통시간이 단축된 결과 종전에 900원의 투하자본으로 완성되었던 생산과정이 이제는 다만 800원으로써 완성되고 있기 때문이다. 이 풀려나는 100원의 자본은 화폐자본의 형태로 존재한다. 그러나 그것은 결코 투하자본 중 항상 화폐자본의 형태로 기능하지 않으면 안 되는 부분을 대표하는 것은 아니다. 600원이라는 투하유동자본 I 중 $\frac{4}{5}$=480원은 항상 생산재료에 지출되며, $\frac{1}{5}$=120원은 임금으로 투하된다고 가정하자. 그러면 매주 80원은 생산재료에, 20원은 임금에 투하된다. 따라서 자본 II=300원도 역시 생산재료를 위한 $\frac{4}{5}$=240원과 임금을 위한 $\frac{1}{5}$=60원으로 분할되지 않으면 안 된다. 임금에 투하되는 자본은 항상 화폐형태로 투하되지 않으면 안 된다. 600원의 가치액을 가진 상품생산물이 판매되어 화폐형태로 재전환되자마자 그 중 480원은 생산재료(생산용 재고)로 전환될 수 있으나 120원은 6주분의 임금지불에 봉사하기 위해 화폐형태를 유지한다. 이 120원은 600원의 환류자본 중 항상 화폐자본의 형태로 갱신되며 보충되지 않

으면 안 되는, 따라서 또 투하자본 중 화폐형태로 기능하는 부분으로서 항상 존재하지 않으면 안 되는 최소한이다.

이제 주기적으로 3주간 풀려나는 300원[역시 생산용 재고를 위한 240원과 임금을 위한 60원으로 분할될 수 있다] 중에서 회전시간의 단축으로 말미암아 100원이 화폐자본의 형태로 회전 메커니즘에서 완전히 끌려나간다고 하면, 이 100원의 화폐자본은 어디에서 나온 화폐인가? 그것의 $\frac{1}{5}$ 〖임금 지불을 위한 20원〗만은 회전의 내부에서 주기적으로 풀려나는 화폐자본으로써 이루어지고 있지만, 나머지 $\frac{4}{5}$=80원은 이미 동일한 가치의 추가적인 생산용 재고로 전환되어버린 것이다. 이 추가적인 생산용 재고는 어떤 방식으로 화폐로 전환되며 또 이 전환을 위한 화폐는 어디에서 나오는가?

유통시간이 일단 단축된다면, 위의 600원〖환류된 자본〗 중 생산용 재고로 재전환되는 것은 480원이 아니라 오직 400원으로 된다〖왜냐하면 위 단락에서 보는 바와 같이 300원 중 100원이 남아돌지만 그것의 $\frac{4}{5}$=80원은 이미 생산용 재고로 전환되었기 때문이다〗. 나머지 80원은 화폐형태로 유지되어, 임금 지불을 위한 위의 20원과 함께, 빠져나가는 자본 100원을 이룬다. 이 100원은 600원의 상품자본의 판매를 통하여 유통에서 나오는 것이며, 그것이 임금과 생산요소들로 재투하되지 않기 때문에 이제는 유통에서 빠져나오는 것이기는 하지만, 잊지 말아야 할 것은, 화폐형태로 있는 이 100원은 그것이 최초로 유통에 투입된 때와 동일한 형태로 다시 있다는 점이다. 처음에는 900원의 화폐가 생산용 재고와 임금에 투하되었다. 동일한 생산과정을 수행하기 위해 이제는 800원밖에 필요하지 않게 되었다. 이에 따라 화폐형태로 풀려난 100원은 이제 투자처를 구하고 있는 새로운 화폐자본을, 화폐시장의 새로운 구성부분을 이룬다. 물론 종전에도 이미 주기적으로 이 100원은 풀려난 화폐자본의 형태, 추가적 생산자본의 형태로 있었으나, 그때에는 이 잠재적 상태 그 자체는 생산과정의 수행을 위한 조건, 생산과정의 연속을 위한 전제조건이었다. 이제는 이 100원은 생산과정의 수행을 위해서는 더 이상 필요하지 않으며, 따라서 새로운 화폐자본으로서 화폐시장의 한 구성부분을 이룬다. 비록 그것이 결코 현재 있는 사회적 화폐량의 추가적 요소를 이루지도 않으며(왜냐하면 그것은 사업을 개시할 당시에 있었으며 사업에 의하여 유통에 투입된 것이기 때문이다), 새로 축적된 퇴장화폐를 이루지도 않지만.

이 100원은 투하화폐자본 중 더 이상 동일한 사업에서 사용되지 않는 부분이므로 사실상 유통에서 빠져나와 있다. 그러나 이렇게 빠져나올 수 있는 것은, 오직 상품자본이 화폐로 전환, 그리고 이 화폐가 생산자본으로 전환, 즉 C′−M−C가 1주간만큼 빨라지고, 따라서 또 이 과정에서 활동하는 화폐의 유통이 그만큼 빨라지고 있기 때문에 가능해진 것에 지나지 않는다. 이 100원이 유통에서 빠져나온 것은, 그것이 자본 X의 회전을 위해서는 더 이상 필요하지 않기 때문이다.

여기에서는 투하자본이 그것의 사용자의 소유라고 가정하고 있다. 그러나 이 자본이 차입된 것이라 하더라도 사태는 조금도 변하지 않을 것이다. 유통시간의 단축에 따라 그는 900원이 아니라 이제는 오직 800원의 차입자본을 필요로 할 것이다. 그리하여 100원이 대부자에게 반환되면 그것은 위의 경우와 마찬가지로 100원의 새로운 화폐자본을 형성하나, 다만 X의 수중에서가 아니라 Y의 수중에서다. 더욱이 자본가 X가 480원의 가치를 가진 생산재료를 외상으로 얻고 그리하여 그 자신이 화폐로 투하해야 할 것은 임금을 위한 120원뿐이었다고 한다면, 이제 그는 외상으로 구입해야 할 생산재료를 80원만큼 줄이고[따라서 이 80원만큼의 생산재료는 외상을 주는 자본가에게 추가적 상품자본을 이루게 될 것이다], 임금으로 지불할 화폐를 20원만큼 화폐로서 빠져나가게 할 수 있다.

이제 추가적인 생산용 재고는 $\frac{1}{3}$만큼 감소되었다. 왜냐하면 종전에는 추가자본 II(300원)의 $\frac{4}{5}$=240원이었는데 지금은 160원[200원의 $\frac{4}{5}$]에 불과하기 때문이다. 즉 3주간분이 아니라 2주간분의 추가적 재고다. 그것은 이제 3주마다 갱신되는 것이 아니라 2주마다 갱신되며, 그것도 3주분이 아니라 다만 2주분이 갱신된다. 따라서 예컨대 면화시장에서 구입이 더욱 자주 또 더욱 소량으로 반복된다. 생산물[면사]의 양은 종전과 같기 때문에 동일한 양의 면화가 시장에서 끌려나오지만, 끌려나오는 시기의 배분이 다르게 되며 또 더 자주 끌려나온다. 예컨대 처음에는 매 3개월마다 생산용 재고의 갱신이 이루어졌는데 그 뒤 갱신기간이 2개월로 단축되었다고 가정하고, 그리고 1년간의 면화소비는 1,200상자라고 가정하자. 면화상인의 판매량과 재고량은 다음과 같다. 3개월의 경우에는 :

1월 1일	판매량	300상자,	재고량 900상자
4월 1일	판매량	300상자,	재고량 600상자
7월 1일	판매량	300상자,	재고량 300상자
10월 1일	판매량	300상자,	재고량 0상자

그런데 2개월의 경우에는 :

1월 1일	판매량	200상자,	재고량 1,000상자
3월 1일	판매량	200상자,	재고량 800상자
5월 1일	판매량	200상자,	재고량 600상자
7월 1일	판매량	200상자,	재고량 400상자
9월 1일	판매량	200상자,	재고량 200상자
11월 1일	판매량	200상자,	재고량 0상자

따라서 『면화상인이』 면화에 투하한 화폐는 1개월 늦게, 즉 10월이 아니라 11월에야 비로소 완전히 환류한다. 그리하여 만약 유통시간, 따라서 또 회전시간이 단축된 결과, 투하자본의 $\frac{1}{9}$=100원이 화폐자본의 형태로 빠져나간다고 하면, 그리고 이 100원이 주 임금의 지불을 위한 화폐자본

20원과, 1주분의 생산용 재고로 있었던 80원으로 구성된다고 하면, 공장주 측에서는 과잉의 생산용 재고가 80원만큼 감소하고, 그것에 대응하여 면화상인 측에서는 상품재고가 80원만큼 증가한다. 동일한 면화가 생산용 재고로서 공장주의 창고에 놓여 있는 시간이 단축되는 만큼, 그것이 상품으로 면화상인의 창고에 놓여 있는 시간은 연장된다.

위에서 우리는 사업 X에서 유통시간 단축은 X가 자기의 상품을 더 빨리 판매하거나 또는 외상판매인 경우에는 지불기한이 단축되는 것에 의하여 생긴다고 가정하였다. 따라서 이 단축은 상품판매시간의 단축, 상품자본이 화폐자본으로 전환, 즉 유통과정의 제1단계인 C′−M의 단축에서 생기고 있다. 그러나 이 단축은 또 유통과정의 제2단계인 M−C에서도[즉 자본가 X에게 그의 유동자본의 생산요소들을 공급하는 Y, Z 등의 자본의 노동기간이나 유통시간의 단축에서도] 생길 수 있을 것이다.

예컨대 면화 · 석탄 등이 그것의 생산지 또는 집산지로부터 자본가 X의 공장까지 오는 데 종래의 수송수단에 의해 3주가 걸린다고 하면, 새로운 생산용 재고가 도착할 때까지 X가 보유해야 할 생산용 재고는 적어도 3주분이 있지 않으면 안 된다. 면화 · 석탄은 여행 중에는 생산수단으로 봉사할 수 없다. 그 동안은 그것들은 오히려 운수업과 이 운수업에 투하되어 있는 자본의 노동대상이며, 또 석탄생산자 · 면화상인에게는 유통 중에 있는 상품자본이다. 이제 개량된 수송수단에 의해 여행이 2주로 단축된다고 하자. 그러면 생산용 재고는 3주분에서 2주분으로 될 수 있다. 이에 따라 재고를 위해 투하된 80원의 추가자본이 풀려나며 또한 임금을 위한 20원의 추가자본도 풀려난다. 왜냐하면 600원의 자본이 1주 더 일찍 회전을 끝내고 환류하기 때문이다.

다른 한편으로, 예컨대 원료를 제공하는 자본의 노동기간이 단축된다면(이에 대한 예는 앞의 장들에서 들었다), 따라서 또 원료를 더 빨리 갱신할 가능성이 생긴다면, 생산용 재고는 감소될 수 있으며 한 갱신기에서 다음 갱신기까지의 시간이 단축될 수 있다.

반대로, 유통시간 따라서 또 회전시간이 연장된다면, 추가자본의 투하가 필요하게 된다. 자본가가 추가자본을 가지고 있을 때는 그것은 그 자신의 주머니로부터 나온다. 그러나 이 추가자본은 어떤 형태로든 화폐시장 자본의 일부로 투하되어 있었을 것이다. 그것을 이용하기 위해서는 그것을 종래의 형태에서 풀려나게 하지 않으면 안 된다. 예컨대 주식을 판매하거나 예금을 찾지 않으면 안 된다. 그리하여 이 경우에는 화폐시장에 간접적인 영향을 끼친다. 그렇지 않은 경우에는 자본가는 추가자본을 차입해야만 한다. 추가자본 중 임금에 필요한 부분은 정상적인 조건에서는 항상 화폐자본으로 투하되지 않으면 안 되는데, 이 때문에 자본가 X는 화폐시장에 대해 그 부분만큼 직접적인 압박을 가한다. 생산재료에 투하되어야 할 부분에 관하여 말한다면, 그가 그것에 대하여 현금으로 지불하지 않으면 안 되는 경우에만 화폐시장에 직접적인 압박을 가한다. 그가 생산재료를 외상으로 얻을 수 있다면 화폐시장은 직접적인 영향을 받지 않는다. 왜냐하면 이 경우에는 추가자본은 직접 생산용 재고로 투하되며 먼저 화폐자본으로 투하되는 것은 아니기 때문이다. 채권자가 가령 X에게서 받은 어음을 직접 화폐시장에 투입하여 할인받는다면, 화폐시장은 간접적으로, 즉 두 번째 사람의 손을 통해 영향을 받게 될 것이다. 그러나 만약 채권자가 예컨대 나중에 상환하게 되어 있는 자기의 채무를 갚기 위해 이 어음을 이용한다면, 화폐시장은 이 추가적으로 투하되어야 하는 자본에 의하여 직접적·간접적으로도 영향을 받지 않는다.

ii. 생산재료의 가격이 변동하고 기타의 모든 조건이 불변인 경우

우리는 위에서 총자본 900원의 $\frac{4}{5}$=720원은 생산재료에 투하하고 $\frac{1}{5}$=180원은 임금에 투하한다고 가정하였다.

만약 생산재료의 가격이 $\frac{1}{2}$만큼 하락한다면, 6주간의 노동기간을 위한 생산재료에는 480원이 아니라 다만 240원이 필요하며, 또 추가자본 II에서는 240원이 아니라 다만 120원이 필요하다. 따라서 자본 I은 600원에서 240+120〖임금분〗=360원으로 축소되고, 자본 II는 300원에서 120+60〖임금분〗=180원으로 축소되며, 총자본은 900원으로부터 360+180=540원으로 축소된다. 따라서 360원이 빠져나간다.

이 빠져나간 화폐자본[지금은 활용되지 않고 있으며, 따라서 화폐시장에서 투자처를 구하고 있는 화폐자본]은 최초에 화폐자본으로 투하된 자본 900원의 일부에 불과한데, 이 부분은 그것이 주기적으로 재전환되는 생산요소들의 가격하락으로 말미암아 [기업이 확대되지 않고 종래의 규모로 계속되는 한] 과잉으로 된 것이다. 만약 이 가격 하락이 우연한 사정들[대풍작, 과잉공급 등]에 기인하는 것이 아니라 원료를 제공하는 부문의 생산력 상승에 기인하는 것이라면, 이 화폐자본은 화폐시장에 대한 절대적 추가분[즉 일반적으로 화폐자본의 형태로 이용할 수 있는 자본에 대한 절대적 추가분]이 될 것이다. 왜냐하면 이 화폐자본은 더 이상 이미 사용되고 있는 자본의 필요한 구성부분을 이루지 않을 것이기 때문이다.

iii. 생산물 자체의 시장가격이 변동하는 경우

생산물 가격이 하락하는 경우에는 자본의 일부는 상실되며, 따라서 새로운 화폐자본의 투하에 의해 보충되지 않으면 안 된다. 판매자〖자본가 X〗의 이 손실은 구매자의 이득에 의해 메워질 수 있다. 직접적으로 그렇게 될 수 있는 것은, 생산물의 시장가격이 오직 우연한 경기변동에 의하여 하락하였고 그 뒤 다시 정상적인 가격으로 상승하는 경우다. 간접적으로 그렇게 될 수 있는 것은, 가치의 변동이 종전의 생산물에 반작용하여 가격을 하락시키고, 이 생산물이 생산요소로 다시 다른 생산분야에 들어가서 거기에서 그만큼 자본을 풀려나게 하는 경우다. 두 경우 모두 X가 상실한 자본—이것의 보충을 위해 그는 화폐시장을 압박한다—은 그의 동료 기업가들에 의하여 새로운 추가자본으로 『화폐시장에』 공급될 수 있다. 여기에서는 이전이 일어날 따름이다.

반대로 생산물의 가격이 등귀하면, 투하되지 않았던 자본의 일부를 유통에서 얻게 된다. 이 자본부분은 생산과정에 투하된 자본의 유기적 구성부분이 아니며, 따라서 생산이 확대되지 않는다면 빠져나가는 화폐자본이다. 여기에서는 생산요소들의 가격은 생산물이 상품자본으로 시장에 등장하기 전에 이미 주어져 있다고 가정했지만, 현실적인 가치변동이 가격을 등귀시켰을 수도 있다. 왜냐하면 가치변동은 소급해서 작용하여 예컨대 원료의 가격을 그 뒤 상승시키기 때문이다. 『예를 들면, 원료의 가치가 지금 상승하더라도 이 가치상승은 이미 생산물에 들어가 있는 원료의 가치도 상승시키며, 그리하여 기존의 생산물의 가치도 상승시키기 때문이다.』 이 경우 자본가 X는 상품자본으로 유통하고 있는 자기의 생산물에 의해서도, 그리고 자기가 보유하고 있는 생산용 재고에 의해서도 이득을 보게 될 것이다. 이 이득은 생산요소들의 가격등귀로 말미암아 필요하게 된 추가자본[사업을 이전과 동일하게 운영하는 경우 필요하다]을 그에게 제공할 수 있다.

또는 가격등귀는 일시적인 것에 불과할 수도 있다. 이 경우 한 자본가측의 추가자본 필요액은 다른 자본가측의 풀려난 자본[후자의 생산물이 전자의 생산요소를 구성하는 정도에 따라]일 수가 있다. 전자의 손실이 후자의 이득으로 된 것이다.

제16장
가변자본의 회전

제1절 연간 잉여가치율

2,500원의 유동자본이 있는데, 그것의 $\frac{4}{5}$=2,000원은 불변자본(생산재료)이고, $\frac{1}{5}$=500원은 임금으로 지출되는 가변자본이라고 가정하자.

회전시간은 5주이고, 노동기간은 4주, 유통시간은 1주라고 하자. 이 경우 자본 I은 2,000원인데 1,600원의 불변자본과 400원의 가변자본으로 구성되며, 자본 II는 500원인데 400원의 불변자본과 100원의 가변자본으로 구성된다. 각 노동주에는 500원의 자본이 투하된다. 50주로 구성되는 1년 동안에는 500×50=25,000원의 연간 생산물이 생산된다. 따라서 각각의 노동기간에 끊임없이 사용되는 2,000원의 자본 I은 $12\frac{1}{2}$회 회전한다. 즉 2,000×$12\frac{1}{2}$=25,000. 이 25,000원 중 $\frac{4}{5}$=20,000원은 생산수단에 지출된 불변자본이고, $\frac{1}{5}$=5,000원은 임금에 지출된 가변자본이다. 다른 한편으로 총자본 2,500원은 $\frac{25,000}{2,500}$=10회 회전한다.

생산시간 중에 지출된 가변적 유동자본은, 그것의 가치가 재생산되어 있는 생산물이 판매되어[즉 상품자본에서 화폐자본으로 전환되어] 또다시 노동력에 대한 지불에 투하되는 한, 새로 유통과정에서 봉사할 수 있다. 생산에 투하된 불변적 유동자본(생산재료) — 이것의 가치는 생산물 가치의 일부로 생산물에 다시 나타난다 — 에 대해서도 사정은 마찬가지다. 이 두 부분[유동자본의 가변부분과 불변부분]에 공통된 것, 그리고 그것들을 고정자본과 구별하는 것은, 생산물에 들어간 그것들의 가치가 상품자본에 의하여 유통된다는 것, 즉 상품인 생산물의 유통에 의하여 유통된다는 것은 아니다. 왜냐하면 생산물[따라서 또 상품으로 유통하고 있는 생산물, 즉 상품자본]의 가치의 일부는 언제나 고정자본의 마멸분[즉 생산기간 중에 생산물로 이전된 고정자본의 가치부분]으로 구성되어 있기 때문이다. 오히려 그 차이는 다음에 있다. 즉 고정자본은 유동자본(=불변적 유동자본+가변적 유동자본)의 회전시간들의 순환[길든 짧든] 동안 원래의 유용한 형태대로 생산과정에서 계속 기능하는 데 반하여, 생산분야에서 상품자본의 모습으로 유통분야로 들어간 유동자본은 매 순환마다 그 전부가 보충되어야 한다는 점이다. 유통의 제1국면 C′−M′은 불변적 유동자본과 가변적 유동자본에 공통적이다. 제2국면〖M−C〗에서는 그것들은 분리된다. 상품이 전환된 화폐의 일부는 생산용 재고(불변적 유동자본)로 전환된다. 생산용 재고의 구성부분들의 구매시기가 다름에 따라 이 화폐의 어떤 부분은 일찍, 다른 부분은 늦게 생산재료로 전환될 수 있으나, 결국은 전부 생산재료로 변한다. 상품의 판매에 의해 얻은 화폐의 다른 한 부분은 화폐준비금으로 남아 생산과정에 합쳐지는 노동력에 대한 지불에 조금씩 지출된다. 이 부분은 가변적 유동자본을 형성한다. 그럼에도 어느 부분이든 그것의 완전한 보충은 언제나 자본의 회전[즉 자본→생산물→상품→화폐로 전환]에서 나온다. 바로 이런 이유 때문에 우리는 앞의 장에서 고정자본에는 주의를 돌리지 않고 불변자본과 가변자본의 회전을 함께 취급했던 것이다.

우리가 이제 취급하여야 할 문제를 위해서는 우리는 한 걸음 더 나아가 유동자본의 가변부분을 마치 그것만으로 유동자본이 이루어지는 것처럼 취급하지 않으면 안 된다. 즉 우리는 가변부분과 함께 회전하는 불변적 유동자본을 도외시한다.

2,500원의 유동자본이 투하되고 연간 생산물의 가치는 25,000원이다. 그런데 유동자본의 가변부분은 500원이고, 따라서 25,000원에 포함되어 있는 가변자본은 $\frac{25,000}{5}$=5,000원이다. 5,000원을 500원으로 나누면 10이라는 회전수가 나오는데, 이것은 총자본 2,500원의 경우와 전적으로 동일하다.

이 평균계산에서는 연간 생산물의 가치를 투하자본 중 끊임없이 하나의 노동기간에 사용되는 부분의 가치로 나누는 것이 아니라 투하자본의 가치로(따라서 이 경우에는 400원이 아니라 500원으로, 즉 자본 I이 아니라 자본 I+자본 II로) 나누고 있는데, 잉여가치의 생산만이 문제로 되는 지금의 경우에도 이 평균계산은 절대로 정확하다. 그러나 나중에 보듯이 이 평균계산은 상이한 관점에서 보면 전적으로 정확한 것은 아니며, 또한 일반적으로도 그것이 전적으로 정확한 것은 아니다. 즉 그것은 자본가의 실무적 목적을 위해서는 충분하지만, 회전의 모든 현실적 사정을 정확히 또는 적절히 표현하는 것은 아니다.

지금까지 우리는 상품자본 가치의 일부[즉 생산과정 중에 생산되어 생산물에 합쳐 있으며, 상품자본에 포함되어 있는 잉여가치]를 전혀 도외시했다. 이제는 바로 잉여가치에 주의를 돌리지 않으면 안 된다.

매주 투하되는 가변자본 100원이 100%=100원의 잉여가치를 생산한다고 하면, 5주의 회전시간에 투하되는 가변자본 500원은 500원의 잉여가치를 생산한다. 즉 노동일의 절반은 잉여노동으로 이루어진다.

그런데 가변자본 500원이 500원의 잉여가치를 생산한다고 하면, 5,000원은 500×10=5,000원의 잉여가치를 생산한다. 그러나 투하된 가변자본은 500원이다. 1년간에 생산된 잉여가치 총액을 투하된 가변자본의 가치액으로 나눈 비율을 우리는 연간 잉여가치율이라고 부른다. 따라서 위 경우에는 이것은 $\frac{5,000}{500}$=1,000%이다. 이 연간 잉여가치율을 좀더 자세히 분석한다면, 그것은 투하된 가변자본이 1회전시간 중에 달성하는 잉여가치율에 가변자본의 회전수(이것은 총유동자본의 회전수와 일치한다)를 곱한 것과 같다는 것을 알게 된다.

1회전시간 중에 투하된 가변자본은 지금의 경우에는 500원이며, 이 기간 중에 생산된 잉여가치도 역시 500원이다. 따라서 1회전시간의 잉여가치율은 $\frac{500s}{500v}$=100%이다. 이 100%에 1년간의 회전수인 10을 곱하면 $\frac{5,000s}{500v}$= 1,000%로 된다.

이것은 연간 잉여가치율에 관한 것이다. 그런데 1회전시간 중 획득되는 잉여가치의 양에 관하여 말한다면, 이 양은 이 시간 중에 투하된 가변자본의 가치—여기에서는 500원—에 잉여가치율을 곱한 것과 같다. 즉 이 경우 잉여가치량은 $500 \times \frac{100}{100}=500 \times 1=500$원이다. 투하자본이 1,500원이고 잉여가치율이 100%라면, 잉여가치의 양은 $1,500 \times \frac{100}{100}=1,500$원으로 될 것이다.

1년에 10회 회전하여 1년 동안 5,000원의 잉여가치를 생산하는, 따라서 연간 잉여가치율이 1,000%인 500원의 가변자본을 자본 A라고 부르기로 하자.

그런데 5,000원의 다른 가변자본 B는 1년(여기에서는 50주)에 걸쳐 투하되며, 따라서 1년에 1회밖에 회전하지 않는다고 가정하자. 그리고 또 연말에 가서 생산물은 완성과 동시에 지불되며 따라서 생산물이 전환하는 화폐자본도 같은 날에 환류한다고 가정한다. 따라서 이 경우 유통시간=0, 회전시간=노동기간, 즉 1년이다. 앞의 경우와 마찬가지로 노동과정에는 매주 가변자본이 100원 들어가며 따라서 50주간에는 5,000원이 들어간다. 그리고 잉여가치율도 마찬가지로 100%이다. 즉 노동일의 길이가 같고 노동일의 반이 잉여노동으로 이루어진다고 하자. 5주간을 두고 본다면, 투하된 가변자본은 500원, 잉여가치율은 100%, 따라서 5주 중에 생산된 잉여가치량은 500원이다. 이 경우 착취를 당하는 노동력의 양과 노동력의 착취도는 이상의 전제에 따르면 자본 A의 경우와 마찬가지다.

투하된 가변자본 100원은 매주 100원의 잉여가치를 생산하며, 따라서 50주에는 100×50=5,000원의 투하자본이 5,000원의 잉여가치를 생산한다. 1년간에 생산되는 잉여가치의 양은 5,000원으로 위의 경우와 동일하나, 연간 잉여가치율은 전혀 다르다. 연간 잉여가치율은 1년간에 생산된 잉여가치를 투하된 가변자본으로 나눈 것과 같으므로, 자본 A의 경우에는 1,000%였는데 이 경우에는 $\frac{5,000s}{5,000v}$=100%이다.

자본 A와 자본 B의 경우 모두 매주 100원의 가변자본을 지출한다. 그리고 가치증식의 정도, 즉 잉여가치율도 역시 동일한 100%이고, 가변자본의 크기도 또한 동일한 100원이다. 착취를 당하는 노동력의 양이 동일하며, 착취의 크기와 정도가 모두 동일하며, 노동일이 같고, 필요노동과 잉여노동 사이의 분할도 같다. 1년 동안 사용된 가변자본 총액도 동등한 크기인 5,000원이며, 동일한 양의 노동을 운동시켜 5,000원이라는 동일한 양의 잉여가치를 노동력으로부터 착취한다. 그럼에도 A와 B의 연간 잉여가치율에는 900%라는 차이가 있다.

이 현상은, 확실히 잉여가치율은 오직 가변자본에 의해 운동되는 노동력의 양과 착취도에만 달려있는 것이 아니라, 그밖에도 유통과정에서 발생하는 설명하기 어려운 요인들에도 달려있는 것처럼 보인다. 또 사실상 이 현상은 바로 그렇게 해석되어 왔으며, 그리고 이 현상은 이와 같은 순수한 형태가 아니라 더 복잡하고 은폐된 형태[연간 이윤율의 형태]로, 1820년대 초 이래 리카도학파를 완전히 붕괴시킨 원인이 되었다. 〚CW 31: 36~77; CW 32: 258~373〛

그러나 이 현상이 이상하다는 점은, 우리가 자본 A와 자본 B를 전적으로 동일한 조건에 놓아둔다면, 외관상으로 뿐 아니라 현실적으로도 곧 사라져버린다. 동일한 조건들은 가변자본 B의 전액이 자본 A와 동일한 기간 〖5주〗에 노동력에 지출되는 경우에만 성립된다.

이제 5,000원의 자본 B가 5주간에 투하된다. 매주 1,000원씩 지출되면 1년간에는 50,000원이 지출된다. 그러면 잉여가치도 우리의 전제에 따르면 50,000원이다. 회전한 자본=50,000원을 투하자본=5,000원으로 나누면 회전수=10이 나온다. 잉여가치율=$\frac{5,000s}{5,000v}$=100%에 회전수=10을 곱하면 연간 잉여가치율=$\frac{50,000s}{5,000v}=\frac{10}{1}$=1,000%가 나온다. 그리하여 이제는 연간 잉여가치율은 A와 B 모두가 똑같은 1,000%이나, 잉여가치의 양은 B의 경우는 50,000원이고 A의 경우는 5,000원이다. 이제는 생산된 잉여가치량 사이의 비율은 투하자본가치 B와 A 사이의 비율[5,000:500=10:1]과 같다. 다시 말해 자본 B는 동일한 기간 중에 자본 A에 비해 10배나 많은 노동력을 운동시킬 수 있었던 것이다.

잉여가치를 생산하는 것은 노동과정에 현실적으로 운동하고 있는 자본뿐이며, 잉여가치에 관한 모든 법칙[예컨대 잉여가치율이 주어진 경우에는 잉여가치량은 가변자본의 상대적 크기에 의하여 결정된다고 하는 법칙]이 적용되는 것도 이 자본뿐이다. 〖제1권 제11장 참조〗

노동과정 자체는 시간에 의하여 측정된다. 노동일의 길이가 주어진 경우(연간 잉여가치율의 차이를 명백하게 표시하기 위해 자본 A와 B 사이의 모든 조건이 동등하다고 보고 있는 지금의 경우)에는, 노동주는 일정한 수의 노동일로 구성된다. 또는 어떤 노동기간이든 그것을 하나의 노동일로 고찰할 수도 있다. 예컨대 5주의 노동기간을, 노동일이 10시간이고 1주가 6노동일이라고 하면 300시간으로 이루어지는 하나의 노동일로 고찰할 수 있다. 그러나 그 다음에 우리는 이 수에, 매일 동일한 노동과정에 함께 고용되어 있는 노동자수를 곱하지 않으면 안 된다. 그 수가 예컨대 10명이라고 하면 주노동일은 60×10=600시간이며, 5주의 노동기간은 600×5=3,000시간일 것이다. 따라서 동등한 크기의 잉여가치율과 동등한 길이의 노동일이라는 조건에서 동등한 크기의 노동력(동일한 가격의 1노동력에 노동자의 수를 곱한 것)이 동일한 기간에 운동되는 경우에는, 동등한 크기의 가변자본이 사용되고 있다고 말할 수 있을 것이다.

그러면 우리는 최초의 예로 돌아가자. A와 B의 어느 경우에나 1년간 매주 100원이라는 동등한 크기의 가변자본이 사용된다. 따라서 현실적으로 노동과정에서 사용되며 기능하는 가변자본은 동등하다. 그러나 투하된 가변자본은 전혀 동등하지 않다. A의 경우에는 5주마다 500원의 자본이 투하되고 그 중 100원이 매주 사용된다. B의 경우에는 최초의 5주간에 5,000원이 투하되어야 한다. 그러나 그 중 매주 사용되는 것은 100원에 불과하고 따라서 5주간에 사용되는 것은 500원=투하자본의 $\frac{1}{10}$에 불과하다. 제2의 5주간에는 4,500원이 투하되어야 하나 그 중 사용되는 것은 500원에 불과하다 따위. 일정한 기간 투하된 가변자본은, 그것이 이 기간 중 노동과정에서 현실적으로 기능하는 정도에 따라서만, 사용된 가변자본[즉 현실적으로 기능하며 작용하는 가변자본]으로 전환된다. 가변자본의 일부가 그 뒤의 어떤 기간에 비로소 사용되기 위해 투하되어 있는 중간 기간에는, 그 가변자본은 노동과정에 대해서는 존재하지 않는 것이나 다름없으며, 따라서 가치의 창조에도 잉여가치의 창조에도 아무런 영향을 미치지 않는다. 예컨대 500원의 자본 A를 보자. 이 자본은 5주간을 위해 투하되어 있으나, 매주 차례차례 노동과정에 들어가는 것은 그 중 100원에 불과하다. 처음 1주간에는 그 중 $\frac{1}{5}$이 사용되며, $\frac{4}{5}$는 투하되어 있으나 사용되지 않는다—비록 이 $\frac{4}{5}$는 다음 4주간의 노동과정을 위해 예비되어 있지 않으면 안 되며, 따라서 투하되지 않으면 안 되지만.

투하된 가변자본과 사용된 가변자본 사이의 비율에 차이를 낳게 하는 사정은, 일정한 기간[예컨대 1주간, 5주간 등]에 현실적으로 사용될 수 있는 가변자본의 양에 차이를 낳게 하는 한, 잉여가치의 생산에—잉여가치율이 주어져 있는 경우—영향을 미친다. 투하된 가변자본은 현실적으로 사용되는 크기까지 그리고 그 시간 동안에만 가변자본으로 기능하는 것이며, 그것이 사용되지 않고 예비적으로 투하되어 있는 시간 중에는 가변자본으로 기능하지 않는다. 그러나 투하된 가변자본과 사용된 가변자본 사이의 비율에 차이를 낳게 하는 모든 사정은 회전시간의 차이(노동기간이나 유통시간의 차이 또는 이 두 개 모두의 차이에 의하여 결정된다)로 요약된다. 잉여가치 생산의 법칙은, 잉여가치율이 동등한 경우에는 기능하는 동등한 양의 가변자본이 동등한 양의 잉여가치를 생산한다는 것이다. 따라서 잉여가치율이 같은 조건에서, 자본 A와 B가 동등한 기간에 동등한 양의 가변자본을 사용한다면, 이들 가변자본은 동일한 시간에 동일한 양의 잉여가치를 생산하지 않으면 안 된다. 이것은 일정한 시간 중에 사용된 가변자본과 그 시간 중에 투하된 가변자본 사이의 비율이 아무리 상이하다 하더라도, 따라서 또 생산된 잉여가치량과 [사용된 가변자본이 아니라] 투하된 총가변자본 사이의 비율이 아무리 상이하다 하더라도 그렇다. 이 비율 『생산된 잉여가치량 : 투하된 총가변자본』이 상이한 것은, 잉여가치생산에 관하여 전개된 법칙들에 모순되는 것이 아니라 도리어 그 법칙들을 확증하는 것이며, 그 법칙들의 불가피한 하나의 귀결이다.

자본 B의 최초의 5주간의 생산시간을 고찰하여 보자. 제5주 말까지 500원이 사용되었고 소비되었다. 새로 창조된 가치 『즉 가치생산물』는 1,000원이며 잉여가치율은 $\frac{500s}{500v}$=100%이다. 이것은 자본 A와 마찬가지다. 자본 A의 경우에는 잉여가치가 투하자본과 함께 실현되고 있으나 자본 B의 경우에는 그렇지 않다는 사실은 여기에서는 아직 중요하지 않다. 여기에서 문제로 삼는 것은 오직 잉여가치의 생산, 그리고 그것의 생산 중에 투하된 가변자본에 대한 잉여가치의 비율이기 때문이다. 다른 한편으로, B의 잉여가치를 5,000원의 투하자본 중 잉여가치의 생산에 사용되어 소비된 부분에 대해서가 아니라, 총투하자본에 대하여 계산해 보면, 그것은 $\frac{500s}{5,000v}=\frac{1}{10}=10\%$로 된다. 따라서 자본 B의 경우는 10%이고 자본 A의 경우는 100%, 즉 10배다. 여기에서 만약 동일한 양의 노동[그것도 동일한 비율로 지불받는 노동과 지불받지 못하는 노동으로 분할되는 노동]을 운동시킨 동등한 크기의 자본들이 이와 같은 잉여가치율의 차이를 나타내는 것은 잉여가치생산에 관한 법칙들에 모순된다고 말하는 사람이 있다면, 그것에 대한 대답은 간단하며 다음과 같은 사실관계들을 한번만 보아도 이해할 수 있을 것이다. 즉 A의 경우에는 현실적인 잉여가치율[실질 잉여가치율], 즉 500원의 가변자본에 의하여 5주간에 생산된 잉여가치와, 이 500원의 가변자본 사이의 비율이 표현되고 있다. 그런데 B의 경우에는 잉여가치의 생산이나 이에 대응하는 잉여가치율의 결정과는 아무런 관계도 없는 계산방식이 나타나 있다. 즉 500원의 가변자본에 의하여 생산된 500원의 잉여가치가 그것의 생산 중에 투하된 가변자본 500원에 대하여 계산되지 않고, 5,000원의 자본에 대하여 계산되고 있다. 그런데 이 자본 5,000원의 $\frac{9}{10}$인 4,500원은 잉여가치 500원의 생산과는 전혀 관계가 없고, 오히려 다음 45주의 경과 중에 비로소 점차적으로 기능하도록 되어 있으므로, 여기에서 문제로 되고 있는 최초의 5주간의 생산에 대하여는 전혀 존재하지 않는 것과 마찬가지다. 따라서 위에서 본 자본 A와 B의 잉여가치율의 차이는 전혀 문제가 될 수 없는 것이다.

그러면 우리는 자본 A와 B의 연간 잉여가치율을 비교해 보자. 자본 B의 경우에는 $\frac{5,000s}{5,000v}=100\%$이고 자본 A의 경우에는 $\frac{5,000s}{500v}=1,000\%$이다. 그런데 이 두 개의 연간 잉여가치율 사이의 비율은 위에서 본 것과 동일하다. 왜냐하면 위에서는

$$\frac{\text{자본B의 잉여가치율}}{\text{자본A의 잉여가치율}}=\frac{10\%}{100\%}$$

이었는데, 이제는

$$\frac{\text{자본B의 연간 잉여가치율}}{\text{자본A의 연간 잉여가치율}} = \frac{100\%}{1000\%}$$

이기 때문이다. 10% : 100% = 100% : 1,000%이며, 따라서 위에서 본 것과 동일한 비율이다.

그러나 이제는 문제가 달라진 것이다. 자본 B의 연간 잉여가치율, 즉 $\frac{5,000s}{5,000v}$=100%는 잉여가치의 생산과 또 이에 대응한 잉여가치율에 관한, 우리가 알고 있는 법칙들로부터 어떤 오차도—오차의 외관조차도—나타내지 않는다. 1년 동안에 5,000v가 투하되어 생산적으로 소비되었으며 그것은 5,000s를 생산하였다. 따라서 잉여가치율은 위의 분수 $\frac{5,000s}{5,000v}$=100%이다. 연간 잉여가치율은 실질 잉여가치율과 일치한다. 따라서 이번에는 이전과는 달리 설명을 필요로 하는 변칙을 나타내는 것은 자본 B가 아니라 자본 A다.

자본 A의 경우 잉여가치율은 $\frac{5,000s}{500v}$=1,000%다. 그러나 위의 『자본 B의』 첫째 경우에는 5주간의 생산물인 500s가 5,000원의 투하자본—그 중 $\frac{9}{10}$는 이 잉여가치의 생산에 사용되지 않았다—에 대해 계산되었다면, 이제는 5,000s가 500v[즉 5,000s의 생산에 현실적으로 사용된 가변자본의 오직 $\frac{1}{10}$]에 대해 계산되고 있다. 그런데 문제는, 5,000s는 50주 동안 생산적으로 소비된 가변자본 5,000원의 산물이지 결코 5주간이라는 단 하나의 기간 중에 소비된 가변자본 500원의 산물은 아니라는 점이다. 위의 첫째 경우 『자본 B』에는 5주간에 생산된 잉여가치가 50주분으로 투하되어 있는 자본[따라서 5주간에 소비된 자본의 10배에 해당하는 자본]에 대하여 계산되었다. 그런데 이제는 50주에 생산된 잉여가치가 5주분으로 투하된 자본[따라서 50주 동안 소비된 자본의 $\frac{1}{10}$에 해당하는 자본]에 대하여 계산되고 있다.

500원의 자본 A는 결코 5주보다 길게 투하되지는 않는다. 그것은 5주 말에는 환류하고 1년 동안에 10회 회전함으로써 동일한 과정을 10회 갱신할 수 있다. 이로부터 다음과 같은 두 가지를 말할 수 있다.

첫째로, 투하자본 A는 1주간의 생산과정에 사용되는 자본부분의 5배에 불과하다. 그런데 자본 B[50주에 1회밖에 회전하지 않으며, 따라서 또 50주 동안 투하되지 않으면 안 된다]는 1주간에 사용될 수 있는 투하자본부분의 50배다. 이와 같이 회전시간은 생산과정을 위해 1년 동안 투하되는 자본과, 일정한 생산시간 예컨대 1주간에 끊임없이 사용될 수 있는 자본 사이의 비율을 변경시킨다. 이 때문에 우리는 위의 첫째 경우 〚자본 B〛를 가지게 되는데, 거기에서는 5주간의 잉여가치가 이 5주 동안 사용되는 자본에 대해 계산되는 것이 아니라 50주 동안 사용되는 [10배나 되는] 자본에 대해 계산되고 있다.

둘째로, 자본 A의 5주간이라는 회전시간은 1년의 $\frac{1}{10}$에 불과하다. 따라서 1년 중에는 500원의 자본 A가 반복해서 재투자되는 회전시간이 10개 포함되어 있다. 따라서 사용되는 자본은 5주간을 위해 투하된 자본에 1년간의 회전기간수를 곱한 것과 같다. 1년 동안에 사용되는 자본은 $500 \times 10 = 5,000$원이며, 1년간에 투하되는 자본은 $\frac{5,000}{10} = 500$원이다. 사실상, 500원이 항상 새로 사용되기는 하지만 어느 5주간에도 이 500원 이상은 결코 사용되지 않는다. 자본 B의 경우에도 5주간에 사용되고 이 5주간분으로 투하되는 것은 물론 500원에 불과하다. 그러나 이 경우에는 회전시간이 50주이기 때문에 1년 동안에 사용되는 자본은 매 5주간분으로서가 아니라 50주간분으로서 투하되는 자본과 같다. 그런데 잉여가치율이 주어진 경우 1년간에 생산되는 잉여가치량은 1년간에 사용되는 자본에 따라 결정되는 것이지 1년간에 투하되는 자본에 따라 결정되는 것은 아니다. 따라서 연간의 잉여가치량은 연 1회 회전하는 자본 5,000원의 경우나, 연 10회 회전하는 자본 500원의 경우나 마찬가지의 크기다.

또 투하자본이 그만큼 큰 것은 연 1회 회전하는 자본 그 자체가 연 10회 회전하는 자본의 10배이기 때문이다.

1년간에 회전한 가변자본—따라서 연간 생산물 또는 연간지출 중 이 부분과 동등한 부분—은 1년간에 현실적으로 사용되고 생산적으로 소비된 가변자본이다. 이로부터 다음과 같이 말할 수 있다. 즉 만약 1년간에 회전한 가변자본 A와 1년간에 회전한 가변자본 B가 그 크기에서 서로 동등하며 또 그것들이 동등한 가치증식의 조건에서 사용된다면, 따라서 잉여가치율이 동일하다면, 1년간에 생산되는 잉여가치량도 두 자본의 경우 역시 동일하지 않으면 안 된다. 따라서 사용된 자본량들이 동일하기 때문에, 1년을 단위로 계산되는 잉여가치율도, 그것이 $\frac{\text{1년간에 생산된 잉여가치량}}{\text{1년간에 회전한 가변자본}}$으로 표현되는 한, 동일하지 않으면 안 된다. 또는 일반적으로 표현하면, 회전한 가변자본들의 상대적 크기가 어떻든, 그 자본들이 1년간에 달성하는 잉여가치율은 각각의 자본이 평균기간(예컨대 주 평균 또는 하루 평균)에 달성해온 잉여가치율에 의하여 결정된다.

이것은 잉여가치의 생산과 잉여가치율의 결정에 관한 법칙에서 나오는 유일한 결론이다.

그러면 다음에 또

$$\frac{\text{1년간에 회전한 자본}}{\text{투하한 자본}}$$

이라는 비율(이미 지적한 바와 같이, 여기에서는 가변자본만을 염두에 둔다)이 무엇을 표현하는지를 보자. 이 비율의 값은 투하자본의 연간 회전수를 알려 준다.

자본 A의 경우에는

$$\frac{\text{1년간에 회전한 자본 5,000원}}{\text{투하한 자본 500원}}$$

이며, 자본 B의 경우에는

$$\frac{\text{1년간에 회전한 자본 5,000원}}{\text{투하한 자본 5,000원}}$$

이다.

두 비율에서 분자는 투하된 자본에 회전수를 곱한 것, 즉 A의 경우에는 500×10을, B의 경우에는 5,000×1을 표현하고 있다. 또는 투하자본에 1년을 단위로 계산된 회전시간의 역수를 곱한 것을 표현하고 있다. A의 회전시간 〚5주〛은 $\frac{1}{10}$년이며, 그것의 역수는 $\frac{10}{1}$이고, 따라서 500×$\frac{10}{1}$=5,000이다. B의 경우 〚회전시간 1년〛에는 5,000×$\frac{1}{1}$=5,000이다. 그리고 분모는 회전한 자본에 회전수의 역수를 곱한 것, 즉 A의 경우에는 5,000×$\frac{1}{10}$을, B의 경우에는 5,000×$\frac{1}{1}$을 표현하고 있다.

1년 동안에 회전한 두 가변자본이 운동시키는 각각의 노동량[지불받는 노동과 지불받지 못하는 노동의 총량]은 이 경우 동일하다. 왜냐하면 회전한 자본들 자체가 같고 그것들의 가치증식률도 또한 같기 때문이다.

투하한 가변자본과 1년간에 회전한 가변자본 사이의 비율은, (1) 투하해야 할 가변자본과 일정한 노동기간에 사용되는 가변자본 사이의 비율을 나타내고 있다. 자본 A의 경우처럼 회전수는 10이고 1년은 50주라고 가정한다면, 회전시간은 5주간이다. 가변자본은 이 5주간에 대하여 투하하지 않으면 안 되고, 이 5주간에 대하여 투하하는 자본은 1주간에 사용되는 가변자본의 5배가 되지 않으면 안 된다. 즉 1주 동안에는 투하자본(이 경우에는 500원)의 $\frac{1}{5}$만이 사용될 수 있다. 그런데 회전수가 $\frac{1}{1}$인 자본 B의 경우에는 회전시간=1년=50주간이다. 따라서 투하한 자본과 매주 사용되는 자본의 비율은 50:1이다. 만약 B의 연간 회전수가 10회로 A와 마찬가지라고 한다면, B가 매주 투하하지 않으면 안 되는 자본은 100원이 아니라 1,000원일 것이다. 〚10:1=1,000:100〛 (2) B는 1년 동안에 동일한 양의 가변자본—잉여가치율이 주어져 있다면 동일한 양의 노동(지불받는 노동과 지불받지 못하는 노동)—을 운동시키기 위해, 따라서 또 1년 동안에 동일한 양의 잉여가치를 생산하기 위해 A의 10배의 자본(5,000원)을 투하하였다고 말할 수 있다. 실질 잉여가치율이 표현하는 것은 일정한 기간에 생산된 잉여가치와, 같은 기간에 사용된 가변자본 사이의 비율, 또는 이 기간에 사용된 가변자본이 운동시킨 지불받지 못한 노동량에 불과하다. 실질 잉여가치율은 가변자본 중 사용되지 않는 기간에 투하되어 있는 부분과는 절대로 아무 관계도 없으며, 따라서 또 일정한 기간에 투하된 자본부분과 이 기간에 사용된 자본부분 사이의 비율—이 비율은 회전시간으로 말미암아 변경되며 차이가 생긴다—과도 역시 아무 관계도 없다.

이미 전개한 것으로부터 오히려 다음과 같이 말할 수 있다. 연간 잉여가치율이 노동의 착취도를 표현하는 실질 잉여가치율과 일치하는 것은 오직 하나의 경우뿐이다. 즉 투하자본이 연 1회밖에 회전하지 않으며 따라서 투하자본은 1년간에 회전한 자본과 같고, 그리하여 1년간에 생산된 잉여가치량과, 이것의 생산을 위해 사용된 자본 사이의 비율이, 1년간에 생산된 잉여가치량과 1년간에 투하된 자본 사이의 비율과 일치하며 동일한 경우가 바로 그것이다.

A) 연간 잉여가치율은

$$\frac{\text{1년간에 생산된 잉여가치량}}{\text{투하한 가변자본}}$$

과 같다. 그런데 1년간에 생산된 잉여가치량은 실질 잉여가치율에, 잉여가치의 생산에 사용된 가변자본을 곱한 것과 같다. 연간 잉여가치량의 생산에 사용된 자본은 투하된 자본에 그것의 회전수[이것을 n이라고 부르자]를 곱한 것과 같다. 그러므로 공식 A)는 다음과 같은 것으로 전환된다.

B) 연간 잉여가치율은

$$\frac{\text{실질 잉여가치율} \times \text{투하한 가변자본} \times n}{\text{투하한 가변자본}}$$

과 같다. 예컨대 자본 B의 경우에는 $\frac{100 \times 5,000 \times 1}{5,000}$, 즉 100%이다. n=1일 경우에만, 즉 투하한 가변자본이 연 1회밖에 회전하지 않으며, 따라서 1년간에 사용된 [또는 회전한] 자본과 같은 경우에만 연간 잉여가치율은 실질 잉여가치율과 같다.

연간 잉여가치율을 S′, 실질 잉여가치율을 s′, 투하된 가변자본을 v, 회전수를 n이라고 부른다면, $S' = \frac{s'vn}{v}$이며, 따라서 S′=s′n이고, n=1인 경우, 즉 S′=s′×1=s′인 경우에만, S′=s′이다.

이로부터 또 다음과 같이 말할 수 있다. 연간 잉여가치율은 언제나 S′n, 즉 1회전시간에 소비된 가변자본이 그 시간 중에 달성한 실질 잉여가치율에 이 가변자본의 1년간 회전수—또는 (같은 말이지만) 1년을 단위로 하여 계산한 이 가변자본의 회전시간의 역수—를 곱한 것과 같다. (가변자본이 연 10회 회전한다고 하면 그 회전시간은 $\frac{1}{10}$년이다. 따라서 이 회전시간의 역수는 $\frac{10}{1}$=10이다.)

다음에 또 n=1이라고 하면 S′=s′이며, 또 n이 1보다 크다고 하면, 즉 투하자본이 연 1회 이상 회전한다고 하면, 또는 회전한 자본이 투하자본보다 크다고 하면, S′은 s′보다 크다고 말할 수 있다.

마지막으로 n이 1보다 작다고 하면, 즉 1년 동안에 회전한 자본이 투하자본의 일부에 불과하며 따라서 회전시간이 1년 이상에 걸친다고 하면, S′은 s′보다 작다.

이 마지막 경우를 잠깐 고찰해 보자.

앞의 예의 모든 전제를 그대로 두고 회전시간만이 55주간으로 연장된다고 하자. 노동과정은 매주 100원의 가변자본을, 따라서 회전시간 중에는 5,500원을 필요로 하며 매주 100s를 생산하고, 따라서 S′은 위에서와 마찬가지로 100%다. 이 경우 회전시간은 $1+\frac{1}{10}$년(1년=50주간)=$\frac{11}{10}$년이기 때문이다. 회전수 n은 $\frac{50}{55}=\frac{10}{11}$이다. 왜냐하면 $S'=\frac{100\%\times5,500\times10/11}{5,500}$ $=100\times\frac{10}{11}=\frac{1,000}{11}=90\frac{10}{11}$%이며, 따라서 100%보다 작다. 사실상, 연간 잉여가치율이 100%라면, 5,500v는 1년에 5,500s를 생산하지 않으면 안 될 것인데, 지금 이것에는 $\frac{11}{10}$년이 걸린다. 이 5,500v는 1년 동안에 5,000s를 생산할 뿐이며, 따라서 연간 잉여가치율은 $\frac{5,000s}{5,500v}=\frac{10}{11}=90\frac{10}{11}$%이다.

그러므로 연간 잉여가치율, 즉 1년간에 생산된 잉여가치와, 투하된 가변자본 전체(1년간에 회전한 가변자본과 구별되는) 사이의 비교는 단순히 주관적인 것이 아니고, 자본의 현실적 운동 자체가 이런 대비를 낳게 하는 것이다. 왜냐하면 자본 A의 소유자에게는 연말에 5,000원의 잉여가치와 함께 그가 투하한 500원의 가변자본이 환류하기 때문이다. 그의 투하자본의 크기를 표현하는 것은, 그가 1년간에 사용한 자본량이 아니라 주기적으로 그의 수중으로 환류하는 자본량이다. 연도 말에 자본의 일부는 생산용 재고로서 그리고 또 일부는 상품자본 또는 화폐자본으로서 존재한다든가, 또 이 자본이 상이한 부분들로 어떻게 분할되어 있는가 하는 것은 지금의 문제에 대해서는 아무 관계도 없다. 자본 B의 소유자에게는 5,000원의 잉여가치와 함께 그의 투하자본 5,000원이 환류한다. 자본 C(마지막에 고찰한 5,500원)의 소유자는 1년간에 5,000원의 잉여가치(5,000원이 투하되고 잉여가치율은 100%이다)를 생산하였으나 그의 투하자본은 아직 환류하고 있지 않으며 생산된 그의 잉여가치도 마찬가지로 환류하고 있지 않다.

$S'=s'n$이 표현하는 것은 1회전시간 중에 사용된 가변자본에 해당하는 잉여가치율, 즉

$$\frac{\text{1회전시간중에 생산된 잉여가치}}{\text{1회전시간중에 사용된 가변자본}}$$

에, 투하된 가변자본의 회전기간[또는 재생산기간]의 수 『회전수』를 [또는 투하된 가변자본이 자기의 순환을 갱신하는 기간의 수를] 곱해야 한다는 것이다. 『회전기간의 수가 의미하는 것은 일년 중에 몇 개의 회전기간이 있을 수 있는가이기 때문에 회전수와 동일한 의미다.』

제1권 제2편(화폐가 자본으로 전환)과 제1권 제23장(단순재생산)에서 우리가 이미 본 바와 같이, 자본가치는 항상 투하되는 것이지 소비되어 버리는 것은 아니다. 왜냐하면 이 가치는 자기 순환의 여러 단계들을 통과한 뒤 다시 자기의 출발점으로—그것도 잉여가치만큼 증식되어—복귀하기 때문이다. 이것이 투하된 것으로서의 자본가치를 특징짓는다. 자본가치의 출발점에서 그것의 복귀점에 이르는 시간은 바로 자본가치가 투하되어 있는 시간이다. 자본가치가 통과하는 전체 순환은 자본가치의 투하로부터 그것의 환류에 이르는 시간에 의하여 측정되는데, 그것은 자본가치의 회전을 이루며, 이 회전의 지속시간이 1회전시간이다. 이 시간이 지나 순환이 종결되면, 동일한 자본가치는 동일한 순환을 새로 개시할 수 있으며 따라서 또 새로 자신을 증식시키고 잉여가치를 생산할 수 있다. A처럼 가변자본이 1년에 10회 회전한다면, 1년간에 생산된 잉여가치량은 1회전시간에 해당하는 잉여가치량의 10배다.

우리는 투하advance의 성질을 자본주의 사회의 관점에서 해명하지 않으면 안 된다.

1년 동안에 10회 회전하는 가변자본 A는 1년 동안에 10회 투하된다. 그것은 새로운 회전시간마다 새로 투하된다. 그러나 A의 소유자가 1년을 통하여 동일한 자본가치 500원 이상을 투하하는 일은 결코 없으며, 또 사실상 우리의 고찰의 대상으로 되고 있는 생산과정을 위해 그가 가지고 있는 것은 500원뿐이다. 이 500원이 하나의 순환을 완료하자마자 그는 이 500원이 다시 동일한 순환을 개시하게 한다. 자본은 그 성질상 끊임없이 반복되는 생산과정에서 자본으로 기능하는 것에 의해서만 자본 성격을 유지한다. 또 이 자본은 5주 이상은 결코 투하되지 않는다. 회전시간이 더 길어진다면 이 자본만으로는 부족하다. 회전시간이 단축되면 자본의 일부는 과잉으로 된다. 500원의 자본 10개가 투하되는 것이 아니라 500원의 자본 1개가 순차적인 기간들에 10회 투하되는 것이다. 그렇기 때문에 연간 잉여가치율은 10회 투하되는 500원의 자본, 즉 5,000원에 대해서가 아니라 1회 투하되는 500원의 자본에 대하여 계산된다. 이는 마치 1원이 10회 유통할 때 그것이 10원의 기능을 수행함에도 그것은 언제나 유통 중에 있는 1원에 불과한 것과 마찬가지다. 그것을 가진 사람이 아무리 바뀌더라도, 1원은 누구의 수중에서도 여전히 1원이라는 동일한 가치에 불과하다.

이와 마찬가지로 자본 A는, 그것이 환류할 때마다, 그리고 연도 말에 환류할 때에도, 그 소유자가 언제나 500원이라는 동일한 자본가치를 가지고 활동한 것에 불과하다는 사실을 나타내 보인다. 따라서 그의 수중으로 매번 환류하는 것도 500원에 불과하다. 그러므로 그의 투하자본은 500원 이상이 결코 아니다. 이 투하자본 500원은 연간 잉여가치율을 표현하는 분수의 분모를 이룬다. 이것을 표시하는 공식은 $S'=\frac{s'vn}{v}=s'n$이었다. 실질 잉여가치율 s'은 $\frac{s}{v}$, 즉 잉여가치량을 이것을 생산한 가변자본으로 나눈 것과 같기 때문에, 우리는 s' 대신에 $\frac{s}{v}$를 놓을 수 있으며, 그렇게 하면 다른 공식 $S'=\frac{sn}{v}$을 얻는다.

그러나 500원의 자본은 10회 회전함으로써 따라서 또 그것의 투하가 10회 갱신됨으로써 10배나 큰 자본, 즉 5,000원의 자본의 기능을 수행하는데, 이것은 마치 1년에 10회 유통하는 500개의 1원짜리 동전이 1년에 1회밖에 회전하지 않는 5,000개의 1원짜리 동전과 동일한 기능을 수행하는 것과 마찬가지다.

제2절 개별 가변자본의 회전

"생산과정의 사회적 형태가 어떻든, 생산과정은 연속적이어야 하며 주기적으로 동일한 국면들을 끊임없이 통과해야 한다.…그러므로 어떤 사회적 생산과정도, 그것을 연속된 전체로서, 끊임없이 새로워지는 흐름으로서 고찰할 때는, 동시에 재생산과정이다.…자본가치의 주기적 증가분[또는 과정진행중인 자본의 주기적 열매]인 잉여가치는 자본에서 생기는 수입의 형태를 취한다."(제1권 제23장: 772, 773)

자본 A의 경우에는 5주의 회전시간이 10개 있다. 제1회전기간에는 500원의 가변자본이 투하된다. 즉 매주 100원이 노동력으로 전환되어 제1회전기간의 말에는 500원이 노동력에 지출되었다. 원래는 총투하자본의 일부이었던 이 500원이 이제는 자본이 아니게 되었다. 그것은 임금으로 지불되고 말았다. 노동자는 이 500원을 생활수단의 구입에 지불하며, 그리하여 500원의 가치만큼 생활수단을 소비한다. 따라서 이 가치액만큼의 상품량이 소멸된다(노동자가 예컨대 화폐 등으로 저축하는 것도 역시 자본이 아니다). 이 상품량은 노동자와의 관련에서 보면 비생산적〖잉여가치를 생산하지 않는다는 의미〗으로 소비되는 셈이다. 물론 이 소비에 의하여 그는 자기의 노동력[자본가에게는 필요불가결한 생산요소다]을 활동상태로 유지하기는 하지만.

그러나 둘째로 이 500원은 자본가에게는 동일한 가치[또는 가격]만큼의 노동력으로 전환되어 있다. 노동력은 자본가가 노동과정에서 생산적으로 소비한다. 그리하여 제5주 말에는 1,000원의 가치생산물〖새로 창조된 가치〗이 나온다. 그것의 절반인 500원은 노동력의 대가로 지출된 가변자본의 가치가 재생산된 것이고, 나머지 절반인 500원은 새로 생산된 잉여가치다. 그러나 5주분의 노동력[이것으로 전환함으로써 자본의 일부가 가변자본으로 전환되었다]도 생산적으로이기는 하지만 역시 지출되어 소비되고 있다. 어제 행한 노동은 오늘 행하는 것과 동일한 노동이 아니다. 어제 소비된 노동력의 가치는 그 노동에 의하여 창조된 잉여가치와 함께 지금은 노동력 자체와는 구별되는 물건[생산물]의 가치로 있다. 그러나 생산물이 화폐로 전환됨으로써 그 생산물의 가치 중 투하된 가변자본의 가치와 동등한 부분은 또다시 노동력으로 전환될 수 있으며 따라서 또 새로 가변자본으로 기능할 수 있다. 재생산되었을 뿐 아니라 화폐형태로 재전환된 자본가치에 의하여 동일한 노동자들[즉 노동력의 동일한 소유자들]이 고용될 수 있다는 것은 아무래도 좋다. 자본가는 제2회전기간에 종래의 노동자들 대신에 새로운 노동자들을 고용할 수도 있기 때문이다.

따라서 사실상 500원의 자본이 아니라 5,000원의 자본이 5주의 회전시간들 10개에서 순차적으로 임금에 지출되며, 그리고 이 임금은 노동자들에 의하여 생활수단에 지출된다. 이렇게 사용된 자본 5,000원은 소비된다. 그것은 더 이상 존재하지 않는다. 다른 한편으로는 또 500원이 아니라 5,000원 가치만큼의 노동력이 순차적으로 생산과정에 합쳐지고, 5,000원에 해당하는 자기 자신의 가치를 재생산할 뿐 아니라 또한 이에 추가하여 5,000원의 잉여가치를 생산한다. 제2회전기간에 투하되는 가변자본 500원은 제1회전기간에 투하된 자본 500원과 동일하지 않다. 후자는 임금으로 지출되어 소비되어 버렸다. 그러나 그것은 제1회전기간에 상품형태로 생산되어 화폐형태로 재전환된 새로운 가변자본 500원에 의하여 보충되고 있다. 따라서 이 새로운 화폐자본 500원은 제1회전기간에 새로 생산된 상품량의 화폐형태다. 자본가의 수중에 동일한 화폐액 500원[즉 잉여가치를 도외시한다면 그가 최초에 투하한 바로 그만큼의 화폐자본]이 다시 있다는 사실 때문에, 그가 사용하고 있는 것은 새로 생산된 자본이라는 사실이 은폐되고 있다. (상품자본의 가치 중 불변자본부분들을 보충하는 구성부분에 관하여 말한다면, 그것들의 가치는 새로 생산되는 것이 아니고, 그 가치의 존재형태가 변화할 따름이다.)

제3회전기간을 보자. 이 경우 명백한 것은 세번째 투하되는 자본 500원은 종래의 자본이 아니라 새로 생산된 자본이라는 점이다. 왜냐하면 이 자본은 제1회전기간이 아니라 제2회전기간에 생산된 상품량의 화폐형태[즉 이 상품량 중 투하된 가변자본의 가치와 동등한 가치를 가진 부분의 화폐형태]이기 때문이다. 제1회전기간에 생산된 상품량은 이미 판매되었다. 이 상품량의 가치 중 투하자본가치의 가변부분과 동등한 부분은 제2회전기간의 새로운 노동력으로 전환되어 새로운 상품량을 생산하였다. 이 새로운 상품량이 다시 판매되었고, 이것의 가치 일부가 제3회전기간에 투하되는 자본 500원을 이루는 것이다.

그리고 이런 일이 10개의 회전기간들을 통하여 진행된다. 즉 이 기간 중 5주마다 새로 생산된 상품량(이것의 가치는, 그것이 가변자본을 보충하는 한, 새로 생산되는 것이고, 불변적 유동자본 부분처럼 재현되는 것은 아니다)이 시장에 내던져져서 새로운 노동력을 끊임없이 생산과정에 합칠 수 있게 된다.

따라서 투하된 가변자본 500원의 10회의 회전이 달성하는 것은, 이 자본 500원이 10회에 걸쳐 생산적으로 소비될 수 있다는 것도 아니며, 또 5주분의 가변자본이 50주에 걸쳐 사용될 수 있다는 것도 아니다. 사실상 가변자본 500원의 10배가 50주간에 사용되며, 500원의 자본은 언제나 5주분에 불과하며 5주간이 경과한 뒤에는 새로 생산된 500원의 자본에 의하여 보충되지 않으면 안 된다. 이와 같은 일은 자본 A의 경우에도 자본 B의 경우에도 마찬가지로 일어난다. 그러나 지금부터 차이가 나타나기 시작한다.

5주간으로 이루어진 제1기간의 말에는 B와 A의 경우 모두 가변자본 500원이 투하되었고 지출되었다. A와 B 모두 가변자본의 가치를 노동력으로 전환시켰으며, 그리고 이 노동력이 새로 생산한 생산물의 가치 중 투하된 가변자본 500원의 가치와 동등한 부분에 의해 노동력의 가치를 보충했다. B와 A의 경우 노동력은 지출된 가변자본의 가치 500원을 같은 금액의 새로운 가치로 보충했을 뿐 아니라 잉여가치 — 전제에 따르면, 지출된 가변자본과 동일한 크기의 잉여가치 — 를 첨가했다.

그러나 B의 경우에는 [투하된 가변자본을 보충할 뿐 아니라 그것의 가치에 잉여가치를 첨가하고 있는] 가치생산물은 또다시 생산자본으로 따라서 가변자본으로 기능할 수 있는 형태를 취하지는 않는다. [A의 경우에는 그것이 바로 그런 형태로 있다.] B가 최초의 5주에 그리고 그 뒤 순차로 5주마다 지출한 가변자본(이것이 비록 새로 생산된 가치와 잉여가치에 의해 보충되기는 하나)은 연도 말까지는 생산자본 또는 특히 가변자본으로 기능할 수 있는 형태를 취하지는 않는다. 그것의 가치가 새로운 가치에 의하여 보충되며 따라서 갱신되고 있는 것은 사실이지만, 그것의 가치형태(이 경우에는 절대적인 가치형태, 즉 그것의 화폐형태)는 갱신되고 있지 않다.

따라서 제2기간의 5주간(그리하여 또 순차적으로 1년 동안의 매 5주간)에도 제1기간에서와 마찬가지로 500원이 더 준비되어 있지 않으면 안 된다. 따라서 신용관계를 무시한다면, 연초에 5,000원이 준비되어 잠재적 투하화폐자본으로 존재하지 않으면 안 된다 — 비록 이 5,000원은 1년 동안 조금씩 현실적으로 지출되어 노동력으로 전환되는 것이지만.

이와는 반대로, A의 경우에는 최초의 5주간이 경과한 뒤에는 투하자본의 순환 또는 회전이 끝나기 때문에, 가치보충분은 이미 5주분의 새로운 노동력을 운동시킬 수 있는 형태[즉 그것의 최초의 화폐형태]로 있다.

A와 B의 경우 모두 제2기간의 5주간에는 새로운 노동력이 소비되며,

이 노동력에 대한 지불에 500원의 새로운 자본이 지출된다. 최초의 500원으로 지불된 노동자의 생활수단은 이미 없어졌으며, 어쨌든 그만큼의 가치는 자본가의 수중에서 사라져 버렸다. 제2의 500원으로 새로운 노동력이 구매되며 새로운 생활수단이 시장에서 끌려나온다. 요컨대 종래의 자본이 아니라 새로운 자본 500원이 지출되는 것이다. 그러나 A의 경우에는 이 새로운 자본 500원은 종전에 지출된 500원을 보충하는, 새로 생산된 가치의 화폐형태다. 그런데 B의 경우에는 이 가치보충분은 가변자본으로 기능할 수 없는 형태로 있다. 그것은 있지만 가변자본의 형태로는 있지 않다. 그렇기 때문에 그 다음 5주간에 생산과정을 계속하기 위해서는 500원의 추가자본이 화폐형태로 있어 투하되지 않으면 안 된다. 그리하여 50주 동안 A에 의해서도 B에 의해서도 동일한 금액의 가변자본이 지출되며 동등한 양의 노동력이 지불되고 소비된다. 그러나 B의 경우 이 노동력은 그것의 총가치=5,000원과 동등한 투하자본으로 지불되지 않으면 안 되지만, A의 경우 5주마다 투하되는 자본 500원을 보충하는 가치가 5주마다 생산되어 끊임없이 화폐형태로 갱신되므로 노동력의 대가는 순차로 지불된다. 따라서 A의 경우에는 5주분 이상의, 즉 최초의 5주간에 투하된 500원 이상의 화폐자본이 투하되는 일은 결코 없다. 이 500원으로 1년 전체를 충분히 감당한다. 그러므로 노동의 착취도, 즉 실질 잉여가치율이 동등한 경우에는, A와 B의 연간 잉여가치율은 1년간에 동일한 양의 노동력을 운동시키기 위해 투하되지 않으면
안 되는 가변적 화폐자본의 크기에 반비례한다는 것은 명백하다. A의 경우에는 $\frac{5{,}000s}{500v}$=1,000%이고 B의 경우에는 $\frac{5{,}000s}{5{,}000v}$=100%이다. 그런데 500v:5,000v=1:10=100%:1,000%.

이 차이는 회전시간[즉 일정한 기간에 사용된 가변자본을 보충하는 가치가 자본으로서 새롭게, 따라서 새로운 자본으로서 기능할 수 있게 되는 시간]의 다름에서 나온다. B에서나 A에서나 동일한 기간 중에 사용된

가변자본에 대하여 동일한 가치보충이 행해진다. 또 동일한 기간 중에 잉여가치의 동일한 증식도 일어난다. 그러나 B의 경우에는 5주간마다 500원의 가치보충분과 500원의 잉여가치가 생기는 것은 사실이지만, 이 가치보충분은 화폐형태로 있지 않기 때문에 아직 새로운 자본을 이루지 못한다. 그런데 A의 경우에는 옛날의 자본가치는 새로운 자본가치에 의하여 보충될 뿐 아니라 화폐형태로 재생되고 있으며, 따라서 기능할 수 있는 새로운 자본으로 보충되고 있다.

보충가치가 화폐[따라서 가변자본이 투하되는 형태]로 전환되는 것이 이른가 늦은가 하는 것은 명백히 잉여가치의 생산 자체에 대해서는 아무래도 좋은 사정이다. 잉여가치의 생산은 사용되는 가변자본의 크기와 노동의 착취 정도에 달려있기 때문이다. 그러나 위의 사정은 1년간에 일정한 양의 노동력을 운동시키기 위해 투하되지 않으면 안 되는 화폐자본의 크기를 변경시키며, 따라서 또 연간 잉여가치율에 영향을 미친다.

제3절 사회적으로 고찰한 가변자본의 회전

위의 문제를 전체 사회의 관점에서 잠시 고찰해 보자. 1명의 노동자에게 매주 1원을 주며 노동일은 10시간이라고 하자. A의 경우에도 B의 경우에도 1년간에 100명의 노동자가 고용되며(노동자 100명이면 1주에는 100원, 5주에는 500원, 50주에는 5,000원이 된다), 이들은 매주 6일간, 각각 60시간씩 노동한다. 따라서 100명의 노동자는 매주 6,000시간, 50주에는 300,000시간 노동한다. 이만큼의 노동력은 A와 B가 붙잡고 있으며, 따라서 사회는 이것을 다른 목적에 지출할 수 없다. 이 점에서는 A의 경우나 B의 경우나 사회적으로 동일하다. 그리고 또 A와 B의 경우 모두 각각 100명의 노동자는 매년 5,000원(따라서 합계 200명의 노동자는 10,000원)의 임금을 받으며 이 금액만큼 생활수단을 사회로부터 끌어낸다. 이 점에서도 A의 경우나 B의 경우나 사회적으로 동일하다. 어느 경우에나 노동자는 매주 지불을 받으므로, 그들은 매주 사회로부터 생활수단을 끌어내며, 그 대신에 그들은 매주 화폐등가를 유통에 투입한다. 그러나 지금부터 두 경우의 차이가 시작된다.

첫째로, A의 노동자가 유통에 투입하는 화폐는, B의 노동자의 경우와 마찬가지로, 자기 노동력 가치의 화폐형태(사실상 이미 수행한 노동에 대한 지불수단)일 뿐만은 아니다. 그것은 사업개시 뒤 제2회전기간부터는 벌써 제1회전기간의 그들 자신의 가치생산물(=노동력의 가격+잉여가치)의 화폐형태며, 이것이 제2회전기간 동안 그들의 노동을 지불하는 것이다. 그런데 B의 경우에는 그렇지 않다. 이 경우 화폐는 물론 노동자가 이미 수행한 노동에 대한 지불수단이지만, 그들 자신의 가치생산물이 화폐로 전환되어 이 노동을 지불하는 것은 아니다. 그렇게 되기 시작할 수 있는 것은 제2연도부터며, 그때 비로소 B의 노동자들은 지난해에 자기들에 의하여 생산되어 화폐로 전환된 가치에 의해 지불받게 된다.

자본의 회전시간이 짧으면 짧을수록 [따라서 일년 안에 자본의 재생산기간이 갱신되는 시간이 짧으면 짧을수록], 최초에 자본가가 화폐형태로 투하한 가변자본부분은, 노동자가 이 가변자본의 보충으로 창조한 가치생산물(이것은 그밖에 잉여가치를 포함한다)이 화폐형태로 더욱더 신속히 전환하며, 따라서 또 자본가가 자기 자신의 재원 중에서 화폐를 투하하지 않으면 안 되는 시간은 더욱더 단축되며, 또 그가 투하하는 자본은 일정한 생산규모에 비해 대체로 더욱더 적어진다. 그러나 잉여가치율이 주어진 경우 자본가가 1년간에 착취하는 잉여가치량은 투하자본의 규모에 비교하면 상대적으로 더욱 커진다. 왜냐하면 자본가는 노동자 자신의 가치생산물의 화폐형태에 의해 그만큼 더욱 빈번히 노동자를 새로 고용하여 그의 노동을 운동시킬 수 있기 때문이다.

생산규모가 일정한 경우, 회전시간의 단축에 비례하여 가변적 화폐자본(과 유동자본 일반) 투자액의 절대적 크기는 감소하며, 연간 잉여가치율은 증대한다. 투하자본의 크기가 일정한 경우 회전시간의 단축에 비례하여 생산규모가 확대되고, 따라서 잉여가치율이 주어진 경우에는 1회전시간 안에 생산되는 잉여가치의 절대량이 증대하며, 그리고 동시에 연간 잉여가치율이 증대한다. 이상의 연구로부터, 노동의 착취 정도가 동일한 경우, 동일한 양의 생산적 유동자본과 동일한 양의 노동을 운동시키기 위해 투하되지 않으면 안 되는 화폐자본의 크기는 회전시간의 길이가 다름에 따라 매우 달라진다는 것을 알았다.

둘째로 — 그런데 이것은 첫 번째 차이와 관련된 것이다 — B의 노동자와 A의 노동자 모두 그가 구매하는 생활수단의 대가는 [그의 수중에서 유통수단으로 전환된] 가변자본에 의해 지불된다. 그는 시장에서 예컨대 밀을 끌어낼 뿐 아니라 화폐등가를 지불한다. 그러나 B의 노동자가 시장에서 끌어내는 자기의 생활수단에 대하여 지불하는 화폐는, A의 노동자와 달리 일 년 안에 그가 시장에 투입한 가치생산물의 화폐형태는 아니므로, B의 노동자는 그의 생활수단의 판매자에게 화폐를 제공하는 것은 사실이나, 그 판매자가 그 화폐로 구매할 수 있는 어떤 상품 — 생산수단이든 생활수단이든 — 도 제공하지 않는다. 이 점은 A의 노동자의 경우와는 다르다. 그렇기 때문에 시장으로부터는 노동력이나, 이 노동력을 위한 생활수단이나, B가 사용하는 노동수단 형태의 고정자본이나 생산재료가 끌려나오고, 이것들에 대한 보상으로서 화폐등가가 시장에 투입된다. 그러나 시장으로부터 끌려나온 생산자본의 소재적 요소들을 보충하기 위한 어떤 생산물도 그 해 안에 시장에 투입되지 않는다. 우리가 자본주의 사회가 아니라 공산주의 사회를 생각해 본다면, 먼저 화폐자본이 전혀 없고 따라서 화폐자본으로 말미암아 발생하는 거래상의 가면들도 사라지기 때문에, 사태는 단순히 다음의 것으로 된다. 즉 예컨대 철도 부설과 같이 1년 또는 그 이상의 긴 시간 동안 생산수단도 생활수단도 제공하지 않으며 또 어떤 유용효과도 제공하지 않으면서, 연간 총생산물 중에서 노동과 생산수단과 생활수단을 끌어내는 사업부문에 대하여, 사회가 아무런 혼란 없이 얼마만한 노동과 생산수단과 생활수단을 돌릴 수 있는가를 미리 계산하지 않으면 안 된다는 점이다. 이와는 반대로, 사회적 이성이 언제나 사후에야 비로소 자신을 관철하는 자본주의 사회에서는 끊임없이 대혼란이 일어날 수 있으며 또 일어나지 않을 수 없다. 한편으로는 〖투자의 시작과 사용가치의 생산 사이의 기간이 긴 사업들은〗 화폐시장을 압박하게 되는데, 거꾸로 화폐시장의 완화는 이런 사업들을 대량으로 일으키며 따라서 뒤에 가서 화폐시장을 경색하게 만들 바로 그 조건들을 만들어낸다. 화폐시장을 압박하게 되는 것은, 장기간에 걸쳐 대규모 화폐자본의 투하가 이런 사업들에서는 항상 필요하기 때문이다. 산업자본가와 상인들이 그들 자신의 기업경영에 필요한 화폐자본을 철도 투기 등에 투입하고 그 화폐자본을 화폐시장에서 차입하여 메운다는 사실은 위와는 전혀 다른 문제다.

다른 한편으로는 사회의 이용가능한 생산자본을 압박하게 된다. 생산자본의 요소들은 계속 시장에서 끌려나오며, 그 대신 화폐등가만이 시장에 투입되므로, 그 자체로부터는 어떤 공급요소도 제공함이 없이 유효수요가 증가한다. 이 때문에 생활수단 · 생산재료의 가격이 등귀한다. 또한 이런 시기에는 항상 투기가 성행하며 자본의 대이동이 생긴다. 한 떼의 투기꾼 · 청부업자 · 기술자 · 변호사 등이 치부한다. 그들은 시장에서 강렬한 소비수요를 일으키며 동시에 임금은 등귀한다. 식료품에 관하여 말한다면, 이 과정에서 농업도 강한 자극을 받는 것은 물론이다. 그러나 이 식료품은 1년 안에 갑자기 증가할 수 없기 때문에 그것의 수입이 증가하며, 그리고 기호품 일반(커피 · 사탕 · 포도주 등)과 사치품의 수입이 증가한다. 그 결과 수입업의 이 부분에서 과잉수입과 투기가 생긴다. 이와는 반대로 생산을 급속히 증가시킬 수 있는 산업부문들(진정한 제조업 · 광업 등)에서는 가격 등귀로 인하여 돌연한 생산 확대가 일어나며 이에 뒤이어 곧 붕괴가 닥친다. 동일한 효과는 노동시장에서도 생겨, 대량의 잠재적인 상대적 과잉인구와 심지어는 취업노동자들까지도 새로운 사업부문에 흡수된다. 일반적으로 철도와 같은 대규모 사업은 노동시장에서 일정한 수의 노동력을 끌어내는데, 이 노동력은 힘센 젊은이들만을 요구하는 농업과 같은 특정의 부문에서만 나올 수 있는 그런 노동력이다. 이런 일은, 새로운 사업들이 이미 확립된 뒤에도, 따라서 이 사업들에 필요한 이주노동자층이 이미 형성된 뒤에도 일어난다. 이것은 예컨대 철도 부설이 일시적으로 평균수준 이상의 대규모로 진행되는 경우에 그렇다. 노동자 예비군[이것의 압력이 임금을 저하시켜 왔다]의 일부가 흡수된다. 임금이 일반적으로 등귀하며, 심지어는 이제까지 취업조건이 좋았던 노동시장부분에서까지도 그러하다. 이런 것은, 불가피한 공황으로 말미암아 노동자 예비군이 다시 형성되고 임금이 다시 최저한도로 또는 그 이하로 인하될 때까지 지속된다.[1)]

---

1) {엥겔스: 원고에는 여기에 나중의 상세한 논의를 위해 다음과 같은 주가 삽입되어 있다.} "자본주의적 생산양식의 모순. 노동자는 상품의 구매자로서 시장을 위해 중요하다. 그러나 그들의 상품[노동력]의 판매자로서는, 자본주의 사회는 그것의 가격을 최저한으로 제한하려는 경향을 가지고 있다. 또 하나의 모순. 자본주의적 생산이 그의 있는 힘을 모두 발휘하고 있는 시기는 항상 과잉생산의 시기로 나타나고 있다. 왜냐하면 가치의 생산뿐 아니라 가치의 실현이 생산력의 사용에 제한을 가하기 때문이다. 그런데 상품의 판매, 상품자본 따라서 또 잉여가치의 실현은 사회 일반의 소비 욕망에 의해 제한되는 것이 아니라, 그 구성원의 대다수가 항상 가난하고 또 항상 가난한 채로 있지 않을 수 없는 사회의 소비 수요에 의해 제한되는 것이다. 그러나 이 문제는 다음 편 『이것이 제2권 제3편 또는 제3권 어느 것을 가리키는가에 관한 논쟁은 마르크스의 원고에 의해 전자로 확정되었다』에 들어가서 비로소 취급될 것이다."

회전시간의 길고 짧음이 진정한 노동기간[즉 시장에 나갈 생산물을 완성하는 데 필요한 기간]에 의존하는 한, 그 길고 짧음은 각종 투자의 제각기 주어진 물적 생산조건에 달려 있다. 이 생산조건은 농업에서는 자연적 생산조건의 성격을 더 많이 띠고, 제조업과 대부분의 광산업에서는 생산과정 자체의 사회적 발전에 따라 변화한다.

노동기간의 길이가 출하량의 크기(일반적으로 생산물이 상품으로서 시장에 투입되는 양적 크기)에 달려있는 한, 이것은 관습적인 성격을 가진다. 그러나 이 관습 자체는 생산규모를 그 물질적 기초로 하고 있으며, 따라서 노동기간의 길이가 그 자체로서 고찰되는 경우에만 우연적이다.

마지막으로, 회전시간의 길이가 유통시간의 길이에 달려있는 한, 이것은 부분적으로는 시장상황의 끊임없는 변동, 판매가 쉽거나 어려움, 그리고 이 때문에 생산물을 더 가까운 시장 또는 더 먼 시장에 방출할 필요에 의해 좌우되고 있다. 수요 일반의 규모를 도외시하면, 가격 운동은 이 경우 가장 주요한 기능을 한다. 왜냐하면 가격이 하락하는 경우에는 생산은 여전히 진행됨에도 판매는 고의로 제한되며, 반대로 가격이 등귀하는 경우에는 생산과 판매는 보조가 일치하거나 또는 판매가 생산보다 앞설 수도 있기 때문이다. 그러나 유통시간의 진정한 물질적 기초로 여겨야 할 것은 생산지와 판매시장 사이의 현실적인 거리다.

예컨대 영국의 면직물 또는 면사가 인도로 판매된다고 하고, 수출상인이 스스로 영국의 면업 공장주에게 지불한다고 가정하자. (수출상인은 화폐시장의 상태가 좋은 경우에만 기꺼이 이렇게 한다. 그러나 공장주 자신이 신용거래에 의해 자기의 화폐자본을 보충할 때는 상황은 이미 나빠진 때다.) 그 뒤 수출상인은 자기의 면제품을 인도시장에 판매하며, 거기로부터 자기의 투하자본이 그에게로 송금된다. 이 송금이 올 때까지는, 노동기간의 연장 때문에 주어진 규모의 생산과정을 유지하기 위해서는 새로운 화폐자본의 투하가 필요하게 되는 경우와 마찬가지다. 공장주가 자기 노동자들에게 지불하며 또한 자기의 유동자본의 기타 요소들을 갱신하는 데 사용하는 화폐자본은 노동자들에 의하여 생산된 면사의 화폐형태가 아니다. 이 면사의 가치가 화폐 또는 생산물의 형태로 영국에 환류되었을 때 비로소 그렇게 말할 수 있다. 이 화폐자본은 앞의 경우와 마찬가지로 추가적 화폐자본이다. 다만 다른 것은 공장주가 아니라 상인이 이 추가적 화폐자본을 투하한다는 점인데, 아마 이 상인 자신도 역시 신용거래에 의해 이 화폐자본을 얻었을 것이다. 또한 이 화폐가 시장에 투입되기 전 또는 이와 때를 같이 해서 추가적 생산물[이 화폐로 구매되며 생산적 또는 개인적 소비로 들어갈 수 있는 것]이 영국 시장에 투입된 것도 아니다. 이런 상태가 장기간에 걸쳐 대규모로 일어난다면, 노동기간의 장기화가 앞의 경우에 일으킨 것과 같은 결과가 일어나지 않을 수 없다.

그런데 인도 자체에서 면사가 신용〖외상〗으로 판매될 수도 있다. 그리하여 이 신용으로 인도에서 생산물이 구매되어 영국에 보내지거나 또는 그 금액만큼의 수표가 영국에 송부된다. 이런 상태가 오래 지속되면 인도의 화폐시장이 압박을 받고, 이것이 영국에 반작용하여 영국에서 공황을 일으킬 수 있다. 이 공황은 인도로 귀금속이 수출되는 것과 결부되어 있는 경우에도 인도에서 새로운 공황을 일으키는데, 이것은 인도의 은행들로부터 신용을 받은 영국의 상사들과 그들의 인도지점들의 파산 때문이다. 그리하여 무역수지가 적자(−)인 시장에서도, 흑자(+)인 시장에서도, 동시에 공황이 일어난다. 이 현상은 더 한층 복잡해질 수도 있다. 예컨대 영국이 은덩이를 인도에 보냈다고 하더라도, 인도에 대한 영국 채권자들이 자기들의 채권을 독촉한다면 인도는 얼마 안 가서 그 은덩이를 영국으로 돌려보내지 않으면 안 될 것이다.

인도로부터의 수입무역은 (면화가격의 등귀 등과 같은 특수사정을 제외한다면) 인도에 대한 수출무역에 의하여 규정되어 자극되는 것이지만,

후자와 전자는 거의 균형을 이룰 수가 있다. 영국과 인도 사이의 무역수지는 균형을 이루는 것처럼 보이거나 또는 어느 한편으로 조금 기울 수도 있다. 그러나 영국에서 공황이 발발하자마자, 인도의 창고에는 팔리지 않은 『영국』 면제품이 쌓여 있다는 사실(따라서 면제품들이 상품자본에서 화폐자본으로 전환되지 않았다는 사실은 과잉생산을 가리킨다)과, 또 영국에서는 인도 생산물이 팔리지 않고 재고로 쌓여 있을 뿐 아니라 판매되어 소비된 인도 생산물의 대부분도 아직 전혀 지불되지 않은 채로 있다는 사실이 드러난다. 그렇기 때문에 화폐시장에서 공황으로 나타나는 것은 사실상 생산과정과 재생산과정 자체의 비정상적인 상황을 표현한다.

셋째로, 사용된 유동자본(가변적 · 불변적)에 관하여 말한다면, 회전시간의 길이는, 그것이 노동기간의 길이에 달려있는 한, 다음과 같은 차이를 낳는다. 즉 1년간에 몇 회나 회전하는 경우에는 가변적 또는 불변적 유동자본의 어떤 요소는, 석탄생산업이나 기성복 제조업 등에서와 같이, 이 자본 자체의 생산물에 의하여 제공될 수 있다. 기타의 경우에는 그런 일이 일어날 수 없으며, 그런 일이 적어도 동일한 연도 안에는 불가능하다.

제17장
잉여가치의 유통

이미 본 바와 같이 1년간에 생산되는 잉여가치량이 불변인 경우에도 회전시간의 차이는 연간 잉여가치율의 차이를 낳는다.

그러나 더욱이 잉여가치의 자본화, 즉 축적에서도 필연적으로 차이가 생기며, 이에 따라 잉여가치율이 불변인 경우에도 1년간에 생산되는 잉여가치량에는 차이가 발생한다.

먼저 지적하지만, 자본가 A(앞 장의 예에서)는 연속적인 주기적 수입을 가지며, 따라서 사업을 개시한 최초의 회전기간을 제외한다면 그는 연도 안에 생산된 잉여가치에서 자기 자신의 소비를 지불하며 자기 자신의 재원에서 그 지불을 충당할 필요는 없다. 그러나 B의 경우에는 자기 재원에서 지불이 이루어져야 한다. B는 동일한 기간 안에 A와 같은 양의 잉여가치를 생산하지만, 그 잉여가치는 실현되지 않고 있으며 그리하여 개인적으로도 생산적으로도 소비될 수 없다. 그러므로 개인적 소비에 관한 한, B는 잉여가치를 예상하고 미리 소비할 수는 있지만, 어쨌든 먼저 개인적 소비를 위한 재원을 지출하여야 한다.

생산자본 중 분류하기 어려운 부분[즉 고정자본의 수리와 유지에 필요한 추가자본]도 이제는 새로운 조명을 받게 된다.

A의 경우 이 자본부분은—전부 또는 대부분이—생산의 개시 당시에는 투하되지 않는다. 그리고 그것은 준비될 필요도 없으며 있을 필요도 없다. 왜냐하면 그것은 잉여가치를 자본으로 직접 전환시킴으로써, 즉 잉여가치를 자본으로 직접 사용함으로써 사업 그 자체로부터 끌어낼 수 있기 때문이다. 1년 안에 주기적으로 생산될 뿐 아니라 실현되기도 하는 잉여가치의 일부가 수리 등에 필요한 지출에 충당될 수 있기 때문이다. 그리하여 당초의 규모로 사업을 수행하는 데 필요한 자본의 일부는 잉여가치의 일부를 자본화함으로써 사업의 진행 중에 사업 자체에 의하여 조성된다. 그런데 이런 것은 B에게는 불가능하다. 이 자본부분 [고정자본의 수리와 유지에 필요한 추가자본]은 B의 경우에는 최초에 투하되는 자본의 일부를 이루지 않을 수 없다. 두 경우 모두 이 자본부분은 자본가의 장부에서 투하자본으로 나타나는데, 실제로도 투하자본이다. 왜냐하면 그것은 우리의 가정에 따르면 주어진 규모로 사업을 수행하는 데 필요한 생산자본의 일부를 이루기 때문이다. 그러나 그것이 어떤 재원에서 투하되는가 하는 것에는 큰 차이가 있다. B의 경우 그것은 현실적으로 최초에 투하되어야 할, 또는 이용 가능하도록 보유되어야 할 자본의 일부다. 그런데 A의 경우 그것은 잉여가치 중에서 자본으로 사용되는 일부다. A의 경우 축적된 자본뿐 아니라 최초에 투하된 자본의 일부도 자본화된 잉여가치에 지나지 않을 수 있다는 것을 알 수 있다.

신용의 발전이 개입하게 되면, 최초에 투하된 자본과 자본화된 잉여가치 사이의 관계는 더욱더 복잡하게 된다. 예컨대 A는 사업의 수행에 충분한 자기 자신의 자본을 처음부터 충분히 가지고 있지 않으므로, 사업을 개시하거나 사업을 1년간 계속하기 위한 생산자본의 일부를 은행가 C로부터 차입한다고 하자. 은행가 C는 자기에게 예탁된, 산업가 D, E, F 따위의 잉여가치로 이루어진 금액을 A에게 대부한다. A의 입장에서는 이것은 아직 축적된 자본은 아니다. 그러나 사실상 D, E, F 따위에 대해서 A는 그들이 취득한 잉여가치를 자본화하는 대리인에 불과하다.

이미 제1권 제24장에서 본 바와 같이, 축적 즉 잉여가치가 자본으로 전환하는 것은, 그것의 현실적 내용으로 보면, 확대된 규모의[이 확대가 외연적으로, 즉 새로운 공장들이 종래의 공장들에 첨가되는 모습으로 나타나든, 또는 종래 생산규모의 내포적인 확대로 나타나든] 재생산과정이다.

생산규모의 확대는 잉여가치의 일부가 개량들[이것들은 고용된 노동의 생산력을 향상시킬 뿐인 것도 있고 노동을 동시에 더 집약적으로 착취할 수 있게 하는 것도 있다]에 사용됨으로써 조금씩 수행될 수도 있다. 또는 노동일이 법적으로 제한되고 있지 않은 곳에서는, 고정자본의 확대 없이 유동자본(생산재료와 임금)의 추가지출만으로도 생산규모가 확대될 수 있는데, 이 경우 고정자본의 매일의 사용시간이 단순히 연장되며 이에 따라 그것의 회전시간은 단축된다. 또는 자본화된 잉여가치는 시장상황이 유리한 경우에는 원료에 대한 투기라든가, 최초의 투하자본만으로는 충분하지 못했을 활동들을 할 수 있게 한다.

그러나 회전기간의 수『회전수』가 증가하여 일 년 동안 잉여가치의 실현이 더 빈번하게 되는 경우에는, 노동일을 연장할 수도 없고 개별적인 개량을 실시할 수도 없는 기간들이 나타날 수 있다는 것은 분명하다. 다른 한편, 사업 전체의 균형적인 확대[부분적으로는 기업시설 예컨대 건물의 확대에 의하여, 부분적으로는 농업에서와 같이 경지면적의 확대에 의하여]는 대체로 좁은 일정한 한계 안에서만 가능하며, 그리고 이를 위해서는 몇 년 동안 잉여가치를 축적해야만 제공될 수 있는 상당히 큰 추가자본이 요구될 수도 있다.

그리하여 현실의 축적, 즉 잉여가치가 생산자본으로 전환(그리고 이에 대응하는 확대된 규모의 재생산)과 병행하여, 화폐의 축적[즉 나중에 가서 일정한 크기에 달한 뒤에야 비로소 추가적인 능동적 자본으로 기능하게 될 잠재적 화폐자본으로 잉여가치의 일부를 축적하는 것]이 진행된다.

개별 자본가의 입장에서 보면 사태는 위와 같다. 그러나 자본주의적 생산의 발전에 따라 동시에 신용제도도 발전한다. 한 자본가가 아직 자기 자신의 사업에서 사용할 수 없는 화폐자본이 다른 자본가에 의하여 사용되며, 그 대신에 전자는 후자로부터 이자를 받는다. 이 자본은 전자에 대해서는 특수한 의미의 화폐자본[생산자본과 구별되는 특수한 종류의 자본]으로 기능한다. 그러나 그것은 다른 자본가의 수중에서 실제로 자본으로 기능한다. 잉여가치가 더욱 빈번히 실현되고 그것이 생산되는 규모가 증대됨에 따라, 새로운 화폐자본 또는 자본으로서 화폐가 화폐시장에 내던져지는 규모가 증대한다는 것과, 적어도 이 화폐의 대부분이 생산의 확대를 위해 화폐시장에서 다시 흡수된다는 것도 명백하다.

이 추가적인 잠재적 화폐자본이 취할 수 있는 가장 간단한 형태는 퇴장화폐의 형태다. 이 퇴장화폐는 귀금속을 생산하는 나라들과의 교환 『무역』에 의하여 직접 또는 간접적으로 획득된 추가적인 금 또는 은일 수도 있다. 그리고 이런 방식에 의해서만 국내의 퇴장화폐는 절대적으로 증대한다. 다른 한편으로—그리고 대부분의 경우에 그렇지만—이 퇴장화폐는 국내의 유통에서 끌려나와 개별 자본가들의 수중에서 퇴장화폐의 형태를 취한 것에 지나지 않을 수도 있다. 또한 이 잠재적 화폐자본이 단순히 가치상징으로 구성되어 있든가—우리는 여기에서는 아직 신용화폐를 무시한다—또는 제3자에 대한 자본가의 단순한 청구권(법적으로 확인된 권리증서)으로 구성되어 있을 수도 있다. 그 어느 경우에도 이 추가적 화폐자본은, 그것의 존재형태가 어떻든 그것이 장래의 자본인 한, 그 사회의 장래의 추가적 연간 생산물에 대한 자본가의 [예비로 보유하고 있는] 추가적인 청구권 이외의 아무것도 아니다.

“현실적으로 축적된 부의 양은, 그 크기로 보면…그 부가 속하는 사회[이 사회가 어떤 문명단계에 처해 있든]의 생산력과 비교하거나 또는 동일한 사회의 불과 몇년간의 현실적 소비와 비교하더라도, 아주 보잘것없다. 그러므로 입법자들 · 경제학자들은 주로 ‘생산력’과 이것의 장래의 자유로운 발전에 주목해야 하며, 종래와 같이 사람의 눈을 놀라게 할 뿐인 축적된 부에 주목해서는 안 된다. 이른바 축적된 부의 거의 대부분은 다만 명목적인 것이며, 선박 · 가옥 · 면제품 · 토지개량과 같은 현실적인 물건들로 이루어져 있는 것이 아니라 사회의 장래 매년의 생산력에 대한 단순한 청구권들[불확실성에 대비하는 수단 · 제도들에 의하여 탄생되어 영구화된 청구권들]로 이루어져 있다.…이런 물건들”(물리적 사물이나 현실적 부의 축적)“을 그것들의 소유자들이 사회의 장래 생산력에 의하여 창조될 부를 취득하기 위한 단순한 수단으로 사용하는 것, 이런 사용은 폭력을 사용하지 않더라도 분배의 자연법칙들에 의하여 점차로 그들로부터 박탈될 것인데, 협동적 노동의 도움을 받는다면, 이런 사용은 몇 해 안 가서 그들로부터 박탈될 것이다.”(W. 톰슨, 『인간의 행복을 가장 잘 증진시키는 부의 분배원리에 관한 연구』, 2판. 런던 1850: 453. 이 책의 1판은 1824년에 나왔다.)

“사회의 현실적 축적은 그 크기나 영향력에서, 인간의 생산력이나 심지어는 한 세대 사람들의 불과 몇년간의 보통의 소비에 비교하더라도, 매우 사소한 것이라는 데 대하여 대다수 사람들은 거의 동의하지 않고 있거나 전혀 생각조차 하지 않고 있다. 그 이유는 명백하지만, 그 영향은 대단히 해롭다. 매년 소비되는 부는 [그것의 소비와 함께 소멸하기 때문에] 우리가 보는 것은 일순간에 지나지 않으며, 우리가 인상을 받는 것은 그것을 향락하고 사용하는 동안뿐이다. 그러나 부 중에서 천천히 소비되는 부분인 가구 · 기계 · 건물은 우리의 유년기로부터 노년기에 이르기까지 우리의 눈앞에 있으며 인간 노력의 내구적 기념물이다. 국부 중에서 이런 고정적이며 오래 견디는 또는 천천히 소비되는 부분인 토지와 가공되는 원료, 가공하는 도구, 작업 중에 비바람을 피하게 하는 건물을 소유함으로써, 이런 물건들의 소유자들은 그들 자신의 이익을 위해 사회의 진실로 생산적인 노동자들의 해마다의 생산력을―자기들이 소유한 물건들은 이 노동의 끊임없이 반복되는 생산물들에 비하면 매우 보잘것없는데도―지배하고 있다. 영국과 아일랜드의 인구는 2,000만이고, 남자 · 여자 · 아동의 1인당 평균소비는 아마도 1년간 약 £20 정도이므로, 합계 약 £4억의 부가 매년 소비되는 노동생산물이다. 이 나라들의 축적된 자본의 총액은 £12억, 즉 연간 노동생산물의 3배를 넘지 않는 것으로 평가되며, 1인당 평균자본은 £60이다. 여기서 우리에게 중요한 것은 이 평가액의 정확한 절대액이 아니라 오히려 그 비율이다. 이 총자본의 이자 〖연간 이자율이 $5\frac{5}{9}$%일 때〗는 총인구를 현재 생활수준에서 1년 중 약 2개월 동안 유지할 것이며, 축적된 총자본은 (이것의 구매자를 발견할 수 있다고 하면) 노동 없이 총인구를 3년 동안 유지할 것이다! 이 시간의 끝에는 그들은 가옥도 의복도 먹을 것도 없이 굶어 죽든가 또는 3년 동안 그들을 유지해온 사람들의 노예로 되지 않을 수 없을 것이다. 3년이 건강한 한 세대의 생존기간[예컨대 40년]에 대하여 가지는 비율은, 가장 부유한 나라에서 현실적 부[축적된 자본]의 크기와 의의가 단 한 세대 사람들의 생산력들에 대하여 가지는 비율과 마찬가지다. 여기서 말하는 생산력은, 한 세대의 사람들이 균등하게 안정을 보장하는 현명한 제도에서, 특히 협동적 노동의 도움을 받아 생산할 수 있는 것을 가리키는 것이 아니라, 불안정하며 결함투성이이고 우리를 의기소침하게 만드는 제도에서 그들이 절대적으로 생산하고 있는 것을 가리키고 있다! …외관상으로 막대한 양의 현존자본(또는 오히려 이 자본량에 의하여 획득하는 연간 노동생산물에 대한 지배)이…현재의 강요된 분리상태 〖대다수의 국민들은 자본을 소유하고 있지 않다』에서 유지되기 위해서는 가증스러운 전체 기구[즉 불안정에서 생기는 죄악 · 범죄 · 고통]가 영구화되어야 한다. 먼저 생필품을 공급하지 않고서는 아무것도 축적될 수 없으며, 그리고 인간 성향의 큰 흐름은 향락을 추구하기 때문에, 어느 순간에서도 사회의 현실적 부의 양은 상대적으로 보잘 것 없다. 오히려 생산과 소비는 영원히 순환한다. 이 막대한 양의 연간의 생산과 소비에 비하면 한줌밖에 안 되는 현실적 축적은 없어도 그만이다. 그럼에도 사람들이 주로 주목해온 것은 이 막대한 생산력이 아니라 한줌밖에 안 되는 축적이었다. 그런데 한줌밖에 안 되는 이 축적은 몇몇 소수의 사람들에 의하여 장악되어 있으며, 대다수 사람들의 노동에 의하여 매년 끊임없이 반복되어 생산되는 생산물을 자기의 것으로 만들기 위한 도구로 전환되어 버렸다. 그러므로 이 몇몇 소수 사람들의 견해에 따르면, 이런 도구가 결정적으로 중요하다.…국민 노동의 연간 생산물의 약 $\frac{1}{3}$이 지금 세금이라는 명목으로 생산자들로부터 탈취되며, 이에 대하여 아무런 등가도 주지 않는 사람들[즉 생산자에 대하여 만족할 만한 아무것도 주지 않는 사람들]에 의하여 비생산적으로 소비되고 있다.…세속적인 사람들은 놀란 눈으로 대량의 축적을 [특히 그것이 몇몇 소수 사람들의 수중에 집중되어 있는 경우에] 바라본다. 그러나 매년 생산되는 대량의 생산물은 큰 강의 영원한 무수한 파도와 같이 물결쳐 지나가 소비라는 망각의 바다 속에 사라진다. 그런데 이 끊임없는 소비에 인류 전체의 모든 만족이 걸려있을 뿐 아니라 심지어 생존까지도 걸려있다. 무엇보다도 이 연간 생산물의 양과 분배가 연구의 대상으로 되어야 한다. 현실적 축적은 전혀 부차적인 의의밖에 없으며, 이런 의의조차도 거의 전적으로 연간 생산물의 분배에 끼치는 그것의 영향 때문이다.…현실적인 축적과 분배는 언제나 여기서는"(톰슨의 저작에서는)"생산력에 관련시켜 또 그것에 종속시켜 고찰된다.

그런데 기타의 거의 모든 학설은 생산력을 현실적인 축적과 현행 분배방식의 영구화와 관련시켜 또 그것들에 종속시켜 고찰했으며, 그리고 이 현행 분배방식의 유지에 비한다면 인류 전체의 끊임없이 반복되는 불행 또는 행복은 일고의 가치도 없는 것으로 생각했다. 폭력과 기만과 우연의 결과를 영구화하는 것—이것을 사람들은 안전이라고 불렀으며, 이런 가짜 안전을 유지하기 위해 인류의 모든 생산력들이 무참하게 희생되었다."(같은 책: 440~443)

* * *

주어진 규모의 재생산조차 방해하는 교란들을 도외시한다면, 재생산에는 다만 두 개의 정상적인 경우가 있을 수 있다.

한 경우에는 단순한 규모에서 재생산이 진행된다.

다른 경우에는 잉여가치의 자본화, 즉 축적이 행해진다.

제1절 단순재생산

단순재생산의 경우, 매년 [또는 연중 몇 차례의 회전에 의해 주기적으로] 생산되고 실현되는 잉여가치는 그것의 소유자인 자본가에 의하여 개인적으로, 즉 비생산적으로 소비된다.

생산물의 가치가 일부는 잉여가치로 이루어지며, 그리고 기타 부분은 생산물에 재생산되는 가변자본과 이것에 의해 소비된 불변자본에 의해 형성된 가치부분으로 이루어진다는 사정에 의해서는, 상품자본으로 끊임없이 유통에 들어가며 역시 끊임없이 유통에서 생산적 또는 개인적 소비를 위해[즉 생산수단 또는 소비수단으로 봉사하기 위해] 끌려나오는 총생산물의 양이나 가치가 조금도 변하지 않는다. 불변자본을 도외시한다면, 이 사정은 노동자들과 자본가들에게 연간 생산물을 분배하는 것에만 영향을 준다.

단순재생산에서도 잉여가치의 일부는 생산물로서가 아니라 항상 화폐형태로 있지 않으면 안 된다. 왜냐하면 그렇지 않은 경우에는 잉여가치는 소비를 위해 화폐로부터 생산물로 전환될 수 없기 때문이다. 우리는 여기에서 잉여가치가 최초의 상품형태로부터 화폐로 전환하는 것을 더 상세히 연구해야 한다. 사태를 단순화하기 위해 문제를 가장 단순한 형태에서 취급한다. 즉 오직 금속화폐[진정한 등가물인 화폐]만이 유통한다고 가정한다.

단순 상품유통에 관하여 전개된 법칙들(제1권 제3장)에 따르면, 국내에 있는 금속화폐의 양은 상품을 유통시키기에 충분하지 않으면 안 될 뿐 아니라, 그것은 화폐유통의 변동[부분적으로는 유통속도의 변동에서, 부분적으로는 상품가격의 변동에서, 그리고 부분적으로는 화폐가 지불수단 또는 진정한 유통수단으로 기능하는 비율의 차이와 변동에서 생긴다]에 대응하는 데도 충분하지 않으면 안 된다. 현재 있는 화폐량이 퇴장화폐와 유통하는 화폐로 분할되는 비율은 끊임없이 변동하지만, 화폐량은 언제나 퇴장화폐와 유통하는 화폐로 있는 화폐의 합계와 동등하다. 이 화폐량(귀금속의 양)은 사회가 점차적으로 축적한 퇴장화폐다. 이 퇴장화폐의 일부가 마멸에 의하여 없어지는 한, 그 부분은 다른 모든 생산물과 마찬가지로 매년 새로 보충되지 않으면 안 된다. 이 보충은 현실적으로 일국의 연간 생산물의 일부가 금·은을 생산하는 나라의 생산물과 직접 또는 간접적으로 교환됨으로써 이루어진다. 그러나 이 거래의 국제적 성격은 거래의 단순한 과정을 은폐한다. 그러므로 문제를 가장 단순하고 가장 투명하게 표현하기 위해서는 금·은의 생산이 자국에서 행해지며 따라서 금 · 은의 생산이 국내의 사회적 총생산의 일부를 이룬다고 전제하지 않으면 안 된다.

사치품을 위해 생산되는 금 · 은을 도외시한다면, 이것들의 연간생산의 최소한은 매년의 화폐유통으로 말미암아 생기는 화폐금속의 마멸분과 같지 않으면 안 된다. 그리고 또 매년 생산되어 유통하는 상품량의 가치액이 증가한다면, 금 · 은의 연간생산도 증가하지 않으면 안 되는데, 이것은 유통하는 상품의 증가한 가치액의 유통에 (그리고 그것에 대응하는 화폐퇴장에) 필요한 화폐량이 화폐의 유통속도 증대에 의하여, 그리고 지불수단으로서 화폐 기능의 확대에 의하여[즉 진정한 화폐의 개입 없이 행해지는 매매의 상호결제의 증대에 의하여] 상쇄되지 않는 한에서 그렇다.

따라서 사회적 노동력의 일부와 사회적 생산수단의 일부는 매년 금 · 은의 생산에 사용되지 않으면 안 된다. 『따라서 화폐는 순수유통비용이다.』

금 · 은의 생산에 종사하는—여기에서는 단순재생산을 가정하고 있으므로, 금 · 은의 연평균 마멸과 이것으로 말미암은 금 · 은의 연평균 소비의 한계 안에서 생산을 수행할 따름인—자본가들은 그들의 잉여가치[우리의 가정에 따르면, 이것은 조금도 자본화되지 않고 매년 소비된다]를 화폐형태로 직접 유통에 투입하는데, 이 화폐형태는 그들에게는 생산물의 현물형태이고 기타의 생산부문들에서와 같이 생산물이 전환된 형태가 아니다.

그리고 또 임금—가변자본이 투하되는 화폐형태—에 관하여 말한다면, 이것도 역시 생산물의 판매, 그것의 화폐로의 전환에 의하여 보충되는 것이 아니라, 자체의 현물형태가 처음부터 화폐형태로 되어 있는 생산물에 의하여 보충된다.

마지막으로, 귀금속 총생산물 중 주기적으로 소비되는 불변자본 —일년간에 소비되는 불변적 유동자본과 불변적 고정자본—의 가치와 동등한 부분에 대해서도 사태는 마찬가지다.

귀금속의 생산에 투하된 자본의 순환 또는 회전을 먼저 M－C…P…M′의 형태에서 고찰하자. M－C에서 C는 노동력과 생산수단들뿐 아니라 또한 고정자본[이것의 가치의 일부만이 P에서 소비된다]으로도 이루어지고 있는 만큼, 생산물인 M′은 임금에 투하된 가변자본+생산수단에 투하된 유동적 불변자본+마멸된 고정자본의 가치부분+잉여가치와 같은 화폐액이라는 것이 명백하다. 만약 금의 일반적 가치가 불변일 경우 M′이 이 화폐액보다 적다면, 이 광산업은 수익성이 없을 것이며, 또는 이런 현상이 일반적이라면 장래에는 금의 가치는 가치가 변하지 않는 상품에 비하여 증가할 것이다. 즉 상품들의 가격은 하락할 것이며, 따라서 장래에는 M－C에 투하되는 화폐액이 적어질 것이다.

먼저 M－C…P…M′의 출발점인 M으로 투하되는 자본의 유동부분만을 고찰한다면, 일정한 화폐액이 노동력에 대한 지불과 생산재료의 구매에 투하되어 유통에 투입된다. 그러나 이 화폐액은 이 자본의 순환에 의하여 유통에서 다시 끌려나와 유통에 새로 투입되지는 않는다. 생산물은 현물형태로 이미 화폐이며 따라서 그것은 교환을 통하여, 유통과정을 통하여, 비로소 화폐로 전환될 필요는 없다. 그것은 화폐자본으로 재전환되어야 할 상품자본의 형태로서가 아니라, 생산자본으로 재전환되어야 할, 즉 새로 노동력과 생산재료를 구매하여야 할 화폐자본으로서 생산과정에서 유통영역으로 들어간다. 노동력과 생산수단에 지출된 유동자본의 화폐형태는 생산물의 판매에 의하여 보충되는 것이 아니라 생산물 자체의 현물형태에 의하여 보충되며, 따라서 그것의 가치를 화폐형태로 유통에서 다시 끌어냄으로써 보충되는 것이 아니라 새로 생산된 추가적 화폐에 의하여 보충된다.

이 유동자본은 500원, 회전시간은 5주간, 노동기간은 4주간, 유통시간은 다만 1주간이라고 가정하자. 처음부터 5주분의 화폐가 일부는 생산용 재고에 투하되지 않으면 안 되고 일부는 점차 임금으로 지불되기 위해 준비되어 있지 않으면 안 된다. 제6주 초에는 400원이 환류하여 있으며 100원이 풀려나 있다. 이것이 계속 반복된다. 이 경우에도 종전과 마찬가지로 회전의 어떤 기간에 100원이 항상 풀려난 형태로 있게 될 것이다. 그러나 그것은 나머지 400원과 마찬가지로 새로 생산된 추가적 화폐로 이루어지고 있다. 이 경우 연간 회전수는 10회며 생산된 연간 생산물은 5,000원의 금이다. (유통시간은 이 경우 상품이 화폐로 전환하는 데 드는 시간이 아니라 화폐가 생산요소들로 전환하는 데 드는 시간이다.)

이와 동일한 조건에서 회전하는 [금 · 은을 생산하는 자본이 아닌] 기타의 자본 500원의 경우에는, 끊임없이 갱신되는 화폐형태는 생산된 상품자본이 전환된 형태인데, 이 상품자본은 4주마다 유통에 투입되고 그것의 판매에 의하여—따라서 맨 처음 과정에 들어간 것과 동일한 양의 화폐를 주기적으로 끌어냄으로써—이 화폐형태를 끊임없이 새로 다시 취한다. 이와 반대로 금 · 은을 생산하는 자본의 경우에는 매 회전기간에 새로운 추가화폐 500원이 생산과정 자체로부터 유통에 투입되고, 유통에서 생산재료와 노동력을 끊임없이 끌어낸다. 유통에 투입되는 이 화폐는 이 자본의 순환에 의하여 유통에서 끌려나오는 것이 아니라 끊임없이 새로 생산되는 금량에 의하여 증대된 것이다.

이 유동자본의 가변부분이 위와 같이 100원이라고 가정한다면, 일반적인 상품의 생산에서는 이 100원은 1년에 10회전하면서 노동력에 대하여 끊임없이 지불하는 데 충분할 것이다. 금 생산의 경우에도 동일한 금액이면 충분하다. 그러나 5주마다 노동력에 대하여 지불하는 데 사용되는 100원의 환류는 이 노동력의 생산물이 전환된 형태가 아니라 그것의 새로운 생산물 자체의 일부다. 금 생산업자는 자기 노동자들에게 직접 그들 자신이 생산한 금의 일부로 지불한다. 그러므로 이와 같이 매년 노동력에 투하되며 노동자들에 의하여 유통에 투입되는 1,000원은 유통에 의하여 자체의 출발점으로 복귀하는 것은 아니다.

다음으로 고정자본에 관하여 말한다면, 사업의 창립 당시에 비교적 큰 금액의 화폐자본이 지출되어야 하며 따라서 이 화폐자본이 유통에 투입된다. 모든 고정자본과 마찬가지로 그것은 몇년 동안 오직 일부씩 환류한다. 그러나 그것은 생산물 즉 금의 직접적인 일부로 환류하는 것이지 생산물의 판매와 이것에 따른 생산물의 화폐화에 의하여 환류하는 것은 아니다. 따라서 그것은 화폐가 유통에서 끌려나오는 것에 의해서가 아니라 생산물 중 해당되는 부분의 적립에 의하여, 화폐형태를 점차 취한다. 이와 같은 방식으로 회수된 화폐자본은, 최초에 고정자본을 위해 유통에 투입된 화폐액을 보충하기 위해 유통에서 점차 끌려나온 화폐액이 아니다. 그것은 추가적인 화폐량이다.

마지막으로 잉여가치에 관해 말한다면, 이것 역시 새로운 생산물인 금의 일부[새로운 회전기간마다 유통에 투입되며, 우리의 가정에 따르면 비생산적으로 지출되어 생활수단과 사치품에 지불되는 부분]다.

그러나 우리의 전제에 따르면, 이 1년간의 금 생산 전체—이것 때문에 시장에서 끊임없이 노동력과 생산재료가 끌려나오지만, 어떤 화폐도 끌려나오지 않으며, 끊임없이 추가적인 화폐가 시장에 공급된다—는 1년 동안에 마멸된 화폐를 보충할 따름이며, 따라서 [비록 비율상으로는 변동이 있다고 하더라도] 퇴장화폐와 유통하는 화폐라는 두 형태로 있는 사회의 화폐량을 부족하지 않도록 유지할 따름이다.

상품유통의 법칙에 따르면, 화폐총량은 유통에 필요한 화폐량+퇴장화폐의 형태로 있는 화폐량과 같지 않으면 안 되는데, 후자는 유통의 수축과 팽창에 따라 증감하며, 필요한 지불수단의 준비금을 형성하는 데 특히 봉사한다. 지불이 상호 상쇄되지 않는 한, 상품의 가치는 화폐로 지불되지 않으면 안 되는데, 이 가치의 일부가 잉여가치로 이루어진다는 사실, 즉 그 상품의 판매자는 아무런 비용도 들이지 않았다는 사실은 사태를 조금도 변경시키지 않는다. 생산자들이 모두 생산수단의 독립적인 소유자들이며, 따라서 유통이 직접적인 생산자 자신들 사이에서 진행된다고 가정하자. 만약 그들의 자본의 불변부분을 도외시한다면, 그들의 연간 잉여생산물은 자본주의 사회의 사태와 유사하게 두 부분으로 분할될 수 있을 것이다. 즉 그들의 생필품들을 보충할 따름인 한 부분 a와, 그들이 일부는 사치품에 소비하며 일부는 생산의 확대에 사용하는 다른 부분 b로 나눌 수 있을 것이다. 이 경우 a는 가변자본을 대표하며 b는 잉여가치를 대표한다. 그러나 이런 구분은 그들의 총생산물의 유통에 필요한 화폐량의 크기에는 아무런 영향도 주지 않을 것이다. 기타의 조건들이 동일하다면, 전체 유통상품량의 가치는 동일할 것이며, 따라서 이에 필요한 화폐량도 동일할 것이다. 회전시간의 분할이 주어져 있는 경우에는 그들은 종전처럼 동일한 화폐준비를, 즉 그들의 자본 중 동일한 부분을 항상 화폐형태로 가지고 있지 않으면 안 될 것이다. 왜냐하면 우리는 그들의 생산이 이전과 마찬가지로 상품생산이라고 가정하고 있기 때문이다. 따라서 상품가치의 일부가 잉여가치로 이루어진다는 사정은 사업의 경영에 필요한 화폐량을 조금도 변경시키지 않는다.

투크의 반대자로서 M－C－M′이라는 형태에 매달린 한 사람이 그에게, '도대체 어떻게 자본가는 그가 유통에 투입하는 것보다 더 많은 화폐를 유통에서 항상 끌어낼 수 있는가?'하고 묻는다. 분명히 말하지만, 여기에서 그들이 문제로 삼고 있는 것은 잉여가치의 형성이 아니다. 잉여가치의 형성은 유일하게 진정한 비밀이지만, 자본가들은 당연한 것으로 여기고 있다. 투하가치액은 잉여가치에 의하여 증식되지 않는다면 자본이 아닐 것이다. 그러므로 잉여가치는 처음부터 전제되고 있으며, 그것의 존재는 당연한 것으로 여겨지고 있는 것이다.

따라서 문제는 잉여가치가 어디에서 오는가 하는 것이 아니라 잉여가치를 화폐화하기 위한 화폐가 어디에서 오는가 하는 것이다.

부르주아 경제학에서는 잉여가치의 존재는 자명한 일이다. 따라서 잉여가치의 존재가 가정되고 있을 뿐 아니라 이와 함께 또한 다음과 같은 것이 가정되고 있다. 즉 유통에 투입된 상품량의 일부는 잉여생산물이며, 따라서 유통에 투입된 상품량의 일부는 자본가가 자기의 자본과 함께 유통에 투입한 것이 아닌 어떤 가치를 표시한다는 것, 그러므로 자본가는 자기의 생산물과 함께 자기의 자본 이상의 어떤 초과분을 유통에 투입하고, 그리고 이 초과분을 유통에서 다시 끌어낸다는 것이 가정되고 있다.

자본가가 유통에 투입하는 상품자본은 그가 노동력과 생산수단의 형태로 유통에서 끌어낸 생산자본보다 더 큰 가치를 가지고 있다. (부르주아 경제학의 관점에서는 왜 그렇게 되는가 하는 것은 설명도 이해도 되지 않지만 하나의 사실이다.) 이런 전제에서는, 어떻게 해서 자본가 A뿐 아니라 B, C, D 등등이 자기 상품들의 교환에 의하여 자기들의 최초의 자본가치[이것은 끊임없이 새로 투하된다]보다 더욱 큰 가치를 유통에서 항상 끌어낼 수 있는지 그 이유가 명백하다. A, B, C, D 등등은 생산자본의 형태로 유통에서 끌어내는 것보다 더 큰 상품가치를 상품자본의 형태로 유통에 항상 투입한다—이 활동은 독립적으로 기능하는 자본들로 말미암아 그만큼 다양하다. 따라서 그들은 각자가 투하한 생산자본의 가치에 해당하는 화폐총액에 의해, 그들 각자는 유통에서 생산자본의 화폐액을 끌어낼 뿐 아니라, 상품가치 중 생산요소들의 가치 이상의 초과분 〖잉여가치〗을 화폐로 끌어낼 수 있는 것이다.

그러나 상품자본이 생산자본으로 재전환되기 전에, 또 그 속에 포함되어 있는 잉여가치가 지출되기 전에, 그것은 화폐화되지 않으면 안 된다. 이렇게 하기 위한 화폐는 어디로부터 오는가? 이 문제는 언뜻 보면 어려운 것으로 보이며 투크나 그 외의 누구도 이 질문에 대하여 지금까지 대답하지 않았다.

화폐자본의 형태로 투하된 500원의 유동자본이, 그것의 회전시간은 어떻든, 사회 즉 자본가계급의 총유동자본이라고 하자. 잉여가치는 100원이라고 하자. 그러면 전체 자본가계급은 항상 500원만을 유통에 투입하는데, 어떻게 유통에서 계속 600원을 끌어낼 수 있는가?

500원의 화폐자본이 생산자본으로 전환된 뒤, 이 생산자본은 생산과정 안에서 600원의 상품가치로 전환되며, 그리하여 유통에는 최초에 투하된 화폐자본과 같은 500원의 상품가치뿐 아니라 새로 생산된 100원의 잉여가치도 있다.

이 100원이라는 추가적 잉여가치는 상품형태로 유통에 투입되어 있다. 이에 관해서는 아무런 의문도 없다. 그러나 이런 활동은 결코 이 추가적 상품가치의 유통을 위한 추가적 화폐를 제공하지는 않는다.

그럴듯한 속임수로 이 곤란을 회피하려고 해서는 안 된다.

그런 속임수의 예를 들면 다음과 같다. 유동적 불변자본에 관한 한, 모두가 그것을 동시에 투하하는 것은 분명히 아니다. 자본가 A가 자기의 상품을 판매하고 따라서 그의 투하자본이 화폐형태를 취할 때, 화폐형태로 있는 구매자 B의 자본은 그의 생산수단들[바로 A가 생산하는 것]의 형태를 취한다. A가 자기의 상품자본에 다시 화폐형태를 주는 그 동일한 행위에 의하여, B도 자기 자본에 생산적 형태를 주고 그것을 화폐형태에서 생산수단과 노동력으로 전환시킨다. 동일한 화폐액이 모든 단순한 판매 C－M에서와 마찬가지로 양면으로 기능한다. 다른 한편으로, A가 화폐를 다시 생산수단으로 전환시킬 때는 C에게서 구매하며 C는 동일한 화폐로써 B에게 지불한다 따위. 이와 같은 식으로 해서 그 문제 〖잉여가치를 유통시키는 추가적 화폐〗가 설명되었다고 말할지도 모른다.

그러나 상품유통을 위한 유통화폐량에 관한 모든 법칙들(제1권 제3장)은 생산과정의 자본주의적 성격에 의하여 결코 변경되지 않는다.

따라서 화폐형태로 투하되는 사회의 유동자본이 500원이라고 말할 때,

이것은 한꺼번에 동시에 투하된 금액이라는 것, 그러나 또 이 금액은 번갈아 가면서 상이한 생산업자들의 화폐재원으로서 봉사하기 때문에 500원보다 더 큰 생산자본을 운동시킨다는 것이 이미 고려되고 있다. 따라서 위의 설명방식은 그 존재를 설명해야 할 화폐가 이미 있는 것으로 전제하고 있는 셈이다.

다음에 또 이런 속임수도 있을 것이다. 자본가 A는 자본가 B가 개인적으로, 비생산적으로 소비하는 물품을 생산한다. 따라서 B의 화폐는 A의 상품자본을 화폐화하며, 그리고 동일한 화폐액이 B의 잉여가치와 A의 유동적 불변자본의 화폐화에 봉사한다고. 그러나 이 경우에는 해결되어야 할 문제의 대답이 더 직접적으로 가정되고 있다. 즉 B는 자기의 수입에 충당하기 위한 이 화폐를 어디로부터 얻는가? 그 자신은 자기 생산물 중 이 잉여가치 부분을 어떻게 화폐화하였는가?

그 다음으로 이런 속임수도 있을 것이다. 유동적 가변자본 중 A가 어느 시점에서 자기 노동자들에게 투하하는 부분은 유통에서 끊임없이 자기에게로 환류하며, 따라서 유동적 가변자본 중 일부만이 어느 시점의 임금지불을 위해 항상 보유되는 셈이다. 그러나 지출과 환류 사이에는 일정한 시간적 간격이 있고, 그 동안에 임금으로 지불된 화폐는 잉여가치의 화폐화를 위해서도 봉사할 수 있다고.

그러나 우리는 첫째, 이 간격이 길면 길수록 자본가 A가 항상 보유하고 있지 않으면 안 되는 화폐 준비량이 더 크지 않으면 안 된다는 것을 알고 있다. 둘째, 노동자는 화폐를 지출하고 그것으로 상품을 구매하며 그렇게 함으로써 그만큼 이 상품에 포함되어 있는 잉여가치를 화폐화한다. 따라서 가변자본의 형태로 투하되는 동일한 화폐는 이 한도까지 또한 잉여가치의 화폐화에 봉사한다. 여기에서는 이 문제에 더 깊이 들어가지는 않고 다만 다음과 같은 것을 지적하여 둔다. 전체 자본가계급과 이 계급에 의존하고 있는 비생산적 인물들의 소비는 노동자계급의 소비와 나란히 행해진다. 따라서 노동자들에 의하여 유통에 투입되는 화폐와 동시에, 자본가들에 의해서도 그들의 잉여가치를 수입으로 지출하기 위해 화폐가 유통에 투입되지 않으면 안 된다. 따라서 잉여가치분만큼 화폐를 유통에서 끌어내지 않으면 안 된다. 위의 설명은 이와 같이 필요한 화폐량을 감소시킬 따름이고 화폐의 필요성을 제거하지는 못하고 있다.

마지막으로 다음과 같은 속임수도 있을 것이다. 고정자본에 처음으로 투하하는 경우에는 언제나 대량의 화폐가 유통에 투입되며, 이 화폐는 몇년이 경과하는 동안 그것을 유통에 투입한 사람에 의하여 유통에서 점차적으로 일부씩만 끌려나온다. 이 금액은 잉여가치를 화폐화하기에 충분할 수 있지 않는가라고. 이에 대한 답변은 이렇다. 즉 500원이라는 금액(이것에는 필요한 준비금을 위한 화폐퇴장도 포함되어 있다)에는 [그것을 유통에 투입하는 사람이 아니라도 다른 누구에 의해서든] 그것을 고정자본에 투하할 가능성이 이미 포함되어 있다고. 또한 고정자본으로 봉사하는 생산물들의 구입을 위해 지출되는 금액은 이 상품들 속에 들어있는 잉여가치에 대한 지불도 이미 포함하고 있다. 그런데 문제는 바로 이 화폐가 어디에서 오는가 하는 것이다.

일반적 대답은 이미 주어져 있다. 1,000x원의 상품량이 유통되어야 한다면, 이 유통을 위해 필요한 화폐량은 이 상품량의 가치 속에 잉여가치가 포함되어 있는가 그렇지 않은가, 또는 이 상품량이 자본주의적으로 생산되었는가 그렇지 않은가 하는 것에 의해서는 조금도 달라지지 않는다. 따라서 그 문제 〚잉여가치를 유통시키는 추가적 화폐에 관한 문제〛 자체가 존재하지 않는다. 화폐의 유통속도 따위 기타 조건들이 일정하다면, 1,000x원의 상품가치를 유통시키는 데는 일정한 화폐액이 필요하다[이 금액은 이 상품들의 직접적 생산자에게 이 가치 중 얼마나 많은 부분이 또는 얼마나 적은 부분이 돌아가는가 하는 사정에는 전혀 의존하지 않는다]. 여기에서 문제가 되는 것은 일반적인 문제, 즉 일국 안의 상품유통에 필요한 화폐량은 어디로부터 오는가 하는 문제다.

그런데 자본주의적 생산의 관점에서 보면 여기에는 확실히 특수한 문제가 포함되어 있는 듯한 외관이 생긴다. 왜냐하면 여기에서 화폐가 유통에 투입되는 출발점으로 나타나는 것은 자본가이기 때문이다. 노동자가 자기의 생활수단을 지불하기 위해 지출하는 화폐는 전에는 가변자본의 화폐형태로서 존재하였고, 따라서 최초에는 자본가에 의하여 노동력의 구매수단 또는 지불수단으로 유통에 투입된 것이다. 그밖에 자본가가 유통에 투입하는 화폐는 최초에는 그의 불변적 고정자본 · 유동자본의 화폐형태였으며, 그는 그것을 노동수단 · 생산재료에 대한 구매수단 또는 지불수단으로서 지출한다. 그러나 이 이상으로는 자본가는 유통에 있는 화폐량의 출발점으로 나타나지 않는다. 지금 있는 것은 다만 두 개의 출발점, 즉 자본가와 노동자뿐이다. 온갖 종류의 제3자들은 어떤 서비스의 대가로 이 두 계급으로부터 화폐를 받지 않으면 안 되거나, 또는 그들이 아무런 서비스도 제공하지 않고 화폐를 받는다면 그들은 [지대 · 이자 등등의 형태로] 잉여가치의 공동소유자들이다. 잉여가치가 전부 산업자본가의 호주머니에 남지 않고 산업자본가가 그것을 다른 사람들과 분배하지 않으면 안 된다는 사정은, 당면한 문제와는 아무런 관계도 없다. 문제는 산업자본가가 어떻게 자기의 잉여가치를 화폐화하는가 하는 것이지, 그렇게 하여 얻은 화폐가 그 뒤에 어떻게 분배되는가 하는 것은 아니기 때문이다. 따라서 우리의 경우에는 아직 자본가가 잉여가치의 유일한 소유자라고 보아야 한다. 노동자에 관하여 말한다면, 이미 말한 바와 같이 노동자는 자본가에 의하여 유통에 투입된 화폐의 제2차적 출발점에 불과하고 그것의 제1차적 출발점은 자본가다. 가변자본으로 최초에 투하된 화폐는 노동자가 그것을 생활수단에 대한 지불을 위해 지출할 때 이미 그 두 번째 유통을 수행하게 되는 것이다.

따라서 자본가계급은 화폐유통의 유일한 출발점이다. 만약 그가 생산수단에 대한 지불을 위해 400원 그리고 노동력에 대한 지불에 100원을 필요로 한다면, 그는 유통에 500원을 투입한다. 그런데 잉여가치율이 100%인 경우 생산물에 들어 있는 잉여가치는 100원의 가치와 같다. 자본가계급은 항상 유통에 500원만을 투입하는데 어떻게 유통에서 계속 600원을 끌어낼 수 있는가? 무無로부터는 아무것도 나오지 않는다. 자본가계급 전체는, 전에 이미 유통에 투입하지 않은 어떤 것도 유통에서 끌어낼 수 없다.

여기서 우리는 400원이라는 화폐액이 10회전하는 경우 아마도 4,000원어치의 생산수단과 1,000원어치의 노동력을 유통시키는 데 충분하며, 나머지 100원은 1,000원어치의 잉여가치를 유통시키는 데 역시 충분하리라는 사정을 무시한다. 화폐액과 그것에 의하여 유통되는 상품가치 사이의 비율은 사태와 아무런 관계도 없다. 문제는 여전히 풀리지 않고 남아있다. 만약 동일한 개개의 화폐들이 여러 번 유통하지 않는다면, 자본으로 5,000원이 유통에 투입되어야 할 것이며, 잉여가치를 화폐화하기 위해 1,000원이 필요할 것이다. 이 후자의 화폐는 그것이 1,000원이든 100원이든 어디로부터 나오는가 하는 것이 문제다. 어떻든 그것은 유통에 투입된 화폐자본을 넘는 초과분이다.

사실상, 언뜻 보면 아무리 역설적으로 보이더라도, 자본가계급 자체가 상품들에 들어 있는 잉여가치의 실현에 봉사하는 화폐를 유통에 투입하는 것이다. 그러나 주의하라. 자본가계급은 그것을 투하하는 화폐로서, 따라서 또 자본으로서 유통에 투입하는 것은 아니다. 자본가계급은 그것을 그들의 개인적 소비를 위한 구매수단으로서 지출하는 것이다. 따라서 자본가계급은 이 화폐유통의 출발점이기는 하지만 이 화폐를 투하하는 것은 아니다 『수입으로서 지출한다』.

자기의 사업을 개시하는 개별 자본가, 예컨대 차지농업가를 들어보자. 제1년도에 그는 예컨대 5,000원의 화폐자본을 생산수단에 대한 지불

(4,000원)과 노동력에 대한 지불(1,000원)에 투하한다. 잉여가치율은 100%, 그가 취득하는 잉여가치는 1,000원이라고 하자. 위의 5,000원은 그가 화폐자본으로 투하하는 모든 화폐를 포함하고 있다. 그러나 이 사람도 생활하지 않으면 안 되는데 그는 연도 말까지 어떤 화폐도 얻지 못한다. 그의 〖개인적〗 소비는 〖잉여가치와 같은〗 1,000원에 달한다고 하자. 그는 이 화폐를 가지고 있지 않으면 안 된다. 그는 물론 자기는 자기에게 이 1,000원을 제1년도에 투하하지 않으면 안 된다고 말할 것이다. 그러나 이 투하라는 것은 [이 경우 다만 주관적 의미밖에 가지지 않지만] 그가 제1년도에 자기의 개인적 소비를 그의 노동자들이 무상으로 생산해준 것에 의해서가 아니라 자기 자신의 주머니로부터 감당하지 않으면 안 된다는 것 이상의 아무것도 의미하지 않는다. 그는 이 화폐를 자본으로 투하하는 것이 아니다. 그는 이것을 지출하여 그가 소비하는 생활수단에 지불해버린다. 이 가치는 그에 의하여 화폐로 지출되고 유통에 투입되며 그리고 그곳으로부터 상품가치로 끌려나온다. 이 상품가치를 그는 소비하는 것이다. 이리하여 그는 이 상품가치와의 모든 관련을 끊게 된다. 그가 이 가치에 대하여 지불한 화폐는 유통화폐량의 한 구성부분으로 존재한다. 그러나 그는 이 화폐의 가치를 생산물의 형태로 유통에서 끌어냈으며, 이 가치가 존재하고 있었던 생산물들과 함께 그것들의 가치도 소멸된다. 그것은 다 없어졌다. 그런데 연도 말에 그는 6,000원의 상품가치를 유통에 투입하고 그것을 판매한다. 이에 따라 그에게로 (1) 그의 투하화폐자본 5,000원, (2) 화폐화된 잉여가치 1,000원이 환류한다. 그는 자본으로서 5,000원을 유통에 투입하였는데, 그는 유통에서 6,000원을, 즉 자본으로서 5,000원과 잉여가치로서 1,000원을 끌어낸다. 이 후자 1,000원은 자기 자신이 자본가로서가 아니라 소비자로서 유통에 투입하였던 그 화폐, 즉 투하한 것이 아니라 소비해 버린 그 화폐에 의하여 화폐화된 것이다. 이제 그 화폐는 그가 생산한 잉여가치의 화폐형태로서

그에게 복귀하는 것이다. 그리고 그 뒤에는 이 과정이 매년 반복된다. 그러나 제2년도부터는 그가 지출하는 1,000원은 언제나 그가 생산한 잉여가치의 탈바꿈이며 화폐형태다. 자본가는 그것을 매년 지출하며 그것은 또한 매년 자본가에게로 환류한다.

만약 그의 자본이 1년간에 여러 차례 회전하더라도 사태에는 아무런 변동이 없다 — 물론 자본가가 자기의 투하화폐자본과는 별도의 금액을 자기의 개인적 소비를 위해 유통에 투입해야 할 시간의 길이와 그 금액의 크기에는 변동이 있지만.

이 화폐는 자본가에 의하여 자본으로 유통에 투입되는 것은 아니다. 하기는 잉여가치가 환류할 때까지 자기가 가지고 있는 재산으로 살 수 있다는 것이 자본가의 자격에 속하는 일이기는 하지만.

위의 경우 자본이 첫 번째 환류할 때까지 자본가가 자기의 개인적 소비를 감당하기 위해 유통에 투입하는 화폐액은, 그에 의하여 생산되고 따라서 화폐화되어야 할 잉여가치와 정확히 같다고 가정하였다. 이것은 명백히 개별 자본가에게는 자의적인 가정이다. 그러나 이 가정은 자본가계급 전체에 대해서는 단순재생산의 가정에서는 정당함에 틀림없다. 이 가정은 단순재생산이 의미하는 것과 동일한 것, 즉 잉여가치 전체가 비생산적으로 소비된다는 것 [따라서 최초의 자본은 그 어떤 부분도 비생산적으로 소비되지 않는다는 것]을 표현하는 데 지나지 않는다.

위에서 가정한 바에 따르면, 귀금속의 총생산(=500원)은 화폐의 마멸분을 보충하기에 충분할 따름이다.

금을 생산하는 자본가들은 그들의 모든 생산물을 금으로 가지고 있다. 즉 생산물 중 불변자본과 가변자본을 보충하는 부분이나 잉여가치로 이루어지고 있는 부분이나 할 것 없이 모두 금으로 가지고 있다. 따라서 사회적 잉여가치의 일부는 금으로 이루어져 있으며, 유통과정에서 비로소 금〖화폐〗으로 전환되는 생산물로 이루어져 있지는 않다. 그것은 처음부터 금으로 이루어져 있으며 유통에 투입되어 그곳으로부터 생산물을 끌어낸다. 동일한 것을 이 경우에는 임금 곧 가변자본에 대하여도, 투하된 불변자본의 보충에 대해서도 말할 수 있다. 따라서 만약 자본가계급의 일부가 그들이 투하한 화폐자본보다 더 큰(잉여가치만큼) 상품가치를 유통에 투입한다면, 자본가들의 다른 부분 『금 생산자』은 그들이 금 생산을 위해 유통에서 끊임없이 끌어내는 상품가치보다 더 큰(잉여가치만큼) 화폐가치를 유통에 투입한다. 만약 자본가들의 일부가 유통에 집어넣는 것보다 더 많은 화폐를 끊임없이 유통에서 끌어낸다면, 자본가들 중 금을 생산하는 그룹은 생산수단의 형태로 유통에서 끌어내는 것보다 더 많은 화폐를 끊임없이 유통에 집어넣는다.

그런데 500원의 금생산물의 일부는 금생산자들의 잉여가치이지만, 그 전액은 오직 상품유통에 필요한 화폐를 보충하기 위한 것이다. 그 중 얼마가 상품들 속에 포함되어 있는 잉여가치를 화폐화하는 것이고, 얼마가 상품가치의 다른 구성부분들을 화폐화하는 것인가 하는 것은 이 경우에는 아무래도 좋다.

금 생산을 이 나라에서 다른 나라로 옮겨놓아도 사태는 조금도 변하지 않는다. A국의 사회적 노동력과 사회적 생산수단의 일부는 500원의 가치를 가진 생산물 예컨대 아마포로 전환되며, 이것이 금을 사기 위해 B국으로 수출된다. A국에서 그렇게 사용된 생산자본은, 그것이 금 생산에 직접 적용될 때와 마찬가지로, A국의 시장에 상품들—화폐와 구별되는—을 제공하지 않는다. A국의 이 생산물은 500원의 금으로 나타나며 화폐로서만 A국의 유통에 들어간다. 사회적 잉여가치 중 이 생산물에 포함되어 있는 부분은 직접 화폐로서 존재하며, A국에서는 화폐형태 이외의 형태로는 결코 존재하지 않는다. 금을 생산하는 자본가들에게는 생산물의 일부만이 잉여가치를 대표하며 다른 부분은 자본의 보충분을 대표하는 것이지만, 이 금 중 얼마가 가변자본을 보충하며—유동적 불변자본은 제외하고—얼마가 잉여가치를 대표하는가 하는 문제는, 오로지 유통 상품의 가치에 대한 임금 · 잉여가치의 비율 여하에 달려 있다. 잉여가치를 구성하는 부분은 자본가계급의 다양한 구성원들 사이에 분배된다. 비록 이 부분은 그들에 의하여 계속 개인적 소비를 위해 지출되며 새로운 생산물의 판매에 의하여 다시 획득되지만[바로 이 구매와 판매가 일반적으로 잉여가치의 화폐화를 위해 필요한 화폐를 자본가 자신들 사이에 유통시킨다], 사회적 잉여가치의 일부는, 비율은 변동된다고 하더라도, 화폐형태로 자본가의 주머니 속에 있는데, 이는 마치 임금의 일부가 적어도 1주간의 얼마 동안은 화폐형태로 노동자의 주머니 속에 머물러 있는 것과 마찬가지다. 그리고 이 부분 『잉여가치의 화폐형태로 자본가의 주머니에 남아 있는 부분』은 금생산물 중 금생산 자본가들의 잉여가치를 이루는 부분에 의하여 제한되어 있는 것이 아니고, 이미 말한 바와 같이, 위의 500원의 생산물이 일반적으로 자본가들과 노동자들 사이에 분배되는 비율과, 그리고 유통되어야 할 상품가치가 잉여가치와 기타의 가치구성부분들로 이루어지는 비율에 의하여 제한되어 있다.

그러나 잉여가치 중 다른 상품들로 있는 것이 아니라 [이 다른 상품들과 나란히] 화폐로 있는 부분은, 연간 금생산물의 일부가 잉여가치의 실현을 위해 유통하는 한, 매년 생산되는 금의 일부로 이루어진다. 그렇지만 자본가계급의 수중에 그들의 잉여가치의 화폐형태로서 [비율은 변동하더라도] 끊임없이 있는 기타의 화폐부분은 매년 생산되는 금의 일부가 아니라 이전부터 국내에서 누적된 화폐량의 일부다.

우리의 가정에 따르면, 500원이라는 연간 금생산은 매년 마멸되는 화폐를 보충하기에 충분하다. 그러므로 우리가 이 500원만을 안중에 두고, 매년 생산되는 상품 중 이전부터 누적된 화폐에 의해 유통되는 부분을 도외시한다면, 상품형태로 생산된 잉여가치는 이미 자기의 화폐화를 위한 화폐를 유통에서 발견하게 된다. 왜냐하면 다른 한편에서 잉여가치가 매년 금의 형태로 생산되기 때문이다. 500원의 금생산물 중 투하된 화폐자본을 보충하는 다른 부분들에 대해서도 동일한 것을 말할 수 있다.

그런데 여기에서 두 가지 지적해야 할 것이 있다.

첫째로, 자본가들이 화폐로 지출하는 잉여가치, 그리고 그들이 화폐로 투하하는 가변자본과 기타의 생산자본은 사실상 노동자들의, 특히 금 생산에 종사하는 노동자들의 생산물이다. 노동자들은 금생산물 중 임금으로 자기들에게 '투하되는' 부분도, 금생산물 중 자본주의적 금생산자들의 잉여가치를 직접 대표하는 부분도 새로 생산한다. 마지막으로, 금생산물 중 그것의 생산에 투하된 불변자본가치를 보충할 따름인 부분에 관하여 말한다면, 그것은 노동자들의 매년의 노동에 의해서만 금 형태로(일반적으로는 생산물 중에) 다시 나타난다. 사업이 개시될 때 이 부분은 최초에 자본가에 의하여 화폐[새로 생산된 것이 아니라 사회에서 유통하고 있는 화폐량의 일부를 이루는]로 투자되었다. 그러나 그것이 새로운 생산물[추가적 금]에 의하여 보충되는 한, 그것은 노동자의 연간 생산물이다. 자본가 측에서 말하는 자본투하는, 노동자는 자기 자신의 생산수단의 소유자도 아니며, 생산이 진행되는 동안에는 다른 노동자들에 의하여 생산된 생활수단들도 마음대로 처분할 수 없다는 사실에서 생긴 형태일 따름이다.

그런데 둘째로, 500원이라는 이 연간의 『화폐』보충분과는 독립하여 존재하며, 일부는 퇴장화폐의 형태로, 일부는 유통화폐의 형태로 있는 화폐량에 대하여 말한다면, 연간의 500원에 대하여 앞에서 말한 사정이 바로 이 화폐량에도 적용되어야만 한다. 왜냐하면 이 화폐량도 최초에는 동일한 사정 아래 있었음에 틀림없기 때문이다. 이 점에 대해서는 이 절의 마지막에서 다시 취급하기로 하자. 그것에 앞서 다른 몇 가지 점들을 더 지적하기로 한다.

* * *

회전의 고찰에서 이미 본 바와 같이, 기타의 조건들이 불변이라면, 회전시간의 길이가 변동함에 따라 생산을 동일한 규모로 수행하는 데 필요한 화폐자본량도 변동한다. 따라서 화폐유통은 회전시간의 연장과 단축이라는 이 변동에 적응할 만큼 충분히 신축적이지 않으면 안 된다.

그리고 또 기타의 조건들—노동일의 길이 · 강도 · 생산성—은 불변이나, 가치생산물이 임금과 잉여가치로 분할되는 비율이 변동하여 전자가 증가하고 후자가 감소하거나 또는 그 반대로 된다고 가정하더라도, 유통화폐량은 아무런 영향을 받지 않는다. 이 비율의 변동은 유통화폐량의 팽창이나 수축 없이도 생길 수 있다. 특히 다음과 같은 경우, 즉 임금이 일반적으로 상승하고 따라서 [전제되고 있는 조건들에서는] 잉여가치율이 전반적으로 저하하며, 그밖에 또 가정되고 있는 바와 같이 유통하는 상품량의 가치에는 아무런 변동도 생기지 않는 경우를 고찰하여 보자. 이 경우 가변자본으로 투하되지 않으면 안 되는 화폐자본은 증가하며 따라서 이런 기능에 봉사하는 화폐량이 증가하는 것은 물론이다. 그러나 가변자본의 기능을 위해 필요한 화폐량이 증가하는 바로 그만큼 잉여가치가 감소하며 따라서 또 그것의 실현에 필요한 화폐량이 감소한다. 따라서 상품가치의 실현을 위해 필요한 화폐량의 총액은, 이 상품가치 자체가 영향을 받지 않는 것과 마찬가지로, 영향을 받지 않는다. 상품의 비용가격〖불변자본+가변자본〗은 개별 자본가에게는 증가하지만 상품의 사회적 생산가격〖비용가격+잉여가치〗은 여전히 불변이다. 변동하는 것은, 불변가치부분을 도외시한다면, 상품의 생산가격이 임금과 이윤으로 나누어지는 비율뿐이다.

그런데 이렇게 말할지도 모른다. 가변적 화폐자본의 지출 증가는 (화폐가치는 물론 불변이라고 전제되어 있다) 노동자들의 수중에 있는 화폐자금량의 증가를 의미한다. 그 결과 노동자들 측에서 상품에 대한 수요가 증가하며, 또 그 다음 결과로 상품들의 가격이 등귀한다고. 또는 이렇게 말할지도 모른다. 임금이 상승하면 자본가들은 자기들의 상품가격을 인상한다고. 이 두 경우 모두 임금의 일반적 상승이 상품가격 등귀의 원인으로 되고 있다. 그렇기 때문에 가격 등귀를 이런 방식으로 설명하든 저런 방식으로 설명하든, 상품을 유통시키기 위해 더 많은 양의 화폐가 필요하지 않을 수 없게 된 것이다.

첫 번째 의견에 대한 대답: 임금 상승의 결과로 특히 생필품들에 대한 노동자들의 수요가 증가할 것이다. 그보다 적은 정도이긴 하지만 사치품에 대한 그들의 수요가 증가하거나, 이전에는 그들의 소비영역에 속하지 않았던 물품들에 대한 수요도 나타날 것이다. 생필품들에 대한 수요가 갑자기 그리고 대규모로 증가하면 그것들의 가격은 확실히 일시적으로 등귀할 것이다. 그 결과로, 사회적 자본 중 더 큰 부분이 생필품들의 생산에 사용될 것이며, 더 적은 부분이 사치품의 생산에 사용될 것이다. 왜냐하면 잉여가치가 감소하고 따라서 사치품에 대한 자본가들의 수요가 감소하여, 그것들의 가격이 하락하기 때문이다. 그런데 노동자들 자신이 사치품을 구매하는 한, 그들의 임금 상승은 생필품들의 가격 등귀에 영향을 주지 않고 다만 사치품의 구매자들을 바꿀 따름이다. 종래보다 많은 사치품들이 노동자들의 소비로 들어가며, 비교적 적은 사치품들이 자본가들의 소비에 들어간다. 그뿐이다. 약간의 동요가 있은 뒤 이전과 동일한 가치의 상품량이 유통한다. 일시적인 동요에 관하여 말한다면, 그것은 종래에 증권거래소의 투기나 해외투자에서 출구를 찾고 있던 유휴 화폐자본을 국내유통에 투입시키는 결과를 가져올 따름일 것이다.

두 번째 의견에 대한 대답: 만약 자본주의적 생산자들이 마음대로 자기 상품의 가격을 인상할 수 있다면, 그들은 임금의 상승 없이도 그렇게 할 수 있을 것이며, 또 그렇게 할 것이다. 또 임금은 상품의 가격이 하락하고 있을 때는 결코 인상되지 않을 것이다. 또한 자본가계급이 현재 특수한 [말하자면 지방적인] 상황에서만 예외적으로 실행하고 있는 것—즉 임금이 상승할 때마다 그것을 구실로 상품가격을 훨씬 더 큰 정도로 인상하여 더 많은 이윤을 착복하는 것—을 항상 그리고 어떤 상황에서도 실행할 수 있다면, 그들은 결코 노동조합을 반대하지 않을 것이다.

사치품에 대한 수요가 감소하기 때문에(사치품에 대한 구매수단이 감소한 자본가들의 수요가 줄어든 결과다) 자본가들이 사치품의 가격을 인상할 수 있다는 주장은, 수요·공급의 법칙의 매우 기발한 적용일 것이다. 사치품에 대한 구매자가 단순히 바뀌어 노동자가 자본가 대신에 등장하지 않는 한[그런데 이렇게 바뀌는 경우 노동자들의 수요는 생필품의 가격 등귀에 영향을 주지 않을 것이다. 왜냐하면 증가한 임금액 중 노동자들이 사치품에 지출하는 부분은 생필품들에는 지출할 수 없기 때문이다], 사치품의 가격은 수요 감소의 결과로 하락한다. 그 결과 자본은 사치품생산에서 철수하는데, 이 철수는 사치품의 공급이 사회적 생산과정에서 자기 기능 변화에 대응하는 정도로 축소될 때까지 계속된다. 이와 같이 생산이 감소함에 따라 사치품은, 그것의 가치가 변동하지 않는다면, 그것의 정상적 가격으로까지 다시 등귀한다. 이런 축소 또는 조정과정이 진행되는 동안, 사치품 생산부문에서 철수한 만큼의 추가자본이 [가격이 상승하고 있는] 생필품의 생산에 공급되는데, 이런 공급은 수요가 충족될 때까지 계속될 것이다. 그리하여 다시 균형이 잡히는데, 이 전체과정의 결과로서 사회적 자본 따라서 또 화폐자본이 생필품의 생산과 사치품의 생산 사이에 분배되는 비율이 변동한다.

위에서 살펴본 모든 잘못된 관점은 자본가들과 그들의 아첨꾼 경제학자들의 헛소리다.

이런 헛소리에 구실을 제공하는 사실에는 다음과 같은 세 종류가 있다.

(1) 유통상품들의 가격총액이 증가하면—이 증가가 동일한 상품량에 대하여 생기든 또는 증가된 상품량에 대하여 생기든—기타의 조건들이 불변인 경우, 유통화폐량이 증가한다는 것이 화폐유통의 일반적 법칙이다. 그런데 결과가 원인과 혼동된다. 임금은 생필품의 가격 등귀에 따라 상승한다(비록 임금 상승은 드물고, 더욱이 비례적으로 상승하는 일은 예외에 불과하지만). 임금 상승은 상품가격 등귀의 결과이지 그 원인이 아니다.

(2) 임금이 부분적으로 또는 국지적으로 상승하는 경우, 즉 몇 개의 생산부문에서만 상승하는 경우, 이 부문들의 생산물 가격이 국지적으로 등귀할 수 있다. 그러나 이것마저 많은 사정들에 달려있다. 예컨대 임금이 이 부문들에서 비정상적으로 억제되지 않았으며 따라서 이윤율이 비상히 높지 않았을 것, 이 상품들의 시장이 가격등귀로 말미암아 축소되지 않을 것(따라서 그것들의 가격을 인상시키기 위해 미리 공급을 축소시킬 필요가 없을 것) 따위가 그것이다.

(3) 임금이 일반적으로 상승하는 경우, 생산된 상품들의 가격은 가변자본이 큰 비중을 차지하는 산업부문들에서는 등귀하나 그 대신 불변자본 또는 고정자본이 큰 비중을 차지하는 부문들에서는 하락한다. 〖제3권 제11장 '임금의 일반적 변동이 생산가격에 미치는 영향' 참조.〗

* * *

단순상품유통(제1권 제3장 2절)에서 해명된 바와 같이, 비록 일정한 상품량의 유통에서 화폐형태는 일시적인 것에 지나지 않는다고 하더라도, 상품의 탈바꿈에서 한 사람의 수중에 일시적으로 있는 화폐는 반드시 다른 사람의 수중으로 넘어가는 것이며, 따라서 상품들은 전면적으로 교환 또는 대체될 뿐 아니라 이런 대체는 화폐가 전면적으로 가라앉는 것에 의하여 매개되며 또 이것을 수반한다.

> "한 상품이 다른 상품을 대체하면 화폐상품은 제3자의 손에 붙게 된다. 유통은 끊임없이 화폐라는 땀을 쏟아낸다."(제1권: 147)

이 동일한 사실이 자본주의적 상품생산의 기초 위에서는 다음과 같이 나타난다. 즉 자본의 일부는 끊임없이 화폐자본의 형태로 존재하며 또 잉여가치의 일부도 역시 화폐형태로 항상 그것의 소유자 수중에 있다는 것이다.

이 점과는 별도로, 자본순환의 한 국면인 화폐의 순환[즉 출발점으로 화폐의 환류]은 화폐의 유통[일련의 사람들의 손을 통하여 화폐가 출발점에서 끊임없이 멀어진다는 것을 표현한다]과는 전혀 다르며 심지어는 대립되는 현상이다.[1](제1권: 151) 그렇지만 회전의 신속화는 그 자체가 유통의 신속화를 포함한다.

---

1) 중농주의자들은 아직 이 두 현상을 혼동하고 있기는 하지만, 화폐가 출발점으로 환류하는 것을 자본유통의 본질적 형태로서, 그리고 재생산을 매개하는 유통의 형태로서 강조한 최초의 사람들이다. "『경제표』를 보면 알 수 있듯이, 생산적 계급은 다른 계급들이 생산적 계급으로부터 생산물을 구입하는 데 사용하는 화폐를 제공하며, 다른 계급들은 다음 해에 생산적 계급으로부터 동일한 구입을 함으로써 이 화폐를 생산적 계급에 반환한다.…따라서 여기에서 보게 되는 것은, 재생산에 수반되는 지출과 지출에 수반되는 재생산의 순환, 즉 지출과 재생산을 측정하는 화폐유통이 묘사하는 순환이다."(케네, 『상업과 수공업자의 노동에 관한 대화』, 데르 엮음, 『중농주의자』, 제1부: 208, 209) "자본의 이런 끊임없는 투하와 환류는 화폐유통이라고 불러야 할 것을 형성하는데, 이 유용하고 생산적인 유통은 사회의 모든 노동을 활기차게 하고 국가의 체내에서 운동과 생명을 유지하며, 그리하여 매우 당연하게도 동물체의 혈액순환과 비교된다."(튀르고, 『부의 형성과 분배의 고찰』, 데르 엮음, 『저작집』, 제1권: 45)

먼저 가변자본에 관하여 말한다면, 예컨대 500원의 화폐자본이 가변자본의 형태로 연 10회 회전한다면, 유통화폐량의 이 부분은 자기의 10배의 가치량=5,000원을 유통시킨다는 것은 명백하다. 그것은 자본가와 노동자 사이를 연 10회 왕래한다. 노동자는 유통화폐량의 이 동일한 부분에 의해 연 10회 지불을 받으며 또 지불한다. 만약 동등한 생산규모에서 이 가변자본이 연 1회 회전한다면, 5,000원이 1회만 유통하게 될 것이다.

다음으로, 유동자본의 불변부분이 1,000원이라고 하자. 이 자본이 연 10회 회전한다면, 첫째로, 자본가는 자기의 상품을, 따라서 또 그 상품가치 중 불변적 유동부분을 연 10회 판매한다. 유통화폐량의 이 동일한 부분(=1,000원)은 연 10회 그것의 소유자의 수중에서 자본가의 수중으로 넘어간다. 이것은 이 화폐가 한 사람의 수중에서 다른 사람의 수중으로 10회나 위치를 바꾼 것이다. 둘째로, 자본가는 생산수단을 연 10회 구매한다. 이것도 역시 한 사람의 수중에서 다른 사람의 수중으로 화폐의 10회 유통이다. 총 1,000원의 화폐액으로 10,000원어치의 상품이 산업자본가에 의하여 판매되고 또다시 10,000원어치의 상품이 구입된다. 1,000원의 화폐가 20회 유통하여 20,000원어치의 상품량을 유통시킨 셈이다.

마지막으로, 회전이 신속하게 되면 잉여가치를 실현하는 화폐부분도 더 빨리 유통한다.

그런데 거꾸로 더 빠른 화폐유통은 더 빠른 자본회전을, 따라서 또 더 빠른 화폐회전을 반드시 내포하는 것은 아니다. 다시 말해 재생산과정의 단축과 더 빠른 갱신을 반드시 내포하는 것은 아니다.

더 빠른 화폐유통은 동일한 화폐량으로 더 큰 거래량이 실현될 때마다 일어난다. 그것은 자본의 재생산시간이 동등한 경우에도 화폐유통을 위한 기술적 장치들 〖예: 은행지점망의 확충〗 이 변화한 결과로 일어날 수 있다. 다음에 또 화폐가 유통시키는 거래량은 현실의 상품거래를 표현하지 않고 증가할 수 있다(증권거래소의 차액거래 『예: 선물투기』 등). 다른 한편으로, 화폐유통이 전혀 없어지는 수도 있다. 예컨대 농민 자신이 토지소유자인 경우에는 차지농업가와 토지소유자 사이에 화폐유통은 일어나지 않으며, 산업자본가 자신이 자본의 소유자인 경우에는 그와 신용공급자 사이에 유통은 일어나지 않는다.

* * *

한 나라에서 퇴장화폐의 최초의 형성과 소수자에 의한 그것의 사유에 관해서는 여기에서 더 깊이 들어갈 필요는 없다.

자본주의적 생산양식—이것의 기초는 임금노동이며, 따라서 또 노동자에 대한 지불을 화폐로 하는 것이며, 일반적으로 현물지불이 화폐지불로 전환하는 것이다—은 유통과 그 때문에 필요하게 되는 화폐퇴장(준비금 등등)를 위해 충분한 화폐량이 국내에 있는 곳에서 비로소 더 넓은 범위로 그리고 더 뿌리깊이 발전할 수 있다. 이것은 역사적 전제다. 그렇지만 먼저 충분한 퇴장화폐량이 형성되고 그 뒤에 자본주의적 생산이 시작된다고 이해해서는 안 된다. 오히려 자본주의적 생산은 그것의 조건들의 발전과 동시에 발전하는데, 이 조건들의 하나가 귀금속의 충분한 공급이다. 그렇기 때문에 16세기 이래 귀금속의 공급 증가는 자본주의적 생산의 역사적 발전에서 하나의 결정적인 계기 『예: 가격혁명』를 이루었다. 그러나 자본주의적 생산양식의 기초 위에서 필요한 화폐재료의 추가적인 공급을 문제로 삼는 경우, 우리는 한편에서는 생산물로서의 잉여가치는 그것의 화폐화에 필요한 화폐 없이 유통에 투입되며, 다른 한편에서는 금으로서의 잉여가치는 그 생산물이 먼저 화폐로 전환되는 일이 없이 유통에 투입되고 있다고 말할 수 있을 것이다.

즉 화폐로 전환되어야 할 추가적인 상품은, 상품으로 전환되어야 할 추가적인 금 · 은이 교환에 의해서가 아니라 생산 자체에 의하여 유통에 투입되기 때문에, 필요한 금액의 화폐를 발견하게 되는 것이다.

제2절 축적과 확대재생산

축적은 확대재생산이라는 형태로 진행되므로, 그것은 화폐유통과 관련해서는 분명히 아무런 새로운 문제도 제기하지 않는다.

먼저 증가된 생산자본의 기능에 필요한 추가적 화폐자본에 관하여 말한다면, 그것은 실현된 잉여가치 중 자본가가 수입의 화폐형태로서가 아니라 화폐자본으로서 유통에 투입하는 부분에 의하여 제공된다. 화폐는 이미 자본가들의 수중에 있다. 그것의 사용이 다를 뿐이다.

그런데 이제는 생산자본이 추가되기 때문에, 이 자본의 생산물로서 추가적인 상품량이 유통에 투입된다. 이 추가적 상품량과 동시에 그것의 실현에 필요한 추가적 화폐의 일부[이 상품량의 가치가 그것의 생산에 소비된 생산자본의 가치를 포함하고 있는 정도까지]가 또한 유통에 투입되었다. 이 추가적 화폐량은 바로 추가적 화폐자본으로 투하되어 있으며, 따라서 자본가의 자본의 회전에 의하여 그에게로 환류한다. 여기에서 또다시 위와 동일한 문제가 제기된다. 이제 상품형태로 있는 추가적 잉여가치를 실현하기 위한 추가적 화폐는 어디로부터 오는가?

일반적 대답은 또다시 동일하다. 유통상품량의 가격총액이 증가하는 것은 주어진 상품량의 가격이 등귀하였기 때문이 아니라 지금 유통하는 상품량이 이전에 유통하던 상품량보다 더 크며, 그리고 그것이 가격의 하락에 의하여 상쇄되지 않았기 때문이다. 더욱 큰 가치를 가진 더욱 큰 상품량의 유통에 필요한 추가적 화폐는, 유통화폐량의 더욱 경제적인 이용—지불들의 상쇄나 동일한 개개의 화폐들의 유통을 신속하게 하는 수단들에 의한 절약—에 의하여 조달되거나, 또는 화폐가 퇴장화폐의 형태에서 유통형태로 전환하는 것에 의하여 조달되지 않으면 안 된다. 이 후자는, 유휴화폐자본이 구매수단 또는 지불수단으로 기능하기 시작하는 것, 또 이미 준비금으로 기능하고 있는 화폐자본이 그것의 소유자에 대해서는 준비금의 기능을 수행하면서 사회에 대해서는 능동적으로 유통하며(은행예금이 끊임없이 대출되는 것처럼), 따라서 이중적 기능을 수행하는 것을 포함할 뿐 아니라, 비활동적인 주화준비금이 절약되는 것도 포함한다.

"화폐가 주화로서 끊임없이 유통하기 위해서는 주화는 끊임없이 화폐로 응고하지 않으면 안 된다. 주화의 끊임없는 유통은, 주화의 크고 적은 부분이 주화의 준비금(유통의 내부에서 전면적으로 발생하며 또한 유통의 조건이기도 하다)으로서 끊임없이 가라앉는 것을 내포한다. 이 주화준비금의 형성 · 분배 · 해소 · 재형성은 끊임없이 변동하며, 그리고 주화준비금은 끊임없이 소멸하면서도 또한 끊임없이 존재한다. A. 스미스는 주화가 화폐로, 또 화폐가 주화로 끊임없이 전환하는 것을 표현하기를, 어떤 상품소유자도 그가 판매하는 특수한 상품과 함께 그가 구매하는 데 사용하는 일정한 금액의 일반적 상품 『화폐』을 언제나 가지고 있지 않으면 안 된다고 하였다. 이미 본 바와 같이, 유통 C−M−C에서 둘째 고리인 M−C는 항상 일련의 구매들로 분열되는데, 이 구매들은 한꺼번에 수행되는 것이 아니라 시간상 차례차례로 수행되며, 그리하여 M의 일부가 주화로서 유통하는데 다른 부분은 화폐로서 휴식한다. 화폐는 이 경우 사실상 일시 정지된 주화에 불과하며, 그리고 유통하는 주화량의 각종 구성부분들은 항상 번갈아 가면서 때로는 이 형태 때로는 저 형태로 나타난다. 따라서 유통수단이 화폐로 전환하는 것은 화폐유통의 다만 기술적인 측면에 지나지 않는다."(마르크스, 『정치경제학 비판을 위하여』. CW 29: 360) (화폐와 대립되는 '주화coin'라는 말은 여기에서는 단순한 유통수단의 기능[화폐의 다른 기능들과 대립되는 의미로서]을 수행하는 화폐를 표시하기 위해 사용되고 있다.)

만약 이 모든 수단들로도 부족하다면 추가적인 금이 생산되지 않으면 안 된다. 또는 결국 동일한 이야기지만, 추가적인 생산물의 일부가 귀금속을 생산하는 나라의 생산물인 금과 직접 또는 간접적으로 교환되어야만 한다.

유통도구로서의 금 · 은을 매년 생산하는 데 지출되는 노동력과 사회적 생산수단의 총액은, 자본주의적 생산양식 또는 일반적으로 상품생산을 기초로 하는 생산양식의 공비 〖비생산적 비용〗의 중요 항목을 이룬다. 이 때문에 그것에 상당하는 금액의 추가적 생산수단과 소비대상, 즉 현실적 부가 사회적 이용에서 끌려나온다. 생산규모가 불변인 경우 또는 생산의 확대 정도가 주어진 경우, 이 값비싼 유통도구의 비용이 감소되면, 사회적 노동의 생산력은 그만큼 증대한다. 따라서 신용제도와 함께 발전하는 보조수단들이 이와 같은 효과를 갖는 한[즉 사회적 노동 · 생산과정의 큰 부분이 진정한 화폐의 개입 없이 수행되든 또는 현실적으로 기능하는 화폐량의 기능수행 능력이 상승하든], 이 보조수단들은 자본주의적 부를 직접 증대시킨다.

현재 규모의 자본주의적 생산이 신용제도 없이, 즉 금속유통만으로 가능할 것인가 하는 어리석은 질문(오직 신용의 관점에서만 고찰한 것)도 이제는 해결된다. 명백히 그것은 불가능하다. 신용제도가 없다면 자본주의적 생산은 귀금속 생산의 범위에 의하여 제한받게 될 것이다. 그러나 신용제도가 화폐자본을 제공하거나 유통시킨다고 해서 신용제도의 생산력에 대하여 어떤 환상적인 관념을 가져서는 안 된다. 이에 대한 더 이상의 설명은 여기에서서는 불필요하다.

* * *

그러면 이제는 현실적 축적[즉 생산규모의 직접적인 확대]이 생기지 않고, 실현된 잉여가치의 일부가 뒤에 생산자본으로 전환되기 위해 길거나 짧은 시간에 화폐준비금으로 적립되는 경우를 고찰하여야 한다.

이와 같이 적립되는 화폐가 추가적인 화폐인 한, 사태는 자명하다. 이 화폐는 금을 생산하는 나라들로부터 공급되는 추가적인 금일 수밖에 없다. 이 경우 주의할 것은, 수입되는 이 금과 교환되는 국민적 생산물은 더 이상 국내에 존재하지 않는다는 것이다. 그것은 금과 교환되어 외국에 인도되었다.

이와는 반대로, 국내에 이전과 동일한 양의 화폐만 있다고 가정하면, 적립된 또는 적립되고 있는 화폐는 유통에서 흘러나오는 것이고, 다만 그것의 기능이 전환된 것이다. 즉 그것은 유통화폐로부터 [점차 형성되는] 잠재적인 화폐자본으로 전환된 것이다.

이 경우 적립되는 화폐는 판매된 상품의 화폐형태며, 더욱이 이 상품가치 중 그 소유자에게 대하여 잉여가치를 표시하는 부분의 화폐형태다(여기서는 신용제도는 존재하지 않는 것으로 전제한다). 화폐를 적립하는 자본가는 그만큼은 구매함이 없이 판매한 셈이다.

이 과정을 개별적인 현상으로서만 본다면 아무런 설명도 필요하지 않다. 일부 자본가들은 자기들의 생산물의 판매에서 얻는 화폐의 일부를 [그것과 교환으로 생산물을 시장에서 끌어내지 않고] 보유한다. 이와는 반대로, 다른 자본가들은 기업 경영에 필요한 화폐자본[끊임없이 환류하고 있다]을 제외하고는 자기들의 화폐를 전부 생산물로 전환시킨다. 잉여가치를 지니면서 시장에 던져진 생산물의 일부는 생산수단으로, 또는 가변자본의 현실적 요소들인 생필품으로 이루어진다. 따라서 그것은 생산 확대에 즉시 봉사할 수 있다. 왜냐하면 일부 자본가들은 화폐자본을 적립하는데 다른 자본가들은 자기의 잉여가치를 전부 소비한다고 가정하는 것이 아니라, 일부 자본가들은 자기들의 축적을 화폐형태로 진행하여 잠재적 화폐자본을 형성하고, 다른 자본가들은 현실적으로 축적한다고[즉 생산 규모를 확대하며 자기들의 생산자본을 현실적으로 확대한다고] 가정하기 때문이다. 자본가들이 번갈아 가면서, 일부 자본가들은 화폐를 적립하고 다른 자본가들은 생산규모를 확대하는 경우에도, 또 그 거꾸로인 경우에도, 현존하는 화폐량은 유통의 필요에 여전히 충분하다. 그뿐 아니라 한편의 화폐적립은 현금 없이 다만 채권의 적립만으로도 진행될 수 있다.

그러나 자본가계급 내부에서 화폐자본이 부분적으로 적립되는 것이 아니라 일반적으로 적립된다고 가정하는 경우에는 곤란이 생긴다. 자본주의적 생산이 전반적으로 그리고 배타적으로 지배하고 있다는 우리의 가정에 따르면, 자본가계급 외에는 노동자계급밖에 다른 어떤 계급도 없다. 노동자계급이 구매하는 일체의 것은 그들의 임금총액과 같으며, 자본가계급 전체가 투하한 가변자본총액과 같다. 이 화폐는 자본가계급의 생산물이 노동자계급에게 판매됨으로써 자본가계급에게로 환류한다. 그 결과 그들의 가변자본은 다시 화폐형태를 취한다. 가변자본의 총액을 100x원이라고 하자. 이것은 1년간 투하된 가변자본의 총액이 아니라 사용된 가변자본의 총액이다. 이 사용된 가변자본가치가 연간에 얼마나 많은 또는 얼마나 적은 화폐의 투하에 의해—회전속도 여하에 따라—달성되는가 하는 것은 여기서 고찰되고 있는 문제를 조금도 변화시키지 않는다. 이 100x원의 자본으로 자본가계급은 일정한 양의 노동력을 구매한다. 즉 일정한 수의 노동자들에게 임금을 지불한다. 이것은 첫째 거래다.

노동자들은 동일한 화폐액으로 자본가들로부터 얼마간의 상품을 구매하며, 그리하여 100x원이라는 화폐액은 자본가들의 수중으로 환류한다—이것은 둘째 거래다. 그리고 이것이 끊임없이 반복된다. 따라서 100x원이라는 화폐액은 노동자계급으로 하여금 생산물 중 자본가계급의 잉여가치를 표시하는 부분은 말할 것도 없고 불변자본을 표시하는 부분을 결코 구매할 수 없게 한다. 노동자들은 100x원으로 사회적 생산물의 가치 중 투하된 가변자본의 가치를 표시하는 부분만을 구매할 수 있다.

이 전면적인 화폐적립이 수입된 추가적 귀금속을 상이한 개별 자본가들 사이에 분배하는 것—어떤 비율이든—을 표현하는 것이 아닌 경우, 어떻게 자본가계급 전체가 화폐를 적립할 수 있는가?

그들은 모두 그들의 생산물의 일부를 판매하고 그 뒤 다시 구매하지 않아야 할 것이다. 물론 그들은 모두 일정한 화폐재원을 가지고 있으며, 그것을 자기들의 소비를 위한 유통수단으로 유통에 투입하며, 그리고 그 중 일정한 부분이 유통에서 각자에게 다시 환류하는 것은 전혀 신비스러운 것이 아니다. 그러나 이 화폐재원은 바로 [잉여가치의 화폐화에 의하여 얻어진] 유통자금으로 있는 것이지 결코 잠재적 화폐자본으로 있는 것은 아니다.

사태를 현실에서 발생하는 그대로 고찰한다면, 나중의 사용을 위해 적립되는 잠재적 화폐자본은 다음과 같은 것으로 구성된다.

(1) 은행예금. 그런데 은행이 현실적으로 보유하고 있는 것은 비교적 적은 화폐액이다. 여기에서는 화폐자본은 명목상으로만 적립된다. 현실적으로 적립되는 것은 화폐청구권인데, 이것이 화폐화될 수 있는 것은 (그것이 언제든 화폐화되는 한) 오직 인출되는 화폐와 예금되는 화폐 사이에 균형이 이루어지고 있기 때문이다. 화폐로서 은행 수중에 있는 것은 상대적으로 소액에 불과하다.

(2) 정부증권. 이것은 결코 자본이 아니고 국민의 연간 생산물에 대

한 단순한 청구권이다.

(3) 주식. 이것은 사기적인 것이 아닌 한, 한 회사에 속하는 현실적인 자본에 대한 소유증서며, 이 자본으로부터 매년 흘러나오는 잉여가치에 대한 청구권이다.

이 모든 경우 어떤 화폐적립도 없다. 한편에서 화폐자본의 적립으로 나타나는 것이 다른 한편에서는 화폐의 계속적인 현실적인 지출로 나타난다. 화폐가 그 소유권자에 의하여 지출되는가 또는 그의 채무자인 다른 사람에 의하여 지출되는가 하는 것은 사태를 조금도 변경시키지 않는다.

자본주의적 생산의 기초 위에서는 화폐퇴장 그 자체는 결코 목적이 아니며, 오히려 유통의 정체의 결과이거나—보통의 경우보다 더 많은 양의 화폐가 퇴장화폐의 형태를 취하게 된다—또는 회전 때문에 필요하게 된 적립의 결과다. 또는 퇴장화폐는 생산자본으로 기능해야 할 화폐자본[당분간 잠재적 화폐자본의 형태로 있을 뿐이다]의 형성에 불과하다.

그러므로 한편에서는 화폐로 실현된 잉여가치의 일부가 유통에서 끌려나와 퇴장화폐로서 적립된다면, 동시에 잉여가치의 다른 부분은 끊임없이 생산자본으로 전환된다. 추가적 귀금속을 자본가계급 사이에서 분배하는 경우를 제외하면, 화폐형태로서의 적립이 모든 곳에서 동시에 진행되는 일은 결코 없다.

연간 생산물 중 상품형태로서 잉여가치를 표시하는 부분에 대해서도 연간 생산물 중 다른 부분에 대하여 타당한 모든 것이 동일하게 타당하다. 그것의 유통을 위해서는 일정한 화폐액이 필요하다. 이 화폐액이 자본가계급의 소유라는 것은 잉여가치를 표시하는 상품의 연간생산량이 그런 것과 마찬가지다. 이 화폐액은 자본가계급 자신에 의하여 최초로 유통에 투입된다. 그것은 유통 자체에 의하여 자본가들 사이에 끊임없이 재분배된다. 주화유통 일반의 경우와 마찬가지로 이 화폐액의 일부는 끊임없이 장소를 바꾸어 가라앉지만, 다른 부분은 끊임없이 유통한다. 이 적립〖가라앉음〗의 일부가 화폐자본을 형성하기 위해 의도적으로 이루어진 것인가 아닌가는 사태를 조금도 변경시키지 않는다.

여기에서는 유통상의 모험들—한 자본가가 다른 자본가의 잉여가치, 심지어는 자본의 일부까지도 빼앗고, 그리하여 화폐자본과 생산자본의 일방적인 축적·집중을 일으킨다—은 무시되고 있다. 예컨대 자본가 A가 잉여가치 중 화폐자본으로 적립하는 일부는 자본가 B의 잉여가치 중 B에게 환류하지 않는 부분일 수 있다.

제3편
사회적 총자본의 재생산과 유통

제18장
서 론[1)]

제1절 연구대상

자본의 직접적 생산과정은 자본의 노동과정과 가치증식과정인데, 이 과정의 결과는 상품생산물이며, 이 과정을 추진하는 동기는 잉여가치의 생산이다.

자본의 재생산과정은 직접적 생산과정뿐 아니라 진정한 의미의 유통과정의 두 국면을 포괄하는데, 이것은 일정한 기간에 끊임없이 반복되는 주기적 과정으로서 자본의 회전을 이루는 총순환이다.

그런데 순환을 M…M′의 형태로 고찰하든 P…P의 형태로 고찰하든 직접적 생산과정 P 그 자체는 언제나 이 순환의 한 개의 고리에 불과하다. M…M′의 형태에서는 직접적 생산과정이 유통과정 〚M－C와 C′－M′〛의 매개자로서 나타나며, P…P의 형태에서는 유통과정 〚C′－M′－C〛이 직접적 생산과정의 매개자로서 나타난다. 직접적 생산과정의 끊임없는 갱신[즉 자본이 생산자본으로서 끊임없이 다시 나타나는 것]은 두 경우 모

1) {엥겔스: 원고 2로부터.}

두 유통과정에서 자본의 전환들을 조건으로 하고 있다. 다른 한편, 끊임없이 갱신되는 생산과정은 자본이 유통분야에서 끊임없이 새로 겪는 전환들의 조건, 즉 자본이 화폐자본과 상품자본으로 번갈아 가면서 나타나는 것의 조건이다.

그러나 각 개별자본은 사회적 총자본의 자립적인[말하자면 개별적 생명을 가진] 한 부분에 불과한데, 이것은 각 개별 자본가가 자본가계급의 한 요소에 불과한 것과 마찬가지다. 사회적 자본의 운동은 이 자본의 자립적인 부분들의 운동들[즉 개별자본들의 회전들]의 총체로서 이루어진다. 개개 상품의 탈바꿈이 상품세계 전체의 일련의 탈바꿈[상품유통]의 하나의 고리인 것과 마찬가지로, 개별자본의 탈바꿈[그것의 회전]은 사회적 자본의 순환에서 하나의 고리다.

이 총과정은 생산적 소비(직접적 생산과정)와 이것을 매개하는 형태전환들(소재적으로 보면 교환들)을 포함하며, 또한 개인적 소비와 이것을 매개하는 형태전환들[곧 교환들]을 포함한다. 총과정은 한편에서는 가변자본이 노동력으로 전환, 따라서 노동력이 자본주의적 생산과정에 합쳐지는 것을 포함한다. 여기에서는 노동자는 자기의 상품인 노동력의 판매자로 등장하며, 자본가는 그것의 구매자로 등장한다. 그런데 다른 한편에서는, 상품의 판매 속에는 노동자계급에 의한 상품의 구매, 즉 그들의 개인적 소비가 포함되어 있다. 여기에서는 노동자계급은 구매자로 등장하며 자본가는 노동자에 대한 상품판매자로 등장한다.

상품자본의 유통은 잉여가치의 유통도 포함하며, 따라서 자본가들의 개인적 소비[잉여가치의 소비]를 매개하는 매매도 포함한다.

따라서 사회적 자본으로 총괄된[즉 총체로서 본] 개별자본들의 순환은 자본의 유통뿐 아니라 일반적 상품유통도 포괄한다. 후자는 원래 다음과 같은 두 구성부분으로 이루어질 수 있다: (1) 진정한 의미의 자본 순환, (2) 개인적 소비에 들어가는 상품들[즉 노동자가 자기의 임금을 지출하고 자본가가 자기의 잉여가치 또는 그것의 일부를 지출하는 상품들]의 순환. 물론 자본 순환은 잉여가치의 유통[잉여가치는 상품자본의 일부를 형성한다]과 가변자본이 노동력으로 전환[임금지불]도 포괄한다. 그러나 상품들에 대한 이 잉여가치와 임금의 지출은 자본유통의 어떤 고리도 이루지 않는다. 비록 임금의 지출은 적어도 자본유통에 필요불가결 하기는 하지만. 〖노동자가 생필품을 구입해 생존해야 하기 때문이다.〗

제1권에서는 자본주의적 생산과정이 고립된 과정으로서, 그리고 재생산의 한 과정으로서 분석되었다. 즉 잉여가치의 생산과 자본 자체의 생산이 분석되었다. 자본이 유통분야에서 겪는 형태변화와 소재변화는 거기에서는 자세히 설명되지 않고 가정되었으며, 자본가는 생산물을 그것의 가치대로 판매하고, 과정을 새로 시작하거나 끊임없이 계속하는 데 필요한 물적 생산수단을 유통분야에서 발견한다고 가정되었다. 우리가 거기에서 자세히 언급하지 않을 수 없었던 유통분야의 유일한 행위는 자본주의적 생산의 기본조건인 노동력의 매매였다.

이 제2권의 제1편에서는 자본이 자체의 순환에서 취하는 각종 형태들과 이 순환 자체의 각종 형태들이 고찰되었다. 그리고 제1권에서 고찰된 노동기간에 추가하여 유통시간이 고찰되었다.

제2편에서는 순환이 주기적인 것, 곧 회전으로 고찰되었다. 우리는 한편에서는 자본의 상이한 구성부분들(고정자본과 유동자본)이 상이한 시간에 또 상이한 방식으로 각각의 순환을 어떻게 수행하는가를 밝혔으며, 다른 한편에서는 노동기간과 유통시간의 길이의 차이를 일으키는 사정들을 연구하였다. 우리는 회전시간과 그것의 구성부분의 상이한 비율이 생산과정 자체의 규모와 연간 잉여가치율에 미치는 영향을 밝혔다. 사실상 제1편에서는 주로 자본이 자체의 순환 중에서 끊임없이 취하고 또 벗어던지는 [잇따라 나타나는] 형태들을 고찰하였다면, 제2편에서는 일정한 크기의 자본이 잇따르는 탈바꿈의 과정에서 생산자본 · 화폐자본 · 상품자

본의 각종 형태로 [비록 비율은 변화한다고 하더라도] 어떻게 분할되며, 그리하여 어떻게 그 형태들이 서로 교체될 뿐 아니라, 총자본가치의 각각의 부분들이 어느 특정 시점에서 이 상이한 상태들로 병존하면서 기능하는가를 고찰하였다. 특히 화폐자본은 제1권에서는 지적되지 않은 특성을 가진 것으로 서술되었다. 즉 일정한 크기의 생산자본을 끊임없이 기능하도록 하기 위해서는 자본 중 상당한 부분[그 크기는 회전의 조건에 따라 다르다]이 끊임없이 화폐자본의 형태로 투하되고 갱신되지 않을 수 없다는 일정한 법칙들이 발견되었다.

그러나 제1편에서나 제2편에서나 문제로 된 것은 언제나 다만 하나의 개별자본이었으며, 사회적 자본의 자립적인 한 부분의 운동이었다.

그런데 개별자본의 순환들은 서로 엉키며 서로 전제가 되고 조건으로 되는 것이며, 그리하여 바로 이렇게 엉킴으로써 사회적 총자본의 운동을 이룬다. 단순상품유통에서 한 상품의 탈바꿈 전체가 상품세계 전체의 일련의 탈바꿈들의 한 고리로 나타났듯이, 이제는 개별자본의 탈바꿈이 사회적 자본의 일련의 탈바꿈들의 한 고리로서 나타난다. 그러나 단순상품유통이 반드시 자본의 유통과 결부된 것은 아니었다면[왜냐하면 그것은 비자본주의적 생산의 기초 위에서도 진행될 수 있기 때문이다], 사회적 총자본의 순환은 이미 지적한 바와 같이 개별자본의 순환에 속하지 않는 상품유통[자본을 형성하지 않는 상품들의 유통]도 포함한다.

이제 사회적 총자본의 구성부분으로서 개별자본들의 유통과정, 즉 이 사회적 총자본의 유통과정을 고찰하지 않으면 안 된다. 그런데 이 유통과정은 총체로 보면 재생산과정의 한 형태다.

제2절 화폐자본의 기능

(다음의 주제—즉 화폐자본을 사회적 총자본의 구성부분으로 고찰하는 것—는 실제로는 이 편의 나중 부분에 속하는 것이지만, 우리는 그것을 먼저 이 자리에서 연구하고자 한다.)

개별자본의 회전의 고찰에서 화폐자본은 두 측면을 드러냈다.

첫째로 화폐자본은 각 개별자본이 무대에 등장하여 자본으로서 자체의 과정을 개시하는 형태다. 그러므로 그것은 전체 과정에 최초의 충격을 가하는 원동력으로 보인다.

둘째로 회전시간의 길이가 다름에 따라 또 그것의 두 구성부분인 노동기간과 유통시간의 비율이 다름에 따라, 투하자본가치 중 화폐형태로 어느 특정 시점에서 투하되어 갱신되지 않으면 안 되는 구성부분과 그것에 의하여 운동하는 생산자본[연속적인 생산규모]은 다른 비율을 갖는다. 그러나 이 비율이 어떻든 과정 중에 있는 자본가치 중 생산자본으로서 어느 특정 시점에서 기능할 수 있는 부분은, 투하자본가치 중 생산자본과 나란히 끊임없이 화폐형태로 존재하지 않으면 안 되는 부분에 의하여 제한되고 있다. 여기에서 문제로 되는 것은 다만 정상적인 회전, 곧 하나의 추상적 평균이다. 우리는 유통의 지연을 극복하기 위한 추가적 화폐자본은 도외시한다.

첫째 점에 대하여. 상품생산은 상품유통을 전제하며, 상품유통은 상품이 화폐로 표현되는 것, 곧 화폐유통을 전제한다. 상품과 화폐로 상품이 갈라지는 것은 생산물이 상품으로 출현하는 하나의 법칙이다. 〖제1권 제2, 3장 참조〗

이와 마찬가지로 자본주의적 상품생산은—사회적으로 보나 개별적으로 보나—새로 개시되는 각 사업에 대한 원동력으로서 또 끊임없는 동력으로서 화폐형태로 있는 자본[곧 화폐자본]을 전제한다. 특히 유동자본은 화폐자본이 짧은 시간에 끊임없이 반복하여 동력으로 등장하는 것을 전제한다. 투하자본가치의 전체, 곧 상품들로 구성되는 자본부분들—노동력 · 노동수단 · 생산재료—은 끊임없이 화폐로 구매되지 않으면 안 된다. 여기에서 개별자본에 대하여 말한 것은 다수의 개별자본의 형태로서만 기능하는 사회적 자본에도 타당하다. 그러나 제1권에서 이미 밝힌 바와 같이, 그렇다고 하여 자본의 활동범위[곧 생산규모]의 절대적 한계가 자본주의적 기초 위에서조차 기능화폐자본량에 의하여 결정된다고는 결코 말할 수 없다.

자본에 합쳐있는 생산요소들의 신축성은 일정한 한계 안에서는 투하화폐자본의 크기에 달려있지 않다. 노동력은 그것에 대한 지불이 동일한 경우에도 외연적으로나 내포적으로 더욱 강하게 착취될 수 있다. 이와 같이 착취가 더욱 강화됨에 따라 화폐자본도 증가한다고(즉 임금이 인상된다고) 하더라도, 임금이 착취의 강화에 비례해서, 따라서 착취되는 정도만큼 인상되는 것은 결코 아니다.

생산적으로 이용되는 자연물[이것은 자본의 가치요소를 이루지 않는다], 즉 토지 · 해양 · 광석 · 삼림 등은 화폐자본의 투자를 증가시키지 않더라도 동일한 수의 노동력을 더욱 긴장시킴으로써 외연적으로나 내포적으로 더욱 집약적으로 이용할 수 있다. 그리하여 생산자본의 실물적 요소들은 화폐자본의 추가 없이도 증가된다. 추가적 보조재료를 위해 화폐자본의 추가가 필요하다고 하더라도, [자본가치가 투하되는] 화폐자본은 생산자본의 효과 확대에 비례하여 증가하는 것은 아니며, 따라서 그만큼 증가하는 것은 결코 아니다.

동일한 노동수단, 따라서 동일한 고정자본은 그것을 위한 추가적 화폐지출 없이도 그것의 그날그날의 사용시간 연장에 의해서든 그것의 사용

강화에 의해서든 더욱 효과적으로 이용될 수 있다. 이 경우 고정자본의 회전이 더 빨라지지만 그것의 재생산 요소들도 더욱 빨리 공급될 것이다.

자연물 이외에도, 아무 비용도 들지 않는 자연력이 더 효과적으로 생산과정에 합쳐질 수 있다. 그 효과의 정도는, 자본가에게 아무 비용도 요구하지 않는 방법들과 과학적 진보들에 달려있다.

생산과정에서 노동력의 사회적 결합과 개별 노동자의 축적된 기능에 대해서도 이와 동일한 말을 할 수 있다. 캐리에 따르면, 토지소유자는 결코 정당한 지대를 받지 못하고 있다는 것이다. 왜냐하면 토지에 현재의 생산능력을 주기 위해 유사 이래 투입된 모든 자본 또는 노동에 대하여, 그는 보상을 받지 못하고 있기 때문이라는 것이다. (물론 토지로부터 빼앗은 생산능력에 관해서는 언급이 없다.) 이런 관념에 따르면, 개별 노동자는 그를 미개인에서 근대적 기계공으로 만들어내기 위해 인류 전체가 그에게 들인 노력에 대해 지불을 받지 않으면 안 될 것이다. 우리는 바로 이와는 거꾸로 다음과 같이 생각해야 할 것이다. 즉 토지에 투하된 모든 지불받지 못한 노동[이것을 토지소유자와 자본가가 화폐로 전환시켰다]을 계산해 본다면, 토지에 들어간 자본 전체는 몇 차례나 그것도 고리를 붙여 상환되었고, 따라서 사회는 토지소유권을 훨씬 오래 전에 벌써 몇 차례나 되돌려 받아야 했다고.

확실히 노동생산력의 향상은, 그것이 자본가치의 추가적 투하를 요구하지 않는 한, 먼저 생산물의 양만을 증가시키고 그것의 가치를 증가시키지는 않는다. 물론 노동생산력의 향상이 동일한 노동으로 더 많은 불변자본을 재생산할 수 있게 하며, 따라서 더 많은 불변자본의 가치를 보존할 수 있게 하는 범위까지는 생산물의 가치가 증가한다. 그러나 그것은 동시에 추가적인 자본소재를 형성하며 따라서 자본의 축적 증대의 기초를 형성한다.

사회적 노동 그 자체의 조직화, 따라서 사회적 노동생산력의 향상이 대규모의 생산, 따라서 개별 자본가들에 의한 대량의 화폐자본의 투하를 요구하는 한, 이런 것은 이미 제1권에서 밝힌 바와 같이 부분적으로는 소수의 수중으로 자본의 집중에 의하여 행해지며, 따라서 기능하는 자본가치의 규모 그리고 [그 기능하는 자본가치가 투하되는 형태인] 화폐자본의 규모가 절대적으로 증가할 필요는 없다. 〖제1권 제25장 제2절과 제32장 참조〗 왜냐하면 개별자본들의 크기는 그 사회적 총액의 증가 없이도 소수의 수중으로 집중에 의하여 증대할 수 있기 때문이다. 이것은 개별자본들의 재분배에 불과하다.

끝으로 제2편에서 밝혀진 바와 같이, 회전시간의 단축에 의하여 더욱 적은 화폐자본으로 동일한 생산자본이 운동할 수 있으며, 또는 동일한 화폐자본으로 더욱 많은 생산자본이 운동할 수 있다.

그러나 이상의 모든 것은 명백히 화폐자본 본래의 문제와는 아무런 관계도 없다. 위로부터 알 수 있는 것은, 투하자본—일정한 가치액이며, 이것은 자유로운 형태, 즉 가치형태에서는 일정한 화폐액으로 이루어진다—은 생산자본으로 전환된 뒤에 생산능력을 내포하게 되는데, 이 능력은 투하자본의 가치 크기에 의해 제한되는 것이 아니라 일정한 작용범위 안에서 외연적 또는 내포적으로 상이하게 작용할 수 있다는 것뿐이다. 생산요소들[생산수단과 노동력]의 가격이 주어진다면, 상품으로 현존하는 이 생산요소들의 일정한 분량을 구매하는 데 필요한 화폐자본의 크기도 또한 결정된다. 바꾸어 말하면, 투하되어야 할 자본가치의 크기는 결정된다. 그러나 이 자본이 가치와 생산물의 형성자로서 작용하는 범위는 탄력적이며 가변적이다.

둘째 점에 대하여. 사회적 노동과 생산수단 중 마멸된 주화를 보충하기 위해 매년 화폐의 생산 또는 구입에 지출하지 않으면 안 되는 부분은 그만큼 사회적 생산의 규모를 축소시키게 된다는 것은 자명한 일이다.

그러나 일부는 유통수단으로서, 일부는 퇴장화폐로서 이미 기능하고 있는 화폐가치에 관해서 말한다면, 그것은 이미 획득된 것이며 노동력, 생산된 생산수단 및 부의 자연적 원천들과 나란히 여기에 있다. 따라서 그 화폐가치가 이런 것들을 제한한다고는 말할 수 없다. 그 화폐가치가 생산요소들로 전환되거나 다른 나라들과 교환하는 데 사용된다면, 생산규모는 확대될 수 있을 것이다. 그러나 이것은 화폐가 종전과 다름없이 세계화폐로 기능한다는 것을 전제하고 있다.

회전시간의 길이에 따라 생산자본을 운동시키는 데 필요한 화폐자본의 양은 증감한다. 또한 우리가 이미 본 바와 같이, 노동기간과 유통시간으로 회전시간의 분할은 화폐형태로 잠재하고 있거나 유휴하고 있는 자본의 증가를 야기할 수 있다.

회전시간이 노동기간의 길이에 의하여 규정되는 한, 회전시간은 기타의 조건들이 불변이라면 생산과정의 물질적 성격에 의하여 규정되는 것이지, 생산과정의 특수한 사회적 성격에 의하여 규정되는 것은 아니다. 그러나 자본주의적 생산의 기초 위에서는 더 장기간에 걸친 확대된 규모의 사업으로 말미암아 더욱 장기간에 걸친 더욱 큰 화폐자본의 투하가 필요하게 된다. 따라서 이런 분야의 생산은 개별 자본가가 마음대로 할 수 있는 화폐자본의 한도에 달려있다. 이 제한은 신용제도와 또 이것과 관련된 연합체, 예컨대 주식회사에 의해 극복된다. 이렇기 때문에 화폐시장의 교란은 이런 거대한 사업들의 활동을 정지시키며, 또한 반면에 이런 사업들은 화폐시장의 교란을 야기한다.

이런 사업들은 장기간에 걸쳐 노동력과 생산수단을 끌어내면서도 그 동안 유용효과로서의 생산물을 공급하지 않으므로, 사회적〚공산주의적〛생산의 기초 위에서는 이런 사업들이 연간 끊임없이 또는 여러 차례 노동력과 생산수단을 끌어낼 뿐 아니라 생활수단과 생산수단을 공급하기도 하는 생산부문들을 해치지 않고 어느 정도까지 수행될 수 있는가를 미리 결정하지 않으면 안 된다. 〚제2권 제16장 제3절 참조〛 사회적 생산에서나 자본주의적 생산에서나 다 마찬가지로, 노동기간이 비교적 짧은 생산부문의 노동자들이 새로운 생산물을 공급하지 않고 생산물을 끌어내는 시간은 짧을 것이지만, 노동기간이 긴 생산부문은 생산물을 공급하기 전에 장기간 계속하여 생산물을 끌어낸다. 따라서 이 사정은 해당 노동과정의 물적 조건에서 발생하는 것이지, 그것의 사회적 형태에서 발생하는 것은 아니다. 그런데 화폐자본은 사회적 생산에서는 없어진다. 사회가 노동력과 생산수단을 상이한 생산부문들에 분배한다. 생산자들은 예컨대 종이표를 받고 이것으로 사회의 소비용 재고 중에서 그들의 노동시간에 해당하는 분량을 끌어낼 수도 있을 것이다. 이 종이표는 화폐가 아니다. 그것은 유통되지 않는다.

요컨대, 화폐자본에 대한 필요가 노동기간의 길이에서 생기는 한, 이것은 다음과 같은 두 가지 사정 때문이다. 첫째로, 화폐는 각 개별자본이 (신용을 도외시하면) 생산자본으로 전환되기 위해 먼저 취하지 않을 수 없는 일반적 형태라는 점이다. 이와 같은 사정은 자본주의적 생산, 상품생산 일반의 본질로부터 유래한다. 둘째로, 필요한 화폐투하액이 크다는 점은, 노동력과 생산수단을 비교적 긴 기간에 걸쳐 끊임없이 사회로부터 끌어내면서도 이 기간에 화폐로 재전환될 수 있는 생산물을 공급하지 못한다는 사정 때문에 생긴다. 투하되어야 할 자본이 화폐형태로 투하되지 않을 수 없다는 첫째 사정은 이 화폐 자체의 형태가 어떻든[즉 그것이 금속화폐이든 신용화폐이든 가치상징이든] 제거되지 않는다. 둘째 사정은 어떤 등가물도 유통에 투입하지 않고 노동과 생활수단과 생산수단을 끌어내는 것 때문에 생기는 것이므로, 어떤 화폐적 유통수단이나 어떤 생산형태에 의해서도 영향을 받지 않는다.

제19장
연구대상에 관한 이전의 서술[1)]

제1절 중농학파

케네의 『경제표』는, 국민적 생산의 연간의 성과[일정한 가치를 대표한다]가 기타의 사정들이 동일한 조건에서 단순재생산[즉 종전 규모에서 재생산]이 진행될 수 있도록 유통에 의하여 어떻게 분배되는가를 몇 개의 중요한 점에서 보여주고 있다. 생산기간의 출발점은 적절하게도 전년도의 수확이다. 무수한 개별 유통행위들은 그것들의 특징에 따른 사회적 총량운동—기능상 규정된 경제적 주요 계급 사이의 유통—으로 총괄되고 있다. 여기에서 우리의 관심을 끄는 것은, 총생산물의 일부[이것은 총생산물의 다른 모든 부분과 마찬가지로 사용대상이며 지난해 노동의 새로운 성과다]가 동시에 같은 현물형태로 다시 나타나는 옛날 자본가치의 보유자에 지나지 않는다는 점이다. 그것은 유통하지 않고 그것의 생산자인 차지농업가계급의 수중에 남아서 자본으로서 자체의 임무를 다시 시작한다. 케네는 연간 생산물의 이 불변자본 부분에다 부당한 요소들도 포함시

1) {엥겔스: 이하는 원고 8로부터.}

키고 있으나, 그의 지적 시야의 협소함[즉 인간노동의 투하분야 중 농업만이 잉여가치를 생산하며, 따라서 자본주의적 관점에서는 농업만이 진실로 생산적인 투자분야다] 때문에 오히려 요점을 잘 파악하고 있다. 경제적 재생산과정은 그것의 특수한 사회적 성격이 어떻든 이 영역(농업)에서는 언제나 자연적 재생산과정과 엉켜있다. 자연적 재생산과정의 일목요연한 조건들은 경제적 재생산과정의 조건들을 명료하게 해주며, 유통에서 생기는 환상 때문에 발생하는 사고의 혼란을 제거하고 있다.

학설체계의 상표〚명칭〛가 다른 물품의 상표와 구별되는 점은, 특히 그것이 구매자뿐 아니라 때때로 판매자까지도 속인다는 것이다. 케네 자신과 그의 직접적인 제자들은 그들의 봉건적 간판〚중농주의〛을 그대로 믿고 있었으며, 오늘날에 이르기까지 교수들도 그렇게 믿고 있다. 그러나 사실상 중농주의는 자본주의적 생산에 대한 최초의 체계적 파악이다. 산업자본의 대표자인 차지농업가 계급이 전체 경제운동을 지도한다. 농업은 자본주의적으로, 즉 자본주의적 차지농업가의 대규모 기업으로 운영되며, 토지의 직접적 경작자는 임금노동자다. 생산은 사용대상뿐 아니라 가치도 생산하는데, 생산의 추진 동기는 잉여가치—이것의 발생장소는 생산분야이지 유통분야가 아니다—의 획득이다. 유통에 의하여 매개되는 사회적 재생산과정의 담당자로서 나타나는 세 계급* 중 '생산적' 노동의 직접적 착취자이고 잉여가치의 생산자인 자본주의적 차지농업가는 잉여가치의 단순한 취득자〚지주〛와 구별되고 있다.

중농주의의 자본주의적 성격은 이미 그 전성기에 한편에서는 랭게와 마블리의 반대를, 다른 한편에서는 자유로운 소토지소유 옹호자들의 반대를 불러일으켰다.

---

* '생산적 계급'은 농업 부문 자본가(차지농업가)와 임금노동자이고, '토지소유자 계급'은 지주 · 국왕 · 성직자이며, '비생산적 계급'은 공업 · 상업 등 기타(농업 외) 부문 종사자들이다.

* * *

재생산과정의 분석에서 애덤 스미스의 퇴보[2]가 더욱 눈에 띄는 것은, 그가 케네의 정당한 분석을 부질없이 가공하여 예컨대 케네의 '최초의 투자'와 '해마다의 투자'를 '고정'자본과 '유동'자본[3]으로 일반화하고 있을 뿐 아니라, 여기저기서 완전히 중농학파적 오류에 또다시 빠지고 있기 때문이다. 예를 들면, 차지농업가가 다른 어떤 종류의 자본가보다 큰 가치를 생산한다는 것을 증명하기 위해 스미스는 다음과 같이 말한다.

"같은 양의 자본으로 차지농업가의 자본보다 더 많은 양의 생산적 노동을 운동시키는 것은 없다. 그의 일꾼뿐 아니라 역축도 생산적 노동자다."(노동자에 대한 기분좋은 인사이다!)"농업에서는 자연도 인간과 더불어 노동한다. 자연의 노동은 비용이 전혀 들지 않지만, 그것의 생산물은 가장 비싼 일꾼의 생산물처럼 가치를 갖는다. 농업의 가장 중요한 기능은 자연의 비옥도를 증가시키는 것이 아니라, 그런 일도 하기는 하지만, 자연을 인간에게 가장 이익이 되는 작물의 생산에 이용하는 것이라고 생각된다. 찔레와 가시덤불로 뒤덮인 들판도 훌륭하게 경작된 포도밭 · 곡물생산지와 같은 정도로 많은 야채를 생산할 때가 종종 있다. 재배와 경작은 자연의 활발한 생산력을 촉진시키기보다는 종

2) 『자본론』 제1권 제7편 제24장 제2절.

3) 이 점에서도 몇몇 중농주의자들, 특히 튀르고는 스미스를 위해 길을 닦아주었다. 튀르고는 이미 케네와 기타 중농주의자들보다 더욱 자주 '투하'라는 말 대신에 '자본'이라는 말을 사용하고 있으며, 또한 제조업자의 투하 또는 자본을 차지농업가의 그것과 동일시하고 있다. 예컨대 "이들"(제조업자)"과 마찬가지로 그들"(차지농업가들)"도 자기 자본을 회수하는 것 이상으로 얻는 것이 있어야 한다."(튀르고, 『저작집』: 40)

종 규제한다. 인간들의 노동이 다 끝난 뒤 많은 일은 자연의 노동으로 남는다. 따라서 농업에 사용되는 노동자 · 역축"(!)"은 제조업에 고용된 노동자와 마찬가지로 그들 자신의 소비, 또는 그들을 고용하는 자본에 해당하는 가치를 소유자의 이윤과 함께 재생산할 뿐 아니라, 그보다 더 큰 가치를 재생산한다. 왜냐하면 그들은 차지농업가의 자본과 이윤 이외에 지주의 지대를 규칙적으로 재생산하기 때문이다. 이 지대는 지주가 차지농업가에게 빌려준 자연력의 생산물로 여길 수 있다. 지대는 토지의 힘, 또는 다른 말로 하면 토지의 자연적 또는 인공적 비옥도에 따라 커지거나 작아진다. 지대는 인간의 노동으로 여길 수 있는 모든 것을 빼거나 보상한 뒤에 남은 자연의 노동이다. 그것은 총생산물의 $\frac{1}{4}$보다 작은 경우는 거의 없고, 종종 $\frac{1}{3}$도 넘는다. 제조업에 고용된 동일한 양의 생산적 노동은 결코 그렇게 많이 재생산할 수 없다. 거기에서는 자연은 아무 일도 하지 않고 인간이 모든 것을 한다. 따라서 재생산은 언제나 그것을 행하는 인간들의 힘에 비례한다. 그러므로 농업에 사용된 자본은 제조업에 사용된 동일 규모의 자본보다 많은 양의 생산적 노동을 가동시킬 뿐 아니라, 그것이 고용하는 생산적 노동량에 비해 훨씬 큰 가치를 그 나라의 토지 · 노동의 연간 생산물, 즉 주민의 진정한 부와 수입에 부가한다."(『국부론』(상): 445~446) (강조는 마르크스의 것)

스미스는 제2편 제1장에서 "씨앗의 가치 전체도 역시 적절하게도 고정자본이다."라고 말한다. 따라서 여기에서는 자본=자본가치며, 자본가치는 '고정적' 형태로 존재한다. "씨앗은 토지와 창고 사이를 왕복하지만 결코 소유주를 바꾸지 않으며, 따라서 유통한다고 말할 수 없다. 차지농업가는 씨앗의 판매에 의해서가 아니라 증식에 의해 이윤을 획득한다."(306) 이 관점의 편협성은, 스미스는 케네와는 달리 불변자본의 가치가 갱신된 형태로 재현하는 것을 보지 못하고 그리하여 재생산과정의 중요한 측면의 하나를 보지 못했다는 점과, 여기에서 유동자본과 고정자본에 대한 그의 구별의 또 하나의 [그것도 그릇된] 예증을 제시하고 있을 따름이라는 점에 있다. 스미스가 '최초의 투자'와 '해마다의 투자'를 '고정자본'과 '유동자본'으로 번역한 것 중에 있는 진보성은, '자본'이라는 용어의 개념을 중농주의자들이 '농업'분야에 특별히 적용한 것을 해방시켜 일반화시켰다는 점에 있으며, 그것 중에 있는 퇴보성은 '고정'과 '유동'을 결정적인 구별이라고 이해하며 고집했다는 점에 있다.

제2절 애덤 스미스

1. 스미스의 일반적 관점

스미스는 제1편 제6장 64쪽에서 다음과 같이 말한다.

"모든 사회에서 모든 상품의 가격은 결국 이 세 부분"(임금 · 이윤 · 지대)"중 어느 한 부분 또는 전부로 분해되며, 모든 진보된 사회에서는 이 세 부분 모두가 혹은 많게 혹은 적게 압도적 다수의 상품들의 가격에 구성부분으로 들어간다."[4)]

4) '압도적 다수의 상품들의 가격'이라는 말에 관하여 독자들의 오해가 없도록 하기 위해, 이 말을 스미스 자신이 어떻게 설명하고 있는가를 인용해 보자. 예컨대 바다고기의 가격에는 지대는 들어가지 않고 임금과 이윤만이 들어가며, 스코틀랜드 자갈의 가격에는 임금만이 들어간다. 즉 "스코틀랜드의 일부지역에서는 소수의 가난한 사람들이 보통 스코틀랜드 자갈이라고 불리는 각종 작은

67쪽에서 계속 말하기를,

"임금 · 이윤 · 지대 세 가지는 모든 수입과 모든 교환가치의 최초의 원천들이다."(강조는 마르크스의 것)

우리는 뒤에 다시 '상품들의 가격' 또는 '모든 교환가치의 구성부분'에 관한 스미스의 학설을 상세하게 연구할 것이다. 그리고 스미스는 또 말한다.

"이것은 모든 특수한 상품 각각에 대해서 말할 수 있으므로, 한 나라의 토지 · 노동의 연간 생산물 전체를 구성하는 모든 상품에 대해서도 말할 수 있다. 연간 생산물의 가격 또는 교환가치 전체는 세 부분으로 분해되어 그 나라의 각 주민들 사이에 노동임금 · 자본이윤 · 토지지대로 분배된다."(348)(강조는 마르크스의 것)

스미스는 이와 같이 개별적으로 본 상품들의 가격과 '한 나라의 토지 · 노동의 연간 생산물의…가격 또는 교환가치 전체'를 임금노동자, 자본가 및 토지소유자를 위한 수입의 세 원천인 임금 · 이윤 · 지대로 분해한 다음에, 그는 하나의 우회로를 거쳐 제4의 요소, 곧 자본이라는 요소를 남몰래 도입하지 않을 수 없었다. 이것은 총수입과 순수입을 구별함으로써 수행된다.

"한 나라의 모든 주민의 총수입은 그들의 토지 · 노동의 연간 생산물

돌들을 해안에서 수집하는 것을 업으로 삼고 있다. 돌 세공인이 그들에게 지불하는 가격은 그들의 노동임금뿐이며, 따라서 지대나 이윤은 자갈 가격의 일부를 구성하지 않는다."(66)

전체를 포함한다. 순수입은 고정자본과 유동자본의 유지비를 뺀 다음 그들에게 남는 부분이다. 즉 자본을 잠식하지 않고 그들이 직접적 소비를 위한 재고로 넣을 수 있는 부분이며, 생활수단 · 편의품 · 향락품 등에 지출할 수 있는 부분이다. 그들의 진정한 부 역시 총수입이 아닌 순수입에 비례한다."(349)(강조는 마르크스의 것)

이에 대하여 우리는 다음과 같이 지적한다.

(1) 스미스는 여기에서 명백히 단순재생산만을 취급하고 있고 확대재생산 또는 축적을 취급하고 있지 않으며, 기능자본의 '유지'를 위한 지출에 관해서만 말하고 있다. '순'수입은 연간 생산물 [사회의 연간 생산물이든 개별 자본가의 연간 생산물이든] 중에서 '소비재원'으로 들어갈 수 있는 부분과 동등하지만, 이 재원의 규모는 기능자본을 '잠식'해서는 안 된다. 따라서 개별적 생산물과 사회적 생산물의 가치 일부는 임금 · 이윤 · 지대로 분해되지 않고 자본으로 분해된다.

(2) 스미스는 '총수입'과 '순수입'의 구별이라는 언어의 유희에 의하여 자기 자신의 이론에서 도피하고 있다. 개별 자본가도 자본가계급 전체도 또는 이른바 '국민'도, 생산에서 소비된 자본 대신에 상품생산물을 얻는다. 이 상품생산물의 가치[생산물 자체의 해당 부분들로 표시될 수 있다]는, 한편에서는 소비된 자본가치를 보충하며, 따라서 소득, 또는 글자 그대로 한다면, 수입(revenue는 다시 돌아온다는 뜻인 revenir의 과거분사에서 유래한다)을, 그러나[주의하라] 자본수입 또는 자본소득을 형성한다. 다른 한편에서는 상품생산물의 가치는 "그 나라의 각 주민들 사이에 노동임금 · 자본이윤 · 토지지대로 분배되는" 가치구성부분들 — 일상생활에서 소득이라고 부르는 것 — 을 이룬다. 따라서 전체 생산물의 가치[개별 자본가의 것이든 나라 전체의 것이든]는 그 누구를 위한 소득을 형성하지만, 한편에서는 자본소득을, 다른 한편에서는 이와는 다른 '수입'

을 형성한다. 이와 같이 하여 상품가치를 그것의 구성부분으로 분석할 때 제거되었던 것 『자본』이 뒷문을 통하여 [즉 '수입'이라는 말의 두 가지 의미를 통하여] 다시 도입되고 있다. 그러나 '취득'될 수 있는 것은 다만 생산물 중에 이미 있는 가치구성부분들뿐이다. 만약 자본이 수입으로 취득된다면 자본은 미리 지출되었음에 틀림없다.

스미스는 또 말한다.

> "보통의 이윤율의 최저한도는 자본의 사용이 피하기 어려운 우연한 손실을 보상하는 데 충분한 것보다 항상 커야만 한다. 오직 이 초과분만이 순이윤 또는 명백한 이윤이다."(어떤 자본가가 이윤은 자본의 필요한 지출이라고고 이해하겠는가?)"이른바 총이윤은 이 초과분뿐 아니라 위와 같은 특별한 손실을 보상하기 위해 유보된 이윤을 포함하고 있다."(125)

그러나 이것은 잉여가치의 일부[여기에서는 총이윤의 일부로 고찰되고 있다]는 생산을 위한 보험재원을 이루지 않을 수 없다는 것 이상의 아무것도 의미하지 않는다. 이 보험재원을 창조하는 것은 잉여노동의 일부며, 그 범위까지 잉여노동은 직접적으로 자본[즉 재생산을 위해 예정된 재원]을 생산한다. 고정자본 따위의 '유지'비에 관하여 말한다면(위에 인용한 구절들을 보라), 소비된 고정자본을 새로운 고정자본에 의하여 보충하는 것은 결코 새로운 자본투하를 이루는 것이 아니라 옛날 자본가치를 새로운 형태로 갱신하는 것에 불과하다. 그러나 스미스가 유지비에 함께 넣고 있는 고정자본의 수리비에 관하여 말한다면, 그 비용은 투하자본 가격의 일부를 이룬다. 자본가는 그것을 한꺼번에 투하할 필요는 없으며, 그것을 자본의 기능기간 중에 다만 점차적으로 또 필요에 따라 투하하며, 그리고 이미 획득한 이윤 중에서 투하할 수 있지만, 이런 사실은 이 이윤의 원천을 조금도 변경시키지 않는다. 이 이윤에 해당하는 가치구성부분은 노동자가 보험재원뿐 아니라 수리재원을 위해서도 잉여노동을 제공한다는 것을 가리킬 따름이다.

스미스가 설명하는 바에 따르면, 순수입(즉 특수한 의미의 수입)에서는 고정자본 전체가 제외되어야 하며, 또한 유동자본 중 고정자본의 유지 · 수리 · 갱신에 필요한 부분도 전부 제외되어야 하는데, 이렇게 되면 사실상 소비재원으로 예정된 현물형태로 있지 않은 모든 자본이 순수입으로부터 제외되어야 한다는 것을 의미한다.

> "고정자본의 총유지비는 사회의 순수입에서 분명히 제외되어야 한다. 유용한 기계 · 생산도구 · 수익성 있는 건물 등을 유지하는 데 필요한 원료나 이런 원료를 적절한 형태로 가공하는 데 필요한 노동의 생산물 역시 순수입의 일부가 될 수 없다. 그렇지만 이 노동의 가격은 순수입의 일부가 될 수 있다. 왜냐하면 여기에 고용된 노동자는 그 임금의 모든 가치를 직접적 소비를 위한 재고에 지출할 수 있기 때문이다. 그러나 다른 종류의 노동에서는 노동가격"(즉 이 노동에 지불되는 임금)"과 노동생산물"(즉 이 노동이 체화된 것)"모두가 직접적 소비를 위한 재고로 들어가는데, 노동가격은 노동자의 직접적 소비를 위한 재고로 되고, 노동생산물은 다른 사람들의 직접적 소비를 위한 재고로 된다. 다른 사람들의 생활수단 · 편의품 · 향락품은 이들 노동자들의 노동에 의해 증가한다."(349~350)(강조는 마르크스의 것)

스미스는 여기에서 생산수단의 생산에 종사하는 노동자와 소비수단의 직접적 생산에 종사하는 노동자 사이의 매우 중요한 구별에 부닥친다. 전자의 상품생산물의 가치는 임금총액[즉 노동력의 구입에 투하된 자본부분]에 해당하는 가치구성부분을 포함하고 있으며, 이 가치부분은 현물로는 이 노동자들에 의하여 생산된 생산수단의 일정한 부분으로 존재한다. 노동자들이 임금으로 받은 화폐는 그들에게는 수입을 이루지만, 그들의 노동은 그들 자신을 위해서나 다른 사람들을 위해서나 소비될 수 있는 생산물을 생산한 것은 아니다. 따라서 이 생산물 자체는 연간 생산물 중 사회적 소비재원[오직 이것에 의하여 '순수입'이 실현될 수 있다]을 제공하는 부분의 어떤 요소도 이루지 않는다. 스미스가 여기에서 부언하지 못한 것은, 임금에 대하여 타당한 것은 또한 생산수단의 가치 중 (제일 먼저) 산업자본가의 수입을 이루는 구성부분[잉여가치로서 이윤과 지대라는 범주에서]에 대해서도 타당하다는 점이다. 이 가치구성부분들도 생산수단으로, 즉 소비될 수 없는 것으로 존재한다. 이것들은 화폐화된 뒤에야 비로소 제2종류의 노동자들에 의하여 생산된 소비수단 중에서 그것들의 가격에 상당하는 분량을 끌어낼 수 있으며, 그리고 그것을 그 소유자들의 개인적 소비재원으로 이전시킬 수 있다. 그러므로 스미스는 더욱이 다음의 것을 인정하여야만 하였지만, 그렇지 못하였다. 즉 해마다 생산되는 생산수단의 가치 중, 이 생산분야 안에서 기능하는 생산수단[생산수단을 만드는 데 사용되는 생산수단]의 가치에 해당하는 부분, 따라서 여기에서 사용되는 불변자본의 가치에 해당하는 가치부분은, 그것이 있는 현물형태에 의해서 뿐 아니라 그것의 자본으로서의 기능에 의해서도, 수입을 이루는 어떤 가치구성부분에서도 절대적으로 제외되고 있다는 점이다.

제2종류의 노동자[즉 직접적으로 소비수단을 생산하는 노동자]에 관한 스미스의 규정은 완전히 정확한 것은 아니다. 그는 이 종류의 노동에서는 노동의 가격과 생산물 모두가 다같이 직접적 소비재원으로 들어간다고 말한다. "노동가격"(즉 임금으로 받는 화폐)"은 노동자의 직접적 소비를 위한 재고로 되고, 노동생산물은 다른 사람들의 직접적 소비를 위한 재고로 된다. 다른 사람들의 생활수단 · 편의품 · 향락품은 이들 노동자들의 노동에 의해 증가한다." 그러나 노동자는 그의 노동의 '가격', 즉 그의 임금으로 지불되는 화폐를 먹고 살 수는 없다. 그는 이 화폐로 소비수단을 구매함으로써 그 화폐를 실현한다. 이 소비수단의 일부는 그 자신이 생산한 상품종류일 수도 있다. 그러나 그 자신의 생산물이 노동착취자의 소비로만 들어가는 그런 상품종류일 수도 있다.

스미스는 이처럼 고정자본을 한 나라의 '순수입'에서 완전히 제외한 뒤 계속하여 다음과 같이 말한다.

"고정자본의 총유지비가 사회의 순수입에 들어가지 않는다 하더라도, 유동자본의 유지비는 그렇지 않다. 유동자본을 구성하는 네 가지 부분들, 즉 화폐 · 식료품 · 원료 · 완제품 중 뒤의 세 가지는 이미 고찰한 바와 같이 규칙적으로 유동자본에서 빠져나와 사회의 고정자본에 편입되거나 직접적 소비를 위한 재고로 들어간다. 이런 소비가능한 재화 중 고정자본의 유지에 사용되지 않는 부분은 전부 소비용 재고로 되어 사회의 순수입의 일부가 된다. 따라서 유동자본의 세 구성부분을 유지하는 데는 고정자본의 유지를 위해 필요한 것을 제외하고는 사회의 순수입으로부터 연간 생산물의 어떤 부분도 빼내지 않는다."(351~352)

유동자본 중에서 생산수단의 생산을 위해 봉사하지 않는 부분은 소비수단의 생산으로 [연간 생산물 중 사회의 소비재원을 이룰 부분으로] 들어간다고 말하는 것은 동어반복에 불과하다. 그러나 그 다음에 바로 이어서 말하고 있는 것은 중요하다.

"사회의 유동자본은 이 점에서 개인의 유동자본과 다르다. 개인의 유동자본은 전혀 그의 순수입을 이루지 않으며, 그의 순수입은 오직 이윤만으로 이루어져 있다. 모든 개인의 유동자본은 그가 속하는 사회의 유동자본의 일부이지만, 그것은 자기의 순수입의 일부를 결코 구성하지 못한다. 왜냐하면 상인의 상점에 있는 모든 재화는 결코 자기 자신의 직접적 소비를 위한 재고로는 될 수 없고 다른 사람들의 직접적 소비를 위한 재고로 될 수 있을 뿐이기 때문이다. 다른 사람들은 다른 원천에서 얻은 수입에 의해, 상인의 자본이나 그들 자신의 자본을 조금도 감소시키지 않고, 그 재화들의 가치를 이윤과 함께 상인에게 규칙적으로 보상해 준다."(352)

그리하여 여기에서 우리는 다음과 같은 것을 알게 된다.

(1) 고정자본과, 그것의 재생산 · 유지(그것의 '기능'을 스미스는 추가하지 않고 있다)에 필요한 유동자본과 마찬가지로, 소비수단의 생산에서 기능하는 유동자본도 모두 각 개별 자본가의 순수입에서 제외되며, 그의 순수입이 될 수 있는 것은 그의 이윤뿐이다. 따라서 그의 상품생산물 중 그의 자본을 보충하는 부분은 그의 수입을 이루는 가치구성부분으로 분해될 수 없다.

(2) 각 개별 자본가의 유동자본은 사회의 유동자본의 일부를 이루는데, 그것은 각 개별 고정자본이 사회의 고정자본의 일부를 이루는 것과 마찬가지다.

(3) 사회의 유동자본은 개별 유동자본의 총액에 불과하지만 개별자본가의 유동자본과는 다른 성격을 갖는다. 개별 자본가의 유동자본은 결코 그의 수입의 일부를 이룰 수 없다. 이와는 반대로 사회의 유동자본의 일부(즉 소비수단으로 이루어지는 부분)는 동시에 사회의 수입의 일부를 이룰 수 있다. 또는 스미스가 앞에서 말한 바와 같이, 그것은 연간 생산물의 그 부분만큼 사회의 순수입을 반드시 감소시키는 것은 아니다. 스미스가 여기에서 유동자본이라고 부르고 있는 것은 사실은 소비수단을 생

산하는 자본가들에 의하여 매년 유통에 투입되는, 연간에 생산되는 상품자본이다. 이 연간의 상품생산물 전체는 소비될 수 있는 물품들로 이루어지며, 따라서 사회의 순수입(임금을 포함)이 실현 또는 지출되는 재원을 이룬다. 스미스는 소매상의 상점에 있는 상품을 예로 선택할 것이 아니라 산업자본가들의 창고에 쌓여 있는 대량의 재고를 예로 선택했어야 했다.

만약 스미스가 고정자본이라고 부르는 것의 재생산을 고찰하면서, 그리고 그가 유동자본이라고 부르는 것을 고찰하면서, 그의 머리에 떠오른 생각의 단편들을 총괄했다면, 그는 다음과 같은 결론에 도달했을 것이다.

Ⅰ. 사회의 연간 생산물은 두 부문으로 이루어진다. 제Ⅰ부문은 생산수단을 포괄하며, 제Ⅱ부문은 소비수단을 포괄한다. 양자는 분리해서 취급되어야 한다.

Ⅱ. 연간 생산물 중 생산수단을 구성하는 부분의 총가치는 다음과 같이 나누어진다. 제1부분은 이 생산수단의 생산에 소비된 생산수단의 가치에 불과하며, 따라서 갱신된 형태로 재현되는 자본가치에 불과하다. 제2부분은 노동력에 투하된 자본의 가치 또는 이 생산분야의 자본가들에 의하여 지불된 임금총액과 동등하다. 끝으로 제3부분은 이 분야의 산업자본가들의 이윤[지대를 포함해서]의 원천을 이룬다.

제1부분[즉 스미스에 따르면 제Ⅰ부문의 개별자본 전체의 고정자본부분이 재생산된 것]은 "순수입[개별 자본가의 것이든 사회의 것이든]에서 명백히 제외되어 있으며, 결코 그것의 일부를 이룰 수 없다." 그것은 언제나 자본으로서 기능하며 결코 수입으로서 기능하지 않는다. 이 점에서는 각 개별 자본가의 '고정자본'은 사회의 고정자본과 조금도 다름이 없다. 그러나 사회의 연간 생산수단 생산량의 기타 가치부분들〚제2부분과 제3부분〛[따라서 또한 이 생산수단 총량의 일정한 부분들로 있는 가치부분들]은 물론 이 생산에 참가한 모든 당사자들을 위한 수입[즉 노동자들을

위한 임금, 자본가들을 위한 이윤과 지대]을 이룬다. 그러나 이 가치부분들은 사회에 대해서는 수입을 이루는 것이 아니라 자본을 이룬다—비록 사회의 연간 생산물은 이 사회에 속하는 개별 자본가들의 생산물의 총계로 이루어질 뿐이지만. 이 가치부분들은 대체로 이미 그것들의 성질로 보아 생산수단으로 기능할 수 있을 따름이며, 그것들 중에서 필요에 따라 소비수단으로 기능할 수 있는 것까지도 새로운 생산을 위한 원료 또는 보조재료로 기능하게 정해져 있다. 그러나 그것들 〖제2부분과 제3부분〗이 생산수단으로서, 즉 자본으로서 기능하는 것은 그것들의 생산자들[제Ⅰ부문의 자본가들]의 수중에서가 아니라 그것들의 사용자들의 수중에서다. 다시 말하자면,

Ⅲ. 소비수단의 직접적 생산자들인 제Ⅱ부문의 자본가들의 수중에서다. 그것들 〖제Ⅰ부문 생산량 중 수입형성 부분들〗은 제Ⅱ부문의 자본가들이 소비수단의 생산에서 소비한 자본(노동력으로 전환되어 제Ⅱ부문의 노동자들을 위한 임금총액을 대표하는 자본은 제외한다)을 보충하는 것인데, 다른 한편에서는 이 소비된 자본[이제는 그 소비수단을 생산한 자본가들의 수중에서 소비수단의 형태로 있다]은 사회적 관점에서는 제Ⅰ부문의 자본가들과 노동자들이 그들의 수입을 실현하는 소비재원을 이룬다.

스미스가 자신의 분석을 여기까지 추진했더라면 그는 문제 전체를 거의 완전히 해결할 수 있었을 것이다. 사실 그는 그 해결의 일보직전에 있었다. 왜냐하면 그는 이미 다음과 같이 지적한 바가 있기 때문이다. 즉 사회의 연간 총생산물을 이루는 두 종류 중에서 한 종류의 상품자본(생산수단)의 일정한 가치부분은, 물론 그것의 생산에 종사한 개별 노동자들과 자본가들을 위한 수입을 이루지만, 사회의 수입의 어떤 구성부분도 이루지 않고, 반면에 다른 종류(소비수단)의 가치의 일부는, 물론 그것의 개별적 소유자들[즉 이 투자분야에 종사하는 자본가들]을 위한 자본가치를 이루지만, 그럼에도 사회적 수입의 일부에 지나지 않는다고.

어쨌든 위의 조사로부터 다음의 것만은 분명하다.

첫째로 비록 사회적 자본은 개별자본들의 총계와 같을 뿐이고 따라서 사회의 연간 상품생산물(또는 상품자본)은 이 개별자본들의 상품생산물의 총계와 같다 하더라도, 또한 비록 이렇기 때문에 각 개별 상품자본에 타당한, 상품가치의 그 구성부분들로의 분해는 전체 사회의 상품자본에도 타당하지 않을 수 없으며, 그리고 결국에는 실제로 타당한 것으로 증명된다고 하더라도, 이 구성부분들이 개별자본의 관점에서 취하는 현상형태는 그것들이 사회적 재생산의 총과정에서 취하는 현상형태와는 다르다. 〖제20장 3절을 보라〗

둘째로 단순재생산의 토대 위에서까지도 임금(가변자본)과 잉여가치의 생산뿐 아니라 새로운 불변자본가치의 직접적 생산도 행해진다. 비록 노동일은 두 부분으로, 즉 노동자가 가변자본을 보충하는 부분[사실상은 그의 노동력의 구입을 위한 등가를 생산하는 부분]과 잉여가치(이윤 · 지대 등)를 생산하는 부분으로 이루어지고 있을 뿐이지만. 생산수단의 재생산에 지출되는 매일의 노동—이것의 가치는 임금과 잉여가치로 분할된다—은 소비수단의 생산에 지출된 불변자본 부분을 대체하는 새로운 생산수단으로 자신을 실현한다. 〖제20장 3절을 보라〗

주요한 곤란들은 이미 말한 바에 의하여 대부분 해결되었는데, 그것들은 축적의 고찰에서가 아니라 단순재생산의 고찰에서 이미 제기되고 있다. 이 때문에 스미스(『국부론』 제2편)나 그 이전에는 케네(『경제표』)가 사회의 연간 생산물의 운동과, 유통에 의하여 매개되는 그것의 재생산을 다룰 때마다 단순재생산을 출발점으로 삼은 것이다.

2. 스미스는 교환가치를 v+s로 분해

스미스의 교리에 따르면, 각 개별상품—따라서 사회의 연간 생산물을 이루는 모든 상품의 합계(그는 정당하게도 자본주의적 생산이 모든 곳에 있다고 가정하고 있다)—의 가격 또는 '교환가치'는 임금 · 이윤 · 지대라는 세 개의 '구성부분들'로 이루어지거나, 또는 '분해된다'는 것이다. 이 교리는 결국 상품가치=v+s, 즉 상품가치는 투하된 가변자본의 가치에 잉여가치를 더한 것과 같다는 것이다. 이윤과 지대를 우리가 s라고 부르는 하나의 공통된 단위로 환원시킬 수 있다는 것은, 다음의 인용문이 보여주는 바와 같이, 스미스가 명백히 승인하고 있는 바다. 우리는 당분간 모든 부차적인 사항들을 무시하며, 따라서 특히 상품가치가 오직 우리가 v+s로서 표시하는 요소들로만 이루어진다는 그 교리에 대한 일체의 외관적인 또는 현실적인 괴리들을 문제 삼지 않는다.

제조업에서는,

"노동자가 원료에 추가하는 가치는 두 부분으로 나누어지는데, 한 부분은 자기의 임금을 지불하고, 다른 부분은 자기의 고용주가 원료와 임금을 지불하기 위해 투하한 자본 전체에 대한 이윤을 지불한다."(61)

"비록 제조공의 임금은 고용주가 투하하지만, 임금의 가치는 일반적으로 그의 노동이 가해진 대상의 증가한 가치의 형태로 이윤과 함께 회수되기 때문에, 사실 고용주는 아무런 비용도 들이지 않는다."(404)

자본 중에서

"생산적 노동자를 유지하는 데"(투하되는 부분은)"그"(고용주)"에게 자본으로 기능을 수행한 뒤에 생산적 노동자들의 수입을 이룬다."(407)

스미스는 바로 위에서 인용한 장chapter에서 명백히 다음과 같이 말하고 있다.

> "한 나라의 토지 · 노동의 연간 총생산물은…자연스럽게 두 부분으로 나누어진다. 흔히 가장 큰 부분은 먼저 자본을 보충하기 위한, 즉 자본에서 빼낸 식료품 · 원료 · 완제품을 보충하기 위한 것이다. 다른 한 부분은 자본의 소유자에 대한 수입, 즉 그의 자본에 대한 이윤과, 또는 다른 사람의 수입, 즉 그의 토지에 대한 지대를 구성한다."(406)(강조는 마르크스의 것)

스미스가 말한 바와 같이, 자본의 일부, 즉 생산적 노동의 구입에 투하된 부분만이 어떤 사람을 위한 수입을 형성한다. 이 부분—가변자본—은 먼저 고용주의 수중에서 또 고용주를 위해 '자본의 기능'을 수행하고, 그 다음에는 생산적 노동자 자신을 위한 '수입을 이룬다.' 자본가는 자기의 자본가치의 일부를 노동력으로 전환시키며, 또 바로 그렇게 함으로써 가변자본으로 전환시킨다. 이런 전환에 의해서만 자본의 이 부분뿐 아니라 그의 총자본이 산업자본으로 기능하게 된다. 노동자—노동력의 판매자—는 임금의 형태로 노동력의 가치를 받는다. 그의 수중에서 노동력은 다만 판매할 수 있는 상품, 그것의 판매에 의하여 그가 살아가는 상품, 따라서 그의 수입의 유일한 원천을 이루는 상품이다. 노동력은 그것의 구매자인 자본가의 수중에서만 가변자본으로 기능하며, 그 구매가격을 자본가는 오직 외관상으로만 투하할 뿐이다. 왜냐하면 그것의 가치는 이미 먼저 노동자에 의하여 자본가에게 제공되기 때문이다. 〖노동한 뒤에 임금을 받기 때문이다〗

스미스는 제조업에서 생산물의 가치=v+s(여기에서 s=자본가의 이윤)라는 것을 우리에게 보여준 다음에 말하기를, 농업에서는 노동자들은

> "그들 자신의 소비, 또는 그들을 고용하는"(가변)"자본에 해당하는 가치를 소유자의 이윤과 함께 재생산할 뿐 아니라…"(다시 말해)"차지농업가의 자본과 이윤 이외에 지주의 지대를 규칙적으로 재생산한다."(446)(강조는 마르크스의 것)

지대가 지주의 손으로 들어간다는 것은 우리가 살펴보고 있는 문제와는 아무런 관계도 없다. 지대가 지주의 손으로 들어가기에 앞서 그것은 차지농업가, 즉 산업자본가의 손에 있지 않으면 안 된다. 지대는 그 누구의 수입으로 되기 전에 먼저 생산물의 가치구성부분을 이루어야만 한다. 따라서 스미스 자신에게 지대와 이윤은 모두 생산적 노동자가 자기 자신의 임금, 즉 가변자본의 가치와 함께, 끊임없이 동시에 재생산하는 잉여가치의 구성부분에 지나지 않는다. 지대와 이윤은 잉여가치 s의 부분들이며, 그렇기 때문에 스미스는 모든 상품의 가격을 v+s로 분해한다.

모든 상품(따라서 연간의 상품생산물)의 가격이 임금+이윤+지대로 분해된다는 교리는 스미스 저작의 여기저기의 심오한 부분에서조차 다음과 같은 형태를 띠고 있다. 즉 개별상품의 가치, 따라서 사회의 연간 상품생산물의 가치도 v+s, 다시 말해 노동력에 지출되고 노동자가 끊임없이 재생산하는 자본가치+노동자들이 노동에 의해 첨가하는 잉여가치와 같다는 것이다.

스미스의 이 마지막 결론은 동시에 상품가치가 분할될 수 있는 구성부분들에 대한 그의 일면적 분석의 근원을 우리에게 보여주고 있다[자세한 것은 아래를 보라]. 그런데 이 가치구성부분들이 또한 생산에서 기능하는 여러 계급들의 각종의 수입 원천을 이룬다는 사실은 이 구성부분들의 하나하나의 양적 결정과 그것들의 가치총액의 한계와는 아무런 관계도 없다.

스미스가

"임금 · 이윤 · 지대 세 가지는 모든 수입과 모든 교환가치의 최초의 원천들이다. 기타 모든 수입들은 궁극적으로 이 세 개의 어느 하나에서 파생하는 것이다."(67)

라고 말할 때, 여기에는 여러 가지 혼동이 모두 겹쳐져 있다.

(1) 노동을 하는가 하지 않는가에 관계없이 직접 재생산에 참가하지 않는 모든 사회구성원들은 연간 상품생산물에 대한 자기들의 몫[즉 자기들의 소비수단]을, 먼저 생산물을 맨 먼저 손에 넣는 계급들 — 생산적 노동자들과 산업자본가들 그리고 지주들 — 의 손으로부터만 끌어낼 수 있을 따름이다. 이런 한도까지 그들의 수입은 실질적으로 임금(생산적 노동자의 임금)과 이윤과 지대에서 나오는 것이며, 따라서 본원적 수입에 대한 파생적 수입으로 나타난다. 그러나 다른 한편, 이런 뜻에서 파생적 수입을 얻는 사람들은 왕 · 목사 · 교수 · 창녀 · 병사 따위며, 그들의 사회적 기능에 의하여 이 수입을 얻는 것이다. 따라서 그들은 자기들의 사회적 기능을 자기들의 수입의 원천이라고 보게 된다.

(2) 여기에서 스미스의 터무니없는 잘못이 절정에 이르고 있다. 그는 상품의 가치구성부분들과 그것들에 체현되어 있는 가치생산물의 총액을 옳게 규정하는 것, 그리고 각각의 구성부분이 어떻게 그것과 같은 수의 상이한 수입원천을 이루는가 하는 것을 논증하는 것으로부터 시작한 이후에,[5] 그리하여 가치에서 수입을 끌어낸 다음에, 이번에는 역의 방향을 택하여 수입을 '모든 교환가치의 구성부분들'이 아니라 '모든 교환가치의 최초의 원천'이라고 하였는데, 이 후자가 그의 지배적인 견해였다. 이리하여 그는 속류경제학을 위해 문을 활짝 열어놓았다. (우리의 로셔를 보라.)

5) {엥겔스: 이 구절은 여기의 문맥에서 보면 앞 문장과도, 바로 뒤의 문장과도 모순되는 것같이 보이지만 마르크스의 원고에 있는 대로 그대로 둔다. 이 외관상의 모순은 아래에 나오는 '4. 애덤 스미스가 본 자본과 수입'에서 해결된다.}

3. 불변자본부분

이제 스미스가 어떤 요술을 부려 자본의 불변가치 부분을 상품가치에서 제거하고 있는가를 보자.

> "예컨대 곡물가격에서, 한 부분은 토지소유자의 지대를 지불하고"(64)

이 가치구성부분의 원천은, 이 부분이 지주에게 지불되고 지대의 형태로 그의 수입을 이룬다는 사정과는 아무런 관계도 없다는 것은, 다른 가치구성부분들의 원천이, 그 부분들이 이윤과 임금으로 역시 수입의 원천을 이룬다는 사실과는 아무런 관계도 없는 것과 마찬가지다.

> "다른 한 부분은 곡물생산에 사용되는 노동자의 임금 또는 역축의 유지비를 지불하며, 제3의 부분은 차지농업가의 이윤으로 지불된다. 이런 세 부분은 직접적으로 또는 궁극적으로 곡물가격 전체를 구성하는 것 같다."[6](64)(강조는 마르크스의 것)

이 전체가격, 즉 가격의 양적 결정은 세 부류의 사람들 사이의 가격의 분배와는 전혀 관계가 없다.

---

6) 우리는 여기에서 이와 같은 예를 든 것이 특히 스미스의 불운이었다는 점에 대해서는 전혀 언급하지 않겠다. 왜냐하면 밀의 가치가 임금·이윤·지대로 분해되기 위해서는 역축이 삼켜버린 먹이가 역축의 임금으로 표시되어야 하고, 역축이 임금노동자로 표시되어야 하며, 따라서 이번에는 또 임금노동자가 역축으로 표시되어야 하기 때문이다{엥겔스: 원고 2로부터}.

"어떻게 보면, 차지농업가의 자본을 보충하거나 역축과 기타 농기구의 마멸을 보상하기 위해서 제4의 부분이 필요하다고 생각할 수도 있다. 그러나 어떤 농기구의 가격, 예를 들면 역축의 가격 그 자체가 위와 같은 세 부분으로 구성되어 있다는 것을 고려해야 한다. 즉 그것을 사육하는 데 사용되는 토지의 지대, 그것을 사육하는 노동의 임금, 그리고 이 토지지대 · 노동임금을 투하하는 차지농업가의 이윤이 바로 그것이다. 그러므로 곡물가격이 역축의 유지비뿐 아니라 역축의 가격까지 지불한다고 하더라도, 곡물의 가격 전체는 여전히 직접적으로 또는 궁극적으로 지대 · 노동"(임금을 의미한다)"그리고 이윤이라는 세 부분으로 분해된다."(64~65)

바로 이것이 스미스가 자기의 놀라운 학설을 논증하기 위해 내놓고 있는 것의 문자 그대로 전부다. 그의 논증은 똑같은 주장의 되풀이에 지나지 않는다. 그는 예컨대 밀의 가격은 v+s뿐 아니라 또한 밀 생산에 소비된 생산수단의 가격[따라서 차지농업가가 노동력에 투하한 것이 아닌 자본가치]으로도 이루어진다는 것을 인정하고 있다. 그러나 그는 이 모든 생산수단 자체의 가격도 밀가격과 마찬가지로 또 v+s로 분해된다고 말하고 있다. 여기서 스미스는, v+s뿐 아니라 이 생산수단 자체의 생산에 소비된 생산수단의 가격으로도 분해된다고 추가하는 것을 잊은 것이다. 그는 한 생산부문에서 다른 생산부문으로, 이 다른 생산부문에서 또다시 세 번째 생산부문으로 언급을 옮겨 가고 있다. 상품의 전체 가격이 '직접' 또는 '결국에는' v+s로 분해된다는 주장은 오직 다음과 같은 것이 논증되는 경우에만 빈말이 아닐 것이다. 즉 가격이 직접적으로 c(소비된 생산수단의 가격)+v+s로 분해되는 상품생산물도, 결국에는 이 '소비된 생산수단'이 제2의 상품생산물에 의하여 완전히 보충되어야 하는데, 이 제2의 상품생산물은 가변자본[즉 노동력에 투하된 자본]의 지출에 의해서만 생산된다는 것이다. 그 경우에는 제2의 상품생산물의 가격은 직접적으로 v+s일 것이다. 그러므로 전자의 상품생산물의 가격 c+v+s[c는 불변자본 부분이다]도 마침내는 v+s로 분해될 것이다. 스미스 자신도 자기가 든 스코틀랜드의 자갈채집자의 예로써 이런 논증을 제시했다고는 생각하지 않았지만, 스미스의 주장에 따르면, 그 채집자들은 (1) 어떤 종류의 잉여가치도 제공하지 않고 그들 자신의 임금만을 생산하며, (2) 아무런 생산수단도 쓰지 않는다는 것이다. (그렇지만 그들도 역시 자갈을 나르는 데 광주리 · 자루 · 그 밖의 용기형태의 생산수단을 쓰고 있다.)

우리가 이미 앞에서 본 바와 같이, 스미스는 뒤에 자기 자신의 주장을 스스로 뒤집고 있지만 그러면서도 이 모순을 깨닫지 못했다. 그런데 그 모순의 근원은 바로 그의 과학적 전제에서 찾아야 한다. 노동으로 전환된 자본은 그 자체의 가치보다 더 큰 가치를 생산한다. 어떻게 그렇게 되는가? 스미스는 말하기를, 노동자들은 생산과정에서 자기들이 가공하는 물건에다 가치를 부가하는데, 이 가치는 그들 자신의 구매가격〖임금〗의 등가 외에 그들의 고용자의 것으로 되는 잉여가치(이윤과 지대)를 형성하기 때문이라는 것이다. 이것은 노동자들이 실제로 하는, 그리고 할 수 있는 모든 것이다. 하루 동안의 산업노동에 들어맞는 것은 전체 자본가계급이 한 해 동안에 운동시키는 노동에도 들어맞는다. 그러므로 사회의 연간 가치생산물의 총량은 오직 v+s로, 즉 노동자들이 그들 자신의 구매가격에 지출된 자본가치를 보충하는 등가와, 그들이 그 이상으로 그들의 고용주에게 제공하지 않으면 안 되는 추가적 가치로 갈라질 수 있을 따름이다. 그런데 상품가치의 이 두 요소들은 또한 재생산에 참가하는 여러 계급의 수입원천을 이룬다. 즉 첫째 요소는 노동자의 수입인 임금을 이루며, 둘째 요소는 잉여가치를 이루는데, 이 잉여가치의 한 부분은 산업자본가가 이윤의 형태로 자신이 가지며, 다른 한 부분은 지주의 수입인 지대로서 떼어준다. 연간의 가치생산물이 v+s 이외에는 다른 어떤 요소도 포함하고 있지 않다면, 또 하나의 가치구성부분은 어디에서 나온다는 말인가? 우리는 여기에서 단순재생산을 전제로 하고 있다. 한 해의 총노동량이 노동력에 지출된 자본가치를 재생산하는 데 필요한 노동과 잉여가치를 창조하는 데 필요한 노동으로 분해된다면, 노동력에 지출되지 않은 자본가치를 생산하기 위한 노동은 도대체 또 어디에서 나온다는 말인가?

문제는 다음과 같다.

(1) 스미스는 상품의 가치를 임금노동자가 노동대상에 '부가하는' 노동량에 의하여 규정한다. 그는 사실 노동대상을 '재료'라고 말하고 있는데, 그것은 노동생산물을 가공하는 제조업을 그가 문제로 삼고 있기 때문이다. 그러나 그렇다고 해서 사태가 조금이라도 달라지는 것은 아니다. 왜냐하면 노동자가 어떤 물건에 부가하는(이 '부가한다'는 말은 스미스의 표현이다) 가치는 [그 가치가 부가되는] 대상 자체가 이렇게 부가되기 전에 이미 가치를 가지고 있는가 없는가 하는 것과는 전혀 관계가 없기 때문이다. 결국 노동자는 상품형태로 새로운 가치를 창조한다. 이 새로 창조된 가치의 한 부분은, 스미스에 따르면, 노동자의 임금의 등가며 따라서 이 부분은 그의 임금의 가치량에 의하여 결정된다. 노동자가 자기의 임금과 같은 가치를 생산 또는 재생산하기 위해서는 그의 임금의 크기에 따라 그의 노동량을 부가하지 않으면 안 된다. 그러나 또 노동자는 이 한계를 넘어 그 이상의 노동을 부가하는데, 그 노동은 노동자를 고용하는 자본가를 위한 잉여가치를 이룬다. 이 잉여가치가 모두 자본가의 손에 남는가, 그렇지 않고 그 일부를 제3자에게 떼어주어야 하는가 하는 것은, 임금노동자가 부가하는 잉여가치의 질적 (이 가치가 어쨌든 잉여가치라는) 규정이나 양적 (크기의) 규정을 조금도 변화시키지 않는다. 그것『잉여가치』이 가치라는 점에서는 생산물의 다른 모든 가치부분과 마찬가지지만, 그것이 다른 가치부분과 구별되는 점은 노동자가 그것에 대

해 아무런 등가도 받지 않았으며, 또 뒤에도 받지 않으며, 오히려 자본가가 이 가치부분을 등가를 내주지 않고 차지한다는 점이다. 상품의 총가치는 그 상품의 생산에 노동자가 지출한 노동량에 의하여 결정된다. 이 총가치의 한 부분은 임금의 가치와 동등한 것, 곧 임금의 등가라고 규정되기 때문에, 다른 부분[잉여가치]은 어쩔 수 없이 생산물의 총가치에서 임금의 등가인 가치부분을 뺀 것과 같게 된다. 즉 상품의 생산에서 창조된 가치생산물 중 임금의 등가인 가치 부분을 넘는 초과분과 같게 된다.

(2) 개별적 산업기업에서 개별 노동자가 생산하는 상품에 들어맞는 것은 모든 생산부문들의 연간 생산물 전체에도 들어맞는다. 개별적인 생산적 노동자의 하루 노동에 들어맞는 것은 생산적 노동자계급 전체가 수행하는 연간의 총노동에도 들어맞는다. 이 노동자계급은 연간 지출된 노동량에 의하여 결정되는 총가치를 연간 생산물에 '고정시킨다'(스미스의 표현). 그리고 이 총가치는 두 부분으로 갈라지는데, 그 한 부분은 연간노동 중 노동자계급이 그들의 연간임금의 등가[사실상은 이 임금 자체]를 창조하는 부분에 의하여 결정되며, 다른 한 부분은 노동자가 자본가계급을 위한 잉여가치를 창조하는 추가적인 연간노동에 의하여 결정된다. 따라서 연간 생산물에 들어 있는 연간의 가치생산물은 두 요소, 즉 노동자계급이 받는 연간 임금의 등가와 일년 동안 자본가계급을 위해 제공되는 잉여가치로서만 이루어진다. 그런데 한 해의 임금은 노동자계급의 수입을 이루며, 한 해의 잉여가치 총액은 자본가계급의 수입을 이룬다. 따라서 이 두 가치부분은 연간 소비재원의 상대적 몫을 표시하며, 또 소비재원으로 실현된다(이 관점은 단순재생산의 설명에서는 옳다). 그리하여 불변자본가치를 위한 [즉 생산수단의 형태로 기능하는 자본의 재생산을 위한] 여유는 전혀 남지 않는다. 그런데 상품가치 중 수입으로 기능하는 모든 부분들은 사회적 소비재원으로 향하게 되어 있는 연간 노동생산물과 일치한다고 스미스는 자기의 저서 머리말에서 명확히 말하고 있다.

"국민 대다수의 수입을 구성하는 것은 무엇인가, 또는…그들의 연간 소비를 공급하는 재원의 성질은 무엇인가를 설명하는 것이 제4편까지의 목적이다."(4)

그리고 그 머리말의 바로 첫 문장은 이렇게 되어 있다.

"한 나라 국민의 연간 노동은 그들이 연간 소비하는 생활필수품과 편의품 전부를 공급하는 원천이며, 이 생활필수품과 편의품은 언제나 이 연간 노동의 직접 생산물로 구성되고 있거나 이 생산물과의 교환으로 다른 나라에서 구입해 온 생산물로 구성되고 있다."(1)

그런데 스미스의 첫째 잘못은 그가 연간 생산물의 가치와 연간의 가치생산물을 같은 것으로 보고 있다는 점이다. 후자는 오직 그해 노동의 생산물이지만, 전자는 그밖에도 연간 생산물을 만드는 데 소비되었으나 지난해에 그리고 부분적으로는 훨씬 이전의 해들에 생산된 가치요소를 모두 포함하고 있다. 즉 전자는 생산수단의 가치를 포함하는데, 생산수단의 가치는 다시 나타날 따름이고, 그해에 지출된 노동에 의하여 생산된 것도 아니고 재생산된 것도 아니다. 이런 혼동으로 말미암아 스미스는 연간 생산물의 불변가치 부분을 완전히 빼버리게 된 것이다. 이 혼동 자체는 그의 기본적 견해에 있는 다른 오류에 의거하고 있다. 즉 스미스는 노동 자체의 이중적 성격, 즉 노동력을 지출하여 가치를 창조하는 노동과, 구체적 유용노동으로서 사용대상(사용가치)을 창조하는 노동을 구별하지 않고 있는 것이다. 한 해에 생산된 상품의 총액, 따라서 한 해의 총생산물은 그해에 작용한 유용노동의 생산물이다. 각종 유용노동의 복잡한 체계에서 노동이 사회적으로 지출되었기 때문에 이 모든 상품들이 있게 된 것이며, 오직 이런 과정을 통해서만 [그 상품들을 생산하는 데 소비되고 새로운 현물형태로 다시 나타나는] 생산수단의 가치가 그 상품들의 총가치 속에 유지되는 것이다. 따라서 연간 생산물 전체는 그해에 지출된 유용노동의 결과이지만, 이 생산물의 가치 중 일부만이 그해에 새로 창조된 것이다. 이 부분이 연간가치생산물인데, 이것은 그해에 실제로 수행된 노동의 총량을 나타내고 있다.

따라서 스미스가 방금 위에서 인용한 곳에서

> "한 나라 국민의 연간 노동은 그들이 연간 소비하는 생활필수품과 편의품 전부를 공급하는 원천이며,"

라고 말할 때, 그는 유용노동만을 일면적으로 염두에 두고 있는 것이다. 물론 유용노동이 모든 생활수단을 소비할 수 있는 형태로 만든 것은 사실이다. 그러나 여기에서 그가 잊고 있는 것은, 지난 해들로부터 물려받은 노동수단과 노동대상의 도움 없이는 그렇게 할 수 없었다는 점과, 따라서 '연간노동'은, 그것이 가치를 형성하는 한, 그것에 의해 완성된 생산물의 가치 전체를 결코 창조하지 않았다는 점, 즉 새로 생산된 가치는 생산물의 가치보다 작다는 점이다.

스미스가 이 분석에서 그의 모든 후계자들보다 더욱 멀리 나아가지 못하였다고 (문제를 옳게 해결하는 싹은 이미 중농주의자들에게 있었음에도) 그를 비난할 수는 없다고 하더라도, 그는 점점 더 혼동 속에서 헤매었다고 말할 수는 있다. 그렇게 된 이유는 주로 상품가치 일반에 대한 그의 '심오한' 파악이 그의 피상적인 파악[이것이 그의 저술에서는 더 많은 자리를 차지하고 있다]에 의하여 끊임없이 좌절되고 있었기 때문이다. 물론 그의 과학적 본능 때문에 심오한 관점이 때때로 다시 나타나곤 했지만.

4. 애덤 스미스가 본 자본과 수입

개별 상품(따라서 또 연간 생산물)의 가치 중 임금의 등가를 이룰 뿐인 부분은 자본가가 임금으로 투하한 자본과 같다. 즉 그가 투하한 총자본의 가변적 구성부분과 같다. 자본가는 투하한 자본가치의 이 구성부분을, 임금노동자가 제공하는 상품의 새로 생산된 가치구성부분에 의하여 회수한다. 아직 팔 수 있을 만큼 완성되지 않았거나 완성되었지만 아직 자본가가 팔지 않은 생산물 중 노동자에게 돌아가는 몫을 자본가가 화폐로 지불한다는 의미에서 가변자본이 선대先貸되건, 또는 노동자가 생산한 상품의 판매에 의해 이미 얻은 화폐로 자본가가 노동자에게 지불하건, 또는 자본가가 신용에 의하여 이 화폐를 앞당겨 얻었건, 어쨌든 이 모든 경우에 자본가는 가변자본[이것이 화폐로서 노동자들에게 흘러들어간다]을 지출하며, 그리고 그 대신 자본가는 이 자본가치의 등가를 상품가치의 일부[이것은 노동자가 상품의 총가치 중 그 자신에게 돌아오는 몫으로 새로 생산한 것이며, 노동자가 자기 자신의 임금의 가치로서 생산한 것이다]로 가지게 된다. 자본가는 이 가치부분을 노동자 자신이 생산한 생산물의 현물형태로 노동자에게 주는 것이 아니라 화폐로 지불한다. 따라서 자본가에게 자기의 투하자본가치의 가변적 구성부분은 이제 상품형태로 있는데, 노동자는 자기가 판 노동력의 등가를 화폐형태로 받은 것이다.

따라서 자본가가 투하한 자본 중 노동력을 사들임으로써 가변자본으로 전환된 부분은 생산과정 자체 안에서는 활동하는 노동력으로 기능하며, 그리고 이 자본부분은 이 노동력의 지출에 의하여 상품형태의 새로운 가치로서 새로 생산되는데, 즉 재생산되는데, 이것은 최초로 투하된 자본가치의 새로운 생산, 즉 재생산이다. 다른 한편 노동자는 자기가 판 노동력의 가치 또는 가격을 생활수단에, 자기 노동력의 재생산수단에 지출한다. 가변자본과 같은 화폐액은 노동자의 수입을 이루는데, 노동자는 자기의 노동력을 자본가에게 팔 수 있는 동안만 이 수입을 얻게 된다.

임금노동자의 상품[그의 노동력]이 상품으로서 기능하는 것은, 그것이 자본가의 자본에 합쳐지고 자본으로서 기능하는 동안뿐이다. 다른 한편, 노동력의 구입을 위해 화폐자본으로 지출된 자본가의 자본은, 노동력의 판매자[임금노동자]의 손에서는 수입으로 기능한다.

여기에서는 여러 가지 유통과정과 생산과정이 서로 엉켜 있는데, 애덤 스미스는 이것들을 구별하지 않고 있다.

첫째, 유통과정에 속하는 행위들. 노동자는 자기의 상품인 노동력을 자본가에게 판다. 자본가가 노동력을 사는 데 쓰는 화폐는 그에게는 가치증식을 위해 투하하는 화폐며, 따라서 화폐자본이다. 그 화폐는 소비되는 것이 아니라 투하될 따름이다. (이것이 '투하'—중농주의자들의 '선대'—의 진정한 의미인데, 그 화폐를 자본가가 어디에서 얻느냐 하는 것과는 전혀 관계가 없다. 자본가가 생산과정의 목적을 위해 지불하는 모든 가치는 자본가에게는 투하되는 것이며, 그 지불이 사전에 행해지든 사후에 행해지든 변함이 없다. 그 가치는 생산과정 자체에 투하되는 것이다.) 여기에서는 어떤 상품판매의 경우에도 일어나는 것이 일어날 따름이다. 즉 판매자는 사용가치(여기에서는 노동력)를 내주고 그 가치를 화폐로 받으며(그 가격을 실현하며), 구매자는 자기의 화폐를 내주고 그 대신 상품 그 자체[여기에서는 노동력]를 얻는다.

둘째, 생산과정에서는 사들인 노동력은 이제 기능자본의 한 부분을 이루며, 노동자 자신은 다만 이 자본 중 생산수단의 현물형태로 있는 요소들과 구별되는 특수한 하나의 현물형태로 기능한다. 생산과정이 진행되는 동안 노동자는 자기의 노동력을 지출함으로써 그가 생산물로 전환시키는 생산수단에다 자기 노동력의 가치와 같은 가치를 부가한다(잉여가치를 제외하면). 따라서 노동자는 자본가가 자기에게 임금으로 투하한 또는 투하하여야 할 자본부분을 자본가를 위해 상품형태로 재생산한다. 노동자는 이 자본의 등가를 자본가에게 생산하여 준다. 즉 노동자는 자본가가 노동력의 구입에 새로 '투하'할 수 있는 자본을 자본가에게 생산하여 준다.

셋째, 따라서 상품이 팔리면 그 판매가격의 한 부분은 자본가가 투하한 가변자본을 자본가에게 보충하여 주며, 그래서 자본가는 새로 노동력을 살 수 있게 되고, 노동자는 노동력을 새로 팔 수 있게 된다.

모든 상품매매에서—이 거래들 자체만을 살펴보는 한에서는—판매자가 자기의 상품으로 얻은 화폐로 무엇을 하건, 또 구매자가 자기가 산 물품으로 무엇을 하건 그것은 아무래도 좋다. 따라서 유통과정만이 고찰되는 한에서는, 자본가가 구매한 노동력이 그를 위해 자본가치를 재생산하고, 다른 한편 노동력을 팔아 얻은 화폐가 노동자의 수입을 이룬다는 사정도 역시 아무래도 좋다. 노동자가 파는 상품[그의 노동력]의 가치는, 그것이 그의 '수입'을 이룬다는 사실에 의해서도, 또는 그 상품의 구매자가 그것을 사용하여 자기의 자본가치를 재생산한다는 사실에 의해서도, 전혀 영향을 받지 않는다.

노동력의 가치[즉 이 상품의 적절한 판매가격]는 그 노동력을 재생산하는 데 필요한 노동량에 의하여 결정되며, 이 노동량 자체는 노동자의 필요생활수단을 생산하는 데 필요한, 따라서 노동자의 생활을 유지하는 데 필요한 노동량에 의하여 결정되기 때문에, 임금은 노동자가 그것으로 살아가지 않으면 안 되는 수입이다.

애덤 스미스의 다음과 같은 주장은 전적으로 잘못된 것이다.

> "생산적 노동자를 유지하는 데"(투하되는 자본부분은)"그에게"(자본가에게)"자본으로 기능한 뒤에 생산적 노동자들의 수입을 이룬

다."(407)

자본가가 노동력의 대가로 지불하는 화폐는, 자본가가 그 노동력을 자본의 물적 구성부분들에 합치고 이렇게 함으로써 비로소 자본을 생산자본으로 기능할 수 있게 하는 한에서, "그에게 자본으로 기능한다." 우리는 다음과 같이 구별하지 않으면 안 된다. 노동력은 노동자의 손에서는 자본이 아니라 상품이며, 그리고 노동자가 그것을 끊임없이 되풀이하여 팔 수 있는 한 그에게 수입을 가져다준다. 노동력은 팔린 다음에 자본가의 손에서 생산과정 그 자체가 진행되는 동안에 자본으로 기능한다. 여기에서 노동력은 두 가지 목적에 봉사한다. 즉 노동력은 노동자의 손에서는 그 가치대로 팔리는 상품이며, 노동력을 구매한 자본가의 손에서는 가치와 사용가치를 생산하는 힘이다. 그러나 노동자가 자본가로부터 화폐를 받게 되는 것은 그가 자본가에게 자기의 노동력의 사용을 맡겨버린 다음, 즉 그의 노동력이 이미 노동생산물의 가치 중에 실현된 다음의 일이다. 자본가는 노동력에 대한 대가를 지불하기 전에 이 가치를 자기의 손에 가지고 있다. 〖자본가는 노동자에게 일을 시킨 뒤에 임금을 지불한다〗 따라서 두 번 기능하는 것은 화폐[즉 처음에는 가변자본의 화폐형태로서, 그다음에는 임금으로서]가 아니라 노동력이다. 즉 첫째, 노동력은 팔릴 때 상품으로 기능하며(지불해야 할 임금을 정할 때 화폐는 다만 관념적인 가치척도로서 작용하며 아직 자본가의 손에 있을 필요는 전혀 없다), 둘째, 노동력은 생산과정에서 자본[즉 자본가의 손에서 사용가치와 가치를 창조하는 요소]으로 기능한다. 노동력은 노동자에게 지불되어야 할 등가를, 자본가가 화폐형태로 노동자에게 지불하기 전에, 이미 상품형태로 제공하고 있다. 따라서 노동자는 자기에게 자본가가 지불하는 데 쓸 지불재원을 스스로 창조한다. 그러나 그뿐이 아니다.

노동자는 자기가 받는 화폐를 자기의 노동력을 유지하기 위해 지출한다. 따라서—자본가계급과 노동자계급을 전체로 보면—자본가가 자본가로 남을 수 있게 하는 유일한 도구〖노동력〗를 자본가를 위해 유지해 주기 위해서 노동자는 이 화폐를 지출하는 것이다.

노동력의 끊임없는 매매는 한편으로 노동력을 자본의 요소로서 영원히 얽매어 놓으며, 이리하여 자본은 가치를 가지는 물품인 상품의 창조자로 나타나며, 또한 노동력을 구매하는 자본부분은 노동력의 생산물에 의하여 끊임없이 갱신되며, 따라서 노동자 자신은 자기에게 지불되는 자본재원을 끊임없이 창조한다. 다른 한편, 노동력의 끊임없는 판매는 노동자의 생활을 유지하는 원천으로 되며, 따라서 그의 노동력은 그가 살아가기 위한 수입을 끌어내는 수단으로 나타난다. 여기에서〖노동자의〗수입이란 한 상품(노동력)을 끊임없이 되풀이해 팔아 가치를 취득한다는 것을 의미할 따름이며, 이 가치 그 자체는 노동자가 팔지 않을 수 없는 상품(노동력)을 끊임없이 재생산하는 데만 쓰인다. 이런 정도까지, 노동자 자신이 창조하는 생산물 중 자본가가 그에게 임금의 형태로 등가를 지불하는 가치부분은 노동자의 수입원천으로 된다고 스미스가 말하는 것은 옳다. 그러나 그렇다고 해서 상품의 이 가치부분의 성질이나 크기가 달라지는 것은 아닌데, 이것은 생산수단이 자본가치로 기능한다고 해서 생산수단의 가치가 달라지지 않는 것과 마찬가지며, 또한 직선이 삼각형의 밑변을 이루거나 타원형의 직경으로 된다고 해서 직선의 성질과 길이가 달라지지 않는 것과 마찬가지다. 노동력의 가치는 생산수단의 가치와 마찬가지로 독립적으로 결정된다. 상품의 이 가치부분은 노동자의 수입으로 이루어지는 것도 아니며[다시 말해 노동자의 수입은 이 가치부분을 구성하는 자립적 요인의 하나가 아니며], 노동자의 수입으로 분해되는 것도 아니다. 노동자가 끊임없이 재생산하는 이 새로운 가치는 그에게 수입의 원천을 이루지만, 이 때문에 거꾸로 그의 수입이 그가 생산한 새로운 가치의 구성부분을 이룬다고는 말할 수 없다. 노동자가 창조한 새로운 가치 중 그에게 지불되는 몫의 크기가 그의 수입의 가치 크기를 결정하는 것이지 그 역은 아니다. 새로운 가치의 이 부분이 그에게 수입을 이룬다는 것은, 다만 이 부분이 무엇으로 전환되는가 하는 것, 즉 이 부분이 어떻게 사용되는가를 보여줄 따름이고, 이 가치부분의 형성이나 다른 어떤 가치의 형성과도 아무런 관계가 없다. 나의 수입이 매주 10원인 경우, 내가 매주 이런 수입을 얻는다는 사정 때문에 10원의 가치의 성질이나 그 가치의 크기가 달라지는 것은 아니다. 다른 모든 상품의 가치와 마찬가지로, 노동력의 가치도 그것의 재생산에 필요한 노동량에 의하여 결정된다. 이 노동량이 노동자의 필요생활수단의 가치에 의하여 결정되며, 따라서 노동자의 생활조건들 자체의 재생산에 필요한 노동과 같다는 것은 이 상품(노동력)에 특유한 것이지만, 이것은 역축의 가치가 그것의 유지에 필요한 생존수단의 가치에 의하여 결정되며, 따라서 이 생존수단을 생산하는 데 드는 인간노동의 양에 의하여 결정된다는 것 이상으로 특유한 것은 아니다.

그러나 여기에서 스미스가 부닥친 모든 혼동의 원인은 '수입'이라는 범주 때문이다. 그에게는 여러 종류의 수입이 [한 해에 생산되어 새로 만들어지는] 상품가치의 '구성부분'을 이루지만, 사실은 이와는 반대로 수입의 원천을 이루는 것은 이 상품가치가 자본가를 위해 분할되는 두 부분—자본가가 노동력을 사면서 화폐형태로 투하하는 가변자본의 등가와, 자본가가 아무런 비용도 들이지 않지만 역시 그에게 속하는 또 하나의 가치부분, 즉 잉여가치—인 것이다. 가변자본의 등가는 다시 노동력에 투하되며 노동자의 임금형태로 노동자의 수입을 이룬다. 또 하나의 부분인 잉여가치는 자본가의 어떤 투하자본 부분을 보충할 필요가 없으므로, 자본가는 이것을 어떤 종류의 자본가치를 형성하는 데 사용하지 않고 소비수단(필수품과 사치품)에 지출할 수 있고, 수입으로 소비할 수 있다. 이 수입의 전제는 상품가치 그 자체며, 이 상품가치의 구성부분들이 자본가에게 구별되는 것은 그것들이 자본가가 투하한 가변자본가치와 맞먹는 등가를 이루느냐 아니면 그 가변자본가치를 넘는 초과분을 이루느냐에 의해서다. 두 부분은 모두 상품을 생산하는 동안에 지출된 그리고 노동으로 흘러나온 노동력으로 구성되고 있을 뿐이다. 두 부분은 수입이 아니라 지출[노동력의 지출]로 구성되어 있다.

상품가치가 수입의 원천으로 되는 것이 아니라 수입이 상품가치의 원천으로 되는 이런 전도에 따라, 이제는 상품가치가 여러 종류의 수입으로 '구성된' 것으로 나타나게 된다. 그런데 이 수입들은 서로 독립적으로 결정되며, 이 수입들의 가치를 합한 것에 의하여 상품의 총가치가 결정된다. 그렇다면 이제 문제는 상품가치가 도출된다는 이 개개의 수입의 가치를 어떻게 결정하느냐 하는 것이다. 임금의 경우에는 그것을 결정할 수 있다. 왜냐하면 임금은 노동력 상품의 가치며, 이 가치는 (다른 모든 상품의 가치와 마찬가지로) 이 상품의 재생산에 필요한 노동에 의하여 결정되기 때문이다. 그러나 잉여가치, 또는 스미스의 경우에는 그 두 형태인 이윤과 지대는 어떻게 결정될 수 있는가? 이 문제에 관해 스미스는 내용 없는 객담만 남기고 있다. 그는 때로는 임금과 잉여가치, 또는 임금과 이윤을 상품의 가치 또는 가격을 구성하는 두 구성부분이라고 말하는가 하면, 때로는 그것도 흔히 거의 숨 돌릴 사이도 없이, 상품의 가치가 '분해되는' 부분들이라고 말하고 있다. 그러나 후자는 [전자와 반대되는 것인데] 상품가치가 먼저 주어져 있고, 이 주어진 가치의 여러 부분이 생산과정에 참가한 여러 사람들에게 여러 가지 수입의 형태로 들어간다는 것을 의미한다. 이것은 상품의 가치가 이 세 '구성부분들'로 이루어진다는 것과는 결코 같은 말이 아니다. 예컨대, 내가 각각 다른 세 개의 직선의 길이를 따로따로 정하고 그 다음에 이 세 개의 직선들을 '구성부분들'로 하여 그것들을 합한 길이와 똑같은 넷째 직선을 만드는 것과, 이번에는 이와 반대로 하나의 주어진 직선이 나의 앞에 있고 내가 이것을 이러저런 목적으로 각각 다른 세 부분으로 나누는, 말하자면 '분해하는' 것은 결코 동일한 절차가 아니다. 첫째 경우에는, 넷째 직선의 길이는 [합해져서 그 직선을 이루고 있는] 세 개 직선들의 길이가 달라짐에 따라 달라지지만, 둘째 경우에는, 직선의 세 부분들의 길이는, 그 각각이 하나의 주어진 길이의 직선의 부분들을 이루기 때문에, 처음부터 제한되어 있다.

우리가 스미스 발표의 옳은 점, 즉 사회의 연간 상품생산물(개별 상품이나 하루 생산물, 또는 한 주 생산물 따위도 마찬가지다)에 들어 있는 [연간 노동에 의하여] 새로 창조된 가치는 투하된 가변자본의 가치(즉 노동력을 다시 사들이는 데 쓰게 될 가치부분) 더하기 자본가가 (단순재생산의 경우 그리고 그 밖의 조건들이 동일한 경우) 그의 개인적 소비의 수단들로 실현할 수 있는 잉여가치와 같다는 점을 견지한다면, 그리고 또 스미스가 가치를 창조하는 노동[즉 노동력의 지출인 노동]과 사용가치를 창조하는 노동[즉 유용하고 합목적적인 형태로 지출되는 노동]을 혼동하고 있다는 것을 명심한다면, 사실상 스미스의 전체 견해는 결국 다음과 같은 것으로 된다. 모든 상품의 가치는 노동의 생산물이며, 따라서 연간 노동의 생산물의 가치나 사회의 연간 상품생산물의 가치도 그렇다. 그런데 모든 노동은 (1) 노동력의 구매에 투하된 자본의 등가를 노동자가 재생산할 뿐인 필요노동과, (2) 자본가가 아무런 등가도 지불하지 않는 가치[즉 잉여가치]를 노동자가 자본가에게 제공하는 잉여노동으로 분해될 수 있으므로, 모든 상품가치는 단순히 이 두 상이한 구성부분들로 분해될 수 있으며, 따라서 결국 임금의 형태로 노동자계급의 수입을, 그리고 잉여가치의 형태로 자본가계급의 수입을 이룬다는 것이다. 그러나 불변자본가치[즉 연간 생산물을 생산하는 데 소비된 생산수단의 가치]에 관하여 말하면, 이 가치가 어떻게 새로운 생산물의 가치 속에 들어오는가 하는 것은 물론 말할 수 없지만(자본가가 자기의 상품을 팔 때 그것을 구매자에게 부담시킨다는 말밖에는), 생산수단 그 자체가 노동의 생산물이기 때문에, 새로운 생산물의 이 가치부분도 '결국' 역시 가변자본의 등가와 잉여가치로 [즉 필요노동과 잉여노동의 생산물로] 이루어질 수 밖에 없다는 것이다. 이 생산수단의 가치가 그것의 사용자의 손에서 자본가치로 기능한다는 사실 때문에, 그 가치가 '맨 처음에' [그 근원을 소급해 간다면] 다른 사람의 손에서—이전의 어떤 시점이긴 하지만—마찬가지의 두 가치부분으로, 따라서 두 개의 상이한 수입원천으로 나누어질 수 있었다고 말해서는 안된다는 법은 없다는 것이다.

여기에서 하나의 옳은 점은, 사회적 자본[즉 개별자본들의 총체]의 운동에서는 사태가 각 개별자본을 따로따로 볼 때[따라서 각 개별 자본가의 관점에서 볼 때]와는 다르게 나타난다는 것이다. 각 개별 자본가의 경우에는 상품가치가 (1) 불변적 요소(스미스가 말하는 '넷째 요소')와 (2) 임금과 잉여가치의 합계[따라서 임금 · 이윤 · 지대의 합계]로 분해된다. 그러나 사회적 관점에서는 스미스의 넷째 요소, 즉 불변자본가치는 단순히 사라져버린다. 〖제20장 3절과 7절을 보라.〗

5. 요약

임금 · 이윤 · 지대라는 세 수입이 상품가치의 세 '구성부분'을 이룬다는 엉터리 공식은 스미스에게서는 상품가치가 이 세 구성부분으로 '분해된다'는 어느 정도 그럴듯한 공식에서 나오고 있다. 그러나 후자도 그릇된 것이며, 상품가치가 소비된 노동력의 등가와 노동력이 창조한 잉여가치로 나누어질 수 있을 뿐이라고 전제하더라도 그릇된 것이다. 그러나 스미스의 이 오류는 더 깊은 진짜 토대 〖즉 상품생산 일반과 자본주의적 생산을 동일시한 것〗에 뿌리박고 있다. 자본주의적 생산은, 생산적 노동자가 자기 자신의 노동력을 상품으로 자본가에게 팔고, 그 노동력은 그 다음에 자본가의 손에서 자본가의 생산자본의 한 요소로서만 기능할 뿐이라는 사실에 의거하고 있다. 유통분야에 속하는 이 거래[즉 노동력의 매매]는 생산과정의 준비로 될 뿐 아니라 암암리에 생산과정의 특수한 성격을 규정한다. 사용가치의 생산과 상품의 생산(이것들은 독립적인 생산적 노동자에 의해서도 진행될 수 있다)까지도 여기에서는 자본가를 위한 절대적 · 상대적 잉여가치의 생산을 위한 수단에 지나지 않는다. 그러므로 우리는 생산과정의 분석에서 절대적 · 상대적 잉여가치의 생산이 어떻게 (1) 하루의 노동과정의 길이를 규정하며, (2) 자본주의적 생산과정의 사회적 · 기술적 형태 전체를 규정하는가를 보았다. 가치(불변자본가치)의 단순한 유지, 투하된 가치(노동력의 등가)의 현실적 재생산, 잉여가치[즉 자본가가 아무런 등가도 미리 투하하지 않았고 또 뒤에도 투하하지 않는 가치]의 생산 사이의 구별이 나타나는 것은 생산과정의 내부에서다.

잉여가치[즉 자본가가 투하한 가치의 등가를 넘는 초과분인 가치]의 취득은 노동력의 매매에 의하여 준비되는 것이지만 생산과정 그 자체의 내부에서 행해지는 행위며, 생산과정의 본질적 요소의 하나를 이룬다.

준비하는 유통행위, 즉 노동력의 매매는 그 자체가 또한 [사회적 생산물의 분배에 앞서며 또 그 전제로 되는] 생산요소들의 분배, 즉 노동자의 상품인 노동력과 비노동자의 소유물인 생산수단 사이의 분리에 근거하고 있다.

그러나 이런 잉여가치의 취득이나, 또는 가치의 생산이 투하된 가치의 재생산과, 아무런 등가도 대체하지 않는 새로운 가치(잉여가치)의 생산으로 분리된다는 사실로 인하여, 가치 그 자체의 실체나 가치생산의 성질이 달라지는 것은 결코 아니다. 가치의 실체는 지출된 노동력 [노동의 특수하고 유용한 성격과는 관계가 없는 노동] 이외의 아무것도 아니며, 그리고 가치의 생산은 노동력의 이런 지출과정일 따름이다. 예컨대 농노가 6일 동안 자신의 노동력을 지출한다면, 즉 6일 동안 노동한다면, 그가 예컨대 이 6일 중 3일은 자신을 위해 자기 자신의 밭에서 일하고 나머지

3일은 영주를 위해 그의 밭에서 일한다고 해서 노동력의 지출이라는 사실 자체에 차이가 생기는 것은 결코 아니다. 농노가 자기를 위해 하는 자발적 노동이나 영주를 위해 하는 강제노동이나 똑같이 노동이다. 그의 노동을 그 노동에 의하여 창조되는 가치나 물품과 관련시켜 보는 한, 그의 6일 동안의 노동 사이에는 아무런 구별도 생기지 않는다. 구별되는 것은 다만 6일이라는 노동기간의 두 절반 동안에 그로 하여금 노동력을 지출하게 만들었던 사정의 차이와 관련될 따름이다. 임금노동자의 필요노동과 잉여노동도 이와 마찬가지다.

생산과정은 상품에서는 보이지 않는다. 상품을 만드는 데 노동력이 지출되었다는 사실은 이제 상품이 가치를 가지고 있다는 형태로 나타난다. 이 가치의 크기는 지출된 노동량에 의하여 측정된다. 상품가치는 그 이외의 다른 어떤 것으로도 분해되지 않으며 또 그 이외의 다른 어떤 것으로도 구성되지 않는다. 내가 일정한 길이의 직선을 하나 그었다면, 나는 먼저 나와는 독립적인 어떤 규칙(법칙)에 따르는 제도법에 의하여 하나의 직선을 '생산'한 (하긴 내가 전부터 알고 있는 것이기 때문에 상징적인 의미로서만 '생산'이다) 셈이다. 내가 이 선을 세 토막(이것들은 또한 일정한 문제에 대응한다고 하자)으로 나눈다면, 이 세 부분은 각각 이전과 다름없이 직선이며, 또 이 세 부분으로 이루어진 전체 직선은 이런 분할에 의해 직선과는 다른 어떤 것, 예컨대 그 어떤 종류의 곡선으로 분해되지는 않는다. 이와 마찬가지로 나는 일정한 길이의 직선을 나누어, 이 나누어진 부분들의 합계가 나누어지지 않은 원래의 직선 자체보다 더 길게 할 수는 없다. 즉 나누어지기 전의 직선의 길이는 마음대로 정한 부분선들의 길이에 의하여 결정되지도 않는다. 반대로 그 부분선들의 상대적 길이는 그 부분들로 이루어지는 직선 전체의 크기에 의하여 처음부터 제한되어 있다.

이런 점에서는 자본가가 만든 상품은 독립적 노동자나 노동자 공동체나 노예가 만든 상품과 아무런 차이도 없다. 그러나 우리의 경우에는 노동생산물 전체와 그것의 가치 전체가 자본가의 것이다. 다른 모든 생산자와 마찬가지로 자본가도 먼저 상품을 팔아 화폐로 전환시켜야만 더욱 사업을 추진할 수 있다. 그는 상품을 일반적 등가의 형태로 전환시키지 않으면 안 된다.

화폐로 전환되기 전의 상품생산물을 살펴보자. 그것은 완전히 자본가의 것이다. 그것은 유용노동의 생산물로서는, 사용가치로서는, 전적으로 방금 마친 노동과정의 생산물이지만, 그것의 가치는 그렇지 않다. 이 가치의 한 부분은 상품생산에 사용된 생산수단의 가치가 새로운 형태로 다시 나타난 것에 지나지 않는다. 이 가치부분은 이 상품의 생산과정에서 생산된 것이 아니다. 왜냐하면 생산수단은 이 생산과정에 앞서서, 이 생산과정과는 관계없이 자기의 가치를 가지고 있었기 때문이다. 생산수단은 이 가치를 지닌 것으로 이 과정에 들어왔다. 새로워지고 달라진 것은 이 가치의 현상형태뿐이다. 자본가에게 상품가치의 이 부분은 그가 투하한 불변자본가치 중 상품이 생산되는 동안에 소비된 부분에 대한 등가를 이룬다. 이 부분은 전에는 생산수단의 형태로 있었지만 지금은 새로 생산된 상품의 가치 구성부분으로 있다. 새로 생산된 상품이 화폐로 전환되면, [이제는 화폐로 있는] 이 가치는 다시 생산수단으로 [즉 생산과정과 거기에서 자기의 기능에 의하여 규정되는 그 본래의 형태로] 전환되지 않으면 안 된다. 상품의 가치성격은 이 가치가 자본으로 기능하는 것에 의해서는 조금도 달라지지 않는다.

상품의 둘째 가치부분은 임금노동자가 자본가에게 파는 노동력의 가치다. 이 가치는 생산수단의 가치와 마찬가지로 노동력이 들어가게 될 생산과정과는 관계없이 결정되며, 노동력이 생산과정에 들어가기 전에 벌써 노동력의 매매라는 유통행위에서 확정된다. 임금노동자는 그의 기능에 의하여, 즉 자신의 노동력을 지출함으로써, 자본가가 자기의 노동력의 사용대가로 자기에게 지불하여야 할 가치와 같은 상품가치를 생산한다. 그는 자본가에게 이 가치를 상품으로 주며, 자본가는 그에게 이 가치를 화폐로 지불한다. 상품가치의 이 부분이 자본가에게는 그가 임금에 투하해야 할 가변자본의 등가에 지나지 않는다는 것은, 이 가치부분은 생산과정에서 새로 창조된 상품가치며, 이 가치부분은 잉여가치와 마찬가지로 노동력의 방금 지나간 지출로 구성되어 있다는 사실을 변경시키는 것은 결코 아니다. 또한 이것은, 자본가가 임금의 형태로 노동자에게 지불하는 노동력의 가치가 노동자에게서는 수입의 형태를 띤다는 사실, 그리고 이리하여 노동력이 끊임없이 재생산될 뿐 아니라 임금노동자 계급 자체도, 따라서 자본주의적 생산 전체의 기초도 재생산된다고 하는 사실에 의하여 영향을 받는 것도 아니다.

그러나 이 두 가치부분〖불변자본가치와 가변자본가치〗을 합한 것이 상품가치의 전체를 이루는 것은 아니다. 두 부분을 합한 것을 넘는 초과분, 즉 잉여가치가 남는다. 잉여가치는 [임금에 투하된 가변자본을 보충하는 가치부분과 마찬가지로] 생산과정에서 노동자가 새로 창조한 가치—응고된 노동—이다. 잉여가치는 생산물 전체의 소유자인 자본가에게 아무런 비용도 들게 하지 않는다. 사실 이 사정 때문에 자본가는 잉여가치를 전부 수입으로 소비할 수 있다. 물론 이 경우 그가 잉여가치의 한 부분을 다른 참가자들에게, 예컨대 지대를 지주에게 떼어주지 않아야 하지만, 떼어주는 경우에는 이 부분들은 제3자들의 수입을 이룬다. 바로 이 사정은 우리의 자본가가 무릇 상품생산을 하게 된 추진적 동기이기도 하였다. 그러나 잉여가치를 얻으려는 자본가의 원래의 선량한 의도도, 그리고 이 잉여가치를 그와 그 밖의 사람들이 나중에 수입으로서 지출하는 것도, 잉여가치 그 자체에는 영향을 주지 않는다. 이런 사정은 잉여가치가 응고된 지불받지 못한 노동이라는 사실을 조금도 변경시키지 않으며 또한 잉여가치의 크기도 변경시키지 않는다. 잉여가치의 크기는 전혀 다른 요인들에 의하여 결정된다.

스미스는 이미 상품가치의 분석에서 상품가치의 여러 부분들이 총재생산과정에서 어떤 기능을 하는가를 해명하려고 하였으므로, 어떤 가치부분들이 수입으로서 기능한다면 다른 부분들은 끊임없이 자본으로서 기능해야 한다는 것은 그에게 명백하였을 것이며, 따라서 그의 논리대로 하면, 이 후자의 부분들도 상품가치의 구성부분들로서, 또는 상품가치가 분해되는 부분들로서 표시되지 않으면 안 되었을 것이다.

스미스는 상품생산 일반과 자본주의적 상품생산을 같은 것으로 보고 있다. 그에게는 생산수단은 처음부터 '자본'이고 노동은 처음부터 임금노동이며, 그러므로

> "유용하고 생산적인 노동자들의 수는,…그들에게 일을 시키는 데 사용되는 자본의 양과 그 자본의 양을 사용하는 구체적인 방법에 비례한다."(3)

한마디로 말하여 노동과정의 여러 요인들[객체적 요인과 인적 요인]이 처음부터 자본주의적 생산의 시기를 특징짓는 탈을 쓰고 나타난다. 그러므로 스미스에게는 상품가치의 분석이, 이 가치가 어느 정도로 투하자본의 단순한 등가를 이루며, 또 어느 정도로 어떤 투하자본가치도 대체하지 않는 '자유로운' 가치[곧 잉여가치]를 이루는가 하는 것을 해명하는 것과 직접적으로 일치하고 있다. 그리하여 이런 관점에서 비교 고찰된 상품가치의 부분들이 슬그머니 상품가치의 자립적인 '구성부분'으로, 마침내는 '모든 가치의 원천'으로 전환된 것이다. 더 나아가서는 상품가치가 각종 수입으로 구성되든가 또는 이런 수입으로 '분해'되며, 그리하여 수입이 상품가치로 이루어지지 않고 상품가치가 '수입'으로 이루어지게 된 것이다. 그러나 상품가치나 화폐가 자본가치로서 기능한다고 해서 상

품가치 자체나 화폐 자체의 성질이 달라지지 않듯이, 상품가치가 나중에 그 누구의 수입으로 기능한다고 해서 상품가치의 성질이 달라지는 것은 아니다. 스미스가 문제로 삼고 있는 상품은 처음부터 상품자본(상품을 생산하는 데 소비된 자본가치 외에도 잉여가치가 또한 들어 있다)이고, 따라서 처음부터 자본주의적으로 생산된 상품이며, 자본주의적 생산과정의 결과다. 그러므로 먼저 자본주의적 생산과정을 이 과정이 포함하고 있는 가치증식과정·가치형성과정과 함께 분석할 필요가 있었을 것이다. 그리고 자본주의적 생산과정의 전제는 상품유통이므로, 자본주의적 생산과정을 서술하려면 또한 이와는 독립적으로 또 그에 앞서 상품을 분석하는 것이 필요하게 된다. 스미스가 '심오한' 분석에서 때때로 옳은 것을 지적하는 경우에도, 그는 언제나 가치형성을 상품의 분석, 즉 상품자본의 분석에 부수적인 것으로 고려하고 있을 따름이다.

제3절 그 뒤의 경제학자들7)

리카도는 스미스의 이론을 거의 글자 그대로 재생산하고 있다.

"한 나라의 모든 생산물이 소비된다는 것은 누구라도 이해할 것임에 틀림없다. 그러나 그것들이 다른 어떤 가치를 재생산하는 사람들에 의해 소비되는가 아니면 그런 것을 전혀 재생산하지 않는 사람들에 의해 소비되는가 하는 것은 상상할 수 있는 최대의 차이를 가져온다. 수입이 저축되어 자본에 추가된다고 우리가 말할 때, 우리가 의미하는 것

7) {엥겔스: 여기서부터 이 장의 마지막까지는 원고 2로부터 덧붙인 것이다.}

은, 수입 가운데 자본에 추가되었다고 이야기되는 부분은 비생산적 노동자들이 아닌 생산적 노동자들에 의해 소비된다고 하는 것이다."(『원리』: 223)

사실 리카도는 상품가격이 임금과 잉여가치, 또는 가변자본과 잉여가치로 분해된다는 스미스의 이론을 완전히 받아들였다. 리카도가 스미스에 반대하는 점은 다음과 같다. (1) 잉여가치의 구성부분과 관련하여 리카도는 지대를 잉여가치의 필연적 요소로 인정하지 않는다. (2) 리카도는 상품가격을 이 구성부분들로 분할한다. 따라서 가치의 크기가 앞서고 있다. 리카도에게는 상품가격의 구성부분들의 합계가 주어진 크기로 전제되어 있으며, 그 크기가 출발점으로 되고 있지만, 스미스는 자주 그리고 자기 자신의 심오한 견해와도 어긋나게 상품가치의 크기를 구성부분들의 합산에 의하여 나중에 도출하고 있다.

람지는 리카도에 반대하여 다음과 같이 말하고 있다.

"리카도는 항상 전체 생산물이 임금과 이윤으로 나누어질 뿐이라고 생각하고 있는데, 그는 고정자본을 보충하기 위해 필요한 부분을 잊고 있다."(『부의 분배에 관한 평론』: 174)

람지가 말하는 고정자본이란 내가 말하는 불변자본과 같은 것이다.

"고정자본은 가공되는 상품의 생산에는 이바지하지만, 노동자의 생계에는 이바지하지 않는 형태로 존재한다."(같은 책: 59)

스미스는 상품가치, 따라서 또 사회의 연간 생산물의 가치가 임금과 잉여가치로, 따라서 단순히 수입들로 분해된다는 자기 주장에서 나오는 필연적 결론—즉 연간 생산물은 모두 소비될 수 있다—을 거부하였다. 독창적 사상가들은 결코 이런 황당무계한 결론을 끌어내지 않으며, 그들은 이런 일을 세와 매컬록과 같은 사람들에게 맡긴다.

세는 사실 이 문제를 아주 경솔하게 다루고 있다. 한 사람에게는 자본의 투하인 것이 다른 사람에게는 수입과 순생산물이거나, 또는 적어도 그랬다. 총생산물과 순생산물의 차이는 순전히 주관적이며,

"그리하여 사회의 총생산물의 총가치는 수입으로 분배되었다."(세, 『정치경제학개론』, 1817, 제2권: 64)

"생산물의 총가치는 그 생산물의 생산에 공헌한 지주 · 자본가 · 근로자의 이윤으로 이루어진다."(임금이 여기에서는 근로자의 이윤으로 나타나고 있다!)"그렇기 때문에 사회의 수입은 생산된 총가치와 같으며, 한 경제학파"(중농주의자들)"가 생각한 것처럼 오직 토지의 순생산물과 같은 것은 아니다."(63)

세의 이 발견을 특히 프루동도 받아들였다.

슈토르히는 스미스의 학설을 원리에서는 역시 받아들이고 있지만, 세에 의한 이 학설의 응용은 지지할 수 없는 것으로 보고 있다.

"한 국민의 수입이 어떤 자본도"('어떤 불변자본도'라고 해야 할 것이다)"빼지 않은 총생산물과 같다는 것을 인정한다면, 이 국민은 자기들의 앞날의 수입에 조금도 손해를 끼치지 않으면서 자기들의 연간 생산물의 총가치를 비생산적으로 소비할 수 있다는 것도 또한 인정하지 않으면 안 된다…한 국민의 자본"(불변자본)"을 이루는 생산물은 소비할 수 없는 것들이다."(슈토르히, 『국민소득의 성질에 관한 고찰』, 파

리 1824: 147, 150)

그러나 슈토르히는 이 불변자본부분의 존재가 자기가 받아들인 스미스의 가격분석[즉 상품가치에는 임금과 잉여가치만 들어 있고, 어떤 불변자본부분도 들어 있지 않다]과 어떻게 일치하는가를 말하는 것을 잊었다. 슈토르히는 그 가격분석이 황당무계한 결과를 가져온다는 것을 세를 통해 알게 되었을 뿐이며, 그리고 이 문제에 대한 그의 마지막 말은 다음과 같다.

"필요가격을 그것의 가장 단순한 요소들로 분해할 수는 없다."(『정치경제학 강의』: 141)

시스몽디는 특별히 자본과 수입 사이의 관계를 취급하고, 사실 이 관계의 특별한 해명을 자기의 『신정치경제학 원리』의 특징으로 삼고 있지만, 과학적인 말이란 단 한 마디도 하지 않았으며 이 문제의 해명에 공헌한 것이라고는 조금도 없다.

바턴이나 람지나 셰르뷜리에는 스미스의 견해를 넘어서려고 시도하고 있다. 그러나 그들이 실패하고 있는 것은, 불변자본과 가변자본의 차이를 고정자본과 유동자본의 차이와 명백히 갈라놓지 않음으로써 문제를 처음부터 일면적으로 파악하고 있기 때문이다.

존 스튜어트 밀도 여전히 잘난 체하면서 스미스로부터 그 후계자들이 물려받은 학설을 재생산하고 있다. 그 결과 스미스의 사상적 혼란은 오늘까지도 존속하며, 그의 교리는 정치경제학의 정통파적 신조로 되고 있다.

제20장
단순재생산

제1절 문제의 제기[1)]

사회적 자본, 즉 총자본—개별 자본들은 이 총자본의 조각들에 지나지 않으며, 이 조각들의 운동은 그들의 개별적 운동임과 동시에 총자본의 운동을 이루는 없어서는 안 될 하나의 고리다—이 한 해 동안 기능한 결과를 살펴보면, 즉 사회가 한 해 동안에 제공하는 상품생산물을 살펴보면, 사회적 자본의 재생산과정이 어떻게 진행되며, 어떤 특징 때문에 이 재생산과정이 개별자본의 재생산과정과 구별되며, 또 어떤 특징들이 두 재생산과정에 공통되는가 하는 것을 알게 된다. 연간 생산물은 사회적 생산물 중 자본을 보충하는 부분[사회적 재생산]을 포함함과 동시에 소비재원으로 들어가 노동자와 자본가에 의해 소비되는 부분도 포함하며, 따라서 연간 생산물은 생산적 소비로도 들어가며 개인적 소비로도 들어간다. 이 소비는 자본가계급과 노동자계급의 재생산(곧 유지)을 포괄하며, 따라서 또 총생산과정의 자본주의적 성격의 재생산도 포괄한다.

1) {엥겔스: 이하는 원고 2로부터.}

우리가 분석해야 할 유통의 공식은 분명히 $C' - <\begin{matrix} M-C \\ m-c \end{matrix} \cdots P \cdots C'$인데, 여기에서 소비는 필연적으로 일정한 기능을 한다. 왜냐하면 출발점 $C'=C+c$, 즉 상품자본에는 불변자본가치와 가변자본가치가 들어 있고 잉여가치도 들어 있기 때문이다. 그러므로 상품자본의 운동에는 개인적 소비도 생산적 소비도 들어 있다. $M-C \cdots P \cdots C'-M'$과 $P \cdots C'-M'-C \cdots P$라는 순환들에서는 자본의 운동이 출발점이며 종점이다. 물론 여기에도 소비는 들어 있는데, 그것은 생산물인 이 상품이 팔리지 않으면 안 되기 때문이다. 그러나 상품이 팔렸다고 전제하면 이 상품이 그 뒤 어떻게 되건 그것은 개별자본의 운동에는 아무래도 좋다. 이와 반대로 $C' \cdots C'$의 운동에서는 이 총생산물 C'의 각 가치부분이 어떻게 되는가를 보여주어야 하기 때문에 사회적 재생산의 조건들이 파악될 수 있다. 여기에서는 총재생산과정이 자본 자체의 재생산과정을 포함하고 있을 뿐 아니라 유통에 의해 매개되는 소비과정도 포함하고 있다.

우리의 당면한 목적을 위해서는, 재생산과정은 C'의 개별적 구성부분들의 보충을 가치와 소재의 관점에서 살펴보아야 한다. 우리는 이제 개별자본의 생산물 가치를 분석하는 경우와 같이, 개별 자본가가 자기의 상품생산물을 팔아 자기 자본의 구성부분들을 먼저 화폐로 전환시키고 그 다음에 생산요소들을 상품시장에서 다시 사서 이 화폐를 생산자본으로 다시 전환시킬 수 있다는 가정에 더 이상 만족할 수 없다. 이 생산요소들이 물질적인 것인 한 이 요소들과 교환되며 이 요소들에 의해 보충되는 개별 완성생산물과 마찬가지로, 이 생산요소들은 사회적 자본의 한 구성부분을 이룬다. 다른 한편, 사회적 상품생산물 중 노동자가 자기의 임금을 지출하여 소비하고 자본가가 잉여가치를 지출하여 소비하는 부분의 운동은 총생산물의 운동을 구성하는 고리를 이룰 뿐 아니라 개별 자본들의 운동과 뒤엉키기 때문에, 그 과정은 단순히 가정하는 것에 의해서는 해명될 수 없다.

우리가 직면하는 문제는 다음과 같다. 즉 생산과정에서 소비된 자본은 그 가치를 어떻게 연간 생산물에서 보충하는가, 그리고 이 보충의 운동이 자본가에 의한 잉여가치의 소비 및 노동자에 의한 임금의 소비와 어떻게 결부되는가 하는 것이다. 따라서 이것은 무엇보다 먼저 단순한 규모에서 재생산의 문제다. 또한 생산물이 그 가치대로 교환될 뿐 아니라 생산자본의 구성부분들에서 어떤 가치혁명 『가치변동』도 일어나지 않는다고 가정한다. 가격이 가치와 괴리된다고 하더라도 이 사정은 사회적 자본의 운동에 어떤 영향도 미칠 수 없다. 이 경우 개별 자본가들에게 돌아가는 가치의 몫은 그들 각각의 투자와 그들 각각이 생산한 잉여가치량에는 비례하지 않을 것이지만, 전체적으로는 전과 다름없이 똑같은 양의 생산물이 교환된다. 또한 가치혁명에 관해서 말한다면, 그것이 전반적 성격을 띠고 모든 생산부문에서 균등하게 일어나는 한, 그것 때문에 연간 총생산물의 가치구성부분들 사이의 비율이 달라지는 것은 아니다. 이와는 반대로, 가치혁명이 부분적 성격을 띠고 불균등하게 일어나는 한, 그 가치혁명은 교란을 야기한다. 이 교란은, 첫째로 그것을 종전의 가치비율로부터의 이탈로 보는 한에서만 교란으로서 이해될 수 있다. 그러나 둘째로 연간 생산물의 한 가치부분은 불변자본을 보충하고 다른 한 가치부분은 가변자본을 보충한다는 법칙이 증명된다면, 불변자본에서 가치혁명이 일어나건 가변자본에서 가치혁명이 일어나건 그 혁명은 이 법칙을 조금도 변경시키지 못한다. 그 혁명 때문에 불변자본 또는 가변자본으로 기능하는 가치부분들의 상대적 크기가 달라질 따름일 것이다. 왜냐하면 원래의 가치 대신에 다른 가치가 나타났을 것이기 때문이다.

우리가 자본의 가치생산과 생산물 가치를 개별자본의 입장에서 살펴보는 동안에는, 상품생산물의 현물형태는 그것이 예컨대 기계이든 밀이든 또는 거울이든, 우리의 분석에서는 전혀 문제가 되지 않았다. 이런 현물형태는 언제나 예로 든 것에 지나지 않았으며, 그리고 임의의 어떤 생산부문도 이와 똑같이 예증으로 될 수 있었다. 우리가 문제로 삼았던 것은 언제나 개별자본의 과정으로 나타나는 직접적 생산과정 그 자체였다. 자본의 재생산이 고찰된 경우에도, 상품생산물 중 자본가치를 표시하는 부분은 자신의 생산요소로 다시 전환될 수 있는 기회, 따라서 생산자본의 형태를 다시 띨 수 있는 기회를 유통분야의 내부에서 얻게 된다고 가정하는 것으로 충분하였다. 그것은 노동자와 자본가가 임금과 잉여가치로 구매할 상품들을 시장에서 발견한다고 가정하는 것으로 충분하였던 것과 같다. 순전히 형식적인 이런 서술방식은 사회적 총자본과 그 생산물 가치의 고찰에서는 이제 더 이상 충분하지 않다. 생산물 가치의 한 부분은 자본으로 다시 전환되고 다른 한 부분은 자본가계급과 노동자계급의 개인적 소비로 들어가는 것은, 총자본의 결실인 생산물 가치 안에서의 운동을 이룬다. 그리고 이 운동은 생산물의 가치보충일 뿐 아니라 그 소재보충이기도 하며, 따라서 이 운동은 사회적 생산물의 가치구성부분들의 상호 비율에 의해서도 제약되며, 그 구성부분들의 사용가치[소재적 형태]에 의해서도 제약된다.

단순재생산,[2] 전과 같은 규모의 재생산은 하나의 추상인 것처럼 보인다. 자본주의적 생산의 토대 위에서 아무런 축적도 또는 확대된 규모의 재생산도 이루어지지 않는다는 것은 타당하지 않은 가정이며, 또 생산이 진행되는 사정들이 여러 해에 걸쳐 결코 전과 같을 수는 없다(그런데 전과 같다고 가정되어 있다)는 의미에서 단순재생산은 하나의 추상인 것처럼 보인다. 가정되어 있는 것은, 상품의 형태는 재생산과정에서 달라지지만, 주어진 가치의 사회적 자본은 지난해나 올해나 같은 양의 상품가치를 다시 제공하며, 같은 양의 수요를 충족시킨다는 것이다. 그런데 축적이 진행되더라도 단순재생산은 항상 축적의 한 부분을 이루며, 그리고

2) {엥겔스: 이하는 원고 8로부터.}

축적의 현실적 요소의 하나이기 때문에, 단순재생산은 그 자체로서 고찰될 수 있다는 점이다. 연간 생산물의 가치는 사용가치의 양이 전과 같다고 하더라도 감소할 수 있고, 사용가치의 양이 줄더라도 가치는 전과 같을 수 있다. 그리고 가치량과 재생산되는 사용가치량이 동시에 감소할 수도 있다. 이 모든 것은 재생산이 전보다 유리한 조건에서 진행되는가 아니면 어려운 조건에서 진행되는가 하는 문제인데, 후자의 경우 재생산은 불완전하고 불충분한 것으로 될 수 있다. 그러나 이 모든 것은 재생산의 여러 요소들의 양적 측면에만 영향을 미칠 뿐이고, 그 요소들이 총과정 안에서 수행하는, 자기를 재생산하는 자본 또는 재생산된 수입으로서의 기능에는 영향을 미치지 않는다.

제2절 사회적 생산의 두 부문[3)]

사회의 총생산물, 따라서 또 사회의 총생산은 두 개의 큰 부문으로 분할될 수 있다.

Ⅰ. 생산수단, 즉 생산적 소비로 들어가지 않으면 안 되는, 또는 적어도 들어갈 수 있는 형태를 띠는 상품들.

Ⅱ. 소비수단, 즉 자본가계급과 노동자계급의 개인적 소비로 들어가는 형태를 띠는 상품들.

이 각 부문에 속하는 여러 생산분야의 총체가 단일한 하나의 큰 생산

3) {엥겔스: 주로 원고 2로부터. 표식은 원고 8로부터.}

부문을 이룬다. 즉 하나는 생산수단 생산부문을 이루며, 다른 하나는 소비수단 생산부문을 이룬다. 이 두 생산부문의 각각에 사용되고 있는 총자본은 사회적 자본의 하나의 특수한 큰 부문을 이룬다.

각각의 부문에서 자본은 두 구성부분들로 갈라진다.

1) 가변자본　이 자본은 가치로 보면 이 생산부문에서 사용되는 사회적 노동력의 가치와 같고, 따라서 이 노동력에 지불되는 임금의 총액과 같다. 소재로 보면, 이 자본은 활동하는 노동력, 즉 이 자본가치가 운동시키는 살아있는 노동으로 이루어진다.

2) 불변자본　각 부문의 생산에서 사용되는 모든 생산수단의 가치인데, 생산수단은 다시 고정자본[기계 · 노동도구 · 건물 · 역축 등]과 유동불변자본[원료 · 보조재료 · 반제품 등과 같은 생산재료]으로 갈라진다.

이 가변자본과 불변자본의 도움으로 두 부문 각각에서 생산된 연간의 총생산물의 가치는, 생산에서 소비되었고 가치로 보면 생산물로 이전되었을 따름인 불변자본 c를 표시하는 가치부분과, 연간의 총노동에 의하여 부가된 가치부분으로 나누어진다. 이 후자의 가치부분은 투하된 가변자본 v의 보충분과 이 보충분을 넘어 잉여가치 s를 이루는 초과분으로 다시 나누어진다. 따라서 개별상품의 가치와 마찬가지로 각 부문의 연간 총생산물의 가치도 또한 c+v+s로 나누어진다.

생산과정에서 소비된 불변자본을 표시하는 가치부분 c는 그 크기에서 생산에 사용된 불변자본의 가치와 일치하지 않는다. 생산재료는 완전히 소비되며 따라서 그것의 가치는 모두 생산물로 이전된다. 그러나 고정자본은 일부만 완전히 소비되며, 따라서 그 부분의 가치만이 생산물로 넘어간다. 기계 · 건물 등 고정자본의 다른 부분은 비록 한 해 동안의 마멸로 그 가치가 줄어들기는 하였지만 여전히 있고 기능을 계속한다. 고정자본 중 기능을 계속하는 이 부분은 우리가 생산물의 가치를 살펴볼 때는 관심의 대상이 아니다. 이 부분은 새로 생산된 상품가치와는 관계없이 그와 나란히 있는 자본가치 부분이다. 이 점은 이미 개별자본의 생산물 가치를 살펴볼 때(『자본론』 제1권 제8장) 밝혔다. 그러나 여기에서 우리는 거기에서 채택한 고찰방식을 당분간 제쳐놓지 않으면 안 된다. 개별자본의 생산물 가치를 살펴볼 때는, 마멸로 고정자본에서 떨어져나가는 가치는 마멸기간에 생산된 상품생산물로 이전되는데, 이것은 이 고정자본의 한 부분이 이 이전된 가치에 의해 이 기간에 현물로 보충되건 그렇지 않건 아무 상관이 없었다. 그러나 사회적 총생산물과 그 가치를 살펴보는 여기에서는 이 고정자본이 한 해 동안에 다시 현물로 보충되지 않는 한, 고정자본의 마멸로 한 해 동안 연간 생산물에 이전되는 가치부분은 적어도 잠시 무시하지 않을 수 없다. 우리는 이 장의 한 절 〖제11절 '고정자본의 보충'〗에서 이 점을 따로 설명할 것이다.

* * *

우리는 단순재생산을 연구하기 위해 다음의 표식을 기초로 삼으려고 한다. 이 표식에서 c는 불변자본, v는 가변자본, s는 잉여가치이고, 잉여가치율 $\frac{s}{v}$는 100%라고 가정한다. 숫자는 백만 원이나 마르크, 프랑, 파운드 스털링 등 어느 것으로 보아도 좋다.

Ⅰ. 생산수단의 생산

자본 ·············· 4,000c + 1,000v = 5,000

상품생산물 ······ 4,000c + 1,000v + 1,000s = 6,000

이 상품생산물은 생산수단으로 존재한다.

Ⅱ. 소비수단의 생산
자본 …………… 2,000c + 500v = 2,500
상품생산물 …… 2,000c + 500v + 500s = 3,000

이 상품생산물은 소비수단으로 존재한다.
연간 총상품생산물은 다음과 같다.

Ⅰ. 4,000c + 1,000v + 1,000s = 6,000의 생산수단
Ⅱ. 2,000c + 500v + 500s = 3,000의 소비수단

총생산물의 가치는 9,000인데, 여기에는 현물형태로 계속 기능하는 고정자본의 가치는 가정에 따라 제외되고 있다.

지금 모든 잉여가치가 비생산적으로 소비되는 단순재생산의 기초 위에서 필요한 거래들 『교환』을 연구하며, 그리고 당분간 그 거래들을 매개하는 화폐유통을 무시한다면, 우리는 무엇보다 먼저 다음과 같은 세 개의 중요한 실마리를 얻게 된다.

(1) Ⅱ부문의 노동자들의 임금 500v와 자본가들의 잉여가치 500s는 소비수단에 지출되지 않을 수 없다. 그런데 그 가치는 Ⅱ부문 자본가들의 손에 있는 1,000의 가치[이것은 그들이 투하한 500v를 보충하고 그리고 그들을 위한 500s를 표현한다]만큼의 소비수단으로 존재한다. 따라서 Ⅱ부문 노동자의 임금과 자본가의 잉여가치는 Ⅱ부문 안에서 Ⅱ부문의 생산물과 교환된다. 그리하여 총생산물에서 (500v+500s)Ⅱ=1,000의 소비수단이 없어진다.

(2) Ⅰ부문의 1,000v+1,000s도 또한 소비수단에, 즉 Ⅱ부문 생산물에 지출되지 않을 수 없다. 따라서 그것은 Ⅱ부문 생산물 중 아직 남아 있는 같은 금액의 불변자본부분 2,000c와 교환되지 않으면 안 된다. 그 대신에 Ⅱ부문은 Ⅰ부문의 1,000v+1,000s의 가치가 체현되어 있는 Ⅰ부문의

생산물인 같은 금액의 생산수단을 얻는다. 이에 따라 2,000Ⅱc와 (1,000v+1,000s)Ⅰ이 계산에서 없어진다.

(3) 아직 4,000Ⅰc가 남아 있다. 이것은 생산수단인데, 이 생산수단은 Ⅰ부문에서만 사용될 수 있으며 거기에서 소비된 불변자본을 보충하는 데 쓰이므로, Ⅰ부문의 개별자본가들 사이의 상호교환에 의하여 처분된다. 그것은 (500v+500s)Ⅱ가 Ⅱ부문의 노동자들과 자본가들 사이의 교환, 그리고 Ⅱ부문의 개별 자본가들 사이의 교환에 의하여 처분되는 것과 마찬가지다.

이것은 아래에서 서술하는 것을 더 잘 이해하도록 하기 위해 잠깐 말한 데 지나지 않는다.

제3절 두 부문 사이의 교환: Ⅰ(v+s)와 Ⅱc[4)]

두 부문 사이의 대량 교환에서 시작하자. 생산수단의 현물형태로 생산자들의 손에 있는 가치 (1,000v+1,000s)Ⅰ은 소비수단의 현물형태로 있는 가치 2,000Ⅱc와 교환된다. 이 교환에 의하여 Ⅱ부문 자본가계급은 그들의 불변자본=2,000을 소비수단의 형태에서 소비수단의 생산수단 형태로 다시 전환시킨다. 즉 이 불변자본이 다시 노동과정의 요인으로서 그리고 또 가치증식을 위한 불변자본가치로서 기능할 수 있는 형태로 전환시킨다. 다른 한편으로, 이 교환에 의하여 Ⅰ부문 노동력 가치의 등가 1,000Ⅰv와 Ⅰ부문 자본가들의 잉여가치 1,000Ⅰs는 소비수단으로 실현된다. 이 두 가지가 모두 생산수단의 현물형태에서 수입으로서 소비될

4) {엥겔스: 여기서부터는 다시 원고 8에서.}

수 있는 현물형태로 전환된다.

그러나 이런 상호교환은 화폐유통에 의하여 실현되며, 화폐유통은 이 상호교환을 매개하는 동시에 그것을 이해하기 어렵게 하지만, 결정적으로 중요하다. 왜냐하면 가변자본부분은 끊임없이 되풀이하여 화폐형태로 나타나지 않으면 안 되기 때문이다. 즉 화폐형태로부터 노동력으로 전환되는 화폐자본으로 나타나지 않으면 안 되기 때문이다. 가변자본은 사회 전체에서 동시에 나란히 진행되는 모든 생산분야들—그 분야가 Ⅰ부문에 속하건 Ⅱ부문에 속하건 관계없이—에서 화폐형태로 투하되지 않으면 안 된다. 자본가는 노동력을 그것이 생산과정에 들어가기 전에 구매하지만, 그 대가는 계약에서 정한 기한이 되어야, 다시 말해 노동력이 이미 사용가치의 생산에 지출된 다음에야, 비로소 지불한다. 생산물 가치의 나머지 부분과 마찬가지로, 노동력의 대가를 지불하는 데 지출된 화폐의 등가에 지나지 않는 부분, 즉 생산물 가치 중 가변자본가치를 표현하는 부분도 자본가의 것이다. 생산물 가치 중 바로 이 부분으로 노동자는 자기의 임금에 대한 등가를 자본가에게 이미 제공하였다. 그러나 상품이 화폐로 다시 전환되어야, 즉 상품이 팔려야 자본가는 자기의 가변자본을 노동력을 새로 구매하는 데 투하할 수 있는 화폐자본으로 회복시킬 수 있다.

Ⅰ부문에서 총자본가〖자본가 집단〗는 Ⅰ부문의 생산물[즉 Ⅰ부문의 노동자들이 생산한 생산수단] 중 이미 v부분으로 있는 가치부분에 대하여 1,000원[내가 원이라고 말하는 것은 오직 그것이 화폐형태로 있는 가치라는 것을 표시하기 위해서다]=1,000v를 노동자들에게 지불하였다. 노동자들은 이 1,000원으로 동등한 가치의 소비수단을 Ⅱ부문 자본가들로부터 사며, 그리하여 Ⅱ부문 불변자본의 절반을 화폐로 전환시킨다. Ⅱ부문 자본가들은 이번에는 이 1,000원으로 1,000원만큼의 생산수단을 Ⅰ부문 자본가들로부터 산다. 그리하여 이 Ⅰ부문 자본가들에게는 그들

의 생산물의 한 부분으로서 생산수단의 현물형태로 있었던 가변자본가치 =1,000v가 다시 화폐로 전환되며, 이제는 Ⅰ부문 자본가들의 손에서 다시 노동력[즉 생산자본의 가장 중요한 요소]으로 전환되는 화폐자본으로 기능할 수 있다. 이런 방식으로 Ⅰ부문 자본가들의 가변자본은, 그들의 상품자본의 한 부분이 실현된 결과, 화폐형태로 그들에게 되돌아온다.

Ⅰ부문 상품자본의 s부분과 Ⅱ부문 불변자본부분의 나머지 절반 사이의 교환에 필요한 화폐에 관해 말하자면, 그것은 여러 가지 방식으로 투하될 수 있다. 실제로 이 유통은 두 부문 개별 자본가들의 헤아릴 수 없이 많은 개별적 매매를 포괄하지만, 어떤 사정에서도 화폐는 이 자본가들로부터 나오지 않을 수 없다. 왜냐하면 노동자들이 유통에 투입하는 화폐량은 이미 계산이 끝났기 때문이다. Ⅱ부문의 한 자본가가 그의 생산자본과 나란히 가지고 있는 자기의 화폐자본의 일부를 Ⅰ부문의 자본가들로부터 생산수단을 사는 데 쓸 수도 있고, 또는 이와는 반대로 Ⅰ부문의 자본가가 자본으로 지출하려고 한 것이 아니라 개인적으로 지출하려고 한 화폐재원으로 Ⅱ부문의 자본가들로부터 소비수단을 살 수도 있다. 이미 제1편과 제2편에서 본 바와 같이, 일정한 화폐준비금—그것을 자본으로 투하하기 위해서건 수입으로서 지출하기 위해서건 관계가 없다—은 어떤 사정에서도 생산자본과 나란히 자본가의 손에 반드시 있는 것으로 전제되어 있다. 그 화폐의 절반[비율은 우리의 목적에는 아무래도 좋다]은 Ⅱ부문의 자본가들이 그들의 불변자본을 보충하기 위해 생산수단을 사는 데 투하하고, 나머지 절반은 Ⅰ부문의 자본가들이 소비를 위해 지출한다고 하자. 그러면 Ⅱ부문은 500원을 투하하여 그것으로 Ⅰ부문으로부터 생산수단을 사며, 이에 따라 (위에서 말한 Ⅰ부문의 노동자들에게서 나오는 1,000원을 포함하여) 그들의 불변자본의 $\frac{3}{4}$을 현물로 보충한다. Ⅰ부문은 이렇게 얻은 500원으로 Ⅱ부문으로부터 소비재를 사며 이에 따라 Ⅰ부문의 상품자본 중 s로 이루어지고 있는 부분의 절반

은 유통 c—m—c를 거쳤고, 그리하여 Ⅰ부문 생산물의 이 부분은 소비재원으로 실현된다. 이 둘째 과정에 의하여 500원은 화폐자본으로서 Ⅱ부문 자본가들의 손에 되돌아오며, 이 화폐자본을 그들은 자기들의 생산자본과 나란히 가지게 된다. 다른 한편 Ⅰ부문의 자본가들은 자기들의 상품자본 중 아직 생산물로서 그들의 창고에 쌓여 있는 s부분의 절반의 판매를 기대하면서 500원의 화폐를 Ⅱ부문의 자본가들로부터 소비수단을 사는 데 지출한다. 바로 이 500원으로 Ⅱ부문은 Ⅰ부문으로부터 생산수단을 사며, 이렇게 하여 자기의 전체 불변자본(1,000+500+500=2,000)을 현물로 보충하게 되고, Ⅰ부문은 자기의 전체 잉여가치를 소비수단으로 실현하게 된다. 합계 4,000원의 상품의 교환이 2,000원의 화폐유통으로 이루어진 것인데, 이 2,000원의 금액은 연간의 총생산물이 몇 개의 큰 분량으로 한꺼번에 교환된다고 보기 때문에 그렇게 된 것이다. 여기에서 중요한 것은 다음과 같은 점뿐이다. 즉 Ⅱ부문은 소비수단의 형태로 재생산한 자신의 불변자본을 다시 생산수단의 형태로 전환시켰을 뿐 아니라 Ⅱ부문이 생산수단을 사기 위해 유통에 투하한 500원이 Ⅱ부문으로 되돌아온다는 점이며, 또 이와 마찬가지로 Ⅰ부문은 생산수단의 형태로 재생산한 자신의 가변자본을 다시 화폐형태[즉 다시 직접 노동력으로 전환될 수 있는 화폐자본]로 가지게 된다는 것뿐 아니라, Ⅰ부문이 자신의 상품자본의 잉여가치 부분을 팔기 전에 앞당겨 소비수단을 사는 데 지출한 500원이 Ⅰ부문으로 되돌아온다는 점이다. 그러나 이 화폐가 Ⅰ부문으로 되돌아온 것은 그 화폐를 지출하였기 때문이 아니라, Ⅰ부문 상품생산물 중 잉여가치의 절반을 지니고 있는 부분이 그 뒤에 판매되었기 때문이다.

두 경우에 Ⅱ부문의 불변자본은 생산물『소비수단』의 형태에서 [그 불변자본이 오직 자본으로 기능할 수 있는] 생산수단의 현물형태로 다시 전환되며, 그리고 Ⅰ부문의 가변자본부분은 화폐형태로 전환되며, Ⅰ부문의 생산물[생산수단] 중 잉여가치부분은 수입으로서 소비할 수 있는 형태로 전환된다. 그뿐 아니라 Ⅱ부문으로는 500원의 화폐자본이 되돌아오는데, 이 금액은 Ⅱ부문의 불변자본[소비수단의 형태로 있다] 중 그 금액에 해당하는[그 금액을 보상하는] 가치부분을 팔기 전에, 생산수단을 사들이기 위해 투하한 것이다. 그리고 또 Ⅰ부문으로는 500원이 되돌아오는데, 이 금액은 Ⅰ부문이 소비수단을 구매하기 위해 앞당겨 지출한 것이다. Ⅱ부문이 자기의 상품생산물의 불변부분을 염두에 두면서 투하한 화폐가 Ⅱ부문으로 되돌아오고, 또 Ⅰ부문이 자기의 상품생산물의 잉여가치부분을 염두에 두면서 투하한 화폐가 Ⅰ부문으로 되돌아온다면, 이것은 Ⅱ부문의 자본가들은 Ⅱ부문의 상품형태로 있는 불변자본 외에도 500원의 화폐를, 그리고 Ⅰ부문의 자본가들은 Ⅰ부문의 상품형태로 있는 잉여가치 외에도 500원의 화폐를 추가로 유통에 투입하였기 때문이다. 그들은 결국 자기들의 상품등가를 교환함으로써 서로 완전히 지불하고 있다. 그들이 그들 상품의 가치액을 넘어, 이 상품교환의 수단으로 유통에 투입한 화폐는 그들이 유통에 투입한 몫에 비례하여 그들 각자에게로 유통에서 되돌아온다. 그들은 이것으로 한 푼도 더 번 것이 없다. Ⅱ부문은 불변자본=2,000을 소비수단 형태로, 그리고 500을 화폐로 가지고 있었는데, 이제는 2,000을 생산수단으로, 그리고 500을 화폐로 가지고 있다. 즉 전과 같은 금액을 가지고 있다. 이와 마찬가지로 Ⅰ부문도 전과 같이 1,000의 잉여가치(생산수단에서 이제는 소비재원으로 전환되어 있다)와 500의 화폐를 가지고 있다. 일반적인 결론은 다음과 같다. 즉 산업자본가들이 자기 자신의 상품유통을 매개하기 위해 유통에 투입하는 화폐는—그것이 상품의 불변가치부분을 염두에 두고 투하되든, 잉여가치가 수입으로서 지출되는 한에서 상품에 들어 있는 잉여가치를 염두에 두고 투하되든—그들이 화폐유통에 투하한 만큼 그들 각자의 손으로 되돌아온다.

Ⅰ부문의 가변자본이 화폐형태로 다시 전환하는 것에 관하여 말하면, 이 가변자본은 Ⅰ부문의 자본가들에게는 [그들이 그것을 임금으로 투하한 뒤] 맨 처음에는 상품형태[노동자들은 가변자본을 상품형태로 자본가들에게 제공하였다]로 있다. 자본가들은 이 가변자본을 노동자들에게 그들의 노동력의 가격으로 화폐형태로 지불하였다. 이런 한에서 자본가들은 그들의 상품생산물 중 화폐형태로 지출한 이 가변자본과 같은 가치구성부분을 지불하였으며, 따라서 그들은 상품생산물의 이 부분의 소유자이기도 하다. 그러나 노동자계급 중 그들이 고용한 부분은 [그 노동자들 자신이 생산한] 생산수단의 구매자는 결코 아니다. 그 노동자들은 Ⅱ부문이 생산한 소비수단의 구매자다. 따라서 Ⅰ부문의 자본가들이 노동력의 대가를 지불하기 위해 『화폐로』 투하한 가변자본은 직접 Ⅰ부문의 자본가들에게로 되돌아오지는 않는다. 이 가변자본은 노동자들의 구매를 통하여, 노동자들이 필요로 하며 일반적으로 구매할 수 있는 상품들의 자본주의적 생산자들의 손으로, 즉 Ⅱ부문 자본가들의 손으로 넘어가는데, Ⅱ부문 자본가들이 그 화폐를 생산수단의 구매에 사용함으로써만, 이런 우회를 통해서만, 그 화폐는 Ⅰ부문 자본가들의 손으로 되돌아온다.

단순재생산에서는 Ⅰ부문 상품자본의 가치구성부분 v+s(따라서 Ⅰ부문의 총상품생산물 중 이에 해당하는 부분)는 Ⅱ부문의 총상품생산물 중 해당부분인 불변자본 Ⅱc와 동등하지 않으면 안 된다는 것, 즉 Ⅰ(v+s)=Ⅱc이어야 한다는 것을 알게 된다.

제4절 Ⅱ부문 안의 교환: 생필품과 사치품

Ⅱ부문 상품생산물의 가치 가운데 아직 더 연구되어야 할 것은 v+s라

는 구성부분이다. 이 구성부분을 살펴보는 것은 우리가 여기에서 연구하고 있는 가장 중요한 문제와는 아무런 관련도 없다. 즉 자본주의적으로 생산된 개별 상품생산물 가치가 c+v+s로 분해되는 것이 어느 정도로 연간 총생산물의 가치에도 들어맞는가[그것이 비록 여러 가지 상이한 현상형태들에 의하여 매개된다고 하더라도] 하는 문제와는 아무런 관련도 없다. 이 문제는 한편으로는 Ⅰ(v+s)와 Ⅱc 사이의 교환에 의하여, 다른 한편으로는 Ⅰc가 Ⅰ부문의 연간 상품생산물 가운데서 어떻게 재생산되는가 하는 것의 연구에 의하여[그런데 이것은 제6절에서 연구하게 될 것이다] 해결된다. Ⅱ(v+s)는 소비수단의 현물형태로 있으므로, 그리고 자본가가 노동자에게 노동력의 대가로 투하한 가변자본은 대체로 노동자들이 소비수단에 지출하지 않을 수 없으므로, 또 상품가치 속에 있는 s부분은 단순재생산을 전제하는 경우에는 수입으로서 소비수단에 완전히 지출되는 것이 사실이므로, Ⅱ부문의 노동자들은 Ⅱ부문의 자본가들로부터 받은 임금으로 자기 자신의 생산물의 한 부분[임금으로 받은 화폐가치의 크기에 상당하는 부분]을 되산다는 것이 언뜻 보아도 명백하다. 이리하여 Ⅱ부문의 자본가들은 노동력의 대가를 지불하는 데 투하한 자기들의 화폐자본을 다시 화폐형태로 전환시킨다. 이것은 그들이 노동자들에게 단순한 가치상징〖예: 상품교환권〗으로 지불한 것과 같다. 노동자들이 [자기들이 생산하였지만 자본가들에게 속하는] 상품생산물의 한 부분을 구매함으로써 이 가치상징을 실현하자마자 이 가치상징은 자본가들의 손으로 되돌아가는데, 다른 점은 이 경우 그 상징은 가치를 표시할 뿐 아니라 금이나 은과 같은 실물의 가치를 가지고 있다는 것이다. 노동자계급이 구매자로서 나타나고 자본가계급이 판매자로서 나타나는 과정을 통하여, 화폐형태로 투하한 가변자본이 환류하는 이 특수한 형식을 우리는 제5절에서 더욱 자세하게 연구할 것이다. 그러나 여기에서는 가변자본이 이와 같이 그 출발점으로 되돌아오는 것과 관련하여 또 하나의 다른 문제를 다루고자 한다.

연간 상품생산의 Ⅱ부문은 다종다양한 산업분야로 이루어지지만, 이 분야들은 그 생산물의 성격으로 보아 두 개의 큰 부문으로 나눌 수 있다.

a) 생필품. 이것은 노동자계급의 소비로 들어가며, 또 그것이 생활필수품인 한에서는 [비록 흔히 그 질과 가치로 보아 노동자들의 생필품과는 다르다 하더라도] 자본가계급의 소비의 한 부분도 이룬다. 우리는 이 분야 전체를 우리의 목적을 위해 생필품이라는 항목으로 묶을 수 있다. 이 경우 예컨대 담배와 같은 생산물이 생리학적 관점에서 생필품인가 그렇지 않은가 하는 것은 아무래도 좋다. 그것이 관습상 생필품이면 그만이다.

b) 사치품. 이것은 자본가계급의 소비에만 들어가며, 따라서 [노동자의 손에는 결코 들어가지 않는] 잉여가치의 지출과 교환될 수 있을 뿐이다.

첫째 항목에 관해 말한다면, 이 항목에 속하는 여러 가지 상품의 생산에 투하된 가변자본은 Ⅱ부문 자본가들 중 이 생필품을 생산하는 자본가들(즉 Ⅱa의 자본가들)에게 화폐형태로 직접 되돌아오지 않을 수 없다는 것은 명백하다. 이 자본가들은 임금으로 지불한 가변자본의 금액만큼의 생필품을 그들 자신의 노동자들에게 판다. 이렇게 되돌아오는 것은 Ⅱa부문 자본가들 전체로 보면 직접적이다. 비록 이 되돌아오는 가변자본이 이에 속하는 여러 산업분야의 자본가들 사이의 수많은 거래에 의하여 비례적으로 분배된다고 하더라도 말이다. 이들 유통과정의 유통수단은 노동자들이 지출하는 화폐에 의해 직접 제공된다. 그러나 Ⅱb부문[사치품 생산부문]은 사정이 다르다. 우리가 여기에서 문제로 삼고 있는 가치부분 전체 Ⅱb(v+s)는 사치품의 현물형태로, 즉 노동자계급이 구매할 수 없는 물건의 형태로 [생산수단의 형태로 있는 상품가치 Ⅰv와 마찬가지로] 있다. 이 사치품은 생산수단과 마찬가지로 노동자들이 생산한 것이지만, 노동자들은 그것들을 구매할 수 없다. 따라서 이 부문에 투하된 가변자본이 화폐형태로 자본주의적 생산자들에게로 되돌아오는 것은 직접적일 수 없고, Ⅰv의 경우와 마찬가지로, 매개되지 않으면 안 된다.

예컨대 위에서와 같이 Ⅱ부문 전체로서는 v=500, s=500이지만, 가변자본과 이에 대응하는 잉여가치는 다음과 같이 나누어진다고 하자.

Ⅱa부문, 생필품: v=400, s=400, 따라서 400v+400s=800의 가치를 가진 생필품, 즉 Ⅱa(400v+400s).

Ⅱb부문: 100v+100s=200의 가치를 가진 사치품, 즉 Ⅱb(100v+100s).

Ⅱb부문의 노동자들은 자기들의 노동력의 대가로 100을 화폐로, 예컨대 100원을 받았다. 그들은 그것으로 Ⅱa부문의 자본가들로부터 100원어치의 생필품을 구매하며, 이 자본가계급은 그것으로 Ⅱb부문의 사치품을 100원어치 산다. 그리하여 Ⅱb부문의 자본가들에게로 그들의 가변자본이 화폐형태로 되돌아온다.

Ⅱa부문에서는 자본가들의 손에 그들 자신의 노동자들과의 교환에 의하여 이미 400v가 다시 화폐형태로 있다. 이밖에 이 자본가들의 생산물 중 잉여가치를 표시하는 부분의 $\frac{1}{4}$은 Ⅱb부문의 노동자들에게로 넘어갔으며, 그 대신에 사치품으로 Ⅱb(100v)를 얻은 것이다.

이제 Ⅱa부문과 Ⅱb부문의 자본가들이 수입을 같은 비율로 나누어 생필품과 사치품에 지출한다고 전제하면, 예컨대 두 부문의 자본가들이 모두 수입의 $\frac{3}{5}$씩을 생필품에 지출하고 $\frac{2}{5}$씩을 사치품에 지출한다고 가정하면, Ⅱa부문의 자본가들은 자기들의 수입인 잉여가치 400s 가운데서 $\frac{3}{5}$, 즉 240을 자기들 자신의 생산물인 생필품에 지출하고 $\frac{2}{5}$=160을 사치품에 지출할 것이다. Ⅱb부문의 자본가들도 자기들의 잉여가치=100s를 마찬가지로 나누어 $\frac{3}{5}$=60은 생필품에 그리고 $\frac{2}{5}$=40은 사치품에 지출할 것이다. 이 사치품은 그들 자신의 부문 안에서 생산되고 교환되는 것이다.

Ⅱa부문의 자본가들이 (Ⅱa)s로 얻는 160의 사치품은 다음과 같이 그들에게로 흘러온다. 즉 우리가 이미 본 바와 같이 (Ⅱa)400s 가운데서 생필품으로 있는 100은 사치품으로 있는 같은 금액의 (Ⅱb)v와 교환되며 또 생필품 중 60은 사치품으로 있는 (Ⅱb)60s와 교환된다. 모든 계산의 시작은 다음과 같다.

Ⅱa : 400v+400s

Ⅱb : 100v+100s

(1) 400v(a)는 Ⅱa부문의 노동자들이 소비하는데, 이것은 이 노동자들의 생산물(생필품)의 한 부분을 이룬다. 노동자들은 그것을 자기 부문의 자본주의적 생산자들로부터 구매한다. 이에 따라 이들 자본가에게로 400원의 화폐, 즉 이들 자신이 노동자들에게 임금으로 지불한 400의 가변자본가치가 되돌아온다. 이 가치로 자본가들은 노동력을 새로 살 수 있다.

(2) 400s(a) 중 100v(b)와 같은 부분, 즉 (a)부문 잉여가치의 $\frac{1}{4}$은 다음과 같이 사치품으로 실현된다. 즉 (b)부문의 노동자들은 그들 부문(b)의 자본가들로부터 임금으로 100원을 받는다. 그들은 이것으로 (a)부문 잉여가치[즉 생필품 형태로 있는 상품]의 $\frac{1}{4}$을 산다. (a)부문의 자본가들은 이 화폐로 같은 가치액의 사치품=100v(b), 즉 생산된 총사치품의 절반을 산다. 이에 따라 (b)부문의 자본가들에게로 그들의 가변자본이 화폐형태로 되돌아오며, 그리하여 그들은 노동력을 새로 사들여 그들의 재생산을 새로 시작할 수 있다. 왜냐하면 Ⅱ부문 전체의 모든 불변자본은 이미 Ⅰ(v+s)와 Ⅱc 사이의 교환에 의하여 보충되어 있기 때문이다. 따라서 사치품을 생산하는 노동자들의 노동력이 새로 팔릴 수 있는 것은, 오직 그들 자신의 생산물 중 그들의 임금에 대한 등가로서 창조된 부분이 Ⅱa부

문의 자본가들에 의하여 그들의 소비재원으로 들어감으로써 화폐화되기 때문이다. (Ⅰ부문의 노동력 판매에 대해서도 똑같이 말할 수 있다. 왜냐하면 Ⅰ(v+s)와 교환되는 Ⅱc는 사치품과 생필품으로 이루어져 있으며, 또 Ⅰ(v+s)와의 교환에 의하여 갱신되는 것은 사치품과 생필품을 생산하는 생산수단으로 이루어져 있기 때문이다.)

(3) a와 b 사이의 교환이 두 부문 자본가들 사이의 교환에 지나지 않는 경우를 보기로 하자. 이상의 설명에 따라, a부문의 가변자본 (400v)와 잉여가치의 한 부분 (100s), 그리고 b부문의 가변자본 (100v)은 처리되었다. 그리고 또 우리는 두 부문의 자본가들이 수입을 지출하는 평균비율은 사치품에 $\frac{2}{5}$, 생필품에 $\frac{3}{5}$이라고 가정하였다. 그러므로 a부문 전체로는 이미 사치품에 지출된 100 외에 아직 사치품에 지출될 60이 남아 있으며, b부문에는 같은 비율로 40이 남아 있다.

그리하여 (Ⅱa)s는 생필품 240, 사치품에 160으로 나누어지며, 따라서 240+160=400s(Ⅱa)이다.

(Ⅱb)s는 생필품에 60, 사치품에 40으로 나누어지며, 따라서 60+40=100s(Ⅱb)이다. 이 부문은 이 마지막 40을 자기 자신의 생산물로 소비한다(잉여가치의 $\frac{2}{5}$). 이 부문은 자신의 잉여생산물 중 60을 60s(a)와 교환하여 60의 생활수단을 얻는다.

그리하여 Ⅱ부문 자본가계급 전체에 대해서는 다음과 같이 된다. (여기에서 v+s는 a부문에서는 생필품으로 있고 b부문에서는 사치품으로 있다.)

$$Ⅱa(400v+400s)+Ⅱb(100v+100s)=1,000.$$

이것이 유통을 통해 다음과 같이 실현된다. 즉 500v(a+b)는 400v(a)와 100s(a)로 실현되며, 500s(a+b)는 300s(a)+100v(b)+100s(b)로 실현된다.

이리하여 합계 1,000의 상품가치가 실현된다.

a와 b를 따로따로 보면 다음과 같이 실현된다.

$$\left.\begin{array}{l} \text{a)}\ \dfrac{\text{v}}{400\text{v(a)}} + \dfrac{\text{s}}{240\text{s(a)}+100\text{v(b)}+60\text{s(b)}} = 800 \\[2ex] \text{b)}\ \dfrac{\text{v}}{100\text{s(a)}} + \dfrac{\text{s}}{60\text{s(a)}+40\text{s(b)}} = 200 \end{array}\right\} 1{,}000$$

설명을 간단히 하기 위해, 가변자본과 불변자본의 비율이 위에서 가정한 대로라고 하면(반드시 그렇게 되어야 하는 것은 결코 아니다), 400v(a)에는 1,600의 불변자본이 대응하고, 100v(b)에는 400의 불변자본이 대응하며, 그리하여 Ⅱ부문의 두 소부문 a와 b는 다음과 같이 된다.

(Ⅱa)	1,600c	+	400v	+	400s	=	2,400
(Ⅱb)	400c	+	100v	+	100s	=	600
합하면	2,000c	+	500v	+	500s	=	3,000

이에 따라 2,000Ⅰ(v+s)와 교환되는 소비수단인 2,000Ⅱc 중 1,600은 생필품을 생산하는 생산수단과 교환되고 400은 사치품을 생산하는 생산수단과 교환된다.

따라서 2,000Ⅰ(v+s)는 또한, a를 위한 (800v+800s)Ⅰ=생필품을 생산하는 생산수단 1,600과, b를 위한 (200v+200s)Ⅰ=사치품을 생산하는 생산수단 400으로 갈라질 것이다.

진정한 노동수단뿐 아니라, 원료·보조재료 등의 많은 부분은 a, b 두 부문에 공통적으로 사용된다. 그러나 총생산물Ⅰ(v+s)의 여러 가치부분들의 교환에 대하여 말한다면, 위와 같은 분할은 아무래도 좋다. 위에서 말한 800Ⅰv와 200Ⅰv가 실현되는 것은, Ⅰ부문 노동자들의 임금이 소비수단 1,000Ⅱc에 지출되며, 그리고 그 임금에 투하한 화폐자본이 되돌아올 때 Ⅰ부문의 자본주의적 생산자들 사이에 고르게 나누어지며, 그들이 투하한 가변자본에 비례하여 그 자본이 다시 화폐로 보충되기 때문이다. 다른 한편, 1,000Ⅰs의 실현에 대하여 말하면, 이 경우에도 Ⅰ부문의 자본가들은 고르게(그들의 s의 크기에 비례하여) Ⅱc의 나머지 절반=1,000에서 소비수단으로 600Ⅱa와 400Ⅱb를 끌어낼 것이다. 따라서 Ⅱa의 불변자본을 보충하여 주는 자본가들이 끌어내는 것은

$$600c(\text{Ⅱ}a)\text{에서 } 480(\tfrac{3}{5})\text{과 } 400c(\text{Ⅱ}b)\text{에서 } 320(\tfrac{2}{5}) = 800$$

이며, Ⅱb의 불변자본을 보충하여 주는 자본가들이 끌어내는 것은

$$600c(\text{Ⅱ}a)\text{에서 } 120(\tfrac{3}{5})\text{과 } 400c(\text{Ⅱ}b)\text{에서 } 80(\tfrac{2}{5}) = 200$$

이며, 합하여 1,000이다.

여기에서 Ⅰ부문 · Ⅱ부문에서 가변자본과 불변자본의 비율은 마음대로 정한 것이며, 또 Ⅰ부문과 Ⅱ부문 그리고 a, b 부문들에서 이 비율이 같다고 한 것도 마음대로 정한 것이다. 그 비율이 같다고 가정한 것은 설명을 간단히 하기 위해서며, 비율이 각각 다르다고 하더라도 문제의 조건들과 문제의 해결은 결코 달라지지 않을 것이다. 그러나 어쨌든, 단순재생산을 전제하는 경우에는 이 모든 것의 필연적 결과가 다음과 같이 된다.

(1) 생산수단의 현물형태로 창조된 연간 노동의 가치생산물(v+s로 갈라진다)은 연간 노동의 다른 부분에 의하여 생산된 생산물 가치 중 소비수단의 형태로 재생산된 불변자본가치 c와 같다. 이 새로운 가치가 Ⅱc보다 적다면 Ⅱ부문은 자신의 불변자본을 모두 보충할 수 없을 것이다. 그것이 Ⅱc보다 많다면 초과부분은 이용되지 않은 채 남을 것이다. 두

경우 모두 단순재생산이 이루어진다는 전제는 무너질 것이다.

(2) 생필품의 형태로 재생산되는 연간 생산물의 경우에는 화폐형태로 투하된 가변자본 v는 그것의 수취인들에 의하여 실현될 수 있다. 그것의 수취인들이 사치품을 생산하는 노동자들인 경우에는, 생필품 가운데서 그 자본주의적 생산자들의 잉여가치를 체현하고 있는 부분 중의 일부만이 사치품생산 노동자들에 의하여 실현될 수 있다. 따라서 사치품생산에 투하되는 v는 생필품 형태로 생산되는 s 중 이 v의 가치에 대응하는 부분을 실현하며, 따라서 이 s 전체, 즉 (Ⅱa)s보다 작지 않을 수 없다. 그리고 그 v가 s의 이 부분으로 실현됨으로써만 자본주의적 사치품생산자들에게로 그들이 투하한 가변자본이 화폐형태로 되돌아온다. 이것은 Ⅰ(v+s)가 Ⅱc로 실현되는 것과 아주 비슷한 현상이다. 다만 다른 것은, 이 경우에는 (Ⅱb)v가 (Ⅱa)s 중 자기의 가치와 동등한 부분으로 실현된다는 것뿐이다. 연간 총생산물이 유통에 의하여 매개되는 연간의 재생산과정에 실제로 들어가는 경우에는, 이런 양적 비율들은 그 총생산물의 어떤 분배에서도 질적으로 결정적인 의의를 가지게 된다. Ⅰ(v+s)는 Ⅱc와 교환되어야만 실현될 수 있으며, Ⅱc는 또한 이 실현에 의해서만 생산자본의 구성부분으로서 그 기능을 새로 할 수 있다. 이와 마찬가지로 (Ⅱb)v도 (Ⅱa)s의 일부와 교환됨으로써만 실현될 수 있으며, 그래야만 (Ⅱb)v는 화폐자본의 형태로 다시 전환될 수 있다. 그런데 이렇게 말할 수 있는 것은, 이 모든 것이 실제로 재생산과정 그 자체의 결과인 한에서만, 따라서 예컨대 Ⅱb부문의 자본가들이 v를 위한 화폐자본을 신용에 의하여 다른 곳에서 빌려오지 않는 한에서뿐이다. 그런데 양적으로 볼 때 연간 생산물의 여러 부분들이 위에서 설명한 대로 균형 있게 교환될 수 있는 것은, 생산의 규모와 생산의 가치비율이 불변이며 그리고 이 엄밀한 비율이 대외무역에 의하여 변경되지 않는 경우에만 가능하다.

그런데 만약 그 누군가가 스미스 식으로 Ⅰ(v+s)는 Ⅱc로 분해되고 또

Ⅱc는 Ⅰ(v+s)로 분해된다거나, 또는 스미스가 더 자주 또 더욱 어리석게 말하고 있듯이, Ⅰ(v+s)는 Ⅱc의 가격(또는 스미스가 말하는 '교환가치')의 구성부분을 이루고 또 Ⅱc는 Ⅰ(v+s)의 가치의 전체 구성부분을 이룬다고 말한다면, 이와 마찬가지로 (Ⅱb)v는 (Ⅱa)s로 분해되고 또 (Ⅱa)s는 (Ⅱb)v로 분해된다거나, (Ⅱb)v는 Ⅱa의 잉여가치의 한 구성부분을 이루고 또 그 반대로 된다고 말할 수 있을 것이며, 또 그렇게 말하지 않으면 안 될 것이다. 그리하여 잉여가치는 임금 또는 가변자본으로 분해되고, 가변자본은 잉여가치의 '구성부분'을 이룰 것이다. 이런 어리석은 짓을 실제로 스미스에게서 찾아볼 수 있는데, 그에게는 임금은 생필품의 가치에 의하여 결정되고 있으며, 이 상품가치는 다시 그것에 들어 있는 임금(가변자본)과 잉여가치에 의하여 결정되고 있는 것이다. 그는 하루의 노동일에 새로 생산되는 가치가 자본주의적 생산의 기초 위에서 분할되는 부분들, 즉 v+s에 정신이 팔린 나머지 다음과 같은 것을 완전히 잊어버리고 있다. 즉 단순상품교환에서는 여러 현물형태로 있는 등가물들은 [그것들을 생산하는 데 같은 양의 노동이 들기 때문에] 지불받는 노동으로 이루어지는가, 지불받지 못한 노동으로 이루어지는가 하는 것은 아무래도 좋다는 점이며, 또한 A의 상품은 생산수단이고 B의 상품은 소비수단인가 그렇지 않은가, 또 팔린 뒤에 한 상품은 자본의 구성부분으로 기능하게 되고 다른 상품은 소비재원으로 들어가서 [스미스에 따르면] 수입으로서 소비되는가, 그렇지 않은가 하는 것은 마찬가지로 아무래도 좋다는 점이다. 개별 구매자가 자기가 구매한 상품을 어떻게 사용하건 그것은 상품교환, 유통분야에 속하는 일이 아니며, 또 상품의 가치에도 영향을 미치지 않는다. 이것은 연간의 사회적 총생산물의 유통을 분석할 때는 그 생산물의 여러 구성부분들의 특정한 용도, 그 소비의 측면을 고려하지 않으면 안 된다고 하더라도 결코 달라지지 않는다.

위에서 본 (Ⅱb)v와 (Ⅱa)s 중의 등가부분 사이의 교환에서, 그리고 더 나아가서 (Ⅱa)s와 (Ⅱb)s 사이의 교환에서, 자본가들이—그들이 Ⅱa부문과 Ⅱb부문의 개별 자본가들이건 그 각 부문의 자본가 전체이건 관계가 없다—자기들의 잉여가치를 같은 비율로 생필품과 사치품으로 나눈다는 것은 결코 전제할 필요가 없다. 한 자본가는 한 종류의 소비에 더 많이 지출할 수 있고, 다른 자본가는 다른 종류의 소비에 더 많이 지출할 수 있다. 단순재생산의 기초 위에서는 오직 전체 잉여가치와 같은 가치액이 완전히 소비재원으로 실현된다는 것이 전제로 된다. 따라서 일반적 한계는 주어져 있다. 각 부문 안에서는 한 자본가는 a의 생산물에 더 많이 지출할 수 있고 다른 자본가는 b의 생산물에 더 많이 지출할 수 있다. 그러나 이것은 서로 상쇄될 수 있으며, 그리하여 a와 b의 자본가들을 전체로서 보면 그들은 각각 같은 비율로 두 부문의 생산물을 소비할 것이다. 그러나 가치비율[즉 Ⅱ부문 생산물의 총가치에서 a와 b 두 종류의 생산자들이 차지하는 비례적 몫], 따라서 또 그 생산물을 제공하는 생산부문들 사이의 일정한 양적 비율은 각각의 구체적 경우에 필연적으로 주어져 있다. 다만 예로서 들고 있는 비율은 가정한 것이다. 다른 비율을 가정하더라도 질적 측면들은 조금도 달라지지 않는다. 다만 양적 규정들이 달라질 것이다. 그러나 이러저런 사정으로 a와 b의 비례적 크기에 실제적 변동이 생긴다면 그에 따라 단순재생산의 조건들도 달라질 것이다.

* * *

(Ⅱb)v가 (Ⅱa)s의 등가부분으로 실현된다는 사정에서 다음과 같은 결론이 나온다. 연간 생산물 중 사치품 부분이 증가함에 따라, 그리하여 노동력 중 사치품 생산에 흡수되는 수가 증가함에 따라, (Ⅱb)v에 투하된 가변자본이 화폐자본으로 다시 전환되어 가변자본의 화폐형태로 새로 기능하는 것, 그리고 노동자계급 중 Ⅱb부문에서 일하는 부분의 존재와 재

생산[즉 그들에 대한 생필품의 공급]은 그만큼 더욱 자본가계급의 낭비[즉 이 계급이 잉여가치의 큰 부분을 사치품으로 전환시키는 것]에 달려 있다는 점이다.

공황은 사치품의 소비를 일시적으로 줄인다. 이 때문에 (Ⅱb)v가 화폐자본으로 재전환하는 것이 지연되고 정체되며, 부분적으로만 전환할 수 있게 되고, 사치품을 생산하는 노동자들의 일부는 해고되는데, 이로 말미암아 생필품의 판매도 정체되거나 줄어들게 된다. 그런데 이것은 이 시기에 해고되는 비생산적 노동자들 『예: 하인들』을 완전히 제쳐놓고 본 것인데, 이 노동자들은 그들의 서비스의 대가로 자본가들의 사치품 지출의 한 부분을 받으며(따라서 이 노동자들 자신이 사치품으로 된다), 생필품 따위의 소비에도 크게 참가하는 사람들이다. 번영기, 특히 투기의 활성기에는 반대되는 현상이 나타난다. 이 시기에는 벌써 (현실적인 가치혁명에 의해서가 아니라) 다른 이유들 때문에 상품으로 표현된 화폐의 상대적 가치가 떨어지며, 따라서 상품의 가격은 그 자체의 가치와는 관계없이 오른다. 이 시기에는 생필품의 소비가 증가할 뿐 아니라, 노동자계급(이제는 그 예비군이 모두 현역으로 들어온다)도 사치품[평소에는 그 대부분이 자본가계급에게만 '필수적' 소비품이다]의 소비에 한때나마 참가하는데, 이로 말미암아 또한 가격이 오른다.

공황이 지불능력 있는 소비의 부족이나 지불능력 있는 소비자의 부족 때문에 일어난다고 말하는 것은 순전히 동어반복이다. 자본주의 체제는 구호를 받는 빈민의 소비나 사기꾼의 소비를 제외하면 지불할 수 있는 소비자 외에 다른 종류의 소비자를 인정하지 않는다. 상품이 팔리지 않는 것은 상품에 대한 지불능력 있는 구매자, 따라서 소비자(상품을 사는 것이 결국 생산적 소비를 위해서건 개인적 소비를 위해서건)를 찾아내지 못하는 것을 의미할 따름이다. 그런데 그 누군가가 노동자계급은 자기들 자신의 생산물 중 너무나 작은 부분을 받고 있으므로, 만약 그들이 그 생산물 중 더 큰 몫을 받고 이에 따라 그들의 임금이 올라가면 이 사회악은 제거될 것이라고 말함으로써 이 동어반복에 더 깊은 근거가 있는 듯한 외관을 주려고 한다면, 그런 사람에게는 오직 다음과 같은 사실을 지적하기만 하면 된다. 즉 공황은 임금이 전반적으로 오르고 노동자계급이 연간 생산물 중 소비로 향하게 되어 있는 부분의 더 큰 몫을 실제로 받는 바로 그런 시기에 의해 항상 준비된다고. 건전하고 '단순한'(!) 상식의 주창자들의 관점에서는, 공황은 도리어 이런 시기를 비껴가야만 할 것이다. 따라서 자본주의적 생산은 선의나 악의와는 관계가 없는 어떤 조건들을 내포하고 있으며, 그 조건들이 노동자계급의 상대적 번영을 일시적으로만 허용하며, 그것도 언제나 공황의 전조로서만 허용하는 것 같다.[5)]

이미 본 바와 같이, 생필품 생산과 사치품 생산 사이의 비례관계로 인하여 Ⅱ(v+s)가 Ⅱa부문과 Ⅱb부문으로 분할되며, 따라서 또 Ⅱc가 (Ⅱa)c와 (Ⅱb)c로 분할된다. 그러므로 이런 분할은 생산의 성격과 그 양적 비례를 근본적으로 좌우하며, 생산의 전모를 본질적으로 규정하는 하나의 요인이다. 단순재생산은 기본적으로 소비를 목적으로 한다. 비록 잉여가치를 얻는 것이 개별 자본가들의 추진적 동기라 하더라도, 이 잉여가치는—그 상대적 크기가 어떻든—여기에서는 결국 자본가의 개인적 소비에만 쓰이게 될 것이다.

단순재생산이 확대된 규모의 연간 재생산의 한 부분이며, 그리고 가장 중요한 부분인 한, 개인적 소비라는 이 동기는 치부 그 자체를 위한 치부라는 동기와 나란히 존재하면서 그것에 대립하고 있다. 사태는 실제로는 더 복잡하게 나타난다. 왜냐하면 약탈물—자본가의 잉여가치—을 나누어 가지는 동료들이 자본가와는 관계없이 소비자로서 나타나기 때문이다.

---

5) {엥겔스: 로트베르트투스의 공황론을 지지하려는 사람들은 이 점을 명심하라.}

제5절 화폐유통에 의한 교환의 매개

지금까지의 설명에 따르면 서로 다른 부문의 생산자들 사이의 유통은 다음과 같은 표식에 따라 진행되었다.

(1) Ⅰ부문과 Ⅱ부문 사이

Ⅰ. 4,000c + <u>1,000v + 1,000s</u>
Ⅱ. ………… 2,000c ……… + 500v + 500s

이리하여 Ⅱc=2,000의 유통은 끝나고 그것은 Ⅰ(1,000v+1,000s)와 교환되고 있다.

우리는 4,000 Ⅰc를 당분간 도외시하고 있으므로, 아직 남아 있는 것은 Ⅱ부문 안에서 v+s의 유통이다. Ⅱ(v+s)는 Ⅱa와 Ⅱb부문 사이에서 다음과 같이 나누어진다.

(2) Ⅱ. 500v + 500s = a(400v+400s) + b(100v+100s)

400v(a)는 그 자체의 부문 안에서 유통한다. 이 400v(a)를 지불받은 노동자들은 그것으로 그들 자신이 생산한 생필품을 자기들의 고용자인 Ⅱa부문의 자본가들로부터 구매한다.

a와 b부문의 자본가들은 자기들의 잉여가치를 각각 $\frac{3}{5}$은 Ⅱa부문의 생산물(생필품)에 지출하고 $\frac{2}{5}$는 Ⅱb부문의 생산물(사치품)에 지출하므로, Ⅱa부문 자본가들의 잉여가치의 $\frac{3}{5}$, 즉 240은 Ⅱa부문 자체 안에서 소비되며, 마찬가지로 Ⅱb부문 자본가들의 잉여가치(사치품으로 생산되어 있

다)의 $\frac{2}{5}$[40]는 Ⅱb부문 안에서 소비된다.

따라서 Ⅱa부문과 Ⅱb부문 사이에서 더욱 교환되어야 할 것은 Ⅱa부문의 160s와 Ⅱb부문의 100v+60s이다. 이것들은 다음과 같이 서로 말끔히 교환된다. Ⅱb부문의 노동자들은 임금으로 받은 화폐 100으로 Ⅱa부문의 자본가들로부터 생필품을 구매한다. 마찬가지로 Ⅱb부문의 자본가들은 자기들의 잉여가치의 $\frac{3}{5}$, 즉 60어치의 생필품을 Ⅱa부문의 자본가들로부터 구매한다. 이 두 교환에 의하여 Ⅱa부문의 자본가들은 위에서 가정한 대로 자기들의 잉여가치의 $\frac{2}{5}$=160s를 Ⅱb부문에서 생산된 사치품(Ⅱb부문의 자본가들이 지불한 임금을 보충하는 생산물로서 그들의 손에 있는 100v와 그 밖의 60s)에 지출하는 데 필요한 화폐를 얻게 된다. 따라서 이에 대한 표식은 다음과 같다.

(3) Ⅱa. (400v) + (240s) + 160s
b. ………………… 100v+60s (+40s)

여기에서 괄호 안에 든 항목들은 자기 자신의 부문 안에서만 유통하고 소비되는 것들이다.

가변자본으로 투하한 화폐자본이 직접 되돌아오는 것은 생필품을 생산하는 Ⅱa부문의 자본가들에게만 있는 일인데, 이것은 상품유통이 정상적으로 진행되는 경우에는 유통에 화폐를 투하하는 상품생산자에게 그 화폐가 되돌아간다는 일반법칙이 특수한 조건들에 의하여 수정되어 나타난 것에 지나지 않는다. 말이 난 김에 말하는 것이지만, 그렇기 때문에 상품생산자의 배후에 화폐자본가가 있고 그가 또한 산업자본가에게 화폐자본(아주 엄밀한 의미의 화폐자본, 즉 화폐형태를 띤 자본가치)을 대부한다면, 이 화폐가 실제로 되돌아가는 곳은 이 화폐자본가의 주머니다. 그리하여 화폐가 대체로 모든 사람들의 손을 거쳐 유통한다고 하더라도, 유통하는 화폐의 총량은 은행 등의 형태로 조직화되어 화폐를 집적하고 있는 화폐자본부문에 속한다. 이 부문이 자기의 자본을 대부하는 방식은, 이 자본이 결국에는 끊임없이 화폐형태로 자기에게로 환류하도록 만들고 있다. 비록 이런 환류가 산업자본이 화폐자본으로 다시 전환되는 것에 의하여 매개되어 있다고 하더라도. 상품유통에는 언제나 두 가지가 필요하다. 즉 유통에 내던져지는 상품과 역시 유통에 내던져지는 화폐가 필요하다. "유통과정은, 직접적 생산물 교환과 같이 사용가치의 장소나 소유자가 바뀌는 것에 의해, 소멸하지 않는다. 화폐는 한 상품의 탈바꿈 계열로부터 마지막으로 탈락한다고 하더라도 소멸하지는 않는다. 화폐는 언제나 상품들이 비워준 장소에 가라앉는다."(『자본론』 제1권 제3장: 146~147)

예컨대 Ⅱc와 Ⅰ(v+s) 사이의 유통에서는 이 유통을 위해 Ⅱ부문이 500원을 화폐로 투하한다고 가정하였다. 생산자들의 큰 사회적 집단들 사이의 유통을 이루는 무수한 유통과정에서는 때로는 이 집단의 누군가가 때로는 저 집단의 누군가가 맨 먼저 구매자로서 나타날 것이며, 따라서 맨 먼저 화폐를 유통에 투입할 것이다. 이것은 개별 사정들을 완전히 제쳐놓고 보더라도 여러 상품자본의 생산시간의 차이 때문에, 따라서 또한 그 회전의 차이 때문에 필연적이다. 그리하여 Ⅱ부문은 500원으로 같은 가치액의 생산수단을 Ⅰ부문에서 구매하며, Ⅰ부문은 그 화폐로 Ⅱ부문에서 500원어치의 소비수단을 산다. 따라서 화폐는 Ⅱ부문으로 되돌아온다. 이렇게 화폐가 되돌아오는 것에 의하여 Ⅱ부문이 치부하는 것은 결코 아니다. Ⅱ부문은 맨 먼저 500원의 화폐를 유통에 투입했고 같은 가치액의 상품을 유통에서 끌어냈으며, 그 다음에 500원의 상품을 팔아서 같은 가치액의 화폐를 유통에서 끌어낸다. 그리하여 그 500원은 되돌아온다. 따라서 사실상 Ⅱ부문은 500원의 화폐와 500원의 상품, 합계 1,000원을 유통에 투입하였으며, 그리고 유통에서 500원의 상품과 500원의 화폐를 끌어내는 것이다. 500원의 상품(Ⅰ)과 500원의 상품(Ⅱ)을 교환하기 위해 유통에 필요한 것은 500원의 화폐뿐이다. 따라서 남의 상품을 사기 위해 화폐를 투하한 사람은 자기의 상품을 팔아 화폐를 다시 얻는다. 그러므로 Ⅰ부문이 먼저 Ⅱ부문에서 500원의 상품을 사고 그 뒤에 Ⅱ부문에게 500원의 상품을 판다면 그 500원은 Ⅱ부문으로가 아니라 Ⅰ부문으로 되돌아올 것이다.

Ⅰ부문에서 임금에 투하된 화폐[즉 화폐형태로 투하된 가변자본]는 화폐형태로 직접 되돌아오지 않고 간접적으로 우회하여 되돌아온다. 이와는 반대로, Ⅱ부문에서는 500원의 임금이 노동자들로부터 자본가들에게로 직접 되돌아온다. 왜냐하면 매매가 똑같은 사람들 사이에서 끊임없이 되풀이되어 그들이 한 번은 상품의 구매자로서 그리고 다른 한 번은 상품의 판매자로서 서로 상대하는 경우에는 화폐의 환류가 항상 직접적이기 때문이다. Ⅱ부문의 자본가는 노동력의 대가를 화폐로 지불하며, 그리하여 그는 노동력을 자기의 자본에 합치고, 이 유통행위[그에게는 화폐자본이 생산자본으로 전환하는 것에 지나지 않는다]에 의해서만 자기의 임금노동자로서의 노동자에 대하여 산업자본가로서 마주보게 된다. 그러나 첫 단계에서는 자신의 노동력의 판매자이었던 노동자는 둘째 단계에서는 구매자[화폐소유자]로서 상품의 판매자인 자본가와 마주본다. 그리하여 임금에 투하된 화폐가 이 자본가에게로 되돌아온다. 이 상품의 판매에 사기 등이 포함되지 않고 상품과 화폐로서 등가물이 서로 교환되는 한, 이런 판매에서 자본가가 치부할 수는 없다. 자본가는 노동자들에게 처음은 화폐로 그 다음에는 상품으로 두 번 지불하는 것은 아니다. 자본가의 화폐는 노동자가 그 화폐를 자본가의 상품과 바꾸자 자본가에게로 되돌아온다.

그러나 가변자본으로 전환된 화폐자본, 따라서 임금에 투하된 화폐는 화폐유통 그 자체에서 주된 기능을 한다. 노동자계급은 그날 벌어 그날 살아가지 않으면 안 되며 따라서 산업자본가들에게 장기신용을 줄 수 없으므로, 가변자본은 화폐의 형태로 한 사회의 지역적으로 다른 무수한 지점에서 동시적으로 1주 등과 같은 일정한 짧은 기간마다 — 비교적 빨리 되풀이되는 기간마다(이 기간이 짧으면 짧을수록 이 통로를 거쳐 한꺼번에 유통에 투입되는 화폐총액은 상대적으로 적어진다) — 투하되지 않으면 안 되는데, 이것은 각종 산업부문에서 자본의 회전시간이 아무리 다르더라도 마찬가지다. 모든 자본주의적 생산국에서 이와 같이 투하되는 화폐자본은 화폐의 총유통에서 결정적인 비율을 차지하는데, 그것은 똑같은 화폐가 출발점으로 되돌아오기 전에 다양하기 그지없는 통로들을 돌아다니면서 무수한 다른 거래를 위한 유통수단으로 기능하기 때문에 더욱더 그러하다.

* * *

이제는 Ⅰ(v+s)와 Ⅱc 사이의 유통을 다른 관점에서 살펴보자.

Ⅰ부문의 자본가들은 임금을 지불하기 위해 1,000원을 투하하며, 노동자들은 이 1,000원으로 Ⅱ부문의 자본가들로부터 생활수단을 사며, Ⅱ부문의 자본가들은 다시 바로 그 화폐로 Ⅰ부문의 자본가들로부터 생산수단을 구매한다. 그리하여 Ⅰ부문의 자본가들이 투하한 가변자본은 그들에게 화폐형태로 되돌아오며, 다른 한편 Ⅱ부문의 자본가들은 그들의 불변자본의 절반을 상품자본의 형태로부터 생산자본의 형태로 다시 전환시키고 있다. Ⅱ부문의 자본가들은 500원의 화폐를 더 투하하여 Ⅰ부문의 자본가들로부터 생산수단을 구매한다. Ⅰ부문의 자본가들은 그 화폐를 Ⅱ부문의 소비수단에 지출한다. 그리하여 이 500원은 Ⅱ부문의 자본가에게로 되돌아온다. Ⅱ부문의 자본가들은 이 화폐를 새로 투하하여 상품으로 전환된 그들의 불변자본의 나머지 $\frac{1}{4}$을 생산적 현물형태로 다시 전환시킨다. 이 화폐는 다시 Ⅰ부문의 자본가들에게 되돌아오며 그들은

Ⅱ부문의 자본가들로부터 같은 금액의 소비수단을 다시 얻어낸다. 그리하여 500원은 Ⅱ부문으로 다시 되돌아온다. Ⅱ부문의 자본가들은 이제는 전과 다름없이 500원의 화폐와 2,000원의 불변자본을 가지고 있다. 그러나 이 불변자본은 상품자본의 형태로부터 생산자본으로 새로 전환된 것이다. 1,500원의 화폐로 5,000원의 상품량〚4,000원어치의 생산수단과 소비수단, 그리고 1,000원어치의 노동력〛이 유통되었다. 즉 (1) Ⅰ부문의 자본가들은 1,000원을 동일한 가치액의 노동력의 대가로 노동자들에게 지불한다. (2) 노동자들은 이 1,000원으로 Ⅱ부문의 자본가들로부터 생활수단을 산다. (3) Ⅱ부문의 자본가들은 바로 이 화폐로 Ⅰ부문의 자본가들로부터 생산수단을 사며, 그리하여 후자는 1,000원의 가변자본을 화폐형태로 회수한다. (4) Ⅱ부문의 자본가들은 500원으로 Ⅰ부문의 자본가들로부터 생산수단을 산다. (5) Ⅰ부문의 자본가들은 이 500원으로 Ⅱ부문의 자본가들로부터 소비수단을 산다. (6) Ⅱ부문의 자본가들은 같은 500원으로 Ⅰ부문의 자본가들로부터 생산수단을 산다. (7) Ⅰ부문의 자본가들은 같은 500원으로 Ⅱ부문의 자본가들로부터 소비수단을 산다. 이 결과로 Ⅱ부문의 자본가들에게로 500원의 화폐가 되돌아와 있는데, 이 화폐는 Ⅱ부문의 자본가들이 [2,000원의 자기들의 상품 이외에] 유통에 던져 넣은 것이며, 그 화폐 대신에 유통에서 어떤 상품등가도 끌어내지 않은 것이다.6)

그리하여 교환은 다음과 같이 진행된다.

(1) Ⅰ부문의 자본가들은 1,000원의 화폐를 노동력에 지불한다.

(2) 노동자들은 1,000원의 임금으로 Ⅱ부문의 자본가들로부터 생활수

6) {엥겔스: 여기의 서술은 앞[제3절]의 것과 약간 다르다. 거기에서는 Ⅰ부문의 자본가들도 따로 500원이라는 화폐를 유통에 던져 넣었다. 그러나 여기에서는 Ⅱ부문의 자본가들만이 유통을 위해 추가적 화폐를 제공하고 있다. 그러나 이것은 마지막 결과를 조금도 변경시키지 않는다.}

단을 산다.

(3) Ⅱ부문의 자본가들은 Ⅰ부문의 노동자들로부터 얻은 1,000원으로 동일한 가치의 생산수단을 Ⅰ부문의 자본가들로부터 산다. 그리하여 1,000원의 화폐가 가변자본의 화폐형태로서 Ⅰ부문의 자본가들에게로 되돌아온다.

(4) Ⅱ부문의 자본가들은 500원의 생산수단을 Ⅰ부문의 자본가들로부터 산다.

(5) Ⅰ부문의 자본가들은 이 500원으로 Ⅱ부문의 자본가들로부터 소비수단을 산다.

(6) Ⅱ부문의 자본가들은 이 500원으로 Ⅰ부문의 자본가들로부터 생산수단을 산다.

(7) Ⅰ부문의 자본가들은 같은 500원으로 Ⅱ부문의 자본가들로부터 소비수단을 산다.

교환된 상품가치의 총액은 5,000원이다.

Ⅱ부문의 자본가들이 생산수단을 사는 데 투하한 500원은 그에게로 되돌아와 있다.

결과는 다음과 같다.

(1) Ⅰ부문의 자본가들은 맨 처음 그들이 유통에 투하한 1,000원의 가변자본을 화폐형태로 가지고 있다. 그들은 그밖에 자기들의 개인적 소비를 위해 1,000원을 자기들 자신의 상품생산물의 가치부분에서 지출하였다. 즉 그들은 1,000원어치의 생산수단을 팔아서 얻은 화폐를 지출하였다.

다른 한편, 화폐형태로 있는 가변자본이 다시 전환되지 않으면 안 되는 현물형태, 즉 노동력은 노동자들의 개인적 소비에 의하여 유지되고 재생산되어 있으며, 노동력의 소유자들이 살아가려면 팔지 않을 수 없는 그들의 유일한 상품으로서 다시 있다. 그리하여 임금노동자들과 자본가들 사이의 관계도 재생산되어 있다.

(2) Ⅱ부문의 불변자본은 현물로 보충되어 있으며, Ⅱ부문의 자본가들이 유통에 투하한 500원은 그들에게 되돌아와 있다.

Ⅰ부문의 노동자들에게 유통은 C－M－C의 단순유통이다. 즉 C(노동력)－M(Ⅰ부문의 가변자본의 화폐형태인 1,000원)－C(1,000원의 생필품)이다. 이 1,000원은 상품형태[즉 생활수단의 형태]로 있는 Ⅱ부문의 불변자본을 화폐화한다.

Ⅱ부문의 자본가들에게 이 과정은 C－M이다. 즉 그들의 상품생산물의 한 부분이 화폐형태로 전환되는 것인데, 그 상품생산물은 이 화폐형태로부터 생산자본의 구성부분들[즉 그들에게 필요한 생산수단의 한 부분]로 다시 전환된다.

Ⅱ부문의 자본가들이 자기들에게 필요한 생산수단의 다른 부분을 사들이기 위해 M(500원)을 투하하는 경우, 그들은 Ⅱc 중 아직 상품형태(소비수단의 형태)로 있는 부분이 화폐형태로 전환하는 것을 예상하고 있다. Ⅱ부문이 M으로 사며 Ⅰ부문이 C를 파는, M－C의 행위에서는 Ⅱ부문의 화폐는 생산자본의 한 부분으로 전환되며, Ⅰ부문의 C는 C－M의 행위를 거쳐 화폐로 전환된다. 그러나 이 화폐는 Ⅰ부문에게는 자본가치의 구성부분을 표시하는 것이 아니라 [전적으로 소비수단에 지출되는] 화폐화된 잉여가치를 표시한다.

M－C…P…C′－M′의 유통에서 한 자본가의 첫째 행위 M－C는 다른 자본가의 마지막 행위 C′－M′(또는 그 일부)다. M을 생산자본으로 전환시키는 이 C가, C의 판매자(따라서 이 C를 화폐로 전환시키는 사람)에게 불변자본 구성부분을 표현하건 가변자본 구성부분 또는 잉여가치를 표현하건 그것은 상품유통 자체에는 아무래도 좋다.

Ⅰ부문 상품생산물의 구성부분인 v+s와 관련하여 이 부문의 자본가들에 대하여 말한다면, 그들은 유통에 던져 넣은 것보다 많은 화폐를 유통

에서 끌어낸다. 첫째로 1,000원의 가변자본이 Ⅰ부문의 자본가들에게로 되돌아온다. 둘째로 그들은 500원의 생산수단을 판다(위에서 본 4번째 교환을 보라). 이에 따라 그들의 잉여가치의 절반이 화폐화된다. 그 다음에(6번째 교환) 그들은 그 잉여가치의 나머지 절반인 500원의 생산수단을 다시 판다. 이에 따라 그들의 잉여가치가 전부 화폐형태로 유통에서 끌려나와 있다. 즉 차례로 보면, (1) 가변자본이 1,000원의 화폐로 다시 전환되고, (2) 잉여가치의 절반이 500원의 화폐로 전환되며, (3) 잉여가치의 나머지 절반 500원도 화폐로 전환된다. 그리하여 합계 1,000v+1,000s가 2,000원의 화폐로 전환된다. Ⅰ부문은 (뒤에 살펴보게 될 Ⅰc의 재생산을 매개하는 교환들을 제쳐놓고 보면) 맨 처음 1,000원의 가변자본 밖에는 유통에 투입하지 않았지만 유통에서 끌어낸 것은 그 두 배나 된다. 물론 화폐화된[M으로 전환된] Ⅰ부문의 s는 이 화폐가 소비수단에 지출됨으로써 곧 다른 사람의 손(Ⅱ부문)으로 넘어간다. Ⅰ부문의 자본가들은 상품형태로 유통에 던져 넣은 가치만큼을 화폐형태로 유통에서 끌어냈다. 이 가치가 잉여가치라는 것, 즉 자본가들에게 아무런 비용도 들게 하지 않은 것이라는 사실은 이 상품의 가치 자체를 결코 달라지게 하지 않는다. 상품유통에서 가치의 교환에 관한 한, 그 사실은 전혀 문제가 되지 않는다. 잉여가치가 화폐형태로 머물러 있는 것은 물론 순간적이다. 그것은 투하자본이 그 전환과정에서 취하는 다른 모든 형태들이 순간적인 것과 마찬가지다. 잉여가치가 화폐형태로 머물러 있는 시간은 Ⅰ부문의 상품이 화폐로 전환되고 그 뒤 Ⅰ부문의 화폐가 Ⅱ부문의 상품으로 전환되는 동안뿐이다.

회전이 더 짧다고 가정하거나, 또는 단순상품유통의 관점에서 보아 화폐의 유통속도가 더 빨라졌다고 가정하면, 교환되는 상품가치를 유통시키는 데 더 적은 화폐가 필요하게 될 것이다. 차례차례로 이루어지는 교환의 수가 주어져 있다면 그 화폐총액은 유통하는 상품의 가격총액, 또는 가치총액에 의하여 언제나 결정된다. 이 경우 이 상품가치의 총액이 어떤 비율로 잉여가치와 자본가치로 구성되고 있는가는 전혀 문제가 되지 않는다.

우리가 든 예에서 Ⅰ부문 노동자들의 임금이 한 해에 네 번 지불된다면 250×4=1,000이다. 따라서 Ⅰv와 $\frac{1}{2}$Ⅱc의 유통을 위해서, 그리고 가변자본 Ⅰv와 Ⅰ부문의 노동력 사이의 유통을 위해서는 250원의 화폐로 충분할 것이다. Ⅰs와 Ⅱc 사이의 유통이 4번의 회전으로 진행된다면 그것을 위해서는 250원밖에 필요하지 않을 것이며, 따라서 5,000원에 달하는 상품유통을 위해서는 500원의 화폐액, 또는 화폐자본만이 필요할 것이다. 이 경우 잉여가치는 두 번에 걸쳐 차례차례로 $\frac{1}{2}$씩 실현되는 것이 아니라, 네 번에 걸쳐 $\frac{1}{4}$씩 실현될 것이다.

앞의 교환 (4)에서 Ⅱ부문의 자본가들이 아니라 Ⅰ부문의 자본가들이 구매자로서 나타난다면, 따라서 Ⅰ부문의 자본가들이 500원의 화폐를 같은 가치액의 소비수단에 지출한다면, 그때는 교환 (5)에서 Ⅱ부문의 자본가들은 똑같은 500원으로 생산수단을 사며, 교환 (6)에서 Ⅰ부문의 자본가들은 같은 500원으로 소비수단을 사며, 교환 (7)에서 Ⅱ부문의 자본가들은 같은 500원으로 생산수단을 산다. 그리하여 마침내 500원은 전처럼 Ⅱ부문의 자본가들에게로 되돌아가지 않고 이제는 Ⅰ부문의 자본가들에게로 되돌아간다. 이 경우 잉여가치는 자본주의적 생산자들 자신이 그들의 개인적 소비에 지출한 화폐에 의하여 실현되는데, 그 화폐는 예상수입, 즉 앞으로 팔릴 상품에 들어 있는 잉여가치로부터 나올 예상수입을 표현한다. 잉여가치의 화폐화[또는 실현]는 500원의 환류를 통하여 이루어지는 것은 아니다. 왜냐하면 Ⅰ부문은 상품 Ⅰv로서의 1,000원 외에 교환 (4)에서 500원을 화폐로 유통에 던져 넣었는데, 이 화폐는 우리가 알고 있는 한 판매된 상품의 대금이 아니라 추가적 화폐이기 때문이다. 이 화폐가 Ⅰ부문으로 되돌아온다면 Ⅰ부문은 이에 따라 자기들의 추가적 화폐를 회수하였을 따름이지 자기들의 잉여가치를 실현한 것은 아니다. 〚뒤에서 마르크스가 예로 드는 것을 보면, Ⅰ부문 자본가들이 잉여가치 예상액을 초과하여 Ⅱ부문의 소비재를 구매하는 경우, 또는 Ⅱ부문 자본가들이 Ⅰ부문 자본가들의 추가적 화폐지출을 얻고도 Ⅰ부문의 잉여가치 생산물을 구매하지 않는 경우다.〛 Ⅰ부문 잉여가치의 화폐화는 그 잉여가치가 들어있는 Ⅰs의 상품이 팔려야만 행해지는 것이며, 그 잉여가치가 화폐로 머물러 있는 것은 상품을 팔아 얻은 화폐가 다시 소비수단에 지출되지 않고 있는 동안만이다.

Ⅰ부문은 추가적인 화폐(500원)로 Ⅱ부문으로부터 소비수단을 산다. 이 화폐는 Ⅰ부문이 지출한 것이며, 그 대신 Ⅰ부문은 Ⅱ부문의 상품으로 그 등가를 얻는다. 그 화폐는 Ⅱ부문이 Ⅰ부문으로부터 500원의 상품을 구매함으로써 비로소 되돌아온다. 따라서 그 화폐는 Ⅰ부문이 판 상품의 등가로서 되돌아오는 것이지만, 이 상품은 Ⅰ부문 자본가들에게 아무런 비용도 들게 하지 않았으며 따라서 Ⅰ부문 자본가들에 대하여 잉여가치를 이룬다. 그리하여 Ⅰ부문 자신이 유통에 던져 넣은 화폐가 자신의 잉여가치를 실현한다. 이와 마찬가지로 Ⅰ부문은 자기의 두 번째 구매(교환 6)에서 Ⅱ부문의 상품으로 등가를 얻는다. 그런데 이제 Ⅱ부문이 Ⅰ부문에서 생산수단을 사지 않는다(교환 7)고 하자. 이 경우에도 Ⅰ부문은 1,000원을 소비수단에 실제로 지불해버린 것으로, 그렇게 함으로써 자기의 잉여가치를 모두 수입으로서 소비해버린 것으로 된다. 즉 500원은 Ⅰ부문 자신의 상품(생산수단)으로 그리고 500원은 화폐로 지불해버린 것이다. 다른 한편, Ⅰ부문은 아직도 500원을 자신의 상품(생산수단)으로 창고에 가지고 있을 것이며, 또 500원의 화폐는 아주 처분해버린 것으로 될 것이다.

그 반대로 Ⅱ부문은 자기의 불변자본의 $\frac{3}{4}$만을 상품자본의 형태로부터 생산자본으로 다시 전환시켰을 것이다. 그런데 나머지 $\frac{1}{4}$은 화폐자본(500원)의 형태로 전환되었지만, 사실상 쉬고 있는 화폐 또는 기능을 중단하고 대기상태에 있는 화폐로 있을 것이다. 이런 상태가 오래 가면 Ⅱ 부문은 재생산의 규모를 $\frac{1}{4}$만큼 줄이지 않으면 안 될 것이다. 그런데 Ⅰ 부문이 가지고 있는 500의 생산수단은 상품형태로 있는 잉여가치가 아니다. 그것은 Ⅰ부문이 투하한 500원의 화폐[상품형태에 있는 1,000원의 잉여가치와 나란히 Ⅰ부문이 가지고 있었다] 대신으로 거기에 있는 것이다. 그런데 그것이 화폐로 있다면 언제나 전환될 수 있겠지만 〖화폐는 일반적 등가물이기 때문이다〗, 상품으로 있다면 당분간 팔리지 않을 수도 있다. 그러므로 다음과 같은 것만은 명백하다. 즉 단순재생산—여기에서는 Ⅱ부문에서나 Ⅰ부문에서나 생산자본의 각 요소가 보충되지 않으면 안 된다—은 이 경우 Ⅰ부문에서 맨 먼저 날려보낸 500원이라는 황금의 새가 Ⅰ부문으로 되돌아올 때만 가능하다는 것이다.

한 자본가(여기에서는 여전히 산업자본가만을 염두에 두고 있는데, 이들은 다른 모든 자본가들의 대표자이기도 하다)가 화폐를 소비수단에 지출한다면 그는 그 화폐를 없애버린 것이다. 그 화폐가 다시 그에게로 되돌아온다면, 이것은 그가 상품을 주고, 따라서 그의 상품자본에 의하여, 화폐를 유통에서 낚아내는 한에서만 가능하다. 그의 연간 총상품생산물(그에게는 상품자본)의 가치와 마찬가지로, 그 각 요소의 가치, 즉 각 개별상품의 가치도 불변자본가치와 가변자본가치 그리고 잉여가치로 분할될 수 있다. 따라서 각 개별 상품들(총상품생산물의 요소들)의 실현은 동시에 총상품생산물에 들어 있는 잉여가치의 일정한 분량의 실현이다. 그러므로 지금의 경우 자본가 자신이 화폐를 유통에 투입하며—그것도 소비수단에 화폐를 지출하여—그 화폐로 자기의 잉여가치가 화폐화되며 또는 실현된다는 것은 사실 그대로다. 그러나 여기에서 말하는 화폐는 물론 그가 개인적 필요를 충족시키기 위해 유통에 투입한 바로 그 화폐조각을 가리키는 것이 아니라, 그것과 동일한 금액(또는 그 한 부분)의 현금을 가리킨다.

실제로는 이것은 다음과 같은 두 가지 방식으로 일어난다. 사업을 그 해에 비로소 시작하였을 따름이라면 웬만큼 시일이 지나야, 적어도 몇 달이 지나야, 자본가는 그 사업에서 나온 수입에서 자기의 개인적 소비를 위한 화폐를 지출할 수 있게 된다. 그렇다고 해도 그는 한 순간도 자기의 소비를 멈추지는 않는다. 그는 앞으로 얻게 될 잉여가치를 예상하고 화폐를 자기 자신에게 투하한다. (이 경우 그 화폐가 자기 주머니에서 나오든 신용에 의하여 남의 주머니에서 나오든 아무래도 좋다.) 그러나 이렇게 함으로써 그는 또 뒤에 가서야 실현될 잉여가치의 실현을 위한 유통수단도 투하하는 셈이다. 이와 반대로 기업이 이미 비교적 오랫동안 제대로 운영되고 있다면, 지불과 수입은 한 해의 여러 시기에 나누어 행해진다. 그러나 자본가의 소비는 끊임없이 계속되며, 이 소비는 통상의 수입액이나 예상수입액에 의거하여 그것의 일정한 비율로 미리 행해진다. 얼마간의 상품이 팔릴 때마다 한 해에 얻어지는 잉여가치의 한 부분도 실현된다. 그러나 한 해에 생산된 상품 중 그 상품에 들어 있는 불변자본가치와 가변자본가치를 보충하는 데 필요한 분량만이 팔린다면, 또는 가격이 떨어져서 연간 총상품 생산물의 판매가 그것에 투하된 자본가치밖에 실현하지 못한다면, 앞으로 얻게 될 잉여가치를 예상하여 화폐를 지출하는 것의 성격이 명백히 드러날 것이다. 우리의 자본가가 파산한다면, 그의 채권자와 법원은 그의 사전적인 개인적 지출이 그의 기업의 규모와 그것에 대응하는 관례적 또는 정상적인 잉여가치의 취득에 비교하여 정당한가를 조사할 것이다.

그러나 자본가계급 전체를 놓고 보면, 그들이 자기들의 잉여가치를 실현하기 위해 (그리고 자기들의 불변자본과 가변자본을 유통시키기 위해) 화폐를 스스로 유통에 내던지지 않을 수 없다는 명제는 이치에 어긋나지 않을 뿐 아니라 전체 메커니즘의 필요조건의 하나이기도 하다. 왜냐하면 여기에는 두 계급, 즉 자기들의 노동력밖에는 가진 것이 없는 노동자계급과, 사회적 생산수단과 화폐를 독점하고 있는 자본가계급만이 있기 때문이다. 상품에 들어 있는 잉여가치의 실현에 필요한 화폐를 노동자계급이 자기들의 재원으로부터 먼저 투하한다는 것은 이치에 맞지 않을 것이다. 그런데 개별 자본가는 구매자로서 행동함으로써만 이 투하를 실행한다. 즉 소비수단을 사는 데 화폐를 지출하거나 또는 노동력이나 생산수단 등 자기의 생산자본의 요소들을 사는 데 화폐를 투하하는 형태로서 한다. 그는 언제나 등가를 받고서만 화폐를 내준다. 그는 상품을 유통에 투하하는 것과 똑같은 방식으로만 화폐를 유통에 투하한다. 그는 어느 경우에나 상품과 화폐의 유통의 출발점으로 행동한다. 현실의 과정은 다음과 같은 두 가지 사정으로 말미암아 분명하지 않게 된다.

(1) 산업자본의 유통과정에서 특수한 종류의 자본가들이 취급하는 대상인 상업자본(이 자본의 첫 형태는 언제나 화폐다. 왜냐하면 상인 자신은 어떤 '생산물'이나 '상품'도 만들어내지 않기 때문이다)과 화폐자본이 등장하기 때문이다.

(2) 잉여가치 — 이것은 맨 먼저 언제나 산업자본가의 손에 있지 않을 수 없다 — 는 여러 범주들로 갈라지는데, 이 범주들의 보유자는 산업자본가 외에 토지소유자(지대의 경우), 고리대금업자(이자의 경우) 등과, 정부와 그 관리들, 그리고 금리생활자 등이다. 이들은 산업자본가에 대하여 구매자로서 나타나며, 그런 한에서 산업자본가의 상품을 실현한다. 이들도 일정하게 '화폐'를 유통에 내던지며 산업자본가는 이들로부터 화폐를 얻는다. 이 경우 늘 잊어버리는 것은 어떤 원천에서 그들이 처음이 화폐를 얻었으며 또 끊임없이 새로 얻는가 하는 점이다.

제6절 Ⅰ부문의 불변자본[7)]

더 연구하여야 할 것은 Ⅰ부문의 불변자본 4,000Ⅰc다. 이 가치는 Ⅰ부문의 상품생산물에 다시 나타나는 가치, 즉 이 상품량의 생산에 소비된 생산수단의 가치와 같다. 이 다시 나타나는 가치는, Ⅰ부문의 생산과정에서 생산된 것이 아니라 주어진 가치의 생산수단으로 전년에 이 생산과정에 들어온 것인데, 그것은 이제 Ⅰ부문의 상품량 중 Ⅱ부문에 의하여 흡수되지 않는 전체를 차지하고 있다. 그리고 Ⅰ부문 자본가들의 손에 남은 이 상품량의 가치는 그들의 연간 총상품생산물 가치의 $\frac{2}{3}$〚$\frac{4,000원}{6,000원}$〛와 같다. 어떤 특수한 종류의 생산수단을 생산하는 개별 자본가의 경우 우리는 다음과 같이 말할 수 있었다. 즉 그는 자기의 상품생산물을 팔아 그것을 화폐로 전환시키며, 그는 이리하여 또한 자기 생산물의 불변가치 부분도 화폐로 전환시킨다. 그는 화폐로 전환된 이 가치부분으로 다음에 다시 다른 상품판매자들로부터 생산수단을 사들인다. 즉 그는 자기 생산물의 불변가치 부분을 새로운 생산적 불변자본으로 기능할 수 있는 현물형태로 전환시킨다고. 그러나 지금은 그런 가정이 불가능하다. Ⅰ부문의 자본가계급은 생산수단을 생산하는 자본가들 전체를 포괄하고 있다. 또한 그들의 손에 남은 4,000의 상품생산물은 사회적 생산물 중 다른 어떤 부분과도 교환될 수 없는 부분이다. 왜냐하면 연간 생산물 중 그렇게 교환될 수 있는 다른 부분이라고는 이제 없기 때문이다. 이 4,000을 제외한 나머지는 이미 모두 처분되었다. 즉 한 부분은 사회적 소비재원으로 흡수되었으며, 다른 한 부분은 Ⅱ부문의 불변자본을 보충하여야 하는데,

---

7) {엥겔스: 이하는 원고 2로부터.}

Ⅱ부문은 Ⅰ부문과의 교환을 위해 처분할 수 있는 것은 이미 모두 교환하였다.

Ⅰ부문의 상품생산물은 모두가 그 현물형태로 보면 생산수단으로, 즉 불변자본 그 자체의 소재적 요소들로 이루어져 있다는 것을 염두에 두면, 어려움은 매우 간단히 풀린다. 이 경우 이미 Ⅱ부문에서 본 것과 같은 현상이 상이한 측면에서 나타날 뿐이다. Ⅱ부문에서는 상품생산물이 모두 소비수단이다. 그러므로 이 상품생산물 중 그것에 들어 있는 임금+잉여가치에 해당하는 부분은 이 생산물의 생산자 자신들 『노동자와 자본가 포함』에 의해 소비될 수 있다. 여기 Ⅰ부문에서는 상품생산물이 모두 생산수단으로, 즉 건물 · 기계 · 용기 · 원료 · 보조재료 등으로 이루어지고 있다. 그러므로 그 한 부분, 즉 이 부문에서 소비된 불변자본을 보충하는 부분은 그 현물형태대로 직접적으로 생산자본의 구성부분으로 새로 기능할 수 있다. 이 부분이 유통에 들어가는 한에서는 그것은 Ⅰ부문 안에서 유통한다. Ⅱ부문에서는 상품생산물의 한 부분이 현물로 그 자체의 생산자들에 의하여 개인적으로 소비되지만, Ⅰ부문에서는 생산물의 한 부분이 현물로 이 부문의 자본주의적 생산자들에 의하여 생산적으로 소비된다.

Ⅰ부문에서 소비된 불변자본가치는 이 부문의 상품생산물 4,000c에서 다시 나타나는데, 그것도 곧 다시 생산적 불변자본으로 기능할 수 있는 현물형태로 다시 나타난다. Ⅱ부문에서는 3,000의 총상품생산물 중 그 가치가 임금+잉여가치와 같은(=1,000) 부분은 Ⅱ부문의 자본가들과 노동자들의 개인적 소비로 직접 들어가지만, 이 상품생산물의 불변자본가치(=2,000)는 Ⅱ부문 자본가들의 생산적 소비로 다시 들어갈 수 없고 Ⅰ부문과의 교환에 의하여 보충되어야 한다.

이와는 달리 Ⅰ부문에서는 6,000의 가치를 가진 총상품생산물 중 그 가치가 임금+잉여가치와 같은 부분(=2,000)은 그 생산물의 생산자들의 개인적 소비로 들어가지 않으며, 또 그 현물형태로 보아 들어갈 수도 없다. 이 부분은 먼저 Ⅱ부문의 생산물과 교환되지 않으면 안 된다. 반면에, Ⅰ부문의 생산물의 불변가치부분(=4,000)은 Ⅰ부문의 자본가계급 전체를 놓고 볼 때 그들의 불변자본으로서 직접 다시 기능할 수 있는 현물형태로 있다. 다시 말해 Ⅰ부문의 총생산물은 현물형태로 보아 자본주의적 생산양식에서는 불변자본의 요소로만 쓰일 수 있는 사용가치들로 이루어져 있다. 따라서 6,000의 가치가 있는 이 생산물 중 $\frac{1}{3}$(=2,000)은 Ⅱ부문의 불변자본을 보충하며 나머지 $\frac{2}{3}$는 Ⅰ부문의 불변자본을 보충한다.

Ⅰ부문의 불변자본은 제철소에 얼마, 탄광에 얼마 등으로 생산수단을 생산하는 여러 분야들에 투하된 여러 자본집단의 총량으로 구성된다. 이 자본집단들의 각각 또는 이 사회적인 집단적 자본들의 각각은 다시 독립적으로 기능하는 다수의 개별 자본들로 이루어져 있다. 먼저 사회의 자본, 예컨대 7,500(단위는 백만 등으로 될 수 있다)은 여러 자본집단들로 갈라진다. 7,500의 사회적 자본은 특수한 부분들로 갈라져 있으며, 이 부분들은 각각 특수한 생산분야에 투하되어 있다. 사회적 자본가치 중 각각의 특수한 생산분야에 투하되어 있는 부분은, 현물형태로 보아 한 부분은 각각의 특수한 생산분야의 생산수단으로 구성되며, 또 한 부분은 그 분야에 필요한 그리고 그 분야에 적합한 기능을 가진 노동력[이 노동력은 분업에 따라, 그리고 노동력이 각 생산분야에서 수행해야 할 특수한 노동종류에 따라 구분되고 있다]으로 구성된다. 사회적 자본 중 각각의 특수한 생산분야에 투하된 자본은 또한 그 분야에 투하된 독립적으로 기능하는 다수의 개별 자본들로 이루어진다. 이것은 명백히 Ⅰ이나 Ⅱ나 할 것 없이 두 부문에 모두 해당된다.

그런데 Ⅰ부문에서 그 상품생산물의 형태로 다시 나타나는 불변자본가치에 대하여 말하자면, 그 일부는 자기가 생산물로 나온 바로 그 특수한 생산분야에 (또는 그 개별기업에까지도) 다시 생산수단으로서 들어간다. 예컨대 밀이 밀 생산에, 석탄이 석탄 생산에, 철이 기계의 형태로 철 생산에 다시 들어가는 것 따위다.

그러나 Ⅰ부문의 불변자본가치를 이루는 생산물의 각 부분이 다시 직접 그 특수한 또는 개별적 생산분야에 들어가지 않는 경우에도 그들은 다만 자리를 바꿀 따름이다. 그들은 현물형태로 Ⅰ부문의 다른 생산분야에 들어가며, 다른 한편 Ⅰ부문의 다른 생산분야의 생산물이 그들을 현물로 보충한다. 이 생산물들은 단순한 자리바꿈만을 한다. 이 생산물들은 모두 Ⅰ부문의 불변자본을 보충하는 요소들로서 다시 생산과정에 들어가는데, Ⅰ부문의 자기 기업집단 대신에 다른 기업집단에 들어갈 뿐이다. 여기서 Ⅰ부문의 개별 자본가들 사이에 교환이 행해지는 경우, 그것은 한 현물형태의 불변자본과 다른 현물형태의 불변자본의 교환이며, 한 종류의 생산수단과 다른 종류의 생산수단의 교환이다. 그것은 Ⅰ부문의 서로 다른 개별적 불변자본들 사이의 상호교환이다. 생산물이 자기 자신의 생산분야에서 직접 생산수단으로 쓰이지 않는 경우, 그것들은 자신의 생산장소에서 다른 생산장소로 옮아가며, 그리하여 서로 보충한다. 다시 말해 (Ⅱ부문에서 잉여가치의 분배와 비슷하게) Ⅰ부문의 각 자본가는 그가 이 4,000의 불변자본의 공동소유자인 비율에 따라 그에게 필요한 적당한 생산수단을 이 상품량에서 끌어낸다. 생산이 자본주의적이 아니라 사회적 『공산주의적』 이라 할지라도, Ⅰ부문의 이 생산물들은 이 부문의 생산분야들 사이에서 재생산을 위해 마찬가지로 끊임없이 생산수단으로서 재분배될 것이며, 한 부분은 그것이 생산물로서 나온 그 생산분야에 직접 남을 것이고, 다른 한 부분은 다른 부문으로 옮겨질 것이며, 그리하여 이 생산물들이 이 부문의 여러 생산분야들 사이를 끊임없이 왔다갔다 하리라는 것은 명백하다.

제7절 두 부문의 가변자본과 잉여가치

연간 생산된 소비수단의 총가치는, Ⅱ부문에서 연간 재생산된 가변자본가치와 새로 생산된 잉여가치(즉 Ⅱ부문에서 그해에 생산된 〖창조된〗 가치와 같다) + Ⅰ부문에서 연간 재생산된 가변자본가치와 새로 생산된 잉여가치(즉 Ⅰ부문에서 그 해에 생산된 가치)와 같다.

따라서 단순재생산을 전제하면, 한 해에 생산된 소비수단의 총가치는 연간의 가치생산물, 즉 사회의 노동이 한 해 동안에 생산한 〖창조한〗 총가치와 같으며 또 같지 않을 수 없다. 왜냐하면 단순재생산에서는 이 총가치가 소비되기 때문이다.

사회적 총노동일은 두 부분으로 갈라진다. 즉 (1) 필요노동 — 이 노동은 한 해 동안에 1,500v의 가치를 창조한다. (2) 잉여노동 — 이것은 1,500s의 추가적 가치 또는 잉여가치를 창조한다. 이 가치들의 합계는 3,000이며, 한 해에 생산된 소비수단의 가치 3,000과 같다. 따라서 한 해 동안에 생산된 소비수단의 총가치는 사회적 총노동일이 한 해 동안에 생산한 총가치와 같으며, 사회적 가변자본의 가치 + 사회적 잉여가치와 같으며, 한 해의 새로운 생산물 전체와 같다.

그러나 우리가 알고 있는 것처럼, 이 두 가치량이 서로 일치한다고 하더라도, Ⅱ부문의 상품[곧 소비수단]의 총가치가 모두 사회적 생산의 Ⅱ부문에서 생산된 것은 결코 아니다. 그것들이 서로 일치하는 것은 Ⅱ부문의 생산물 가치에서 다시 나타나는 불변자본가치가 Ⅰ부문에서 새로 생산된 가치(가변자본가치 + 잉여가치)와 같기 때문이다. 그러므로 Ⅰ(v+s)는 Ⅱ부문의 생산물 중 불변자본가치를 표시하는 부분을 구매할 수 있는 것이다. 이로부터, Ⅱ부문의 자본가들에게는 그들의 생산물 가치가 c+v

+s로 갈라질지라도, 사회적으로 볼 때는 이 생산물의 가치가 v+s로 갈라질 수 있는 이유를 알게 된다. 즉 이렇게 되는 것은 오직 Ⅱc가 이 경우에 Ⅰ(v+s)와 같으며, 사회적 생산물의 이 두 구성부분이 교환에 의하여 그것들의 현물형태를 서로 교환하며, 따라서 이 교환이 진행된 다음에는 Ⅱc의 가치는 다시 생산수단으로 존재하며 Ⅰ(v+s)의 가치는 소비수단으로 존재하기 때문이다. 바로 이 사정 때문에 스미스는 연간 생산물의 가치가 v+s로 분해된다고 주장하게 되었다. 이 주장은 (1) 연간 생산물 중 소비수단으로 이루어지는 부분에 대해서만 진실이고, (2) 이 부분의 총가치가 전적으로 Ⅱ부문에서 생산되며, 따라서 Ⅱ부문의 생산물 가치는 Ⅱ부문에 투하된 가변자본 + Ⅱ부문에서 생산된 잉여가치와 같다는 의미로서는 진실이 아니다. 이 주장은 Ⅱ(c+v+s)=Ⅱ(v+s)+Ⅰ(v+s)라는 의미에서만, 또는 Ⅱc=Ⅰ(v+s)이기 때문에 진실이다.

이로부터 또한 다음과 같이 말할 수 있다.

한 해의 사회적 노동일(즉 한 해 동안에 전체 노동자계급이 행하는 노동)은 각 개별 노동일과 마찬가지로 두 부분으로만, 즉 필요노동과 잉여노동으로만 갈라지며, 따라서 이 노동일이 생산한 가치도 마찬가지로 두 부분으로만, 즉 가변자본가치[다시 말해 노동자가 자기 자신의 재생산수단을 구매하는 데 쓰는 가치부분]와 [자본가가 자기 자신의 개인적 소비에 지출할 수 있는] 잉여가치로만 갈라진다고 하더라도, 사회적으로 보면 사회적 노동일의 한 부분은 전적으로 새로운 불변자본의 생산에 지출된다. 즉 전적으로 노동과정에서 생산수단으로서 기능하며, 따라서 [노동과정에 동반하는] 가치증식 과정에서 불변자본으로서 기능하게 되어 있는 생산물의 생산에 지출된다. 우리의 전제에 따르면, 사회적 총노동일은 3,000의 화폐가치로 표시되는데, 그 가운데서 $\frac{1}{3}$인 1,000의 가치만이 소비수단[즉 사회의 총가변자본가치와 총잉여가치가 결국 실현되는 상품들]을 생산하는 Ⅱ부문에서 생산된다. 따라서 이 전제에 따르면 사회적 노동일의 $\frac{2}{3}$는 새로운 불변자본의 생산에 쓰인다. Ⅰ부문의 개별 자본가와 노동자의 입장에서는 사회적 노동일의 이 $\frac{2}{3}$는, 사회적 노동일의 나머지 $\frac{1}{3}$이 Ⅱ부문에서 그런 것과 마찬가지로, 다만 가변자본 가치 + 잉여가치의 생산에만 쓰이지만, 그럼에도 사회적 노동일의 이 $\frac{2}{3}$는 사회적으로 보면 그리고 또한 생산물의 사용가치로 보면, 생산적 소비과정에 있거나 그 과정에서 소비된 불변자본의 보충분을 생산할 따름이다. 노동일의 이 $\frac{2}{3}$가 생산하는 총가치는 물론 그 생산자에게는 가변자본가치 + 잉여가치와 같지만, 그 $\frac{2}{3}$가 생산하는 사용가치는 임금이나 잉여가치가 지출될 수 있는 그런 종류의 사용가치는 결코 아니다. 그 생산물은 생산수단이다.

먼저 지적하여야 할 것은, Ⅰ부문에서든 Ⅱ부문에서든 사회적 노동일의 어떤 부분도 이 두 큰 생산부문에서 사용되어 기능하고 있는 불변자본의 가치를 생산하는 데 쓰이지 않는다는 것이다. 이 두 생산부문에서 생산되는 것은, 불변자본가치=4,000Ⅰc+2,000Ⅱc에 덧붙는, 추가적 가치 2,000Ⅰ(v+s)+1,000Ⅱ(v+s)뿐이다. 생산수단의 형태로 생산된 새로운 가치는 아직 불변자본이 아니다. 그것은 장차 불변자본으로서 기능할 사명을 가지고 있을 뿐이다.

Ⅱ부문의 총생산물[즉 소비수단]은 그 사용가치[즉 구체적인 현물형태]로 보면, 사회적 노동일 중 Ⅱ부문에 지출된 $\frac{1}{3}$의 생산물이다. 그것은 이 부문에서 행하는 방적 노동, 제빵 노동 등으로 구체적 형태를 띤 노동의 생산물이며, 이 노동이 노동과정의 주체적 요소로서 기능하는 한에서, 이 노동의 생산물이다. 그런데 이 Ⅱ부문의 총생산물의 불변가치부분에 대해 말한다면, 그것은 전에는 생산수단의 형태로 있었지만, 이제는 새로운 사용가치 [소비수단의 형태인 새로운 현물형태]로 다시 나타나 있을 따름이다. 이 부분의 가치는 노동과정에 의하여 이전의 현물형태에서 새로운 현물형태로 옮겨져 있다. 그러나 연간 생산물 가치의 이

$\frac{2}{3}$의 가치=2,000은 Ⅱ부문의 그 해의 가치증식과정에서 생산된 것이 아니다.

노동과정의 관점에서 보면, Ⅱ부문의 생산물은 새로 기능하는 살아있는 노동과 [그 노동이 실현되는 객체적 조건으로서 그 노동의 전제로 되는] 주어진 생산수단의 결과인 것과 마찬가지로, 가치증식과정의 관점에서 보면, Ⅱ부문의 총생산물 가치=3,000은 새로 추가된 사회적 노동일의 $\frac{1}{3}$에 의하여 생산된 새로운 가치(500v+500s= 1,000)와 [여기에서 살펴보고 있는 Ⅱ부문의 생산과정 이전에 끝난] 과거의 사회적 노동일의 $\frac{2}{3}$가 대상화되어 있는 불변가치로 이루어진다. Ⅱ부문 생산물의 불변가치부분은 그 생산물 자체의 한 부분으로 표시된다. 그것은 사회적 노동일의 $\frac{2}{3}$에 해당하는 2,000의 가치가 있는 소비수단의 양으로 존재한다. 이것은 불변가치부분이 다시 나타나는 새로운 유용한 형태다. 따라서 소비수단의 한 부분=2,000Ⅱc와, Ⅰ부문의 생산수단=Ⅰ(1,000v+1,000s) 사이의 교환은, 사실상 금년의 노동의 일부가 아니라 그 이전에 행한 총노동일의 $\frac{2}{3}$와, 금년에 새로 추가된 총노동일의 $\frac{2}{3}$ 사이의 교환이다. 금년의 사회적 노동일의 $\frac{2}{3}$는, 만약 그것이 연간 소비되는 소비수단의 가치 중 금년 이전에 지출되고 실현된 노동일의 $\frac{2}{3}$를 포함하고 있는 부분과 교환되지 않는다면, 불변자본의 생산에 사용되면서도 동시에 생산자들을 위해 가변자본가치와 잉여가치를 형성할 수는 없을 것이다. 그것은 금년의 노동일의 $\frac{2}{3}$와 금년 이전에 지출된 노동일의 $\frac{2}{3}$ 사이의 교환이며, 금년의 노동시간과 지난해의 노동시간 사이의 교환이다. 그리하여 이것은 다음과 같은 수수께끼를 풀어준다. 즉 사회적 총노동일의 $\frac{2}{3}$가 가변자본이나 잉여가치가 실현될 수 있는 물건들을 생산하는 데 지출되지 않고 오히려 연간 소비된 자본을 보충하기 위한 생산수단을 생산하는 데 지출됨에도, 그 사회적 총노동일의 가치생산물이 어째서 가변자본가치+잉여가치로 분해될 수 있는가 하는 수수께끼를 풀어준다. 이 수수께끼는 Ⅰ부문의 자본가들과 노동자들에 의해 생산된 가변자본가치 + 잉여가치가 실현되는 Ⅱ부문 생산물의 $\frac{2}{3}$(그런데 이것은 연간 총생산물 가치의 $\frac{2}{9}$를 이룬다)가, 가치로 볼 때, 그해 이전에 끝난 사회적 노동일의 $\frac{2}{3}$의 생산물이라는 것에 의하여 간단히 풀린다.

Ⅰ부문과 Ⅱ부문의 사회적 생산물의 합계, 즉 생산수단과 소비수단의 합계는 그 사용가치[구체적인 현물형태]로 보면 그해의 노동생산물이다. 그러나 이 노동 자체를 유용한 구체적 노동으로 보는 한에서만 그런 것이지, 이 노동을 노동력의 지출, 가치형성 노동으로 보는 한에서는 그렇지 않다. 그러나 전자의 경우도 살아있는 노동이 생산수단에 추가되어 그것에 작용함으로써 생산수단이 새로운 생산물[그해의 생산물]로 전환되었다는 뜻에서만 옳다. 반대로, 그해의 노동도 이것과는 독립하여 있는 생산수단[즉 노동수단과 생산재료] 없이는 생산물로 전환될 수 없었을 것이다.

제8절 두 부문의 불변자본

9,000의 총생산물 가치와 그 가치가 갈라지는 범주들에 대하여 말한다면, 그 분석은 개별자본의 생산물 가치의 분석보다 더 어려울 것은 없고 오히려 그것과 마찬가지다.

〖우리의 전제에 따르면〗 연간의 사회적 총생산물에는 [각각이 1년으로 되어 있는] 3개의 사회적 노동일이 들어 있다. 이 사회적 노동일 하나하나의 가치표현은 3,000이다. 그러므로 총생산물의 가치표현은 3,000×3=9,000이다.

그리고 그해의 생산과정 이전에 지출된 노동시간으로서, Ⅰ부문에서는

$\frac{4}{3}$노동일(가치생산물 4,000)이, 그리고 Ⅱ부문에서는 $\frac{2}{3}$노동일(가치생산물 2,000)이 지출되었다. 합하여 2개의 사회적 노동일이며 이것의 가치생산물은 6,000이다. 그러므로 4,000 Ⅰc+2,000 Ⅱc=6,000c는 사회적 생산물의 총가치에서 다시 나타나는 생산수단의 가치, 즉 불변자본가치일 따름이다.

또한 Ⅰ부문에서 새로 추가된 사회적 연간 노동일의 $\frac{1}{3}$은 필요노동이다. 즉 가변자본의 가치 1,000 Ⅰv를 보충하며 Ⅰ부문에서 사용된 노동력의 가치를 지불하는 노동이다. 이와 마찬가지로, Ⅱ부문에서는 사회적 노동일의 $\frac{1}{6}$이 500의 가치액을 가진 필요노동이다. 그리하여 한 개의 사회적 노동일의 절반의 가치표현인 1,000 Ⅰv+500 Ⅱv=1,500v는 금년에 추가된 총노동일의 절반[필요노동으로 구성되고 있다]의 가치표현이다.

끝으로 Ⅰ부문에서는 총노동일의 $\frac{1}{3}$, 가치생산물=1,000은 잉여노동이다. Ⅱ부문에서는 노동일의 $\frac{1}{6}$, 가치생산물=500이 잉여노동이다. 이것들을 합하면 추가된 총노동일의 나머지 절반을 이룬다. 그러므로 생산된 총잉여가치=1,000 Ⅰs+500 Ⅱs=1,500s이다.

따라서 :

사회적 생산물 가치의 불변자본부분(c) :

이 생산과정 이전에 지출된 2노동일, 가치표현 = 6,000

한 해 동안에 지출된 필요노동(v) :

연간 생산에 지출된 노동일의 $\frac{1}{2}$, 가치표현 = 1,500

한 해 동안에 지출된 잉여노동(s) :

연간 생산에 지출된 노동일의 $\frac{1}{2}$, 가치표현 = 1,500

연간 노동의 가치생산물(v+s) = 3,000

총생산물 가치(c+v+s) = 9,000

그러므로 곤란은 사회적 생산물의 가치분석 그 자체에 있는 것이 아니라, 사회적 생산물의 가치 구성부분들과 그 소재적 구성부분들을 비교하는 경우에 생긴다.

다시 나타날 따름인 불변가치부분은 사회적 생산물 중 생산수단으로 이루어지는 부분의 가치와 같으며, 이 부분에 체현되어 있다. 한편, 연간의 새로운 가치생산물=v+s는 연간 생산물 중 소비수단으로 이루어지는 부분의 가치와 같으며, 이 부분에 체현되어 있다.

그러나 생산수단과 소비수단은 [여기에서는 중요하지 않은 예외가 있다 하더라도] 전혀 다른 종류의 상품들이고, 완전히 다른 현물형태 또는 유용한 형태의 생산물들이며, 따라서 또 전혀 다른 종류의 구체적 노동의 생산물들이다. 생활수단을 생산하기 위해 기계를 사용하는 노동은 기계를 만드는 노동과는 완전히 다르다. 가치표현이 3,000인 연간의 총노동일은 어떤 불변가치부분도 다시 나타나지 않는 소비수단 3,000의 생산에 지출된 것같이 보인다. 왜냐하면 이 3,000=1,500v+1,500s는 가변자본가치+잉여가치로만 분해되기 때문이다. 다른 한편, 불변자본가치=6,000은 소비수단과는 전혀 다른 종류의 생산물인 생산수단에서 다시 나타나지만, 사회적 노동일의 어떤 부분도 이 새로운 생산물의 생산에는 지출되지 않는 것같이 보인다. 오히려 이 전체 노동일은 생산수단이 아니라 소비수단을 만들어내는 종류의 노동으로만 이루어지는 것같이 보인다. 그러나 비밀은 이미 밝혀져 있다. 연간 노동의 가치생산물은 Ⅱ부문의 생산물 가치와 같으며, 새로 생산된 소비수단의 총가치와 같다. 그러나 연간 노동의 생산물 가치 『9,000』는 연간 노동 중 소비수단의 생산(Ⅱ부문)에 지출된 부분보다 3배만큼 더 크다. 연간 노동의 $\frac{1}{3}$만 소비수단의 생산에 지출되고 있으며 연간 노동의 $\frac{2}{3}$는 생산수단의 생산[Ⅰ부문]에 지출되고 있다. 이 시간에 Ⅰ부문에서 창조된 가치생산물, 즉 Ⅰ부문에서 생산된 가변자본가치 + 잉여가치와 같은 가치는, Ⅱ부문에서 소비수단으로 다시 나타나는 Ⅱ부문의 불변자본가치와 같다. 따라서 그것들은 서로 교환되고 현물로 보충될 수 있다. 그러므로 Ⅱ부문에서 생산된 소비수단의 총가치는 Ⅰ부문과 Ⅱ부문의 새로운 가치생산물의 합계와 같으며[즉 Ⅱ(c+v+s)=Ⅰ(v+s)+Ⅱ(v+s)], 따라서 연간 노동에 의하여 생산된 v+s형태의 새로운 가치의 총액과 같다.

다른 한편, 생산수단(Ⅰ)의 총가치는 생산수단(Ⅰ)의 형태와 소비수단(Ⅱ)의 형태로 다시 나타나는 불변자본가치의 총계〚6,000〛[즉 사회의 총생산물로 다시 나타나는 총불변자본의 가치]와 같다. 이 총가치는 그 해의 생산과정 이전에 지출된 과거의 노동일의 가치표현인데, Ⅰ부문에서는 $\frac{4}{3}$노동일〚4,000〛 그리고 Ⅱ부문에서는 $\frac{2}{3}$노동일〚2,000〛, 따라서 모두 2노동일의 가치표현과 같다.

따라서 사회의 연간 생산물의 분석에서 곤란이 생기는 것은, 불변가치 부분이 이 가치부분에 추가된 새로운 가치 v+s를 표시하는 소비수단과는 전혀 다른 종류의 생산물[생산수단]로 표시되기 때문이다. 그리하여 가치로 보아, 마치 소비된 생산물량의 $\frac{2}{3}$〚6,000〛가 사회가 그 생산에 어떤 노동도 지출하지 않았는데도 새로운 형태[새로운 생산물]로 다시 나타나는 것같이 보인다. 개별자본의 경우에는 그렇지 않다. 각 개별 자본가는 일정한 종류의 구체적 노동을 사용하며 이 노동은 자기에게 알맞은 생산수단을 하나의 생산물로 전환시킨다. 예컨대 자본가는 기계제조업자이고 한 해 동안에 지출한 불변자본은 6,000c, 가변자본은 1,500v, 잉여가치는 1,500s라고 하자. 생산물은 9,000이다. 그 생산물이 18대의 기계라고 하면, 한 대의 가치는 500이다. 이 경우 모든 생산물은 같은 형태, 기계의 형태로 있다. (기계제조업자가 상이한 종류의 기계를 생산한다면 각 종류마다 계산은 따로 해야 한다.) 모든 상품생산물은 한 해 동안 기계제조에 지출된 노동의 생산물이며, 이런 종류의 구체적 노동과 그것에 고유한 생산수단이 결합된 열매다. 그러므로 생산물 가치의 여러 부분들이 같은 현물형태로 표시된다. 즉 12대의 기계에는 6,000c가 들어있고 3대의 기계에는 1,500v, 나머지 3대의 기계에는 1,500s가 들어있다. 여기에서 명백한 것은, [불변자본을 나타내는] 기계 12대의 가치=6,000c인 것은, 이 12대의 기계에 체현되고 있는 노동이 기계제조 이전에 지출된 과거노동이며 기계제조에 지출된 금년의 노동은 아니기 때문에 그런 것이 아니라는 점이다. 18대의 기계를 제조하기 위한 생산수단의 가치가 저절로 12대의 기계의 가치로 전환된 것은 아니지만, 이 12대 기계의 가치(4,000c+1,000v+1,000s)는 18대의 기계의 가치에 들어있는 총불변자본가치와 같다. 그러므로 기계제조업자는 그가 지출한 불변자본을 보충하며 18대의 새로운 기계를 재생산하는 데 필요한 불변자본을 얻기 위해 18대의 기계 중 12대를 팔지 않으면 안 된다. 그런데 만약 다음과 같이 생각한다면, 사태는 설명할 수 없게 될 것이다. 즉 여기에서 노동은 기계를 제조하는 데만 쓰였는데도, 그 노동의 결과로 한편으로는 1,500v+1,500s와 같은 6대의 기계가 나오고, 다른 한편으로는 6,000c의 가치액을 가진 철 · 구리 · 나사 · 벨트 등, 기계의 생산에 필요한 생산수단의 현물형태[아는 바와 같이, 기계제조업자는 이것을 스스로 생산하지 않고 유통과정을 통해 보충하지 않으면 안 된다]가 나온다고 생각하는 것이 그것이다. 그러나 얼핏 보면 사회의 연간 생산물의 재생산은 이와 같이 불합리한 방식으로 진행되는 것처럼 보인다.

개별자본[즉 사회적 자본의 일부로서 독립적인 기능을 하며, 자체의 생명을 가진다]의 생산물은 이러저런 현물형태를 가질 수 있다. 단 하나의 조건은 그 생산물이 실제로 유용한 형태, 사용가치[이 사용가치가 그 생산물을 상품세계의 유통능력 있는 구성원으로 만든다]이어야 한다는 것이다. 그 생산물이 자기가 생산물로 나온 바로 그 생산과정에 다시 생산수단으로 들어갈 수 있는가 없는가, 즉 그 생산물 가치 중 불변자본부분을 표시하는 부분에 실제로 다시 불변자본으로 기능할 수 있는 현물형태를 갖는가 아닌가 하는 것은 아무래도 좋으며 또 우연에 속하는 일이다. 만약 그런 현물형태를 가지지 않는다면, 생산물 가치의 이 부분은 매매를 통하여 다시 이 생산물의 소재적 생산요소들의 형태로 전환되며, 이리하여 불변자본은 불변자본으로 기능할 수 있는 현물형태로 재생산된다.

사회적 총자본의 생산물은 사정이 다르다. 재생산의 모든 소재적 요소들은 그 현물형태로 이 생산물 자체의 부분들을 이루지 않으면 안 된다. 소비된 불변자본부분은, 연간 생산물에 다시 나타나는 불변자본부분 전체가 실제로 불변자본으로서 기능할 수 있는 새로운 생산수단의 현물형태로 다시 나타나는 한에서만, 총생산에 의하여 보충될 수 있다. 그러므로 단순재생산을 전제하면 생산물 중 생산수단으로 이루어지는 부분은 사회적 자본의 불변가치부분과 같지 않으면 안 된다.

또한 개별적으로 보면, 자본가가 새로 추가되는 노동에 의하여 그의 생산물 가치 중에 생산하는 것은 그의 가변자본 + 잉여가치뿐이며, 불변가치부분은 새로 추가되는 노동의 구체적 성격에 의하여 생산물로 이전된다.

그러나 사회적으로 보면, 사회적 노동일 중 생산수단을 생산하는 부분[이 생산수단에 새로운 가치를 추가하며 이 생산수단의 생산에서 소비된 생산수단의 가치를 그것으로 이전시키는 부분]은 과거의 생산수단 형태로 Ⅰ부문과 Ⅱ부문에서 소비된 불변자본을 보충하게 되어 있는 새로운 불변자본밖에는 아무 것도 생산하지 않는다. 사회적 노동일의 이 부분이 생산하는 것은 생산적 소비에 들어갈 생산물뿐이다. 따라서 이 생산물의 총가치는 다만 불변자본으로서 새로 기능할 수 있는 가치, 불변자본을 그 현물형태로 되살 수 있는 가치, 따라서 사회적으로 보면 가변자본으로도 잉여가치로도 분해되지 않는 가치에 지나지 않는다. 다른 한편으로 사회적 노동일 중 소비수단을 생산하는 부분은 사회적 불변자본을 보충하는 어떤 부분도 생산하지 않고, Ⅰ부문과 Ⅱ부문의 가변자본가치와 잉여가치를 현물형태로 실현하게 되어 있는 생산물만을 생산한다.

문제를 사회 전체의 입장에서 볼 때, 따라서 사회적 자본의 재생산과

개인적 소비 모두를 포함하는 사회적 총생산물을 고찰할 때, 프루동이 부르주아 경제학에서 본딴 수법에 빠져서, 자본주의적 생산양식의 사회도 통틀어서 전체로 보면 이 사회의 독특한 역사적 경제적 성격이 없어지는 것처럼 문제를 보아서는 안 된다. 이와 반대다. 우리는 총자본가를 문제로 삼아야 한다. 총자본은 개별 자본가들 총체의 주식자본으로 나타난다. 이 주식회사는 누구나 자기가 집어넣는 것은 알고 있으나 자기가 얼마나 끌어낼 수 있는지는 모른다는 점에서 다른 주식회사들과 공통점을 가지고 있다.

제9절 스미스, 슈토르히 및 람지에 대한 회고

사회적 생산물의 총가치는 9,000=6,000c+1,500v+1,500s이다. 다시 말하면, 6,000은 생산수단의 가치를 재생산하며 3,000은 소비수단의 가치를 재생산한다. 따라서 사회적 수입의 가치(v+s)는 총생산물 가치의 $\frac{1}{3}$에 지나지 않으며, 소비자들 전체—노동자와 자본가—는 다만 이 $\frac{1}{3}$의 가치액만큼 상품[생산물]을 사회적 총생산물로부터 끌어내어 그들의 소비재원에 넣을 수 있다. 이와는 반대로 생산물 가치의 $\frac{2}{3}$인 6,000은 현물로 보충되지 않으면 안 되는 불변자본의 가치다. 따라서 이 금액만큼의 생산수단은 생산재원에 다시 합쳐지지 않으면 안 된다. 이렇게 되어야 한다는 것을 슈토르히는 증명하지는 못하였지만 이미 알고 있었다.

"연간 생산물의 가치는 갈라져서 한 부분은 자본이 되고 또 한 부분은 이윤이 된다는 것과, 연간 생산물 가치의 이 각 부분은 국민이 자기 자본을 유지하고 또 자기의 소비재원을 보충하는 데 필요한 생산물들을 규칙적으로 구매하는 데 사용된다는 것은 명백하다…국민의 자본을 이루는 생산물들은 결코 소비할 수 없는 것들이다."(슈토르히, 『국민소득의 성질에 관한 고찰』: 134~135, 150) 〖강조는 마르크스의 것〗

그러나 스미스는 자신의 엉터리 교리 — 그런데 사람들은 오늘날까지도 그것을 맹목적으로 믿고 있다 — 를 이미 위에서 언급한 형태로, 즉 사회적 생산물의 총가치가 수입[즉 임금 + 잉여가치, 또는 그의 표현대로 하면, 임금 + 이윤(이자) + 지대]으로 분해된다는 형태로 내세웠을 뿐 아니라, 더욱 통속적인 형태로, 즉 소비자들은 '결국' 생산물의 총가치를 생산자들에게 지불하지 않으면 안 된다는 형태로도 내세웠다. 이 명제는 오늘날에 이르기까지 이른바 정치경제학의 논쟁의 여지가 없는 하나의 공인된 문구로 또는 심지어 영원한 진리의 하나로 되고 있다. 이것은 다음과 같은 그럴듯한 방식으로 설명된다. 한 제품, 예컨대 아마천으로 만든 속옷을 살펴보자. 맨 먼저 아마실을 뽑는 방적업자는 아마의 총가치를 아마 재배자에게 지불하여야 한다. 즉 아마 씨앗 · 거름 · 역축의 먹이 등의 가치와 건물 · 농기구 등과 같은 아마 재배자의 고정자본이 이 생산물에 이전하는 가치부분, 아마 생산에서 지불한 임금, 아마에 들어있는 잉여가치(이윤 · 지대), 끝으로 아마 생산지에서 방적공장까지의 아마 수송비를 지불하여야 한다. 다음에 직조업자는 아마실의 방적업자에게 아마의 이 가격을 보상해 주지 않으면 안 될 뿐 아니라 기계 · 건물 등 간단히 말하여 고정자본 중 아마실로 넘어간 가치부분, 그리고 또 방적과정에서 소비된 모든 보조재료, 방적공의 임금, 잉여가치 등을 보상해주지 않으면 안 된다. 그리고 표백, 완성된 아마천의 수송비 등도 들어간다. 끝으로 속옷제조업자도 마찬가지인데, 속옷제조업자는 그에게 원료를 공급하였을 뿐인 그 전의 모든 생산자들의 전체 가격을 모두 지불한다. 그런데 속옷제조업자의 손에서도 또한 가치가 추가된다. 즉 한 부분은 노동수단 · 보조재료 등의 형태로 속옷제조에서 소비되는 불변자본의 가치에 의하여, 또 한 부분은 그 제조에 지출된 노동[이 노동은 속옷을 제조하는 노동자의 임금의 가치와 속옷제조업자의 잉여가치를 추가한다]에 의하여 추가된다. 이 속옷이란 생산물 전체를 생산하는 데 100원이 들고 이것이 연간 생산물의 총가치 중 사회가 속옷에 지출하는 몫이라고 하자. 속옷의 소비자들은 100원을 지불한다. 즉 속옷에 들어있는 모든 생산수단의 가치와 아마 재배자 · 방적업자 · 직조업자 · 표백업자 · 속옷제조업자 · 모든 수송업자들의 임금과 잉여가치를 지불한다. 이것은 완전히 옳다. 사실 그것은 어린아이들도 다 알고 있다. 그런데 계속해서, 다른 모든 상품의 가치도 사정은 마찬가지라고 말한다. 그러나 다음과 같이 말해야 할 것이다. 즉 모든 소비수단의 가치, 사회적 생산물 중 소비재원으로 들어가는 부분의 가치, 따라서 사회적 생산물 가치 중 수입으로서 지출될 수 있는 부분도 사정은 마찬가지라고 말이다. 이 모든 상품들의 가치총액은 물론 그 상품들에 소비된 모든 생산수단의 가치(불변자본부분) + 추가된 노동이 창조한 가치(임금 + 잉여가치)와 같다. 총체로서의 소비자는 이 가치액 전부를 지불할 수 있다. 왜냐하면 각 개별상품의 가치는 바로 c+v+s로 이루어지지만, 소비재원으로 들어가는 모든 상품의 가치총액은 기껏해야 사회적 생산물 가치 중 v+s로 분해되는 부분, 즉 한 해 동안에 지출되는 노동이 기존의 생산수단[불변자본가치]에 추가한 가치와 같을 수 있을 뿐이기 때문이다. 그러나 불변자본가치에 대하여 말하면, 이미 본 바와 같이, 그것은 사회적 생산물로부터 두 가지 방식으로 보충된다. 첫째로 소비수단을 생산하는 Ⅱ부문의 자본가들과 그것을 위한 생산수단을 생산하는 Ⅰ부문의 자본가들 사이의 교환에 의하여 보충된다. 바로 여기에 한 사람에게 자본으로 되는 것이 다른 사람에게는 수입으로 된다는 판에 박힌 말의 근원이 있다. 그러나 사실은 그렇지 않다. 가치 2,000의 소비수단으로 있는 2,000Ⅱc는 Ⅱ부문의 자본가들에게 불변자본가치를 이룬다. 따라서 그들은, 그 생산물이 현물형태로 보면 〚개인적으로〛 소비될 수 있는 것이지만, 이 가치를 자신들이 소비할 수는 없다. 다른 한편 2,000 Ⅰ(v+s)는 Ⅰ부문의 자본가들과 노동자들이 생산한 임금과 잉여가치다. 이 가치는 생산수단의 현물형태[그것 자체의 가치가 개인적으로 소비할 수 없는 물건들]로 있다. 따라서 우리는 모두 4,000의 가치액을 가지게 되는데, 그 절반은 교환 전이나 교환 뒤나 불변자본을 보충할 따름이며, 절반은 수입을 이룰 따름이다.

그러나 둘째로 Ⅰ부문의 불변자본은 부분적으로는 Ⅰ부문의 자본가들 사이의 교환에 의하여 현물로 보충되며, 부분적으로는 각 개별기업 안의 현물보충에 의하여 보충된다.

연간 생산물의 총가치가 결국에는 소비자들에 의하여 지불되지 않으면 안 된다는 판에 박힌 말은, 소비자들 속에 개인적 소비자와 생산적 소비자라는 전혀 다른 두 종류의 소비자들을 포함시키는 경우에만 옳을 것이다. 그러나 생산물의 한 부분이 생산적으로 소비되지 않으면 안 된다는 것은 그 부분이 자본으로서 기능하지 않으면 안 되며, 따라서 수입으로서 소비될 수 없다는 것을 말할 따름이다.

총생산물의 가치 9,000을 6,000c+1,500v+1,500s로 나누고 3,000(v+s)를 오직 수입으로만 본다면, 가변자본은 사라지고 자본은 사회적으로 보면 불변자본으로만 이루어지는 것같이 보인다. 왜냐하면 맨 처음에 1,500v로서 나타난 것은 이제는 사회적 수입의 한 부분으로, 즉 노동자 계급의 수입인 임금으로 분해되었고 이에 따라 자본으로서의 그것의 성격은 사라져버렸기 때문이다. 람지는 실제로 이런 결론을 끌어낸다. 그에 따르면, 사회적으로 볼 때 자본은 고정자본으로만 이루어지는데, 그가 말하는 고정자본은 불변자본이며 생산수단에 들어 있는 가치량인데, 이 생산수단이 노동수단이든 원료 · 반제품 · 보조재료 등과 같은 노동재료이든 그에게는 상관이 없다. 그는 가변자본을 유동자본이라고 부르고 있다.

"유동자본은 노동자들의 노동의 생산물이 완성되기에 앞서 그들에게 투하되는 생활수단과 그 밖의 필수품으로만 이루어진다…유동자본이 아니라 고정자본만이 진정한 의미에서 국부의 원천이다…유동자본은 생산에서 직접 작용하는 것도 아니고 생산에 불가결한 것도 전혀 아니며, 다만 민중의 가련한 가난 때문에 필요하게 된 하나의 방편에 불과하다… 고정자본만이 국민적 입장에서 볼 때 생산비의 하나의 요소를 이룬다."(람지, 『부의 분배에 관한 평론』: 23~26의 이곳저곳)

람지는 불변자본의 뜻으로 쓰고 있는 고정자본을 다음과 같이 상세히 설명하고 있다.

"그 노동"(즉 한 상품의 생산에 지출된 노동)"의 생산물의 한 부분이 고정자본으로서 [즉 앞날의 상품생산을 돕기는 하지만 노동자들을 먹여 살리지는 않는 형태로] 존재한 시간의 길이."(같은 책: 59)

여기에서도 스미스가 불변자본과 가변자본의 차이를 고정자본과 유동자본의 차이 속에 파묻음으로써 그가 끼친 해독을 다시 보게 된다. 람지가 말하는 불변자본은 노동수단으로 이루어지며, 그가 말하는 유동자본은 생활수단으로 이루어진다. 두 가지 자본은 모두 고정된 가치를 가진 상품들이며, 어느 것도 잉여가치를 생산할 수 없다.

제10절 자본과 수입: 가변자본과 임금[8)]

한 해의 총재생산, 그 해의 총생산물은 그 해의 유용노동의 생산물이다. 그러나 이 총생산물의 가치는 한 해 동안 지출된 노동력, 즉 연간노동이 체현되어 있는 가치부분보다 크다. 한 해의 가치생산물, 즉 그 해에 상품형태로 새로 생산된 가치는 생산물 가치, 즉 한 해 동안에 생산된 상품량의 총가치보다 작다. 연간 생산물의 총가치에서 그 해의 노동이 연간 생산물에 덧붙인 가치를 빼면, 실제로 재생산된 가치가 나오는 것이 아니라 새로운 존재형태로 다시 나타난 과거의 가치가 나온다. 즉 이 가치는 연간 생산물보다 앞서 있었던 가치에서 연간 생산물로 이전된 것인데, 이 가치는 그 해의 사회적 노동과정에 참가한 불변자본 구성부분들의 수명에 따라 더 일찍 생산된 것일 수도 있고 더욱 나중에 생산된 것일 수도 있으며, 지난해나 몇 해 전에 세상에 나온 생산수단의 가치에서 나온 것일 수도 있다. 어쨌든 그것은 지난 해들에 생산된 생산수단으로부터 그 해의 생산물로 이전된 가치다.

우리의 표식을 보면, Ⅰ부문과 Ⅱ부문 사이에서 그리고 Ⅱ부문 안에서 이제까지 살펴본 요소들이 교환된 뒤에는 다음과 같이 된다.

Ⅰ. 4,000c+1,000v+1,000s(이 후자 2,000은 소비수단 Ⅱc로 실현된다) = 6,000

Ⅱ. 2,000c(Ⅰ(v+s)와의 교환에 의하여 재생산된다)+500v+500s = 3,000

가치총액 = 9,000

---

8) {엥겔스: 이하는 원고 8로부터.}

한 해 동안에 새로 생산된 가치는 v와 s에만 들어 있다. 따라서 그해의 가치생산물의 총액은 v+s의 총액=2,000 Ⅰ(v+s)+1,000 Ⅱ(v+s)=3,000과 같다. 그해의 생산물 가치의 나머지 모든 부분은 그해의 생산에서 소비된 이전의 생산수단의 가치에서 이전된 가치에 지나지 않는다. 3,000의 가치 이외에는 그해의 노동은 아무런 가치도 생산하지 않았다. 이것이 이 노동의 연간 가치생산물 전부다.

그런데 우리가 본 바와 같이 2,000 Ⅰ(v+s)는 Ⅱ부문을 위해 2,000 Ⅱc를 생산수단의 현물형태로 보충한다. 따라서 Ⅰ부문에 사용된 $\frac{2}{3}$의 연간 노동은 Ⅱ부문의 불변자본을 그 총가치와 현물형태에서 새로 생산하였다. 그리하여 사회적으로 보면, 한 해 동안에 사용된 노동의 $\frac{2}{3}$는 Ⅱ부문에 맞는 현물형태로 실현되어 있는 새로운 불변자본가치를 창조한 것이다. 따라서 한 해의 사회적 노동의 비교적 큰 부분이 소비수단의 생산에 지출된 불변자본가치를 보충하기 위한 새로운 불변자본(생산수단으로 있는 자본가치)의 생산에 사용되고 있다. 이 점에서 자본주의 사회와 미개사회의 차이는, 시니어[9]가 생각하고 있듯이, 자기에게 수입[즉 소비수단]으로 분해될 수 있는(전환될 수 있는) 어떤 열매도 가져오지 않는 노동을 일정한 시간 지출하는 것이 미개사회의 특권이며 특성이라는 데 있는 것이 아니라, 그 차이는 사실상 다음과 같은 데 있다.

a) 자본주의 사회는 마음대로 처분할 수 있는 연간 노동의 비교적 많은 부분을 생산수단(따라서 불변자본)의 생산에 사용하는데, 이 생산수단은 임금이나 잉여가치 형태의 수입으로 분해될 수 없고 오직 자본으로서만 기능할 수 있다.

---

9) "미개인이 활을 만든다면 그는 한 가지 일을 하는 것이지 절욕을 하는 것이 아니다." (시니어, 『정치경제학의 기본원리』: 342~343) "사회가 발달하면 할수록 사회는 더 많은 절욕을 요구한다."(같은 책: 342) 『자본론』 제1권 제24장 3절을 참조하라.

b) 미개인이 활 · 화살 · 돌망치 · 도끼 · 바구니 등을 만들 때, 그는 그렇게 들인 시간이 소비수단의 생산에 들인 것이 아니라는 것, 따라서 생산수단에 대한 자기의 수요를 충족시켰을 따름이라는 것을 아주 똑똑히 알고 있다. 그뿐 아니라 미개인은 시간 낭비에 아주 무관심하여 경제적으로 엄중한 죄를 짓고 있는데, 예컨대 타일러가 말하고 있듯이 화살 하나를 만드는 데 한 달을 꼬박 들이는 일이 가끔 있다.[10)]

한 사람에게 자본인 것은 다른 사람에게는 수입이며, 또 그 반대이기도 하다는 통설에 의하여 일부 경제학자들은 이론상의 곤란을 모면해 보려고 하는데[다시 말해 진정한 관계를 이해하지 않으려고 하는데], 이 통설은 부분적으로는 옳지만 그것을 일반적으로 내세우면 전혀 그릇된 것으로 된다. (이 통설에는 한 해의 재생산과 함께 진행되는 교환과정 전체에 대한 완전한 오해가 들어 있으며, 따라서 또 부분적으로 옳은 것의 실제적 기초에 대한 오해도 들어 있다.)

그러면 이 통설이 부분적으로 옳다는 근거로 되는 실제적 관계를 개괄해 보자. 이 과정에서 이 관계에 대한 그릇된 이해가 곧 드러날 것이다.

(1) 가변자본은 자본가의 손에서는 자본으로서 기능하며 임금노동자의 손에서는 수입으로서 기능한다.

가변자본은 맨 먼저 화폐자본으로서 자본가의 손 안에 있다. 자본가가 그것으로 노동력을 구매함으로써 그것은 화폐자본으로서 기능한다. 가변자본이 자본가의 손에서 화폐형태로 머물러 있는 동안에는, 그것은 화폐형태로 있는 주어진 가치 이외의 아무것도 아니며, 따라서 그것은 불변의 크기이고 가변의 크기가 결코 아니다. 그것은 잠재적으로만 가변자본이다. 그것이 노동력으로 전환될 수 있다는 바로 그 이유 때문에 그러하다. 그것은 화폐형태를 벗어버린 뒤에야, 즉 그것이 노동력으로 전환되

---

10) 타일러, 『인류의 원시사와 문화의 발전에 관한 연구』, 뮐러 역, 라이프치히: 240.

고 이 노동력이 생산자본의 구성부분으로 자본주의적 과정에서 기능하게 된 뒤에야, 비로소 현실적 가변자본으로 된다.

맨 처음에는 가변자본의 화폐형태로서 자본가를 위해 기능한 화폐는 이제는 노동자의 손에서 그의 임금의 화폐형태로서 기능하며 그는 그 임금을 생활수단으로 전환시킨다. 따라서 그 화폐는 노동자가 자기의 노동력을 끊임없이 되풀이하여 팔아 얻는 수입의 화폐형태로서 기능한다.

여기에는 구매자[이 경우에는 자본가]의 화폐가 그의 손에서 판매자[이 경우에는 노동력의 판매자인 노동자]의 손으로 들어간다는 단순한 사실이 있을 뿐이다. 가변자본이 자본가를 위해서는 자본으로서, 노동자를 위해서는 수입으로서 이중으로 기능하는 것이 아니라, 똑같은 화폐가 처음에 자본가의 손에서 그의 가변자본의 화폐형태로서 따라서 잠재적 가변자본으로서 존재하며, 그리고 자본가가 그 화폐를 노동력으로 전환시키자 노동자의 손에서 그 화폐는 팔린 노동력의 등가로서 기능한다. 그런데 똑같은 화폐가 판매자의 손에서는 구매자의 손에서와는 다르게 이용된다는 것은 모든 상품매매에 다 있는 현상이다.

변호론적 경제학자들은 문제를 잘못 설명하고 있는데, 이것은 다음과 같은 예에서 가장 잘 나타난다. 즉 구매자인 자본가의 편에서는 화폐가 노동력으로 전환하는 유통행위 M−LP(=M−C)와, 판매자인 노동자의 편에서는 노동력이라는 상품이 화폐로 전환하는 LP−M(=C−M)만을 염두에 두고, 그 다음에 일어날 일에 대해서는 당분간 문제시하지 않기로 하자. 그들은 다음과 같이 말한다. 똑같은 화폐가 여기에서 두 자본을 실현한다고. 즉 구매자인 자본가는 자기의 화폐자본을 살아있는 노동력으로 전환하여 이 노동력을 자기의 생산자본에 합치며, 다른 한편 판매자인 노동자는 자기의 상품인 노동력을 화폐로 전환하여 이 화폐를 수입으로 지출함으로써 바로 자기의 노동력을 유지할 수 있게 된다. 따라서 그의 노동력은 상품형태에 있는 그의 자본이고, 이 자본은 그에게 끊임없이 수입을 낳는다고 말한다. 사실 노동력은 노동자의 능력(끊임없이 갱신되고 재생산되는 능력)이지 그의 자본은 아니다. 노동력은 노동자가 끊임없이 팔 수 있는 그리고 살아가기 위해서는 팔지 않으면 안 되는 유일한 상품이며, 오직 구매자인 자본가의 손에서 비로소 자본(가변자본)으로서 작용한다. 위에서 든 경제학자들은 한 사람이 자기의 노동력을, 즉 자기 자신을 끊임없이 다시 새로 제3자에게 팔지 않을 수 없다는 사실로부터 그를 자본가라고 증명하고 있는데, 그 이유는 그가 항상 팔 '상품'(자기 자신)을 가지고 있기 때문이라는 것이다. 이런 뜻에서는 노예도 자본가로 된다. 비록 노예는 제3자에 의하여 상품으로 영원히 팔려버리기는 하지만 말이다. 왜냐하면 노동하는 노예라는 이 상품의 성질로 말미암아 이 상품을 구매한 사람은 이 상품을 매일 일 시킬 뿐 아니라 끊임없이 다시 일할 수 있도록 하기 위해 그 상품에게 생활수단도 주기 때문이다. (이에 관해서는 맬더스에게 보낸 시스몽디와 세의 편지를 참조하라.)

(2) 따라서 1,000 Ⅰv+1,000 Ⅰs와 2,000 Ⅱc의 교환에서는 한 사람에게 불변자본인 것(2,000 Ⅱc)이 다른 사람에게는 가변자본과 잉여가치로, 즉 일반적으로 수입으로 되며, 또 한 사람에게 가변자본과 잉여가치인 것(2,000 Ⅰ(v+s)), 즉 일반적으로 수입인 것이 다른 사람에게는 불변자본으로 된다는 것이다.

맨 먼저 Ⅰv와 Ⅱc 사이의 교환을, 그것도 먼저 노동자의 입장에서 살펴보자.

Ⅰ부문의 집단적 노동자는 자기의 노동력을 1,000에 Ⅰ부문의 집단적 자본가에게 팔며, 이 가치를 임금의 형태로 지불되는 화폐로 받는다. 그들은 이 화폐로 Ⅱ부문에서 동일한 가치액의 소비수단을 구매한다. Ⅱ부문의 자본가들은 상품판매자로서만 그들을 상대할 뿐인데, 이것은 예컨대 위에서 본 500 Ⅱv의 교환에서와 같이 노동자들이 자기들 자신의 자본가들로부터 구매하는 경우에도 마찬가지다. 그들의 상품인 노동력이 거

치는 유통형태는 다만 욕구의 충족[소비]을 위한 단순상품유통형태, 즉 C(노동력)－M－C(Ⅱ부문 자본가의 상품인 소비수단)의 형태다. 이 유통행위의 결과는 노동자들이 Ⅰ부문의 자본가들을 위한 노동력으로서 자신들을 유지하였다는 것이며, 앞으로도 이렇게 자신을 유지하기 위해서는 항상 LP(C)－M－C라는 과정을 되풀이하지 않으면 안 된다는 것이다. 그들의 임금은 소비수단으로 실현되고 수입으로서 지출되며, 노동자계급 전체로 보면 수입으로서 끊임없이 다시 지출되고 있다.

이제는 똑같은 Ⅰv와 Ⅱc 사이의 교환을 자본가의 입장에서 살펴보자. Ⅱ부문의 상품생산물은 모두 소비수단으로 구성되어 있다. 다시 말해 한 해의 소비에 들어가게 되어 있는 물건들, 즉 그 누군가[이 경우에는 Ⅰ부문의 집단적 노동자]의 수입을 실현하는 데 쓰이게 되어 있는 물건들로 이루어지고 있다. 그러나 Ⅱ부문의 집단적 자본가에 대해서는 그들의 상품생산물의 한 부분(=2,000)은 이제는 그들의 생산자본의 불변자본가치가 상품으로 전환된 형태며, 이 가치는 상품형태로부터 생산자본의 불변부분으로서 새로 기능할 수 있는 현물형태로 재전환되지 않으면 안 된다. Ⅱ부문의 자본가들이 이제까지 이룩한 것은, 상품형태(소비수단)로 재생산된 그들의 불변자본가치의 절반(=1,000)을 Ⅰ부문의 노동자들에게 팔아 화폐형태로 재전환시킨 것이다. 그러므로 불변자본가치 Ⅱc의 이 첫 절반이 전환된 것은 가변자본 Ⅰv가 아니라 화폐[이 화폐는 Ⅰ부문에서는 노동력과의 교환에서 화폐자본으로서 기능하여 노동력 판매자들의 소유로 된 것인데, 이 화폐는 노동력 판매자들에게 결코 자본이 아니라 화폐형태의 수입을 표시하며 소비재의 구매수단으로서 지출된 것이다]이다. 다른 한편, Ⅰ부문의 노동자들로부터 Ⅱ부문의 자본가들에게로 흘러들어온 화폐=1,000은 Ⅱ부문 생산자본의 불변적 요소로 기능할 수 없다. 그것은 아직 Ⅱ부문 상품자본의 화폐형태에 지나지 않으며 앞으로 불변자본 중의 고정자본이나 유동자본으로 전환되어야 한다. 따라서 Ⅱ

부문은 Ⅰ부문의 노동자들[Ⅱ부문 상품의 구매자]로부터 얻은 1,000의 화폐로 Ⅰ부문의 생산수단을 산다. 이에 따라 Ⅱ부문 불변자본가치의 절반은 Ⅱ부문의 생산자본의 요소로서 다시 기능할 수 있는 현물형태로 갱신된다. 이 경우 유통형태는 C－M－C이다. 즉 1,000의 가치가 있는 소비수단 — 1,000의 화폐 — 1,000의 가치가 있는 생산수단이다.

그러나 C－M－C는 이 경우에는 자본의 운동이다. C는 노동자들에게 팔려 M으로 전환되고 이 M은 생산수단으로 전환된다. 이것은 상품이 그 상품을 이루는 소재적 요소들로 재전환되는 것이다. 다른 한편, Ⅱ부문의 자본가들이 Ⅰ부문에 대하여 상품의 구매자로서만 기능하는 것과 마찬가지로, Ⅰ부문의 자본가들은 Ⅱ부문에 대하여 상품의 판매자로서만 기능한다. Ⅰ부문은 맨 처음 가변자본으로 기능하게 되어 있는 1,000의 화폐로 1,000의 가치를 지닌 노동력을 샀으며, 따라서 화폐형태로 내어준 그의 1,000v에 대한 등가『노동력』를 받았다. 그 화폐는 이제는 노동자들의 것으로 되며, 이 노동자들은 그 화폐를 Ⅱ부문에서 소비수단을 사는 데 지출한다. 이리하여 Ⅱ부문의 금고에 흘러들어간 이 화폐를 Ⅰ부문이 다시 얻을 수 있는 것은 오직 동일한 가치액의 상품을 팔아 그것을 다시 낚아내는 길뿐이다.

처음에 Ⅰ부문은 가변자본으로 기능하게 되어 있는 일정한 화폐액 1,000을 가지고 있었다. 그 화폐액은 같은 가치액의 노동력으로 전환됨으로써 가변자본으로 기능한다. 그러나 노동자들은 생산과정의 결과로 6,000의 가치를 지닌 상품량(생산수단)을 Ⅰ부문의 자본가들에게 제공하였는데, 그것의 $\frac{1}{6}$, 즉 1,000은 화폐로 투하된 가변자본부분의 등가다. 가변자본가치는 이전의 화폐형태나 지금의 상품형태로 있을 동안은 가변자본으로서 기능하지 않는다. 그것이 살아있는 노동력으로 전환된 뒤에야만, 그리고 이 살아있는 노동력이 생산과정에서 기능하는 동안에만 가변자본으로 기능할 수 있다. 가변자본가치는 화폐로서는 잠재적으로만 가변자본이었다. 그러나 그것은 직접 노동력으로 전환될 수 있는 형태에 있었다. 이 동일한 가변자본가치는 상품형태에서는 아직 잠재적 화폐가치에 지나지 않는다. 그것은 상품이 팔려야, 따라서 이 경우에는 Ⅱ부문이 1,000만큼의 상품을 Ⅰ부문으로부터 사야만, 비로소 맨 처음의 화폐형태로 다시 돌아올 수 있다. 이 경우에 유통운동은 1,000v(화폐)—1,000의 가치를 지닌 노동력—1,000의 상품(가변자본의 등가)—1,000v(화폐)이다. 즉 M−C…C−M(=M−LP…C−M)이다. C…C 사이에 있는 생산과정 자체는 유통분야에 속하지 않는다. 생산과정은 연간 재생산의 각종 요소들의 상호교환에서는 나타나지 않는다. 비록 이 교환이 생산자본의 모든 요소들[즉 그 불변적 요소와 그 가변적 요소인 노동력]의 재생산을 포함하고 있지만. 이 교환의 담당자는 모두 구매자나 판매자로서만 나타나거나 이 두 가지를 겸한 사람으로서 나타난다. 노동자들은 여기에서 상품의 구매자로서만 나타나며, 자본가들은 구매자와 판매자로서 번갈아 나타나며 그리고 일정한 한계 안에서는 일방적인 판매자 또는 구매자로서만 나타난다.

결과는 다음과 같다. Ⅰ부문은 자기들의 자본의 가변가치부분을 다시 화폐형태로 가지고 있는데, 이 화폐형태에서만 그 가치부분은 노동력으로 직접 전환될 수 있다. 즉 그들은 그 가치부분을 그것이 실제로 생산자본의 가변적 요소로서 투하될 수 있는 유일한 형태로 다시 가지고 있다. 다른 한편, 노동자들은 상품의 구매자로서 다시 나타날 수 있기 위해서는 먼저 상품의 판매자로서, 자기의 노동력의 판매자로서 다시 나타나지 않으면 안 된다.

Ⅱ부문의 가변자본(500Ⅱv)에 대하여 말하면, 이 부문의 자본가들과 노동자들 사이의 유통과정은, 우리가 그 과정을 Ⅱ부문의 집단적 자본가와 Ⅱ부문의 집단적 노동자 사이에서 진행되는 것으로 보는 한, 아무런 중간다리도 없는 직접적 형태로 나타난다. Ⅱ부문의 집단적 자본가는

500v를 같은 가치액의 노동력을 구매하는 데 투하한다. 이 경우 자본가들은 구매자로, 노동자들은 판매자로 나타난다. 그 다음에 노동자들은 그들의 노동력의 대가로 얻은 화폐로 그들 자신이 생산한 상품의 한 부분을 구매하는 사람으로 나타난다. 따라서 이 경우 자본가들은 판매자다. 자본가들이 노동력을 사들이면서 지불한 화폐를 노동자들은 〖자기들이 생산한〗 Ⅱ부문 상품자본의 한 부분, 즉 상품 500v에 의하여 자본가들에게 보상하였다. 자본가들은 [화폐가 노동력으로 전환되기 전에] 화폐형태로 가지고 있었던 그 v를 이제는 상품형태로 가지고 있다. 다른 한편, 노동자들은 자기들의 노동력의 가치를 화폐로 실현하였으며, 그리고 이 화폐를 수입으로서 자기들의 소비를 위해, 자기들 자신이 생산한 소비수단의 한 부분의 구입에 지출함으로써 이 화폐를 실현한다. 이것은 화폐로서의 노동자들의 수입과, 그들 자신이 상품형태로 재생산한 자본가들의 상품구성부분 500v 사이의 교환이다. 그리하여 이 화폐는 Ⅱ부문 자본가들의 가변자본의 화폐형태로서 그들에게로 되돌아온다. 이 경우에는 상품형태에 있는 가변자본가치를 화폐형태에 있는 동등한 수입가치가 대체한다.

자본가들은 노동력을 구매할 때 노동자들에게 지불한 화폐를, 그 등가의 상품량을 노동자들에게 팔아 돌려받는 것에 의하여 치부할 수는 없다. 자본가들이 노동자들에게 그들의 노동력을 사들이면서 먼저 500을 지불하고 그 밖에 또 노동자들을 시켜 생산한 500의 가치를 지닌 상품량을 노동자들에게 거저 준다면, 자본가들은 실제로 두 번 지불하는 것으로 될 것이다. 반대로 노동자들이 그들의 노동력의 가격 500에 대하여 상품으로 등가 500 이상의 아무것도 더 생산하지 않는다면, 자본가들은 이 활동 뒤에도 활동 전과 똑같은 상태에 있을 것이다. 그러나 노동자들은 3,000의 생산물을 재생산하였다. 그들은 생산물의 불변가치부분[즉 생산수단을 새로운 생산물로 전환시키는 데 소비된 생산수단의 가치 2,000]을 유지하였을 뿐 아니라 이 주어진 가치에 1,000(v+s)의 가치를 추가하였다. (500이 화폐로 환류하는 것에 의하여 자본가들이 잉여가치를 얻고 치부한다는 관념을 데스튀트 드 트라시는 전개하고 있는데, 이에 대해서는 이 장의 13절에서 자세히 설명하려 한다.)

Ⅱ부문의 노동자들이 500의 가치를 지닌 소비수단을 구매함으로써, Ⅱ부문의 자본가들이 그때까지 상품으로 가지고 있었던 500Ⅱv의 가치는 다시 화폐[즉 그 자본가들이 그 가치를 맨 처음에 투하한 형태]로 그들에게 되돌아온다. 이 거래의 직접적 결과는, 다른 모든 상품판매에서와 마찬가지로, 주어진 가치가 상품형태에서 화폐형태로 전환하는 것이다. 이 거래에 의하여 화폐가 그 출발점으로 되돌아오는 것도 특수한 것이 아니다. 만약 Ⅱ부문의 자본가들이 500의 화폐로 상품을 Ⅰ부문의 자본가들로부터 사고 그 다음에 500원의 상품을 Ⅰ부문의 자본가들에게 팔았다면, 마찬가지로 500이 화폐로 그들에게 되돌아왔을 것이다. 그리고 이 500의 화폐는 다만 1,000의 상품량의 교환에 봉사하였을 뿐일 것이며, 그리고 위에서 말한 일반적 법칙에 따라 이 상품량의 교환을 위해 화폐를 맨 처음 유통에 투입하였던 사람들에게로 그 화폐는 되돌아갔을 것이다.

그러나 Ⅱ부문의 자본가들에게로 되돌아온 500의 화폐는 동시에 화폐형태로 있는 갱신된 잠재적 가변자본이다. 왜 그런가? 화폐, 따라서 또 화폐자본은 다만 그것이 노동력으로 전환될 수 있기 때문에, 또 그 한에서만 잠재적 가변자본이다. 이 500의 화폐가 Ⅱ부문의 자본가들에게로 되돌아오면 Ⅱ부문의 노동력도 동시에 노동시장에 되돌아온다. 화폐와 노동력이 대립되는 맨끝으로 되돌아오는 것[따라서 또 500의 화폐가 화폐로서뿐 아니라 화폐형태의 가변자본으로서도 다시 나타나는 것]은 똑같은 하나의 과정에 의하여 규정되고 있다. 500의 화폐가 Ⅱ부문의 자본가들에게로 되돌아오는 것은, 그 자본가들이 Ⅱ부문의 노동자들에게 500의 가치의 소비수단을 팔았기 때문이다. 다른 말로 표현하면, 노동자들이 자기 자신과 가족의 생활을 위하여, 그리하여 또 자기들의 노동력을 유지하기 위하여 자기들의 임금을 지출하였기 때문이다. 노동자들은 앞으로 살아가며 또 앞으로 더 상품구매자로서 나타날 수 있기 위해서는 자기들의 노동력을 새로 팔지 않으면 안 된다. 따라서 500의 화폐가 Ⅱ부문의 자본가들에게로 되돌아온다는 것은 동시에 노동력이 500의 화폐로 구매할 수 있는 상품으로 복귀한다는 것(또는 유지되고 있다는 것)이며, 따라서 500의 화폐가 잠재적 가변자본으로 복귀한다는 것이다.

사치품을 생산하는 Ⅱb부문에 대하여 말한다면, 그들의 v, 즉 (Ⅱb)v의 경우도 Ⅰv의 경우와 마찬가지다. Ⅱb부문의 가변자본을 화폐형태로 갱신하는 화폐는 Ⅱa부문 자본가들의 손을 거쳐서 되돌아온다. 그러나 노동자들이 노동력을 구매하는 자본가적 생산자들로부터 직접 자기들의 생활수단을 사는가, 그렇지 않으면 노동자들이 다른 부문의 자본가들로부터 생활수단을 사고 후자를 거쳐서 화폐가 자기 부문의 자본가들에게로 되돌아오는가에 따라 차이가 생긴다. 노동자계급은 그날 벌어 그날 살아가므로 그들은 구매할 재원이 있는 한 구매한다. 그러나 자본가들은, 예컨대 1,000Ⅱc와 1,000Ⅰv의 교환에서 보는 바와 같이, 그렇지 않다. 자본가들은 그날 벌어 그날 살아가는 것이 아니라, 자기들의 자본가치를 최대한 증식시키는 것이 그들의 추진적 동기다. 그러므로 Ⅱ부문 자본가들이 자기들의 불변자본을 곧 갱신하지 않고 화폐형태로 있는 불변자본의 일부를 비교적 오랫동안 보유하는 편이 더 유리하다고 생각되는 사정이 생긴다면, 이 1,000Ⅱc(화폐형태의)가 Ⅰ부문 자본가들에게로 되돌아오는 것은 늦어지며, 따라서 또 1,000Ⅰv가 화폐형태를 회복하는 것도 늦어진다. 그리하여 Ⅰ부문의 자본가들은 예비자금을 가지고 있을 경우에만 똑같은 규모로 사업을 계속할 수 있다. 일반적으로 가변자본가치가 화폐형태로 환류하는 것이 빠른가 느린가에는 관계없이, 사업을 중단 없이 계속할 수 있기 위해서는 화폐형태의 예비자본이 필요하다.

올해의 재생산의 여러 요소들의 교환을 연구하자면 지난해의 노동(이미 끝난 해의 노동)의 결과도 연구하여야 한다. 이 연간 생산물을 결과로 남긴 생산과정은 과거의 일로 지나갔으며, 생산물을 남기고 사라졌다. 그 생산과정에 선행하거나 병행하는 유통과정, 즉 잠재적 가변자본이 현실적 가변자본으로 전환하는[노동력이 매매되는] 경우에는 더욱 그러하다. 노동시장은 여기에서 다루고 있는 상품시장의 한 부분을 이제는 이루지 않는다. 노동자들은 이미 자기들의 노동력을 팔았을 뿐 아니라 잉여가치 이외에도 자기들의 노동력 가격의 등가를 상품으로 제공하였다. 그들은 다른 한편 임금을 호주머니에 이미 넣고 있으며, 따라서 교환에서는 상품(소비수단)의 구매자로서만 나타난다. 그러나 연간 생산물은 재생산의 모든 요소들을 포함하지 않으면 안 되며, 생산자본의 모든 요소들, 특히 가장 중요한 요소인 가변자본을 회복하지 않으면 안 된다. 그리고 우리가 이미 본 바와 같이 가변자본을 놓고 볼 때는 교환의 결과는 다음과 같이 된다. 즉 상품의 구매자로서 노동자들은 자기들의 임금을 지출하여 구매한 상품을 소비함으로써 자기들이 팔 수 있는 유일한 상품인 노동력을 유지하고 재생산한다. 자본가들이 노동력의 구매에 투하한 화폐가 이 자본가들에게로 되돌아오듯이, 노동력도 그 화폐와 교환될 수 있는 상품으로서 노동시장에 되돌아온다. 1,000 Ⅰv의 경우에 보게 되는 결과는, Ⅰ부문의 자본가들 편에는 1,000v가 화폐로 있고 그에 맞서 Ⅰ부문의 노동자들 편에는 1,000의 가치를 지닌 노동력이 있게 된다는 것이며, 그리하여 Ⅰ부문의 전체 재생산과정이 새로 시작될 수 있다. 이것은 교환과정의 하나의 결과다.

다른 한편, Ⅰ부문의 노동자들은 임금을 지출하여 Ⅱ부문으로부터 1,000c 만큼의 소비수단을 끌어내었으며, 이렇게 함으로써 이 소비수단을 상품형태에서 화폐형태로 전환시켰다. Ⅱ부문의 자본가들은 Ⅰ부문으로부터 1,000v 만큼의 상품을 구매함으로써 그 소비수단을 이 화폐형태에서 자기들의 불변자본의 현물형태로 다시 전환시켰으며, 이리하여 Ⅰ부문의 자본가들에게로 그들의 가변자본가치가 다시 화폐형태로 되돌아온다. Ⅰ부문의 가변자본은 연간 생산물의 교환에서 전혀 나타나지 않거나 암시적으로만 나타나는 세 가지 탈바꿈을 겪는다.

(1) 첫째 형태는 1,000Ⅰv의 화폐형태인데, 이것은 동등한 가치액의 노동력으로 전환된다. 이 전환 자체는 Ⅰ부문과 Ⅱ부문 사이의 상품교환에서는 나타나지 않지만, 그 결과는 Ⅰ부문의 노동자가 1,000의 화폐를 가지고 Ⅱ부문의 상품판매자들과 대면한다는 사실로 나타나는데, 이것은 Ⅱ부문의 노동자가 500의 화폐를 가지고 상품형태로 있는 500Ⅱv의 상품판매자들과 대면하는 것과 마찬가지다.

(2) 둘째 형태는 가변자본이 실제로 변화하여 가변자본으로서 기능하는 유일한 형태인데, 여기에서는 가치창조력이 자기와 교환된 주어진 가치 대신에 나타난다. 이 형태는 전적으로 우리의 배후에 있는 생산과정에 속한다.

(3) 셋째 형태는 가변자본이 생산과정의 결과 중에 자기를 가변자본으로서 실증하는 형태인데, 이것은 연간의 가치생산물이며, Ⅰ부문의 경우는 1,000v+1,000s=2,000Ⅰ(v+s)이다. 가변자본의 최초의 가치[화폐로서의 1,000] 대신에 그 두 배나 되는 가치 2,000이 상품으로 나타났다. 그러므로 상품형태의 가변자본가치 1,000은 생산자본의 요소인 가변자본에 의하여 창조된 가치생산물의 절반밖에 되지 않는다. 상품인 1,000Ⅰv는 Ⅰ부문의 자본가들이 총자본 중 가변적 부분으로 예정하여 맨 처음 투하한 화폐, 1,000v의 정확한 등가다. 그러나 그것은 상품형태에서는 다만 잠재적인 화폐이며(그것이 팔려야 비로소 실제로 화폐로 된다), 더구나 직접으로 가변적인 화폐자본은 아니다. 그것이 마침내 이런 화폐자본으로 되는 것은 1,000Ⅰv의 상품이 Ⅱc에게 팔리는 것에 의해서, 그리고 노동력이 곧 살 수 있는 상품으로서[1,000v의 화폐가 전환될 수 있

는 재료로서] 다시 나타나는 것에 의해서다.

이 모든 전환이 진행되는 동안 I 부문의 자본가들은 항상 가변자본을 자기들의 손에 쥐고 있다. 즉 (1) 처음에는 화폐자본으로, (2) 다음에는 자기들의 생산자본의 요소로, (3) 또 그 다음에는 자기들의 상품자본의 가치부분으로, 따라서 상품가치로, (4) 마지막에는 다시 화폐로 쥐고 있는데, 이 화폐는 그 화폐가 전환될 수 있는 노동력과 다시 상대하게 된다. 노동과정이 진행되는 동안에는, 자본가들은 가변자본을 주어진 크기의 가치로서 가지고 있는 것이 아니라, 활동하며 가치를 창조하는 노동력으로서 자기들의 손에 가지고 있는 것이다. 그렇지만 자본가들은 노동자들의 힘이 일정한 시간 [길건 짧건] 이미 작용한 다음에야 비로소 노동자들에게 지불하므로, 자본가들은 지불하기 전에 벌써 노동력이 창조한 자기 자신의 보충가치 + 잉여가치를 자기들의 손에 가지고 있다.

가변자본은 이러저런 형태로 늘 자본가의 손에 남아 있으므로 그것이 그 누구를 위한 수입으로 전환된다고는 결코 말할 수 없다. 오히려 상품형태의 1,000 I v는 II 부문에 팔려야 화폐로 전환되며, 이리하여 II 부문 불변자본의 절반이 현물로 보충된 것이다.

수입으로 분해되는 것은 I 부문의 가변자본인 화폐형태의 1,000v가 아니다. 이 화폐는 그것이 노동력으로 전환되자마자 I부문 가변자본의 화폐형태로서는 기능하지 않게 되는데, 이것은 다른 모든 상품구매자의 화폐가 어떤 판매자의 상품으로 전환되자마자 그 화폐가 자기의 것으로 되지 않는 것과 마찬가지다. 임금으로서 얻은 화폐가 노동자계급의 손에서 거치는 전환은 결코 가변자본의 전환이 아니라 화폐로 전환된 그들의 노동력 가치의 전환이다. 이것은 노동자들이 창조한 가치생산물(2,000 I (v+s))의 전환이 자본가들이 소유하는 상품의 전환에 지나지 않으며 노동자들과는 아무런 관계도 없는 것과 마찬가지다. 그러나 자본가들, 그리고 더욱이 그들의 이론적 대변자인 정치경제학자들은, 노동자들에게 지불한 화폐가 여전히 자본가들의 화폐라는 망상을 좀처럼 버리지 못하고 있다. 자본가가 금 생산자라면 생산물 금의 가변가치 부분[즉 노동력의 구매가격을 자기에게 보상해 주는 상품의 등가] 그 자체가 직접 화폐형태로 나타나며, 따라서 우회를 거쳐 돌아오지 않고도 새로 가변적 화폐자본으로 기능할 수 있다. 그러나 Ⅱ부문의 노동자들에 대하여 말하면 — 사치품을 생산하는 노동자들을 도외시하면 — 500v 그 자체는 노동자들이 소비하게 되어 있는 상품으로 존재하며, 이 상품을 집단적 노동자가 자기들의 노동력을 구매한 동일한 집단적 자본가로부터 직접 다시 구매한다. Ⅱ부문 자본의 가변적 가치부분은 그 현물형태로 보면 대부분 노동자계급이 소비하게 되어 있는 소비수단이다. 그러나 이 소비수단에 노동자들이 지출하는 것은 가변자본이 아니라 임금[노동자들의 화폐]인데, 이 화폐가 바로 이 소비수단으로 실현됨으로써 500Ⅱv의 가변자본을 자본가들에게 화폐형태로 회복시킨다. 가변자본 Ⅱv는 불변자본 2,000Ⅱc와 마찬가지로 소비수단으로 재생산되어 있다. 이것이나 저것이나 수입으로는 분해되지 않는다. 수입으로 분해되는 것은 어느 경우에나 임금뿐이다.

그러나 임금이 수입으로 지출됨으로써, 1,000Ⅱc와, 우회를 거쳐 1,000Ⅰv, 그리고 『직접 구매에 의해』 500Ⅱv가, 따라서 불변자본과 가변자본(가변자본의 경우에는 일부는 직접, 일부는 간접적으로 환류한다)이 다시 화폐자본으로 회복된다는 것은 연간 생산물의 교환에서는 하나의 중요한 사실이다.

제11절 고정자본의 보충

한 해의 재생산에서 진행되는 교환의 묘사에서 하나의 큰 어려움이 나타나는데, 그 어려움을 가장 단순한 형태에서 살펴보면, 다음과 같다.

(Ⅰ) 4,000c + 1,000v + 1,000s +
(Ⅱ) 2,000c + 500v + 500s = 9,000

이것은 결국 4,000 Ⅰc+2,000 Ⅱc+1,000 Ⅰv+500 Ⅱv+1,000 Ⅰs+500 Ⅱs =6,000c +1,500v+1,500s=9,000으로 분해된다. 생산수단의 특수 부류인 진정한 노동수단으로 이루어지는 불변자본의 한 가치부분 〖고정자본의 감가상각액〗은 노동수단에서 노동생산물(상품)로 이전된다. 그러나 이 노동수단은 생산자본의 요소로서 종래의 현물형태를 그대로 유지하면서 기능을 계속하고 있다. 이 노동수단이 생산하는 상품의 가치요소로서 다시 나타나며, 노동수단에서 노동생산물로 이전되는 것은, 바로 노동수단의 마멸분[즉 노동수단이 일정한 기간 계속 기능하는 동안에 점차 잃어버리는 가치]이다. 따라서 한 해의 재생산과 관련하여 여기에서 문제로 되는 것은 무엇보다도 먼저 고정자본 중 그 수명이 1년보다 긴 구성부분들뿐이다. 노동수단이 1년 중에 완전히 낡아 없어진다면, 그런 노동수단들은 한 해의 재생산에서 전부 다 보충되고 갱신되어야 하며, 따라서 그것들은 여기에서 살펴보는 문제와는 전혀 관계가 없다. 기계와 그 밖에 비교적 오래가는 형태의 고정자본의 경우, 건물 전체나 기계 전체는 수명이 길더라도 그것들의 어떤 개별 부분들은 한꺼번에 1년 중에 보충되어야 하는 일이 생길 수 있으며 또 흔히 자주 생긴다. 이런 개별 부분들은 고정자본 중 1년 중에 보충되어야 할 요소들과 똑같은 범주에 속한다.

상품의 이런 가치요소〖마멸분〗를 결코 수리비와 혼동해서는 안 된다. 상품이 팔리면 이 가치요소는 다른 가치요소들과 마찬가지로 화폐로 전환된다. 그러나 이 가치요소가 화폐로 전환된 다음에 다른 가치요소들과의 차이가 나타난다. 상품의 생산에 소비된 원료와 보조재료는 상품의 재생산이 시작되려면(일반적으로 상품의 생산과정이 계속적인 것이 되려면) 현물로 보충되지 않으면 안 되며, 상품에 지출된 노동력도 마찬가지로 새로운 노동력으로 보충되지 않으면 안 된다. 따라서 상품〖의 판매〗에서 얻은 화폐는 끊임없이 생산자본의 이 요소들로 다시 전환되지 않으면 안 되며, 따라서 화폐형태로부터 상품형태〖더 정확하게는 '생산요소의 형태'〗로 전환되지 않으면 안 된다. 이런 사정은 다음과 같은 사실, 즉 원료와 보조재료가 일정한 시간을 두고 비교적 대량으로 구입되어 생산용 재고를 형성하며, 따라서 일정한 시간 생산수단을 새로 구입하지 않아도 되고, 그리하여 또 그것들이 지금 있는 것으로 충분한 동안에는 상품의 판매로 들어오는 화폐(이 화폐가 원료와 보조재료를 구매하는 데 쓰인다면)가 쌓일 수 있으며, 따라서 또 불변자본의 이 부분이 일시적으로 그 능동적인 기능을 멈춘 화폐자본으로서 나타날 수 있다는 사실에 의해서도 전혀 달라지지 않는다. 이 화폐자본은 수입이 아니라 화폐형태로 머물고 있는 생산자본이다. 생산수단의 갱신은, 이 갱신의 형태가 유통과 관련하여 서로 다를 수 있다고 하더라도, 끊임없이 행해지지 않으면 안 된다. 생산수단을 갱신하고 보충하기 위한 새로운 구입[즉 유통분야의 활동]은 비교적 오랜 시간을 두고 진행될 수 있으며, 이 경우 많은 화폐가 한꺼번에 지출되고 이에 따르는 생산용 재고가 생긴다. 또는 이런 활동은 짧은 기간을 두고 연이어 진행될 수 있는데, 이 경우 화폐가 비교적 적은 금액으로 조금씩 연이어 지출되며 생산용 재고는 적다. 이런 것은 문제 자체를 조금도 변경시키지 않는다. 노동력도 마찬가지다. 생산이 일년 내내 같은 규모로 계속되는 경우 소비된 노동력은 새로운 노동력에 의하여 끊임없이 보충되지만, 농업에서와 같이 노동이 계절적 성격을 띠거나 시기에 따라 사용되는 노동량이 다를 경우에는 이에 따라 구매되는 노동력의 양도 적어졌다 많아졌다 한다. 이와는 반대로, 상품을 팔아서 얻은 화폐 중 고정자본의 마멸분에 해당되는 상품가치부분을 대표하는 화폐는 생산자본의 구성부분[고정자본의 마멸분을 보충하기 위한 것]으로 다시 전환되지 않는다. 그 화폐는 생산자본의 곁에 가라앉으며 화폐형태 그대로 머무른다. 이런 화폐의 적립은 많건 적건 일정한 햇수로 이루어지는 재생산시간[이 동안에 불변자본의 고정적 요소는 종래의 그 현물형태대로 계속 생산과정에서 기능한다]이 끝날 때까지 되풀이된다. 건물 · 기계 등 불변자본의 고정적 요소가 수명을 다하여 생산과정에서 더 이상 기능할 수 없게 되면, 그 가치는 화폐로 완전히 전환되어 적립화폐의 총액으로 그 고정적 요소의 곁에 있는데, 이 적립화폐의 총액은 고정자본으로부터 그 도움에 의하여 생산된 상품으로 점차 이전되어 상품의 판매에 의해 화폐형태로 전환된 가치의 총액이다. 그 다음에 이 화폐는 고정자본(또는 고정자본의 요소들, 왜냐하면 고정자본의 요소들은 그 수명이 각각 다르기 때문이다)을 현물로 보충하고 그리하여 생산자본의 이 구성부분을 실제로 갱신하는 데 사용된다. 그러므로 이 화폐는 불변자본 가치의 한 부분[즉 그것의 고정적 부분]의 화폐형태다. 따라서 이 화폐퇴장은 그 자체가 자본주의적 재생산과정의 한 요소다. 즉 고정자본이 수명을 다하고 [따라서 그 가치를 모두 생산된 상품에 이전하고] 이제는 현물로 보충되지 않으면 안 될 때까지, 고정자본 또는 그 개별요소들의 가치가 화폐형태로 재생산되고 적립되는 것이다. 이 화폐는, 고정자본의 새 요소들로 다시 전환되어 수명을 다한 고정자본의 요소들을 보충할 때 비로소 그 퇴장화폐의 형태를 잃고 따라서 유통에 의하여 매개되는 자본의 재생산과정에 능동적으로 다시 들어간다.

단순상품유통이 생산물의 직접적 교환과 같지 않은 것처럼, 연간 생산물의 유통도 그 상품생산물을 이루는 여러 부분들의 단순한 직접적인 상호교환으로 분해될 수는 없다. 화폐는 여기에서 특수한 기능을 하는데, 그 기능은 특히 고정자본가치의 재생산방식에서도 표현된다. (생산이 집단적이고 상품생산의 형태를 띠지 않는다고 전제하면, 이 모든 것이 어떻게 달리 나타날 것인가 하는 것은 나중에 연구되어야 할 것이다.)

이제 기본표식으로 돌아가면, Ⅱ부문에서는 2,000c+500v+500s였다. 한 해 동안에 생산된 소비수단의 총액은 이 경우 3,000의 가치와 같다. 그리고 상품총액을 이루는 여러 상품요소들의 하나하나는 그 가치로 보아 $\frac{2}{3}$c + $\frac{1}{6}$v+ $\frac{1}{6}$s로, 또는 백분율로는 66$\frac{2}{3}$c+16$\frac{2}{3}$v+16$\frac{2}{3}$s로 갈라진다. Ⅱ부문의 여러 상품종류에 들어 있는 불변자본가치의 비율은 서로 다를 수 있으며, 또 그 상품들에서 불변자본의 고정적 부분의 가치도 서로 다를 수 있고, 또한 고정자본부분들의 수명도, 따라서 또 한 해의 마멸분 또는 이 고정자본부분이 참가하여 생산되는 상품들로 이전되는 가치부분도 서로 다를 수 있다. 그러나 이 모든 것은 여기에서는 문제로 되지 않는다. 사회적 재생산과정에 관한 한, Ⅱ부문과 Ⅰ부문 사이의 교환만이 문제로 된다. Ⅱ부문과 Ⅰ부문은 여기에서는 직접적인 사회적 관계로서 서로 대응하기 때문에, Ⅱ부문 상품생산물의 가치부분 c의 상대적 크기(여기에서 살펴보고 있는 문제에서는 이 부분만이 결정적이다)는 Ⅱ부문에 속하는 모든 생산분야들을 통틀어 볼 때의 평균비율이다.

그리하여 총가치가 2,000c+500v+500s로 총괄되는 상품종류들(그런데 이것은 대체로 같은 상품종류들이다)은 각각 다 같이 백분율의 가치로 보면 66$\frac{2}{3}$%c+16$\frac{2}{3}$%v+16$\frac{2}{3}$%s와 같다. 이것은 임의의 상품 100개에 들어맞으며, c, v, s의 구성부분들에도 들어맞는다.

2,000c가 체현되어 있는 상품들은 가치로 보아 다시 다음과 같이 갈라질 수 있다.

$$(1)\ 1,333\frac{1}{3}c + 333\frac{1}{3}v + 333\frac{1}{3}s = 2,000c$$

이와 마찬가지로 500v는

$$(2)\ 333\frac{1}{3}c + 83\frac{1}{3}v + 83\frac{1}{3}s = 500v$$

로 갈라질 수 있으며, 끝으로 500s도

$$(3)\ 333\frac{1}{3}c + 83\frac{1}{3}v + 83\frac{1}{3}s = 500s$$

로 갈라질 수 있다.

이제 (1), (2), (3)의 c를 모두 합하면 $1,333\frac{1}{3}c+333\frac{1}{3}c+333\frac{1}{3}s=2,000$이 된다. 마찬가지로 v를 모두 합하면 $333\frac{1}{3}v+83\frac{1}{3}v+83\frac{1}{3}v=500$이 되며, s도 모두 합하면 이와 같이 된다. 총계하면 위에서 든 것처럼 3,000의 총가치로 된다.

따라서 3,000의 가치가 있는 Ⅱ부문의 상품량에 들어있는 불변자본가치는 모두 2,000c에 들어있으며 500v나 500s에는 조금도 들어 있지 않다. v와 s에 대해서토 동일한 이야기를 할 수 있다.

다시 말하면, Ⅱ부문의 상품량 가운데서 불변자본가치를 표시하며 따라서 현물형태로건 화폐형태로건 불변자본으로 다시 전환될 수 있는 부분도 모두 2,000c에 존재한다. 따라서 Ⅱ부문 상품의 불변가치의 재전환과 관련된 모든 것은 2,000Ⅱc의 운동에 국한되어 있다. 그리고 이 재전환은 오직 Ⅰ(1,000v+1,000s)와의 교환에 의하여 행해질 수 있다.

이와 마찬가지로 Ⅰ부문에서도 이 부문의 불변자본가치의 재전환과 관련된 모든 것은 4,000Ⅰc를 살펴보는 데 국한되어야 한다.

1. 마멸가치분을 화폐형태로 보충

먼저 다음의 도식에서 시작하자.

$$
\begin{array}{l}
\text{I}.\ 4{,}000c + \underbrace{1{,}000v + 1{,}000s} \\
\text{II}.\ \cdots\cdots\cdots\cdots\ 2{,}000c + 500v + 500
\end{array}
$$

상품 2,000Ⅱc가, 동등한 가치의 상품 Ⅰ(1,000v+1,000s)와 교환된다면, 이것은 2,000Ⅱc의 현물 전부가 Ⅰ부문에서 생산된 Ⅱ부문 불변자본의 현물요소들로 다시 전환된다는 것을 전제할 것이다. 그러나 Ⅱ부문 불변자본을 포함하는 2,000의 상품가치에는 고정자본의 마멸 가치분을 보상하는 요소가 들어 있다. 이 요소는 곧 현물로 보충될 필요는 없고 화폐로 전환되기만 하면 되는데, 이 화폐는 고정자본이 그 현물형태로 갱신되어야 할 기한이 다 될 때까지 점차 쌓여 그것의 총액에 이른다. 그러나 이러저러한 개별기업이나 또 이러저런 산업분야에서 해마다 고정자본의 일부는 수명을 다하여 보충되지 않으면 안 된다. 개별자본에서도 고정자본의 이러저런 부분이 보충되어야 한다[왜냐하면 고정자본의 부분들은 그 수명이 서로 다르기 때문이다]. 우리가 한 해의 재생산을 살펴보는 경우—단순한 규모에서, 즉 축적은 모두 제쳐 놓고 보는 경우에도—우리는 바로 맨손으로 시작하는 것은 아니다. 다시 말해 우리가 살펴보는 연도는 여러 해의 흐름 속의 한 해이고 자본주의적 생산이 시작된 첫 해가 아니다. 따라서 Ⅱ부문의 다양한 생산분야들에 투하되어 있는 여러 자본들은 그 연령이 서로 다르며, 이 생산분야들에서 일하는 사람들이 해마다 죽어가듯이 해마다 많은 고정자본들이 수명을 다하여 적립된 화폐재원에서 현물로 보충되지 않으면 안 된다. 이런 한에서 2,000Ⅱc와 2,000Ⅰ(v+s) 사이의 교환에는, 2,000Ⅱc의 상품형태(소비수단)가 현물요소들[원료와 보조재료뿐 아니라 고정자본의 현물요소들인 기계·도구·건물 등으로도 이루어진다]로 전환되는 것이 포함되어 있다. 고정자본에 관해 말하면, 2,000Ⅱc의 가치에는 화폐로 보충되지 않으면 안 되는 고정자본의 마멸분 뿐 아니라 해마다 현물로 보충되지 않으면 안 되는 고정자본도 포함되어 있다. 그런데 고정자본의 보충에 필요한 화폐는 이전의 여러 해 동안 Ⅱ부문 자본가들의 손에 쌓여 있다는 것을 전제하고 있다. 그런데 바로 이 전제는 이전의 여러 해에 대해 가정되는 것과 마찬가지로 이 해에도 해당된다.

Ⅰ(1,000v+1,000s)와 2,000Ⅱc 사이의 교환에서 맨 먼저 지적하여야 할 것은, Ⅰ(v+s)의 가치액에는 Ⅱ부문 고정자본의 마멸 가치분을 보상하는 가치요소가 포함되어 있지 않다는 점이다. 반대로, 이 가치요소는 Ⅱc의 가치 속에 있는데, 화폐형태로부터 곧바로 현물형태로 전환되지 않고 먼저 화폐형태로 머물러 있어야 한다. 그러므로 Ⅰ(1,000v+1,000s)와 2,000Ⅱc 사이의 교환은 곧 다음과 같은 곤란에 부닥친다. 즉 2,000(v+s)의 현물형태인 Ⅰ부문의 생산수단은 2,000의 가치총액만큼 Ⅱ부문의 소비수단으로 있는 등가와 교환되어야 하지만, 다른 한편 2,000Ⅱc의 소비수단은 그 가치총액만큼 Ⅰ(1,000v+ 1,000s)의 생산수단과 교환될 수 없다는 점이다. 왜냐하면 그 소비수단 가치의 일부 — 고정자본의 마멸분 또는 가치상실분 — 는 먼저 화폐로 가라앉지 않으면 안 되며, 이 화폐는 우리가 고찰하는 이 해의 재생산기간 안에는 다시 유통수단으로 기능하지 않기 때문이다. 그러나 2,000Ⅱc의 상품가치 속에 들어 있는 마멸분을 실현하는 화폐는 Ⅰ부문에서 나올 수밖에 없다. 왜냐하면 Ⅱ부문은 스스로 자기 자신에게 지불할 수는 없고 자기의 상품을 팔아 지불받기 때문이며, 또 전제에 따르면 Ⅰ(v+s)는 2,000Ⅱc의 상품총액을 구매하기 때문이다. 따라서 Ⅰ부문은 이 구매에 의하여 Ⅱ부문 고정자본의 마멸분을 화폐화하지 않으면 안 된다. 그러나 앞에서 설명한 법칙에 따르면, 유통에 투하된 화폐는 뒤에 동등한 액수의 상품을 유통에 던져 넣는 자본주의적 생산자에게로 되돌아간다. Ⅰ부문이 Ⅱc를 살 때, Ⅱ부문에게 2,000어치의 상품과 그 밖에 또 추가적 화폐액을 아주 (이 화폐액이 교환이라는 경로를

통하여 Ⅰ부문으로 되돌아오지 않게) 넘겨줄 수 없다는 것은 명백하다. 그렇게 된다면 Ⅱc의 상품량을 그 가치 이상으로 구매하는 것이 될 것이다. Ⅱ부문이 자기의 2,000c와 교환하여 실제로 Ⅰ(1,000v+1,000s)를 얻는다면, Ⅱ부문이 Ⅰ부문에 대하여 더 요구할 것은 아무 것도 없으며, 이 교환 중에 유통하는 화폐가 Ⅰ부문과 Ⅱ부문 중 어느 부문으로 되돌아가는가는 두 부문 가운데서 어느 부문이 화폐를 유통에 투입하였는가[즉 어느 부문이 먼저 구매자로 나타났는가]에 의하여 정해진다. 동시에 이 경우 Ⅱ부문은 자기의 상품자본을 그 가치총액만큼 생산수단의 현물형태로 전환시켰을 것인데, 우리의 전제에서는 이 상품자본의 일부는 팔리더라도 이 해의 재생산기간에는 화폐에서 Ⅱ부문 불변자본의 고정적 요소의 현물형태로 다시 전환하지 않는다는 것이다. 이처럼 Ⅱ부문이 화폐의 차액을 얻게 되는 것은 오직 Ⅱ부문이 Ⅰ부문에 2,000만큼 팔았지만 Ⅰ부문으로부터 2,000보다 적게, 예컨대 1,800밖에는 사지 않는 경우다. 이 경우 Ⅰ부문은 그 차액을 200의 화폐로 매워야 할 것인데, 이 화폐는 Ⅰ부문으로 되돌아오지 않을 것이다. 왜냐하면 Ⅰ부문은 유통에 투하한 이 화폐를, 200의 가치를 지닌 상품을 유통에 투입함으로써 유통에서 다시 끌어낼 수 없을 것이기 때문이다. 이 경우 Ⅱ부문에서는 고정자본의 마멸계정에 화폐재원이 생길 것이지만, Ⅰ부문에서는 200어치만큼 생산수단의 과잉생산이 생길 것이며, 이에 따라 표식의 기초 전체[서로 다른 생산부문들 사이의 완전한 비례관계를 전제하는 동일한 규모의 재생산]가 무너질 것이다. 하나의 곤란을 제거하니 훨씬 더 불편한 다른 곤란이 발생한 것이다.

이 문제에는 독특한 곤란들이 있고, 또 이제까지 정치경제학자들이 이 문제를 전혀 다루지 않았으므로, 우리는 가능한(적어도 가능한 것으로 보이는) 모든 해결책을, 또는 문제 자체의 설정을 차례차례 살펴보려고 한다.

무엇보다 먼저 우리는 방금 Ⅱ부문은 Ⅰ부문에 2,000의 상품을 팔지만 Ⅰ부문으로부터 1,800의 상품밖에는 사지 않는다고 가정하였다. 그렇다면 2,000Ⅱc의 상품가치 속에는 화폐로 퇴장되어야 할, 마멸보충을 위한 200의 가치가 들어 있는 것이다. 이리하여 2,000Ⅱc의 가치는 Ⅰ부문의 생산수단과 교환되어야 할 1,800과 (2,000c를 Ⅰ부문에 판매한 다음에) 화폐 그대로 가지고 있어야 할 마멸보충분인 200으로 갈라질 것이다. 또는 가치로 보면 2,000Ⅱc=1,800c+200c(d)로 될 것인데, 여기에서 d는 마멸분depreciation이다.

이런 경우 우리는 다음과 같은 교환을 살펴보아야 할 것이다.

Ⅰ. 1,000v + 1,000s
Ⅱ. 1,800c + 200c(d)

Ⅰ부문은 노동자들이 자기들의 노동력의 대가로 [임금으로] 지불받은 1,000원으로 1,000Ⅱc의 소비수단을 산다. Ⅱ부문은 그 1,000원으로 1,000 Ⅰv의 생산수단을 산다. 그리하여 Ⅰ부문의 자본가들에게는 그들의 가변자본이 화폐형태로 되돌아오는데, 그들은 이것으로 다음 해에 동일한 가치액의 노동력을 살 수 있다. 즉 자기들의 생산자본의 가변부분을 현물로 보충할 수 있다. 그리고 또 Ⅱ부문은 예컨대 400원을 투하하여 생산수단 Ⅰs를 사며, Ⅰs부문은 이 400원으로 소비수단 Ⅱc를 산다. 그리하여 Ⅱ부문이 유통에 투하한 400원은 Ⅱ부문의 자본가들에게 되돌아오지만 판매한 상품의 등가로서만 되돌아온다. 이제 Ⅰ부문이 예컨대 400원을 투하하여 소비수단을 사며, Ⅱ부문은 Ⅰ부문에서 400원어치 생산수단을 산다. 이에 따라 이 400원은 Ⅰ부문으로 되돌아온다. 여기까지의 계산은 다음과 같다.

Ⅰ부문은 유통에 1,000v+800s를 상품으로 투입한다. 그리고 또 화폐

로는 임금 1,000원과, Ⅱ부문과의 교환을 위한 400원을 유통에 투입한다. 교환이 끝나면 Ⅰ부문은 화폐로 1,000v, 800Ⅱc(소비수단)로 전환된 800s, 그리고 400원의 화폐를 가지게 된다.

Ⅱ부문은 1,800c를 상품(소비수단)으로, 그리고 400원을 화폐로 유통에 투입한다. 교환이 끝나면 Ⅱ부문은 1,800을 I부문의 상품(생산수단)으로, 그리고 400원을 화폐로 가지게 된다.

그러면 아직 Ⅰ부문에 200s(생산수단으로), Ⅱ부문에 200c(d)(소비수단으로)가 남아있다.

전제에 따르면, Ⅰ부문은 200원으로 가치액 200의 소비수단 Ⅱc(d)를 산다. 그러나 Ⅱ부문은 이 200원을 그대로 가지고 있다. 왜냐하면 200c(d)는 마멸분을 표현하며, 따라서 곧 다시 생산수단으로 전환되어야 할 것이 아니기 때문이다. 그러므로 200Ⅰs는 팔릴 수 없다. Ⅰ부문의 잉여가치의 $\frac{1}{5}$은 실현될 수 없으며, 생산수단의 현물형태에서 소비수단의 현물형태로 전환될 수 없다.

이것은 단순재생산이라는 전제와 모순되며, 위의 전제는 200c(d)의 화폐화를 설명할 수 있는 가정도 아니다. 그것은 오히려 그 화폐화가 전혀 설명될 수 없다는 것을 가리키고 있다. 200c(d)가 어떻게 화폐화되는가를 논증할 수 없으므로 다음과 같이 가정하고 있는 셈이다. 즉 Ⅰ부문은 친절하게도 그것을 화폐화하고 있는데, 그 이유는 그렇게 하지 않으면 Ⅰ부문은 자기의 나머지 200s를 화폐화할 수 없기 때문이라는 것이다. 이것을 교환기구의 정상적 활동이라고 보는 것은, 200c(d)를 규칙적으로 화폐화하기 위해 해마다 200원이 하늘에서 떨어진다고 가정하는 것과 같다.

그렇지만 이런 가정이 불합리하다는 것은 다음과 같은 경우에는 곧 눈에 띄지 않는다. 즉 Ⅰs가 여기에서와 같이 그 원래의 존재방식으로 — 즉 생산수단 가치의 구성부분으로서, 따라서 자본주의적 생산자들이 팔아서 화폐로 실현하지 않으면 안 되는 상품 가치의 구성부분으로서 —

나타나지 않고, 자본가 형제들의 손에서 나타나는[예컨대 지주의 손에서 지대로서 나타나거나 화폐대부자의 손에서 이자로서 나타나는] 경우다. 그러나 상품에 들어 있는 잉여가치 중 산업자본가가 지대나 이자로 잉여가치의 다른 공동소유자들에게 떼어주어야 하는 부분이 오랫동안 상품 그 자체의 판매를 통하여 실현될 수 없다면, 지대나 이자의 지불도 끝장이 나며, 따라서 지주나 이자취득자가 지대나 이자를 지출함으로써 연간 재생산의 일정한 부분을 마음대로 화폐화하는 데 구원의 신으로 기능할 수는 없다. 또한 이른바 비생산적 노동자[관리 · 의사 · 변호사 등]와 [정치경제학자들이 자기들로서는 설명할 수 없는 것을 설명하기 위해 '대중'이란 형태로 '동원'하고 있는] 기타의 사람들의 지출도 사정은 마찬가지다.

Ⅰ부문과 Ⅱ부문 사이[즉 자본주의적 생산자들 자신의 두 큰 부문들 사이]의 직접적 교환 대신에 상인을 매개자로서 끌어들여 그의 '화폐'로 모든 곤란을 제거하려고 하더라도 역시 소용이 없다. 지금의 경우 예컨대 200Ⅰs는 결국 마침내는 Ⅱ부문의 산업자본가들에게 팔리지 않으면 안 되는 것이다. 그것은 일련의 상인들의 손을 거칠지 모르지만, 역시 마지막 상인은, 가정에 따르면, Ⅱ부문과의 관계에서 Ⅰ부문의 자본주의적 생산자들이 처음에 처하였던 상황과 똑같은 상황에 부딪치게 된다. 즉 그 상인은 200 Ⅰs를 Ⅱ부문에 팔 수 없다. 그리고 이 매입금액이 꼭 붙잡혀 있기 때문에 상인들은 Ⅰ부문을 위해 똑같은 과정을 반복할 수가 없다.

여기에서 알 수 있는 것처럼, 사회적 재생산과정을 처음부터 그 복잡한 구체적 형태에서 분석하기 시작할 때 '과학적'으로 설명하는 것처럼 보이는 속임수를 제거하기 위해서는, 재생산과정을 그 기본형태[여기에서는 사태를 애매하게 하는 모든 부차적 사정들이 제거된다]에서 고찰하는 것이, 우리의 진정한 목적에는 벗어난다 하더라도, 절대적으로 필요하다.

그리하여 재생산(단순한 규모이건 확대된 규모이건)이 정상적으로 진행되는 경우, 자본주의적 생산자들이 유통에 투하한 화폐는 그 출발점으로 되돌아오지 않을 수 없다(이 경우 그 화폐가 그들 자신의 것이건 빌려온 것이건 아무래도 좋다)는 법칙은, 200Ⅱc(d)가 Ⅰ부문이 투하한 화폐로 실현될 수 있다는 가정을 결정적으로 제외한다.

2. 고정자본을 현물로 보충

이상에서 고찰한 가정을 제외해버리면, 고정자본의 마멸분을 화폐로 보충하는 것 이외에, 아주 못쓰게 된 고정자본을 현물로 보충하는 가능성들만이 남게 된다.

우리는 지금까지 다음과 같이 전제하였다.

a) Ⅰ부문에서 임금으로 지불된 1,000원은 노동자들에 의하여 같은 가치액의 Ⅱc에 지출된다. 즉 노동자들은 그것으로 소비수단을 산다.

이 경우 1,000원을 Ⅰ부문이 화폐로 투하한다는 것은 사실을 확인하는 것에 지나지 않는다. 자본가적 생산자들은 각각 임금을 화폐로 지불하여야 한다. 그 다음에 노동자들은 이 화폐를 생활수단에 지출하며, 그리고 생활수단의 판매자들은 그들의 불변자본을 상품자본에서 생산자본으로 전환시킬 때 이 화폐를 다시 유통수단으로 쓴다. 사실 이 화폐는 많은 통로(소매상 · 집주인 · 세금징수자, 그리고 노동자 자신이 필요로 하는 의사 등과 같은 비생산적 노동자들)를 거치며, 따라서 부분적으로만 Ⅰ부문의 노동자들의 손에서 직접 Ⅱ부문의 자본가들의 손으로 흘러들어간다. 이 화폐의 흐름은 다소간 정체될 수 있으며, 따라서 자본가들로서는 새로운 화폐준비가 필요할 수 있다. 이 모든 것은 재생산과정의 기본형태를 고찰하는 경우에는 제외될 수 있다.

b) 전제에 따르면, 어느 경우에는 Ⅰ부문이 Ⅱ부문에서 구매하기 위해 400원의 화폐를 추가로 투하하고 이 화폐가 Ⅰ부문으로 되돌아오며, 또 다른 경우에는 Ⅱ부문이 I부문에서 구매하기 위해 역시 400원을 투하하고 이 화폐가 Ⅱ부문으로 되돌아온다는 것이었다. 이렇게 전제하지 않으면 안 되는 것은, 그렇지 않고 Ⅰ부문 또는 Ⅱ부문의 자본가가 일방적으로 상품교환에 필요한 화폐를 유통에 투하한다고 가정하는 것은 자기 마음대로 정한 것으로 되기 때문이다. 그런데 앞의 1항에서 본 바와 같이, Ⅰ부문이 200Ⅱc(d)를 화폐화하기 위해 추가적 화폐를 유통에 투입한다는 가정은 불합리하여 버려야 할 것이므로, 외관상으로는 이보다 더 불합리한 다음과 같은 가정만이 남게 된다. 즉 Ⅱ부문 자체가 고정자본의 마멸분을 보충할 상품가치 구성부분을 실현하는 화폐를 유통에 투입한다는 가정이 그것이다. 예컨대 X씨의 방적기계가 생산에서 잃는 가치부분은 실의 가치부분으로 다시 나타난다. 그의 방적기계가 입는 가치상실, 즉 마멸분은 화폐로서 그의 손에 적립된다. 그런데 자본가 X는 예컨대 200원으로 면화를 자본가 Y에게서 사며, 그리하여 유통에 200원을 화폐로 투하한다. 자본가 Y는 이 200원으로 X로부터 실을 사며, 이 200원이 이제는 자본가 X에게서 방적기계의 마멸분을 보충하기 위한 재원으로 된다. 그리하여 결국 다음과 같이 될 것이다. 즉 자본가 X는 [자기의 생산, 생산물, 그리고 생산물의 판매를 도외시하면] 방적기계의 마멸을 스스로 보충하기 위해 200원을 추가로 저축하여야 할 것이다. 다시 말해 그는 방적기계의 마멸을 통해 가치 200원을 상실할 뿐 아니라, 새로운 방적기계를 살 수 있기 위해 해마다 자기의 주머니에서 또 다른 200원을 화폐로 적립하지 않으면 안 되게 될 것이다.

그러나 이것의 불합리성은 외관상일 뿐이다. Ⅱ부문을 이루고 있는 자본가들의 고정자본은 그 재생산기한이 서로 전혀 다르다. 어떤 자본가들의 고정자본은 완전히 현물로 보충되어야 할 시기에 이르렀는가 하면,

다른 자본가들의 고정자본은 그런 단계에 이르자면 아직 일정한 시간이 남아 있다. 후자의 자본가들에게 공통된 점은, 그들의 고정자본이 실제로는 재생산되지 않고 [즉 현물로 갱신되거나 같은 종류의 새것으로 대체되지 않고] 고정자본의 가치는 끊임없이 화폐로 적립된다는 것이다. 전자의 자본가들은 그들이 기업을 새로 시작할 때 화폐자본을 가지고 시장에 나타나서 이 화폐자본을 한편으로는 불변자본(고정과 유동)으로 전환시키고, 다른 한편으로는 노동력(가변자본)으로 전환시키던 것과 완전히(또는 부분적으로) 동일한 처지에 있다. 그때와 마찬가지로 지금 이 자본가들은 다시 이 화폐자본을 유통에 투하하여야 한다. 즉 불변유동자본과 가변자본의 가치뿐 아니라 불변적 고정자본의 가치를 유통에 투하하여야 한다.

따라서 Ⅱ부문의 자본가들이 Ⅰ부문과의 교환을 위해 유통에 투입하는 400원 가운데서 그 절반은, Ⅱ부문의 자본가들 중 유동자본에 속하는 생산수단을 상품의 판매에 의하여 보충할 뿐 아니라 고정자본을 자기의 화폐에 의하여 현물로 갱신하지 않으면 안 되는 자본가들로부터 나온다고 가정하고, 또 그 나머지 절반을 자기들의 화폐로 자기들의 불변자본의 유동적 부분만을 현물로 보충하고 자기들의 고정자본을 현물로 갱신하지 않는 자본가들로부터 나온다고 가정하면, 되돌아오는 400원(Ⅰ부문의 자본가들이 그것으로 소비수단을 사자 되돌아온다)이 이제는 Ⅱ부문의 두 자본가 부류 사이에 다르게 분배된다는 것에는 전혀 아무런 모순도 없다. 이 400원은 Ⅱ부문의 자본가들에게 되돌아오지만 동일한 사람들의 손에 되돌아오지 않고, 이 부문 안에서 서로 다르게 나누어져 한 부분의 자본가들에게서 다른 부분의 자본가들에게로 넘어간다.

Ⅱ부문의 일부 자본가들은 자기들의 상품을 팔아 지불한 생산수단 이외에도, 200원의 화폐를 현물의 새로운 고정자본요소들로 전환시켰다. 이렇게 지출된 그들의 화폐는 [기업을 시작하였을 때와 마찬가지로] 이

고정자본에 의하여 생산될 상품의 마멸가치 구성부분으로서 몇 해에 걸쳐 점차적으로만 그들에게로 되돌아온다.

이와는 반대로 Ⅱ부문의 다른 자본가들은 200원으로 I부문에서 아무런 상품도 구매하지 않는다. 그러나 Ⅰ부문의 자본가들이 Ⅱ부문의 이 자본가들의 상품에 대하여 지불하는 화폐는 Ⅱ부문의 첫째 그룹의 자본가들이 고정자본의 요소를 구매하기 위해 지출한 그 화폐인 것이다. Ⅱ부문의 첫째 그룹의 자본가들은 자기들의 고정자본 가치를 갱신된 현물형태로 다시 가지고 있으며, 둘째 그룹의 자본가들은 자기들의 고정자본을 나중에 현물로 보충하기 위해 고정자본가치를 화폐형태로 적립하는 일을 아직도 하고 있다.

이제까지의 교환이 진행된 이후에 지금 우리의 출발점이 되어야 할 상태는 아직도 교환되어야 할 상품으로 쌍방에 남아 있는 것, 즉 Ⅰ부문의 400s와 Ⅱ부문의 400c이다.[11] 800어치의 이 상품들을 교환하기 위해 Ⅱ부문이 400을 화폐로 투하한다고 하자. 그 400의 절반(=200)은 어떤 사정에서도 Ⅱc의 한 부분[즉 마멸분의 가치로서 200을 화폐로 이미 적립하였고 이제는 이 화폐를 고정자본의 현물형태로 다시 전환시켜야 할 부분]에 의하여 지출되지 않으면 안 된다.

Ⅰ부문과 Ⅱ부문의 상품자본의 가치를 구성하는 불변자본가치, 가변자본가치 및 잉여가치를 각각 그 부문의 상품 그 자체의 해당 부분으로 표시할 수 있는 것과 마찬가지로, 불변자본가치 자체 안에서 고정자본의 현물형태로는 아직 전환될 필요가 없어 당분간 화폐형태로 점차 적립되어야 할 가치부분도 그렇게 표시할 수 있다. 즉 Ⅱ부문 상품의 일정한 분량(우리가 든 예에서는 나머지 부분의 절반=200)은 앞으로 교환에 의하여 화폐로 가라앉아야 할 이 마멸분의 가치를 지닌 것에 지나지 않는다. (Ⅱ부문

11) {엥겔스: 이 숫자들은 앞에서 가정한 것들과 맞지 않는다. 그러나 그것은 아무래도 좋다. 왜냐하면 여기에서는 다만 상호관련이 문제이기 때문이다.}

의 자본가들 중 고정자본을 현물로 갱신하는 첫째 그룹은, 상품량 중의 마멸가치 부분에 의해 자기의 고정자본의 마멸가치의 한 부분을 이미 실현했을 것이다. 그러나 아직도 200이 화폐로 실현되어야 한다.)

또한 Ⅱ부문이 이 나머지 상품의 교환을 위해 투입한 400원의 다른 절반(=200)에 대하여 말하자면, Ⅱ부문은 그것으로 Ⅰ부문으로부터 불변자본의 유동적 구성부분을 산다. 이 200원의 한 부분은 Ⅱ부문 자본가들의 두 그룹이 각각 유통에 던져 넣을 수도 있으며, 고정적 가치구성부분을 현물로 갱신하지 않는 그룹의 자본가들만이 그렇게 할 수도 있다.

그리하여 400원이 Ⅰ부문에서 끌어내는 것은 (1) 고정자본의 요소들로만 이루어지는 200원어치의 상품과, (2) 불변자본의 유동적 요소들만을 현물형태로 보충하는 200원어치의 상품이다. Ⅰ부문은 이제 자기의 연간 생산물 가운데서 Ⅱ부문에 팔아야 할 것은 다 팔았다. 그러나 그 상품생산물[Ⅱ부문에 팔 것]의 $\frac{1}{5}$의 가치인 400원은 이제 화폐형태로 Ⅰ부문 자본가들의 손에 있다. 그런데 이 화폐는 수입으로서 소비재에 지출되지 않으면 안 되는 화폐화된[실현된] 잉여가치다. 그리하여 Ⅰ부문은 그 400원으로 Ⅱ부문의 상품가치=400을 산다. 따라서 이 화폐는 Ⅱ부문의 상품을 끌어냄으로써 다시 Ⅱ부문으로 되돌아온다.

이제는 세 가지 경우를 가정하여 보자. 여기에서 Ⅱ부문의 자본가들 중 고정자본을 현물로 보충하는 그룹을 '첫째 그룹'이라고 부르고, 고정자본의 마멸분의 가치를 화폐형태로 적립하는 그룹을 '둘째 그룹'이라고 부른다. 세 가지 경우란 다음과 같다. a) Ⅱ부문의 상품으로서 아직 남아 있는 400 중 한 부분이 첫째 그룹과 둘째 그룹을 위해 불변자본의 유동적 부분의 일정한 부분(가령 $\frac{1}{2}$씩)을 보충하여야 하는 경우, b) 첫째 그룹은 이미 자기들의 상품을 모두 팔았으며, 따라서 둘째 그룹이 앞으로 400을 팔아야 하는 경우, c) 둘째 그룹이, 마멸분의 가치를 지니고 있는 200을 제외하고는 모두 다 판 경우.

상품은 다음과 같이 분배될 것이다.

a) Ⅱ부문이 아직도 가지고 있는 400c의 상품가치 중 첫째 그룹이 가지고 있는 것은 100이며, 둘째 그룹이 가지고 있는 것은 300[이 가운데 200은 마멸분을 표현한다]이다. 이 경우 Ⅰ부문이 이제 Ⅱ부문의 상품을 얻기 위해 돌려보내는 400원 가운데서 200은 첫째 그룹이 맨 처음에 지출한 것이다. 즉 200은 고정자본요소들의 현물을 Ⅰ부문에서 살 때 지출한 화폐이고, 100은 Ⅰ부문과의 상품교환을 매개하기 위해 지출한 화폐다. 그런데 둘째 그룹은 400 가운데서 $\frac{1}{4}$, 즉 100을 역시 Ⅰ부문과의 상품교환을 매개하기 위해 투하하였다.

요컨대 400의 화폐 가운데서 첫째 그룹은 300을 투하하였고 둘째 그룹은 100을 투하하였다.

그러나 이 400은 다음과 같이 되돌아온다.

첫째 그룹으로는 100, 즉 이 그룹이 투하한 화폐의 $\frac{1}{3}$만이 되돌아온다. 그러나 이 첫째 그룹은 나머지 $\frac{2}{3}$대신에 200의 가치가 있는 갱신된 고정자본을 가지고 있다. 200의 가치를 지닌 이 고정자본요소에 대하여 첫째 그룹은 Ⅰ부문에게 화폐를 주었으나 뒤에 상품을 주지는 않는다. 이 200의 화폐와 관련하여 첫째 그룹은 Ⅰ부문에 대하여 구매자로서만 나타나고 뒤따라 다시 판매자로서는 나타나지 않는다. 그러므로 이 화폐는 첫째 그룹으로 되돌아올 수 없다. 되돌아온다면 첫째 그룹은 고정자본요소를 Ⅰ부문에서 선물로 받은 셈이 될 것이다.

첫째 그룹이 투하한 화폐의 나머지 $\frac{1}{3}$에 관하여 말한다면, 첫째 그룹은 처음에 자기들의 불변자본의 유동적 구성부분의 구매자로서 나타났다. 똑같은 화폐로 Ⅰ부문은 첫째 그룹으로부터 100의 가치가 있는 나머지 상품을 산다. 그리하여 그 화폐는 Ⅱ부문의 첫째 그룹에게로 되돌아온다. 왜냐하면 첫째 그룹은 먼저 구매자로 나타난 다음에 곧 상품판매자로서 나타나기 때문이다. 그 화폐가 되돌아오지 않는다면, 첫째 그룹은 Ⅰ부문에게, 100의 가치가 있는 상품에 대하여, 처음에 100원을 화폐로 주고 그 다음에 또 100을 상품으로 준 셈이 될 것이며, 따라서 자기들의 상품을 Ⅰ부문에게 선물로 준 것이 될 것이다.

다른 한편, 100을 화폐로 지출한 둘째 그룹으로는 300이 화폐로 되돌아온다. 즉 100이 되돌아오는 것은 둘째 그룹이 처음에 구매자로서 100의 화폐를 유통에 던져 넣었고 다음에 이것을 판매자로 회수하기 때문이며, 200이 되돌아오는 것은 둘째 그룹이 200의 가치가 있는 상품의 판매자로서만 기능하고 구매자로서는 기능하지 않기 때문이다. 따라서 그 화폐는 Ⅰ부문에 되돌아갈 수 없다. 그리하여 고정자본의 마멸분은, 첫째 그룹이 고정자본요소를 사들이면서 유통에 던져 넣은 화폐에 의하여 지불되고 있다. 그러나 그 화폐는 첫째 그룹의 화폐로서가 아니라 Ⅰ부문에 속하는 화폐로서 둘째 그룹의 손에 들어온다.

b) 이 전제에서 Ⅱc의 나머지는, 첫째 그룹은 200을 화폐로, 둘째 그룹은 400을 상품으로 가지도록 나누어진다.

첫째 그룹은 자기들의 상품을 다 팔았으며, 화폐로 있는 200은 그들의 불변자본의 고정적 구성부분이 전환된 형태인데 이 고정적 구성부분을 그들은 현물로 갱신하여야 한다. 따라서 그들은 이 경우 구매자로서만 나타나며 자기들의 화폐 대신에 고정자본의 현물요소로 같은 가치액만큼의 상품을 Ⅰ부문에서 얻는다. 둘째 그룹은 최대한(Ⅰ부문과 Ⅱ부문 사이의 상품교환을 위해 Ⅰ부문의 자본가들이 전혀 화폐를 투하하지 않는다면) 200원만을 유통에 던져 넣으면 된다. 왜냐하면 그들은 자기들의 상품가치의 절반에 대해서는 Ⅰ부문에 대한 판매자일 따름이고 Ⅰ부문으로부터 구매하지는 않기 때문이다.

둘째 그룹으로 400원이 유통에서 되돌아온다. 200원이 되돌아오는 것은 그들이 구매자로서 그것을 투하한 뒤에 200의 가치를 지닌 상품의 판매자로서 그것을 회수하기 때문이며, 나머지 200원이 되돌아오는 것은 그들이 200의 가치를 지닌 상품을 Ⅰ부문에 팔고 그 대신 상품으로서의 등가를 Ⅰ부문에서 다시 끌어내지 않기 때문이다.

c) 첫째 그룹은 200원을 화폐로 그리고 200c를 상품으로 가지고 있으며, 둘째 그룹은 200c(d)를 상품으로 가지고 있다. 이 전제에서 둘째 그룹은 전혀 화폐를 투하할 필요가 없다. 왜냐하면 그들은 Ⅰ부문에 대하여 더 이상 결코 구매자로서 기능하지 않고 다만 판매자로서만 기능하며, 따라서 Ⅰ부문이 그들에게서 사갈 때까지 기다리기만 하면 되기 때문이다.

첫째 그룹은 400원을 화폐로 투하한다. 즉 200원은 Ⅰ부문과의 상호 상품교환을 위해, 나머지 200원은 Ⅰ부문으로부터 단순히 구매하기 위해 투하한다. 첫째 그룹은 이 나중의 200원으로 고정자본요소를 산다.

Ⅰ부문은 200원의 화폐로 첫째 그룹에서 200원어치의 상품을 사며, 이에 따라 첫째 그룹이 이 상품교환을 위해 투하한 200원의 화폐가 자기에게로 되돌아온다. 또 Ⅰ부문은 나머지 200원—이것도 또한 첫째 그룹에서 받은 것이다—으로 200원어치의 상품을 둘째 그룹에서 사며, 이에 따라 둘째 그룹의 고정자본의 마멸분이 그들에게서 화폐로 가라앉는다.

c)의 경우에 Ⅱ부문의 첫째 그룹이 아니라 Ⅰ부문이 200의 화폐를 이미 생산된 상품의 교환을 위해 투하한다고 전제하더라도 사태는 결코 달라지지 않을 것이다. 이 경우 Ⅰ부문이 200의 가치를 지닌 상품을 Ⅱ부문의 둘째 그룹으로부터 산다면—이 둘째 그룹은 이 나머지 상품만을 팔면 된다—그 200원은 Ⅰ부문으로 되돌아가지 않는다. 왜냐하면 Ⅱ부문의 둘째 그룹은 다시 구매자로서 나타나지 않기 때문이다. 그러나 이 경우 Ⅱ부문의 첫째 그룹은 200원만큼 상품을 사야 하며, 또한 200의 상품을 팔아야 하기 때문에 모두 400을 Ⅰ부문과 교환하여야 한다. 이 경우 200원의 화폐는 Ⅱ부문의 첫째 그룹으로부터 Ⅰ부문으로 들어간다. Ⅰ부문이 200의 상품을 Ⅱ부문의 첫째 그룹에서 사기 위해 그 200원의 화폐를

다시 지출하더라도, 이 화폐는 Ⅱ부문의 첫째 그룹이 Ⅰ부문에서 400의 상품의 나머지 절반을 사자 Ⅰ부문으로 되돌아온다. Ⅱ부문의 첫째 그룹은 고정자본요소의 단순한 구매자로서 200원의 화폐를 지출하였다. 그러므로 그 화폐는 그들에게로 되돌아오지 않고 Ⅱ부문의 둘째 그룹의 나머지 상품 200c를 화폐화하는 데 쓰인다. 그런데 Ⅰ부문이 상품교환을 위해 지출한 200원의 화폐는 Ⅱ부문의 둘째 그룹을 거쳐서가 아니라 Ⅱ부문의 첫째 그룹을 거쳐서 자기에게 되돌아온다. Ⅰ부문의 상품 400 대신에 400이라는 상품등가[Ⅱ부문의 상품]가 Ⅰ부문으로 되돌아와 있다. Ⅰ부문이 800의 상품을 교환하기 위해 투하한 200원의 화폐도 역시 Ⅰ부문으로 되돌아와 있다. 그리하여 모든 것이 제대로 되고 있다.

* * *

$$\begin{aligned} &\text{Ⅰ. } 1{,}000v + \underbrace{1{,}000s}_{} \\ &\text{Ⅱ. } \quad 2{,}000c \end{aligned}$$

의 교환에서 생긴 곤란은 결국 다음과 같은 나머지들의 전환에서 생기는 곤란이었다.

Ⅰ. …… 400s
Ⅱ. (1) 화폐 200 + 상품 200c + (2) 상품 200c

또는 사태를 더욱 명확하게 표시하면

Ⅰ. 200s + 200s
Ⅱ. (1) 화폐 200 + 상품 200c + (2) 상품 200c

Ⅱ부문의 첫째 그룹에서는 상품 200c가 200Ⅰs(상품)와 교환되므로,

그리고 Ⅰ부문과 Ⅱ부문 사이의 400 상품의 이 교환에서 유통하는 모든 화폐는 그것을 투하한 Ⅰ부문이나 Ⅱ부문으로 되돌아가므로 Ⅰ부문과 Ⅱ부문 사이의 교환 요소로서 이 화폐는 사실 우리가 여기에서 다루고 있는 문제의 요소는 아니다. 또는 달리 말하자면, 200Ⅰs(상품)와 200Ⅱc(Ⅱ부문의 첫째 그룹의 상품) 사이의 교환에서 화폐는 구매수단[따라서 또 가장 엄밀한 뜻에서의 '유통수단']으로서는 기능하지 않고 지불수단으로서만 기능한다고 가정하면, 상품 200Ⅰs와 200Ⅱc(첫째 그룹)는 가치액이 같으므로 200의 가치가 있는 생산수단이 200의 가치가 있는 소비수단과 교환된다는 것, 화폐는 여기에서 관념적으로만 기능하며 차액 결제를 위해 이편이나 저편에서 실제로 화폐를 유통에 던져 넣을 필요가 전혀 없다는 것은 명백하다. 따라서 상품 200Ⅰs와 그의 등가인 상품 200Ⅱc(첫째 그룹)를 Ⅰ부문과 Ⅱ부문의 두 편에서 지워버릴 때에 비로소 문제는 순수한 형태로 나타난다.

따라서 서로 상쇄되는 동일한 가치의 두 상품액들(Ⅰ부문과 Ⅱ부문의)을 제거해버리면, 이제 남는 것은 다음과 같으며, 여기에서 문제가 순수한 형태로 나타난다.

Ⅰ. 상품 200s

Ⅱ. (1) 화폐 200 〚앞의 예에 따라 '200c'를 고침〛 + (2) 상품 200c

여기에서는 다음과 같은 점이 명백하다. Ⅱ부문의 첫째 그룹은 200원의 화폐로 그들의 고정자본 구성부분 200Ⅰs를 구매하며, 이에 따라 Ⅱ부문 첫째 그룹의 고정자본은 현물로 갱신되고 200의 가치가 있는 Ⅰ부문의 잉여가치는 상품형태(생산수단, 즉 고정자본의 요소)에서 화폐형태로 전환된다. 이 화폐로 Ⅰ부문은 Ⅱ부문의 둘째 그룹의 소비수단을 구매한다. 그 결과 Ⅱ부문의 첫째 그룹은 그들의 불변자본의 고정적 구성부분을 현물로 갱신하였고 둘째 그룹은 불변자본의 다른 구성부분(고정자본의 마멸분을 보충하는)을 화폐로 적립했다. 이 적립은 이 구성부분이 현물로 갱신될 때까지 해마다 계속된다.

여기에서 다음과 같은 것이 전제조건이라는 것은 두말할 것도 없다. 즉 Ⅱ부문의 불변자본 중 그 가치가 모두 이미 화폐로 재전환되었고 따라서 해마다 현물로 갱신되어야 하는 고정적 구성부분(첫째 그룹)은, Ⅱ부문의 불변자본의 다른 고정적 구성부분—아직 원래의 현물형태로 계속 기능하며, 그 마멸분[즉 고정적 구성부분의 기능에 의하여 생산되는 상품으로 이전되는 가치상실분]이 먼저 화폐로 보충되어야 한다—의 한 해의 마멸분과 같아야 한다는 것이다. 그러므로 이런 균형은 단순재생산의 법칙으로 나타날 것이다. 다시 말하면, 이것은 생산수단을 생산하는 Ⅰ부문에서는, 한편으로는 Ⅱ부문의 불변자본의 유동적 구성부분을 공급하고 다른 한편으로는 그 고정적 구성부분을 공급하는 한, 균형이 잡힌 분업이 변함없이 지켜져야 한다는 것을 의미한다.

이것을 상세히 연구하기 전에 먼저 Ⅱc(첫째 그룹)의 잔액이 Ⅱc(둘째 그룹)의 잔액과 같지 않을 때 사태가 어떻게 되는가 하는 것을 고찰하여야 한다. 전자가 후자보다 클 수도 있고 작을 수도 있으므로, 차례로 그 두 경우를 보자.

첫째 경우

Ⅰ. 200s

Ⅱ. (1) 220(화폐) + (2) 200c(상품)

이 경우에 Ⅱc(1)은 200원의 화폐로 상품 200Ⅰs를 사며, Ⅰ부문은 똑같은 화폐로 상품 200Ⅱc(2)[화폐로 적립되어야 할 고정자본의 구성부분]를 구매하며, 그리하여 이 부분은 화폐화된다. 그러나 화폐로 있는 20 Ⅱc(1)은 현물의 고정자본으로 재전환될 수 없다.

이 불행은 우리가 Ⅰs의 나머지를 200이 아니라 220이라고 보며, 그리하여 2,000Ⅰ가운데서 1,800이 아니라 1,780만이 이전에 교환되었다고 보면 사라질 수 있는 것 같이 보인다. 그러면 이 경우에는 다음과 같이 된다.

Ⅰ. 220s
Ⅱ. (1) 220(화폐) + (2) 200c(상품)

Ⅱc(1)은 220원의 화폐로 220Ⅰs를 사며, Ⅰ부문은 그 다음에 200원으로 상품 200Ⅱc(2)를 산다. 그러나 이 경우 Ⅰ부문에는 20원이 화폐로 남는데, 이것은 잉여가치의 한 부분으로서 Ⅰ부문은 이것을 소비수단에 지출할 수 없고 화폐로서만 가질 수 있을 뿐이다. 따라서 곤란이 Ⅱc(1)에서 Ⅰs로 옮겨갔을 뿐이다.

이제는 반대로 Ⅱc(1)이 Ⅱc(2)보다 작다고 하자.

둘째 경우

Ⅰ. 200s(상품)
Ⅱ. (1) 180(화폐) + (2) 200c(상품)

Ⅱ부문의 첫째 그룹은 180원의 화폐로 180Ⅰs를 구매하며, Ⅰ부문은 이 화폐로 Ⅱ부문(둘째 그룹)으로부터 동일한 가치의 상품, 즉 180Ⅱc(2)를 산다. 한 편에는 20Ⅰs가 팔리지 않고 남으며 다른 한 편에는 또한 20Ⅱc(2)가 남는다. 40의 가치를 지닌 상품들은 화폐로 전환될 수 없다.

Ⅰ부문 상품의 나머지가 180이라고 하더라도 아무 소용이 없을 것이다. 이 경우 물론 Ⅰ부문에 아무런 여분도 남지 않을 것이지만, Ⅱc(둘째 그룹) 중에서 20이란 상품의 여분은 역시 팔리지 않고[화폐로 전환되지 않고] 남을 것이다.

Ⅱc(1)의 가치가 Ⅱc(2)보다 큰 첫째 경우에는 Ⅱc(1)에 고정자본으로 전환될 수 없는 화폐의 여분이 남으며, Ⅰs가 Ⅱc(1)과 같다고 치면 화폐의 똑같은 여분이 소비수단으로 전환되지 않고 Ⅰs에 남는다.

Ⅱc(1)이 Ⅱc(2)보다 작은 둘째 경우에는, 200Ⅰs와 Ⅱc(2)에 화폐의 부족이 생기며, 쌍방에 크기가 같은 상품의 여분이 남으며, 또는 잔액 Ⅰs가 Ⅱc(1)과 같다고 치면 Ⅱc(2)에 화폐의 부족과 상품의 여분이 생긴다.

첫째 경우와 둘째 경우에 잔액 Ⅰs가 언제나 Ⅱc(1)과 같다고 하면, 즉 생산이 주문에 의하여 결정되며, 그리고 Ⅰ부문이 Ⅱ부문의 불변자본을 위해 올해에는 더 많은 고정적 구성부분을 생산하고 다음해에는 더 많은 유동적 구성부분을 생산하더라도 재생산은 조금도 달라지지 않는다고 하면, 첫째 경우〖첫째 경우의 두 번째 예〗에 Ⅰs가 완전히 소비수단으로 전환될 수 있는 것은 Ⅰ부문이 여분의 화폐로 Ⅱ부문의 잉여가치의 한 부분을 사며, 따라서 Ⅱ부문이 이 잉여가치의 한 부분을 소비하지 않고 화폐로서 적립하는 경우뿐이다. 둘째 경우〖Ⅰ. 180s(상품); Ⅱ. 180(화폐)+200c(상품)의 경우〗에 곤란을 없앨 수 있는 것은 오직 Ⅰ부문이 이 부족한 화폐를 지출하는 경우일 것인데, 이것은 곧 우리가 제외한 가정이다.

Ⅱc(1)이 Ⅱc(2)보다 크다면 Ⅰs 중의 화폐여분을 실현하기 위해서는 외국상품을 수입하는 것이 필요하다. Ⅱc(1)이 Ⅱc(2)보다 작다면 반대로 Ⅱc의 마멸분을 생산수단으로 실현하기 위해서는〖먼저 화폐로 적립하기 위해서는〗 Ⅱ부문의 상품(소비수단)을 수출하는 것이 필요하다. 따라서 어느 경우에도 대외무역이 필요하다.

단순재생산을 살펴보기 위해서는 모든 생산분야들의 생산성, 따라서 또 각 분야의 상품생산물의 비례적 가치관계가 불변이라고 가정하여야 한다고 하더라도, Ⅱc(1)이 Ⅱc(2)보다 크거나 또는 작은 마지막에 말한 두 경우는 확대재생산[이런 두 경우가 어쩔 수 없이 나타나게 된다]의 고찰에도 흥미로운 관점을 제공하게 될 것이다.

3. 결 론

고정자본의 보충과 관련해서는 일반적으로 다음과 같은 것이 지적되어야 한다.

다른 모든 사정들, 즉 생산규모뿐 아니라 특히 노동생산성도 불변이라고 전제하는 경우, Ⅱc의 고정적 요소 중 지난해에 수명을 다한 것보다 더 큰 부분이 올해에 수명을 다한다면, 따라서 또 더 큰 부분이 현물로 갱신되어야 한다면, 고정자본 중 아직 수명이 남아 있으며 수명이 다할 때까지 당분간 화폐로 보충되어야 하는 부분은 똑같은 비율로 줄지 않을 수 없다. 왜냐하면 전제에 따라 Ⅱ부문에서 기능하는 고정자본부분의 합계(또 가치총액)는 변하지 않기 때문이다. 그러나 여기에는 다음과 같은 사정들이 뒤따른다. 첫째로 Ⅰ부문의 상품자본의 더욱 큰 부분이 Ⅱc의 고정자본의 요소들로 이루어진다면 그만큼 더 작은 부분이 Ⅱc의 유동적 구성부분들로 이루어지게 된다. 왜냐하면 Ⅱc를 위한 Ⅰ부문의 총생산은 변함이 없기 때문이다. 한 부분의 생산이 늘면 다른 부분의 생산은 줄며 반대의 경우에는 또 그 반대로 된다. 그러나 다른 한편 Ⅱ부문의 총생산도 그 크기가 여전히 똑같다. 그러나 Ⅱ부문의 원료 · 반제품 · 보조재료(즉 Ⅱ부문 불변자본의 유동적 요소들)가 어떻게 감소할 수 있는가? 둘째로 화폐형태로 회복된 고정자본 Ⅱc의 더욱 큰 부분이 화폐형태에서 현물형태로 재전환되기 위해 Ⅰ부문으로 흘러들어간다. 따라서 Ⅰ부문과 Ⅱ부문 사이의 상품교환을 위해 단순히 유통하는 화폐 이외에도 추가적인 화폐가 Ⅰ부문으로 흘러들어간다. 즉 서로의 상품교환을 매개하는 것이 아니라 오직 일방적으로 구매수단의 기능을 하는 추가적인 화폐가 흘러들어간다. 그러나 동시에 Ⅱc 가운데서 고정자본 마멸분의 가치를 보충하는 상품량[Ⅰ부문의 상품과 교환되는 것이 아니라 Ⅰ부문의 화폐와 교환되어야만 하는 Ⅱ부문의 상품량]은 그에 비례하여 줄 것이다. 더 많은 화폐가 Ⅱ부문에서 Ⅰ부문으로 단순히 구매수단으로서만 흘러들어갈 것이며, Ⅰ부문이 단순히 구매자로서만 기능해야 할 Ⅱ부문의 상품은 적어질 것이다. 따라서 Ⅰs의 더욱 큰 부분은—왜냐하면 Ⅰv는 이미 Ⅱ부문의 상품으로 전환되었기 때문이다—Ⅱ부문의 상품으로 전환될 수 없고 화폐형태로 있을 것이다.

이와 반대되는 경우, 즉 어떤 해에는 Ⅱ부문에서 수명을 다한 고정자본의 재생산이 더 적어지고 마멸분을 보충하기 위한 부분이 더 많아지는 경우도 있는데, 이 경우에 대해서는 더 살펴볼 필요가 없다.

그리하여 단순재생산인데도 공황—과잉생산공황—이 일어날 것이다.

한마디로 말하면, 단순재생산이 이루어지고 기타의 사정들[특히 노동의 생산성·총량·강도]이 불변인 경우, 수명을 다한(갱신되어야 할) 고정자본과 종래의 현물형태로 계속 기능하는(마멸분을 보충하는 가치만을 생산물에 덧붙이는) 고정자본 사이에 불변의 비례관계가 있다고 전제하지 않는다면, 어떤 경우에는 재생산되어야 할 유동적 구성부분의 양은 여전히 똑같지만 재생산되어야 할 고정적 구성부분의 양은 늘어날 것이다. 따라서 Ⅰ부문의 총생산이 늘지 않을 수 없거나, 그렇지 않다면 (화폐관계와는 전혀 무관하게) 재생산에 부족이 생길 것이다.

다른 경우에는, 현물로 재생산되어야 할 Ⅱ부문 고정자본의 상대적 크기는 줄어들고, 따라서 Ⅱ부문의 고정자본 가운데서 아직은 화폐로만 보충되어야 하는 구성부분은 같은 비율로 늘어난다면, Ⅰ부문이 재생산하는 Ⅱ부문 불변자본의 유동적 구성부분의 양은 여전히 불변인데 재생산되어야 할 고정적 구성부분의 양은 줄어들 것이다. 따라서 Ⅰ부문의 총생산의 크기가 줄어들거나, 또는 여분이(먼저 경우에는 부족이 생겼듯이), 그것도 화폐화될 수 없는 여분이 생길 것이다.

사실 첫째 경우에는 똑같은 노동은 생산성이나 노동시간이나 강도가 늘어남에 따라 더 많은 생산물을 공급할 수 있으며, 그리하여 첫째 경우의 그 부족을 메울 수 있을 것이다. 그러나 그런 변화는 노동과 자본이 Ⅰ부문의 한 생산분야에서 다른 생산분야로 이동하지 않고서는 일어나지 않을 것이며, 이런 이동이 있을 때마다 일시적 혼란이 일어날 것이다. 하지만 둘째로, 노동시간이 늘고 노동이 강화되는 한, Ⅰ부문은 더 많은 가치를 Ⅱ부문의 더 적은 가치와 교환하게 될 것이며, 따라서 Ⅰ부문의 생산물의 교환가치가 떨어질 것이다.

둘째 경우에는 그 반대로 되는데, 이 경우 Ⅰ부문은 그 생산을 줄이지 않을 수 없거나[이것은 거기에 종사하는 노동자들과 자본가들에게는 공황을 의미한다], 또는 과잉분을 공급하게 된다[이것도 공황을 의미한다]. 이런 과잉은 그 자체로서는 결코 해로운 것이 아니고 이로운 것이지만 자본주의적 생산에서는 해로운 것이다.

대외무역은 두 경우에 모두 도움이 될 수 있을 것이다. 즉 첫째 경우에는 화폐형태로 있는 Ⅰ부문의 상품을 소비수단으로 전환시키는 것에, 둘째 경우에는 상품으로 있는 과잉분을 팔아치우는 것에 도움이 될 수 있을 것이다. 그러나 대외무역은, 그것이 자본의 요소들(과 그들의 가치)을 단순히 보충할 뿐이 아닌 한, 모순들을 더 넓은 영역으로 옮겨놓을 따름이며, 그 모순들에게 더욱 넓은 활동범위를 줄 따름이다.

자본주의적 재생산형태가 일단 폐지되면 다음과 같은 사실만이 문제로 남는다. 즉 고정자본(여기에서는 소비수단의 생산에 기능하는 고정자본만 고찰한다) 가운데서 수명을 다하여 현물로 보충되어야 할 부분의 크기가 해가 바뀜에 따라 달라진다는 사실이 그것이다. 어떤 해에 그 부분이 아주 크다면(사람의 사망률의 경우와 같이 평균사망률을 초과하여), 그 다음 해에는 틀림없이 그만큼 적어질 것이다. 그렇다고 해서 소비수단의 연간 생산에 필요한 원료·반제품·보조재료의 양이, 그 밖의 사정들이 전과 같다고 하면, 줄어드는 것은 아니다. 따라서 생산수단의 총생산은 한 경우에는 늘어나야 하고 다른 경우에는 줄어들지 않을 수 없을 것이다. 이런 변동은 오직 끊임없는 상대적 과잉생산에 의해서만 피할 수 있다. 즉 한편으로는 고정자본이 직접 필요한 것보다 어느 정도 더 많이 생산됨으로써, 다른 한편으로는 [이 점이 특히 중요한데] 직접적 수요를 초과하는 원료 등의 재고에 의하여(이것은 특히 생활수단의 경우 그러하다), 피할 수 있다. 이런 종류의 과잉생산은 사회가 그 자체의 재생산의 물질적 수단들을 통제하는 것과 마찬가지다. 그러나 자본주의 사회의 테두리 안에서는 과잉생산은 하나의 무정부적 요소다.

고정자본에 관한 위와 같은 예—단순재생산을 기초로 하고 있다—는 주목할 만한 것이다. 고정자본과 유동자본의 불비례적 생산은 정치경제학자들이 공황을 설명하기 위해 즐겨 사용하는 논리의 하나다. 그러나 고정자본이 그저 유지되는 경우에도 그런 불비례는 생길 수 있으며, 또 생기지 않을 수 없다는 것, 그런 불비례는 이미 기능하고 있는 사회적 자본의 단순재생산의 기초 위에서 이상적인 정상적 생산을 전제하는 경우에도 생길 수 있으며, 또 생기지 않을 수 없다는 것—이런 것들은 그들에게 새로운 것이다.

제12절 화폐재료의 재생산

금과 은의 연간 재생산은 지금까지 전혀 고려하지 않았다. 사치품 · 도금 등을 위한 단순한 재료로 금과 은은 다른 모든 생산물과 마찬가지로 여기에서 특별히 언급할 필요는 없을 것이다. 그러나 금과 은은 화폐재료로서, 따라서 잠재적 화폐로서 중요한 기능을 한다. 우리는 여기에서 문제를 단순히 하기 위해 금을 유일한 화폐재료로 취급한다.

좀 낡은 자료에 따르면, 세계의 연간 금생산은 80만~90만 파운드 〖약 363,000~408,000kg〗, 가치로 보면 11억~12억 5,000만 마르크에 이르렀다. 그런데 제트베르[12]에 따르면, 1871~1875년의 연평균은 170,675킬로그램, 가치로 보아 약 4억 7,600만 마르크에 지나지 않았다. 그 가운데서 호주는 약 1억 6,700만 마르크, 미국은 1억 6,600만 마르크, 러시아는 9,300만 마르크를 공급하였다. 나머지는 여러 나라에서 공급하였는데, 그 금액은 각각 1,000만 마르크 미만이다. 같은 기간에 평균 연간 은생산은 3억 5,450만 마르크의 가치가 있는 200만 킬로그램보다 좀 적었는데, 그 가운데 멕시코가 약 1억 800만 마르크, 미국이 1억 200만 마르크, 남아메리카는 6,700만 마르크, 독일이 2,600만 마르크 등을 공급하였다.

자본주의적 생산이 지배적인 나라들 가운데서 미국만이 금과 은을 모두 생산하는 나라다. 유럽의 자본주의국들은 그들의 금의 거의 모두와 그들의 은의 대부분을 호주 · 미국 · 멕시코 · 남아메리카 · 러시아에서 얻고 있다.

그러나 우리는 금 광산을, 우리가 그 나라의 연간 재생산을 분석하고 있는 자본주의적 생산의 나라로 옮겨놓으려 하는데, 그것은 다음과 같은 이유 때문이다.

자본주의적 생산은 대외무역 없이는 결코 존재하지 않는다. 그러나 주어진 규모에서 정상적인 연간 재생산을 전제할 때, 우리는 또한 다음과 같은 것도 전제하고 있다. 즉 대외무역은 오직 국내 생산물을 다른 유용한 형태[또는 현물형태]의 생산물로 바꿔놓을 따름이고 가치비율에는 영향을 주지 않는다는 것, 따라서 생산수단과 소비수단이라는 두 부문이 서로 교환되는 가치비율에도 영향을 주지 않으며, 이 각 부문 생산물의

12) 제트베르, 『아메리카의 발견에서 현재까지 귀금속 생산과 금은의 가치비교』: 112.

가치가 갈라지는 불변자본 · 가변자본 · 잉여가치 사이의 비율에도 영향을 주지 않는다는 것이다. 따라서 한 해에 재생산되는 생산물 가치를 분석하는 데 대외무역을 끌어들이는 것은 혼란을 일으킬 따름이며, 문제나 문제 해결에 어떤 새로운 계기도 제공하지 않는다. 그러므로 여기에서는 대외무역은 완전히 무시해야 하며, 금도 연간 재생산의 직접적 요소로 취급해야 하고 교환에 의하여 밖에서 수입되는 상품요소로 취급해서는 안 된다.

금의 생산은 금속생산 일반과 마찬가지로 생산수단의 생산을 포괄하는 부문인 Ⅰ부문에 속한다.* 한 해의 금생산물의 가치를 30(편리상 이렇게 하는 것이지 사실은 우리의 표식의 숫자들에 비하면 너무 크다)이라고 보고, 이 가치는 20c+5v+5s로 갈라진다고 하자. 20c는 Ⅰc의 다른 요소들과 교환되어야 하는데, 이것은 뒤에 살펴볼 것이다[주 14를 참조하라]. 그러나 Ⅰ(5v+5s)는 Ⅱc의 요소들, 즉 소비수단과 교환되어야 한다.

5v에 대하여 말하자면, 금을 생산하는 각 기업은 맨 먼저 노동력을 사는 것에서 시작하는데, 자기가 생산한 금으로 사는 것이 아니라 국내에 있는 화폐의 한 부분으로 산다. 노동자들은 이 5v로 소비수단을 Ⅱ부문에서 끌어내며 Ⅱ부문은 이 화폐로 생산수단을 Ⅰ부문에서 산다. 가령 Ⅱ부문이 Ⅰ부문에서 2만큼의 금을 상품재료 등(Ⅱ부문의 불변자본의 구성부분)으로 산다면, 2v는 화폐로 Ⅰ부문의 금생산자들에게로 되돌아오는데, 이 화폐는 이미 이전부터 유통분야에 있었다. Ⅱ부문이 Ⅰ부문에서 재료로서 금을 더 사지 않는다면 Ⅰ부문은 자기의 금을 화폐로서 유통에 투입하여 Ⅱ부문에서 상품을 산다. 왜냐하면 금은 어떤 상품도 살 수 있기 때문이다. 앞의 경우와 다른 점은, 이 경우에는 Ⅰ부문이 판매자로서 나

* 금 생산부문을 생산수단 생산부문인 Ⅰ부문의 하위부문(Ⅰg)으로 취급한 마르크스의 분석은 미완인 상태로 남아 있으며, 그뒤 로자 룩셈부르크는 화폐재료로서 금 생산부문은 별도의 Ⅲ부문으로 취급해야 한다고 주장했다.

타나지 않고 구매자로서만 나타난다는 것뿐이다. Ⅰ부문의 금 채굴업자들은 자기들의 상품을 항상 처분할 수 있으며 그들의 상품은 항상 직접적으로 교환될 수 있는 형태에 있다. 한 방적업자가 5v를 자기의 노동자들에게 지불하고 그 대신에 이 노동자들이 그에게 생산물로 5의 실을—잉여가치는 제쳐놓고 본다—제공한다고 하자. 노동자들은 5로 Ⅱc의 상품을 사며, Ⅱ부문은 5의 화폐로 Ⅰ부문의 실을 산다. 그리하여 5v는 화폐로 방적업자에게 되돌아온다. 그런데 위에서 가정한 경우에는, 자본가 Ⅰg(금 생산자를 이렇게 표시할 것이다)가 5v를 자기의 노동자들에게 이미 이전부터 유통분야에 있던 화폐로 투하하며, 이 노동자들은 그 화폐를 생활수단에 지출하는데, 이 5 가운데서 2만이 Ⅱ부문에서 자본가 Ⅰg에게 되돌아온다. 그러나 자본가 Ⅰg는 방적업자와 조금도 다름없이 재생산과정을 새로 시작할 수 있다. 왜냐하면 그의 노동자들은 그에게 금으로 5를 공급하였는데, 그 가운데서 2는 그가 팔았고 3은 금으로 가지고 있으며, 따라서 이것으로 주화[13]를 만들거나 이것을 은행권으로 바꾸기만 하면 직접적으로 [즉 더 이상 Ⅱ부문의 매개 없이] 자기의 가변자본이 모두 다시 화폐의 형태로 그의 손에 있게 되기 때문이다.

그러나 연간 재생산의 이 첫 과정에서 실제로 또는 잠재적으로 유통분야에 있는 화폐량에 이미 변화가 일어났다. 우리의 가정에 따르면, Ⅱc는 2v(Ⅰg)를 재료로 샀으며, Ⅰg는 또 다시 3을 자기의 가변자본의 화폐형태로서 Ⅱ부문 안에 지출하였다. 따라서 새로운 금 생산에 의하여 공급된 화폐량 중에서 3은 Ⅱ부문 안에 남아 있으며, Ⅰ부문으로 되돌아오지 않았다. 전제에 따르면, Ⅱ부문은 재료로서 금에 대한 자기 수요를 충족시켰다. 그러므로 이 3은 퇴장된 금으로 Ⅱ부문의 손에 남아 있다. 이

13) "매우 많은 양의 금덩이를…금 채굴업자들이 직접 샌프란시스코의 조폐국에 가지고 온다." 『주재외국의 상공업 따위에 관한 영국공관 서기관 보고서』, 1879, 제3부: 337.

3은 Ⅱ부문의 불변자본 요소로 될 수 없기 때문에, 그리고 Ⅱ부문은 이미 전부터 노동력의 구매에 충분한 화폐자본을 가지고 있었으므로, 그리고 또 Ⅱc의 한 부분과 교환된 이 추가적 3은 [고정자본의 마멸분을 보충하는 것을 제외하면] Ⅱc 안에서는 아무런 기능도 하지 않으므로(이 3g는 우연한 경우이지만 Ⅱc(1)이 Ⅱc(2)보다 작은 경우에 마멸분을 그만큼 보충하는 데 기여할 수 있을 뿐이다), 그리고 다른 한편 (바로 그 마멸분을 보충하는 것을 제외하면) Ⅱc의 상품생산물은 모두 Ⅰ(v+s)의 생산수단과 교환되어야 하기 때문에, 이 화폐는 모두 Ⅱc에서 Ⅱs로 옮겨지지 않으면 안 되며[이 Ⅱs가 생활필수품으로 존재하건 사치품으로 존재하건 상관이 없다], 그리고 이에 대응하는 상품가치는 반대로 Ⅱs에서 Ⅱc로 옮겨지지 않으면 안 된다. 그 결과 Ⅱ부문의 잉여가치의 한 부분이 퇴장화폐로서 쌓이게 된다.

재생산의 둘째 해에도 한 해에 생산된 금 가운데서 같은 비율이 재료로서 계속 이용된다면, 2는 다시 Ⅰg에게 되돌아올 것이며, 3은 '현물로' 보충될 것이다. 즉 3은 다시 Ⅱ부문 안에서 퇴장화폐로서 풀려날 것이다.

가변자본에 대하여 말하자면, 자본가 Ⅰg는 다른 모든 자본가들과 마찬가지로 노동력의 구매를 위해 이 자본을 끊임없이 화폐로 투하하여야 한다. 이 v에 대하여 말하면, Ⅱ부문에서 구매하지 않으면 안 되는 사람은 Ⅰg가 아니라 그의 노동자들이다. 따라서 자본가 Ⅰg가 구매자로서 나타나서 금을 Ⅱ부문에 던져 넣는 경우는 [Ⅱ부문이 주동이 되지 않는 한] 결코 생길 수 없다. 그러나 Ⅱ부문이 자본가 Ⅰg로부터 재료를 사서 자기의 불변자본 Ⅱc를 금 재료로 전환시키지 않을 수 없는 한, (Ⅰg)v의 한 부분은 Ⅱ부문에서 자본가 Ⅰg에게 되돌아오는데, 그것은 가변자본이 Ⅰ부문의 다른 자본가들에게로 되돌아오는 것과 마찬가지다. 그렇지 않은 경우에는 자본가 Ⅰg는 직접 자기의 생산물에서 자기의 v를 금으로 보충한다. 그러나 화폐로서 투하된 v가 Ⅱ부문에서 그에게 환류하지 않는 것과 같은 비율로, 기존의 유통화폐의 한 부분(Ⅰ부문에서 Ⅱ부문으로 흘러왔고 Ⅰ부문으로 되돌아가지 않은 화폐)이 Ⅱ부문 안에서 퇴장화폐로 전환되고, 따라서 그만큼 Ⅱ부문의 잉여가치의 한 부분은 소비수단에 지출되지 않는다. 끊임없이 새로운 금광들이 개발되거나 낡은 금광들이 다시 일을 시작하므로, 자본가 Ⅰg가 v에 지출하여야 할 화폐의 일정한 부분은 항상 새로운 금 생산 이전에 있던 화폐량의 한 부분을 이루는데, 자본가 Ⅰg의 노동자들은 이 화폐를 Ⅱ부문에 던져 넣는다. 그리고 이 화폐가 Ⅱ부문에서 자본가 Ⅰg에게 되돌아오지 않는 한, 이 화폐는 Ⅱ부문에서 화폐퇴장의 요소를 이룬다.

그런데 (Ⅰg)s에 대하여 말하자면, 자본가 Ⅰg는 이 경우 항상 구매자로 나타날 수 있다. 그는 자기의 s를 금으로 유통에 던져 넣고 그 대신 소비수단 Ⅱc를 끌어낸다. Ⅱ부문에서 그 금의 일부는 재료로서 이용되며, 따라서 Ⅱ부문 생산자본의 불변적 구성부분 c의 실물적 요소로 기능한다. 그렇지 않은 한, 그것은 다시 Ⅱs 중 화폐로 머물러 있는 한 부분으로서 화폐퇴장의 요소로 된다. 뒤에 살펴보게 될 Ⅰc[14]는 제쳐놓고 보더라도 여기에서 알게 되는 것은, 단순재생산[진정한 의미의 축적, 다시 말해 확대된 규모의 재생산을 제외하고 있다]의 경우에도 화폐축적 또는 화폐퇴장이 반드시 포함되어 있다는 것이다. 그리고 이 화폐축적이 해마다 새로 되풀이되므로, 자본주의적 생산을 살펴볼 때 우리가 출발점으로 삼은 전제, 즉 재생산이 시작될 때 상품교환에 대응하는 일정한 양의 화폐자금이 Ⅰ부문과 Ⅱ부문의 자본가들의 손에 있다는 전제가 해명되는 것이다. 이런 화폐축적은 유통하는 화폐의 마멸 때문에 잃게 되는 금을 빼더라도 진행된다.

자본주의적 생산이 해를 거듭하면 할수록 모든 방면에서 축적된 화폐

14) {엥겔스: Ⅰ부문의 불변자본 안에서 진행되는 새로 생산된 금의 교환에 관한 연구는 마르크스의 원고에는 없었다.}

량은 더욱더 많아지며, 따라서 해마다 새로운 금 생산이 이 화폐량에 추가하는 비율[이 추가분이 절대량에서는 매우 클지 모르지만]은 더욱더 작아진다는 것은 두말할 것도 없다. 투크에 대한 반대론을 다시 한번 일반적으로 살펴보자. 반대론은 다음과 같이 말한다. 결국 바로 자본가계급 자신이 일반적으로 화폐를 유통에 던져 넣는 원천이라고 여겨지지 않으면 안 되는데, 어느 자본가나 모두 연간 생산물에서 잉여가치를 화폐로 끌어낸다는 것, 즉 그가 유통에 던져 넣는 것보다 더 많은 화폐를 유통에서 끌어낸다는 것은 어떻게 가능한가?

이에 대해서는 이미 앞에서(제17장에서) 설명한 것을 개괄하여 지적하려고 한다.

(1) 여기에서 필요한 유일한 전제, 즉 일반적으로 연간 재생산되는 상품량의 각종 요소들을 교환하기 위한 화폐가 충분히 존재한다는 전제는, 상품가치의 한 부분이 잉여가치로 이루어지고 있다는 사실에 의해서는 결코 영향을 받지 않는다. 생산이 모두 노동자들 자신의 것이며, 그들의 잉여노동이 자본가를 위한 잉여노동이 아니라 그들 자신을 위한 잉여노동이라고 하더라도, 유통하는 상품가치의 양은 같을 것이며, 그리고 [그 밖의 사정들이 동일하다면] 그 유통에 같은 화폐량이 필요할 것이다. 따라서 어느 경우에도 문제는 오직 이 총상품가치를 교환하기 위한 화폐가 어디서 나오는가 하는 것이지 잉여가치의 화폐화를 위한 화폐가 어디서 나오는가 하는 것은 결코 아니다.

다시 한번 되돌아가지만, 각 개별상품은 c+v+s로 이루어지며, 따라서 총상품량을 유통시키기 위해서는 한편으로 자본 c+v의 유통에 일정한 화폐액이 필요하고 다른 한편으로 자본가들의 수입[즉 잉여가치 s]의 유통에 또한 일정한 화폐액이 필요하게 된다. 개별 자본가의 경우와 마찬가지로 자본가계급 전체의 경우에도 그들이 자본으로 투하하는 화폐는 그들이 수입으로 지출하는 화폐와 다르다. 후자의 화폐는 어디서 나오는가? 그것은 오직 자본가계급의 손 안에 있는 화폐에서 나올 뿐이다. 따라서 일반적으로 말하면, 사회 안에 있는 총화폐량 중 한 부분이 자본가들의 수입을 유통시킨다. 이미 위에서 본 바와 같이, 새로운 기업을 시작하는 모든 자본가가 자신의 생활을 유지하기 위해 소비수단에 지출하는 화폐를, 기업이 일단 궤도에 오르면, 자신의 잉여가치의 화폐화에 봉사하는 화폐로서 다시 낚아낸다. 그러나 일반적으로 말해 곤란은 전적으로 다음과 같은 두 원천에서 생긴다.

첫째로 우리가 자본의 유통과 회전만을 살펴본다면, 따라서 자본가를 자본의 인격화로서만 보고 자본주의적 소비자와 향락가로 보지 않는다면, 우리는 물론 자본가가 끊임없이 잉여가치를 상품자본의 구성부분으로 유통에 투입하는 것은 보지만, 그의 손에 있는 수입의 형태인 화폐는 결코 보지 못할 것이다. 우리는 자본가가 자기의 잉여가치를 소비하기 위해 화폐를 유통에 투입하는 것을 결코 보지 못할 것이다.

둘째로 자본가계급이 얼마간의 화폐액을 수입의 형태로 유통에 던져 넣는다면, 이것은 마치 그들이 연간 총생산물의 이 부분에 대해서도 등가를 지불하는 것처럼 보이며, 따라서 이 부분은 잉여가치를 대표하지 않는 것처럼 보인다. 그러나 잉여가치를 대표하는 잉여생산물은 자본가계급에게 아무런 비용도 들게 하지 않는다. 하나의 계급으로서 자본가들은 잉여생산물을 공짜로 소유하고 소비하는 것이며, 화폐유통은 이 사실을 조금도 변경시킬 수 없다. 화폐유통 때문에 달라지는 것은 다만 각 자본가가 자기의 잉여생산물을 현물로 소비하지 않고[대부분의 경우 현물로 소비할 수 없다] 자기가 취득한 잉여가치액만큼 온갖 상품들을 연간의 사회적 잉여생산물의 총량에서 끌어내어 차지한다는 것뿐이다. 그러나 유통 메커니즘이 보여준 바와 같이, 자본가계급이 수입을 지출하기 위해 화폐를 유통에 투입한다고 하더라도 그들은 같은 화폐를 다시 또 유통에서 끌어내며, 그리고 똑같은 과정을 항상 새로 시작할 수 있으므로, 하나의 계급으로서 자본가들은 전과 다름없이 잉여가치의 화폐화에 필요한 화폐액을 소유하게 되는 것이다. 따라서 자본가가 자기의 소비재원을 위해 잉여가치를 상품형태로 상품시장에서 끌어낼 뿐 아니라 그가 이 상품을 구매하는 데 사용한 화폐도 동시에 회수한다면, 그는 명백히 등가를 치르지 않고 상품을 유통에서 끌어낸 것으로 된다. 자본가는 그 상품의 대가를 화폐로 지불하였지만 그 상품은 그에게 아무런 비용도 들게 하지 않는다. 내가 1원으로 상품을 사고 그 상품판매자가 [나에게 아무런 비용도 들지 않은] 잉여생산물의 대가로 1원을 나에게 다시 준다면, 나는 명백히 그 상품을 거저 얻는 것으로 된다. 이런 일이 끊임없이 되풀이되더라도, 내가 끊임없이 상품을 끌어내면서도 끊임없이 그 1원을 소유하고 있다는 사실은 [비록 내가 상품을 얻기 위해 그 1원을 일시적으로 내어준다고 하더라도] 조금도 달라지지 않는다. 자본가는 이 화폐를 자기에게 아무런 비용도 들게 하지 않는 잉여가치의 화폐등가로서 끊임없이 다시 얻는다.

우리가 이미 본 것처럼, 스미스는 사회적 생산물의 총가치를 수입 [v+s]으로 분해하고, 따라서 불변자본가치는 0이라고 보고 있다. 그러므로 필연적으로, 연간 수입의 유통에 필요한 화폐는 연간 총생산물의 유통에 대해서도 충분하며, 따라서 우리가 든 예에서 3,000의 가치가 있는 소비수단의 유통에 필요한 화폐는 9,000의 가치가 있는 연간 총생산물의 유통에 대해서도 충분한 것으로 된다. 이것이 사실 스미스의 견해며, 이 견해를 투크는 되풀이하고 있다. 사회적 총생산물을 유통시키는 데 드는 화폐량과 수입의 실현에 드는 화폐량 사이의 관계에 대한 이 그릇된 견해는, 연간 총생산물의 각종 소재적 요소들과 가치요소들이 재생산되고 해마다 보충되는 방식을 이해하지 못하고 그릇되게 생각한 것의 필연적 결과다. 그러므로 이 견해는 이미 논박되었다.

스미스와 투크 자신들의 말을 들어보자.

스미스는 『국부론』 제2편 제2장에서 이렇게 말하고 있다.

"한 나라의 유통은 두 개의 상이한 부분, 즉 상인들 사이의 유통과, 상인과 소비자 사이의 유통으로 나눌 수 있다. 지폐든 금속화폐든, 동일한 화폐가 어떤 때는 이쪽에서 어떤 때는 다른 쪽에서 사용되긴 하지만, 양쪽의 유통이 동시에 진행되므로 각각은 일정한 화폐량을 어떤 종류로든 필요로 한다. 상인들 사이에서 유통하는 재화의 가치는 상인과 소비자 사이에서 유통하는 재화의 가치를 결코 초과할 수 없다. 왜냐하면 상인에 의해 구매되는 것은 모두 결국에는 소비자에게 판매되기 때문이다. 상인들 사이의 거래는 도매로 이루어지므로 일반적으로 각 거래마다 큰 금액의 화폐를 필요로 한다. 반대로 상인과 소비자 사이의 거래는 일반적으로 소매로 이루어지므로 작은 금액의 화폐를 필요로 하며, 1실링이나 반half 페니로도 충분한 경우가 있다. 그러나 작은 금액은 큰 금액보다 훨씬 빨리 유통한다.…그러므로 모든 소비자들의 연간 구매액이 그 가치상으로는 적어도"(이 '적어도'라는 단어는 훌륭하다!)"모든 상인들의 구매액과 같지만, 소비자들은 일반적으로 훨씬 적은 양의 화폐로 거래할 수 있다."(394)

스미스의 이 구절에 대하여 투크는 다음과 같이 지적하고 있다.

"여기에서 하고 있는 구별이 사실상 옳다는 것은 의심할 여지가 없다.…상인들과 소비자들 사이의 교환은 소비자들의 주된 수입을 이루는 임금의 지불도 포함한다.…상인들 사이의 모든 거래[즉 생산자나 수입업자에서 시작하여 제조업 등 중간과정의 모든 단계를 거쳐 소매상이나 수출업자에 이르기까지의 모든 판매]는 자본의 운동 또는 이전transfer으로 분해될 수 있다. 그러나 자본의 이전은 대다수의 거래에서는 이전될 때 화폐[은행권이나 주화]를 실제로 내주는 것—관념적으로가 아니라 실물로 내주는 것을 가리킨다—을 반드시 전제하지 않으며, 또 사실상 실제로 동반하는 것도 아니다.…상인들 사이의 거래 총액은 결국에는 상인들과 소비자들 사이의 거래액에 의하여 규정되며 제한되지 않을 수 없다."(투크, 『통화원리의 연구』: 34~36의 이곳저곳)

마지막 구절을 따로 떼어놓고 본다면, 상인들 상호간의 교환과, 상인과 소비자의 교환 사이에는, 다시 말해 연간 총수입의 가치와 이 수입을 생산하는 자본의 가치 사이에는 일정한 비율이 있다는 것을 투크가 확인하고 있을 따름이라고 생각할 수도 있다. 그러나 그렇지 않다. 그는 스미스의 견해를 명백히 지지하고 있다. 그러므로 투크의 유통이론을 특별히 비판하는 것은 쓸데없는 일이다.

(2) 어느 산업자본이나 사업을 시작할 때는 자기의 고정적 구성부분 전체를 사들이기 위해 화폐를 한꺼번에 유통에 투입하며, 다음에 그 고정적 구성부분의 가치를 몇 해에 걸쳐 자기의 연간 생산물을 팔아 점차적으로만 유통에서 끌어낸다. 따라서 각 산업자본은 맨 처음에는 유통에서 끌어내는 화폐보다 더 많은 화폐를 유통에 투입한다. 이것은 전체 자본을 현물로 갱신할 때마다 되풀이된다. 이것은 고정자본을 현물로 갱신하여야 하는 일정한 수의 기업들에서 해마다 되풀이된다. 이것은 고정자본을 수리할 때마다, 즉 고정자본을 부분적으로 갱신할 때마다 조금씩 되풀이된다. 따라서 한 때에는 유통에 투입하는 화폐보다 더 많은 화폐를 유통에서 끌어낸다면, 다른 때에는 그 반대로 유통에서 끌어내는 화폐보다 더 많은 화폐를 유통에 투입한다.

생산시간[노동기간과 구별된다]이 비교적 긴 모든 산업부문에서는 자본주의적 생산자들은 고용된 노동력의 대가를 지불하거나 소비되는 생산수단을 구매하기 위해 그 생산시간 동안 끊임없이 화폐를 유통에 던져 넣는다. 그리하여 생산수단은 직접적으로 상품시장에서 끌려나오며, 소비수단은 일부는 자기들의 임금을 지출하는 노동자들에 의하여 간접적으로, 일부는 자기들의 소비를 결코 멈추지 않는 자본가들 자신에 의하여 직접적으로 상품시장에서 끌려나오는데, 이 경우 이 자본가들은 동시에 그 등가를 상품으로 시장에 던져 넣지는 않는다. 이 기간 중에는 자본가들이 유통에 던져 넣은 화폐가 상품가치[이 속에는 잉여가치도 포함되어 있다]의 실현『화폐화』에 사용된다. 이 사정은 발전한 자본주의적 생산에서 주식회사 따위가 착수하는 장기적인 사업[예컨대 철도 · 운하 · 부두 · 지방자치단체 건물의 건설, 철로 만든 선박의 건조, 대규모의 간척공사 따위]와 관련하여 매우 중요한 의미를 가진다.

(3) 다른 자본가들은 [고정자본에 대한 지출을 제쳐놓고 보면] 노동력과 유동적 요소들을 사면서 유통에 투입한 화폐보다 더 많은 화폐를 유통에서 끌어내는 반면에, 금과 은을 생산하는 자본가들은 [원료로 쓰이는 귀금속을 제쳐놓고 보면] 화폐만을 유통에 던져 넣고 상품만을 유통에서 끌어낸다. 금과 은의 생산자들은 고정자본의 마멸분을 보충하는 부분을 뺀 불변자본과 가변자본의 대부분, 그리고 자기 자신의 손에 쌓이는 퇴장화폐를 제외한 전체 잉여가치를 화폐로서 유통에 던져 넣는다.

(4) 대지 · 집 등과 같은 한 해 안에 생산된 것이 아닌 온갖 물건들, 그리고 또 가축 · 목재 · 포도주 등과 같이 그 생산시간이 한 해가 넘는 생산물들이 상품으로 유통한다는 것은 사실이다. 이런 현상과 기타의 현상들을 이해하기 위해서는, 직접적 유통에 드는 화폐액 외에도 늘 얼마만큼의 화폐가 잠재적인[기능하고 있지 않는] 상태에 있으며, 이 화폐는 자극을 받으면 기능을 개시할 수 있다는 것을 염두에 두는 것이 중요하다. 또한 이런 생산물들의 가치는 흔히 조금씩 그리고 점차로 유통한다. 예컨대 집의 가치는 여러 해에 걸친 임대료로 유통한다.

다른 한편 재생산과정의 모든 운동이 화폐유통에 의하여 매개되는 것은 아니다. 전체 생산과정은, 그 요소들이 일단 구매되자, 화폐유통에서 떨어져 나간다. 그리고 또 생산자 자신이 [개인적으로든 생산적으로든] 직접 소비하는 모든 생산물도 그런데, 농업노동자들에게 주는 현물급여도 또한 마찬가지다.

따라서 연간 생산물을 유통시키는 화폐량은 이미 사회에 있으며 점차 축적되어온 것이다. 그것은 마멸된 주화를 보충하는 금을 빼놓고는 금년의 가치생산물 〖새로운 가치〗에 속하지 않는다.

비록 단순한 금속유통의 기초 위에서도 화폐는 지불수단으로서 기능할 수 있고 또 역사적으로 실제로 그렇게 기능하였으며, 그리고 이 기초 위에서도 신용제도와 그 신용 메커니즘의 일정한 측면들이 발전하였지만, 우리의 서술에서는 귀금속 화폐만이 유통한다고 전제하고 있으며, 더욱이 이 유통의 가장 단순한 형태인 현금매매가 전제되고 있다.

이런 전제는 단순히 방법론적 이유 때문만은 아니지만, 이 방법론적 이유가 중요하다는 것은 벌써 다음과 같은 사실에서 나타나고 있다. 즉 투크와 그 학파 〖은행주의〗, 그리고 그들의 반대파 〖통화주의〗는 은행권의 유통에 관한 논쟁에서 언제나 순수한 금속유통을 가정하지 않을 수 없었던 것이다. 그들은 사후적으로 그렇게 하지 않을 수 없었으나, 이 경우에도 순수한 금속유통을 매우 피상적으로 가정하였는데, 그것은 이 출발점이 그들의 분석에서는 부차적인 기능밖에 하지 못하였기 때문에 어쩔 수 없었다.

그러나 화폐유통 — 그리고 이 화폐유통은 여기에서 연간 재생산과정의 내재적 계기다 — 을 자연발생적인 형태로 아주 간단히 살펴보더라도 다음과 같은 것을 알게 된다.

a) 발달한 자본주의적 생산[따라서 임금노동제도가 지배]을 전제한다면, 화폐자본은 가변자본이 투하되는 형태이기 때문에 주된 기능을 한다

는 것은 두말할 것도 없다. 임금노동제도가 발전하는 데 따라 모든 생산물은 상품으로 전환되고, 따라서 모든 생산물은—몇 개의 중요한 예외는 있지만—그 발달의 한 단계에서 화폐로 전환하지 않으면 안 된다. 유통화폐량은 상품들이 화폐로 전환하는 것에 충분하지 않으면 안 되는데, 이 유통화폐량의 매우 큰 부분은 임금의 형태로 공급된다. 즉 산업자본가들이 노동력에 대하여 지불하기 위해 가변자본을 화폐형태로 투하하며, 그리고 노동자들의 손에서 이 화폐는 주로 유통수단(구매수단)으로만 기능한다. 이것은 자연경제와 완전히 대립되는 것인데, 자연경제는 모든 형태의 인격적 속박(농노제를 포함) 아래에서 지배적이며, 그리고 어느 정도 원시적인 공동체[인격적 속박관계나 노예제를 내포하고 있건 없건]에서 더욱 지배적이다.

노예제도에서는 노동력의 구매에 투하된 화폐자본은 고정자본의 화폐형태와 같은 기능을 하며, 이 고정자본은 노예의 활동적인 일생이 끝나감에 따라 점차적으로만 보충된다. 그러므로 아테네 사람들은 노예소유자가 노예의 산업적 사용에 의하여 직접적으로 얻는 이득이나, 노예를 산업(예컨대 광산노동)에 이용하는 다른 사람에게 임대하여 간접으로 얻는 이득을, 투하한 화폐자본의 이자(와 감가상각금)로 여겼던 것인데, 이것은 자본주의적 생산에서 산업자본가가 잉여가치의 한 부분과 고정자본의 마멸분을 자기의 고정자본의 이자와 보충분으로 계산하고 있는 것과 마찬가지며, 그리고 그것은 고정자본(집 · 기계 등)을 세놓는 자본가들에게도 통례로 되고 있다. 단순한 가정노예는 필요한 봉사를 하는 데 쓰이건 사치를 자랑하는 데 쓰이건 여기에서는 문제로 되지 않는다. 그들은 오늘날의 하인계급에 해당한다. 그러나 노예제도도—그것이 그리스와 로마에서와 같이 농업 · 제조업 · 해운업 등에서 생산적 노동의 지배적 형태인 한—자연경제의 요소를 가지고 있다. 노예시장 자체는 전쟁 · 해적행위 등에 의하여 상품인 노동력을 끊임없이 공급받는데, 이 약탈은 유통과정에 의해 매개되는 것이 아니라 직접적인 육체적 강제에 의하여 남의 노동력을 현물로 취득하는 것이다. 미국에서까지도 임금노동제가 실시되고 있는 북부의 주들과 노예제가 실시되고 있는 남부의 주들 사이의 중간지대가, 남부를 위해 노예사육지대[노예시장에 내던져지는 노예 자체가 연간 재생산의 하나의 요소로 되었다]로 변한 뒤에도, 오랫동안 그것만으로는 부족하여, 시장의 수요를 충족시키기 위해 아프리카와의 노예무역이 될 수 있는 한 오랫동안 더 계속되지 않을 수 없었다.

b) 자본주의적 생산의 기초 위에서는 연간 생산물의 교환에서 화폐의 유출과 환류가 자연발생적으로 행해진다는 것; 고정자본은 그 가치 전체가 모두 한꺼번에 투하되지만 그 가치는 몇 해 동안에 걸쳐 점차적으로만 유통에서 끌려나오며, 따라서 고정자본은 해마다의 화폐퇴장[이것은 매년의 새로운 금 생산에 의거하여 발생하는 화폐퇴장과는 성격상 전혀 다르다]에 의하여 화폐형태로 점차 회복한다는 것; 생산시간의 길이가 서로 다름에 따라 화폐를 투하하지 않으면 안 되는 시간의 길이가 다르고, 그리고 상품을 팔아 화폐를 유통에서 회수할 수 있기에 앞서 화폐를 항상 퇴장하여 두지 않으면 안 되는 시간의 길이가 서로 다르다는 것; 생산지와 판매시장 사이의 거리가 서로 다르다는 사실만으로도 벌써 화폐를 투하하는 시간의 길이가 서로 달라진다는 것; 각 생산분야마다 그리고 같은 생산분야의 각 개별자본마다 생산용 재고의 상태 또는 그 상대적 크기에 따라 화폐환류의 크기와 시간에 차이가 있으며, 따라서 불변자본의 요소들을 사들이는 시기가 다르다는 것; 그리고 이 모든 것은 한 해의 재생산기간에 일어나는 일들이라는 것—자연발생적 운동의 이 모든 다양한 측면들을 경험에 의해 알게 되고 주목하기만 하면, 신용제도의 기계적 보조수단〖예: 수표와 어음〗을 계획적으로 이용하고 또 이미 있는 대부자본을 실제로 사용하게 될 것이다.

이밖에도 또한 정상적인 조건에서는 생산이 계속 똑같은 규모로 진행되는 사업들과, 농업과 같이 계절이 다름에 따라 사용되는 노동력의 양이 달라지는 사업들 사이의 차이도 여기에 더 첨가되어야 한다.

제13절 데스튀트 드 트라시의 재생산이론[15)]

사회적 재생산의 고찰에서 정치경제학자들의 혼돈과 호언으로 가득찬 몰이해의 실례로 들 수 있는 것은 '위대한 논리학자' 데스튀트 드 트라시인데(『자본론』 제1권 제5장 주17을 참조하라), 리카도까지도 그를 진지하게 대하고 '아주 유명한 저자'라고 부르고 있다(『원리』: 364).

이 '유명한 저자'는 사회적 재생산과 유통의 총과정에 대하여 다음과 같이 해명하고 있다.

"이 산업기업가들은 그렇게 많은 이윤을 어떻게 얻으며, 또 그것을 누구로부터 끌어낼 수 있는가 하고 사람들은 나에게 물을 것이다. 나는 다음과 같이 대답한다. 그들은 자기들이 생산하는 모든 것을 그 생산에 들인 것보다 비싸게 팔아 이윤을 얻으며, 그리고 그것을 다음과 같은 사람들에게 판매한다고.

(1) 그들은 자기들의 욕망을 충족시키기 위해 자기들의 이윤의 일부로 대가를 지불하는 소비부분 전체에 대해서는 상호간에 판매한다.

(2) 그들 자신이 고용하는 임금노동자에게도 팔고 놀고먹는 자본가들이 고용하는 임금노동자〖예: 하인〗에게도 판다. 그들은 이렇게 하여 임금노동자들로부터 얼마 안 되는 저축을 빼고는 그들의 전체 임금

15) {엥겔스: 원고 2로부터.}

을 다시 받아낸다.

(3) 놀고먹는 자본가들에게 파는데, 이들은 자기들의 수입 가운데서 자기들이 직접 고용하는 임금노동자들에게 이미 내어준 것 이외의 부분으로 산업자본가들에게 지불한다. 그리하여 이들에게 산업자본가들이 해마다 지불하는 지대 전부는 이런 방식의 어느 하나를 거쳐 그들에게 다시 되돌아온다."(데스튀트 드 트라시, 『의지와 의지작용론』: 239)

따라서 자본가들은 첫째로, 잉여가치 중 자기들의 개인적 소비에 사용하는 부분[즉 수입으로서 소비하는 부분]의 교환에서는 서로를 속임으로써 치부한다. 그들의 잉여가치 또는 이윤의 이 부분이 400원이라면, 이 400원을 나누어 가지고 있는 각자는 자기의 몫을 25%만큼씩 더 비싸게 다른 사람에게 팔기 때문에 이 400원이 500원으로 된다는 것이다. 그러나 그들 모두가 똑같은 짓을 하기 때문에 그 결과는 그들이 서로 정당한 가치대로 판 것이나 똑같다. 다만 그들은 400원의 상품가치를 유통시키기 위해 500원의 화폐량을 필요로 한다는 것뿐인데, 이것은 치부하는 방법이라기보다 오히려 가난해지는 방법이다. 왜냐하면 그들은 자기들의 총재산의 큰 부분을 유통수단이라는 쓸모없는 형태로 비생산적으로 가지고 있지 않으면 안 되기 때문이다. 모든 것은 결국 다음과 같이 될 따름이다. 즉 자본가계급은 모두 다 자기들의 상품 가격을 명목상으로 올리지만 자기들의 개인적 소비를 위해 서로 나누어야 할 상품자본은 400원뿐이며, 그리고 500원의 상품가치를 유통시키는 데 필요한 화폐량으로 400원의 상품가치를 유통시키는 데 서로 만족하고 있는 것이다.

여기에서 우리는 '자기들의 이윤의 일부', 따라서 일반적으로 이윤을 표시하는 상품량이 이미 전제되고 있다는 것은 전혀 문제 삼지 않는다. 그러나 데스튀트는 우리에게 바로 이 이윤이 어디에서 나오는가를 설명하려고 한다. 이 이윤을 유통시키는 데 필요한 화폐량은 전혀 부차적인 문제다. 그 이윤을 표시하는 상품량은 자본가들이 이 상품량을 서로 팔 뿐 아니라[비록 이 생각만은 벌써 아주 훌륭하고 심오한 것이지만], 서로 더 비싸게 파는 데서 나온다고 데스튀트는 생각한다. 따라서 우리는 이제 자본가들의 치부의 한 원천을 알게 되었다. 이 원천은 결국, 큰 가난은 큰 가난에서 나온다는 '감독관 브레지히' 〖프리츠 로이터의 이야기에 등장하는 희극적인 인물〗의 불가사의와 동등하다.

(2) 그리고 또 똑같은 자본가들은

> "그들 자신이 고용하는 임금노동자에게도 팔고, 놀고먹는 자본가들이 고용하는 임금노동자에게도 판다. 그들은 이렇게 하여 노동자들로부터 얼마 안 되는 저축을 빼고는 그들의 전체 임금을 다시 받아낸다."

자본가들이 노동자에게 임금으로 투하한 화폐자본이 자본가들에게로 되돌아오는 것이 그들의 치부의 둘째 원천이라고 데스튀트는 보고 있다.

따라서 자본가계급이 예컨대 100원을 노동자에게 임금으로 지불하면 그 다음에 이 노동자들이 자본가계급으로부터 같은 100원의 가치가 있는 상품을 사며, 따라서 자본가들이 노동력의 구매자로서 투하한 100원의 금액이 100원어치의 상품을 노동자들에게 판매함으로써 자기들에게로 되돌아온다면, 그것에 의하여 자본가들은 치부한다는 것이다. 상식적으로 보면, 자본가들은 이전에 가지고 있던 100원을 이런 과정을 거쳐 다시 가지게 되는 것같이 보인다. 최초에 자본가들은 100원의 화폐를 가지고 있었으며, 그들은 이 100원으로 노동력을 산다. 사들인 노동력은 이 100원의 화폐 대신에 [우리가 지금까지 데스튀트로부터 알고 있는 한에서는] 100원의 가치가 있는 상품을 생산한다. 자본가들은 이 100원어치의 상품을 노동자들에게 팔아 100원의 화폐를 다시 얻는다. 따라서 자본가들은 다시 100원의 화폐를 가지지만, 노동자들은 그들 자신이 생산한

100원어치의 상품을 가진다. 자본가들이 여기에서 어떻게 치부한다는 말인지 도저히 알 수 없다. 그 100원의 화폐가 자본가들에게로 되돌아오지 않는다면, 그들은 첫째로 노동자들에게 그들의 노동의 대가로 100원의 화폐를 지불하여야 할 것이고, 둘째로 노동자들에게 이 노동의 생산물인 100원어치의 소비품을 거저 주지 않으면 안 될 것이다. 따라서 화폐가 되돌아온다는 것은 기껏해야 자본가들이 더욱 가난해지지 않는 이유를 설명할 수는 있을지 모르지만, 그들이 치부하는 이유를 설명할 수는 결코 없다.

물론 또 하나의 문제는, 어떻게 자본가들은 그 100원의 화폐를 처음부터 가지게 되었으며, 왜 노동자들은 자기자신의 계산으로 상품을 생산하지 않고 자기의 노동력을 이 100원과 교환하지 않을 수 없는가 하는 것이다. 그러나 이 문제는 데스튀트와 같은 큰 사상가에게는 자명한 것일 따름이다.

데스튀트 자신도 이런 해결로 완전히 만족하고 있는 것은 아니다. 사실 그는 사람들이 100원의 화폐액을 지출하고 그 다음에 똑같은 100원의 화폐액을 다시 받아들임으로써[따라서 100원의 화폐가 되돌아옴으로써] 치부한다고 우리에게 말하지는 않았다. [이 환류는 왜 그 100원의 화폐가 없어지지 않았는가를 보여줄 따름이다.] 그는 우리에게 말하기를, 자본가들은 '자기들이 생산하는 모든 것을 그 생산에 들인 것보다 비싸게 팔아' 치부한다고 하였다.

따라서 자본가들은 노동자들과의 거래에서도 노동자들에게 더 비싸게 팔아 치부하는 것으로 되지 않으면 안 된다. 훌륭하다!

> "그들은 임금을 지불한다.…그리고 임금은 전부 이 모든 사람들의 지출에 의해 그들에게 되돌아오는데, 이 모든 사람들은 생산물에 대하여 자본가들이 임금으로 들인 것보다 더 비싸게 그 대가를 지불한

다."(같은 책: 240)

따라서 자본가들은 100원의 임금을 노동자들에게 지불하고 그 다음에 노동자들에게 노동자들 자신의 생산물을 120원에 팔며, 그리하여 자본가들은 그 100원을 회수할 뿐 아니라 20원을 더 얻는다는 것인가? 이것은 불가능하다. 노동자들은 임금의 형태로 받은 화폐를 지불할 수 있을 뿐이다. 노동자들이 100원의 임금을 자본가들로부터 받는다면 그들은 100원어치만큼 살 수 있을 뿐이고 120원어치를 살 수는 없다. 따라서 이런 식으로 해서는 문제가 풀리지 않을 것이다. 그러나 또 하나의 방법이 있다. 즉 노동자들은 자본가들로부터 100원으로 상품을 사지만 사실은 80원의 가치가 있는 상품을 받을 뿐이라는 것이다. 그러므로 노동자들은 확실히 20원만큼 속은 셈이다. 그리고 자본가로서는 확실히 20원만큼 더 벌었는데, 왜냐하면 자본가는 노동력의 대가를 그 가치보다 20% 낮게 지불하였기 때문이거나, 우회를 거쳐 명목임금에서 20%만큼 떼어냈기 때문이다.

자본가계급은 처음부터 노동자들에게 80원의 임금만을 지불하고 뒤에 이 80원의 화폐와 교환으로 실제로 80원의 상품가치를 노동자들에게 제공하더라도 같은 목적을 이룩할 것이다. 이것은 자본가계급 전체를 놓고 보면 정상적인 방법인 것 같다. 왜냐하면 데스튀트에 따르면, 노동자계급은 '충분한 임금'(같은 책: 219)을 받지 않으면 안 되기 때문인데, 이 임금은 적어도 그들의 생존과 노동능력을 유지하고 '가장 절실한 생존수단을 구매할 수 있을'(208) 정도이어야 하기 때문이다. 노동자들이 이와 같은 충분한 임금을 받지 못한다면 그것은, 데스튀트의 말에 따르면, '근면의 죽음'(208)이며, 따라서 자본가들의 치부를 위한 수단으로 될 수 없을 것이다. 그러나 자본가계급이 노동자계급에게 지불하는 임금의 크기가 어떻든 그 임금은 예컨대 80원이라는 일정한 가치를 가지고 있다. 따라서 자본가계급이 80원을 노동자들에게 지불한다면, 자본가계급은 노동자들에게 80원의 상품가치를 이 80원과 교환으로 제공하여야 하며, 따라서 그 80원이 되돌아와도 자본가계급은 치부하지 못한다. 자본가계급이 노동자들에게 화폐로 100원을 지불하고 그들에게 80원의 상품가치를 100원으로 판다면, 자본가계급은 노동자들에게 화폐로는 그들의 정상적 임금보다 25% 더 많이 지불하지만 상품으로는 25% 더 적게 제공한 것으로 된다.

다시 말하면, 자본가계급이 그들의 이윤을 끌어내는 원천은, 노동력의 대가를 그 가치[즉 임금노동자가 노동력의 정상적 재생산에 필요한 생활수단의 가치] 이하로 지불하는 방식으로 정상적 임금에서 떼어냄으로써 형성될 것이다. 따라서 정상적 임금이 지불된다면[데스튀트에 따르면 당연히 그렇게 되어야 한다], 산업자본가나 놀고먹는 자본가들에게는 이윤의 어떤 원천도 존재하지 않게 된다.

이리하여 데스튀트는 자본가계급이 치부하는 전체 비밀을 결국 임금에서 떼어내는 것으로 귀결시키지 않을 수 없을 것이다. 그렇게 되면 그가 (1)과 (3)에서 말하는 잉여가치의 다른 원천들은 존재하지 않게 될 것이다.

그러므로 노동자들의 화폐임금이 계급으로서 그들의 생존에 필요한 소비수단의 가치로 환원되고 있는 모든 나라들에서는 자본가들을 위한 어떤 소비재원도, 어떤 축적재원도 존재하지 않을 것이며, 따라서 또 자본가계급이 존재하기 위한 재원도, 그리고 어떤 자본가계급도 존재하지 않을 것이다. 더욱이 데스튀트에 따르면, 오랜 문명을 가진 모든 부유한 발전한 나라에서 그렇게 될 것이다. 왜냐하면

"오래된 우리 사회들에서는 임금을 지불하는 재원은…거의 불변의

크기이기"(같은 책: 202) 때문이다.

임금을 삭감하는 경우를 가정하더라도, 자본가가 치부하는 것은 그가 먼저 노동자에게 100원을 화폐로 지불하며, 뒤에 이 100원의 화폐와 교환으로 80원의 상품을 제공하기 때문이 아니라[따라서 80원의 상품을 25%만큼 더 큰 100원의 화폐액으로 유통시키기 때문이 아니라], 자본가가 노동자의 생산물 가운데서 잉여가치[즉 생산물 중 잉여가치를 표시하는 부분] 이외에도 임금의 형태로 노동자에게 돌아가야 할 부분의 25% 〖20원을 가리킨다〗를 취득하기 때문이다. 데스튀트가 생각하는 것과 같은 어리석은 방식으로써는 자본가계급은 결코 아무런 이득도 보지 못할 것이다. 자본가계급은 노동자에게 100원을 임금으로 지불하며 이 100원과의 교환으로 노동자에게 노동자 자신의 생산물로부터 80원의 상품가치를 되돌려준다. 그러나 그 다음 활동에서 그들은 같은 짓을 하기 위해 다시 100원을 투하하지 않으면 안 된다. 따라서 그들은 80원의 화폐를 투하하여 그 화폐와 교환으로 80원의 상품을 제공하는 대신에, 100원의 화폐를 투하하여 그 화폐와 교환으로 80원의 상품을 제공하는 쓸데없는 장난을 할 따름이다. 즉 그들은 자기들의 가변자본의 유통을 위해 25%만큼 더 많은 화폐자본을 항상 쓸데없이 투하하는데, 이것이야말로 아주 독특한 치부방법이다.

(3) 끝으로 산업자본가계급은

"놀고먹는 자본가들에게 파는데, 이들은 자기들의 수입 가운데서 자기들이 직접 고용하는 임금노동자들에게 이미 내어준 것 이외의 부분으로 산업자본가들에게 지불한다. 그리하여 이들에게 산업자본가들이 해마다 지불하는 지대 전부는 이런 방식의 어느 하나를 거쳐 그들에게 다시 되돌아온다."

위에서 본 바와 같이, 산업자본가들은 '자기들의 욕망을 충족시키기' 위한 '자기들의 소비부분 전체'에 대해 '자기들의 이윤의 일부'로 지불한다. 그들의 이윤이 200원이라고 하자. 그들은 자기들의 개인적 소비를 위해 예컨대 100원을 쓰며, 나머지 절반인 100원은 그들에게 속하지 않고 놀고먹는 자본가들[즉 지대 취득자들과 이자를 받고 돈을 대부하는 자본가들]에게 속한다. 따라서 산업자본가들은 100원의 화폐를 이 동료들에게 지불하여야 한다. 이 화폐 가운데서 80원은 이 동료들이 자기 자신의 소비를 위해 쓰고 20원은 하인 등을 고용하는 데 쓴다고 하자. 그리하여 이들은 그 80원으로 소비수단을 산업자본가들로부터 산다. 이에 따라 80원어치의 생산물이 산업자본가들에게서 떨어져 나가지만 동시에 이 80원의 화폐[즉 산업자본가들이 지대 · 이자 따위의 이름으로 놀고먹는 자본가들에게 지불한 그 100원의 $\frac{4}{5}$]가 산업자본가들에게로 되돌아온다. 그리고 또 놀고먹는 자본가들이 직접 고용하는 임금노동자들인 하인계급은 그 주인들로부터 20원을 받았는데, 이들도 또한 이것으로 산업자본가들로부터 20원어치의 소비수단을 산다. 그리하여 20원어치의 생산물이 산업자본가들로부터 떨어져 나가는 동시에 20원의 화폐[즉 산업자본가들이 지대 · 이자 등으로 놀고먹는 자본가들에게 지불한 그 100원의 화폐의 마지막 $\frac{1}{5}$]가 산업자본가들에게로 되돌아온다.

거래가 끝나자, 산업자본가들이 지대 · 이자 따위를 지불하기 위해 놀고먹는 자본가들에게 떼어준 100원의 화폐가 산업자본가들한테로 되돌아와 있으며, 한편 산업자본가들의 잉여생산물의 절반인 100원어치는 자기의 손에서 놀고먹는 자본가들의 소비재원으로 넘어가 있다.

따라서 100원이 놀고먹는 자본가들과 그들이 직접 고용하는 임금노동자들 사이에 분할되는 것을 끌어들이는 것은 여기에서 취급하고 있는 문제의 해결에는 전혀 쓸데없는 짓이라는 것은 두말할 것도 없다. 사태는 간단하다. 즉 놀고먹는 자본가들의 지대 · 이자, 간단히 말해 200원의 잉여가치 중 이들에게 돌아가는 몫은 산업자본가들이 이들에게 100원의 화폐로 지불한다. 놀고먹는 자본가들은 이 100원으로 직접 또는 간접으로 소비수단을 산업자본가들로부터 산다. 따라서 그들은 산업자본가들에게 100원의 화폐를 다시 지불하며 산업자본가들로부터 100원어치의 소비수단을 끌어낸다.

그리하여 산업자본가들이 놀고먹는 자본가들에게 지불한 100원의 화폐는 산업자본가들에게로 되돌아왔다. 이와 같이 화폐가 되돌아오는 것이 데스튀트가 몽상하듯이 산업자본가의 치부수단으로 되겠는가? 거래에 앞서 산업자본가들은 200원의 가치액을 100원은 화폐로 100원은 소비수단으로 가지고 있었다. 거래가 끝난 다음, 그들은 맨 처음 가치액의 절반밖에 가지고 있지 않다. 그들은 다시 100원을 화폐로 가지고 있지만, 소비수단으로 있던 100원을 잃었는데, 그것은 놀고먹는 자본가들의 손으로 넘어가버렸다. 따라서 그들은 100원만큼 부유해진 것이 아니라 100원만큼 가난해졌다. 그들이 처음에 100원의 화폐를 지불하고 그 다음에 이 100원을 100원어치 소비수단의 대가로 다시 받는 우회를 거치지 않고 직접적으로 지대 · 이자 등을 그들의 생산물의 현물형태로 지불하였다면, 100원의 화폐는 유통영역에서 그들에게로 되돌아오지 않을 것이다. 왜냐하면 그들은 100원의 화폐를 유통에 던져 넣지 않았기 때문이다. 현물로 지불한다고 생각한다면 사태는 매우 간단하게 되어, 산업자본가들이 200원의 가치가 있는 잉여생산물 가운데서 절반은 자기들이 그대로 가지고 나머지 절반은 등가를 받지 않고 놀고먹는 자본가들에게 주어버리는 것이 되므로 데스튀트로서도 이것을 치부수단이라고는 말하지 않았을 것이다.

산업자본가들이 놀고먹는 자본가들로부터 빌려서 그 대가로 이들에게 잉여가치의 한 부분을 지대 · 이자 따위의 형태로 지불하여야 하는 토지와 자본은 물론 산업자본가들에게 이윤을 가져다주는 것이었다. 왜냐하면 토지나 자본은 생산물 일반과, 생산물 중 잉여생산물을 이루는 또는 잉여가치를 표시하는 부분의 생산조건의 하나이기 때문이다. 이 이윤은 빌린 토지나 자본을 이용하는 데서 나오는 것이지 그 이용의 대가로 지불하는 가격에서 나오는 것이 아니다. 이 가격은 오히려 이윤에서 떼어낸 것이다. 만약 산업자본가들이 잉여가치의 나머지 절반을 누구에게도 주지 않고 자기 자신이 그대로 가질 수 있다면, 그들은 부유해지는 것이 아니라 오히려 가난해질 것이라고 주장하지 않으면 안 될 것이다. 이런 오해는 화폐의 환류와 같은 유통현상들을, 그런 유통현상에 의해 매개될 따름인 생산물의 분배와 혼동하기 때문에 생기는 것이다.

그렇지만 그 데스튀트는 교활하기 그지없이 다음과 같이 말한다.

> "이 놀고먹는 사람들의 수입은 어디에서 나오는가? 그것은 이들의 자본을 이용하는 사람들[즉 비용보다 더 많은 것을 생산하는 노동을 이들의 자본으로 고용하는 사람들, 한마디로 말하면 산업자본가들]이 자기들의 이윤에서 이 놀고먹는 사람들에게 지불하는 지대로부터 나오는 것이 아닌가? 따라서 모든 부의 원천을 찾으려면 언제나 이 산업자본가들에게로 돌아가지 않으면 안 된다. 이들이야말로 놀고먹는 사람들이 고용하는 임금노동자들을 실제로 먹여 살리는 사람들이다."(같은 책: 246)

이제 이 지대 따위의 지불은 산업자본가들의 이윤에서 떼어낸 것으로 된다. 그런데 앞에서는 그것은 산업자본가들의 치부수단이었다.

그러나 우리의 데스튀트에게는 그래도 하나의 위안이 될 다른 방법이 남아 있다. 이 용감한 산업가들은 자기들 상호간에 그리고 또 노동자들을 대하는 방식 그대로, 놀고먹는 자본가들을 대한다. 산업자본가들은 이들에게 모든 상품을 예컨대 20%만큼 비싸게 판다. 그런데 여기에는 두 경우가 있을 수 있다. 놀고먹는 자본가들이 산업자본가들로부터 해마다 받는 100원 이외에도 또 다른 화폐자금을 가지고 있는 경우와 가지고 있지 않는 경우가 있다. 첫째 경우에는, 산업자본가들은 그들에게 100원의 가치가 있는 상품을 가령 120원의 가격으로 판다. 따라서 산업자본가들의 상품이 팔리면, 그들이 놀고먹는 자본가들에게 지불한 100원이 자기들에게로 되돌아올 뿐 아니라 실제로 새로운 가치인 20원이 또한 들어온다. 그러면 계산은 어떻게 되는가? 먼저 산업자본가들은 100원어치의 상품을 공짜로 주었다. 왜냐하면 그들이 지불받는 것의 한 부분인 100원의 화폐는 그들 자신의 화폐였기 때문이다. 따라서 그들 자신의 상품의 대가가 그들 자신의 화폐로 그들에게 지불된 것이다. 즉 100원의 손실이다. 그러나 그들은 그밖에 가치를 넘는 가격의 초과분으로 20원을 받았다. 즉 20원의 이득이다. 이 이득을 100원의 손실에서 빼면 결국 80원의 손실로 되며, 따라서 결코 (+)가 되지 않고 언제나 (−)이다. 놀고먹는 자본가들에게 쓴 속임수는 산업자본가들의 손실을 감소시켰지만, 산업자본가들의 부의 손실을 치부수단으로 전환시키지는 못하였다. 그런데 이 방법은 오래 갈 수 없다. 왜냐하면 놀고먹는 자본가들이 해마다 받는 것이 100원의 화폐밖에 되지 않는다면 해마다 120원의 화폐를 지불할 수는 없기 때문이다.

따라서 또 다른 방법이 있다. 산업자본가들이 놀고먹는 자본가들에게 지불한 100원의 화폐와 교환으로 80원의 가치가 있는 상품을 파는 것이다. 이 경우에도 산업자본가들은 전과 다름없이 80원을 지대 · 이자 따위의 형태로 공짜로 주는 것이다. 이 속임수에 의하여 산업자본가들은 놀고먹는 자본가들에게 바치는 공물을 감소시켰지만 공물은 전과 다름없이 존재하며, 그리고 놀고먹는 자본가들도—가격은 파는 사람의 선의에 달려 있다는 바로 그 이론에 따라 — 자기들의 토지와 자본에 대한 지대 · 이자 따위로 지금까지와 같이 100원을 요구하는 것이 아니라 앞으로 120원을 요구할 수 있는 입장에 있다.

이 빛나는 연구는, 한편으로는 스미스로부터 "노동은 모든 부의 원천이다"(같은 책: 242), 그리고 산업자본가들은 "이윤을 붙여 자본을 재생산하는 노동에게 대가를 지불하기 위해 자기들의 자본을 사용한다"(같은 책: 246)라는 문장을 베껴 쓰면서, 다른 한편으로는 이 산업자본가들은 "나머지 모든 사람들을 먹여 살리며, 그들만이 사회적 부를 증가시키며, 모든 향락수단을 창조한다"(같은 책: 242)라고 결론짓고, 또 노동자들이 지불받는 화폐는 그들의 손에 남아 있지 않고 그들이 생산한 상품의 대가를 지불하기 위해 끊임없이 자본가들에게로 되돌아간다는 훌륭한 이유 때문에 노동자들이 자본가들을 먹여 살리는 것이 아니라 자본가들이 노동자들을 먹여 살린다고 결론짓고 있는, 이 심오한 사상가로부터만 나올 수 있는 것이다.

> "노동자들은 다만 한손으로는 받고 다른 손으로는 되돌려줄 따름이다. 따라서 노동자들의 소비는 그들을 고용하는 사람들에 의하여 만들어지는 것으로 보지 않으면 안 된다."(같은 책: 235)

화폐유통에 의하여 매개되는 사회적 재생산과 소비에 대하여 이렇게 남김없이 서술하고 나서 데스튀트는 다음과 같이 계속한다.

> "이것이야말로 부의 영원한 운동을 완성시키는 것인데, 이 운동은 잘 이해되지 못하고 있기는 하지만"(확실히 그러하다!)"정당하게도 유통이라고 불리고 있다. 왜냐하면 이 운동은 사실상 하나의 순환이며 언제나 자체의 출발점으로 되돌아오기 때문이다. 이 출발점이란 생산

이 완료되는 점이다."(같은 책: 239~240)

프랑스과학원과 필라델피아 철학협회 회원이며 사실상 어느 정도 속류경제학자들 사이의 거물인 이 '아주 유명한 저자' 데스튀트는, 끝으로 그가 사회적 과정의 진행을 서술하는 데서 보여준 경탄할만한 명석함과 그가 대상에 던진 밝은 빛에 탄복할 것을 독자들에게 요청하고 있으며, 겸손하게도 이 모든 밝은 빛이 어디로부터 나오는가 하는 것을 독자들에게 알리기까지 하고 있다. 이것은 원문 〖불어〗으로 읽지 않으면 안 된다.

"우리가 부의 소비를 고찰하는 이 방식이 부의 생산과 분배에 관하여 우리가 말한 모든 것과 얼마나 일치하는가에 대해서, 그리고 동시에 그 방식이 사회의 전체 운동에 얼마나 밝은 빛을 비춰주고 있는가에 대해서 사람들은 주의를 기울이리라고 본다. 이런 일치와 이런 명석함은 어디에서 오는가? 그것은 우리가 진리를 찾아냈다는 점에서 온다. 그것은 우리에게 거울의 작용을 상기시킨다. 우리가 거울 앞에 올바른 위치에 서면 모든 것이 똑똑하고 정확하게 반영되지만, 너무 가깝거나 너무 멀리 서면 모든 것이 혼란스럽게 왜곡되어 나타난다."(같은 책: 242~243)

이것이야말로 항상 최고의 행복만을 느끼는 부르주아적 백치병이 아닌가!

제21장
축적과 확대재생산[1)]

축적이 개별 자본가에게서 어떻게 진행되는가 하는 것은 제1권에서 보았다. 상품자본이 실현『화폐화』됨으로써 잉여가치를 표시하는 잉여생산물도 실현된다. 이렇게 화폐로 전환된 잉여가치를 자본가는 자기의 생산자본의 추가적 현물요소들로 다시 전환시킨다. 그 다음의 생산순환에서는 늘어난 자본이 더 많은 생산물을 제공한다. 그런데 개별자본에서 나타나는 것은 한 해의 총생산에서도 나타난다. 이것은 단순재생산에서 본 바와 같이, 개별자본의 경우에 소비된 고정적 구성부분이 퇴장화폐로 차례차례 적립되는 것이 한 해의 사회적 재생산에서도 마찬가지로 나타난다.

개별자본이 400c+100v이고 한 해의 잉여가치가 100이라면, 상품생산물은 400c+100v+100s이다. 이 600은 화폐로 전환된다. 이 화폐 가운데 400c는 다시 불변자본의 현물형태로 전환되고 100v는 노동력으로 전환되며, 그리고—잉여가치가 모두 축적되는 경우에는—그밖에 100s가 생산자본의 현물요소로 전환됨으로써 추가적 불변자본[가변자본은 당분간

1) {엥겔스: 여기부터 이 책 마지막까지는 원고 8에서.}

무시한다]으로 전환된다. 이 경우 다음과 같은 것이 전제되고 있다. 즉 (1) 주어진 기술적 조건에서는 이미 기능하고 있는 불변자본을 확대하기 위해서든 새로운 산업기업을 창설하기 위해서든 이 금액이면 충분하다는 것이다. 그러나 이 과정이 진행되기 전에, 즉 현실적 축적, 생산의 확대가 일어나기 전에 잉여가치가 화폐로 전환하고 이 화폐가 퇴장하는 것이 매우 오랫동안 필요할 수도 있다. (2) 사실상 이미 확대재생산이 행해지고 있다는 것이 전제되고 있다. 왜냐하면 화폐(화폐로 축적된 잉여가치)를 생산자본의 요소들로 전환시킬 수 있으려면 시장에서 이 요소들을 상품으로서 구매할 수 있어야 하기 때문이다. 이 경우 이 요소들이 완성된 상품으로 구매되지 않고 주문에 의해 생산된다고 하더라도 아무런 차이가 없다. 이 요소들의 대가가 지불되는 것은, 그것들이 존재할 때며, 어쨌든 [이 요소들에 관한 한] 실제로 확대된 규모의 재생산[이제까지의 정상적 생산의 확장]이 이미 진행된 다음이다. 이 요소들은 잠재적으로 [즉 생산의 요소로] 있지 않으면 안 되었다. 왜냐하면 그것들이 실제로 생산되기 위해서는, 주문[즉 상품이 현실적으로 있기 이전에 행해지는 상품의 구매와 상품의 예상판매]이라는 충동이 있기만 하면 되었기 때문이다. 이 경우 한편에 있는 화폐가 다른 한편에서 확대재생산을 불러일으키는데, 이것은 화폐 없이도 확대재생산의 가능성이 이미 있기 때문이다. 왜냐하면 화폐 그 자체는 현실적 재생산의 요소가 아니기 때문이다.

예컨대 A라는 자본가가 한 해 동안이나 몇 해 동안에 자기가 생산한 상품생산물을 성공적으로 판다면, 그는 상품생산물 중 잉여가치를 지니고 있는 부분인 잉여생산물[그가 상품형태로 생산한 잉여가치]을 차례차례 화폐로 전환시키고, 이 화폐를 점차 쌓아 잠재적인 새로운 화폐자본을 만들어낸다. 잠재적이라고 말하는 것은, 이 화폐자본이 생산자본으로 전환될 수 있는 능력과 사명을 지니고 있기 때문이다. 그러나 이 자본가는 현실적 재생산의 요소가 아닌 단순한 화폐퇴장만을 행하고 있을 따름이다. 이 경우 그의 활동은 먼저 유통하고 있는 화폐를 유통에서 차례차례 끌어내는 것이다. [물론 그가 붙잡아 두는 이 화폐 그 자체가—유통에 들어오기 전에—다른 사람의 퇴장화폐의 한 부분이었을 수도 있다.] 자본가 A의 이 퇴장화폐는 잠재적인 새로운 화폐자본이지만 추가적인 사회적 부는 아닌데, 그 퇴장화폐가 소비수단에 지출되는 경우에는 추가적인 사회적 부가 아니게 된다. 그러나 유통에서 끌려나온 [따라서 이전에는 유통 중에 있었던] 이 화폐는 전에 이미 퇴장화폐의 구성부분으로서 쌓여 있었을 수도 있고, 임금의 화폐형태였을 수도 있으며, 생산수단이나 그 밖의 상품들을 화폐화했을 수도 있고, 어떤 자본가의 불변자본부분이나 수입을 유통시켰을 수도 있다. 그 화폐가 새로운 부가 아닌 것은, 화폐가 [단순상품유통의 관점에서 볼 때] 하루에 열 번 회전하여 각각 다른 열 개의 상품가치를 실현했다고 해서 그 화폐가 자기의 현실적 가치의 보유자가 아니라 그 10배나 되는 가치의 보유자라고 말할 수 없는 것과 마찬가지다. 상품은 화폐 없이도 있으며, 화폐는 한 번 회전하든 열 번 회전하든 원래 있는 그대로다(또는 마멸로 인하여 적어지기도 한다). 오직 금 생산에서만은—금 생산물이 잉여가치를 지닌 잉여생산물을 포함하고 있는 한—새로운 부(잠재적 화폐)가 창조되며, 새로운 금 생산물 전체가 유통에 들어가는 정도까지만 그것은 잠재적인 새로운 화폐자본의 화폐재료를 증가시킨다.

화폐형태로 축적된 잉여가치는 비록 추가적인 새로운 사회적 부가 아니라 하더라도, 그 적립이 추구하는 기능 때문에 새로운 잠재적 화폐자본을 표시한다. (우리는 새로운 화폐자본이 잉여가치를 점차 화폐화하는 것과는 다른 길을 거쳐서도 생길 수 있다는 것을 뒤에서 보게 될 것이다.)

상품을 팔기만 하고 뒤따라 사지 않을 경우에 화폐는 유통에서 끌려나와 퇴장화폐로서 쌓인다. 이런 일이 전반적으로 진행된다고 보면 구매자가 어디에서 나오게 되는지를 설명할 수 없는 것처럼 보인다. 왜냐하면 이 과정에서는—이 과정은 모든 개별자본이 축적행위에 동시에 몰두할 수 있기 때문에 전반적이라고 보지 않으면 안 된다—누구나 화폐를 퇴장하기 위해 팔려고만 하지 아무도 사려고 하지 않기 때문이다.

연간 재생산의 여러 부분들 사이의 유통과정이 직선으로 진행되는 것으로 생각한다면[이렇게 생각하는 것은 잘못이다. 왜냐하면 유통과정은 몇 개의 예외는 있지만 언제나 서로 반대되는 운동들로 이루어지기 때문이다], 사기만 하고 팔지는 않는 금(또는 은) 생산자로부터 시작하지 않으면 안 되며, 다른 사람들은 모두 그에게 판다고 전제하지 않으면 안 될 것이다. 이 경우 연간의 사회적 총잉여생산물(총잉여가치를 지니고 있는)은 금 생산자에게로 넘어갈 것이며, 다른 모든 자본가들은 금 생산자의 잉여생산물[그의 잉여가치는 금이라는 현물로 실현되며 금은 태어날 때부터 화폐로 있다]을 자기들 사이에서 비례적으로 나누어 가질 것이다. 왜냐하면 금 생산자의 생산물 중 그의 기능자본을 보충하여야 할 부분은 이미 얽매어 있으며 처분되었기 때문이다. 이 경우 금으로 생산된 금 생산자의 잉여가치는, 나머지 모든 자본가들이 자기들의 연간 잉여생산물을 화폐화 하기 위한 재료를 끌어내는 유일한 재원일 것이다. 따라서 금 생산자의 잉여가치는 그 가치의 크기로 보아 [먼저 퇴장화폐라는 번데기로 되지 않으면 안 되는] 연간의 사회적 총잉여가치와 같지 않으면 안 될 것이다. 이런 황당무계한 전제들은 전반적 · 동시적인 화폐퇴장의 가능성을 설명하는 것밖에는 아무 쓸모도 없을 것이며, 금 생산자 측의 재생산을 제외하고는 재생산 자체에 대한 해명을 한 걸음도 더 진전시키지 못할 것이다.

이 외관상의 곤란을 해결하기 전에 우리는 Ⅰ부문(생산수단의 생산)의 축적과 Ⅱ부문(소비수단의 생산)의 축적을 구별하여야 한다. Ⅰ부문으로부터 시작하자.

제1절 Ⅰ부문의 축적

1. 퇴장화폐의 형성

Ⅰ부문을 이루는 수많은 산업분야들의 투자나 이 각 산업분야 안의 여러 가지 개별투자는, 그 규모나 기술적 조건들이나 시장관계 따위를 아주 제쳐놓고 보면, 그 나이[즉 그것들이 이미 기능한 기간]에 따라 잉여가치가 차례차례 잠재적 화폐자본으로 전환되는 과정의 상이한 단계에 있다는 것은 분명하며, 이 사실은 이 화폐자본이 생산 확대의 두 형태—기능하는 자본의 확대와 새로운 산업기업의 창설—중 어느 것을 위해 쓰이든 상관이 없다. 그러므로 일부 자본가들은 적당한 크기까지 자라난 자기들의 잠재적 화폐자본을 끊임없이 생산자본으로 전환시킨다. 즉 잉여가치의 화폐화에 의하여 적립된 화폐로 불변자본의 추가적 요소들인 생산수단을 산다. 그런데 다른 일부 자본가들은 아직도 자기들의 화폐자본을 적립하는 일에 종사하고 있다. 따라서 이 두 종류의 자본가들은 한편은 구매자로서, 다른 한편은 판매자로서 서로 맞서며, 이 두 종류의 자본가들은 각각 전적으로 어느 한 편의 기능만을 한다.

예컨대 자본가 A가 600(=400c+100v+100s)을 자본가 B(한 명 이상의 구매자를 대표할 수 있다)에게 판다고 하자. 그는 600의 상품을 팔아 600의 화폐를 얻었는데, 그 가운데서 잉여가치를 표시하는 100을 유통에서 끌어내어 그것을 화폐로서 적립한다. 그러나 이 100의 화폐는 100의 가치를 지녔던 잉여생산물의 화폐형태에 지나지 않는다. 화폐퇴장은 결코 생산이 아니며 따라서 처음부터 생산의 증가분도 아니다. 이 경우 자본가의 행동은 오직 100의 잉여생산물을 팔아 얻은 화폐를 유통에서 끌어내어 그대로 보유하며 적립하는 것뿐이다. 이런 일은 자본가 A만 하는 것이 아니라 유통표면의 수많은 지점에서 [이런 종류의 화폐퇴장에 모두 다 똑같이 열성을 내고 있는] 자본가들인 A′, A″, A‴도 한다. 화폐가 유통에서 끌려나와 개별적 퇴장화폐 또는 잠재적 화폐자본으로 적립되는 이 수많은 지점들은 유통에 대하여 동일한 수의 장애물을 형성하는 것처럼 보인다. 왜냐하면 그 지점들은 화폐를 움직이지 못하게 하며, 화폐의 유통능력을 길거나 짧은 시간에 걸쳐 빼앗기 때문이다. 그러나 명심해야 할 것은, 화폐퇴장은 자본주의적 상품생산에 의거하기 훨씬 전에 단순상품유통의 경우에도 진행된다는 점이다. 사회에 있는 화폐량은 언제나 현실적으로 유통하고 있는 화폐량[이것은 사정에 따라 증감하지만]보다 많다. 우리는 이와 똑같은 화폐퇴장과 퇴장화폐의 형성을 자본주의적 생산에서 다시 보게 되지만, 이제는 자본주의적 생산과정에 내재하는 하나의 계기로서 보게 된다.

이 모든 잠재적 자본들이 신용제도 안에서 은행 따위의 수중으로 집중되어, 이용가능한 '대부가능자본'[즉 더 이상 수동적이고 공상적인 화폐자본이 아니라 능동적이고 높은 이자를 받는 자기증식적인 화폐자본]으로 될 때 느끼는 그 만족감을 우리는 이해할 만하다.

그러나 자본가 A는 [자기의 잉여생산물에 관한 한] 판매자로서만 나타나고 그 뒤에 구매자로서는 나타나지 않아야만 이 화폐퇴장을 달성할 수 있다. 따라서 화폐화 되어야 할 잉여가치를 지닌 잉여생산물을 그가 차례차례로 생산하는 것이 그의 화폐퇴장의 전제조건이다. I부문 안의 유통만을 살펴보고 있는 이 경우에, 잉여생산물의 현물형태는 [그 잉여생산물을 한 부분으로 하는 총생산물의 현물형태와 마찬가지로] I부문 불변자본의 한 요소의 현물형태다. 즉 잉여생산물은 생산수단을 생산하는 생산수단이라는 범주에 속한다. 구매자들인 B, B′, B″의 손에서 이 잉여생산물이 어떻게 되는지, 즉 그것이 무슨 기능을 하게 되는지는 곧 보게 될 것이다.

그러나 여기에서 무엇보다 먼저 다음과 같은 것을 똑바로 알아두어야 한다. 즉 자본가 A는 자기의 잉여가치만큼 화폐를 유통에서 끌어내어 퇴장시키지만, 다른 한편으로 상품을 유통에 던져 넣고 그 대신 다른 상품을 유통에서 끌어내지 않는데, 그 때문에 B, B′, B″ 편에서는 화폐를 유통에 던져 넣고 그 대신 상품만을 유통에서 끌어낼 수 있게 된다는 점이다. 이 경우 이 상품은 그 현물형태로 보나 그 사명으로 보나 고정적 요소나 유동적 요소로서 B, B′ 등등의 불변자본으로 들어간다. 이에 대해서는 그 잉여생산물의 구매자들인 B, B′ 등등을 취급하게 될 때 더 자세하게 말하고자 한다.

* * *

말이 난 김에 여기에서 다음과 같은 것을 지적하여 둔다. 앞에서 단순재생산을 살펴보았을 때와 마찬가지로, 연간 생산물의 각종 구성부분들의 전환, 즉 그들의 유통(이것은 동시에 자본의 재생산을, 그것도 불변자본 · 가변자본 · 고정자본 · 유동자본 · 화폐자본 · 상품자본 등 여러 형태의 자본의 복구를 포함하지 않으면 안 된다)은, 뒤따르는 판매에 의하여 보충되는 단순한 구매나 뒤따르는 구매에 의하여 보충되는 단순한 판매[따라서 중농주의자들과 스미스 이래의 자유무역론자가 가정해 온, 상품 대 상품의 단순한 교환]를 전제하는 것이 결코 아니라는 점이다. 우리가 알고 있는 바와 같이, 고정자본은 그것에 대한 지출이 한 번 있은 다음에는 그것이 기능하는 전체 기간 동안 갱신되지 않고 종래의 형태로 계속 작용하지만, 그 가치는 점차 화폐로 적립된다. 그런데 우리가 본 바와 같이, Ⅱc(Ⅱc의 총자본가치는 Ⅰ(v+s)의 가치를 지닌 요소와 교환된다)의 고정자본의 주기적 갱신은, 한편으로는 Ⅱc 중 화폐형태에서 현물형태로 다시 전환되는 고정적 구성부분의 일방적 구매[이 구매에는 Ⅰs의 일방적 판매가 대응한다]를 전제하며, 다른 한편으로는 Ⅱc 편의 일방적 판매, 즉 화폐로 적립되는 고정적 가치부분(마멸분의 가치)의 판매[이 판매에는 Ⅰs의 일방적 구매가 대응한다]를 전제한다. 이 경우 교환이 정상적으로 진행되기 위해서는, Ⅱc 편의 일방적 구매는 그 가치량으로 보아 Ⅱc 편의 일방적 판매와 같으며, 또한 마찬가지로 Ⅱc의 '첫째 그룹'에 대한 Ⅰs의 일방적 판매는 Ⅱc의 '둘째 그룹'으로부터 Ⅰs의 일방적 구매와 같다는 것을 전제하여야만 한다(제20장 11절 2항). 그렇지 않으면 단순재생산은 교란된다. 한편의 일방적 구매는 다른 한편의 일방적 판매에 의하여 메워지지 않으면 안 된다. 마찬가지로 지금의 경우에도 Ⅰs 가운데서 화폐를 퇴장하는 부분인 A, A′, A″의 일방적 판매는 Ⅰs 가운데서 자기들의 퇴장화폐를 추가적 생산자본의 요소들로 전환하는 부분인 B, B′, B″의 일방적 구매와 균형을 이룬다는 것을 전제하여야 한다.

구매자가 뒤에 같은 가치액의 판매자로 나타남으로써 그리고 반대로 판매자가 뒤에 같은 가치액의 구매자로 나타남으로써 균형이 회복되는 한, 화폐는 구매를 위해 화폐를 투하한 측, 그리고 다시 판매하기에 앞서 구매한 측으로 환류한다. 그러나 상품교환 자체[즉 연간 생산물의 여러 부분들의 전환]에 관한 한, 현실적 균형은 서로 교환되는 상품들의 가치액이 같다는 것을 조건으로 한다.

그러나 오직 일방적인 전환[즉 한편에서는 다수의 일방적 구매만 있고, 그리고 다른 한편에서는 다수의 일방적 판매만 있는]이 진행되는 한—그런데 우리가 본 바와 같이, 자본주의적 기초 위에서는 연간 생산물의 정상적 교환은 이런 일방적 탈바꿈을 필요로 한다—균형은 일방적 구매의 가치액과 일방적 판매의 가치액이 서로 맞아떨어진다는 가정에서만 존재한다. 상품생산이 자본주의적 생산의 일반적 형태라는 사실은 벌써 화폐가 유통수단으로서 뿐 아니라 화폐자본으로서 기능한다는 것을 내포하고 있으며, 또 그 사실은 정상적 교환을 위한, 따라서 [단순한 규모이건 확대된 규모이건] 재생산의 정상적 진행을 위한, 이 생산방식에 독특한 조건들을 만들어내는데, 이 조건들은 또한 그와 같은 수의 비정상적 진행의 조건으로, 즉 공황의 가능성으로 전환된다. 왜냐하면 자본주의적 생산의 자연발생적 성격 때문에 균형은 그 자체가 하나의 우연이기 때문이다.

또한 우리가 본 바와 같이, Ⅰv의 가치액과 이에 상응하는 Ⅱc의 가치액의 교환에서는, [Ⅱc에 관한 한] 결국 Ⅱ부문의 상품이 같은 가치액의 Ⅰ부문 상품에 의하여 보충되며, 따라서 Ⅱ부문의 전체 자본가들에게는 그들 자신의 상품의 판매가 같은 가치액의 Ⅰ부문 상품의 구매에 의하여 그 뒤에 메워진다. 이런 보충은 실제로 진행되지만, Ⅰ부문과 Ⅱ부문 상품들의 이 상호교환에서는 두 부문 자본가들 사이의 직접적 교환은 없다. Ⅱc는 자기의 상품을 Ⅰ부문의 노동자들에게 파는데, Ⅰ부문의 노동자들은 일방적으로 상품의 구매자로서 Ⅱc에게 맞서며, Ⅱc는 일방적으로 상품의 판매자로서 Ⅰ부문 노동자들에게 맞선다. 이 판매로 얻은 화폐로 Ⅱc는 일방적으로 상품의 구매자로서 Ⅰ부문의 총자본가와 맞서며, 후자는 전자에게 Ⅰv의 가치액만큼 일방적으로 상품의 판매자로서 맞선다. 이 상품판매에 의해서만 Ⅰ부문은 마침내 자기의 가변자본을 다시 화폐자본의 형태로 재생산한다. Ⅰ부문의 자본은, Ⅱ부문의 자본에 대해서는 일방적으로 Ⅰv의 가치액만큼 상품의 판매자로서 맞서지만, Ⅰ부문의 노동자들에게는 그들의 상품, 즉 그들의 노동력의 구매자로서 맞선다. 그리고 Ⅰ부문의 노동자들은, Ⅱ부문의 자본가들에게는 일방적으로 상품의 구매자로서(즉 생활수단의 구매자로서) 맞서지만, Ⅰ부문의 자본가들에게는 일방적으로 상품의 판매자로서, 즉 자기 노동력의 판매자로서 맞선다.

Ⅰ부문에서 노동자계급 측이 노동력을 계속 공급하는 것, Ⅰ부문 상품

자본의 한 부분이 가변자본의 화폐형태로 다시 전환되는 것, Ⅱ부문 상품자본의 한 부분이 불변자본 Ⅱc의 현물형태로 보충되는 것—재생산의 이 모든 필요한 전제조건들은 서로를 필요로 하면서 아주 복잡한 과정에 의하여 매개되는데, 이 과정은 위에서 보는 바와 같이 서로 독립하여 진행되면서도 서로 엉켜 있는 세 개의 유통과정들을 포함하고 있다. 이 과정 자체의 복잡성은 비정상적 진행을 그만큼 많이 일으키는 원인으로 된다.

2. 추가적 불변자본

잉여가치를 지닌 잉여생산물은 그것을 취득하는 Ⅰ부문 자본가들에게는 아무런 비용도 들게 하지 않는다. 그들은 그것을 얻기 위해 화폐나 상품을 어떤 형태로도 투하할 필요가 없다. 투하란 이미 중농주의자들에게도 생산자본의 요소들로 실현된 가치의 일반적 형태였다. 따라서 Ⅰ부문 자본가들이 투하하는 것은 그들의 불변자본과 가변자본뿐이다. 노동자는 자기의 노동에 의하여 자본가들의 불변자본을 유지하여줄 뿐 아니라, 그들의 가변자본가치를 그것에 상당하는 상품형태로 새로 생산된 가치부분에 의하여 보충하여 주며, 또한 자기의 잉여노동으로 자본가들을 위해 잉여생산물의 형태로 있는 잉여가치를 제공한다. 자본가들은 이 잉여생산물의 판매에 의하여 퇴장화폐를, 추가적인 잠재적 화폐자본을 형성한다. 지금의 우리의 경우에는 이 잉여생산물은 처음부터 생산수단의 생산수단으로 구성되어 있다. 이 잉여생산물은 〖그것의 구매자인〗 B, B′, B″(Ⅰ부문)의 손에서 비로소 추가적 불변자본으로서 기능하지만, 그것은 팔리기 전에도 화폐퇴장자들인 A, A′, A″(Ⅰ부문)의 손에서도 이미 잠재적으로 추가적 불변자본이다. 우리가 다만 Ⅰ부문의 재생산 규모를 가치량의 측면에서 고려한다면, 우리는 아직도 단순재생산의 테두리 안에 머물고 있다. 왜냐하면 이 잠재적인 추가적 불변자본(잉여생산물)을 창조하기 위해 어떤 추가자본도 운동시키지 않고 있으며, 또 단순재생산의 기초 위에서 지출된 것보다 더 많은 양의 잉여노동도 지출되지 않고 있기 때문이다. 유일한 차이점은 사용된 잉여노동의 형태[잉여노동이 어떻게 특수하게 사용되는가 하는 구체적 성질]에 있다. 다시 말해 잉여노동은 Ⅱc를 위한 생산수단이 아니라 Ⅰc를 위한 생산수단에, 즉 소비수단을 위한 생산수단이 아니라 생산수단을 위한 생산수단에 지출되고 있다는 점이다. 단순재생산의 경우에는 Ⅰ부문의 잉여가치가 모두 수입으로서 지출되며, 따라서 모두 Ⅱ부문의 상품에 지출된다고 전제하였다. 따라서 그 잉여가치는 불변자본 Ⅱc를 그 현물형태로 다시 보충하여야 할 생산수단으로만 구성되었다. 그러므로 단순재생산에서 확대재생산으로 넘어가기 위해서는 Ⅰ부문의 생산은 Ⅱ부문을 위한 불변자본의 요소들을 더 적게, 그러나 Ⅰ부문을 위해서는 그만큼 더 많이 생산할 수 있어야만 한다. 이런 이행은 언제나 곤란 없이 이루어지는 것은 아니지만, Ⅰ부문의 일부 생산물들이 두 부문 어디에서나 생산수단으로서 쓰일 수 있다는 사실 때문에 쉽게 이루어진다.

따라서—가치량의 측면에서만 보면—단순재생산의 내부에서 확대재생산의 물질적 기초가 마련된다고 말할 수 있다. 그 기초는 생산수단의 생산[즉 Ⅰ부문의 잠재적 추가자본의 창조]에 직접적으로 지출되는 Ⅰ부문 노동자들의 잉여노동일 뿐이다. 따라서 A, A′, A″(Ⅰ부문) 측에서의 잠재적인 추가적 화폐자본의 형성—이 자본가들이 어떤 화폐지출도 하지 않은 채 창조된 자기들의 잉여생산물의 판매로 형성한다—은 추가적으로 생산된 Ⅰ부문 생산수단의 단순한 화폐형태다.

그러므로 잠재적 추가자본의 생산은, 지금의 경우에는(왜냐하면 뒤에서 보는 바와 같이, 잠재적 추가자본은 전혀 다른 방식으로도 형성될 수 있기 때문이다), 생산과정 자체의 하나의 현상[즉 생산자본의 요소들을 특정한 형태로 생산하는 것]에 지나지 않는다.

따라서 유통표면의 수많은 지점들에서 추가적인 잠재적 화폐자본이 큰 규모로 생산되는 것은, 잠재적인 추가적 생산자본의 다면적 생산의 결과와 표현에 지나지 않으며, 이 잠재적인 추가적 생산자본의 탄생 자체는 산업자본가들의 어떤 추가적 화폐지출도 전제하지 않는다.

A, A′, A″(Ⅰ부문) 측에서 이 잠재적인 추가적 생산자본이 잠재적 화폐자본(퇴장화폐)으로 차례차례 전환되는 것은 그들의 잉여생산물의 연속적인 판매—구매에 의해 메워지지 않는 일방적인 상품판매의 반복—를 조건으로 하고 있는데, 이런 전환은 화폐를 유통에서 되풀이하여 끌어내며 이에 따라 화폐의 퇴장이 이루어진다. 이 화폐퇴장은 [금 생산자가 구매자인 경우를 제외하면] 결코 귀금속 형태의 부의 추가를 의미하는 것이 아니라 이제까지 유통하고 있던 화폐의 기능이 달라졌다는 것을 의미한다. 이제까지 화폐는 유통수단으로 기능하였지만 이제는 퇴장화폐로서, 형성되고 있는 잠재적인 새로운 화폐자본으로서 기능한다. 따라서 추가적 화폐자본의 형성과 한 나라에 있는 귀금속의 양은 서로 어떤 인과관계도 없다.

그러므로 또 다음과 같이 말할 수 있다. 한 나라에서 이미 기능하고 있는 생산자본(이에 합쳐진 노동력, 즉 잉여생산물의 창조자를 포함)이 크면 클수록, 노동생산력 그리하여 생산수단의 생산을 급속히 확대하는 기술적 수단이 발전하면 할수록, 따라서 잉여생산물의 양[그 가치로 보나 그 가치가 표시되는 사용가치로 보나]이 크면 클수록,

(1) A, A′, A″ 따위의 손에서 잉여생산물의 형태로 있는 잠재적인 추가적 생산자본도 더 커지며,

(2) A, A′, A″의 손에 있는 화폐로 전환된 잉여생산물의 양, 즉 잠재적인 추가적 화폐자본의 양도 더 커진다. 그리하여 예컨대 풀라턴이 보통 의미의 과잉생산은 인정하지 않으려 하면서도 자본(즉 화폐자본)의

과잉생산만은 인정하고 있다는 사실은, 가장 우수한 부르주아 경제학자들까지도 자기들 체제의 메커니즘에 대한 이해가 얼마나 부족한지를 다시 한번 증명한다.

A, A′, A″(Ⅰ부문)이 직접 생산하고 취득하는 잉여생산물이 자본축적(확대재생산)의 실질적 기초라면[비록 그것이 B, B′, B″ 따위(Ⅰ부문)의 손에서 비로소 그런 자격으로 적극적으로 기능할 것이지만], 그 잉여생산물은 화폐적 탈바꿈[즉 퇴장화폐 그리고 다만 점차적으로 형성되는 잠재적 화폐자본]에서는 절대적으로 비생산적이며, 이 형태로서는 생산과정과 병행하지만 생산과정 밖에 있게 된다. 이것은 자본주의적 생산의 큰 부담이다. 잠재적 화폐자본으로 퇴장되는 이 잉여가치를 이윤이나 수입을 얻는 데 이용하려는 욕구는 신용제도와 '유가증권'에서 성취된다. 그리하여 화폐자본은 다른 형태로 자본주의적 생산체제의 진행과 강력한 발전에 큰 영향력을 미치게 된다.

잠재적 화폐자본으로 전환되는 잉여생산물은 이미 기능하고 있는 자본[이것의 기능에 의하여 잉여생산물이 나온다]의 총액이 크면 클수록 그만큼 양적으로 더욱 커진다. 그러나 해마다 재생산되는 잠재적 화폐자본의 양이 절대적으로 늘어나는 경우에는 그 화폐자본의 분열도 더 쉬우며, 그리하여 그 화폐자본은 다른 사업에 더 빨리 투하될 수 있는데, 여기서 그 사업이 똑같은 자본가의 손에 있건 다른 사람(예컨대 유산분배의 경우 가족 구성원)의 손에 있건 아무래도 좋다. 여기에서 화폐자본의 분열은 화폐자본이 어머니자본에서 완전히 떨어져 나와 새로운 화폐자본으로서 새로운 독립 사업에 투하되는 것을 의미한다.

잉여생산물의 판매자들인 A, A′, A″(Ⅰ부문)은 이 잉여생산물을 생산과정의 직접적 결과로 얻었으며(이 생산과정은, 단순재생산의 경우에도, 필요한 불변자본과 가변자본의 투하 외에는 그 이상의 어떤 유통행위도 전제하지 않는다), 또한 이렇게 하여 그들은 확대재생산의 실질적 기초를 마련하고 실제로 잠재적 추가자본을 만들어내지만, B, B′, B″(Ⅰ부문)의 경우는 사정이 다르다. (1) 이들의 손에서 비로소 A, A′, A″의 잉여생산물은 실제로 추가적 불변자본으로 기능하게 된다(생산자본의 다른 요소인 추가적 노동력, 따라서 추가적 가변자본은 잠시 제쳐놓고 본다). (2) 이 잉여생산물이 이들의 손에 들어오기 위해서는 유통행위가 필요하다 — 이들은 그 잉여생산물을 사야 한다.

(1)에 대하여 여기에서 지적해야 할 것은, A, A′, A″(Ⅰ부문)이 생산하는 잉여생산물(잠재적인 추가적 불변자본)의 큰 부분은 물론 그해에 생산되지만, 다음해나 그 이후에 가서야 비로소 B, B′, B″(Ⅰ부문)의 손에서 실제로 산업자본으로서 기능할 수 있다는 것이다. (2)에 대해서는 이 유통과정에 필요한 화폐가 어디에서 나오는가 하는 것이 문제다.

B, B′, B″(Ⅰ부문)이 생산하는 생산물들 자체가 다시 현물로 그들의 생산과정에 들어가는 한, 그만큼 이들 자신의 잉여생산물의 한 부분이 직접(유통의 매개 없이) 이들의 생산자본으로 넘어가며 불변자본의 추가적 요소로 그 생산과정에서 기능한다는 것은 자명하다. 이들은 그만큼 A, A′(Ⅰ부문) 등의 잉여생산물을 화폐화 하지 않는다. 이런 경우 이외에는 그 화폐는 도대체 어디에서 나오는가? 우리가 알고 있듯이, B, B′, B″(Ⅰ부문) 등은 제각기 잉여생산물을 판매함으로써 A, A′ 등과 마찬가지로 자기들의 퇴장화폐를 형성하였고, 이제는 퇴장화폐로 쌓여 있던 [다만 잠재적인] 화폐자본이 추가적 화폐자본으로 실제로 기능할 단계에 이르렀다. 그러나 이것으로써는 아직 문제가 완전히 해결된 것은 아니다. 왜냐하면 B집단의 자본가들(Ⅰ부문)이 이전에 유통에서 끌어내어 쌓아둔 화폐는 어디에서 나오는가 하는 문제는 아직 그대로 남아 있기 때문이다.

그렇지만 우리가 단순재생산의 고찰로부터 이미 알고 있는 바와 같이, Ⅰ부문과 Ⅱ부문 자본가들의 손에는 그들의 잉여생산물을 교환하기 위해 일정한 양의 화폐가 있어야 한다. 단순재생산에서는, 수입으로서 소비수단에 지출된 화폐는, 자본가들이 각자의 상품을 교환하기 위해 화폐를 투하한 정도에 따라 그들에게로 되돌아갔다. 그런데 이번에도 똑같은 화폐가 다시 나타나지만 그 기능은 달라진다. A집단과 B집단의 자본가들(Ⅰ부문)은 잉여생산물을 추가적인 잠재적 화폐자본으로 전환하기 위한 화폐를 상호간에 공급하며, 새로 형성된 화폐자본을 구매수단으로서 번갈아 가면서 유통에 다시 던져 넣는다.

여기에서 유일한 전제는 국내에 있는 화폐량이 (회전속도 등은 일정하다고 보고) 능동적 유통을 위해서도 준비적 퇴장화폐를 위해서도 충분해야 한다는 것인데, 이것은 우리가 이미 본 바와 같이 단순상품 유통의 경우에도 충족되지 않으면 안 되는 같은 전제다. 다만 여기에서는 퇴장화폐의 기능이 다를 뿐이다. 또한 이미 있는 화폐량도 더욱 크지 않으면 안 된다. 왜냐하면 (1) 자본주의적 생산에서는 모든 생산물(새로 생산되는 귀금속과 생산자들 자신이 소비하는 얼마 안 되는 생산물은 제외하고)이 상품으로 생산되고 따라서 화폐로 탈바꿈되는 과정을 거치지 않으면 안 되기 때문이며, (2) 자본주의적 기초 위에서는 상품자본의 양과 그 가치량이 절대적으로 더 클 뿐 아니라 비할 수 없이 더 빠른 속도로 늘어나기 때문이며, (3) 화폐자본으로 전환되어야만 하는 가변자본이 더욱더 증대하기 때문이며, (4) 생산이 확대되는 데 따라 새로운 화폐자본도 보조를 맞추어 형성되며, 따라서 또 퇴장화폐를 위한 재료도 존재하지 않으면 안 되기 때문이다. 이것이 그대로 타당한 것은 자본주의적 생산의 첫 단계(즉 신용제도가 있다고 하더라도 대부분 금속의 유통이 동반되고 있는 단계)이지만, 신용제도가 매우 발달한 단계에서도 금속의 유통이 여전히 그 기초로 되고 있는 한에서는 여전히 타당하다. 이 경우 한편으로는 귀금속의 추가적 생산은 [이것이 귀금속 양을 과잉으로 만드는가 부족하게 만드는가에 따라] 장기와 단기에 걸쳐 상품가격에 혼란을 일으킬 수 있다. 다른 한편, 전체 신용기구는 갖가지 조작이나 방법, 기술적 조치들에 의하여 현실적 금속유통을 상대적으로 끊임없이 줄어드는 최소한으로 제한하려고 한다. 이에 따라 전체 기구의 가공적인 성격, 그리고 전체 기구의 정상적 진행이 혼란에 빠질 기회도 같은 비율로 늘어난다.

서로 다른 자본가들인 B, B′, B″ 등등(Ⅰ부문)의 잠재적인 새로운 화폐자본이 현실적인 화폐자본으로서 작용하게 되면, 그들은 자기들의 생산물(자기들의 잉여생산물의 한 부분)을 서로 팔고 사야 하는 일도 있을 수 있다. 이런 한도에서는 잉여생산물의 유통에 투하된 화폐는 (유통이 정상적으로 진행되는 경우에) B집단의 각 개별 자본가가 자기 상품을 유통시키기 위해 투하한 화폐의 비율에 따라 그 자본가들에게 되돌아간다. 화폐가 지불수단으로 유통한다면, 서로 팔고 사는 금액이 맞아떨어지지 않는 한 그 차액만을 지불하면 된다. 그러나 무엇보다 먼저 가장 단순하고 가장 시초적인 형태의 금속유통을 전제하는 것이 중요하다. 왜냐하면 그렇게 해야 화폐의 유출과 환류, 차액의 결제, 간단히 말해 신용제도에서는 의식적으로 규제된 과정으로 나타나는 모든 계기들이, 신용제도와는 관계없이 있는 것으로 나타나기 때문이며, 그리고 모든 사태가 사후에 반성된 형태 〚매개된 형태〛로서가 아니라 자연발생적 형태로 나타나기 때문이다.

3. 추가적 가변자본

지금까지는 추가적 불변자본만을 취급하였으므로 이제는 추가적 가변자본을 살펴보아야 한다.

제1권 〚제7편 제25장 4절〛에서 우리는 노동력이 어떻게 자본주의적 생산의 기초 위에서 항상 예비되고 있는가, 그리고 필요할 때 취업 노동자 수나 노동력의 양을 늘리지 않고도 어떻게 더 많은 노동을 운동시킬 수 있는가에 대하여 상세히 설명한 바 있다. 그러므로 이에 대하여 더 언급할 필요는 없으며, 새로 형성된 화폐자본 중 가변자본으로 전환되는 부분은 그 가변자본이 전환되어야 할 노동력을 언제나 찾아낸다고 가정하면 그만이다. 또한 우리들은 제1권 『제7편 제24장 제4절』에서 주어진 자본이 어떻게 축적 없이도 어느 한계 안에서는 자체의 생산규모를 확대할 수 있는가를 설명한 바 있다. 그러나 여기에서 취급하는 것은 특수한 의미의 자본축적인데, 이때 생산의 확대는 잉여가치가 추가자본으로 전환되는 것, 따라서 생산의 기초인 자본이 늘어나는 것을 조건으로 한다.

금 생산자는 금의 형태로 있는 자기의 잉여가치의 한 부분을 잠재적 화폐자본으로서 축적할 수 있다. 그 잠재적 화폐자본이 필요한 크기에 이르자 그는 그것을 직접 새로운 가변자본으로 전환할 수 있으며, 따라서 미리 자기의 잉여생산물을 팔 필요는 없다. 마찬가지로 그는 이 잠재적 화폐자본을 불변자본의 요소들로 전환할 수도 있다. 그렇지만 이 경우 그는 자기의 불변자본의 물적 요소들을 찾아내지 않으면 안 된다. 그런데 이 물적 요소들은 이제까지의 서술에서 가정한 바와 같이 각 생산자가 자기의 완성된 상품을 창고에 넣어두었다가 시장에 내어놓은 것이든, 그가 주문을 받고 작업을 한 것이든 상관이 없다. 두 경우 모두 현실적인 생산 확대, 즉 잉여생산물이 전제되어 있다. 전자의 경우에는 잉여생산물이 실제로 있는 것으로, 후자의 경우에는 잠재적으로 있는 것(공급될 수 있는 것)으로 전제되어 있다.

제2절 Ⅱ부문의 축적

우리는 이제까지 A, A′, A″(Ⅰ부문)이 자기들의 잉여생산물을 같은 Ⅰ부문에 속하는 B, B′, B″에게 판다고 전제하였다. 그러나 이제 A(Ⅰ

부문)가 자기의 잉여생산물을 Ⅱ부문의 B에게 팔아 화폐화한다고 하자. 이 경우에는 A(Ⅰ부문)가 B(Ⅱ부문)에게 생산수단을 팔고 뒤따라 소비수단을 사지 말아야, 즉 자기 편에서 일방적으로 팔기만 해야 화폐를 퇴장할 수 있다. 그런데 Ⅰv뿐 아니라 적어도 Ⅰs의 한 부분이 소비수단의 형태로 있는 Ⅱc의 한 부분과 교환되어야만, Ⅱc는 상품자본의 형태에서 생산적 불변자본의 현물형태로 전환될 수 있다. 한편, A는 이런 교환을 행하지 않고 오히려 자기의 Ⅰs를 팔아 Ⅱ부문에서 얻은 화폐를 소비수단 Ⅱc를 사는 데 쓰지 않고 유통에서 끌어냄으로써 자기의 Ⅰs를 화폐화한다. 이렇게 되면 물론 A(Ⅰ부문) 측에서는 추가적인 잠재적 화폐자본이 형성되지만, 다른 한편에서는 B(Ⅱ부문)의 불변자본 가운데서 가치량으로 보아 같은 부분이 생산적 불변자본의 현물형태로 전환될 수 없게 되어 상품자본의 형태 그대로 있게 된다. 다시 말해 B(Ⅱ부문)의 상품의 한 부분은 팔리지 않게 되며, 거기다가 얼핏 보아서도 그것이 팔리지 않으면 B(Ⅱ부문)는 그의 불변자본을 모두 생산적 형태로 다시 전환할 수 없게 되는 것이다. 그러므로 B에서는 과잉생산이 일어나는데, 이 과잉생산은 B의 재생산[불변의 규모까지도]을 방해한다.

따라서 이 경우 A(Ⅰ부문) 측의 추가적인 잠재적 화폐자본은 잉여생산물(잉여가치)의 화폐화된 형태임에 틀림없지만, 이 잉여생산물(잉여가치)을 그 자체로 보면 단순재생산의 현상이지 결코 확대재생산의 현상은 아니다. Ⅱc의 재생산이 동일한 규모로 진행되기 위해서는 Ⅰ(v+s)[어쨌든 s의 한 부분이 여기에 포함된다]는 결국 Ⅱc와 교환되지 않으면 안 된다. A(Ⅰ부문)는 자기의 잉여생산물을 B(Ⅱ부문)에게 팔아 그것에 맞먹는 불변자본의 가치부분을 현물형태로 B(Ⅱ부문)에게 공급하였으나, 동시에 화폐를 유통에서 끌어냄으로써[뒤따르는 구매에 의하여 자기의 판매를 메우지 않음으로써] B(Ⅱ부문)의 상품 중 동일한 가치부분을 팔 수 없게 만들었다. 따라서 Ⅰ부문과 Ⅱ부문 자본가들을 다같이 포괄하는 사회적 총재생산을 놓고 보면, A(Ⅰ부문)의 잉여생산물이 잠재적 화폐자본으로 전환되는 것은 동일한 가치량의 B(Ⅱ부문)의 상품자본이 생산(불변)자본으로 다시 전환될 수 없다는 것을 표현하며, 따라서 확대된 규모의 생산 가능성을 표현하는 것이 아니라 단순재생산의 방해[즉 단순재생산에 필요한 자금부족]를 표현한다. A(Ⅰ부문)의 잉여생산물의 형성과 판매 그 자체는 단순재생산의 정상적인 현상들이므로, 단순재생산의 기초 위에서도 다음과 같은 상호의존 현상들을 보게 된다. 즉 Ⅰ부문에서 잠재적인 추가적 화폐자본의 형성[따라서 Ⅱ부문에서 보면 소비재의 과소소비], Ⅱ부문에서는 생산자본으로 다시 전환될 수 없는 상품재고의 누적[따라서 Ⅱ부문에서 상대적 과잉생산], Ⅰ부문의 과잉 화폐자본과 Ⅱ부문의 재생산에 필요한 자금부족을 보게 된다.

이 점에 더 오래 머물지 않고 다음을 지적하여 둔다. 단순재생산의 서술에서 전제한 것은 Ⅰ부문과 Ⅱ부문의 총잉여가치가 수입으로서 지출된다는 것이었다. 그러나 사실은 잉여가치의 한 부분은 수입으로서 지출되지만 다른 한 부분은 자본으로 전환된다. 현실의 축적은 이 전제에서만 진행된다. 축적이 소비를 희생하여 진행된다는 생각은, 일반적인 명제로서는, 자본주의적 생산의 본질과 모순되는 환상이다. 왜냐하면 그 생각은 자본주의적 생산의 목적과 추진 동기는 소비이고 잉여가치의 획득과 그것의 자본화, 즉 축적이 아니라는 것을 전제하기 때문이다.

* * *

이제는 Ⅱ부문의 축적을 좀더 자세히 살펴보자.

Ⅱc가 Ⅱ부문 상품자본의 한 구성부분에서 Ⅱ부문 불변자본의 현물형태로 다시 전환되는 것과 관련하여 생기는 첫째 곤란은 단순재생산과 관련을 가진다. 이전의 표식을 보자.

(1,000v + 1,000s) Ⅰ은
2,000 Ⅱ c와 교환된다.

그런데 예컨대 Ⅰ부문의 잉여생산물의 절반, 즉 $\frac{1,000}{2}$s 또는 500 Ⅰ s가 불변자본으로 다시 Ⅰ부문에 합쳐진다면, 잉여생산물 중 Ⅰ부문에 그대로 남는 이 부분은 Ⅱ c의 어느 한 부분도 보충할 수 없다. Ⅰ s의 이 부분은 소비수단으로 전환되지 않고(그런데 Ⅰ부문과 Ⅱ부문 사이의 유통 중 Ⅰ s와 Ⅱ c의 교환에서는 — Ⅰ부문 노동자가 매개하는 1,000 Ⅰ v에 의한 1,000 Ⅱ c의 보충과 달리 — 실제로 상품들이 서로 교환되며 따라서 상품들의 쌍방적 장소 전환이 행해진다) Ⅰ부문 자체에서 추가적 생산수단으로서 쓰이게 될 것이다. 그 부분은 이 기능을 Ⅰ부문과 Ⅱ부문에서 동시에 수행할 수는 없다. 자본가는 자기 잉여생산물의 가치를 소비수단에 지출함과 동시에 그 잉여생산물을 스스로 생산적으로 소비할 수[즉 자기의 생산자본에 합칠 수]는 없다. 따라서 2,000 Ⅰ (v+s)가 아니라 1,500 즉 (1,000v+500s) Ⅰ만이 2,000 Ⅱ c와 교환될 수 있으며, 500 Ⅱ c는 상품형태로부터 Ⅱ부문의 생산(불변)자본으로 다시 전환될 수 없다. 그리하여 Ⅱ부문에서는 과잉생산이 일어날 것이며, 이 과잉생산의 규모는 Ⅰ부문에서 진행된 생산 확대의 규모에 정확히 대응한다. Ⅱ부문의 과잉생산은 아마 Ⅰ부문에 크게 반작용함으로써 Ⅰ부문의 노동자들이 Ⅱ부문의 소비수단에 지출한 1,000의 환류도 부분적으로밖에는 이루어지지 않을 수 있으며, 따라서 이 1,000은 가변적 화폐자본의 형태로 Ⅰ부문 자본가들의 손으로 되돌아오지 않을 수도 있다. 이에 따라 Ⅰ부문의 자본가들은 종전과 같은 규모의 재생산까지도 [그것을 확대하려는 단순한 시도에 의해] 곤란하게 될 것이다. 여기에서 주의하여야 할 것은, Ⅰ부문에서는 사실상 단순재생산이 진행되었을 따름이라는 것과, 그리고 표식에 있는 요소들이 장래[예컨대 다음해]의 확대재생산을 위해 다르게 편성된 것에 불과하다는 점이다.

이 곤란을 피하기 위해 다음과 같이 시도해 볼 수도 있을 것이다. 즉 자본가들의 창고에 쌓여 있어 직접 생산자본으로 전환될 수 없는 500Ⅱc가 결코 과잉생산을 의미하는 것이 아니라, 반대로 [이제까지 우리가 무시해 온] 재생산의 필요한 요소라고 보는 것이다. 이미 본 바와 같이, 화폐는, 부분적으로 Ⅰ부문 안에서 새로운 화폐자본이 형성될 수 있게 하기 위해 또 부분적으로 점차로 소비되는 고정자본의 가치를 당분간 화폐형태 그대로 두기 위해, 유통에서 끌려나오지 않으면 안되며, 따라서 많은 지점들에서 화폐의 적립이 발생한다. 그러나 표식에서는 모든 화폐와 모든 상품이 처음부터 오직 Ⅰ부문과 Ⅱ부문 자본가들의 손에만 있고, 상인 · 화폐거래업자 · 은행업자, 소비만 하고 상품생산에는 직접 참가하지 않는 계급들은 존재하지 않으므로, 재생산의 기구가 〖실제로〗 끊임없이 움직이기 위해서는 생산자들이 제각기 상품재고를 끊임없이 형성하지 않으면 안 된다. 따라서 Ⅱ부문 자본가들의 창고에 쌓여 있는 500Ⅱc는 소비수단의 상품재고를 표시하는데, 이 상품재고는 재생산에서 소비과정의 연속성을 보장하고, 따라서 한 해에서 다른 해로 넘어가는 것을 보장한다. [판매자이면서도 생산자인 사람의 손에 있는] 이 소비재원은 한 해는 영0으로까지 떨어지고 그 다음 해에 다시 영에서부터 시작할 수는 없는데, 이것은 오늘에서 내일로 넘어가는 경우에도 그렇게 할 수 없는 것과 마찬가지다. 이런 상품재고는 비록 그 크기는 달라진다 하더라도 끊임없이 새로 조성되지 않으면 안 되므로, Ⅱ부문의 자본주의적 생산자들은 [자기들의 생산자본의 한 부분이 잠시 상품형태로 쌓인다고 하더라도] 자기들의 생산과정을 끊임없이 계속해갈 수 있는 화폐예비자본을 가지고 있지 않으면 안 된다. 우리의 전제에 따르면, 자본가들은 상업 업무와 생산 업무를 겸하고 있으므로, 재생산과정의 개별 기능들이 여러 부류의 자본가들의 독립적 기능으로 갈라지는 경우, 상인들의 손에 있게 될 추가적 화폐자본도 자본가들은 가지고 있지 않으면 안 된다.

위와 같은 주장에 대해서는 다음과 같은 반박이 가능하다. (1) 그런 재고의 형성과 필요성은 Ⅰ부문이나 Ⅱ부문의 모든 자본가들에게 해당된다. 단순한 상품판매자로 보면 그들은 서로 다른 종류의 상품들을 판다는 점에서만 차이가 있다. Ⅱ부문의 상품재고는 Ⅰ부문의 상품재고가 이미 전에 있었다는 것을 전제한다. 한편의 이 재고를 무시한다면 다른 한편의 재고도 무시하여야 한다. 그러나 이 재고를 두 부문 모두에서 다 고려한다면 문제는 조금도 달라지지 않는다.

(2) Ⅱ부문에서 다음 해를 위한 상품재고를 가지고 올해를 끝내는 것과 마찬가지로, Ⅱ부문은 지난해에 물려받은 상품재고를 가지고 올해를 시작한 것이다. 따라서 [가장 추상적인 표현으로 환원된] 연간의 재생산을 분석하는 경우에 우리는 두 쪽의 상품재고를 모두 없는 것으로 해야만 한다. 올해의 생산물 중 상품재고로서 다음 해에 넘겨주는 부분은 올해의 것으로 치고, 지난해에 넘겨받은 상품재고는 올해의 것에서 뺀다면, 사실상 분석의 대상으로서 평균연도의 총생산물을 얻게 될 것이다.

(3) 단순재생산의 고찰에서는 우리가 지금 피하려고 하는 곤란에 부딪치지 않았다. 이 단순한 사실은, 우리가 지금 확대재생산이 진행되기 위해서는 필요불가결한 Ⅰ부문 요소들의 상이한 조합(재생산과 관련된) 때문에 나타나는 독특한 현상에 직면해 있다는 것을 보여준다.

제3절 축적의 표식적 서술

이제는 다음과 같은 표식에 따라 재생산을 살펴보자.

표식 a)

Ⅰ.	4,000c + 1,000v + 1,000s = 6,000	합계 = 8,252
Ⅱ.	1,500c + 376v + 376s = 2,252	

먼저 눈에 띄는 것은 연간 사회적 생산물의 총액 8,252는 맨 처음 표식의 9,000보다 적다는 것이다. 그보다 훨씬 더 큰 액수, 예컨대 10배로 하여도 좋을 것이지만, 맨 처음 표식보다 적은 액수를 선택한 것은 다음과 같은 것에 주목하게 하기 위해서다. 즉 확대된 규모의 재생산(여기에서는 오직 더 큰 자본으로 운영되는 생산으로 본다)은 생산물의 절대적 크기와는 아무런 관계도 없다는 것, 확대재생산은 상품량이 주어진 경우에는 주어진 생산물의 여러 요소들의 조합이나 기능이 달라지는 것을 전제할 따름이라는 것, 따라서 가치량으로 보면 먼저 단순재생산에 지나지 않는다는 것이다. 변화된 것은 단순재생산의 주어진 요소들의 양이 아니라 그 질적 특성이며, 이 변화가 그 다음의 확대된 규모의 재생산의 물질적 전제다.[2)]

가변자본과 불변자본 사이의 비율을 달리하여 다음과 같이 표시할 수도 있을 것이다.

표식 b)

Ⅰ.	4,000c + 875v + 875s = 5,750	합계 = 8,252
Ⅱ.	1,750c + 376v + 376s = 2,502	

이렇게 되면 표식은 단순재생산을 위해 작성된 것으로 될 것이며, 그

2) 이것은 제임스 밀과 베일리 사이에서 벌어진 자본축적에 관한 논쟁(제1권 제24장 5절 주 52), 즉 산업자본의 활동을 그 규모의 변경 없이 늘릴 수 있는가에 관한 논쟁을 완전히 종결시킨다. 이 점에 대해서는 뒤에 다시 다룬다.

리하여 잉여가치는 모두 수입으로서 지출되고 축적되지 않을 것이다. a)의 경우나 b)의 경우나 모두 연간 생산물은 그 가치량이 같지만, b)의 경우에는 그 요소들의 기능적 조합이 단순재생산을 다시 시작하도록 되어 있는데, a)의 경우에는 확대된 규모의 재생산을 위한 물질적 기초가 이루어지고 있다. 즉 b)의 경우에는 (875v+875s) Ⅰ=1,750 Ⅰ(v+s)가 나머지 없이 1,750 Ⅱc와 교환되는데, a)의 경우에는 (1,000v+1,000s) Ⅰ=2,000 Ⅰ(v+s)가 1,500 Ⅱc와의 교환에서 초과분 500 Ⅰs를 Ⅰ부문의 축적을 위해 남기고 있다.

그러면 표식 a)를 좀더 자세히 분석해 보자. Ⅰ부문에서나 Ⅱ부문에서나 잉여가치의 절반은 수입으로서 지출되지 않고 축적된다고, 즉 추가자본의 요소로 전환된다고 가정하자. 1,000 Ⅰs의 절반인 500은 이러저런 형태로 축적되고 추가적 화폐자본으로서 투하되어야[즉 추가적 생산자본으로 전환되어야] 할 것이므로 (1,000v+500s) Ⅰ만이 수입으로서 지출될 것이다. 그러므로 이 경우 Ⅱc의 정상적인 크기로 나타나는 것은 역시 1,500뿐이다. 1,500 Ⅰ(v+s)와 1,500 Ⅱc사이의 교환은 단순재생산 과정으로 이미 서술되었으므로 더 연구하지 않아도 된다. 또한 4,000 Ⅰc도 마찬가지로 문제가 되지 않는다. 왜냐하면 새로 시작되는 재생산(이번에는 확대된 규모에서 진행되는)을 위한 4,000 Ⅰc의 처분 역시 단순재생산 과정으로서 이미 살펴보았기 때문이다.

따라서 이 경우 연구하여야 할 것으로 유일하게 남아 있는 것은 500 Ⅰs와 (376v+376s) Ⅱ인데, 여기에는 Ⅰ부문과 Ⅱ부문 각각의 내부관계 그리고 두 부문 사이의 운동이 내포되어 있다. Ⅱ부문에서도 역시 잉여가치의 절반이 축적되어야 한다고 전제하였으므로, 이 경우에 자본으로 전환되어야 할 것은 188이며 그 가운데서 $\frac{1}{5}$ 〖1,500c : 376v=4 : 1이므로 원문의 '$\frac{1}{4}$'을 '$\frac{1}{5}$'로 고친다. 이하의 숫자들도 이에 맞게 고친다.〗인 37.6[계산이 편리하도록 38을 택한다]이 가변자본으로 전환되어야 하고 나머지 150이 불변자본으로 전환되어야 한다.

여기에서 우리는 하나의 새로운 문제에 부닥치는데, 이런 문제가 있다는 것만으로도 보통의 견해—이 견해에 따르면, 한 종류의 상품이 다른 종류의 상품과 교환되는 것, 즉 상품이 화폐와 교환되고 또 바로 그 화폐가 다시 다른 종류의 상품과 교환되는 것이 일반적이다—로는 놀랄 것이다. 그 150 Ⅱs는 상품 Ⅰs의 한 부분[동일한 가치액]과 교환되어야만 생산자본으로 전환될 수 있다. Ⅰs가운데서 Ⅱs와 교환되어야 할 부분이 생산수단[Ⅰ부문과 Ⅱ부문의 생산 모두에 들어갈 수 있든 오직 Ⅱ부문의 생산에만 들어갈 수 있든]으로만 이루어지고 있다는 것은 자명하다. 그러므로 이런 교환은 Ⅱ부문의 일방적 구매에 의해서만 이루어질 수 있다. 왜냐하면 [앞으로 살펴보아야 할] 잉여생산물 500 Ⅰs는 모두 Ⅰ부문 안의 축적에 쓰여야 하며, 따라서 Ⅱ부문의 상품과 교환될 수 없기 때문이다. 다시 말하자면, Ⅰ부문은 이 잉여생산물을 동시에 축적도 하고 먹어치우기도 할 수는 없기 때문이다. 따라서 Ⅱ부문은 150 Ⅰs를 현금으로 사지 않으면 안 되는데, 이 화폐는 Ⅱ부문이 자기의 상품을 뒤에 Ⅰ부문에 팔아 회수할 수 있는 것이 아니다. 이 과정은 해마다의 새로운 생산에서 [그 생산이 확대재생산인 한] 끊임없이 되풀이된다. 이를 위한 화폐원천은 Ⅱ부문의 어디에 있는가?

오히려 Ⅱ부문은 새로운 화폐자본의 형성[이것은 현실적 축적에 수반되는 것인데, 자본주의적 생산에서는 현실적 축적이 실제로는 먼저 단순한 화폐퇴장으로서 나타나기 때문에 새로운 화폐자본의 형성은 현실적 축적의 필요조건이 된다]을 위해서는 전혀 불모지로 보일지도 모른다.

무엇보다 먼저 376 Ⅱv가 우리 앞에 있다. 노동력에 투하된 376의 화폐자본은 노동자들이 Ⅱ부문의 상품을 구매함으로써 끊임없이 화폐형태의 가변자본으로 Ⅱ부문의 자본가들에게 되돌아온다. 출발점 — 자본가의 호주머니—에서의 유출과 그곳으로의 환류가 끊임없이 반복되더라도 이 순환 중 화폐가 증가되지는 않는다. 따라서 이것은 화폐축적의 원천이 아니다. 또한 이 화폐는 잠재적인 새로운 화폐자본을 형성하기 위해 유통에서 끌려나와 퇴장될 수조차 없다.

그러나 잠깐만! 여기에 조그만 돈벌이를 위한 기회조차 없단 말인가?

Ⅱ부문은, 이 부문에 고용된 노동자들이 그들 자신이 생산한 상품을 Ⅱ부문에서 다시 사야만 한다는, Ⅰ부문보다 유리한 점을 가지고 있다는 것을 잊어서는 안 된다. Ⅱ부문은 노동력의 구매자인 동시에 이 부문에 고용된 노동력 소유자들에 대한 상품의 판매자다. 따라서 Ⅱ부문은,

(1) Ⅰ부문의 자본가들도 마찬가지지만, 임금을 그 정상적인 평균수준 이하로 끌어내릴 수 있다. 이렇게 하면 가변자본의 화폐형태로서 기능하는 화폐의 한 부분이 풀려나오는데, 이것은 [같은 과정이 끊임없이 되풀이되는 경우] 화폐퇴장의 정상적인 원천으로, 따라서 또 Ⅱ부문에서 잠재적인 추가적 화폐자본 형성의 원천으로 될 수 있을 것이다. 그러나 정상적인 자본형성을 취급하고 있는 여기에서는 우연한 사기적 이윤은 무시된다. 실제로 지불되는 정상적인 임금(이것은 그밖의 조건들이 같다면 가변자본의 크기를 규정한다)은 결코 자본가들의 선의에서 지불되는 것이 아니라 주어진 사정에서는 지불되지 않으면 안 된다는 것을 잊지 말아야 한다. 그러므로 위와 같은 설명방식은 제외된다. 376v를 Ⅱ부문이 지출해야 할 가변자본으로 전제하고 있기 때문에, 새로 부닥친 문제를 설명하기 위해 Ⅱ부문이 투하하는 것은 376v가 아니고 예컨대 350v에 지나지 않는다는 가설을 갑자기 끌어들일 수는 없다.

(2) 그러나 다른 한편 Ⅱ부문은, 전체로 볼 때, 이미 말한 바와 같이 노동력의 구매자인 동시에 자기의 상품을 자기 부문의 노동자들에게 파는 판매자라는, Ⅰ부문보다 유리한 점을 가지고 있다. 그리고 이 유리한 점을 이용하는 방법에 대해서는 모든 공업국에 아주 명백한 자료들이 있다. 명목상으로는 정상적인 임금을 지불하지만 임금의 한 부분을 그 등

가를 지불하지 않고 다시 가로챌[다시 훔쳐낼] 수 있는데, 그것은 현물임금제에 의해서나 화폐의 변조(법적으로는 걸리지 않게)에 의해 달성된다. 이것은 예컨대 영국과 미국에서 사실상 일어나고 있는 일이다. (이곳에서 몇 개의 적절한 예를 들어 이 점을 부연 설명할 것.) 이것은 (1)에서와 똑같은 조작인데 다만 위장되고 우회적으로 실시되고 있을 따름이다. 따라서 여기에서는 이 조작도 먼저 든 조작과 마찬가지로 제외되어야 한다. 여기에서 문제로 되는 것은 명목임금이 아니라 실질임금이다.

요컨대 자본주의적 기구에 관한 객관적 분석에서는 이 기구에 예외적으로 붙어 있는 어떤 오점을 이론적 곤란을 제거하기 위한 핑계로 이용하여서는 안 된다. 그러나 이상하게도 나에 대한 부르주아 비판가들의 대다수는 내가—예컨대『자본론』제1권에서—자본가는 노동력의 현실적 가치를 지불한다고 [자본가는 사실상 대부분 그렇게 하지 않는다!] 가정함으로써 자본가들을 부당하게 취급한 것처럼 떠든다. (나를 너그럽다고 말한 셰플레〚1870〛를 여기에 인용할 수도 있다.)

따라서 376Ⅱv는 위에서 말한 목적에 아무런 도움도 되지 않는다.

그런데 376Ⅱs는 더욱 곤란한 것 같다. 여기에서는 같은 부문의 자본가들만이 자기들이 생산한 소비수단을 서로 팔고 사고 한다. 이 교환에 필요한 화폐는 유통수단으로서만 기능하며, 교환이 정상적으로 진행되는 경우에는 이 화폐는 당사자들이 유통에 처음 투하한 정도에 따라 그들에게로 되돌아와서 또다시 같은 궤도를 달리게 된다.

이 화폐를 잠재적인 추가적 화폐자본의 형성을 위해 유통에서 끌어내는 데에는 두 가지 방법만이 있을 것 같다. 즉 한 가지 방법은 Ⅱ부문 자본가들의 한 부분이 다른 자본가들을 속여 화폐를 빼앗는 것이다. 우리가 알고 있는 바와 같이, 새로운 화폐자본의 형성을 위해서는 유통하고 있는 화폐의 양을 미리 확대할 필요는 없으며, 누군가가 화폐를 유통에서 끌어내어 퇴장화폐로서 쌓아두기만 하면 된다. 화폐를 도둑질할 수 있다는 것, 따라서 Ⅱ부문 자본가들의 한 부분에 의한 추가적 화폐자본의 형성이 다른 부분의 현실적 화폐손실과 결부될 수 있다는 사실은 추가적 화폐자본의 형성과는 아무런 관련도 없다. Ⅱ부문 자본가들 중 속은 부분들은 사치스러운 생활을 조금 줄여야 할 것이지만 그것뿐이다.

또 하나의 방법은 Ⅱs 가운데서 생필품으로 표시되는 부분이 직접 Ⅱ부문 안에서 새로운 가변자본으로 전환되는 것이다. 어떻게 이와 같이 되는가 하는 것은 이 장의 마지막(제4절)에서 연구될 것이다.

1. 첫째 예

(A) 단순재생산의 표식

Ⅰ.	4,000c +	1,000v +	1,000s =	6,000		
Ⅱ.	2,000c +	500v +	500s =	3,000	합계 =	9,000

(B) 확대재생산을 위한 최초의 표식

Ⅰ.	4,000c +	1,000v +	1,000s =	6,000		
Ⅱ.	1,500c +	750v +	750s =	3,000	합계 =	9,000

표식 (B)에서 Ⅰ부문 잉여가치의 절반, 즉 500이 축적된다고 가정하면, 먼저 (1,000v+500s)Ⅰ 또는 1,500Ⅰ(v+s)는 1,500Ⅱc에 의하여 대체되어야 한다. 그러면 Ⅰ부문에 남은 것은 4,000c+500s인데, 이 중 후자가 축적된다. (1,000v+500s)Ⅰ이 1,500Ⅱc에 의하여 대체되는 것은 단순재생산의 한 과정인데, 이것은 이전의 연구에서 이미 설명되었다.

500Ⅰs가운데서 400은 불변자본으로, 100은 가변자본으로 전환된다고 가정하자 〚처음에 4,000c : 1,000v=4 : 1이기 때문이다〛. Ⅰ부문 안에서 자본화

되어야 할 400s의 교환은 이미 연구되었다. 따라서 이 400s는 더 말할 것도 없이 Ⅰc에 합쳐질 수 있으며, 그러면 Ⅰ부문은 다음과 같이 된다.

4,400c + 1,000v 〚화폐로〛 + 100s (100s는 100v로 전환되어야 한다)

Ⅱ부문에서는 축적을 위해 Ⅰ부문에서 100Ⅰs(생산수단으로 존재하고 있다)를 사는데, 이 100Ⅰs는 이제는 Ⅱ부문의 추가적 불변자본을 이룬다. 그런데 Ⅱ부문이 이 생산수단에 대하여 지불하는 100의 화폐는 Ⅰ부문의 추가적 가변자본의 화폐형태로 전환된다. 그러면 Ⅰ부문의 자본은 4,400c+1,100v(이것은 화폐로)=5,500이 된다.

Ⅱ부문은 이제 불변자본이 1,600c로 되며, 생산과정에서 이 불변자본을 이용하기 위해 새로운 노동력을 사들이는 데 50v를 화폐로 더 내지 않으면 안 되며 〚처음에 1,500c : 750v=2 : 1이기 때문이다〛, 그리하여 Ⅱ부문의 가변자본은 750에서 800으로 늘어난다. Ⅱ부문의 불변자본과 가변자본이 이렇게 합계 150만큼 늘어난 것은 자체의 잉여가치 중에서 공급된다. 따라서 750Ⅱs 가운데서 600s만이 Ⅱ부문 자본가들의 소비재원으로서 남는데, 이제 그들의 연간 생산물은 다음과 같이 나누어진다.

Ⅱ. 1,600c + 800v + 600s(〚자본가의〛 소비재원) = 3,000

소비수단으로 생산되어 (100c+50v)Ⅱ로 전환된 150s는 그 현물형태대로 모두 노동자들의 소비에 들어간다. 즉 위에서 설명한 것처럼 100은 Ⅰ부문의 노동자들(100Ⅰv)이 소비하며 50은 Ⅱ부문의 노동자들(50Ⅱv)이 소비한다. 전체 생산물이 축적에 적합한 형태로 생산되는 Ⅱ부문에서는, 사실상 잉여가치 중 150〚원문의 '100'은 잘못이다〛만큼 더 늘어난 부분이 필수소비수단의 형태로 재생산되지 않으면 안 된다. 실제로 확대재생산이 시작되면 Ⅰ부문의 추가적 가변적 화폐자본 100은 Ⅰ부문 노동자들의 손을 거쳐 Ⅱ부문으로 되돌아온다. 그러므로 Ⅱ부문은 Ⅰ부문에게 상품재고로 있는 100s를 넘겨주며, 동시에 상품재고로 있는 50을 Ⅱ부문 자체의 노동자들에게 넘겨준다.

축적 때문에 달라진 전체 생산물의 분배는 이제 다음과 같이 된다.

Ⅰ. 4,400c + 1,100v + 500 소비재원 = 6,000
Ⅱ. 1,600c + 800v + 600 소비재원 = 3,000

합계 = 9,000[위와 같음]

이 중에서 자본은 다음과 같다.

Ⅰ. 4,400c + 1,100v(화폐) = 5,500
Ⅱ. 1,600c + 800v(화폐) = 2,400
} = 7,900

그런데 처음 생산을 시작하려고 했을 때는 다음과 같았다.

Ⅰ. 4,000c + 1,000v = 5,000
Ⅱ. 1,500c + 750v = 2,250
} = 7,250

이제 이 기초 위에서 실제로 축적이 진행된다면, 즉 늘어난 자본으로 생산이 실제 진행된다면, 다음해 〖제2차 연도〗 말에는 다음과 같이 된다.

Ⅰ. 4,400c + 1,100v + 1,100s = 6,600
Ⅱ. 1,600c + 800v + 800s = 3,200
} = 9,800

Ⅰ부문에서 축적이 같은 비율로 계속되어, 550s는 수입으로 지출되고 나머지 550s는 축적된다고 하자. 이 경우 1,100v는 먼저 1,100Ⅱc에 의하여 보충되고, 그리고 550Ⅰs는 같은 금액의 Ⅱ부문 상품으로 실현되어야 한다. 따라서 모두 1,650Ⅰ(v+s)가 실현되어야 한다. 그러나 보충되

어야 할 Ⅱ부문의 불변자본은 1,600에 지나지 않는다. 따라서 나머지 50은 800Ⅱs 가운데서 보충되지 않으면 안 된다. 당분간 화폐를 제쳐놓고 보면 이 거래의 결과는 다음과 같이 된다.

Ⅰ. 4,400c+550s(자본화되어야 할 것). 이밖에 자본가들과 노동자들의 소비재원으로 1,650(v+s)가 있는데, 그것은 상품 Ⅱc로 실현된다.

Ⅱ. 1,650c(그 중 50은 위에서 말한 대로 Ⅱs에서 추가된 것)+800v+750s(자본가들의 소비재원).

그러나 Ⅱ부문에서 c와 v의 비율이 종전대로라면 50c에 대하여 25v가 더 지출되지 않으면 안 되는데, 이것은 750s에서 가져와야 한다. 따라서 다음과 같이 된다.

Ⅱ. 1,650c + 825v + 725s

Ⅰ부문에서는 550s가 자본화되어야 한다. v와 c의 비율이 이전과 같다면 그 가운데서 440은 불변자본을 이루며 110은 가변자본을 이룬다. 이 110은 결국 725Ⅱs에서 가져오게 된다. 즉 110 가치의 소비수단은 Ⅱ부문 자본가들 대신 Ⅰ부문 노동자들에 의해 소비된다. 그리하여 Ⅱ부문의 자본가들은 자기들이 소비할 수 없는 이 110s를 어쩔 수 없이 자본화한다. 이렇게 되면 725Ⅱs 가운데서 615Ⅱs가 남는다. 그런데 Ⅱ부문이 이 110을 추가적 불변자본으로 전환하면, Ⅱ부문에서 55의 추가적 가변자본이 더 필요하게 된다. 이것도 역시 자체의 잉여가치 가운데서 가져와야 한다. 이 55를 615Ⅱs에서 빼면 560이 Ⅱ부문 자본가들의 소비를 위해 남는다. 이리하여 모든 현실적 이전과 잠재적 이전이 끝난 다음에 자본가치는 다음과 같이 된다.

$$\text{I. } (4,400c+440c)+(1,100v+110v) = 4,840c+1,210v=6,050$$

$$\text{II. } (1,600c+50c+110c)+(800v+25v+55v) = 1,760c+\ \ 880v=2,640$$

합계 =8,690

사태가 정상적으로 진행되려면 Ⅱ부문의 축적이 Ⅰ부문보다 더 빨리 진행되어야 한다. 왜냐하면 그렇지 않으면 Ⅰ(v+s) 가운데서 상품Ⅱc와 교환되어야 할 부분〚Ⅰ부문 자본가들의 개인적 소비+Ⅰ부문의 현재 노동자들과 추가되는 노동자들의 개인적 소비〛이 Ⅱc보다 더 빨리 증가할 수 있기 때문이다.*

이런 기초 위에서 그리고 그밖의 사정들이 동일한 경우에 재생산이 계속되면, 다음해〚제3차 연도〛의 끝에 가서는 다음과 같이 된다.

$$\left.\begin{array}{l}\text{I. } 4,840c + 1,210v + 1,210s = 7,260 \\ \text{II. } 1,760c + 880v + 880s = 3,520\end{array}\right\} = 10,780$$

잉여가치가 나누어지는 비율이 여전히 같은 경우, Ⅰ부문이 수입으로 지출해야 하는 것은 1,210v와 s의 절반인 605, 합계 1,815이다. 이 소비재원은 역시 Ⅱc보다 55만큼 더 크다. 이 55를 880s에서 빼면 825가 남는다. 55Ⅱs가 Ⅱc로 전환된다는 것은 그것에 대응하는 가변자본 $27\frac{1}{2}$을 Ⅱs로부터 빼낸다는 것을 전제한다. 그리하여〚자본가의〛 소비를 위해 $797\frac{1}{2}$ Ⅱs가 남는다.

이제는 Ⅰ부문에서 자본화되어야 할 것은 605s이다. 그 가운데서 484는 불변자본으로, 121은 가변자본으로 된다. 이 121은 $797\frac{1}{2}$인 Ⅱs에서 빼내야 하는데, 그러면 $676\frac{1}{2}$ Ⅱs가 남는다. 따라서 Ⅱ부문은 121을 불변자본으로 더욱 전환시키는데 이를 위해 새로운 가변자본 $60\frac{1}{2}$이 필요하게 된다. 이것도 역시 $676\frac{1}{2}$에서 나오며, 그리하여 616이 『자본가의』 소비를 위해 남는다.

그러면 자본은 다음과 같이 된다.

---

* 이 확대재생산 표식을 제6차 연도까지 연장하면 다음과 같이 된다.

c: 불변자본 v: 가변자본 s: 잉여가치 w: 총생산물가치 sk: 자본가의 소비부분 (Ⅰ부문에서는 연간 잉여가치의 50%로 가정) sa: 축적부분 sc: 추가되는 불변자본 sv: 추가되는 가변자본

연도	부문	c		v		s		w	sk	sa	sc	sv
제1차	Ⅰ	4,000	+	1,000	+	1,000	=	6,000	500	500	400	100
	Ⅱ	1,500	+	750	+	750	=	3,000	600	150	100	50
합계		5,500	+	1,750	+	1,750	=	9,000	1,100	650	500	150
제2차	Ⅰ	4,400	+	1,100	+	1,100	=	6,600	550	550	440	110
	Ⅱ	1,600	+	800	+	800	=	3,200	560	240	160	80
합계		6,000	+	1,900	+	1,900	=	9,800	1,110	790	600	190
제3차	Ⅰ	4,840	+	1,210	+	1,210	=	7,260	605	605	484	121
	Ⅱ	1,760	+	880	+	880	=	3,520	616	264	176	88
합계		6,600	+	2,090	+	2,090	=	10,780	1,221	869	660	209
제4차	Ⅰ	5,324	+	1,331	+	1,331	=	7,986	666	666	532	133
	Ⅱ	1,936	+	968	+	968	=	3,872	678	290	194	97
합계		7,260	+	2,299	+	2,299	=	11,858	1,343	956	726	230
제5차	Ⅰ	5,856	+	1,464	+	1,464	=	8,785	732	732	586	146
	Ⅱ	2,130	+	1,065	+	1,065	=	4,259	745	319	213	107
합계		7,986	+	2,529	+	2,529	=	13,044	1,477	1,052	799	253
제6차	Ⅰ	6,442	+	1,611	+	1,611	=	9,663	805	805	644	161
	Ⅱ	2,343	+	1,171	+	1,171	=	4,685	820	351	234	117
합계		8,785	+	2,782	+	2,782	=	14,348	1,625	1,157	879	278

확대재생산의 균형조건: Ⅰv + Ⅰsv + Ⅰsk = Ⅱc + Ⅱsc

Ⅰ. 불변자본 4,840 + 484 = 5,324
가변자본 1,210 + 121 = 1,331
Ⅱ. 불변자본 1,760 + 55 + 121 = 1,936
가변자본 880 + $27\frac{1}{2}$ + $60\frac{1}{2}$ = 968

합 계 : Ⅰ. 5,324c + 1,331v = 6,655
Ⅱ. 1,936c + 968v = 2,904 } = 9,559

그리고 그해〚제4차 연도〛말에 생산물은 다음과 같이 된다.

Ⅰ. 5,324c + 1,331v + 1,331s = 7,986
Ⅱ. 1,936c + 968v + 968s = 3,872 } = 11,858

같은 계산을 되풀이하고 분수를 버리면 다음해〚제5차 연도〛말에 생산물은 다음과 같이 된다.

Ⅰ. 5,856c + 1,464v + 1,464s = 8,784
Ⅱ. 2,129c + 1,065v + 1,065s = 4,259 } = 13,043

그리고 또 그 다음해〚제6차 연도〛말에는

Ⅰ. 6,442c + 1,610v + 1,610s = 9,662
Ⅱ. 2,342c + 1,172v + 1,172s = 4,686 } = 14,348

확대재생산이 다섯 해 동안 진행되는 동안에 Ⅰ부문과 Ⅱ부문의 총자본은 5,500c+1,750v=7,250에서 8,784c+2,782v=11,566으로, 따라서 비율로는 100 : 160으로 늘었다. 총잉여가치는 맨 처음에 1,750이었는데 이제는 2,782이다. 소비된 잉여가치는 처음에 Ⅰ부문에서 500, Ⅱ부문에서 600, 합계 1,100이었는데, 마지막 해에는 Ⅰ부문에서 805〚원문의 숫자

'732'는 제5차 연도의 것으로 제6차 연도에 맞게 고친다. 이하 동일. 역주 참조 】, Ⅱ 부문에서 820, 합계 1,625이었다. 따라서 그것은 100 : 148의 비율로 늘어났다.

2. 둘째 예

이제는 연간 생산물을 9,000으로 하고 그것이 모두 상품자본으로 산업자본가 계급의 손에 있으며, 가변자본과 불변자본의 일반적 평균비율이 1 : 5의 형태로 있다고 하자. 이것은 다음과 같은 것을 전제한다. 즉 자본주의적 생산과 이에 따른 사회적 노동생산성이 이미 상당히 발전하고 있다는 것, 생산규모가 이미 전부터 확대되어 있다는 것, 끝으로 노동자계급 속에서 상대적 과잉인구를 낳는 모든 사정들이 발전하고 있다는 것이다. 가변자본과 불변자본의 이런 비율에서 연간 생산물은 (분수를 버리면) 다음과 같이 나누어진다.

$$\left.\begin{array}{ll} \text{I.} & 5{,}000c + 1{,}000v + 1{,}000s = 7{,}000 \\ \text{II.} & 1{,}430c + 285v + 285s = 2{,}000 \end{array}\right\} = 9{,}000$$

이제 Ⅰ부문의 자본가계급이 잉여가치의 절반인 500을 소비하고 나머지 절반을 축적한다고 하자. 그러면 (1,000v+500s) Ⅰ = 1,500이 1,500 Ⅱc와 교환되어야 할 것이다. 이 경우 Ⅱc는 1,430에 지나지 않으므로 잉여가치 가운데서 70이 추가되어야 한다. 이것을 285 Ⅱs에서 빼면 215 Ⅱs가 남는다. 따라서 다음과 같이 된다.

Ⅰ. 5,000c+500s(자본화되어야 할)+1,500(v+s) [자본가들과 노동자들의 소비재원]

Ⅱ. 1,430c+ 70s(자본화되어야 할)+ 285v + 215s

이 경우 70Ⅱs가 직접 Ⅱc에 합쳐지므로 이 추가적 불변자본을 운동시키기 위해 다시 $\frac{70}{5}$=14의 가변자본이 필요해진다. 따라서 이 14를 다시 215Ⅱs에서 빼면 201Ⅱs가 남는다. 그리하여 다음과 같이 된다.

Ⅱ. (1,430c + 70c) + (285v + 14v) + 201s

1,500Ⅰ(v+$\frac{1}{2}$s)와 1,500Ⅱc의 교환은 단순재생산의 한 과정이며 이에 대해서는 더 이상 이야기할 것이 없다. 그러나 지적해 두어야 할 몇 가지 특징이 남아 있는데, 이 특징들은 축적과 관련된 재생산의 경우에 Ⅰ(v+$\frac{1}{2}$s)가 Ⅱc에 의해서만 대체되는 것이 아니라 Ⅱc에 Ⅱs의 한 부분을 더한 것에 의해 대체된다는 점에서 나온다.

축적을 전제로 하면, Ⅰ(v+s)는 Ⅱc보다 더 크며, 단순재생산에서처럼 Ⅱc와 같지 않다는 것은 자명하다. 왜냐하면 (1) Ⅰ부문은 자체의 잉여생산물의 한 부분을 자체의 생산자본에 합치고 이 부분의 $\frac{5}{6}$〘c : v=5 : 1이기 때문〙를 불변자본으로 전환시키므로 이 $\frac{5}{6}$를 동시에 Ⅱ부문의 소비수단과 교환할 수는 없기 때문이다. (2) Ⅰ부문은 자체의 잉여생산물에서 Ⅱ부문 안의 축적에 필요한 불변자본을 위해 소재를 제공하여야 하기 때문인데, 그것은 Ⅱ부문이 Ⅰ부문에게 가변자본[Ⅰ부문이 그 잉여생산물 중 추가적 불변자본으로 사용하는 부분을 운동시켜야 할 가변자본]을 위해 소재를 제공하여야 하는 것과 같다. 알다시피 가변자본은 실물로서는 노동력으로 이루어지며 따라서 추가적 가변자본도 마찬가지다. Ⅰ부문의 자본가는 노예소유자가 한 것처럼 자기가 사용할 추가적 노동력을 위해 Ⅱ부문으로부터 생필품을 사거나 쌓아 두지는 않을 것이다. Ⅱ부문과 거래하는 것은 노동자들 자신이다. 그러나 그렇다고 해서 자본가가, 추가적 노동력을 위한 소비수단은 추가적으로 사용할 노동력을 생산하고 유지하는 수단에 지나지 않으며, 따라서 그의 가변자본의 현물형태에 지나지 않는다고, 말하는 것을 막을 수는 없다. 자본가 자신[Ⅰ부문]의 당면 과제는 다만 추가적 노동력을 사는 데 필요한 새로운 화폐자본을 쌓아두는 일이다. 그가 이 추가적 노동력을 자기 자본에 합치게 되자 그 화폐는 노동자에게 Ⅱ부문 상품의 구매수단으로 되며, 따라서 노동자는 소비수단을 찾아내지 않으면 안 된다.

* * *

말이 났으니까 말이지만, 자본가들과 그들의 신문은 노동자들이 자기들의 화폐를 지출하는 방식과 노동자들이 그 화폐를 실현하는 Ⅱ부문의 상품에 대하여 흔히 불만을 표시하곤 한다. 이것을 기회로 그들은 철학을 말하고 문화를 지껄이며 박애를 설교하는데, 예컨대 워싱턴에 가 있는 영국대사관 서기관 드럼몬드가 그러하다. 『더 네이션』지는 1879년 10월에 흥미 있는 기사를 싣고 있는데, 그 가운데서도 특히 다음과 같은 말이 있다.

> "노동자들은 문화적으로 발명의 진보에 보조를 맞추지 못하고 있다. 많은 물건들이 그들에게 쏟아지지만 그들은 그것들을 쓸 줄 모르며, 따라서 그들은 그것들을 위한 시장을 조성하지 않는다."(물론 자본가는 누구나 자기의 상품을 노동자들이 살 것을 바란다.)"노동자가 같은 금액을 버는 목사 · 변호사 · 의사와 똑같은 안락을 바라지 않는다고 생각할 하등의 근거는 없다."(사실 이런 등급의 변호사 · 목사 · 의사들은 많은 안락을 희망할 뿐 살 수는 없다.)"그러나 노동자는 그렇게 하지 않는다. 문제는 어떤 합리적이며 건전한 조치로 소비자로서 그의 수준을 높이겠는가 하는 것이다. 이것은 쉬운 문제가 아니다. 왜냐하

면 노동자의 야심은 기껏해야 자기 노동시간을 줄이자는 것이며, 또 선동가는 노동자의 정신적 도덕적 능력을 개선하여 그의 상태를 향상시키도록 하기보다는 오히려 노동시간을 줄이도록 그를 선동하고 있기 때문이다."(『주재외국의 상공업 따위에 관한 영국공관 서기관 보고서』, 런던 1879: 404)

장시간의 노동이, '노동자의 정신적 도덕적 능력을 개선하여 그의 상태를 향상시키며' 그를 합리적 소비자로 되게 하는 '합리적이며 건전한 조치'의 비결인 것 같다. 자본가 상품의 합리적인 소비자로 되기 위해서는, 노동자는 무엇보다 먼저 자기 자신의 노동력을 고용주인 자본가가 비합리적으로 그리고 건강에 해롭게 소비하도록 허용하는 것—선동가는 이것을 방해하지만—에서 시작하지 않으면 안 된다는 것이다. 자본가가 이해하고 있는 합리적인 소비가 무엇인가 하는 것은 자본가가 친절하게도 자기 노동자들의 소비행위에 직접 끼어드는 경우—예컨대 현물지급제도[이것은 노동자들에 대한 주택의 공급, 따라서 자본가가 동시에 노동자들의 집주인이 되는 것을 포함하고 있다]—에 잘 나타난다.

노동자계급의 수준을 높이려는 자본가의 시도에 감격하는 아름다운 정신을 가진 바로 그 드럼몬드는 위의 보고서에서 특히 로웰 앤드 로렌스 밀즈라는 모범 방적공장에 대하여 이야기하고 있다. 여직공들을 위한 기숙사는 공장 소유자인 주식회사의 것이다. 이 기숙사의 사감들은 이 회사에 고용되어 있고, 회사는 여직공들의 행동준칙을 만든다. 여직공들은 누구도 밤 10시 이후에 돌아와서는 안 된다. 그런데 진짜 중요한 사실은 다음과 같은 것이다. 즉 회사의 특별경찰이 이 규칙의 위반을 막기 위해 회사 동네를 순찰한다. 밤 10시 이후에는 여직공들은 누구도 나가지도 들어오지도 못한다. 여직공들은 누구도 회사 소유지를 떠나 다른 곳에서 하숙할 수 없으며, 회사 소유지 안에 있는 각 집은 집세로 회사에 매주 약 10달러를 바친다. 그런데 다음에서 우리는 영광에 찬 합리적인 소비자를 보는 것이다.

> "시설이 아주 잘 된 여직공 기숙사들의 다수에는 피아노가 있으므로, 적어도 직기에 매달려 10시간이나 단조롭게 줄곧 일하고 나서 실제의 휴식보다는 기분전환이 더 필요한 여직공들에게 음악과 노래와 춤이 커다란 역할을 하고 있다."(같은 보고: 412)

노동자를 합리적인 소비자로 되게 하는 주된 비결은 이제부터 나온다. 드럼몬드는 터너즈 폴즈(코네티컷 강)에 있는 식탁 칼 공장을 방문하는데, 그 회사의 회계주임인 오크만은 특히 미국제 식탁 칼이 영국제보다 질이 좋다는 것을 그에게 이야기한 뒤 다음과 같이 계속하고 있다.

> "우리는 값에서도 영국을 이길 것이다. 우리가 질에서는 지금 벌써 영국보다 앞서 있다는 것은 인정되고 있다. 그러나 우리는 값을 더 내려야 한다. 우리의 강철을 더 싼 값으로 얻고 우리의 노동에 대한 보수를 낮춘다면, 그렇게 될 것이다!"(같은 보고: 427)

임금인하와 긴 노동시간, 이것이 바로 노동자를 합리적인 소비자라는 당당한 지위로 끌어올려, 문화와 발명의 진보가 노동자에게 쏟아 붓는 많은 물건들의 시장을 마련하기 위한 '합리적이며 건전한 조치'의 알맹이다.

* * *

Ⅰ부문이 자체의 잉여생산물에서 Ⅱ부문의 추가적 불변자본을 제공해야 하듯이, Ⅱ부문은 Ⅰ부문을 위한 추가적 가변자본을 제공한다. Ⅱ부

문은, 가변자본에 관한 한, 자체의 총생산물[그리고 특히 자체의 잉여생산물]의 더 큰 부분을 필수적 소비수단의 형태로 재생산함으로써 Ⅰ부문과 자기 자체를 위해 축적하게 된다.

늘어나는 자본의 기초 위에서 생산이 진행되는 경우, Ⅰ(v+s)는 Ⅱc + 잉여생산물 중 자본에 다시 합쳐지는 부분〖Ⅰsc〗+Ⅱ부문에서 생산을 확대하는 데 드는 불변자본의 추가부분〖Ⅱsc〗과 같아야만 한다.〖확대재생산의 균형조건은 Ⅰv+Ⅰsv+Ⅰsk=Ⅱc+Ⅱsc이다. Ⅰsv+Ⅰsk=Ⅰs−Ⅰsc이므로, Ⅰ(v+s)−Ⅰsc=Ⅱc+Ⅱsc, 따라서 Ⅰ(v+s)=Ⅱc+Ⅰsc+Ⅱsc가 된다.〗 그리고 이 생산 확대의 최소한은 그것 없이는 Ⅰ부문 자체에서 현실적 축적, 즉 현실적 생산 확대가 불가능하게 되는 크기를 가리킨다.

우리가 마지막에 살펴본 경우〖둘째 예〗로 되돌아가면, 그 경우는 Ⅱc가 Ⅰ(v+$\frac{1}{2}$s)(즉 Ⅰ부문의 생산물 중 수입으로 소비수단에 지출되는 부분)보다 작으며, 그리하여 1,500Ⅰ(v+s)와 교환하기 위해 Ⅱ부문의 잉여생산물의 한 부분인 70이 실현되어야 한다. Ⅱc=1,430에 대하여 말하면, 그것은 Ⅱ부문에서 단순재생산이 진행될 수 있기 위해서는, 그밖의 사정들이 여전히 같은 경우, 같은 가치액만큼 Ⅰ(v+s)에 의하여 보충되지 않으면 안 되는데, 이 정도까지는 여기에서 더 살펴볼 필요는 없다. 그러나 추가적인 70Ⅱs는 이와 다르다. Ⅰ부문에서 보면 그것은 단순히 수입과 소비수단의 교환, 소비를 위한 상품교환이지만, Ⅱ부문에서 보면 그것은, 그의 불변자본이 상품자본의 형태에서 현물형태로 단순히 다시 전환되는 것(단순재생산에서는 그렇다)이 아니라, 직접적인 축적과정이며 Ⅱ부문의 잉여생산물의 한 부분이 소비수단의 형태에서 불변자본의 형태로 전환되는 것이다. Ⅰ부문이 70원의 화폐(잉여가치의 교환을 위한 화폐준비금)로 70Ⅱs를 사지만 Ⅱ부문이 70원으로 70Ⅰs를 사지 않고 그 70원을 화폐자본으로서 축적한다면, 이 70원의 화폐자본은 물론 생산에 다시 들어가는 생산물의 표현은 아니지만 어쨌든 추가적 생산물(바로 Ⅱ부문의 잉여생산물)의 표현이기는 하다. 그러나 이 경우 Ⅱ부문에서 이 화폐 축적은 동시에 생산수단으로 있는 70Ⅰs가 팔릴 수 없다는 것을 표현하게 된다. 따라서 Ⅱ부문에서 재생산이 확대되지 않는 데 대응하여 Ⅰ부문에서는 상대적 과잉생산이 일어날 것이다.

그러나 이 점과는 별도로, Ⅰ부문에서 나온 70원의 화폐가 Ⅱ부문에 의한 70Ⅰs의 구매를 통하여 Ⅰ부문으로 돌아오지 않거나 부분적으로만 돌아오는 동안에는, 이 70원의 화폐는 전부 또는 부분적으로 Ⅱ부문의 손에서 추가적인 잠재적 화폐자본으로서 나타난다. 이 현상은, 두 부문 간 상품의 상호교환이 화폐를 그 출발점으로 환류시킬 때까지는, Ⅰ부문과 Ⅱ부문 사이의 모든 교환에서 나타난다. 그러나 사태가 정상적으로 진행되는 경우에는, 그 화폐가 여기에서 이런 역할을 하는 것은 일시적이다. 그런데 일시적으로 풀려난 모든 추가적 화폐가 추가적 화폐자본으로 능동적으로 기능할 수 있는 신용제도에서는, 이렇듯 일시적으로 풀려나온 화폐자본이 묶일 수가 있다. 예컨대 이 화폐자본은 Ⅰ부문의 다른 기업들에 쌓여 있는 잉여생산물을 실현해야 할 것이지만, 그 대신 Ⅰ부문의 새로운 기업에 쓰일 수도 있다는 것이다. 또한 지적해야 할 것은, 70Ⅰs가 Ⅱ부문의 불변자본에 합쳐지려면 동시에 Ⅱ부문의 가변자본이 14만큼 늘어나야 한다는 것이다. 이것은—Ⅰ부문에서 잉여생산물 Ⅰs가 직접 자본 Ⅰc에 합쳐지는 경우와 마찬가지로—다음과 같은 것을 전제한다. 즉 Ⅱ부문의 재생산이 벌써 더욱더 자본화하는 경향을 가지고 진행되고 있으며, 따라서 그 재생산은 잉여생산물 중 생필품으로 이루어지는 부분의 확대를 포함하고 있다는 것이다.

* * *

이미 본 바와 같이, 둘째 예에서 500Ⅰs가 자본화되어야 한다면 9,000

의 생산물은 재생산을 위해 다음과 같이 나누어지지 않으면 안 된다. 여기서 우리는 상품만을 고찰하고 화폐유통은 무시하기로 한다.

Ⅰ. 5,000c+500s(자본화되어야 할 것)+1,500(v+s)[소비재원]
=7,000 상품

Ⅱ. 1,500c+299v+201s=2,000 상품

총액 : 9,000 상품생산물

그리하여 자본화는 다음과 같이 진행된다.

Ⅰ부문에서 자본화되어야 할 500s는 $\frac{5}{6}$(=417c)+$\frac{1}{6}$(=83v)로 나누어진다. 이 83v는 똑같은 금액을 Ⅱs에서 끌어내며 Ⅱ부문은 그것으로 불변자본의 요소들을 사서 Ⅱc에 추가한다. Ⅱc가 83만큼 늘면 Ⅱv가 83의 $\frac{1}{5}$(=17)만큼 늘어나야 한다. 따라서 교환이 이루어진 다음에는 다음과 같이 된다.

Ⅰ. (5,000c+417s)c+(1,000v+83s)v=5,417c+1,083v=6,500
Ⅱ. (1,500c+ 83s)c+(299v+17s)v=1,583c+ 316v=1,899

합계 : 8,399

Ⅰ부문의 자본은 6,000에서 6,500으로, 즉 $\frac{1}{12}$만큼 늘어났다. Ⅱ부문에서는 1,715에서 1,899로, 즉 거의 $\frac{1}{9}$만큼 늘어났다.

이 기초 위에서 재생산은 제 2년도 말에 자본을 다음과 같이 만든다.

Ⅰ. (5,417c+452s)c+(1,083v+90s)v=5,869c+1,173v=7,042
Ⅱ. (1,583c+42s+90s)c+(316v+8s+18s)v= 1,715c+342v=2,057

그리고 제3년도 말에 생산물은 다음과 같이 된다.

Ⅰ. 5,869c + 1,173v + 1,173s
Ⅱ. 1,715c + 342v + 342s

여기에서 Ⅰ부문이 전과 마찬가지로 잉여가치의 절반을 축적하면 Ⅰ(v $+\frac{1}{2}$s)는 1,173v+587($\frac{1}{2}$s)=1,760으로 되며 따라서 1,715Ⅱc 전체보다 45 만큼 더 크다. 따라서 이 차이는 같은 금액만큼 생산수단을 Ⅱc에 옮겨놓음으로써 메워져야만 한다. 그리하여 Ⅱc는 45만큼 늘어나며 또한 Ⅱv는 45의 $\frac{1}{5}$=9만큼 늘어나게 된다. 다음으로 자본화된 587Ⅰs는 $\frac{5}{6}$와 $\frac{1}{6}$로, 즉 489c와 98v로 나누어진다. 이 98은 Ⅱ부문의 불변자본에 98이 새로 추가될 것을 요구하며, 이 추가는 또한 Ⅱ부문의 가변자본이 98의 $\frac{1}{5}$=20 만큼 증가할 것을 요구한다. 이리하여 다음과 같이 된다.

Ⅰ. (5,869c+489s)c +(1,173v+98s)v = 6,358c+1,271v=7,629
Ⅱ. (1,715c+45s+98s)c+(342v+9s+20s)v= 1,858c+ 371v =2,229

총자본 =9,858

따라서 세 해 동안의 확대재생산에서 Ⅰ부문의 총자본이 6,000에서 7,629로, Ⅱ부문의 총자본은 1,715에서 2,229로, 사회적 총자본은 7,715 에서 9,858로 늘어났다.

3. 축적이 이루어질 때 Ⅱc의 교환

Ⅰ(v+s)와 Ⅱc의 교환에는 여러 경우가 있게 된다.

단순재생산의 경우에는 이 두 크기가 같아야 하며 상호 보충하지 않으면 안 된다. 왜냐하면 그렇지 않고서는 위에서 본 바와 같이 단순재생산은 혼란 없이 진행될 수 없기 때문이다.

축적의 경우에는 무엇보다도 축적률 『$\frac{\text{축적}}{\text{잉여가치}}$』이 문제로 된다.

이제까지 모든 경우에 우리는 축적률이 Ⅰ부문에서 $\frac{1}{2}$ Ⅰs이며 또한 그것은 해가 달라져도 여전히 같다고 가정하였다. 다만 이 축적된 자본이 가변자본과 불변자본으로 나누어지는 비율만이 달라진다고 보았다. 여기에서 다음과 같은 세 경우가 생겼다.

(1) Ⅰ(v+$\frac{1}{2}$s) = Ⅱc인 경우. Ⅱc는 Ⅰ(v+s)보다 작다. 언제나 이렇게 되지 않으면 안 되는데, 그렇지 않으면 Ⅰ부문에서는 축적이 이루어지지 않을 것이다.

(2) Ⅰ(v+$\frac{1}{2}$s)이 Ⅱc보다 큰 경우. 이 경우에는 그 차이에 해당하는 부분이 Ⅱs로부터 Ⅱc에 추가되어 이 총액이 Ⅰ(v+$\frac{1}{2}$s)와 같아져야 보충이 이루어진다. 이 경우 그 교환은 Ⅱ부문에 대해서는 불변자본의 단순재생산이 아니라 벌써 축적이며, 그 불변자본은 잉여생산물 중 Ⅰ부문의 생산수단과 교환되는 부분만큼 늘어나는 것이다. 불변자본의 이런 증가는 동시에 Ⅱ부문이 자신의 가변자본을 그 자체의 잉여생산물에서 증대시키는 것을 동반한다.

(3) Ⅰ(v+$\frac{1}{2}$s)가 Ⅱc보다 작은 경우. 이 경우 Ⅱ부문은 자신의 불변자본을 교환에 의하여 완전히 재생산하지는 못하며, 따라서 I부문으로부터의 구매에 의하여 그 부족을 보충하지 않으면 안 된다. 그러나 이 때문에 Ⅱ부문의 가변자본을 더 축적할 필요는 없다. 왜냐하면 Ⅱ부문의 불변자본은 이 거래에 의하여 그 크기에서 완전히 재생산되기 때문이다. 다른 한편, Ⅰ부문의 자본가들 중 추가적 화폐자본을 적립하는 분파는 이 교환에 의하여 벌써 이런 종류의 적립을 부분적으로 달성한 것이다.

Ⅰ(v+s)=Ⅱc라는 단순재생산의 전제는 자본주의적 생산과 양립할 수 없다. 그렇다고 해서 10~11년의 산업순환에서 어떤 해에 총생산이 흔히 전년보다 적으며, 그리하여 전년에 비하여 단순재생산도 이루어지지 않는 것이 불가능한 것은 아니다. 그뿐 아니라 해마다 인구가 자연 증가하는 경우, 단순재생산은 그만큼 더 많은 수의 비생산적 하인들이 총잉여

가치를 표시하는 1,500을 함께 소비하지 않을 수 없다는 사실을 가리킬 것이다. 그러나 자본의 축적, 따라서 현실적인 자본주의적 생산은 이 경우에는 불가능할 것이다. 그러므로 자본주의적 축적의 존재는 Ⅱc=Ⅰ(v+s)라는 것을 배제한다. 그렇지만 자본주의적 축적의 경우에도, 이전의 일련의 생산시간에 진행된 축적의 결과로서 Ⅱc가 Ⅰ(v+s)와 같을 뿐 아니라 그것보다 큰 경우도 있을 수 있다. 이것은 Ⅱ부문의 과잉생산을 의미할 것이며, 오직 큰 공황에 의해서만 제거될 수 있을 것인데, 이 공황의 결과 자본은 Ⅱ부문에서 Ⅰ부문으로 이동할 것이다. 예컨대 농업에서는 스스로 생산한 씨앗을 자기 자신이 쓰듯이, Ⅱ부문의 불변자본의 한 부분이 자기 자신에 의하여 재생산되더라도 Ⅰ(v+s)와 Ⅱc의 관계는 조금도 달라지지 않는다. Ⅱc의 이 부분은 Ⅰ부문과 Ⅱ부문의 교환에서는 고려될 필요가 없는데, 그것은 Ⅰc의 경우와 마찬가지다. 또 Ⅱ부문 생산물의 한 부분이 이번에는 생산수단으로서 Ⅰ부문에 들어갈 수 있다 하더라도 사태는 조금도 달라지지 않는다. Ⅱ부문의 이런 생산물은 Ⅰ부문이 제공한 생산수단의 한 부분에 의하여 메워지기 때문에, 이 부분은 우리가 사회적 생산의 두 큰 부문들(생산수단의 생산자들과 소비수단의 생산자들) 사이의 교환을 순수한 형태에서 연구하려면 처음부터 두 부문에서 제거해야 한다.

따라서 자본주의적 생산에서는 Ⅰ(v+s)는 Ⅱc와 같을 수 없다. 즉 이 두 가지는 교환에서 서로 상쇄될 수 없다. 다른 한편, Ⅰ$\frac{s}{x}$가 Ⅰs 중 Ⅰ부문 자본가들이 수입으로 지출하는 부분이라면, Ⅰ(v+$\frac{s}{x}$)는 Ⅱc와 같거나 그보다 크거나 또는 작을 수 있다. 그러나 Ⅰ(v+$\frac{s}{x}$)는 언제나 Ⅱ(c+s)보다는 작지 않을 수 없는데, 그것도 Ⅱs 중 Ⅱ부문의 자본가계급이 어떤 경우에도 자신들이 소비하지 않으면 안 되는 부분만큼 작지 않을 수 없다.

지적해야 할 것은, 이상과 같은 축적의 서술에서는 불변자본의 가치는, 이것이 상품자본의 가치의 일부인 한, 정확히 묘사할 수 없다는 점이다. 왜냐하면 새로 축적된 불변자본의 고정적 부분은 고정적 요소들의 성질이 각각 다름에 따라 점차적으로 그리고 주기적으로만 상품자본에 들어가기 때문이다. 그러므로 원료와 반제품 따위가 대규모로 상품생산에 들어가는 경우에는 상품자본은 그 대부분이 유동적 불변자본과 가변자본의 보충분으로 이루어진다. (그렇지만 고정자본에 특별한 주의를 하지 않는 것은 유동자본의 회전 때문이다. 즉 유동자본은 고정자본의 가치 이전 부분과 함께 한해 동안 몇 번이나 회전하여, 공급된 상품의 총액이 연간의 생산에 들어가는 총자본의 가치와 같게 된다고 가정되어 있다.) 그러나 기계제 공장 〖'광업'이 더욱 적절하다〗에서 원료는 들어가지 않고 보조재료만 들어가는 경우, 노동요소인 v는 상품자본의 더욱 큰 구성부분으로 다시 나타나지 않을 수 없다. 이윤율에서는 고정자본의 구성부분이 주기적으로 생산물에 이전하는 가치가 많건 적건 관계없이, 잉여가치는 총자본에 대하여 계산되지만, 주기적으로 생산되는 상품자본의 가치에서는 불변자본의 고정적 부분은 그 부분이 소모되어 가치를 평균적으로 생산물에 이전하는 정도에 따라서만 계산되어야 한다.

제4절 보충설명

Ⅱ부문을 위한 최초의 화폐원천은 Ⅱc의 한 부분과 교환되는 Ⅰ부문 금 생산자의 v+s이다. 다만 금 생산자가 잉여가치를 쌓아두거나 그것을 Ⅰ부문의 생산수단으로 전환시켜 자기의 생산을 확대하는 한, 그의 v+s는 Ⅱ부문에 들어가지 않는다. 다른 한편, 금생산자 자신에 의한 화폐의 축적이 결국 확대재생산을 야기하는 경우에는, 금생산자의 잉여가치 중 수입으로서 지출되지 않고 추가적 가변자본으로 투하되는 부분은 Ⅱ부문

에 들어가며, 거기에서 새로운 화폐퇴장을 촉구하거나 (직접 다시 Ⅰ부문에 팔지 않고) Ⅰ부문에서 구매할 수 있는 새로운 수단을 준다. 금생산의 Ⅰ(v+s)로부터 얻은 화폐 중 Ⅱ부문의 어떤 생산분야가 금을 원료 따위로 [간단히 말하여 Ⅱ부문의 불변자본을 보충하는 요소로] 필요로 하는 부분은 빠져나간다. 장래의 확대재생산을 위한 예비적인 화폐퇴장의 요소는 Ⅰ부문과 Ⅱ부문 사이의 교환에서 다음과 같은 경우에 생긴다. 즉 Ⅰ부문에서는, Ⅰs의 한 부분이 Ⅱ부문에 일방적으로 팔려 Ⅱ부문에서 추가적 불변자본으로서 쓰이는 경우뿐이다; Ⅱ부문에서는, Ⅰ부문이 Ⅰs의 한 부분을 추가적 가변자본으로 전환시켜 Ⅱ부문에서 일방적으로 구매하는 경우와, Ⅰ부문이 수입으로 지출하는 잉여가치의 한 부분이 Ⅱc에 의하여 메워지지 않아, Ⅱs의 한 부분이 판매되어 화폐로 전환되는 경우다. Ⅰ(v+$\frac{s}{x}$)가 Ⅱc보다 크면, Ⅱc는 단순재생산을 위해서는 Ⅱs 중 Ⅰ부문이 소비한 것을 Ⅰ부문의 상품에 의하여 보충할 필요는 없다. 문제는 Ⅱ부문의 자본가들끼리 하는 교환[Ⅱs의 상호교환]의 테두리 안에서 어느 정도로 화폐퇴장이 이루어질 수 있는가 하는 것이다. 우리가 알고 있는 바와 같이, Ⅱ부문 안에서 직접적인 축적이 이루어지는 것은 Ⅱs의 한 부분이 가변자본으로 직접 전환되는(Ⅰ부문에서 Ⅰs의 한 부분이 불변자본으로 직접 전환되듯이) 경우다. Ⅱ부문의 여러 생산분야 그리고 각 생산분야의 개별 자본가들의 축적 연령은 서로 다르지만, 필요한 수정을 가하기만 하면 Ⅰ부문의 경우처럼 설명할 수 있다. 즉 어떤 자본가들은 아직 화폐퇴장의 단계에 있어 사지는 않고 팔기만 하며, 다른 자본가들은 실제로 재생산을 확대하는 시점에 이르러 팔지는 않고 사기만 한다. 추가적인 가변적 화폐자본은 확실히 먼저 추가적 노동력에 지출된다. 그러나 노동자들은 [화폐퇴장자임과 동시에 추가적 소비수단의 소유자인] 자본가들로부터 생활수단을 산다. 이 자본가들의 화폐퇴장의 정도에 따라 그 화폐는 그 출발점으로 되돌아오지 않고 그들의 손에서 적립된다.

옮긴이 약력

김 수 행 (1942~2015)

서울대학교 경제학 학사 · 석사
런던대학교 경제학 석사 · 박사
서울대학교 교수 · 명예교수
성공회대학교 석좌교수

『자본론』 I, II, III 완역 출판. 비봉출판사
『국부론』(상 · 하). 비봉출판사
『청소년을 위한 국부론』. 두리미디어
『청소년을 위한 자본론』. 두리미디어
『알기 쉬운 정치경제학』. 서울대학교출판문화원
『『자본론』의 현대적 해석』. 서울대학교출판문화원
『세계대공황: 자본주의의 종말과 새로운 사회의 사이』. 돌베개
『마르크스가 예측한 미래사회: 자유로운 개인들의 연합』. 한울
『자본론 공부』. 돌베개

자 본 론　제Ⅱ권 자본의 유통과정

1989년 5월 10일 초 판 발행
2004년 2월 28일 제1개역판 발행
2024년 2월 28일 2015년 개역판 6쇄 발행

옮긴이 | 김수행
펴낸이 | 박기봉
펴낸곳 | 비봉출판사

주 소 | 서울 금천구 가산디지털2로 98, 2-808(가산동, IT캐슬)
전 화 | (02)2082-7444
팩 스 | (02)2082-7449
E-mail | bbongbooks@hanmail.net

등록번호 | 2007-43 (1980년 5월 23일)
ISBN | 978-89-376-0434-8 94320
978-89-376-0431-7 (전6권)

값 25,000원